MI HISTORIA INCREÍBLE

VIDA TOTAL

ARNOLD SCHWARZENEGGER

con Peter Petre

SIMON & SCHUSTER

New York   London   Toronto   Sydney   New Delhi

Simon & Schuster
1230 Avenue of the Americas
New York, NY 10020

Primera edición en rustica de Simon & Schuster Octubre 2012

SIMON & SCHUSTER y su colofón son sellos editorials registrados de
Simon & Schuster, Inc.

Para obtener información respecto a descuentos especiales en ventas al
por mayor, diríjase a Simon & Schuster Special Sales al 1-866-506-1949 o
a la siguiente dirección electrónica: business@simonandschuster.com.

La Oficina de Oradores (Speakers Bureau) de Simon & Schuster
puede presentar autores en cualquiera de sus eventos en vivo. Para
más información o para hacer una reservación para un evento, llame
al Speakers Bureau de Simon & Schuster, 1-866-248-3049 o visite
nuestra página web en www.simonspeakers.com.

Diseñado por Joy O'Meara

Editor de las fotografías: Audrey Landreth
Diseño de la guarda anterior: Albert Busek
Diseño de la guarda posterior: Art Streiber/August

Impreso en los Estados Unidos de América

10 9 8 7 6 5 4 3 2 1

ISBN 978-1-4767-0498-2
ISBN 978-1-4767-1416-5 (ebook)

Para mi familia

CONTENIDO

CAPÍTULO 1   Fuera de Austria   3

CAPÍTULO 2   La construcción de un cuerpo   22

CAPÍTULO 3   Confesiones de un conductor de tanques   39

CAPÍTULO 4   Mr. Universo   50

CAPÍTULO 5   Saludos desde Los Ángeles   85

CAPÍTULO 6   Perezosos bastardos   106

CAPÍTULO 7   Expertos en piedras y mármoles   126

CAPÍTULO 8   Aprendiendo americano   142

CAPÍTULO 9   El espectáculo de músculos más grande
de todos los tiempos   163

CAPÍTULO 10   *Stay Hungry*   187

CAPÍTULO 11   *Pumping Iron*   214

CAPÍTULO 12   Una chica de ensueño   241

CAPÍTULO 13   Maria y yo   260

CAPÍTULO 14   Lo que no nos mata nos fortalece   283

CAPÍTULO 15   Hacerse americano   306

CAPÍTULO 16   *The Terminator*   321

CAPÍTULO 17　Matrimonio y películas　348

CAPÍTULO 18　Los tiempos de un cómico　381

CAPÍTULO 19　La verdadera vida de un *terminator*　409

CAPÍTULO 20　El último héroe de acción　439

CAPÍTULO 21　Problemas del corazón　456

CAPÍTULO 22　Padre de familia　482

CAPÍTULO 23　Una propuesta política　498

CAPÍTULO 24　*Total Recall*　529

CAPÍTULO 25　El *Governator*　557

CAPÍTULO 26　Regreso　580

CAPÍTULO 27　¿Quién necesita a Washington?　599

CAPÍTULO 28　La verdadera vida de un *governator*　611

CAPÍTULO 29　El secreto　642

CAPÍTULO 30　Las reglas de Arnold　655

Agradecimientos y Recursos　673

VIDA TOTAL

Estados Unidos era tan grande como siempre lo había soñado durante mi infancia en un pueblo austriaco. Entonces no tuve que fingir mi felicidad y mi emoción cuando hice de Hércules y visité Times Square en mi primera película, Hércules en Nueva York *en 1969.*
Cortesía de Lionsgate

CAPÍTULO 1

Fuera de Austria

NACÍ EN 1947, un año de hambruna, estando Austria ocupada por los ejércitos aliados que habían derrotado al Tercer Reich de Hitler. En mayo, dos meses antes de que yo naciera, estallaron en Viena revueltas por el hambre que había, y en Styria, la provincia del sureste donde vivíamos nosotros, la escasez de alimentos era igualmente dura. Años más tarde, cada vez que mi madre deseaba recordarme cuánto se habían sacrificado mis padres para criarme, ella me contaba que caminaba por toda la campiña, de granja en granja, intentando conseguir un poco de mantequilla, algo de azúcar, unos puñados de grano. En ello se demoraba a veces hasta tres días. Pedir comida era algo común en ese entonces: mis padres lo llamaban *Hamstern* porque se aprovisionaban de alimentos como un hámster recoge-nueces.

Típicamente campesina, nuestra aldea se llamaba Thal y estaba poblada por unos pocos cientos de familias cuyas casas y granjas se agrupaban, conectadas por senderos y caminos de herradura. La carretera principal, que no estaba pavimentada, se extendía un par de kilómetros subiendo y bajando por suaves colinas alpinas tapizadas de campos y bosques de pinos.

Veíamos muy poco de las fuerzas británicas que se encontraban en el país. Solo de vez en cuando algún camión con soldados pasaba de largo. Pero los rusos ocupaban el área del este y vivíamos muy conscientes de su presencia pues había comenzado la Guerra Fría y todos temíamos que los tanques rusos entraran y el imperio soviético nos devorara. En la iglesia, los curas atemorizaban a la población con historias de horror de rusos que disparaban a bebés en brazos de sus madres.

Nuestra casa estaba situada en la cima de una colina junto a la carretera y durante mi niñez era extraño ver pasar más de uno o dos autos al día. A unas 100 yardas de distancia directamente al frente de nuestra puerta estaban las ruinas de un castillo medieval.

En la colina siguiente estaba el despacho del alcalde; la iglesia católica a la que mi madre nos obligaba a ir los domingos; la *Gasthaus*, posada y núcleo social de la aldea; y la escuela primaria a la que asistía con mi hermano Meinhard, un año mayor que yo.

Mis primeros recuerdos son de mi madre lavando ropa y mi padre paleando carbón. Entonces no tenía más de tres años pero la imagen que guardo de mi padre es muy nítida. Era un hombre grande, atlético, que hacía muchas cosas él mismo. Cada otoño recibíamos nuestra provisión de carbón para el invierno: una volqueta la descargaba frente a la casa. Algunas veces mi padre permitía que Meinhard y yo lo ayudáramos a entrarlo hasta el sótano, que servía de carbonera, y nosotros nos sentíamos muy orgullosos de hacerlo.

Mi madre y mi padre provenían de familias de clase trabajadora de la región más al norte de Austria, que en su mayor parte eran obreros de acerías. En medio del caos que imperaba cuando terminó la Segunda Guerra Mundial se conocieron en la ciudad de Mürzzuschlag, donde mi madre Aurelia Jadrny era empleada de un centro de distribución de alimentos ubicado en el Ayuntamiento. Tendría apenas unos 20 años y ya era una viuda de guerra pues a su esposo lo habían matado unos ocho meses después de su boda. Una mañana alcanzó a ver desde su escritorio a mi padre pasar por la calle: era un tipo ya mayor, a punto de cumplir 40 años, pero alto y bien parecido y con uniforme de la gendarmería, la policía rural. A ella le encantaban los hombres de uniforme, así que desde ese día se propuso verlo otra vez. Mi madre averiguaba cuándo era el cambio de turno para asegurarse de estar en su escritorio, y entonces hablaban por la ventana y ella le pasaba algo de la comida que hubiera a mano.

Mi padre se llamaba Gustav Schwarzenegger, y se casaron a finales de 1945, cuando él tenía 38 y ella 21. A mi padre lo asignaron a Thal, al mando de una guarnición de cuatro hombres que tenían bajo su responsabilidad la aldea y la campiña que la rodeaba. El salario apenas alcanzaba para vivir pero el cargo incluía alojamiento: la vieja casa del guarda forestal o *Forsthaus*. El guarda forestal o *Forstmeister*, vivía en el primer piso y el *Inspektor* y su familia ocupaban el piso de arriba.

El hogar de mi niñez era una construcción muy sencilla de piedra y ladrillo, de buenas proporciones, paredes gruesas y ventanas pequeñas, hechas así para protegernos de los inviernos alpinos. Teníamos dos habitaciones, cada una con un hornillo de carbón para calentarnos, y una cocina en la cual comíamos, hacíamos nuestros deberes escolares, nos lavábamos y jugábamos. En la cocina el calor provenía de la estufa de mi madre.

No había cañerías ni ducha ni inodoro con agua corriente, solo una especie de bacinilla. El pozo más cercano quedaba a casi un cuarto de milla: lloviera o nevara, siempre uno de nosotros dos debía ir por agua, de modo que usábamos la menor cantidad posible. La calentábamos y llenábamos la palangana para darnos baños con esponja o con trapos: primero se lavaba mi madre con el agua limpia, luego lo hacía mi padre, y después veníamos Meinhard y yo. No nos importaba usar el agua un poco más oscura con tal de evitarnos un viaje hasta el pozo.

Nuestro mobiliario era de madera, contábamos apenas con lo necesario, y teníamos unas cuantas lámparas eléctricas. A mi padre le gustaban las pinturas y las antigüedades pero eran lujos que no podía darse cuando éramos niños. La animación en nuestro hogar corría por cuenta de la música y de los gatos. Mi madre tocaba la cítara y entonaba para nosotros canciones comunes y también nanas, pero el verdadero músico era mi padre. Él podía tocar todos los instrumentos de viento y lengüeta, trompeta, *flugelhorn* o cuerno de ala, saxofón y clarinete. También escribía música y era el director de la banda regional de la gendarmería. Si un oficial de la policía fallecía en cualquier lugar del estado, la banda tocaba en el funeral. En verano a menudo íbamos al parque a escuchar conciertos dirigidos por mi padre, que a veces, además, tocaba algún instrumento. La mayoría de nuestra parentela por parte suya era muy musical pero ese talento no lo heredamos ni Meinhard ni yo.

No estoy muy seguro de la razón por la cual teníamos gatos y no perros, tal vez fuera porque mi madre amaba los gatos y porque estos no generaban gastos cazando su propia comida. El caso es que siempre tuvimos cantidades de gatos que entraban y salían, que se acurrucaban aquí y allá y que bajaban del ático ratones medio muertos para presumir de su talento como cazadores. Cada uno de nosotros tenía su propio gato con el cual acurrucarse en la cama por las noches en una tradición propia. Llegamos a tener siete gatos y los amábamos pero nunca demasiado pues no había visitas al veterinario. Si uno de los gatos empezaba a tropezarse y caer por enfermo o por viejo esperábamos el sonido del disparo de la pistola de nuestro padre en el patio trasero. Entonces mi madre, Meinhard y yo salíamos y cavábamos una tumba en la cual poníamos una pequeña cruz.

Mi madre tenía una gata negra llamada Mooki y, aunque nosotros no le veíamos nada extraordinario, ella decía constantemente que era una gata especial. Tenía yo unos diez años cuando empecé un día a discutir con mamá porque no quería hacer mis deberes escolares. Mooki estaba cerca hecha un ovillo encima del sofá, como de costumbre. Seguramente yo dije algo muy altanero porque mi madre hizo el ademán de abofetearme. La vi venir y, por tratar de esquivarla, la tropecé con mi brazo. En un segundo Mooki dejó el sofá, saltó entre los dos y me arañó la cara. Me la quité de encima y grité:

—¡Ao! Pero ¿qué es esto?

Mamá y yo nos miramos y, aunque me corría sangre por la mejilla, ambos soltamos la carcajada. Por fin ella había comprobado que Mooki era especial.

Después del caos de la guerra, el mayor deseo de mis padres era recuperar la estabilidad y la seguridad. Mi madre era una mujer grande, de contextura fornida, sólida y recursiva, una *Hausfrau* tradicional que mantenía su hogar impecable. Enrollaba las alfombras y —armada con cepillo y jabón— se arrodillaba para restregar el piso que luego secaba con trapos. Era fanática del orden y debíamos mantener nuestra ropa bien colgada, las sábanas y toallas bien dobladas, con esquinas perfectamente cuadradas y bordes afilados como navajas. Ella plantaba en el patio remolachas, papas y bayas para mantenernos bien alimentados, y en el otoño preparaba conservas y *sauerkraut* que guardaba en frascos de grueso cristal para consumir durante el invierno.

A las 12:30, cuando mi padre volvía de la estación de policía a casa, ya mamá tenía listo el almuerzo, y también la cena cuando él llegaba a las seis en punto. También tenía a su cargo las finanzas: como había sido oficinista, era muy organizada y además buena en redacción y matemáticas. Cada mes mi padre traía su salario a casa: ella le dejaba 500 chelines para plata de bolsillo y tomaba el resto para administrar el hogar. Mi madre se encargaba de la correspondencia de toda la familia y también de pagar las cuentas mensualmente.

Una vez al año, siempre en diciembre, mamá nos llevaba a comprar ropa. Íbamos en autobús a Kastner & Öhler, una tienda por departamentos en Graz, justo después de la colina siguiente. El viejo edificio tenía solo dos o tres pisos, pero en nuestra mente era tan grande como el Mall of America. Había escaleras eléctricas y un elevador de metal y cristal así que podíamos ver todo mientras subíamos y bajábamos. Mamá solo nos compraba cosas absolutamente necesarias —camisas y ropa interior, medias y demás— y todo eso lo llevaban a casa al día siguiente en pulcros paquetes envueltos en papel kraft. En ese entonces los planes de cuotas eran una novedad y a ella le gustaba mucho poder pagar una parte de la cuenta cada mes, hasta que quedara saldada. Permitir que personas como mamá hagan compras tranquilamente era una buena forma de estimular la economía.

Aunque mi padre era el que había recibido capacitación para atender emergencias, mamá también se encargaba de todos los problemas médicos. A mi hermano y a mí nos dieron todas las enfermedades infantiles posibles, desde paperas hasta escarlatina y sarampión, así que ella adquirió mucha práctica. Y nada la detenía: una cruda noche de invierno cuando teníamos quizás uno y dos años, Meinhard estaba con neumonía y, como no había médico ni ambulancia, mi madre me dejó en casa con papá, envolvió muy bien a Meinhard, se lo echó a la espalda y caminó más de dos millas entre la nieve hasta llegar al hospital en Graz.

Mi padre era mucho más complicado pero podía ser generoso y afectuoso, especialmente con ella. Los dos se amaban profundamente, lo que se notaba en la forma en que ella le traía café y en los pequeños obsequios que él se ingeniaba para conseguirle, o cuando la abrazaba y le palmoteaba el trasero. Ambos compartían su afecto con nosotros y siempre nos acurrucábamos con ellos en la cama, especialmente cuando los truenos y relámpagos nos asustaban.

Pero una vez por semana, usualmente los viernes, mi padre volvía a casa borracho: siempre se quedaba ese día hasta las tres o cuatro de la madrugada en su mesa usual en la *Gasthaus* bebiendo con vecinos del lugar como el cura, el director de la escuela y el alcalde. Cuando llegaba a casa empezaba a golpearlo todo y a gritarle a mi mamá, y nos despertábamos con el escándalo. Pero la rabia nunca le duraba: al día siguiente ya estaba de buen genio y nos invitaba a almorzar o nos daba algún regalo para compensarnos. Sin embargo, si nosotros nos portábamos mal, nos abofeteaba o nos daba unos cuantos correazos.

A nosotros todo esto nos parecía absolutamente normal: todos los papás castigaban físicamente y llegaban a casa borrachos. El padre de nuestro vecino le jalaba las orejas y lo perseguía con una varita delgada, flexible, que había mojado en agua para que lastimara más. La bebida era simplemente parte de la camaradería. A veces las esposas y familias eran invitadas a reunirse con sus maridos en la *Gasthaus*. Los niños considerábamos un honor compartir con los adultos, quienes luego nos daban gusto con un postre o nos permitían estar en el salón de al lado tomando soda o Coca-Cola mientras sosteníamos partidas de juegos de mesa, o veíamos revistas o televisión. A medianoche siempre estábamos por ahí sentados pensando: «¡Guau! Esto es fenomenal».

Me tomó años entender que tras esa *Gemuetlichkeit* había amargura y temor. Crecimos entre hombres que se sentían perdedores pues su generación había empezado y perdido una guerra. Durante la guerra, papá dejó la gendarmería para formar parte de la policía militar alemana. Prestó servicio en Bélgica y Francia y en el Norte de África, donde se enfermó de paludismo. En 1942 estuvo en Leningrado, en la batalla más sangrienta de toda la guerra. Los rusos volaron el edificio donde él estaba y mi padre quedó atrapado entre los escombros durante tres días. Se fracturó la espalda y tenía esquirlas de metralla en ambas piernas. Tuvo que pasar meses en un hospital en Holanda, antes de recuperarse lo suficiente para que pudiera volver a Austria y reintegrarse a la policía civil.

Siempre los oía hablar de todo eso en medio de su borrachera y ahora puedo imaginar lo doloroso que sería para ellos. Se sentían muy golpeados y también atemorizados pensando que la guerra no hubiera terminado todavía o que cualquier día los rusos vinieran y se los llevaran para reconstruir Moscú o Leningrado. Tenían rabia, trataban de reprimir la ira y la humillación, pero la decepción estaba alojada muy profundamente en sus huesos. Pensemos en todo ello: se les había prometido que serían ciudadanos de un nuevo y gran imperio y que cada familia disfrutaría de las más modernas comodidades. Pero en lugar de eso volvieron a casa para encontrar un país en ruinas en el que había muy poco dinero en circulación y escaseaban los alimentos, un país que debía ser reconstruido del todo. Las fuerzas de la ocupación seguían ahí, de manera que ya ni siquiera administrábamos nuestra propia nación. Y lo peor era que no había forma de procesar lo experimentado.

Mi padre volvió de la guerra a casa con esquirlas de metralla en todo el cuerpo más las complicaciones acarreadas por las heridas y el paludismo. Había visto amigos volar en las explosiones y ser abatidos por disparos que los desangraban hasta que morían fumándose un último cigarrillo. Aunque mi padre logró escaparse de que lo atraparan y capturaran en Stalingrado, esas terribles vivencias producen traumas inconcebibles. ¿Cómo enfrentar tanto dolor si nadie podía tocar el tema?

No solo sus propias experiencias sino también el Tercer Reich se estaban borrando oficialmente. Todos los empleados públicos —funcionarios locales, maestros de escuela, policías— debían someterse a lo que los americanos denominaron la *des-nazificación*. A ellos los interrogaban y les examinaban su hoja de servicios a fin de determinar si realmente habían ejercido su cargo como nazis acérrimos o si ese cargo les permitía ordenar crímenes de guerra. Todo lo que tuviera que ver con el nazismo era confiscado: libros, películas, afiches e incluso diarios y fotografías personales. Había que entregarlo todo, la guerra debía borrarse de la cabeza.

Meinhard y yo apenas si nos dimos cuenta de todo eso. En casa había un hermoso libro de láminas que tomábamos prestado para jugar a ser curas, fingiendo que era la Biblia porque era mucho más grande que nuestra verdadera Biblia familiar. Uno de nosotros se ponía de pie y lo sostenía abierto mientras el otro decía la misa. En realidad el libro era un álbum de hágalo-usted-mismo para promover los imponentes logros del Tercer Reich. Traía secciones para las diferentes categorías: obras públicas, túneles y represas en construcción, mítines y discursos políticos de Hitler, nuevos buques enormes, nuevos monumentos, grandes batallas que se estaban librando en Polonia. Cada categoría contenía páginas en blanco numeradas y cada vez que uno iba a la tienda y compraba cualquier cosa o un bono de guerra uno obtenía una lámina numerada que debía concordar con el espacio en el libro y ahí se pegaba. Cuando se completaba la colección la persona ganaba un premio. Me encantaban las páginas que mostraban magníficas estaciones de trenes y potentes locomotoras expulsando chorros de vapor, y me fascinaba la fotografía de dos hombres en un pequeño planchón abierto que corría por los rieles mientras ellos movían la palanca de arriba a abajo para mantenerlo en movimiento. Esa escena para mí significaba aventura y libertad.

Meinhard y yo no teníamos idea de qué era todo lo que veíamos en el libro pero un buen día que nos dispusimos a jugar a los curas fuimos a buscar el álbum y ya no estaba. Lo buscamos en todos los sitios que se nos ocurrieron. Finalmente le pregunté a mi madre qué se había hecho el hermoso libro: después de todo ¡esa era nuestra Biblia! Pero lo único que ella dijo fue: «Tuvimos que entregarlo».

Después de eso, si le pedía a mi padre que me contara de la guerra o si le preguntaba sobre lo que había hecho o le había ocurrido, él siempre me respondía: «No hay nada de qué hablar».

La respuesta de mi padre a la vida fue disciplina. Nos impuso una rutina estricta que nada podía alterar: nos levantábamos a las 6 y Meinhard o yo debíamos ir a la granja vecina a buscar leche. Cuando crecimos un poco más y empezamos a hacer deporte, a esas tareas se agregaron los ejercicios y debíamos ganarnos el desayuno haciendo abdominales. Por la tarde, terminados nuestros deberes escolares y otras tareas, nos hacía practicar fútbol con buen o mal tiempo, y sabíamos que si hacíamos mal alguna jugada, nos gritaría.

Mostraba la misma determinación para capacitar nuestros cerebros. Los domingos después de misa hacíamos una salida en familia: visitábamos otro pueblo, veíamos una obra de teatro o lo veíamos a él actuar con la banda de la policía. Por la noche, sin embargo, debíamos escribir un informe de esas actividades de por lo menos de diez páginas. Nos devolvía nuestros papeles llenos de tachaduras con tinta roja y si encontraba algún error de ortografía nos hacía escribir la palabra correctamente 50 veces.

Amaba a mi padre y deseaba ser como él. Recuerdo que, de niño, me puse una vez su uniforme y me paré en una silla frente al espejo: la chaqueta me llegaba como un vestido, casi hasta los pies, y el sombrero me caía sobre la nariz. Pero papá no nos tenía paciencia en muchos aspectos. Si queríamos una bicicleta, nos decía que nos ganáramos el dinero para comprarla. Nunca pude sentir que yo fuera lo suficientemente bueno, fuerte o inteligente. Mi padre me hizo saber que siempre habría margen para mejorar. Sus exigencias habrían traumatizado a muchos hijos pero yo convertí la disciplina que él me inculcó en una fuerza impulsora.

Meinhard y yo éramos muy cercanos. Compartimos el mismo dormitorio hasta que tuve 18 y me alisté en el ejército: no cambiaría nada de ese tiempo. Aún hoy me siento más cómodo si tengo a alguien con quién charlar un poco antes de quedarme dormido.

Como ocurre a menudo con los hermanos, los dos éramos súper competitivos, siempre tratábamos de sobrepasarnos uno al otro para ganar el favor de papá, quien por supuesto también era un atleta muy agresivo. Nos programaba carreras y decía: «Veamos cuál de los dos es realmente el mejor». Ambos éramos más altos que casi todos los demás chicos pero como yo era un año menor, usualmente Meinhard ganaba esas competencias.

Entonces yo siempre andaba buscando formas de tomar la delantera. El punto débil de Meinhard era su temor a la oscuridad. Cuando tenía 10 años terminó la escuela primaria en nuestro pueblo y debía pasar a la Hauptschüler que quedaba en la próxima colina, en Graz. Para llegar allí había que tomar transporte público y la parada del autobús quedaba a unos 20 minutos de casa, caminando. El problema para Meinhard era que, en los cortos días de invierno, usualmente las actividades escolares se prolongan hasta mucho después de la caída del sol, de modo que le tocaba volver solo a casa. Como solía asustarse mucho de solo pensarlo, se volvió tarea mía ir hasta la parada del autobús para recogerlo.

Lo cierto es que a los nueve años también me atemorizaba salir solo en la oscuridad. En las calles no había luces y de noche Thal era tan oscura como la boca de un lobo. Carreteras y caminos estaban bordeados por bosques de pinos como los de los cuentos de hadas de los hermanos Grimm, y eran tan espesos que hasta de día lucían oscuros. Nosotros, por supuesto, habíamos crecido escuchando esas horribles historias que jamás le leería a mis hijos pero que formaban parte de nuestra cultura. Siempre había una bruja o un lobo o un monstruo listo para lastimar al chico. El hecho de que mi padre fuera policía también alimentaba nuestros temores. A veces nos llevaba con él cuando patrullaba a pie y anunciaba que estaba buscando a éste o a aquel criminal o asesino. Si llegábamos hasta un granero en medio del campo nos hacía detenernos y esperar mientras sacaba su arma y entraba a revisar el interior. O cuando alguien avisaba que él y sus hombres habían capturado algún ladrón nosotros corríamos a la estación para verlo sentado allí, esposado a una silla.

Llegar hasta la parada del autobús no era solo cuestión de seguir un camino. El sendero daba un rodeo por las ruinas del castillo y seguía colina abajo bordeando los bosques. Una noche caminaba yo muy alerta a cualquier amenaza desde los árboles cuando de repente, y como salido de la nada, apareció un hombre en medio del sendero. La luz de la luna apenas alcanzaba para distinguir su figura y el brillo de sus ojos. Yo grité y quedé paralizado. Resultó ser un vecino del lugar que trabajaba en una granja e iba en dirección opuesta, pero si hubiera sido un duende con toda seguridad me habría agarrado.

Luchaba contra el miedo que me atenazaba más que todo para demostrar que yo era más fuerte. Era muy importante hacerle ver a mis padres que yo era valiente y mi hermano no, aunque él fuera un año y catorce días mayor que yo. Pero mi determinación valió la pena. Por el trabajo de recoger a Meinhard, mi padre me daba cinco chelines por semana. Mi madre también aprovechó mi intrepidez para que cada semana fuera a buscar los vegetales al mercado de los granjeros, lo que implicaba caminar por otro bosque oscuro y diferente. Por esta tarea también me ganaba cinco chelines, dinero que era felizmente invertido en helados o en aumentar mi colección de estampillas.

La desventaja, sin embargo, fue que mis padres empezaron a proteger más a Meinhard y a prestarme menos atención a mí. En las vacaciones escolares de verano de 1956 a mí me enviaron a trabajar a la granja de mi madrina y a mi hermano lo dejaron en casa. Yo disfrutaba cumpliendo labores físicas pero me sentí abandonado cuando llegué a casa y descubrí que se habían llevado a Meinhard de excursión a Viena, sin mí.

Nuestros caminos se fueron apartando gradualmente. Mientras yo leía todas las páginas deportivas de los diarios y memorizaba los nombres de los atletas, Meinhard desarrolló una pasión por leer *Der*

Spiegel, el equivalente alemán de la revista *Time*, y en nuestra familia eso era muy valorado. También se propuso aprenderse el nombre y la población de las capitales, así como el nombre y la longitud de todos los ríos importantes del mundo. Memorizó la tabla periódica y las fórmulas químicas. Se volvió un fanático de lo que sucedía y constantemente retaba a mi padre a que pusiera a prueba todo lo que sabía. Al mismo tiempo, Meinhard desarrolló una aversión por el trabajo físico: no le gustaba ensuciarse las manos y empezó a llevar camisas blancas al colegio, todos los días. Mi madre le seguía la corriente pero se quejaba conmigo:

—Pensé que ya era suficiente lavar las camisas blancas de tu padre. Ahora *él* empieza con *sus* camisas blancas.

Pronto surgió el pronóstico familiar de que Meinhard sería un trabajador de cuello blanco, posiblemente un ingeniero, mientras yo sería un obrero porque no me importaba ensuciarme las manos.

—¿Quieres ser mecánico? —me preguntaban mis padres—. ¿O quieres hacer muebles?

O pensaban que sería policía como papá. Pero yo tenía otras ideas. De alguna manera en mi cabeza había ido cobrando fuerza la certeza de que mi lugar estaba en América. Pero eso era lo único concreto. Solo… *América*. No estoy muy seguro de qué pudo desencadenarla. Probablemente fue el deseo de escapar de la lucha en Thal y del férreo régimen de mi padre, o tal vez la excitación de ir todos los días a Graz, donde en el otoño de 1957, seguí a Meinhard a Hauptschuler y acababa de empezar el quinto grado en la escuela. Comparada con Thal, Graz era toda una metrópolis con muchos autos, tiendas y aceras. No había americanos allí pero América se estaba infiltrando en la cultura. Todos los chicos sabían jugar a indios y vaqueros. Veíamos fotografías de las ciudades americanas —de sus suburbios y lugares famosos y de las autopistas— en nuestros textos y también en documentales en blanco y negro que el destartalado proyector de cine nos mostraba sobre una pantalla que se bajaba encima del tablero de nuestro salón de clase.

Pero lo más importante es que sabíamos que necesitábamos de

América para nuestra propia seguridad. En Austria la Guerra Fría era algo cercano. Cada vez que se presentaba una crisis, mi padre debía empacar su morral y marchar 50 millas al este, a la frontera húngara, para ayudar a guarnecer las defensas. Un año antes, en 1956, cuando los rusos aplastaron la revolución húngara, mi padre tuvo a su cuidado centenares de refugiados que llegaron a nuestra área, y también se encargó del montaje de los campamentos de reasentamiento. Ayudaba a los refugiados a llegar a donde querían ir: algunos al Canadá, otros deseaban quedarse en Austria y, por supuesto, muchos querían irse a América. Mi padre y sus hombres trabajaban con las familias y a los chicos nos llevaba para que ayudáramos a repartir sopa, lo cual me impactó sobremanera.

Nuestro conocimiento del mundo continuaba en el NonStop Kino, un teatro cercano a la plaza central de Graz que presentaba noticieros de actualidad. Las funciones se repetían cada hora durante todo el día. Primero presentaban el noticiero, que traía secuencias filmadas en todas partes del mundo, con doblaje al alemán; luego venía Mickey Mouse u otros dibujos animados; después pasaban los comerciales, que eran diapositivas de varias tiendas de Graz; y por último se escuchaba la música y todo empezaba de nuevo. El NonStop no era caro, costaba solo unos cuantos chelines y cada noticiero parecía traer nuevas maravillas: Elvis Presley cantando *Hound Dog*, el Presidente Eisenhower pronunciando discursos, aviones con motores a reacción, autos de diseño aerodinámico y estrellas de cine. Esas son las imágenes que recuerdo. También pasaban material aburrido, por supuesto, y noticias que no comprendía, como la crisis del Canal de Suez.

Las películas americanas me impactaban aún más. La primera que Meinhard y yo vimos fue una de Tarzán protagonizada por Johnny Weissmuller. Pensé que iba a saltar de la pantalla directo a nosotros. La idea de que un ser humano pudiera colgarse de las lianas para pasar de un árbol a otro y hablarle a leones y chimpancés resultaba fascinante, lo mismo que toda la historia de Tarzán y Jane, quienes llevaban lo que yo consideraba una buena vida. Meinhard y yo volvimos a verla varias veces.

Las dos salas de cine que frecuentábamos quedaban frente a frente en la calle principal de Graz. Más que todo presentaban películas de vaqueros, pero también comedias y dramas. El único problema era el sistema de clasificación, que se aplicaba estrictamente: cada teatro tenía en la entrada un policía asignado para verificar la edad de los espectadores. El acceso a una película de Elvis, que sería equivalente a una moderna PG-13 para mayores de 13 años, por ejemplo, era muy fácil, pero resultaba mucho más difícil entrar a las películas que yo quería ver, que eran las de vaqueros, gladiadores y de guerra, porque esas caían bajo la clasificación R, que era para menores con acompañante. A veces algún cajero amistoso me permitía esperar que la película hubiera empezado y entonces me indicaba con la cabeza en qué pasillo estaba el policía. Otras veces yo aguardaba junto a la salida lateral e ingresaba al auditorio por detrás.

Pagaba por ese entretenimiento con el dinero ganado en mi primera aventura empresarial, la venta de helados en el Thalersee durante el verano de 1957. El Thalersee era un parque público, con un lago precioso enclavado en las colinas del extremo este de Thal, a unos cinco minutos a pie desde mi casa. El lago era de fácil acceso desde Graz, y en el verano miles de personas venían a pasarse el día, y nadaban, remaban y practicaban otros deportes. En la tarde ya estaban acalorados y sedientos y, cuando vi todas esas personas haciendo fila en el puesto de helados, supe que allí había una oportunidad de negocio. Dependiendo de la ubicación de los paseantes en el parque, caminar hasta el patio les tomaba unos 10 minutos y para cuando volvían a su lugar ya se les había derretido casi la mitad del helado. Descubrí que podía comprar los conos por docena a un chelín cada uno, luego caminar alrededor del parque y venderlos a tres chelines. Al propietario de la heladería le vino bien el negocio extra e incluso me prestó una cajuela para mantener los helados fríos. Con la venta de helados, en una tarde yo alcanzaba a ganarme 150 chelines —casi $6 dólares americanos— y un buen bronceado caminando por ahí en mis shorts.

Eventualmente mis utilidades de la venta de helados se acabaron, y como eso de estar en quiebra no iba bien conmigo, la solución que se me ocurrió ese otoño fue mendigar. Me escapaba de la escuela y caminaba por la calle principal en busca de alguna cara compasiva. Podía ser un hombre de edad media o un estudiante, o tal vez la dueña de alguna granja que había venido a la ciudad por el día.

—Discúlpeme —me acercaba—, pero he perdido el dinero y mi autobús va a pasar y debo irme a casa.

A veces ellas me espantaban.

—*Du bist so dumm!* —solían decirme—. ¿Cómo puedes ser tan estúpido como para botarlo?

Apenas la mujer atacaba yo sabía que ya era mía porque enseguida suspiraba.

—Bueno, ¿y cuánto es? —me preguntaba.

—Cinco chelines —respondía yo.

—Okey. *Ja* —decía ella.

Siempre le pedía a la señora que me anotara su dirección para poder pagarle.

—No, no, no tienes que devolvérmelo. Solo debes ser más cuidadoso la próxima vez —me decían usualmente, aunque otras veces sí me la anotaban. Claro que yo no tenía intención de pagarles. En mis mejores días conseguía reunir hasta 100 chelines —casi $4— ¡y eso me alcanzaba para ir a la juguetería y al cine y darme la gran vida!

El punto débil de mi estratagema era que un chico de escuela solo en la calle, a mitad de semana, llamaba la atención, y en Graz había mucha gente que conocía a mi padre.

—Ayer vi a tu hijo en la calle pidiéndole dinero a una señora —le dijo alguien un día. Eso generó una barahúnda enorme en casa, seguida de un tremendo castigo físico que puso fin a mi carrera como mendigo.

Esas primeras excursiones fuera de Thal dieron alas a mis sueños. Me convencí de que yo era especial y estaba destinado a cosas más grandes. Sabía que sería el mejor en algo, aunque no sabía en qué, y que sería famoso. América era el país más poderoso, así que iría allí.

No es raro que chicos de 10 años abriguen sueños de grandeza, pero la idea de irme a América me impactó como una revelación, la tomé en serio e incluso hablaba de hacerlo.

—Voy para América —le dije a una chica un par de años mayor que yo mientras esperaba en la parada del autobús.

—Sí, claro, Arnold —me miró y no dijo más nada.

Los chicos se acostumbraron a oírme hablar de irme y pensaban que yo era un poco extraño, pero eso no me impidió compartir mis planes con todo el mundo: padres, maestros y vecinos.

La Hauptschule no estaba precisamente orientada a preparar en sus aulas al próximo líder mundial. Era una escuela general diseñada para preparar a los jóvenes para el mundo laboral, en la que niños y niñas asistían a clase por separado, en distintas alas del edificio. Los estudiantes adquirían conocimientos básicos de matemáticas, ciencia, geografía, historia, religión, lenguas modernas, arte, música y algo más, pero impartidos a un ritmo más lento que en las escuelas académicas, que preparaban a sus alumnos para ingresar a un instituto tecnológico o a una universidad. En términos generales, completar la *Hauptschule* significaba graduarse para ingresar a una escuela vocacional, pasar a ser aprendiz de algún oficio o engrosar directamente las filas de las fuerzas militares. Sin embargo, los profesores se esmeraban por cultivar nuestra inteligencia y enriquecer nuestra vida de todas las formas que estaban a su alcance: nos presentaban películas, traían cantantes de ópera y nos daban a conocer la literatura y el arte.

El mundo me despertaba tanta curiosidad que para mí la escuela no constituía problema alguno. Aprendía mis lecciones, hacía mis deberes y me mantenía justo en el promedio de la clase. La lectura y la escritura exigían mucha disciplina por parte mía, y a diferencia de lo que parecían ser para mis compañeros, yo las consideraba más bien latosas. Por otra parte, en matemáticas me iba muy bien, jamás olvido un número y podía hacer los cálculos mentalmente.

La disciplina en la escuela no era muy diferente a la de casa. Los maestros golpeaban por lo menos tan fuerte como nuestros padres. Si pillaban a un chico tomando la pluma de otro, el cura le pegaba tan duro con el catecismo que los oídos le quedaban zumbando durante horas. El profesor de matemáticas le pegó tan duro a un amigo mío que se golpeó la cara contra el pupitre y se rompió los dos dientes frontales. Las reuniones de padres y profesores eran todo lo contrario de las de hoy día, en las que escuelas y padres se desviven por no hacer sentir incómodo al niño. Nosotros éramos 30 y a todos se nos ordenaba permanecer en nuestros pupitres.

—Aquí tienen su tarea —decía la maestra—. Trabajen en ella durante las próximas dos horas mientras nos visitan sus padres.

Uno tras otro entraban nuestros padres, la señora de la granja, el papá que era obrero en una fábrica. Casi siempre se repetía la misma escena. Ellos saludaban al maestro con mucho respeto y se sentaban mientras aquel les enseñaba algunas cosas en su escritorio y departían tranquilamente sobre el desempeño de su hijo.

—¿Pero alguna vez le causa problemas? —uno oía a un padre decir, después de lo cual giraba, miraba a su hijo y se acercaba para darle un buen manotazo al chico y luego volver al escritorio del maestro. Todos veíamos venir el golpe y nos burlábamos como locos.

Entonces escuchaba los pasos de mi padre en las escaleras. Reconocía sus pisadas por sus botas de policía. Papá llegaba a la puerta y el maestro se levantaba en señal de respeto por tratarse del inspector. Luego se sentaban, hablaban y me llegaba el turno: podía ver a mi padre mirándome, luego se acercaba, me agarraba del pelo con su mano izquierda y ¡pum!, con la derecha. Después salía sin comentarios.

Era una época dura en todos los aspectos y las penurias eran algo rutinario. Los dentistas no usaban anestesia, por ejemplo. Cuando uno crece en ese tipo de entorno tan duro jamás olvida cómo soportar el castigo físico y aunque haya pasado mucho tiempo desde el fin de las épocas duras.

Después de que Meinhard cumplió 14 años, si algo de la casa no le gustaba, se escapaba.

—Creo que voy a largarme de nuevo. Pero no digas nada —me decía. Entonces empacaba algo de ropa en su morral de la escuela para que nadie lo notara y desaparecía.

Mi madre se volvía loca. Mi padre debía telefonear a todos sus amigos en las distintas gendarmerías en busca de su hijo. Si el padre de uno era jefe de policía, esa era una forma increíblemente efectiva de rebelarse.

Uno o dos días después, Meinhard aparecía, usualmente en casa de algún pariente o tal vez escondido donde algún amigo a 15 minutos de distancia. Siempre me asombraba que no hubiera consecuencias. Tal vez mi padre solo estaba tratando de distender la situación: en su carrera policíaca habría lidiado con suficientes fugitivos como para saber que si castigaba a Meinhard solo conseguiría agravar el problema. Pero puedo apostar que le costaba hasta la última brizna de su autocontrol.

Mi deseo era irme de casa pero en una forma programada. Como era apenas un chico, decidí que el mejor camino a la independencia sería ocuparme de mi propio negocio y ganarme mi propio dinero. Entonces hacía cualquier tipo de trabajo. No me avergonzaba tomar una pala y cavar. Un verano, durante las vacaciones escolares, un tipo de nuestra aldea me consiguió un empleo en una fábrica de vidrios en la que él trabajaba, en Graz. Me mostraron una pila enorme de vidrio quebrado: mi tarea era palear el vidrio hasta llenar un contenedor con ruedas, empujarlo hasta el otro lado de la planta y echar los vidrios a un tanque para que se derritieran de nuevo. Me pagaban en efectivo al finalizar cada día.

En el verano siguiente escuché que podría haber trabajo en un aserradero de Graz. Tomé mi morral de la escuela y empaqué una pequeña merienda de pan con mantequilla para que me sostuviera hasta que volviera a casa. Luego fui en autobús hasta el aserradero, reuní todo mi valor, entré y pregunté por el dueño.

Me llevaron a una oficina con mi maletín escolar en la mano y allí estaba el propietario, sentado en su silla.

—¿Qué quieres? —dijo.

—Busco trabajo.

—¿Cuántos años tienes?

—Catorce.

—Y ¿qué quieres hacer? ¡Todavía no has aprendido a hacer nada!

Me llevó al patio y me presentó a algunos hombres y mujeres que trabajaban con una máquina de cortar trozos de madera en astillas para
encender fuego.

—Trabajarás aquí en esta área —me dijo.

En ese mismo punto y hora empecé, y trabajé en el patio el resto de
las vacaciones. Una de mis tareas era palear grandes montañas de polvo
de aserrín hasta llenar los camiones que se lo llevaban. Gané 1.400 chelines, unos $55 dólares. En esos tiempos esa era una buena suma, y lo
que más me enorgullecía es que siendo un chico me hubieran pagado
un salario de hombre.

Sabía exactamente qué quería hacer con el dinero. Toda mi vida
había usado ropa heredada de Meinhard, jamás había tenido ropa
nueva propia. Acababa de empezar a practicar deportes, formaba parte
del equipo de fútbol de la escuela, y ese año se pusieron de moda las
primeras sudaderas: pantalones largos negros y buzos negros con zípper. Me parecía que las sudaderas lucían de maravilla e incluso había
tratado de mostrarles a mis padres revistas que traían fotografías de
atletas que las usaban. Pero dijeron que no, que eso sería un desperdicio. De modo que una sudadera fue lo primero que compré. Con el
efectivo que me quedó, me compré una bicicleta. No tenía suficiente
dinero para comprar una nueva, pero en Thal había un hombre que
ensamblaba bicicletas con partes usadas y me alcanzó para comprarle
una. En casa nadie más tenía una bicicleta. Después de la guerra mi
padre había trocado la suya por alimentos y nunca la había repuesto.
Aunque mi bicicleta no era perfecta, para mí sus ruedas significaban
libertad.

CAPÍTULO 2

La construcción de un cuerpo

LO QUE MÁS RECUERDO de mi último año de *Hauptschule* son los simulacros de *agacharse y resguardarse*. En caso de una guerra nuclear sonarían las sirenas y los alumnos debíamos cerrar los libros y guarecernos bajo los pupitres con la cabeza entre las rodillas y los ojos bien cerrados. Hasta un niño podía ver lo lastimosamente inadecuados que eran esos simulacros. Sin embargo, nos ejercitaban y entrenaban, y eso era algo.

Ese verano todos habíamos estado pegados al televisor viendo la cumbre Kennedy-Kruschev, que se realizó en Viena. Muy pocas familias tenían televisión en casa pero todos conocíamos una tienda de artículos eléctricos en la Lentplatz que exhibía dos televisores en la vitrina. Corríamos hasta allá y nos quedábamos en la acera viendo las noticias sobre las reuniones. Kennedy no llevaba ni seis meses en la presidencia y la mayoría de los expertos opinaba que había sido un gran error haber salido tan pronto a enfrentar a Kruschev, quien además de no tener pelos en la lengua, tenía facilidad de palabra y era astuto como el que más. Nosotros los chicos no opinábamos y, como los televisores estaban por dentro, tampoco escuchábamos el sonido. ¡Pero mirábamos! ¡Éramos parte de la acción!

Vivíamos una situación alarmante. Cada vez que Rusia y América discutían por algo nos sentíamos perdidos. Pensábamos que Kruschev le haría algo terrible a Austria porque estábamos justo en la mitad, razón por la cual la cumbre se había efectuado en Viena. La reunión no tuvo mucho éxito y Kennedy se fue. Ese otoño, cuando Kruschev levantó el muro de Berlín, escuchábamos a los adultos decirse unos a otros: «Ahora sí».

Mi padre tuvo que marcharse a la frontera húngara con uniforme y equipo militar completo, y estuvo fuera una semana hasta que pasó la crisis. Mientras tanto la tensión aumentó y tuvimos bastantes simulacros. Con 30 chicos adolescentes, en mi clase había mucha testosterona, pero nadie quería una guerra: nos interesaban más las chicas. Ellas eran todo un misterio, sobre todo para mí que no tenía hermanas, y solamente las veíamos en el patio de la escuela antes de entrar a clase porque la enseñanza para ellas era impartida en su propia ala del edificio. Eran las mismas chicas con quienes habíamos crecido toda la vida pero de repente empezaron a parecernos casi extraterrestres. ¿Cómo hablarles? Recién empezábamos a experimentar la atracción sexual, pero de una forma extraña, como la mañana en la que, antes de entrar a clase, las atacamos en el patio con bolas de nieve.

La primera clase de ese día era Matemáticas.

—Los vi allá afuera, chicos —dijo el profesor en lugar de abrir el libro—. Más vale que hablemos de eso.

Creímos que nos habíamos metido en la grande pues éste era el mismo tipo que le había roto los dientes frontales a mi amigo. Pero ese día no estaba en la onda violenta.

—Ustedes quieren gustarle a esas chicas, ¿verdad? —nos preguntó, y algunos asentimos con la cabeza—. Es natural que lo quieran porque amamos al sexo opuesto. Con el tiempo querrán besarlas, abrazarlas y hacerles el amor. ¿No es eso lo que todos aquí quieren hacer?

Más gente asintió.

—Entonces ¡no me digan que tiene sentido lanzarle una bola de nieve a la cara a una chica! ¿Es esa la forma de expresar amor? ¿Es la forma de decir «Me gustas»? ¿De dónde sacaron esa idea? —siguió, consiguiendo toda nuestra atención—. Porque recuerdo cuál era el primer paso que *yo* daba para acercarme a las chicas: las saludaba, las besaba y las abrazaba y las hacía sentir bien. Eso era lo que yo hacía.

Muchos de nuestros padres jamás habían tenido una conversación así con nosotros. Comprendimos que si queríamos a una chica había que hacer un esfuerzo por entablar una conversación y no solo babear como perros en celo. Era necesario establecer un nivel en el que ellas se sintieran a gusto. Siendo uno de los atacantes con bolas de nieve, yo acepté esos consejos y los asimilé cuidadosamente.

Durante ese último año de *Hauptschule* tuve una revelación sobre mi futuro. Surgió mientras escribía un ensayo —quién lo diría— que nos pusieron de tarea en la última semana de clases. El profesor de historia acostumbraba entregar páginas de un periódico a cuatro o cinco chicos para que escribieran sus comentarios sobre cualquier artículo o fotografía que les hubiera interesado. Esa vez yo estuve entre los elegidos y me entregó la página de deportes, que traía una foto de Kurt Marnul, Mr. Austria, en el momento de establecer un nuevo récord en *bench press*: 190 kilogramos.

Me sentí inspirado por el logro de ese hombre. Pero lo que en realidad me impresionó fue que el tipo usaba anteojos. La montura era poco común y los lentes ligeramente ahumados, y yo siempre había asociado los anteojos con tipos intelectuales, como maestros y curas. Pero ahí estaba Kurt Marnul tendido en la banca, en camisilla, con su cintura diminuta, su pecho enorme, con ese peso gigantesco sobre el pecho, y con anteojos. Yo no podía dejar de mirar la foto: ¿cómo era que alguien que, del cuello para arriba, lucía como un profesor podía estar levantando 190 kilos en *bench press*? Y eso fue lo que escribí en mi ensayo. Lo leí en voz alta y quedé muy complacido con las carcajadas que se escucharon. Pero seguía fascinado pensando que un hombre pudiera ser inteligente y fuerte a la vez.

Al mismo tiempo que surgió mi nuevo interés por las chicas, tomé más consciencia de mi cuerpo. Empecé a prestarle más atención a los deportes: estudiaba a los atletas, la forma en que se ejercitaban y la manera como usaban su cuerpo. Un año antes nada de eso me habría importado pero ahora me importaba todo.

Tan pronto terminaron las clases, mis amigos y yo nos fuimos derecho a nuestro sitio favorito del verano: el Thalersee. Allí nadábamos, sosteníamos peleas de lodo y jugábamos fútbol. Empecé a hacer amigos rápidamente entre los boxeadores, los luchadores y otros atletas. El verano anterior había conocido a uno de los salvavidas, Willi Richter, quien ya estaba en sus 20, y me permitió ser su compañero y ayudarle en su trabajo. Willi era todo un atleta completo. Cuando no estaba de guardia yo lo acompañaba mientras hacía sus ejercicios, para los cuales tenía una rutina y usaba el parque como gimnasio. Hacía *chin-ups* en los árboles, *push-ups* y *squats* en la tierra, corría por las trochas y hacía *standing jumps*. De vez en cuando asumía una pose de bíceps para mí, y lucía fabuloso.

Willi era amigo de dos hermanos muy bien desarrollados: uno de ellos ya iba a la universidad y el otro era un poco menor. Ambos eran levantadores de pesas y fisiculturistas, y el día que los conocí estaban practicando el lanzamiento de bala. Me preguntaron si quería probar y empezaron a enseñarme giros y pasos. Luego volvimos hasta el árbol en el que Willi estaba haciendo *chin-ups*. De pronto me dijo: «¿Por qué no pruebas?». Apenas logré sostenerme porque la rama era gruesa y se requiere mucha fuerza en los dedos, pero me las arreglé para hacer una o dos repeticiones y luego me dejé resbalar.

—Sabes, si practicas esto durante todo el verano, te garantizo que serás capaz de hacer diez, lo que sería todo un logro —me dijo Willi—. Y apuesto a que tus músculos dorsales anchos aumentarán un centímetro de cada lado.

Pensé para mis adentros: «Guau, qué interesante, con un solo ejercicio», mientras los seguíamos colina arriba para acompañarlo durante el resto de su rutina. De ahí en adelante hice ejercicios con él todos los días.

El verano anterior Willi me había llevado al Campeonato Mundial de Levantamiento de Pesas en Viena. Era un trayecto de cuatro horas y nos fuimos con varios muchachos en un auto. El viaje nos tomó más tiempo del que pensábamos, así que apenas alcanzamos el último evento, que era el de los levantadores de pesas de peso superpesado. El ganador fue un ruso enorme llamado Yuri Vlasov. En el auditorio miles de personas gritaban y chillaban cuando levantó 190,5 kilos (420 libras) por encima de su cabeza. Al levantamiento de pesas siguió un concurso de fisiculturismo, Mr. World, y esa fue la primera vez que vi hombres con aceite untado en el cuerpo, con zapatillas y posando para exhibir su físico. Después fuimos tras bastidores y vimos a Vlasov en persona. No sé cómo pudimos entrar, tal vez alguien tenía alguna conexión a través del club de levantamiento de pesas de Graz.

Fue toda una aventura y me divertí en grande, pero a los 13 años no podía creer que nada de eso tuviera algo que ver conmigo. Sin embargo, un año más tarde ya habría empezado a asimilarlo todo y sabría que quería ser fuerte y musculoso. Acababa de ver la película *Hercules and the Captive Women,* que me encantó, y había quedado muy impresionado con el cuerpo del protagonista.

—¿Sabes quién es ese actor? —me preguntó Willi—. Es Reg Park, Mr. Universo.

Le conté a Willi de mi ensayo en la escuela y resultó que había estado presente cuando Kurt Marnul estableció el record en *bench press.*

—Él es amigo mío —me contó Willi, y dos días más tarde anunció que vendría al lago—. Ya sabes, el hombre que viste en la foto.

—¡Genial! —respondí, y me quedé esperando con uno de mis compañeros de clase. Estábamos nadando y en medio de una de nuestras usuales peleas de barro apareció Marnul finalmente con una chica preciosa.

Llevaba puesta una camiseta ajustada, pantalones oscuros y los mismos anteojos de la fotografía. Después de cambiarse de ropa en la caseta del salvavidas salió con un pantalón de baño minúsculo. Todos quedamos boquiabiertos. ¡El hombre lucía increíble! Era famoso por sus gigantescos músculos deltoides y trapecios, y era realmente enorme. Tenía, además, la cintura pequeña y los abdominales bien marcados, la apariencia completa.

Entonces la chica que había llegado con él se puso su traje de baño, un bikini, y también quedó despampanante. Saludamos y después nos quedamos rondando por ahí y viéndolos nadar.

Ahora sí estaba definitivamente inspirado. Resultó ser que Marnul venía al lago todo el tiempo, a menudo acompañado por las chicas más fantásticas. Fue amable con mi amigo Karl y conmigo porque sabía que era nuestro ídolo. Karl Gerstl era un chico rubio, más o menos de mi estatura pero un par de años mayor, a quien yo me le presenté después de advertir que él había desarrollado algo de músculo.

—¿Haces ejercicio? —le pregunté.

—Sí, sí —dijo—. Empecé con *chin-ups* y cien *sit-ups* al día, pero no sé qué más hacer.

Lo invité, entonces, a hacer ejercicio con Willi y conmigo todos los días. Marnul también nos enseñaba ejercicios.

Pronto se nos unieron otros amigos de Willi y algunos miembros del gimnasio donde Kurt hacía ejercicio, todos mayores que yo. El más viejo era un tipo fornido ya en sus 40, llamado Mui. En sus buenos tiempos Mui había sido luchador profesional pero ahora solamente hacía ejercicios con pesas. Como Marnul, Mui era soltero. Vivía de un subsidio del gobierno y estudiaba en la universidad. Era un tipo tranquilo, muy inteligente y hábil para tratar a la gente, que hablaba inglés con fluidez. Mui jugaba un papel esencial pues era quien traducía las revistas inglesas y americanas de músculos y también la *Playboy*.

Siempre había chicas revoloteando a nuestro alrededor porque deseaban hacer ejercicio o simplemente estar con nosotros. Europa siempre fue mucho menos puritana que los Estados Unidos: allá la relación con el cuerpo era mucho más abierta, menos oculta, sin tanto misterio. No era extraño ver bañistas desnudos en zonas privadas del lago. Mis amigos pasaban vacaciones en colonias nudistas en Yugoeslavia y Francia, y eso los hacía sentir libres. Por otra parte, con las faldas de sus colinas, arbustos y senderos, Thalersee era el lugar perfecto para amantes.

Cuando tenía 10 u 11 años y vendía helados alrededor del lago, yo no captaba muy bien por qué había tanta gente tendida sobre grandes cobijas en medio de los arbustos, pero ahora ya lo sabía.

Ese verano la fantasía de nuestro grupo fue vivir como los gladiadores. Así que devolvíamos el tiempo y nos dedicábamos a beber agua pura y vino rojo, comíamos carne, teníamos mujeres y corríamos por el bosque haciendo ejercicio y deporte. Todas las semanas prendíamos una gran fogata junto al lago y asábamos *shish-kebabs* de tomate, cebolla y carne. Tendidos bajo las estrellas dábamos vuelta a las brochetas entre las llamas hasta que quedaban perfectas.

El hombre que traía la carne para estos festines era el padre de Karl, Fredi Gerstl. Único cerebro verdadero de todo el grupo, Fredi era un tipo de contextura sólida y lentes gruesos que más parecía un amigo que un papá. Era un político, y él y su esposa administraban los dos quioscos más grandes de tabaco y revistas que había en Graz. Fredi era director de la asociación de vendedores de tabaco pero lo que más le interesaba era ayudar a los jóvenes. Los domingos él y su esposa caminaban alrededor del lago con su perro boxer, y Karl y yo los seguíamos. Sin embargo nunca sabíamos con qué iba a salir Fredi: un minuto podía estar hablando de la política en la Guerra Fría y al minuto siguiente burlándose de nosotros porque todavía no sabíamos nada de chicas. Tenía conocimientos de *bel canto* y a veces se paraba a la orilla del lago para cantar a grito herido cualquier aria. El perro lo acompañaba aullando y Karl y yo, avergonzados, caminábamos lo más lejos posible de él.

La idea de los gladiadores había sido de Fredi.

— ¿Qué saben ustedes chicos del entrenamiento de potencia? —nos preguntó un día—. ¿Por qué no imitan a los gladiadores romanos? ¡*Ellos* sí que sabían entrenar!

Aunque presionaba a Karl para que estudiara medicina, le encantaba que su hijo hubiera empezado a hacer ejercicio. Era un fanático de la idea de equilibrar cuerpo y mente.

—Ustedes deben desarrollar una maquinaria física suprema pero también una mente suprema —decía—. ¡Lean a Platón! Los griegos crearon los Juegos Olímpicos, pero también nos dieron los grandes filósofos, y debemos cuidar de ambos.

Nos relataba historias de los dioses griegos y de la belleza de un cuerpo y la de un ideal.

—Sé que parte de esto va entrar por un oído para salir por el otro —nos decía—. Pero a ustedes, chicos, voy a presionarlos y finalmente algún día se darán cuenta de lo importante que es.

En esa época, sin embargo, estábamos más concentrados en lo que podíamos aprender de Kurt Marnul. Kurt era un personaje absolutamente encantador y estaba en la onda. Por ser Mr. Austria nos parecía perfecto: tenía el cuerpo y las chicas y el récord de levantamiento en *bench press* y conducía un convertible Alfa Romeo. En la medida que fui conociéndolo empecé a estudiar su rutina. Su ocupación habitual era la de supervisor de una cuadrilla en una firma constructora de carreteras. Empezaba a trabajar temprano en la mañana y acababa a las tres. Luego hacía tres horas de ejercicio en el gimnasio, donde entrenaba duramente. Nos permitía visitarlo allí para que captáramos la idea: si uno trabaja y gana dinero, entonces puede comprarse este auto; si uno entrena, entonces gana campeonatos. No había formulas mágicas: si uno quería algo, debía ganárselo. A Marnul le gustaban las chicas hermosas y sabía encontrarlas en cualquier parte: en los restaurantes, en el lago, en los escenarios deportivos. A veces las invitaba a su sitio de trabajo donde lo encontrarían con su camiseta sin mangas, mandando a los trabajadores y movilizando el equipo. Luego venía para charlar. El Thalersee era clave en su rutina. Un tipo del montón simplemente invitaría a una chica a tomar una copa después del trabajo, pero no él. Kurt la llevaba en su Alfa hasta el lago para nadar. Luego cenaban en el restaurante y entraba en acción el vino rojo. En el auto siempre tenía una cobija y otra botella de vino. Volvían a la orilla del lago y buscaban algún sitio romántico. Entonces él extendía la cobija, destapaba el vino y empezaba a enrollar a la chica. Tenía mucha labia. Verlo en acción aceleró el proceso iniciado por nuestro profesor de matemáticas. Memoricé todo lo que Kurt decía y todos sus pasos, incluidos la cobija y el vino. Todos lo hicimos y ¡las chicas respondieron!

Kurt y los otros vieron potencial en mí porque en un período tan corto de entrenamiento había crecido y me había fortalecido bastante. Finalizando el verano me invitaron a hacer ejercicio en Graz, donde tenían las pesas. El gimnasio Athletic Union, que operaba bajo las tribunas del estadio público de fútbol, era un enorme salón de concreto, muy bien iluminado y con el equipo más elemental: barras para pesas, pesas, barras para *chin-ups* y bancas. Estaba repleto de hombres que resoplaban y bufaban por el esfuerzo. Los amigos del lago me enseñaron cómo hacer algunos levantamientos básicos, y durante las tres horas siguientes me dediqué feliz a hacer ejercicios, docenas y docenas de levantamientos, *squats* y *curls*.

Una sesión de ejercicio normal para un principiante incluiría tres juegos de repeticiones de cada ejercicio —para que sus músculos se fueran acostumbrando— pero nadie me lo dijo. A los que frecuentaban el gimnasio del estadio les encantaba gastarles bromas a los nuevos y me azuzaron, así que hice *diez* tandas de cada ejercicio. Cuando terminé disfruté enormemente un buen duchazo: como en casa no había agua corriente siempre estaba deseando tomar una ducha en el estadio, aunque el agua no fuera caliente. Luego me vestí y salí a la calle.

Empecé a sentir que mis piernas parecían de caucho y que no me respondían. No me detuve a pensar mucho en eso sino que monté en la bicicleta. Me caí. Esto ya era extraño y entonces me di cuenta de que mis brazos y piernas no parecían estar conectados conmigo. Volví a la bicicleta pero no pude controlar el manubrio y los muslos me empezaron a temblar como si fueran de gelatina, entonces me fui de lado y aterricé en la cuneta. Fue lastimoso. Finalmente desistí de montar en bicicleta y opté por irme caminando hasta la casa, una épica caminada de cuatro millas. A pesar de todo no veía la hora de regresar al gimnasio para volver a entrenar con pesas.

Ese verano tuvo un efecto milagroso en mí. Dejé de existir para vivir. Me sacó de la aburrida y poco atrayente rutina de Thal, que consistía en levantarme, recoger la leche en la puerta del vecino, volver a casa y hacer *push-ups* y *sit-ups* mientras mi madre preparaba el desayuno y mi padre se alistaba para ir al trabajo. Ahora, de repente, había alegría, lucha, dolor, felicidad, placeres, mujeres, drama, todo lo cual me hacía sentir que eso sí era vida, y que era realmente fenomenal. Aunque todavía apreciaba el ejemplo de mi padre —su disciplina, sus logros profesionales y deportivos y su música— por el simple hecho de tratarse de mi padre perdieron importancia para mí. De repente se me había abierto toda una vida nueva y era *mía*.

En el verano de 1962, a la edad de 15 años, inicié un nuevo capítulo de mi vida. Ingresé a la escuela vocacional de Graz y empecé a estudiar y trabajar como aprendiz. Aunque todavía vivía en casa, el gimnasio había reemplazado a mi familia en muchos aspectos. Los tipos mayores ayudaban a los más jóvenes. Se acercaban si uno hacía algo mal o para corregir la forma. Karli Gerstl se convirtió en uno de mis compañeros de entrenamiento y conocimos la alegría de inspirarnos mutuamente, mentalizándonos y compitiendo en una forma positiva.

—Voy a hacer diez repeticiones de esta pesa, te lo garantizo —decía Karli, y hacía once, solo para darme con todo.

—¡Eso estuvo genial! Pues yo voy a hacer doce —le respondía.

Muchas de nuestras ideas para entrenar provenían de revistas. Teníamos publicaciones de fisiculturismo y levantamiento de pesas en alemán, pero las de Estados Unidos eran las mejores y nuestro amigo Mui se ocupaba de la traducción. Las revistas eran nuestra biblia de entrenamiento, de nutrición, de las diferentes formas de preparar bebidas proteínicas para desarrollar los músculos, de hacer ejercicios con un compañero de entrenamiento. Las revistas promovían el fisiculturismo como un sueño dorado. Cada número traía fotografías de los campeones y detalles de sus rutinas de entrenamiento. Uno veía a estos tipos sonriendo, mostrando su musculatura y enseñando orgullosamente sus cuerpos en Muscle Beach, California, y por supuesto rodeados de chicas maravillosas que llevaban trajes de baño muy *sexy*.

Todos conocíamos el nombre del editor —Joe Weider—, quien era una especie de Hugh Hefner del mundo del fisiculturismo. Weider era el dueño de las revistas y en cada número aparecían su fotografía y su columna. Además, en casi todas las fotos de playa incluía a su esposa, Betty, una modelo preciosa. Muy pronto la vida del gimnasio me absorbió por completo. Solo pensaba en el entrenamiento. Un domingo que encontré cerrado el estadio forcé la entrada e hice ejercicios en ese frío bajo cero. Tenía que envolverme las manos en toallas para que no se me pegaran en las barras metálicas. Semana tras semana veía mis adelantos en cuanto al peso que podía levantar, a la cantidad de repeticiones que toleraban mis músculos, a la forma de mi cuerpo, así como a su masa y peso total. Me convertí en miembro permanente del equipo Athletic Union. Y me sentía muy orgulloso de que yo, el pequeño Arnold Schwarzenegger, estuviera en el mismo club con Mr. Austria, el gran Kurt Marnul. Hice del club mi hogar adoptivo sin importarme que el agua corriera por las paredes cuando llovía, o que aún viviera con mis padres.

Había probado practicar muchos otros deportes, pero la forma en que mi cuerpo respondía al entrenamiento con pesas dejó en claro al instante que ahí estaba mi mayor potencial y podía darlo todo. No podía explicar qué me impulsaba pero parecía haber nacido para entrenar y estaba seguro de que en algún momento ese sería mi pasaporte para salir de Thal.

—Kurt Marnul puede ganar Mr. Austria —pensaba—. Y ya me ha dicho que yo también puedo ganarlo si entreno duro, así que voy a hacerlo.

Este pensamiento convertía en un verdadero placer las horas que pasaba levantando toneladas de hierro y acero. Cada serie dolorosa, cada repetición adicional, era un paso más que me acercaba a la meta de ser Mr. Austria y acceder a la competencia para ser Mr. Europa. En noviembre me encontré en la tienda por departamentos de Graz la última edición de *Musclebuilder*. En la portada aparecía Mr. Universo, Reg Park, con un taparrabos personificando a Hércules, y di un respingo al ver que *éste* era el tipo que había protagonizado la película que tanto me había gustado ese verano. En las páginas interiores había fotografías de Reg posando, haciendo ejercicio, ganando el concurso de Mr. Universo por segundo año consecutivo, estrechando la mano de Joe Weider y charlando en Muscle Beach con el legendario Steve Reeves, un Mr. Universo anterior también protagonista de películas sobre Hércules.

Apenas pude esperar para localizar a Mui y descubrir qué decía el artículo. Era la historia de la vida de Reg desde su infancia en medio de la pobreza en Leeds hasta que se convirtió en Mr. Universo y llegó a Roma para protagonizar Hércules. Finalmente hablaba de su matrimonio con una beldad de Sudáfrica, país donde ahora residía cuando no estaba entrenando en Muscle Beach.

Con esta historia se concretó una visión más de las mías y supe que podría convertirme en otro Reg Park. De repente todos mis sueños tuvieron sentido. Había encontrado el medio para llegar a América: ¡el fisiculturismo! Y también conseguiría la forma de llegar al cine. Ambos serían el motivo por el cual me reconocerían en todo el mundo. Las películas traerían dinero —estaba seguro de que Reg Park era millonario— y también las chicas más lindas, otro aspecto igualmente importante.

En las semanas que siguieron perfeccioné esta visión hasta volverla muy específica. Competiría para ser Mr. Universo, rompería los récords de levantamiento de potencia, iría a Hollywood, sería como Reg Park. La visión llegó a ser tan clara en mi mente que estaba seguro de que se haría realidad. No había alternativa: era eso o nada. Mi madre se dio cuenta enseguida de que había algo diferente. Ahora yo llegaba a casa con una gran sonrisa. Le dije que estaba entrenando y ella comprendió que para mí era un placer volverme más fornido.

Pero con el paso de los meses mi obsesión empezó a preocuparla. Cuando llegó la primavera yo había colgado fotografías de hombres musculosos en casi toda la pared detrás de mi cama. Había boxeadores, luchadores profesionales, levantadores de pesas y levantadores de potencia. Pero más que todo había fisiculturistas posando, especialmente Reg Park y Steve Reeves. Estaba orgulloso de mi pared: esto fue en la época en que no había fotocopiadoras. Yo había sacado de revistas las imágenes que deseaba y las había llevado a que las fotografiaran y reprodujeran a un tamaño de 8x10. Había conseguido recuadros de fieltro cortados profesionalmente y les había pegado las copias para colgarlas en la pared. Las dispuse de una manera tal que lucían muy bien, pero eso dejó a mi mamá muy preocupada.

Finalmente ella decidió buscar asesoría profesional y haciéndole señas detuvo al doctor cuando pasaba por la carretera en una de sus rondas habituales.

— Quiero que usted vea esto —le dijo, y lo llevó a mi dormitorio.

Yo estaba en la habitación principal haciendo mis tareas escolares pero alcancé a escuchar casi toda la conversación.

— Doctor —decía mi madre—. Todos los demás chicos, los amigos de Arnold… Cuando voy a sus casas yo veo que tienen chicas colgadas en la pared. Chicas en afiches, revistas, fotografías a color. Pero vea lo que él tiene: hombres desnudos.

—*Frau* Schwarzenegger —dijo el doctor—. No hay nada malo en esto. Los chicos siempre necesitan inspiración. Ellos la buscan en su padre pero muchas veces no es suficiente porque es su padre, entonces la buscan en otros hombres. Esto en realidad es algo bueno, nada por lo cual deba usted preocuparse.

El médico se fue, mi madre se enjugó las lágrimas y fingió que nada había ocurrido. Después, ella misma les decía a sus amigas:

—Mi hijo tiene fotografías de hombres fornidos y de atletas y se entusiasma tanto cuando las mira que ahora entrena todos los días. Arnold, cuéntales cuánto peso estás levantando.

Empecé a tener éxito con las chicas, por supuesto, pero eso no lo podía compartir con mi madre. Sin embargo, en primavera ella descubrió cuánto habían cambiado las cosas. Yo acababa de conocer a una chica dos años mayor que yo a la que parecía gustarle la vida al aire libre.

—¡A mí también me gusta acampar! —le dije—. En la granja de

nuestro vecino hay un lugar muy bonito, justo detrás de nuestra casa. ¿Por qué no traes tu carpa?

Ella vino la tarde siguiente y disfrutamos montando su bonita y pequeña tienda de campaña. Algunos niños del vecindario nos ayudaron a enterrar las estacas. La carpa tenía el tamaño preciso para albergar dos personas y se cerraba con un zípper. Cuando los niños se fueron, la chica y yo nos metimos en la carpa y empezamos a besarnos. Ella se sacó la blusa. De repente yo escuché el sonido del zípper y me volteé justo a tiempo para ver la cabeza de mi madre metida en la carpa. Mamá hizo toda una escena, trató a la chica de mujerzuela y de puta, y salió furiosa cuesta arriba hacia nuestra casa. La pobre chica se sintió muy avergonzada, yo la ayudé a desarmar la carpa y ella se fue corriendo.

Ya en casa, mi madre y yo tuvimos una pelea.

—Pero ¿qué es esto? —grité—. De pronto le estás diciendo al doctor que tengo esas fotografías y al poco tiempo estás preocupada porque estoy con una chica. No te entiendo. Eso es lo que hacemos los hombres.

—No, no, no. No junto a mi casa.

A mi madre le estaba tocando adaptarse a un hijo completamente distinto. Pero yo estaba realmente furioso. Solo quería vivir mi vida. Ese sábado fui a la ciudad e hice lo que quería con la chica, sus padres no estaban ahí.

El trabajo como aprendiz era parte importante de la capacitación en la escuela vocacional donde empecé en el otoño de 1962. En las mañanas teníamos clase y por las tardes nos íbamos a nuestros trabajos en todas partes de Graz. Esto era mucho mejor que estar sentado en un salón de clases todo el día. Mis padres sabían que yo era bueno en matemáticas y disfrutaba barajando cifras en mi cabeza, así que me habían matriculado en un programa de negocios y comercio en lugar de uno de plomería o de carpintería o de cualquier otro oficio.

Mi trabajo como aprendiz fue en Mayer-Stechbarth, una pequeña tienda de suministros para construcción en la *Neubaustrasse*, que tenía cuatro empleados. El propietario era Herr Dr. Matscher, un abogado retirado que siempre iba a trabajar de vestido entero. Su esposa Cristina y él administraban el negocio. Al principio me asignaron labores más que todo físicas, desde apilar madera hasta palear la acera. La verdad es que me gustaba hacer las entregas: cargar pesadas láminas de madera prensada escaleras arriba para los clientes también era una forma de ejercitar mi fortaleza física. Muy pronto me pidieron que ayudara a hacer el inventario y así fue que me interesé en conocer cómo se administraba la tienda. Me enseñaron a transcribir pedidos y aproveché lo que había aprendido en mis clases de contabilidad para ayudarles a llevar las cuentas.

La habilidad más importante que adquirí fue la de vender. La regla fundamental era no permitir jamás que un cliente saliera sin haber comprado algo. Si eso pasaba, uno demostraba ser mal vendedor. Así fuera solo un tornillo había que hacer una venta. Eso significaba trabajar desde todos los ángulos posibles: si no podía vender pisos de linóleo, ofrecía limpiador para pisos.

Me hice amigo del segundo aprendiz, Franz Janz, gracias a nuestra mutua fascinación por América. Teníamos conversaciones interminables sobre América e incluso intentamos traducir Schwarzenegger al inglés. El resultado fue "rincón negro", aunque labrador negro habría sido más preciso. Llevé a Franz al gimnasio y traté de interesarlo en el entrenamiento pero esto no le llamaba la atención. Le gustaba más tocar guitarra y de hecho era miembro de The Mods, la primera banda de rock que hubo en Graz.

Sin embargo, Franz comprendía perfectamente mi obsesión por entrenar. Un día alcanzó a ver que alguien iba a desechar un juego de barras para pesas. Las arrastró hasta su casa en un trineo y convenció a su padre de lijarles el óxido y pintarlas. Después, ambos las llevaron hasta mi casa, y yo convertí una zona cercana a las escaleras en mi gimnasio propio, lo que me permitió intensificar mi rutina y entrenar en casa cualquier día que no pudiera hacerlo en el estadio.

En Mayer-Stechbarth me conocían como el aprendiz que deseaba irse a América. Los Matscher fueron muy pacientes con nosotros: nos enseñaron a llevarnos bien con los clientes y entre nosotros mismos, así como a fijar nuestros propios objetivos. *Frau* Matscher estaba decidida a corregir lo que ella consideraba un vacío en nuestra educación. Ella pensaba, por ejemplo, que no habíamos participado en suficientes conversaciones serias y quería volvernos más sofisticados. Así que se sentaba con nosotros largos ratos para discutir temas de arte, religión y actualidad. Para compensar nuestros esfuerzos nos invitaba a comer pan con mermelada.

Por la misma época en que *Frau* Matscher empezó a culturizarme saboreé por primera vez las mieles de un triunfo atlético. Un salón cervecero puede parecer un lugar extraño para iniciar una carrera deportiva pero en uno de ellos empezó la mía. Corría marzo de 1963 en Graz. Yo tenía 15 años y medio y haría mi primera presentación pública con el uniforme del equipo Athletic Union: zapatos negros de entrenamiento, medias marrones, unitardo negro con tirantas estrechas y el emblema del club en el frente. Nos enfrentábamos a levantadores de pesas de un club rival y el encuentro era parte del entretenimiento para unas trescientas o cuatrocientas personas —todas sentadas en largas mesas— que fumaban y entrechocaban sus jarros de cerveza.

Era la primera vez que me presentaba en público, así que cuando salí a la tarima iba excitado y nervioso. Me eché tiza en las manos para evitar que las pesas se me resbalaran y de un solo envión levanté con los dos brazos 150 libras, mi peso normal. Los asistentes me ovacionaron y ese aplauso tuvo un efecto en mí que jamás habría imaginado. Apenas pude esperar mi turno siguiente en la rotación. Esta vez, para mi propio asombro levanté 185 libras, 35 libras más de las que jamás había levantado en el gimnasio. Hay personas que logran su mejor desempeño frente al público y otras que no. Uno del equipo contrario, que era mejor levantador que yo, sentía que el público lo distraía y fracasó en su último levantamiento. Después me dijo que él no lograba concentrarse en público tan bien como en el gimnasio. Para mí, en cambio, era todo lo contrario: el público me transmitía fuerza y motivación y mi ego daba más. Descubrí que mi desempeño era mucho, pero mucho mejor, si estaba frente a otras personas.

CAPÍTULO 3

Confesiones de un conductor de tanques

LA BASE MILITAR CERCANA a Graz era el cuartel general de una de las divisiones de tanques del ejército austriaco. Supe eso porque en Austria todos los jóvenes estaban obligados a prestar servicio y yo estaba buscando una manera para que el ejército encajara en las metas de mi vida. Comprendí que para el ejército lo lógico era asignar a alguien de mi tamaño a la infantería y ponerme a cargar ametralladoras y municiones montañas arriba. Pero la infantería tenía su base en Salzburgo y eso no estaba en mis planes. Necesitaba quedarme en Graz y continuar con mi entrenamiento. Mi misión era convertirme en campeón mundial de fisiculturismo, no pelear guerras. En realidad esa tampoco era la misión del ejército austriaco. Teníamos ejército porque se nos permitía tenerlo. Era una expresión de soberanía. Pero era un ejército pequeño y nadie pensaba tomar parte en combates reales.

Me parecía que no llegaba la hora de alistarme en el ejército para estar lejos de casa por primera vez. Acababa de terminar mi educación y cuanto más pronto prestara servicio, más pronto podría obtener mi pasaporte.

Ser conductor de tanques sonaba muy bien. Varios amigos que se habían alistado en el ejército estaban estacionados en Graz y yo les había formulado mil preguntas acerca de los empleos en esa base.

Había muchos puestos para nuevos reclutas, que podían ser en las oficinas administrativas o en la cocina, donde uno jamás tocaba un tanque. Mis amigos estaban en la infantería blindada, soldados entrenados para apoyar a los tanques; van montados en ellos durante las batallas y luego bajan a buscar minas antitanques y demás.

Pero lo que me fascinaba eran los tanques en sí. Me encantan las cosas grandes y el Patton M47 de fabricación americana, llamado así en honor al general de la Segunda Guerra Mundial, ciertamente caía dentro de esa categoría. Tenía 12 pies de ancho, 50 toneladas de peso y un motor de 800 caballos. Era tan potente que podía atravesar una pared de ladrillo sin que uno lo notara si iba adentro. Me costaba creer que alguien confiara a un chico de 18 años una máquina de ese tamaño y costo. El otro gran atractivo era que, para calificar como conductor de tanques, primero había que obtener licencia de conducción para motocicletas, automóviles, camiones y camiones con remolque, en ese orden. El ejército suministraba la capacitación para todo eso, algo que en el mundo civil costaría miles y miles de chelines. Por último, en todo el ejército austriaco solamente había 900 tanques, y yo quería sobresalir.

Mi padre, que todavía soñaba con que me convirtiera en policía o en oficial del ejército, me recomendó de buen grado con un amigo suyo de la guerra, que casualmente era el comandante de la base de Graz. Gran fanático de los deportes, el hombre estaba muy complacido de tenerme en su redil, y una vez completado mi entrenamiento básico se ocuparía de que yo pudiera montar en la base algún equipo para levantamiento de pesas.

Todo habría salido perfectamente bien si no hubiera sido por un error de cálculo. Para entonces yo había empezado a ganar trofeos por levantamiento de pesas y fisiculturismo, era campeón juvenil de levantamiento de pesas a nivel regional y justamente ese verano ganaría el campeonato austriaco de levantamiento de potencia en la división de peso pesado, derrotando a hombres mucho más experimentados. Aunque a simple vista podía verse que solo era un chico más grande de lo normal, ya había empezado a competir exitosamente también en fisiculturismo. Gané un campeonato regional y obtuve el tercer puesto en la competencia para ser Mr. Austria, razón válida para compartir la escena con Kurt Marnul, quien seguía siendo el rey. Justo antes de alistarme, me inscribí para mi primera competencia internacional —la versión juvenil de Mr. Europa, un paso que era crucial para mi plan— y no había caído en cuenta de que durante las seis semanas del entrenamiento básico no había salida posible de Graz.

A mí no me molestaba el entrenamiento básico: me había enseñado que algo que al principio parece imposible se puede lograr. ¿Habríamos creído alguna vez que podríamos escalar un precipicio con todo el equipo de campo encima? No. Pero cuando se nos ordenó hacerlo, lo hicimos. Y por el camino nos llenamos los bolsillos con setas que esa noche entregamos al cocinero para hacer sopa.

Sin embargo, no podía dejar de pensar en lo mucho que deseaba ir y competir por el título de Mr. Europa Juvenil. Cada vez que podía me escapaba a la letrina para practicar mis poses. Le rogué al sargento instructor que lo considerara una emergencia familiar y me permitiera ir a Stuttgart para competir. Ni en broma. Finalmente, la noche anterior al evento decidí ir. «A la mierda», me dije, y salí.

Siete horas de tren más tarde ya estaba en Stuttgart, Alemania, haciendo mis poses frente a unos cuantos cientos de fanáticos y saboreando las ovaciones. Gané el título de Atleta Juvenil Mejor Formado de Europa. Era la primera vez que concursaba fuera de Austria y ante la mayor de las audiencias que había tenido jamás. Me sentí como King Kong.

Por desgracia, cuando me presenté nuevamente en el campo de entrenamiento me castigaron. Fui arrestado y me encerraron en aislamiento 24 horas. Después, mis superiores se enteraron de mi victoria y me liberaron. Durante todo el resto del entrenamiento básico trabajé en serio y pronto pude reportarme a la unidad de tanques comandada por el amigo de mi padre. De ahí en adelante, el ejército fue una diversión. Monté un cuarto de pesas en las barracas, donde se me permitía entrenar cuatro horas al día. Algunos soldados y oficiales también empezaron a entrenar. Por primera vez en mi vida estaba comiendo carne, proteína real, todos los días. Además estaba creciendo tan rápido que cada tres meses el uniforme me quedaba pequeño y debía pedir la siguiente talla más grande.

El entrenamiento con motocicletas empezó enseguida, seguido por el de autos un mes después. Nos enseñaron mecánica básica porque debíamos ser capaces de arreglar nuestro vehículo si el daño era sencillo. Luego aprendimos a conducir camiones, lo que resultó difícil porque los camiones del ejército tenían transmisión manual, no sincronizada. Para meter un cambio, fuera arriba o abajo, había que ponerlos en neutro *y* embragar dos veces *y* devolver el motor a una velocidad que permitiera engranar el siguiente cambio. Todo esto causó el daño de muchas cajas de transmisión y un gran drama, pues nos sacaban al tráfico real cuando aun teníamos muy poca práctica. Hasta que la acción de meter los cambios se convirtió en un acto reflejo, me resultó muy difícil mantener la vista en la carretera. Me distraía con la palanca de cambios y de repente veía vehículos detenidos frente a mí: debía, entonces, frenar y reducir la marcha y hacer todo lo del embrague con el instructor gritándome en la oreja. Siempre regresaba empapado en sudor, lo que en últimas resultó ser una forma efectiva para perder grasa.

La etapa siguiente —la de aprender a conducir camiones con remolque— también fue peliaguda, especialmente cuando había que dar marcha atrás mirando por los espejos y girar la dirección al contrario. Dominar toda la cuestión me tomó un tiempo, además de unos cuantos estrellones y golpes contra algunas cosas. Descansé realmente cuando logré aprenderlo y pasar por fin a la conducción de tanques.

El M47 está hecho para ser conducido con una sola mano, accionando una palanca de mando que controla los cambios y la marcha de las bandas de rodamiento. Uno se sienta en la esquina delantera izquierda del casco del tanque y tiene a los pies un pedal de freno y otro de acelerador. El asiento es metálico y se puede subir y bajar. Normalmente se conduce con la escotilla abierta y se saca la cabeza para poder ver. Pero cuando hay que alistarse para trabar combate se debe bajar el asiento, cerrar la escotilla y mirar por un periscopio. Para las horas nocturnas, había un tipo de rayo infrarrojo que apenas permitía adivinar árboles y arbustos y otros tanques. A pesar de mi tamaño yo cabía en el asiento, pero conducir con la escotilla cerrada podía ser bastante claustrofóbico. Me sentía realmente orgulloso de estar aprendiendo a manejar esta enorme máquina tan diferente a todo con lo que jamás había tenido que lidiar.

El campo de maniobras más cercano era una gran franja de terreno que bordeaba las colinas entre Thal y Graz. Para llegar allí conducíamos una hora y media desde la base por una sinuosa carretera secundaria de gravilla, toda una compañía de 20 tanques estruendosos que pasaban traqueteando junto a casas y aldeas. Por lo general conducíamos de noche, cuando el tráfico civil era mínimo.

Mi destreza como conductor, que implicaba maniobrar con precisión y conducir con tranquilidad esquivando huecos y cunetas para que mi comandante y compañeros tripulantes no terminaran aporreados, era algo que me enorgullecía. Pero al mismo tiempo yo era algo propenso a las catástrofes.

Teníamos una rutina regular para acampar. Primero hacíamos ejercicio: yo llevaba mis pesas de disco y de barra y la banca de ejercicios, todo escondido en unos compartimientos que el tanque tenía arriba, en los que normalmente se guardaban las herramientas. Los que querían entrenar —usualmente tres, cuatro o cinco del pelotón— se me unían y hacíamos una hora y media de ejercicio antes de comer algo. Algunas noches los conductores debían permanecer en sus tanques y el resto del pelotón dormía en carpas. Para acostarnos cavábamos un hueco poco profundo en el que poníamos una frazada y parqueábamos el tanque encima. La idea era protegernos de los jabalíes. No se nos permitía matarlos y vagaban libremente en la zona de entrenamiento porque me imagino que sabían de la prohibición. También apostábamos centinelas que se quedaban encima de los tanques para que los jabalíes no pudieran alcanzarlos.

Una noche que habíamos acampado cerca de un riachuelo me desperté sobresaltado porque escuché a los jabalíes rondando por ahí. En ese momento me di cuenta de que no había nada por encima de mí: mi tanque había desaparecido. Lo busqué en los alrededores y lo encontré a unos 20 o 30 pies, de cabeza entre el agua. La nariz estaba sumergida y el cañón enterrado en el lodo. Había olvidado poner el freno grande, me di cuenta después, y el terreno tenía el declive justo para que el tanque alcanzara a rodar mientras yo dormía. Traté de sacarlo, pero las bandas solo giraban en falso en el fango.

Tuvimos que traer una unidad de remolque de 80 toneladas para que sacara mi tanque. Luego hubo que llevarlo al depósito de reparaciones y retirar la torreta. El cañón fue enviado a otro sitio para someterlo a una limpieza especial. Por esto tuve que permanecer en confinamiento 24 horas.

Para mí era riesgoso hasta el garaje del tanque. Una mañana fui y le di arranque a mi tanque, ajusté mi asiento y giré para chequear los indicadores antes de sacarlo. Las lecturas estaban bien pero sentí que el tanque se sacudía un poco y que el motor sonaba forzado. Pensé: «Tal vez deba bombearle un poco de gasolina para suavizarlo», así que le di más gasolina sin perder de vista los indicadores. Sin embargo, las sacudidas solo se intensificaron, cosa muy extraña. Entonces noté que estaba cayendo polvo. Miré por la escotilla y me di cuenta de que en lugar de acelerar el motor, el tanque estaba empujando la pared del garaje y eso era lo que causaba las sacudidas. Luego se reventó un tubo, empezó a salir agua a chorros por todas partes y sentí un olor a gasolina.

La gente estaba gritando «¡Detente! ¡Detente!», así que apagué el tanque y salí corriendo por el garaje para buscar al oficial al mando que conocía a mi padre. Creí que él sería mi única salvación. Nada más esa mañana lo había visto y me había dicho cosas como: «El otro día me encontré con tu padre y le conté lo bien que te está yendo».

—Señor, creo que he ocasionado un pequeño problema —le dije, luego de golpear a su puerta.

—Oh, no te preocupes por eso —me dijo, aún conservando un humor excelente—. ¿Qué fue lo que pasó, Arnold?

—Bueno, será mejor que venga para que lo vea.

—Vamos. —convino, y mientras salíamos me dio unas palmaditas en la espalda, todavía con la misma actitud de la mañana.

Pero entonces vio el agua saliendo a chorros, a los muchachos dando vueltas alrededor y al tanque metiéndose en la pared.

Su disposición cambió al instante: empezó a gritarme, me insultó de todas las formas que se le ocurrieron y dijo que llamaría a mi padre para decirle exactamente lo contrario de lo que le había expresado antes. Tenía hinchadas las venas del cuello pero finalmente se calmó y dijo:

—Cuando vuelva de almorzar, quiero verlo todo arreglado. Es la única forma de reparar tu error. Trae a los soldados y ARRÉGLALO.

Lo bueno del ejército es que es autosuficiente. La división tenía sus propios albañiles, plomeros y materiales de construcción. Por suerte, el techo no se había caído ni había ningún otro daño mayor y mi tanque, que por supuesto era de acero, no había sufrido daño alguno. A los muchachos les pareció que mi accidente había sido tan divertido que se apresuraron a ayudarme, así que no tuve mucho que organizar. Por la tarde los tubos ya estaban arreglados y la pared reparada, solamente faltaba esperar a que se secara para aplicar el estuco en la parte de afuera. Me sentí bien porque había tenido la oportunidad de aprender a mezclar cemento y pegar bloques de hormigón ligero. Claro que tuve que aguantarme a toda la base burlándose de mí: «Oh, supe lo de tu tanque». Tuve, además, que pasar toda una semana en KP —*Kitchen Police,* que era el servicio de comedor— pelando papas con todos los demás que habían cometido alguna trastada, ahí donde todos pudieran vernos cuando llegaran a buscar su comida.

Para la primavera de 1966 ya estaba empezando a pensar que el ejército no necesariamente tendría sentido práctico para mí. Mi triunfo en Stuttgart el otoño anterior había llamado mucho la atención. Albert Busek, uno de los organizadores de la competencia y editor de la revista *Sportrevue,* escribió un comentario pronosticando que el fisiculturismo estaba por entrar en la era Schwarzenegger. Recibí varias ofertas para convertirme en entrenador profesional, entre ellas una del editor de

Busek, Rolf Putziger, quien era el mayor promotor del fisiculturismo en Alemania. Me ofreció empleo como administrador de su gimnasio de Munich, algo extremadamente tentador, pues tendría una oportunidad maravillosa para entrenar y más probabilidades de hacerme conocer. En Austria el fisiculturismo todavía era una actividad complementaria del levantamiento de pesas, pero en Alemania estaba mucho mejor establecido.

En el mundo del fisiculturismo se había corrido la voz de mi victoria en Stuttgart el otoño anterior. Había sido portada de varias de las revistas: mi historia llamaba la atención por tratarse de un chico austriaco desconocido cuyos brazos a los 18 años medían 19 pulgadas.

Decidí que, dadas las circunstancias, tenía sentido pedir una baja temprana al ejército. Con la solicitud, presenté una copia de la oferta de trabajo de Putziger y algunos de los artículos de las revistas sobre mí. Mis superiores sabían de mi ambición por convertirme en campeón fisiculturista y pensé que éste sería un gran paso para mí. Pero no estaba asustado. Mientras el plazo mínimo de alistamiento en el ejército austriaco era de solo nueve meses, por el costo de su entrenamiento a los conductores de tanques se les exigía prestar servicio tres años. Yo había sabido de conductores a quienes les habían dado la baja temprana por enfermedad familiar o porque los necesitaban en la granja, pero jamás había sabido que dieran la baja a alguien por perseguir un sueño.

No es que me disgustara el ejército. De hecho era lo mejor que me había pasado jamás. Ser un soldado me había ayudado mucho a aumentar la confianza en mí mismo. Viviendo independiente de mi familia descubrí que podía contar conmigo mismo. Aprendí a disfrutar la camaradería de otras personas y a ser un buen camarada yo mismo. La estructura y la disciplina parecían más naturales que las de mi casa. Si cumplía ordenes me parecía que había logrado algo.

En el curso de nueve meses había aprendido mil pequeñas cosas: desde lavar y remendar camisas hasta freír huevos sobre la cubierta del tubo de escape de un tanque. Había dormido a campo raso, prestado guardia en barracas durante noches enteras y descubierto que las noches sin sueño no implican que el desempeño al día siguiente no sea de alto nivel, y que los días sin comida no significan que uno va a morir de hambre. Cosas todas en las que nunca antes había pensado.

Me proponía ser un líder algún día pero sabía que aprender a obedecer también era importante. Como dijo Churchill: «Los alemanes eran los mejores si los tenías al cuello o a tus pies», y la misma psicología se aplicaba en el ejército austriaco. Si uno dejaba que su ego se asomara lo ponían en su lugar. A los 18 o 19 años la mente está lista para absorber esta lección, pero si se espera a los 30 ya no habrá nada que hacer. Cuantas más penurias nos obligaba a pasar el ejército, más sentía: «Está bien, no me voy a preocupar por eso, que venga lo que sea». Pero por encima de todo me sentía orgulloso de que a los 18 años me hubieran confiado una máquina de 50 toneladas, aunque no siempre manejé esa responsabilidad tan bien como hubiera debido.

Mi solicitud de baja temprana estuvo en un limbo durante meses y, antes de que se hiciera efectiva, me gané otra mancha en mi hoja de servicio militar. Ya avanzada la primavera estábamos en un ejercicio nocturno de 12 horas que iba de seis de la tarde a seis de la mañana. Hacia las dos de la madrugada la compañía había maniobrado para tomar posiciones en la cima de una colina y la orden llegó de arriba:

—Muy bien, descanso para comer. Comandantes de tanques reportarse para informe verbal.

Yo estaba bromeando en la radio con un amigo a quien le acababan de dar una versión más nueva del tanque Patton —el M60—, que operaba con diesel. El amigo cometió la equivocación de jactarse de que su tanque era más rápido que el mío. Finalmente lo reté a probarlo y ambos nos fuimos colina abajo. Yo habría parado, la voz de la razón en mi cabeza me decía que lo hiciera, pero iba ganando. El resto de los muchachos de mi tanque se estaban volviendo locos. Escuché a alguien gritando que me detuviera pero pensé que solo era el conductor de otro tanque tratando de tomar ventaja. Cuando llegué al pie del cerro me detuve y mire hacia atrás buscando el M60. Y fue entonces que vi a un soldado colgando de nuestra torreta como si en ello se le fuera la vida.

Él y otros dos chicos de infantería estaban sentados sobre el tanque cuando yo arranqué.

Los otros se habían caído o habían saltado del tanque: él era el único que había logrado sostenerse hasta el fin. Encendimos las luces y emprendimos el camino cuesta arriba —despacio para no ir a arrollar a nadie— y recogimos a los soldados que habían quedado desperdigados. Cuando llegamos a la cima había tres oficiales esperando en un jeep. Pasé por su lado y estacioné el tanque como si nada hubiera ocurrido.

Cuando salí por la escotilla los oficiales estaban esperándome y los tres empezaron a gritar al tiempo, como si fueran un coro. Yo me quedé en posición de firmes hasta que acabaron. Terminada la gritería, uno de los oficiales dio un paso al frente, me miró por un momento y empezó a reírse.

—Panzerfahrer Schwarzenegger —ordenó—. Mueva su tanque hacia allá.

—¡Sí, señor! —dije, y parqueé el tanque donde me había señalado. Al salir me di cuenta de que ahora estaba parqueado en un profundo y espeso lodazal.

—Ahora, Panzerfahrer Schwarzenegger, quiero que se arrastre por debajo y a lo largo de su tanque. Cuando llegue atrás, súbase al tanque, baje de la torreta hasta el interior del casco y salga por debajo, por su escotilla de emergencia. Y luego, vuelva a hacerlo otra vez.

Me ordenó hacer ese circuito 50 veces. Cuando terminé, cuatro horas más tarde, estaba cubierto de 20 libras de lodo, apenas me podía mover y había embadurnado el interior del tanque con otras 100 libras de fango al pasar. Tuve que conducirlo de regreso a la base y limpiarlo. El tipo habría podido meterme en la cárcel una semana pero debo admitir que éste fue un castigo más efectivo.

Nunca lo sabré con seguridad pero creo que la carrera de arrastre por debajo del tanque favoreció mi solicitud de baja temprana. Pocas semanas después del incidente fui convocado a una audiencia con mis superiores. El comandante tenía sobre su escritorio las revistas de fisiculturismo y mi carta con la oferta de trabajo.

—Explíquenos esto —dijo—. Usted se alistó para ser conductor de tanques durante tres años y unos meses atrás solicitó retirarse este verano, no quedarse los tres años sino irse porque tiene este empleo en Munich.

—A mí me gusta el ejército —les dije—, pero el empleo en Munich es una oportunidad colosal para mi carrera.

—Bien —dijo el oficial con una sonrisa—. Dado que ésta parece ser un área de riesgo para usted, aprobamos su solicitud y le dejaremos marcharse antes de tiempo. No podemos permitirnos que estrelle más tanques.

CAPÍTULO 4

Mr. Universo

—SIEMPRE PODRÉ CONSEGUIRTE UN empleo como salvavidas en el Thalersee, solo recuerda que si algo sale mal, no debes preocuparte —me dijo Fredi Gerstl cuando lo visité para despedirme.

Fredi siempre fue generoso cuando se trataba de ayudar a los jóvenes y sin duda su intención era buena. No me interesaba, sin embargo, un empleo de salvavidas ni ninguna otra red de seguridad. Aunque Munich quedaba a solo 200 millas de Graz, para mí éste era el primer paso en el camino que me llevaría de Austria a América.

De Munich sabía que por su estación férrea pasaban mil trenes por semana. Había oído un sinfín de historias de su vida nocturna y del desenfreno de sus salones cerveceros. A medida que el tren se acercaba a Munich empecé a ver más y más casas y luego edificios más grandes y más adelante el centro de la ciudad, mientras muy en el fondo me preguntaba: «¿Cómo me las arreglaré para conocer bien esta ciudad? ¿Cómo voy a sobrevivir?». Pero más que nada me estaba convenciendo a mí mismo repitiendo como un mantra: «Este es mi nuevo hogar». Había abandonado Graz —ya estaba fuera de allí— y Munich sería mi ciudad pasara lo que pasara.

Incluso bajo los estándares del famoso milagro económico alemán, entonces en pleno auge, Munich era una ciudad cosmopolita con 1,2 millones de habitantes que acababa de ganarse la sede de los Juegos

Olímpicos de Verano en 1972 y las finales de la Copa Mundial para 1974. La realización de los Juegos Olímpicos en Munich debía simbolizar la transformación de Alemania y su resurgir como moderna potencia democrática entre la comunidad de naciones. Había grúas de construcción por todas partes; se estaba levantando el estadio olímpico, así como nuevos hoteles y edificios de oficinas y apartamentos, y por toda la ciudad se veían enormes excavaciones para su nuevo sistema de metro, diseñado para ser el más moderno y eficiente del mundo.

La *Hauptbahnhof*, donde ya casi iba a bajarme, quedaba en medio de todo ese nuevo desarrollo. La industria de la construcción necesitaba trabajadores y ellos llegaban en tropel procedentes de todo el Mediterráneo y el bloque oriental. En las salas de espera y las plataformas de la estación se escuchaba hablar más español, italiano, eslavo y turco que el propio idioma alemán. La zona que rodeaba la estación era una mezcla de hoteles, clubes nocturnos, tiendas, albergues para vagabundos y edificios comerciales.

El gimnasio que me había contratado quedaba en la Schillerstrasse, a solo cinco minutos de la estación, en una calle flanqueada por clubes nocturnos y bares de *striptease* que permanecían abiertos hasta las cuatro de la mañana, pero a las cinco abrían los primeros lugares donde se podía desayunar, conseguir una salchicha o una cerveza. Siempre había sitios abiertos donde ir a celebrar. Era el tipo de lugar que un chico de provincia de 19 años tenía que aprender a lidiar muy rápidamente.

Albert Busek había prometido que dos chicos me recibirían en la estación y ya en la plataforma divisé la cara sonriente de Franz Dischinger, un fisiculturista alemán. Franz había sido favorito de la división juvenil en la competencia del Hombre Mejor Formado de Europa, título que yo había ganado el año anterior en Stuttgart. Bien parecido, Franz era más alto que yo. A su cuerpo, sin embargo, aún le faltaba volumen, razón por la cual los jueces se decidieron por mí, creo. Franz era alegre, ambos nos entendíamos muy bien, nos reíamos bastante estando juntos y habíamos acordado que si alguna vez yo venía a Munich seríamos compañeros de entrenamiento. Después de comer algo en la estación nos fuimos en el auto de su amigo y me dejaron en un apartamento en las afueras de la ciudad, donde vivía Rolf Putziger.

Todavía no conocía a mi nuevo jefe pero me alegraba que hubiera querido alojarme pues yo no tenía cómo alquilar una habitación. Putziger resultó ser un hombre mayor, vestido de entero, que lucía pesado y poco saludable. Estaba casi calvo y mostraba al sonreír una dentadura en mal estado. Me dio una amistosa bienvenida y me enseñó el lugar: había una pequeña habitación extra que, según explicó, yo ocuparía cuando llegara la cama que había ordenado para mí. Me preguntó si me importaría dormir en el sofá de la sala mientras tanto y yo le dije que para nada me molestaría.

No sospeché nada de ese arreglo hasta una noche que Putziger llegó tarde y en lugar de irse a su dormitorio se acostó junto a mí.

—¿No estarías más cómodo en el dormitorio? —preguntó. Lo sentí presionar mi pie con el suyo y me levanté de ese sofá como un tiro, agarré mis cosas y salí del apartamento. Mi mente giraba a toda velocidad. ¿En qué me había metido? Entre los fisiculturistas siempre ha habido gays: en Graz había conocido a un tipo que tenía un gimnasio fantástico en su casa, en el que mis amigos y yo hacíamos ejercicio de vez en cuando. No ocultaba su atracción por los hombres y nos mostró el sector del parque municipal que adultos y jóvenes solían frecuentar. Pero era un verdadero caballero y jamás trató de imponerle a ninguno de nosotros su orientación sexual. Por todo eso yo creía saber cómo eran los hombres gay, pero Putziger definitivamente no parecía gay. ¡Parecía un hombre de negocios!

Putziger me alcanzó en la calle mientras yo trataba de procesar lo ocurrido y me preguntaba a dónde ir. Se disculpó y prometió no molestarme si volvía a la casa. «Eres mi huésped», dijo. Ya adentro, una vez más trató de llegar a un acuerdo diciéndome que podía entender mi preferencia por las mujeres, pero que si yo accedía a ser su amigo él me daría un auto y me ayudaría en mi carrera. En ese tiempo me habría venido bien un mentor pero no a ese costo. Fue un alivio salir de allí a la mañana siguiente.

Putziger no me despidió porque necesitaba una estrella para su gimnasio más de lo que necesitaba un amante. El fisiculturismo era un deporte tan poco conocido que en Munich había solo dos gimnasios: el más grande pertenecía a Reinhard Smolana, quien en 1960 había sido el primer Mr. Alemania y en 1963 había ganado el título de Mr. Europa. Smolana, que también había clasificado en tercer lugar en Mr. Universo, era el fisiculturista alemán de mejor ranking y la autoridad obvia en entrenamiento con pesas. Su gimnasio estaba mejor equipado y era más moderno que el de Putziger. Como los clientes tendían a recurrir a Smolana, mi trabajo como nueva sensación era ayudarle a Putziger a competir. Albert Busek, el editor de *Sportrevue*, quien había echado a andar todo esto al sugerir mi nombre, resultó ser tan honorable como sórdido era Putziger. Cuando le conté lo sucedido se disgustó y como ya no tenía dónde alojarme, me ayudó a convertir en dormitorio un pequeño depósito que había en el gimnasio. Muy pronto nos hicimos buenos amigos. Albert era una persona a quien el sistema de educación europeo no le había servido gran cosa: él era mucho más inteligente de lo que le habían hecho creer y habría podido ser médico o científico o intelectual si alguien le hubiera sugerido ir a la universidad, pero lo habían orientado hacia la escuela de ingeniería. Sin embargo, Albert descubrió el mundo del ejercicio y luego se dio cuenta de que tenía talento para escribir y para la fotografía, así que un buen día le preguntó a Putziger si podría hacer algunos trabajos para la revista.

—Sí, hazme un artículo. Escribe algo —dijo Putziger.

Después de que Albert y su esposa tuvieron gemelos y los fondos para sus estudios dejaron de llegar, acabó trabajando tiempo completo para Putziger. Poco después, Albert ya estaba dirigiendo la revista y se había vuelto un experto reconocido en el ambiente fisiculturista. Busek estaba seguro de que yo sería la próxima revelación y, porque deseaba verme triunfar, estaba dispuesto a servir de amortiguador entre Putziger y yo.

Salvo mis problemas con el propietario, el trabajo era ideal. En el establecimiento de Putziger funcionaban el gimnasio y la revista más un negocio de venta por correo de suplementos alimenticios. El gimnasio propiamente dicho tenía varias salas en lugar de un solo salón grande y, a diferencia de las húmedas paredes de concreto a las que me había acostumbrado en el estadio de Graz, tenía ventanas y luz natural. El equipo era más sofisticado que todos a los que yo había tenido acceso jamás: además de las pesas, había un juego completo de máquinas para hombros, espalda y piernas. Eso me permitió agregar a mi rutina ejercicios que podían demarcar los músculos así como definir y perfeccionar mi cuerpo en formas imposibles de lograr con simples pesas.

En el ejército había descubierto que me encantaba ayudar a la gente a entrenar, así que esa parte del trabajo era fácil. Durante el día enseñaba a grupos pequeños y tenía sesiones individuales con toda una variedad de gente: policías, trabajadores de la construcción, hombres de negocios, intelectuales, atletas y gente del mundo del espectáculo, alemanes y extranjeros, jóvenes y viejos, gays y heterosexuales. Además, yo animaba a los soldados americanos de una base cercana para que entrenaran allí y el gimnasio de Putziger fue el primer lugar donde conocí a una persona negra. Muchos de nuestros clientes iban simplemente por mejorar su estado físico y su salud pero había un grupo básico de competitivos levantadores de pesas y fisiculturistas que podían ser serios compañeros de entrenamiento. Con el tiempo me di cuenta de que sabía cómo congregar y estimular a gente como ellos.

—Sí, tú puedes ser mi compañero de entrenamiento, tú necesitas ayuda —les bromeaba.

Siendo su entrenador, me gustaba ser el líder y, aunque tenía muy poco dinero, los llevaba a almorzar o cenar fuera y yo pagaba.

Siempre atareado atendiendo a los clientes, no podía dedicarme como tenía por costumbre a una intensa sesión de cuatro o cinco horas diarias de ejercicio para mi propio entrenamiento. Entonces se me ocurrió entrenar dos veces al día, dos horas antes del trabajo y otras dos horas de siete a nueve de la noche, cuando el negocio aflojaba y solamente quedaban los levantadores serios. Al principio, lo de ejercitarme en dos sesiones fue un fastidio pero cuando vi los resultados me di cuenta de que valía la pena pues, como me concentraba mejor y me recuperaba más rápidamente, podía trabajar sets más prolongados y difíciles. Muchos días agregaba una tercera sesión de entrenamiento a la hora del almuerzo. Entonces aislaba cualquier parte de mi cuerpo que pareciera estar débil y le dedicaba toda mi atención durante 30 o 40 minutos, haciendo 20 sets de *calf raises*, o de ejercicios para los tríceps. Algunas noches hacía lo mismo después de la cena: a las 11 de la noche regresaba y entrenaba una hora. Cuando me iba a la cama en mi cómodo y acogedor cuartito, a menudo algún músculo que ese día hubiera traumatizado empezaba a saltar y a temblar, simple efecto secundario de un ejercicio exitoso que me complacía porque indicaba que ahora esas fibras se recuperarían y crecerían.

Estaba entrenando muy fuerte y rápidamente porque sabía que en menos de dos meses tendría que enfrentarme a algunos de los mejores fisiculturistas. Me había inscrito en el evento fisiculturista más importante de Europa: el de Mr. Universo en Londres. Eso fue casi insolente pues, por lo general, alguien relativamente novato como yo no habría soñado siquiera con ir a Londres. Habría competido primero por Mr. Austria y después por Mr. Europa, pero a ese ritmo me tomaría años estar "listo" para Londres y yo era demasiado impaciente. Quería la competencia más dura a la que lograra acceder y este paso era el más agresivo que podía dar en mi carrera en ese momento. Claro que no lo estaba haciendo a la loca. No esperaba ganar en Londres, por lo menos no esta vez: ahora lo que quería era saber cuál era mi posición exacta. A Albert le encantó la idea y, como sabía inglés, me ayudó a llenar la solicitud.

Para un régimen de ejercicio tan extremista como el mío yo necesitaba más de un compañero de entrenamiento. Por suerte en Munich había suficientes fisiculturistas serios que gozaban con mi sueño de ser Mr. Universo aunque a ratos llegaran a pensar que estaba un poco chiflado. Franz Dischinger entrenaba conmigo regularmente y también Fritz Kroher, un chico campesino igual que yo, oriundo de un pueblito de los bosques bávaros. Hasta Reinhard Smolana, el dueño del gimnasio rival, se nos unió y a veces me invitaba a entrenar en su gimnasio o venía al mío para hacer ejercicio después del trabajo. Después de unas cuantas semanas sentí que había encontrado amigos y Munich empezó a parecerme un hogar.

Mi compañero de entrenamiento favorito era Franco Columbu, quien rápidamente se convirtió en mi mejor amigo. Lo había conocido en Stuttgart el año anterior, donde él había ganado el campeonato de levantamiento de potencia el mismo día que yo gané el de Mr. Europa Juvenil. Franco era un italiano de la isla de Cerdeña que había crecido en una granja, en una aldea diminuta perdida en las montañas, que, según su propia descripción, era aún más primitiva que Thal. Había pasado buena parte de su niñez pastoreando ovejas, a los 10 u 11 años se quedaba varios días solo en las montañas, buscaba su propia comida y se valía por sí mismo.

A los 13 años Franco había tenido que dejar la escuela para ayudar en la granja de la familia, pero era inteligente y muy buen trabajador. Empezó como albañil y boxeador *amateur* y se fue por su cuenta hasta Alemania para ganarse la vida en la construcción. En Munich aprendió a conocer tan bien el idioma y la ciudad que calificó para ser taxista. El examen para taxistas en Munich era difícil hasta para los nativos de esa ciudad. Que un *italiano* lo pasara asombró a todo el mundo.

Franco era levantador de potencia, yo era fisiculturista, y ambos sabíamos que esos deportes se complementan. Yo deseaba agregar volumen a mi cuerpo, así que debía trabajar con pesas pesadas, y Franco sabía cómo hacerlo. Por otra parte, yo sabía de fisiculturismo y Franco quería aprenderlo. Lo que me dijo fue: «Yo quiero ser Mr. Universo». Algunos se rieron de él pues medía solamente 5,5 pies, pero en el fisiculturismo la perfección y simetría pueden derrotar el tamaño. A mí me gustaba que entrenáramos juntos.

Tal vez por esa vida silvestre de su niñez Franco captaba rápidamente las nuevas ideas. Le encantaba mi teoría de *sobresaltar el músculo*, por ejemplo. Siempre me había parecido que el mayor obstáculo para el éxito de un entrenamiento es la capacidad que tiene el cuerpo para ajustarse muy rápidamente. Hagan ustedes la misma secuencia de levantamientos diariamente y verán que aunque sigan agregando peso, el crecimiento del músculo se va volviendo más lento hasta detenerse. Los músculos se vuelven muy eficientes en el desempeño de la secuencia que ya esperan. La manera de despertarlos y hacerlos crecer de nuevo es sacudirlos con el mensaje: «Nunca se sabe qué viene. Siempre es diferente de lo esperado. Hoy es esto, mañana lo otro». Un día son pesas ultrapesadas, al día siguiente muchas más repeticiones.

El método que desarrollamos para *sobresaltar el músculo* fue el *stripping*. En una secuencia normal de entrenamiento con pesas se trabaja el primer set con las pesas más livianas y luego se va aumentando el peso. Pero en el *stripping* se hace lo contrario. Por ejemplo, yo necesitaba volumen en mis deltoides para Londres. Así que hacía *dumbbell presses*, en los que uno sostiene una mancuerna en cada mano a la altura de los hombros y luego las sube hasta por encima de la cabeza. Con el *stripping* yo empezaba desde mi peso máximo, seis repeticiones con mancuernas de 100 libras. Después las bajaba, tomaba las de 90 libras y hacía seis repeticiones. Y así sucesivamente, hasta agotar las del estante. Para cuando llegaba a las de 40 los hombros ya me ardían y con seis repeticiones parecía que cada brazo estuviera levantando 110 libras y no 40. Sin embargo, antes de bajar las pesas yo sobresaltaba a los deltoides aún más haciendo levantamientos laterales, para lo cual levantaba las pesas de 40 desde la cadera hasta la altura del hombro. Después de eso los deltoides quedaban tan absolutamente locos que yo no sabía dónde poner las manos. Dejarlas colgar a los lados era un tormento y levantarlas me era imposible: lo único que podía hacer para aliviar el dolor tan atroz era poner los brazos sobre una mesa o alguna pieza del equipo. Los deltoides chillaban por la inesperada secuencia de sets pero yo les había enseñado ya quién manda: ahora su única opción era sanar y crecer.

———

Después de entrenar duramente todo el día quería divertirme en la noche. En esa época en Munich divertirse era sinónimo de salones cerveceros, y salones cerveceros era sinónimo de peleas. Con mis amigos visitaba esos sitios donde todas las noches había gente sentada en mesas muy largas, riéndose y discutiendo y agitando sus jarros. Y emborrachándose, por supuesto. La gente iniciaba peleas todo el tiempo pero nunca en la línea de: «Voy a matar a este tipo». Apenas terminaba una pelea, uno de los dos decía: «Oh, vamos a comernos un pretzel. ¿Te puedo invitar a una cerveza?», y el otro le respondía: «Sí. Como perdí, lo menos que puedes hacer es comprarme una cerveza. De todas maneras no llevo dinero». Y pronto estarían bebiendo juntos como si nada hubiera pasado.

En realidad la cerveza en sí no me atraía porque interfería con el entrenamiento, así que rara vez me tomaba más de una en una noche. Pero las peleas me encantaban: era como si cada día descubriera una nueva fuente de poder y me sentía enorme, fuerte e imparable. No tenía que pensarlas mucho. Si un tipo me miraba raro o me retaba por cualquier motivo le saltaba a la cara y aplicaba el tratamiento de choque, que era arrancarme la camisa para revelar la camiseta sin mangas que llevaba debajo. Luego le daba una tunda. Pero a veces el tipo, al verme, solo me decía: «Bueno, bueno, qué más da. ¿Qué tal si conseguimos una cerveza?».

Si alguna pelea se convertía en gresca, mis amigos y yo nos apoyábamos unos en otros, por supuesto, y al día siguiente nos reíamos contando las historias en el gimnasio.

—Oh, hubieran visto a Arnold —decían—. Golpeó las cabezas de esos dos tipos una con otra y luego el amigo de ellos se le vino encima con un jarro de cerveza pero yo lo agarré por detrás con una silla, el muy cabrón…

Teníamos suerte porque incluso si llegaba la policía (lo que sucedió varias veces), sus efectivos siempre nos dejaban ir. La única vez que recuerdo que nos llevaron a la estación de policía fue porque un tipo dijo que reemplazarle sus dientes costaría un montón de dinero. Discutimos tanto lo que costarían los dientes que los de la policía pensaron que íbamos a reanudar la pelea, así que nos encerraron y nos mantuvieron allí hasta que acordamos una suma.

Pero todavía mejor que las peleas eran las chicas. Justo al frente del gimnasio, atravesando la *Schillerstrasse*, quedaba el Hotel Diplomat donde se alojaban las azafatas. Franco y yo nos asomábamos a la ventana con nuestras camisetas sin mangas y flirteábamos con ellas cuando nos veían desde la calle.

—¿Qué hacen allá arriba? —preguntaban.

—Bueno, aquí tenemos un gimnasio. ¿Quieren entrenar? Suban.

A veces yo me iba hasta el lobby del hotel y me presentaba a los pequeños grupos de azafatas que entraban o salían. Para atraer su interés combinaba mis mejores métodos del Thalersee con los de venta aprendidos en la ferretería. «Tenemos un gimnasio al frente», les decía. Galanteaba a la chica y le aseguraba que disfrutaría haciendo ejercicio. La verdad es que siempre me pareció una estupidez que la mayoría de los gimnasios casi nunca alentaran a las mujeres a entrenar. Les permitíamos hacer ejercicio gratis y me encantaba que subieran por lo que fuera, bien porque les interesaban los hombres o simplemente porque querían entrenar.

Las chicas venían más que todo de noche. A las ocho, ya nuestros clientes habituales se habían ido pero el equipo se podía usar hasta las nueve. Mis compañeros y yo estaríamos haciendo el segundo set de ejercicios y las chicas llegaban y hacían los suyos. Si solo deseaban entrenar, se duchaban y a las 8:30 ya se habían ido. Pero también se podían quedar y salir con nosotros o armar una fiesta. Otras veces aparecía Smolana con algunas chicas y entonces la noche podía ser licenciosa.

Durante los primeros meses en Munich me dejé llevar por la vida nocturna y la diversión. Pero me di cuenta de que estaba perdiendo el norte y empecé a disciplinarme yo mismo. Mi objetivo no era divertirme sino convertirme en campeón mundial de fisiculturismo y, para poder dormir siete horas, debía estar en la cama a las 11 de la noche. Siempre había tiempo para divertirse y de todos modos siempre nos divertíamos.

Mi jefe resultó ser una mayor amenaza para mi objetivo de ser Mr. Universo que cualquier borracho de salón cervecero con un jarro en la mano. Faltando pocas semanas yo no había recibido respuesta a mi solicitud de inscripción, así que finalmente Albert llamó a Londres y los organizadores dijeron que jamás habían recibido nada mío. Entonces Albert confrontó a Putziger, quien admitió que había encontrado la solicitud en el correo de salida y la había tirado después a la basura. Lo había hecho por envidia pensando que si me descubrían me mudaría para Inglaterra o América antes de que él hubiera ganado dinero a costa mía. Me salvé gracias a que Albert hablaba inglés perfectamente y quería ayudarme. Aunque el plazo para inscribirse había expirado, él telefoneó a Londres de nuevo para convencer a los organizadores de que tomaran en cuenta mi solicitud y ellos accedieron. Pocos días antes del concurso, llegaron los papeles y me agregaron a la lista.

Los otros fisiculturistas de Munich se unieron para apoyarme. Putziger era el que debía haber pagado mi viaje a Londres porque cualquier triunfo mío atraería atención a su gimnasio, pero cuando se corrió la voz de su acto de sabotaje, fue su competidor Smolana quien pasó la gorra y recogió los 300 marcos que yo necesitaba para el pasaje.

El 23 de septiembre de 1966 abordé un vuelo a Londres. Tenía 19 años y era la primera vez que viajaba en avión. Creía que iba a viajar en tren, así que estaba contentísimo y además podría jurar que hasta ese momento ninguno de mis compañeros de escuela había volado. Pero ahí iba yo, sentado en un avión de pasajeros entre hombres de negocios, y todo gracias al fisiculturismo.

El primer concurso de Mr. Universo había tenido lugar el año en que yo nací, 1947, y desde entonces se realizaba en Londres todos los meses de septiembre. Como en casi todo lo relativo al fisiculturismo, en este concurso predominaban los angloparlantes, sobre todo americanos, que en diez años lo habían ganado ocho veces aproximadamente. Los grandes fisiculturistas, ídolos de mi niñez, habían ganado el título de Mr. Universo: Steve Reeves, Reg Park, Bill Pearl, Jack Delinger, Tommy Sansone y Paul Winter. Yo recordaba haber visto una fotografía del concurso cuando era un niño en la que el ganador estaba sobre un pedestal, trofeo en mano, y todos los demás abajo en la tarima. Siempre había imaginado que yo llegaría a estar en ese pedestal y lo visualizaba muy claramente, sabía lo que iba a sentir y también cómo me vería. Volver realidad esa visión habría sido sensacional, pero yo no esperaba ganar ese año. Había conseguido la lista de los fisiculturistas contra quienes competiría en la clasificación de *amateur* y pensé: «¡Por Dios!». En las fotos sus cuerpos se veían más definidos que el mío.

Quería estar entre los seis primeros porque pensaba que no podría derrotar a los que habían ocupado el segundo, tercero y cuarto lugar el año anterior. Ellos estaban muy definidos y yo todavía no. Aún me encontraba en el lento proceso de *building* —o construcción para obtener mi masa muscular ideal— pues la idea era alcanzar el tamaño necesario para luego tallar, cincelar y perfeccionar.

Me decía a mí mismo: «No puedo derrotar a aquel… o aquel… o aquel… tal vez pueda derrotar a aquel otro», y decidí que quería estar entre los seis mejores.

La competencia era en el Victoria Palace Theatre, una ornamentada sala de teatro antigua, decorada con mármol y estatuas, a pocas cuadras de Victoria Station. Las grandes competencias siempre seguían una rutina preestablecida y las rondas preliminares o técnicas eran en la mañana. Fisiculturistas y jueces se reunieron en el auditorio, al cual podían asistir los reporteros pero no el público. Los jueces debían evaluar el desarrollo y la definición muscular de los contendores, parte por parte de sus cuerpos, y comparar sistemáticamente a cada uno con los demás. Nosotros debíamos estar en una fila al fondo del escenario con los demás concursantes de nuestra categoría (la mía era *alto amateur*). Cada quien tenía un número prendido con alfileres a sus calzoncillos de posar. Un juez decía: «Número 14 y número 8, por favor. Un paso al frente para enseñarnos un cuádriceps», y esos dos fisiculturistas se dirigían al centro del escenario y asumían una pose estándar para exhibir los cuatro músculos del frente del muslo mientras los jueces tomaban notas. Los resultados de estas rondas técnicas se correlacionaban con las decisiones tomadas más adelante durante el día. Después, por supuesto, el gran espectáculo consistía en las finales por la noche, con una competencia de poses de cada una de las categorías y por último con una presentación conocida como *pose off* (o de poses libres entre los ganadores de las categorías) para coronar a los campeones de los rangos *amateur* y *profesional*.

Comparadas con las otras competencias que había presenciado, la de Mr. Universo era la mejor. En el Victoria Palace se agotaron las localidades, eran más de 1.500 asientos ocupados por fans del fisiculturismo aplaudiendo y ovacionando, mientras afuera docenas de personas trataban de entrar. El propio espectáculo era circo y competencia a la vez. Había iluminación profesional, con reflectores fijos y proyectores de haces de luz para el escenario, y una orquesta completa para ambientar. Las dos horas de programación incluían diversos espectáculos entre una y otra ronda de la competencia: un concurso de bikinis, acróbatas, contorsionistas y dos troupes de mujeres en mallas y botas mod que desfilaban y hacían poses sosteniendo pequeñas mancuernas y otras pesas.

En la ronda técnica de la mañana me asombró descubrir que había sobreestimado a mi competencia. Los mejores de la categoría *alto amateur* sí estaban mejor definidos que yo pero, con todos juntos en la tarima, yo todavía sobresalía. Lo cierto es que no todos los fisiculturistas son fuertes, especialmente aquellos que han hecho la mayor parte de su entrenamiento con máquinas de pesas. Pero los años de levantamiento de potencia y de trabajo con pesas sueltas me habían dado unos buenos bíceps y hombros, así como músculos de espalda y muslos realmente macizos. Simplemente me veía más grande y fuerte que los demás.

A la hora del espectáculo ya se había corrido la voz de que un enorme adolescente de nombre impronunciable había aparecido de la nada y era un condenado gigante. De modo que la multitud estaba especialmente ruidosa y entusiasta cuando le tocó el turno a nuestro grupo. No gané pero llegué a estar mucho más cerca de lo que yo mismo o cualquier otro hubiera esperado. Para el *pose-off* final el concurso se había reducido a un americano llamado Chester Yorton y yo, y los jueces se decidieron por Chet. Tuve que admitir que la decisión había sido correcta. Aunque Chet era por lo menos 20 libras más liviano que yo, parecía cincelado, tenía hermosas proporciones y su forma de posar denotaba mucha más fluidez y práctica que la mía. Además, junto a su fabuloso bronceado, yo lucía como masa de pan sin hornear.

Estaba dichoso por haber logrado el segundo puesto y, sorprendentemente, sentía como si hubiera ganado. Ese segundo puesto me lanzó a primer plano, tanto que mucha gente empezó a decir: «El próximo año será el ganador». Las revistas de músculos publicadas en inglés empezaron a mencionarme. Esto era muy importante porque para poder alcanzar mi meta yo debía ser conocido en Inglaterra y América.

El atolondramiento me duró solo hasta que tuve tiempo de pensar. Entonces caí en la cuenta de que quien estaba en el pedestal era Chet Yorton y no yo. Chet se había llevado el triunfo y yo había cometido un gran error. ¿Qué tal si hubiera ido a Londres decidido a ganar? ¿Me habría preparado mejor? ¿Habría podido ganar y ser ahora Mr. Universo? Había subestimado mis posibilidades y me sentí muy mal por eso, pero aprendí la lección.

Después de ésa, jamás volví a una competencia por competir. Iba a ganar. Aún cuando no ganara todas las veces, siempre iba pensando que ganaría. Me convertí en un perfecto animal fisiculturista. Si fuera posible sintonizar mis pensamientos antes de una competencia, se escucharía algo así como: «Merezco este pedestal, es mío, y el mar debe abrirse para mí. Fuera del maldito camino, que tengo una misión. Así que solo muévanse y… que me den el trofeo».

Me imaginaba a mí mismo en el pedestal, con el trofeo en la mano. Todos los demás estarían abajo. Y yo miraría para abajo.

Tres meses más tarde estaba de regreso en Londres, riendo y armando relajo en la alfombra de una sala con una mano de chicos. Eran los hijos de Wag y Diane Bennett, propietarios de los dos gimnasios que eran el centro de la escena del fisiculturismo en el Reino Unido. Wag había sido uno de los jueces del concurso de Mr. Universo y me había invitado a pasar unas cuantas semanas entrenando con él y Diane. Aunque tenían seis hijos propios se hicieron cargo de uno más y fueron como unos padres para mí.

Wag había dejado claro que yo necesitaba trabajar mucho y, en su lista, mi rutina de poses era lo primero. Sabía que hay una gran diferencia entre hacer bien las poses y desarrollar una rutina cautivante. Las poses son las fotografías y la rutina es la película. Para hipnotizar y transportar a una audiencia, las poses deben fluir. ¿Qué se hace entre una pose y otra? ¿Cómo se mueven las manos? ¿Cómo se ve la cara? Yo nunca había pensado en todo eso. Wag me enseñó a ir más despacio, como un ballet, volverlo una cuestión de postura, manteniendo la rectitud de la espalda y la cabeza siempre erguida, nunca agachada.

Podía entender todo eso pero no la idea de posar con música de fondo. Wag ponía el tema de la película *Éxodo* en el equipo de sonido de alta fidelidad y me indicaba cuándo empezar mi rutina. Al principio pensé que la música me distraería o me impediría concentrarme o me sacaría de onda. Pero después de un rato me di cuenta de que podía coreografiar mis movimientos y dejarme llevar por la melodía como si fuera una ola; aprovechar los momentos de calma para una concentrada y hermosa postura de tres cuartos de espalda, que fluyera en una pose del costado del pecho a medida que la música fuera subiendo y luego ¡pum!, una pose muscular impactante, al tiempo con el crescendo.

Diane se concentró en llenarme de proteínas y mejorar mis modales. A veces debió pensar que me habían criado los lobos pues no sabía la forma correcta de usar los cubiertos ni que, después de la cena, se debe ayudar a recoger todo. Diane me tomó desde el punto en que mis padres, Fredi Gerstl y *Frau* Matscher, me habían dejado. Una de las pocas veces que se enojó conmigo fue cuando me vio abrirme paso a empujones entre un montón de fans después de una competencia. En ese momento, el único pensamiento que tenía en mi cabeza era: «Gané. Ahora voy a celebrarlo». Pero Diane me agarró y dijo: «Arnold, eso no se hace. Estas personas vinieron a verte. Les costó dinero y algunas viajaron desde muy lejos. Puedes tomarte unos minutos y darles tu autógrafo». Ese regaño me cambió la vida. Jamás había pensado en los fans —solo en mis rivales— pero desde entonces siempre saco tiempo para ellos.

Hasta los chicos Bennett entraron a formar parte del proyecto *Educando a Arnold*. Creo que la mejor manera de aprender inglés es integrándose a una alegre familia londinense cuyos miembros no entienden alemán, durmiendo en el sofá y adoptando a seis hermanitos menores que te tratan como a un nuevo cachorrito gigantesco y a quienes les encanta enseñarte palabras.

En una foto tomada durante ese viaje aparezco cuando conocí a Reg Park, el ídolo de mi niñez. Reg lleva puesta una sudadera, luce relajado y bronceado, y yo llevo mis calzoncillos de posar y luzco deslumbrado y decolorado. Estoy en presencia de Hércules, del tres veces Mr. Universo, de la estrella cuya fotografía mantenía en mi pared, del hombre sobre el cual había modelado el plan de mi vida. Escasamente pude articular palabra. Todo el inglés que había aprendido se esfumó de mi mente.

En ese tiempo Reg vivía en Johannesburgo, se había casado con una beldad sudafricana y era propietario de una cadena de gimnasios allá, pero venía a Inglaterra en viajes de negocios varias veces al año. Era amigo de los Bennett y generosamente había accedido a ayudar a enseñarme cómo funcionan las cosas en este oficio. Wag y Diane pensaban que lo mejor para que yo lograra algo en el concurso de Mr. Universo era volverme más conocido en el Reino Unido. En esa época los fisiculturistas se daban a conocer en el circuito de exhibición dentro del cual los promotores de todas las Islas Británicas organizaban eventos locales en los que, quienes se presentaban, ganaban algún dinero y divulgaban su nombre. Casualmente Reg iba para una exhibición en Belfast y se ofreció a llevarme con él. El proceso para hacerse un nombre en el fisiculturismo se parece mucho al que hay que llevar a cabo en política. Uno va de ciudad en ciudad esperando que se corra la voz. Este acercamiento nuestro a las bases funcionó y el entusiasmo generado me ayudó a ganar el título de Mr. Universo.

Una de esas noches de la exhibición estaba yo tras bastidores mirando a Reg posar para varios cientos de fans que lo ovacionaban. Cuando acabó, tomó el micrófono y me llamó a escena. Hizo de moderador mientras yo hacía una exhibición de fuerza: un *curl* de dos brazos de 275 libras y un *dead lift* de 500 libras, cinco veces. Terminé con un set de poses y la gente se puso de pie para ovacionarme. Abandonaba el escenario cuando escuché a Reg decir: «Arnold, ven acá», y cuando llegué donde estaba él con su micrófono. dijo: «Dí algo a estas personas».

—No, no, no —respondí.

—¿Por qué no?

—Porque yo no hablo muy bien el inglés.

—¡Hey! —siguió él—. ¡Pero eso estuvo muy bien! Vamos a darle un pequeño aplauso: se necesita bastante coraje para que un tipo que no habla inglés pronuncie una frase entera como ésa.

Él mismo empezó a aplaudir y todos lo siguieron. De repente empecé a pensar: «Oye, esto es asombroso. ¡Les gustó lo que dije!».

Mientras tanto, Reg siguió: «Diles a ellos *Irlanda me gusta*».

«Irlanda me gusta». Aplausos de nuevo. Luego siguió: «Hoy me dijiste que ésta es la primera vez que vienes a Belfast y que no veías la hora de llegar aquí. ¿Correcto?».

—Sí —dije yo.

—Pues diles:*Yo no veía la hora…*

—Yo no veía la hora…

— …*de llegar aquí.*

—De llegar aquí.

Guau, aplauso otra vez. Y por cada frase que él decía para que yo repitiera me ganaba un aplauso.

Si Reg me hubiera dicho el día antes: «Voy a llamarte a escena y te pediré que digas unas palabras», habría estado muerto del susto.

En cambio así pude practicar cómo hablar en público sin experimentar ninguna presión. No había tenido que preocuparme de que me aceptaran o les importara lo que yo dijera. Ese temor no existía porque el centro de atención era el cuerpo. Yo había levantado pesas y hecho las poses. Sabía que me habían aceptado. Esto era solo algo adicional.

Después de ese show observé a Reg en muchos otros. Su forma de hablar era increíble. Podía divertir a la gente. Era extrovertido. Tenía historias. ¡Y él era Hércules! ¡Era Mr. Universo! Sabía de vinos, sabía de comidas, hablaba francés, hablaba italiano. Era una de esas personas que hacen las cosas como Dios manda. Observé muy bien cómo sostenía el micrófono y me dije: «Eso es lo que debes hacer tú. Simplemente no puedes posar en escena como un robot y luego alejarte sin que la gente conozca jamás tu personalidad. Reg Park le habla a la gente. De los fisiculturistas que he visto, es el único que les habla. Por eso lo quieren. Por eso es Reg Park».

De regreso a Munich me concentré en conseguir más negocio para el gimnasio. El viejo Putziger casi nunca iba, lo que para Albert y para mí era perfecto. Albert y yo hicimos un buen equipo. Albert administraba todo —la venta por correo de suplementos alimenticios, la revista y el gimnasio, haciendo el trabajo de varios hombres— y yo, fuera de entrenar a los clientes, me ocupaba del reclutamiento de nuevos afiliados. En ese orden de ideas nos impusimos la meta de superar a Smolana y convertirnos en el mejor gimnasio de la ciudad. La publicidad era el primer paso obvio pero, como no podíamos permitirnos mucha, hicimos imprimir unos afiches: bien entrada la noche recorríamos la ciudad en busca de obras en construcción para pegarlos con la idea de que a los trabajadores podría interesarles el fisiculturismo.

Pero esta estrategia no dio los resultados esperados. Nos preguntamos cuál sería la razón hasta que Albert pasó de día por una de las obras en construcción y vio que en la pared había un póster de Smolana y no el nuestro. Resultó ser que Smolana había estado mandando a sus muchachos por toda la ciudad a pegar sus afiches sobre los nuestros cuando la goma ni siquiera se había secado. De modo que cambiamos nuestra rutina: empezamos a pegar los afiches a medianoche y volvíamos a las 4 de la mañana para asegurarnos de que cuando los trabajadores llegaran al trabajo, fuera nuestro póster el que estaba encima. A la gente le hizo gracia la guerra de afiches y lentamente empezó a crecer el número de nuestros afiliados.

Nuestro argumento era que, mientras Smolana ofrecía más espacio, nosotros ofrecíamos más chispa y diversión. También contábamos con el apoyo de los luchadores. Hoy día la lucha libre profesional es un gigante de los deportes en televisión pero en ese entonces los luchadores iban montando sus combates de una ciudad a otra. Cuando venían a Munich se presentaban en la enorme arena permanente del Circus Krone, que tomaban como base de operaciones, y con cada combate de lucha libre el lugar se abarrotaba.

Los luchadores siempre andaban buscando un sitio donde hacer sus ejercicios y cuando supieron de mí escogieron nuestro gimnasio. Entrené gente como Harold Sakata, de Hawai, quien había caracterizado al villano Oddjob en la película *Goldfinger,* que acababa de estrenarse. Como muchos luchadores, Harold se inició como levantador de pesas: él había ganado medalla de plata en los Juegos Olímpicos de Melbourne en 1948 y luego siguió como carrera la lucha profesional. También teníamos luchadores húngaros, franceses y de todas partes del mundo. Cuando venían a Munich, yo abría el gimnasio a horas en las que normalmente estaría cerrado para prestarles servicio, y por las noches iba a presenciar sus encuentros. Querían que me dedicara a la lucha pero eso no estaba en mis planes y no caí en sus redes.

Me sentía orgulloso de que nuestro gimnasio empezara a parecerse un poco a las Naciones Unidas porque entre mis planes estaba el dar un alcance global a todo lo que me proponía hacer. Los fisiculturistas americanos y británicos que visitaban la ciudad pasaban por el gimnasio y entre las tropas americanas estacionadas ahí cerca se corrió la voz de que el de Putziger era un buen lugar para entrenar.

Nuestra amplia gama de clientes resultó ser la herramienta de ventas perfecta. Si alguien me decía: «Bueno, estuve en el gimnasio de Smolana y tienen más máquinas que ustedes», yo respondía: «Pues sí, ellos tienen una sala más que nosotros, tienes razón. Pero piensa por qué razón todo el mundo quiere venir acá. Los fisiculturistas ame-

ricanos que vienen desde su país entrenan aquí. Cuando el ejército
necesita un gimnasio, sus hombres entrenan aquí. Cuando los luchadores profesionales vienen a la ciudad, entrenan aquí. ¡Hasta tenemos
mujeres que quieren entrenar!». Y convertí ese argumento en mi rutina
de ventas.

Con el éxito inicial alcanzado en Londres me convencí de que estaba bien encaminado y de que mis metas no eran desatinadas. Cada
vez me sentía más seguro. Después del concurso de Mr. Universo gané
varios títulos más, entre ellos el de Mr. Europa. Y, más importante aún
para mi reputación local, gané un concurso de levantamiento de piedra
en un salón cervecero. Ese día levanté más alto que todos los demás, las
558 libras que pesa la legendaria piedra de Loewenbraukeller.

Sabía que ya era el favorito para ganar la siguiente competencia de
Mr. Universo. Pero eso ya no me parecía suficiente: buscaba un pre-
dominio total. Si antes los había dejado medio locos con mi tamaño y
fuerza, mi plan era mostrarme en esa competencia increíblemente más
grande y fuerte y enloquecerlos del todo.

De modo que puse toda mi energía y atención en un plan de entrenamiento que estructuramos con Wag Bennett. Durante meses gasté la
mayor parte de lo que ganaba en comida y en tabletas de vitaminas y
proteínas diseñadas para crear masa muscular. En esta dieta la bebida
básica era como una pesadilla, lo opuesto de lo que es una cerveza:
pura levadura de cerveza, leche y huevos crudos. El olor y sabor eran
tan repugnantes que Albert vomitó cuando la probó. Yo, sin embargo,
estaba convencido de que servía y a lo mejor sí era así.

Leí todo lo que pude encontrar sobre los métodos de entrenamiento
de alemanes del este y soviéticos pues cada vez crecían más los rumores de que estaban usando medicamentos que aumentaban el nivel de
desempeño para obtener resultados superiores al de sus levantadores
de pesas, lanzadores de bala y nadadores. Tan pronto descubrí que
los medicamentos en cuestión eran esteroides fui al médico para pro-
barlos. En ese entonces no había reglas que prohibieran los esteroides
y, de hecho, se podían conseguir con prescripción, pero la gente ya

parecía conocer la ambivalencia de su uso. Los fisiculturistas no hablaban de esteroides tan libremente como hablaban de rutinas de pesas y suplementos alimenticios, y se discutía si las revistas de fisiculturismo debían hablar de las drogas y educar a la gente sobre ellas o ignorar la tendencia.

Todo lo que yo necesitaba saber era si los mayores campeones internacionales estaban tomando esteroides, lo cual confirmé con los muchachos de Londres. No tenía la menor intención de ir en desventaja a ninguna competencia. «No dejes piedra sin levantar», era mi lema. Y no encontré evidencia de peligro pues la investigación sobre los efectos secundarios de los esteroides apenas empezaba. Creo, sin embargo, que aunque la hubiera habido no me habría importado. Los campeones de *downhill ski* y los de Fórmula Uno saben que corren el riesgo de matarse pero de todas maneras compiten porque si uno no se mata, gana. Además, yo tenía 20 años y pensaba que nunca me iba a morir.

Para conseguir las drogas simplemente visité a un médico general local.

—He oído que esto ayuda al crecimiento de los músculos —le dije.

—Se supone que lo hace pero yo no exageraría sus méritos —respondió—. Está hecho para personas que están en rehabilitación después de una cirugía.

—¿Me puede ayudar a probarlo? —le pregunté—, y respondió afirmativamente. Me prescribió una inyección cada dos semanas y pastillas para tomar en el intervalo.

—Tómese éstas durante tres meses y suspéndalas el día que acabe la competencia —me dijo.

Los esteroides me daban más hambre y más sed y contribuyeron a que ganara peso pero la mayor parte era agua, cosa que no era conveniente porque afectaba la definición. Aprendí a usar las drogas en las seis u ocho semanas finales antes de las competencias importantes. Es posible que ayudaran un poco a ganar pero la ventaja era más o menos del mismo nivel que un buen bronceado.

Más adelante, cuando me retiré del fisiculturismo, el uso de drogas se convirtió en un problema grave en el deporte. Los muchachos estaban tomando dosis de esteroides 20 veces mayores que cualquiera de las que nosotros habíamos tomado, y con la aparición en escena de la hormona del crecimiento humano, las cosas se salieron de las manos. Hubo casos de fisiculturistas que fallecieron. Desde entonces he trabajado duro para conseguir que las drogas sean prohibidas en este deporte.

El efecto total de todas estas mejoras en el entrenamiento fue que en septiembre de 1967, cuando abordé el avión para volver a Londres, llevaba conmigo diez libras más de músculo.

El segundo concurso de Mr. Universo fue tan bueno como lo había imaginado. Competí contra fisiculturistas de Sudáfrica, India, Inglaterra, Jamaica, Escocia, Trinidad, México, Estados Unidos y decenas de otros países. Por primera vez escuché a la gente coreando: «¡Arnold! ¡Arnold!», algo que nunca había experimentado. De pie en el pedestal con mi trofeo en la mano, tal como siempre lo había visualizado, en esta ocasión pude decir las palabras correctas en inglés para mostrar un poco de estilo y compartir el placer que sentía.

—Esta es la aspiración de mi vida hecha realidad —dije, tomando el micrófono—. Estoy muy contento de ser Mr. Universo. Lo diré de nuevo porque suena muy bien: estoy muy contento de ser Mr. Universo. Mis agradecimientos a todas las personas en Inglaterra que me han ayudado. Todas han sido muy amables conmigo. Gracias a todos ustedes.

El título de Mr. Universo trajo consigo un estilo de vida que superaba los sueños más descabellados de cualquier adolescente. Cuando el clima estaba cálido, los fisiculturistas nos amontonábamos en nuestros viejos autos y nos íbamos al campo para hacer lo mismo que los gladiadores: asar carne fresca, beber vino y ocuparnos de las chicas. Por las noches salía con un grupo internacional integrado por dueños de bares, músicos, chicas de bar... Una de mis amigas era striptisera. Pero yo hacía locuras solamente cuando era tiempo de loquear. En el tiempo de entrenar jamás falté a una sesión.

Reg Park había prometido que si yo ganaba Mr. Universo me invitaría a Sudáfrica para que participara en exhibiciones y promociones. Así que la mañana siguiente a la competencia le envié un telegrama que decía: «Gané. ¿Cuándo voy?». Reg cumplió su palabra y me envió un tiquete de avión. Así, en la temporada de vacaciones de 1967 pasé tres semanas en Johannesburgo con él y Mareon, y sus hijos Jon Jon y Jeunesse. Visitamos toda Sudáfrica, incluidas Pretoria y Ciudad del Cabo, gracias a las exhibiciones.

Hasta entonces yo solo había tenido una muy vaga idea de lo que significa tener éxito en fisiculturismo, cine y negocios. La familia feliz y la próspera vida de Reg me inspiraron tanto como me había inspirado verlo caracterizando a Hércules. Reg había empezado como un chico de clase trabajadora en Leeds y ya era una estrella del fisiculturismo en América cuando conoció a Mareon y se enamoraron en Sudáfrica, en los años cincuenta. Se la llevó a Inglaterra y se casaron, pero Leeds la deprimía, así que se mudaron nuevamente a Sudáfrica y él inició su cadena de gimnasios allí en lugar de hacerlo en Inglaterra. El negocio había ido muy bien. Vivían en una gran casa con piscina y jardines y vista a la ciudad, que él bautizó Monte Olimpo. El espacio interior era amplio, hermoso y cómodo y estaba lleno de obras de arte. A pesar de todo lo que me gustaba mi estilo de vida de entrenamiento duro, diversión, grescas y chicas, esas semanas pasadas con los Park me recordaron que debía mantener mis aspiraciones apuntando más alto.

Reg me despertaba a las cinco todas las mañanas y a las cinco y media ya estábamos en su gimnasio de Kirk Street haciendo ejercicio. Yo no acostumbraba despertarme a esa hora pero con él comprendí la ventaja de entrenar temprano, antes de que empiece el día, cuando no hay otras responsabilidades pendientes y nadie está esperando o pidiendo nada de uno. Reg también me enseñó una lección clave con respecto a los límites sicológicos. Yo me las había arreglado para llegar a las 300 libras de peso con mis *calf raises*, más de lo que levantaba cualquiera de los fisiculturistas que conocía. Pensaba que debía estar cerca del límite del alcance humano pero quedé atónito cuando vi a Reg haciendo *calf raises* con mil libras.

—Tu mente es el límite —me dijo—. Piénsalo. Levantar 300 libras es menos que caminar. Tú pesas 250 libras así que cada vez que das un paso estás levantando 250 libras con cada pantorrilla. Para entrenar de verdad debes sobrepasar eso.

Y tenía razón. El límite que yo creía cierto era puramente sicológico. Ahora que había visto a alguien hacer mil libras empecé a avanzar a grandes pasos en mi entrenamiento.

Eso me mostró el poder que tiene la mente sobre el cuerpo. Durante muchos años en el levantamiento de pesas hubo una barrera de 500 libras en el *clean and jerk*, más o menos lo mismo que la barrera de los cuatro minutos en la milla. Pero tan pronto el gran levantador de pesas ruso Alekseyev estableció un nuevo récord mundial de 501 en 1970, al cabo de un año otros tres tipos levantaron más de 500 libras.

Comprobé lo mismo con Franco. Una tarde nos estábamos turnando para hacer *squats* en Gold's Gym. Yo hice seis repeticiones con 500 libras. Aunque Franco era más fuerte que yo en *squats*, hizo apenas cuatro repeticiones y volvió a poner la barra en su puesto.

—Estoy muy cansado —dijo.

En ese momento vi que dos chicas de las de la playa entraron al gimnasio y me acerqué a saludarlas. Luego volví y le dije a Franco: «Ellas no creen que tú puedes ponerte en cuclillas con 500 libras». Yo sabía bien cuánto le gustaba fanfarronear, especialmente si había chicas cerca. Y, efectivamente, dijo: «Les mostraré. Observa esto». Franco agarró las 500 libras e hizo diez repeticiones y, sin esfuerzo aparente, con el mismo cuerpo que diez minutos antes había estado tan cansado. Probablemente sus muslos estaban gritando: «¿Pero qué joda es ésta?». Pero ¿qué había cambiado? Pues la mente. Los deportes son tan físicos que es fácil pasar por alto el poder de la mente pero yo he comprobado ese poder una y otra vez.

Ya de regreso en Munich mi reto inmediato fue cómo aprovechar que ya era Mr. Universo para atraer más afiliados a nuestro gimnasio. El fisiculturismo todavía era tan poco conocido y se consideraba tan extraño que el hecho de que yo hubiera ganado el campeonato no se había sentido fuera de los gimnasios. Más reconocimiento me había traído el levantamiento de la piedra en el salón cervecero Lowenbrau.

Entonces a Albert se le ocurrió una idea. Si hubiéramos pedido a los diarios que escribieran una historia sobre mi victoria en Mr. Universo nos habrían tachado de locos. Entonces, en lugar de eso, un helado día de invierno me hizo caminar por toda la ciudad en mis calzoncillos de posar. Llamó a algunos de sus amigos periodistas y les dijo: «¿Recuerdan a Schwarzenegger, el que ganó el concurso del levantamiento de la piedra? Bueno, pues él es el nuevo Mr. Universo y está en la plaza Stachus en ropa interior». Un par de editores lo encontraron suficientemente gracioso como para enviar a sus fotógrafos. Y yo los llevé por toda la ciudad, del mercado a la *Hauptbahnhof*, donde me esmeré en coquetear con algunas viejecitas para demostrar que era una persona amistosa y amable y no una especie de monstruo. Eso es lo que los políticos hacen todo el tiempo: sin embargo, que un fisiculturista lo hiciera resultaba muy extraño. A pesar del frío yo me divertí bastante. A la mañana siguiente uno de los periódicos publicó una fotografía en la que aparecía con mis calzoncillos en medio de una obra. Uno de los trabajadores apareció en la foto abrigado hasta las orejas y mirándome boquiabierto en medio de su asombro.

Después de más de un año de trabajo y ardides publicitarios como esos logramos duplicar a más de 300 el número de afiliados al gimnasio, pero ésta era una ciudad de más de un millón de habitantes. Albert llamaba al fisiculturismo la sub-cofradía de la sub-cofradía y ambos charlábamos largamente tratando de descubrir por qué el deporte no era más conocido. Por último llegamos a la conclusión de que la respuesta debía estar en la cabeza de muchos fisiculturistas que son como ermitaños deseosos de ocultarse bajo una coraza de músculos de tal manera que hacen todo en secreto y entrenando en calabozos de los cuales no salen hasta que sus músculos les permiten sentirse a salvo. En la historia ha habido hombres forzudos famosos como Eugen Sandow y los hermanos Swoboda, pero eso fue a principios del siglo XX y desde entonces no ha habido otro como ellos. Ninguno de los fisiculturistas del momento tenía las dotes histriónicas o artísticas suficientes para que sus presentaciones consiguieran popularizar el entrenamiento.

Las competencias realizadas en Munich eran una deprimente

muestra de ello: no se realizaban en salones cerveceros como las viejas exhibiciones de hombres forzudos. En lugar de eso se efectuaban en gimnasios de paredes desnudas y pisos desnudos, con unas cuantas docenas de sillas, o en auditorios sin escenografía alguna. Para crear ambiente es necesario tener por lo menos colgaduras y banderas y contratar una buena banda y un buen presentador, pero nadie lo había hecho. Y esto en Munich, una ciudad llena de gente y pletórica de entretenimiento y vida.

Albert y yo tuvimos la idea de llevar las competencias de fisiculturismo a los salones cerveceros, en donde ya habría una audiencia, tal y como en los viejos tiempos. Reunimos algún dinero, compramos los derechos para producir Mr. Europa en 1968 y luego visitamos a los dueños del salón que nos gustaba. Les preguntamos: «¿Qué tal si traemos los fisiculturistas a este espacio?». Acordamos un trato que consistía en alquilar la mitad delantera del salón, junto a la tarima, y llenarla con filas de asientos pagados, mientras la parte trasera del recinto permanecería sin cambios, con sus mesas largas a las que cualquier cliente podría sentarse gratis, como era habitual.

Convertimos Mr. Europa en un espectáculo: los aficionados acérrimos pagarían por ocupar los asientos del frente, en tanto que los clientes habituales estarían en sus mesas, beberían, se divertirían y tal vez se interesarían. La conexión con el salón cervecero nos ayudó para la publicidad del evento y atrajimos más de mil espectadores, comparados con unos pocos cientos del año anterior. Invitamos a la prensa, por supuesto, y nos aseguramos de que entendieran lo que estaban viendo para que pudieran escribir buenos artículos.

Pudo ser un fracaso. Habríamos podido vender muy pocos boletos o alguien hubiera podido iniciar un disturbio saltando a la tarima y rompiéndole un jarro de cerveza en la cabeza a Mr. Europa. Pero en lugar de eso llenamos el salón de un bullicio, entusiasmo y vida increíbles, entre gente que bebía entrechocando sus jarros. La energía de nuestro evento estableció todo un nuevo nivel para el fisiculturismo alemán.

Ese año el concurso de Mr. Europa tuvo un impacto particularmente decisivo sobre los fisiculturistas de Europa Oriental porque coincidió con la invasión soviética a Checoeslovaquia. Pocos días antes del evento los tanques rodaron para aplastar las reformas democráticas instituidas en la Primavera de Praga. Cuando se difundió la noticia contactamos a los fisiculturistas de allá que conocíamos y fuimos en nuestros autos a recoger muchos de ellos en la frontera. La delegación checa de ese año fue excepcional porque sus integrantes pudieron aprovechar la competencia como pretexto para fugarse. Más adelante, ellos pasaron de Munich a Canadá o a los Estados Unidos.

Me preguntaba cuándo me llegaría el turno de irme a América. En el fondo seguía concentrado en esa meta. Cuando estuve en el ejército, por ejemplo, supe que estaban enviando conductores de tanques a Estados Unidos para que recibieran capacitación avanzada y fantaseaba con permanecer uniformado para aprovechar eso. El problema, claro, era que finalizada la capacitación en América tendría que volver a Austria y todavía estaría en el ejército.

Así que me atuve a mi visión original: llegaría una carta o un telegrama pidiéndome que fuera a América. Era *yo* el que debía hacer las cosas bien y realizar algo extraordinario porque si a Reg Park lo habían invitado por haber hecho algo extraordinario, entonces a mí también me invitarían por la misma razón. Reg y Steve Reeves eran mis parámetros para evaluar mis progresos. Como Reg, yo había tenido un inicio temprano, incluso más temprano porque él había empezado a los 17, justo antes de alistarse en el ejército, y yo empecé a los 15, tres años antes de hacer lo propio. Reg había ganado el concurso de Mr. Universo a los 23 y yo a los 20. Ganarlo tan joven me facilitó esa explosión de publicidad en el mundo del fisiculturismo porque batí el récord de Steve Reeves, que lo había ganado a los 22.

Cuando me obsesioné con el fisiculturismo soñaba que por ganar el Mr. Universo en Londres mi fama e inmortalidad estarían garantizadas. Pero en realidad la escena competitiva se había vuelto mucho más compleja. Tal como en el boxeo ahora, había muchas federaciones fisiculturistas que competían permanentemente por el control del deporte. Esas federaciones manejaban los campeonatos que atraían la élite del fisiculturismo: el concurso de Mr. Universo en Gran Bretaña, la competencia de Mr. Mundo que había empezado a cambiar de sede de unos países a otros, el concurso de Mr. Universo en los Estados Unidos y el de Mr. Olimpia, un nuevo evento creado con el propósito de coronar al campeón mundial del fisiculturismo profesional. Los fans ya necesitaban tarjetas para llevar los puntajes y seguir la pista a todo, pero para mí lo importante no era que todos los mejores fisiculturistas compitieran en un evento dado. Algunos de los mejores de América, por ejemplo, no iban a Londres a participar en la competencia de Mr. Universo y solo competían en la versión americana. De manera que la única forma de que un fisiculturista se convirtiera en campeón mundial indiscutido era acumulando títulos de todas las federaciones. Solo después de haber retado y derrotado a todos sus rivales podría ser reconocido universalmente como el mejor. En su momento, Reg Park había predominado al ganar Mr. Universo en Londres tres veces en un lapso de 14 años. Bill Pearl, un gran fisiculturista californiano, por haber ganado tres títulos de Mr. Universo más los de Mr. América y Mr. Estados Unidos. Steve Reeves había sido Mr. América, Mr. Universo y Mr. Mundo. Y yo estaba ansioso no solo por batir los récords de ellos sino por sobrepasarlos: si alguien había podido ganar Mr. Universo tres veces yo quería ganarlo *seis*. Era lo suficientemente joven para lograrlo y sentía que podría hacerlo.

Esos eran mis sueños mientras entrenaba para el concurso de Mr. Universo que se realizaría en Londres en 1968. Para llegar a América primero debía haber dominado por completo la escena del fisiculturismo en Europa. Haber ganado Mr. Universo en la categoría *amateur* el año anterior era un gran inicio, pero automáticamente me había elevado al status *profesional*, abriendo la puerta a todo un nuevo espectro de contendores. De modo que ahora debía devolverme y ganar el título *profesional* en forma todavía más decisiva que cuando gané como *amateur*. Eso me haría Mr. Universo por segunda vez y entonces sí iría realmente en camino.

Me aseguré de que nada más interfiriera: ni recreación, ni trabajo, ni viajes, ni chicas, ni la organización del concurso de Mr. Europa. Para todas esas cosas saqué tiempo, por supuesto, pero entrené duro, de cuatro a cinco horas diarias, seis días por semana.

Aunque aplicaba los consejos prácticos de Wag Bennett y Reg Park, el meollo de mi entrenamiento siguió siendo el mismo. Todavía estaba creciendo y quería aprovechar mi don natural, quería que mi cuerpo pudiera soportar más masa que el de cualquiera de los contendores que iba a enfrentar. Mi objetivo era aparecer en el Victoria Palace siendo todavía más grande y más fuerte que el año anterior y simplemente liquidar a la competencia. Con 6 pies, 2 pulgadas y 250 libras, estaba más impresionante que nunca antes.

El día anterior al concurso no empezó bien. De camino al aeropuerto pasé por el gimnasio esperando que Putziger me entregara mi paga normal, con la que contaba para cubrir mis gastos en Londres. En lugar de eso me mostró un papel y una pluma. «Firma esto y tendrás tu dinero», dijo. Era un contrato que lo nombraba agente mío y le garantizaba una parte de todas mis futuras ganancias. Salí de mi estado de *shock* lo suficientemente pronto para negarme a hacerlo pero abandoné el gimnasio sin haber podido recuperarme del impacto. Solo tenía el dinero que llevaba en el bolsillo y ni siquiera estaba seguro de que todavía tuviera un empleo. Albert tuvo que prestarme 500 marcos para que pudiera ir a Londres. El viaje, por supuesto, acabó mucho mejor de lo que había empezado, pues al día siguiente gané de manera contundente —y por segunda vez— el título de Mr. Universo. En las revistas de músculos aparecieron fotos mías levantando una chica en bikini con mi brazo izquierdo mientras exhibía mi bíceps derecho. Pero lo mejor fue el telegrama que me esperaba en el hotel: era de Joe Weider, indiscutiblemente la persona más influyente de los campeonatos de fisiculturismo, a quien denominaban el *kingmaker* o hacedor de reyes.

—Felicitaciones por su victoria —decía—. Usted es la nueva sensación joven. Se convertirá en el más grande fisiculturista de todos los tiempos…

Y me invitaba a ir a América el siguiente fin de semana para competir en el Mr. Universo de su federación, en Miami.

—Cubriremos los gastos —decía el telegrama—. El coronel Schuster le dará los detalles.

Quedé fascinado de haber recibido un telegrama del *kingmaker*. Joe Weider era el mayor empresario de fisiculturismo en América, lo que significaba que era el mayor empresario de fisiculturismo del mundo. Había construido un imperio internacional de fisiculturismo con exhibiciones, revistas, equipos y suplementos alimenticios. Me estaba acercando más a mi sueño, no solo de ser un campeón sino de ir a América. No veía la hora de llamar a mis padres para compartir la noticia: «¡Ya iba en camino!». No había esperado esto pero ¡quizás podría alzarme un tercer título de Mr. Universo! Sería increíble, a la edad de 21, tener tres. Estaba en forma para la competencia, tenía el impulso, iba a arrollarlos en Miami.

El coronel Schuster resultó ser un tipo mediano, de traje entero, que llegó al hotel más tarde ese mismo día. De hecho había sido coronel de la Guardia Nacional pero ahora se ganaba la vida como agente de ventas en Europa del imperio de Weider. Me entregó el tiquete aéreo pero no habíamos avanzado mucho en los detalles del viaje cuando caí en la cuenta de que yo no tenía visa.

Esperé impaciente en casa de Schuster mientras el coronel fue a la embajada americana y movió sus influencias. El papeleo tomó una semana. Yo ocupé ese tiempo lo mejor que pude pero en realidad no tuve ni la dieta apropiada ni un gimnasio donde pudiera entrenar cinco horas al día. Me las arreglé yendo a la bodega de Weider a hacer ejercicio con las mancuernas y barras arrumadas allí. Pero estaba distraído y no fue lo mismo.

Apenas puse un pie en el avión desapareció toda frustración. Tenía que hacer conexión en Nueva York y fue fantástico sobrevolar la ciudad y ver por primera vez los rascacielos, el puerto y la estatua de la Libertad. No estaba muy seguro de lo que debía esperar de Miami y cuando llegamos estaba lloviendo: también resultó imponente, no solo por sus edificios y palmeras, sino por el calor que se sentía siendo octubre y lo contentos que todos parecían con el clima. Me encantaron los sitios turísticos con su música latina, así como la mezcla de latinos, negros y blancos que ya había visto en los círculos del fisiculturismo pero jamás en Austria cuando era niño.

Joe Weider había lanzado la versión americana de Mr. Universo diez años antes para darle empuje al fisiculturismo en los Estados Unidos pero ésta era la primera vez que el concurso se realizaría en la Florida. Habían tomado el Miami Beach Auditorium, un lugar moderno y enorme, con 2.700 asientos, que normalmente albergaba el show de Jackie Gleason. Me había perdido de los preliminares del evento: las entrevistas, los cocteles, la filmación y las tomas para la televisión y las promociones, pero aún así la producción se veía grande y de tamaño americano. Por todas partes había leyendas del fisiculturismo como Dave Draper y Chuck Sipes, quienes habían sido ambos Mr. América y Mr. Universo.

Por primera vez vi a Sergio Oliva, el campeón mundial de fisiculturismo. Sergio era cubano y fue el primer fisiculturista no blanco en ganar Mr. América, Mr. Mundo, Mr. Internacional, Mr. Universo y Mr. Olimpia. La semana anterior había ganado su segundo título consecutivo de Mr. Olimpia. Aunque yo no estaba en su liga todavía él sabía que pronto estaríamos compitiendo, y refiriéndose a mí le dijo a un reportero: «Él es muy muy bueno. El año entrante será duro. Pero eso está bien. No me gusta competir con bebés». Cuando me enteré de eso pensé: «Ya está empezando el juego psicológico».

En la competencia participaban dos docenas de tipos, divididos en dos grupos: altos y bajos. En las rondas preliminares de los jueces durante el día derroté fácilmente a todos los demás hombres altos. Pero el mejor de los bajos en su categoría era Mr. América, Frank Zane, y en esta oportunidad él se presentaría en la mejor forma de toda su carrera. Venía de ganar la competencia de Mr. América en Nueva York la semana anterior. Yo era tan grande, bien formado y poderoso como lo había sido en Londres. Tenía la misma masa imponente. Pero una semana sin hacer nada me había dejado un poco por encima de mi peso ideal, lo que significaba que cuando posara, mi cuerpo luciría suave y con una definición menos marcada. Para empeorar las cosas, además de ser perfectamente proporcionado, musculoso y tallado, Zane tenía un bronceado espectacular y yo estaba blanco como balón de fútbol. Cuando pasamos a las finales en la noche me llevaba ventaja en puntos.

Esa noche frente a la gente sentí que yo lucía 100% mejor porque las flexiones y poses durante todo el día bajo los reflectores habían disuelto las libras que tenía de exceso. Eso ayudó a que la competencia entre Frank Zane y yo fuera tan cerrada que empatamos en la votación final de los jueces. Pero el mayor puntaje de Frank al inicio del día hizo que él fuera el ganador y no yo. Me quedé a un lado en la tarima tratando de no lucir demasiado aturdido mientras un tipo cinco pulgadas más bajo que yo y 50 libras más liviano se llevaba el premio.

Fue un golpe muy duro. Finalmente había llegado a América, tal como lo había imaginado, pero había perdido el Mr. Universo en Miami y a manos de un hombre más liviano y más bajo que yo. Pensé que la competencia había sido arreglada porque Zane simplemente no era lo suficientemente grande como para ganarme. Aunque a mí me había faltado definición, él era un pobre escuálido.

Esa noche me ganó la desesperación. Mi alegría casi nunca me abandona pero ese día lo hizo. Estaba en un país extraño, lejos de mi familia, lejos de mis amigos, rodeado por gente extraña en un lugar cuyo idioma no hablaba. ¿Cómo había podido llegar a esto? Me sentía perdido. Mis únicas pertenencias estaban en un pequeño maletín de gimnasio y todo lo demás había quedado atrás. Probablemente había perdido mi empleo, tampoco tenía dinero y no sabía cómo volvería a casa.

Y lo peor de todo era que había perdido. El gran Joe Weider me había traído desde el otro lado del Atlántico para darme esta oportunidad pero en lugar de dar la talla me había avergonzado a mí mismo y había fracasado en mi desempeño. Esa noche compartía la habitación con Roy Calender, un fisiculturista negro que vivía en Inglaterra y que también había participado en la competencia de Londres. Roy fue muy amable y me habló de mi pérdida. Era mucho más maduro que yo y estaba hablando de cosas que yo no entendía muy bien. Hablaba de sentimientos.

—Sí, es duro perder después de semejante victoria en Londres —dijo—. Pero recuerda que el año entrante ganarás y todos olvidarán que hoy perdiste.

Era la primera vez que un hombre me hablaba con ese afecto. Sabía que las mujeres eran así de afectuosas: mi madre lo era y otras mujeres también. Pero esa empatía real viniendo de un hombre me abrumó. Hasta entonces había pensado que solo las niñas lloraban pero acabé llorando calladamente en la oscuridad durante horas. Fue un gran alivio.

Cuando me desperté a la mañana siguiente me sentía mucho mejor. La luz del sol había invadido la habitación y el teléfono sonaba junto a la cama.

—¡Arnold! —dijo una voz áspera—. Soy Joe Weider. Estoy junto a la piscina. ¿Te gustaría bajar y pedir algo para desayunar? Quisiera hacerte una entrevista para la revista. Queremos hacer un tema de portada sobre ti, saber exactamente cómo entrenas…

Fui a la piscina y ahí estaba Joe con un vestido de baño a rayas, esperando en una mesa con su máquina de escribir. No podía creerlo. Yo había crecido con sus revistas, publicaciones en las que Joe Weider siempre se retrataba a sí mismo como el Entrenador de Campeones que se había inventado todos los métodos de entrenamiento y había hecho posible el fisiculturismo y creado a todos los grandes. Yo lo idolatraba y ahora estaba sentado con él junto a la piscina, en Miami. De repente volví a sentirme importante.

Joe tenía alrededor de 45 años e iba bien afeitado. De patillas y cabello oscuro, no era alto, más bien de estatura mediana, pero fornido. Sabía por las revistas que él hacía ejercicio todos los días. Tenía una voz inconfundible, fuerte y penetrante, con un extraño sonido en las vocales que hasta yo encontraba diferente al acento de otros angloparlantes. Más adelante supe que era canadiense.

Preguntó todo sobre la forma como yo entrenaba. Hablamos durante horas. Aunque mi inglés lo hacía todo muy lento, Joe sentía que yo tenía más que ofrecer en cuanto a historias que el resto de los fisiculturistas. Le conté todo acerca de nuestros ejercicios en los bosques en la época de gladiadores y disfrutó escuchándolo. Me preguntó muy detalladamente sobre las técnicas que había desarrollado, el método de la *split routine* de entrenar dos o tres veces en el día, los trucos que Franco y yo nos habíamos ideado para *sobresaltar los músculos*. Mientras tanto yo me pellizcaba todo el tiempo. Pensaba: «Me gustaría que mis amigos de Munich y Graz pudieran verme, sentado aquí con Mr. Joe Weider, editor de las revistas *Muscle and Fitness, Flex Magazine* y *Strength Magazine*, mientras él me pregunta cómo es que yo entreno».

Al mediodía parecía haberse decidido.

—No vuelvas a Europa —dijo finalmente—. Debes quedarte aquí.

Ofreció pagar mi viaje a California, un apartamento, un auto y gastos de manutención para que pudiera concentrarme en entrenar durante todo un año. Cuando las mismas competencias se repitieran de nuevo el próximo otoño yo tendría una nueva oportunidad. Entretanto sus revistas estarían informando sobre mi entrenamiento y él conseguiría traductores para que yo pudiera escribir acerca de mis programas y expresar mis ideas.

Joe tenía muchas ideas sobre lo que yo debía hacer para alcanzar la cima. Me dijo que había estado concentrándome en cosas que no debía: que incluso para un hombre grande, poder y volumen no lo eran todo. Además, tendría que entrenar más duro aún para conseguir definir los músculos y, aunque algunas partes de mi cuerpo eran fantásticas, tenía que mejorar espalda, abdominales y piernas, y debía trabajarle más a mi forma de presentar las poses. Los principios de entrenamiento eran la especialidad de Joe Weider, por supuesto, y él estaba ansioso por empezar a entrenarme a mí.

—Serás el mejor —dijo—. Espera y verás.

Esa tarde en el gimnasio pensé más acerca de mi derrota ante Frank Zane. Ahora que había dejado de sentir lástima por mí mismo llegué a conclusiones más duras que la noche anterior. Todavía pensaba que el juzgamiento no había sido justo pero descubrí que eso no era la verdadera causa de mi dolor. La verdadera causa era haber fracasado, pero no con mi cuerpo sino en mi visión y mi empuje. Perder con Chet Yorton en Londres en 1966 no había sido tan malo porque yo había hecho todo lo que había podido para prepararme y ése simplemente no era mi año. Pero en esta oportunidad había algo diferente. No me había preparado lo necesario. Tendría que haber hecho dieta la semana antes y no haber comido tanto pescado y papas fritas. Podría haber buscado una mejor forma de entrenar aunque no tuviera acceso al equipo necesario, podría haber hecho mil repeticiones de abdominales o algo que me hiciera sentir que estaba listo. Podría haber trabajado en mis poses, nada me había impedido hacerlo. Todo eso no tenía nada que ver con el juzgamiento: yo no había hecho todo lo que habría podido hacer para prepararme. Había pensado que el impulso de ganar en Londres me llevaría al triunfo, pensé que por haber ganado Mr. Universo podía aflojar. Había cometido una estupidez.

Pensar en todo eso me enfureció.

—Aunque ganaste el concurso profesional en Londres, todavía eres un *amateur* de mierda —me dije a mí mismo—. Lo que ocurrió aquí jamás debió suceder. Eso solamente le pasa a un *amateur*. Eres un *amateur*, Arnold.

Quedarme en América, decidí, tendría que significar que no volvería a ser un *amateur*. Ahora empezaría el verdadero juego. Me esperaba muchísimo trabajo. Y tenía que empezar como un profesional. Nunca más volvería a salir de una competencia de fisiculturismo como lo había hecho en Miami. Si lo que quería era derrotar gente como Sergio Oliva, eso jamás podría volver a ocurrir. De aquí en adelante, si perdía, podría salir con una gran sonrisa porque habría hecho todo lo que había podido.

CAPÍTULO 5

Saludos desde Los Ángeles

HAY UNA FOTOGRAFÍA DE mi llegada a Los Ángeles. Tengo 21 años, es 1968, y llevo unos pantalones color café arrugados, unos zapatos muy ordinarios y una camisa barata de manga larga. Tengo en la mano una ajada bolsa plástica con algunas cosas y estoy esperando en la entrega de equipajes que aparezca mi maletín de gimnasio, que contiene todo lo demás. Parezco un refugiado, solo sé decir unas cuantas frases en inglés y no tengo dinero, pero sí una gran sonrisa.

Un fotógrafo y un reportero independientes que hacían trabajos para la revista *Muscle and Fitness* estaban allí para registrar mi llegada. Joe Weider les había encargado recogerme y enseñarme algo de la ciudad, así como escribir todo lo que yo hiciera y dijera. Weider había decidido promoverme como estrella naciente y había ofrecido traerme a América para entrenar con los campeones durante un año. Joe proveería el alojamiento y dinero para mis gastos; todo lo que yo debía hacer era trabajar con un traductor en artículos sobre mis técnicas, que serían publicados en sus revistas mientras entrenaba para alcanzar mi sueño.

Esa nueva y maravillosa vida que yo había soñado, fácilmente pudo haber terminado apenas una semana después. Un forzudo luchador de cocodrilos, australiano, que era uno de mis nuevos amigos del gimnasio, me había prestado su auto, un Pontiac GTO con más de 400 caballos de potencia. Jamás había conducido nada tan increíble y pronto me vi Ventura Boulevard arriba conduciendo a velocidad de *autobahn* (es decir, de autopista). Era una fresca y nubosa mañana de octubre, y estaba a punto de aprender que, cuando empieza a lloviznar, las calles de California se vuelven muy resbalosas.

Se acercaba una curva y me alisté para reducir la velocidad y meter el cambio. Meter cambios era algo que hacía bien porque en Europa todos los vehículos eran de transmisión manual, incluidos los camiones que yo conducía en el ejército y mi aporreado auto viejo de Munich. Pero al meter el cambio en el GTO, las llantas traseras se desaceleraron abruptamente y perdieron su agarre de la carretera.

Perdido el control de inmediato, el auto giró locamente sobre sí mismo dos o tres veces. Probablemente la velocidad ya había disminuido a unas 30 millas por hora cuando el impulso me lanzó a los carriles de sentido contrario, congestionados por el tráfico de la mañana. Vi a un escarabajo Volkswagen chocar contra mi lado del pasajero. Luego me golpeó un auto americano y cuatro o cinco vehículos más quedaron apilados en un choque múltiple, hasta que por fin acabó todo.

El GTO y yo terminamos unas 30 yardas más abajo de nuestro destino: el gimnasio Vince's, donde iba a entrenar ese día. La puerta del lado mío se atascó así que tuve que salir por la ventanilla. Sentía como si tuviera la pierna derecha en llamas. El impacto había destrozado la consola que va entre los dos asientos delanteros y, cuando miré abajo, una gran astilla de plástico sobresalía de mi muslo. La jalé y entonces la sangre empezó a correr por mi pierna.

Estaba muy asustado y solo se me ocurrió buscar ayuda en el gimnasio. Entré cojeando y dije: «Acabo de tener un accidente grande». Algunos fisiculturistas me reconocieron pero el que tomó acción fue un hombre que yo no conocía y que resultó ser un abogado.

—Es mejor que vuelvas al auto —dijo—. No abandones la escena de un accidente. Aquí eso se llama darse a la fuga después de atropellar algo. Darse a la fuga, ¿comprendes? Y te metes en graves problemas. Así que sal de aquí, quédate junto a tu auto, y espera que llegue la policía.

Se había dado cuenta de que yo acababa de llegar a los Estados Unidos y que mi inglés no era bueno.

—¡Pero si estoy aquí! —dije yo—. Y puedo mirar para allá.

Quería decirle que fácilmente vería a los policías cuando llegaran e iría a encontrarlos.

—Créeme, debes volver a tu auto.

Entonces le mostré la pierna:

—¿Sabes de un médico que pueda ayudarme?

Observó la sangre y murmuró:

—¡Por amor de Dios! Déjame llamar a unos amigos. ¿Tienes seguro de salud o algo?

No entendí bien lo que quería decirme pero sacamos en claro que no tenía seguro. Alguien me dio una toalla para presionarla contra mi pierna.

Volví al GTO. La gente se había asustado, todos estaban impresionados y además molestos porque no podrían llegar a tiempo al trabajo, sus autos habían sufrido daños y tendrían que lidiar con las compañías de seguros. Pero nadie me saltó encima ni me hicieron acusaciones. Una vez que el policía se aseguró de que la señora del Volkswagen estaba bien me dejó ir sin citación y solamente dijo: «Veo que está sangrando, debería ir a que le curen eso». Un fisiculturista amigo me llevó donde un médico y amablemente pagó la cuenta para que me cosieran.

Fui un idiota por causar semejante choque. Quisiera tener los nombres de todas las personas que lo sufrieron para escribirles ahora y disculparme.

Sabía que había contado con suerte. En Europa la policía habría sido mucho más estricta en una situación como ésta: no solo habrían podido arrestarme sino que me habría costado un dineral en multas. Pero los policías de Los Ángeles opinaron que las calles estaban resbaladizas, que había sido un accidente y que, como no había lesiones graves, lo importante era conseguir que el tráfico siguiera fluyendo. El policía que me habló fue muy cortés, miró mi licencia de conducción internacional y preguntó: «¿Desea una ambulancia o está usted bien?». Dos muchachos del gimnasio le dijeron que yo solo llevaba unos días en el país y, aunque había tratado de hacerlo, era evidente que en realidad no hablaba inglés.

Esa noche me fui a la cama sintiéndome optimista. Todavía me faltaba arreglar las cosas con el luchador de cocodrilos pero Estados Unidos era un gran lugar donde estar.

La primera vez que vi la panorámica de Los Ángeles quedé en *shock*. Para mí, decir América era decir tamaño: rascacielos enormes, puentes enormes, avisos de neón enormes, autopistas enormes, autos enormes. Nueva York y Miami habían colmado mis expectativas y, de alguna manera, yo había imaginado que Los Ángeles sería igualmente imponente. Pero ahora veía que el centro de la ciudad, donde apenas se veían unos cuantos edificios altos, lucía bastante escuálida. La playa era extensa pero ¿dónde estaban las olas enormes y los surfistas

Sentí la misma decepción cuando conocí el Gold's Gym, la meca del fisiculturismo americano. Había estudiado las revistas de Weider durante años sin darme cuenta de que la idea era hacer ver todo mucho más grande de lo que fuera. Veía escenas de famosos fisiculturistas haciendo ejercicio en Gold's y me lo imaginaba como un enorme club deportivo con canchas de baloncesto y piscinas, gimnasio, levantamiento de pesas y artes marciales, tal como los clubes gigantescos que se ven hoy día. Pero cuando entré me encontré un piso de cemento y un lugar muy sencillo y primitivo: tenía un solo salón de dos pisos de altura y del tamaño de media cancha de baloncesto, paredes de concreto y claraboyas. Sin embargo, los equipos eran realmente interesantes y pude ver grandes levantadores de potencia y fisiculturistas haciendo ejercicio y levantando pesos pesados, así que la inspiración estaba allí. Además, quedaba a solo dos cuadras de la playa.

El vecindario de Venice que rodeaba a Gold's era aún menos imponente que el gimnasio. Las casas que flanqueaban calles y callejones se parecían a mis barracas en el ejército austriaco. ¿Por qué construir barracas de madera ordinarias en semejante localidad? Algunas estaban desocupadas y deterioradas, las aceras cuarteadas y llenas de arena, y había maleza alrededor de las construcciones. «¡Esto es América!», pensé. «¿Por qué no encementaron? ¿Por qué no derriban esta casa abandonada y construyen una bonita?». De algo sí estaba seguro: allá en Graz jamás habría una acera que, no solo estuviera bien encementada, sino que además no estuviera perfectamente barrida e inmaculada. Era algo inconcebible.

Fue un reto mudarme a un país donde todo lucía diferente: el idioma era diferente, la cultura era diferente y la gente pensaba diferente y negociaba diferente. Para mí fue algo asombroso ver lo distinto que era todo. Pero yo tenía una gran ventaja sobre la mayoría de los recién llegados: cuando se forma parte de un deporte internacional, jamás se está totalmente solo.

En el mundo del fisiculturismo hay una hospitalidad asombrosa. No importa qué lugar del mundo visite, uno no necesita conocer a nadie porque siempre se va a sentir parte de la familia. Los fisiculturistas locales lo recogerán en el aeropuerto, le darán la bienvenida, lo llevarán a sus casas, le darán comida y le enseñarán los alrededores. Pero América era aún más que todo eso.

Uno de los fisiculturistas de Los Ángeles tenía una habitación extra en la cual me alojó al principio. Cuando me presenté al gimnasio para empezar a entrenar, los muchachos me saludaron y abrazaron y dejaron claro que estaban contentos de tenerme aquí. Me consiguieron un pequeño apartamento y, tan pronto me mudé, esa simpatía se convirtió en: «Bueno, tenemos que ayudarlo». Organizaron una campaña y una mañana se presentaron cargados de paquetes y cajas. Imagínense una mano de tipos grandes y musculosos, osos enormes que ustedes no querrían tener nunca junto a nada delicado o de cristal, a quienes escuchaba en el gimnasio todo el día diciendo: «¡Mira ese pecho, hombre!» o «Voy a *squat* 500 libras hoy, coño». De repente aparecieron cargados de cajas y paquetes. Uno de ellos dijo: «Mira lo que te traje», y sacó de esta pequeña caja unos cubiertos «porque vas a necesitar algunos cuando comas aquí». Otro desarmó un atado y me explicó: «Mi esposa me dijo que estos son los platos que te podía traer. Son nuestros platos viejos, así que ahora tienes cinco platos». Se esmeraron por nombrarme todas las cosas y dar explicaciones sencillas. Alguien más trajo un televisor pequeño con una antena encima y me ayudó a instalarlo y a ajustar la antena. También trajeron comida y nos sentamos a compartirla.

Me dije a mí mismo: «Jamás vi esto en Alemania o en Austria. A nadie se le ocurriría siquiera pensarlo». Sabía que si yo hubiera visto que alguien se mudaba a la casa vecina nunca se me habría pasado por la cabeza hacer algo así. Me sentí como un idiota. El día fue una experiencia de crecimiento.

Los muchachos me llevaron a conocer Hollywood. Yo quería mandar a casa algunas fotos tomadas allí, como si quisiera enviar el mensaje a mis padres: «He llegado a Hollywood. Lo siguiente será el cine». Así que seguimos en el auto hasta que uno de ellos dijo:

—Bueno, este es Sunset Boulevard.

—¿Cuándo llegaremos a Hollywood? —pregunté yo.

—Esto *es* Hollywood.

En mi imaginación, seguramente había confundido a Hollywood con Las Vegas porque yo buscaba enormes letreros y luces de neón. También esperaba ver equipos cinematográficos y calles bloqueadas por la grabación de alguna escena peligrosa. Pero no había nada de eso.

—¿Y qué pasó con todas las luces y esas cosas? —dije.

Se miraron unos a otros.

—Creo que está decepcionado —dijo uno de ellos—. Quizás deberíamos traerlo de noche.

—Sí, sí, buena idea —dijeron los demás—. Porque la verdad es que no hay mucho que ver en el día.

Esa misma semana volvimos de noche. Había unas cuantas luces más pero fue igual de aburrido. Tendría que acostumbrarme y aprender cuáles eran los lugares buenos para frecuentar.

Pasé mucho tiempo conociendo el lugar y tratando de entender cómo eran las cosas en América. En las noches a menudo salía con Artie Zeller, el fotógrafo que me había recogido en el aeropuerto. Artie me fascinaba. Era muy, muy inteligente, pero carecía totalmente de ambiciones. No le gustaba el estrés y tampoco el riesgo. Trabajaba tras una ventanilla en la oficina de correos. Artie venía de Brooklyn, donde su padre era un importante solista del coro de la comunidad judía, una persona muy erudita. Artie tomó su propio camino: se había entusiasmado con el fisiculturismo en Coney Island, y trabajando como independiente para Weider, llegaría a convertirse en el mejor fotógrafo de este deporte. Me fascinaba porque era un autodidacta que siempre estaba leyendo y absorbiéndolo todo. Además de tener facilidad para los idiomas, era una enciclopedia ambulante y experto jugador de ajedrez. Demócrata acérrimo, Artie era liberal y absolutamente ateo. Fuera la religión. Todo era falso. No había Dios. Y punto.

Josie, la esposa de Artie, era suiza y, aunque yo trataba de mantenerme enfrascado en el inglés, era una ayuda tener cerca a alguien que hablara alemán, especialmente cuando veía televisión. Había llegado a América tres o cuatro semanas antes de la elección presidencial de 1968 y, siempre que encendíamos el televisor, había algo sobre las campañas. Artie y Josie me traducían los discursos de Nixon y Humphrey, que eran los dos candidatos. Humphrey siempre hablaba de bienestar y de los programas de gobierno, y decidí que sonaba demasiado austriaco. Pero lo que Nixon decía acerca de las oportunidades y las empresas sí me sonaba realmente americano.

—¿Cómo me dijiste que se llama este partido? —le pregunté a Artie.

—Republicano.

—Entonces soy un republicano —dije.

Artie resopló, algo que hacía a menudo pues tenía mal los senos nasales. También es cierto que encontraba en la vida muchas razones por las cuales resoplar.

Tal como había prometido Joe Weider, tuve un auto, un escarabajo Volkswagen blanco de segunda mano que me hizo sentirme en casa. Para conocer bien la zona me dediqué a visitar diferentes gimnasios. Me hice amigo de un tipo que administraba un gimnasio en el centro de Los Ángeles, que en ese entonces se conocía como edificio Occidental Life. Conduje hasta tierra adentro y también bajé hasta San Diego para ver los gimnasios de esos lugares. Además, la gente me llevaba a otros sitios y así conocí Tijuana, San Diego y Santa Bárbara. Una vez fui con otros cuatro fisiculturistas a Las Vegas en un microbús VW que, con tanto músculo a bordo, no alcanzaba siquiera las 60 millas por hora. Con sus gigantescos casinos, sus luces de neón e interminables mesas de juego Las Vegas colmó todas mis expectativas

Muchos campeones entrenaban en Vince's, en San Fernando Valley, cerca de donde me había quedado cuando llegué. Uno de ellos era Larry Scott, apodado "La Leyenda", quien había ganado Mr. Olimpia en 1965 y 1966. Vince's estaba alfombrado y tenía muchas máquinas buenas, pero no era un gimnasio de levantamiento de potencia. Ellos pensaban que los ejercicios de entrenamiento de fuerza básicos como el *full squat, bench press* e *incline press* eran cosa de hombres anticuados, forzudos, y que, además, no esculpían el cuerpo.

La escena en Gold's era totalmente diferente. Era muy duro y aquí entrenaban los monstruos: campeones olímpicos de lanzamiento de bala, luchadores profesionales, campeones de fisiculturismo, hombres forzudos de la calle. Casi nadie iba con atuendo de hacer ejercicio. Todos entrenaban en jeans y camisas a cuadros, camisetas sin mangas de todo tipo y sudaderas. El gimnasio no era alfombrado y tenía plataformas para levantamiento de pesas en las que se podían dejar caer mil libras sin que nadie se molestara. Era más parecido a mi ambiente de origen.

Joe Gold era el genio del lugar. En sus años de adolescencia en la década de 1930 había sido parte de la escena original de Muscle Beach en Santa Monica y, después de prestar servicio como mecánico de la Marina Mercante en la Segunda Guerra Mundial, regresó y empezó a fabricar equipo para gimnasios. Casi todas las máquinas del lugar eran diseñadas por Joe.

Aquí no había nada delicado. Todo lo que Joe fabricaba era grande, pesado y funcionaba. Su máquina de remo con cable estaba diseñada con los apoyapiés a la altura precisa para trabajar los laterales inferiores sin que uno sintiera que estaba a punto de salir disparado de la silla. Cuando Joe diseñaba una máquina lo hacía después de haber escuchado los aportes de todo el mundo en lugar de atenerse únicamente al suyo propio, de manera que en todas eran perfectos los ángulos para tirar hacia abajo sin que nada se trabara. Además, Joe estaba ahí todos los días, lo que significaba que el mantenimiento del equipo era permanente.

A veces Joe simplemente inventaba máquinas nuevas. Había creado una para hacer *donkey raises*. Este ejercicio de pantorrilla era esencial para mí porque, comparadas con el resto de mi cuerpo, mis pantorrillas eran congénitamente enclenques y difíciles de fortalecer. Normalmente los *donkey raises* se hacían apoyando la parte superior de la planta del pie contra una barra o tablón, y dejando la parte media y los talones suspendidos. Entonces uno se doblaba por la cintura en ángulo de noventa grados, apoyaba los brazos en una barra, pedía a uno o dos amigos de entrenamiento que se sentaran en la espalda y las caderas como si uno fuera un burro, y empezaba a ejercitar sus pantorrillas subiendo y bajando. Pero con la máquina de Joe no se necesitaban jinetes. Uno la cargaba con la cantidad de peso deseada, se metía por debajo en posición de burro y soltaba el seguro. De inmediato le quedaban 700 libras encima (o la cantidad de peso que fuera) y podía empezar a hacer los *donkey raises*.

Gold's se convirtió rápidamente en mi hogar porque allí me sentía bien. Siempre había bastantes tipos rondando por el mostrador y todos los clientes habituales tenían apodos, como *Fat Arm Charlie, Brownie* y *Snail*. Zabo Koszewski llevaba muchos años trabajando aquí, era el amigo más cercano de Joe Gold y lo llamaban El Jefe. Zabo tenía los mejores abdominales: él hacía mil repeticiones de abdominales cada día y los tenía realmente marcados. Mis abdominales no estaban así y lo primero que Zabo me dijo cuando nos conocimos fue que debía hacer dieta porque «¿Sabes? Estás rellenito». Joe Gold me apodó *Balloon Belly*, que quiere decir Barriga de Globo, y de ahí en adelante se me conoció como *Balloon Belly* y *Chubby* o Gordinflón.

Zabo era el hombre de la colección de pipas de hachís. Nosotros íbamos a su casa de vez en cuando para trabarnos. Zabo leía novelas de ciencia ficción día y noche. Todo era *Hey man, wow, groovy* y *far out.* Pero eso era normal en Venice. Fumarse un varillo era tan normal como tomarse una cerveza. Uno iba a casa de alguien y, sin importar quién fuera, ellos encendían un varillo y te decían: «Dale una pitada». O, dependiendo de lo sofisticados que fueran, te prendían una pipa de hachís.

Aprendí rápidamente lo que la gente quería expresar cuando decían *This is groovy* (Esto es chévere), *This is cool* (Está en la onda), y encontré que los horóscopos eran muy recursivos cuando intentaba charlar con una chica guapísima.

—Tú y yo… Parece que nacimos para estar juntos —le dije a una—. Deberíamos ir a cenar.

—Espera, espera, espera —respondió ella—. ¿De qué signo eres tú?

—Leo.

—No eres para mí. Realmente no eres para mí. Gracias, pero no gracias.

Y se marchó.

Al día siguiente llegué al gimnasio y dije: «Muchachos, hay un pequeño problema. Todavía estoy aprendiendo». Y les conté lo que me había pasado.

Zabo sabía exactamente qué debía hacer:

—Hombre —dijo—, tienes que decir: «Yo soy el *mejor* signo». Prueba con eso.

Pocas semanas después se presentó la ocasión. Estaba hablando con una chica al almuerzo y ella preguntó: «¿De qué signo eres tú?».

—¿Tú qué crees? —le pregunté.

—Bueno, ¿de cuál?

—¡Del mejor!

—Quieres decir… ¿Capricornio?

—¡Sí! —dije—.¿Cómo supiste?

—Te digo que es asombroso porque ese signo es perfecto para mí. Y me siento tan bien contigo que esto es… ¡guau!

Ella se mostró tan entusiasmada y contenta que de ahí en adelante empecé a leer sobre los signos del zodíaco, las características asociadas con cada uno de ellos, cómo se complementan y todo ese cuento.

Con Gold's como base fue fácil hacer amigos pues el lugar era una amalgama de personajes de todo el mundo: australianos, africanos y europeos. Llegaba, hacía ejercicio toda la mañana y le decía a un par de tipos: «Hey, ¿quieren venir a almorzar?». Entonces íbamos y ellos me contaban sus vidas, yo les contaba la mía y nos volvíamos amigos. Por la noche volvía a entrenar de nuevo, conocía a otro par de tipos y me iba a cenar con ellos.

Me asombró la facilidad con que las personas me invitaban a sus casas y cuánto les gustaba a los americanos celebrar. Hasta que llegué a América, jamás había celebrado un cumpleaños ni había visto una torta con velitas. Pero una chica me invitó a su fiesta de cumpleaños y el verano siguiente, cuando llegó el mío, los muchachos del gimnasio me llevaron una torta de cumpleaños con velitas y todo. Cualquier día alguno decía: «Me voy a casa porque es el primer día de escuela de mi hermana y lo vamos a celebrar». O si no: «Hoy es el aniversario de mis padres», y yo no recordaba que mis padres jamás hubieran *hablado* siquiera de su aniversario.

El Día de Acción de Gracias llegó y, como yo no conocía la tradición, no había planeado nada. Pero Bill Drake me llevó a su casa y conocí a su mamá —quien nos sirvió una comida extraordinaria— y a su papá, un comediante profesional que era muy, pero muy divertido. En Austria tenemos un dicho: «¡Eres tan dulce que te comería!», pero, por el problema de la traducción, cuando traté de hacerle ese cumplido a la madre, lo que dije resultó ser libidinoso. Toda la familia soltó la carcajada.

Me sentí aún más asombrado cuando una chica con la que salía me invitó a pasar la Navidad en casa de sus padres. Pensé para mis adentros: «Dios santo, no quiero perturbar una fiesta familiar», pero ellos no solo me trataron como a un hijo sino que cada miembro de la familia me dio un regalo.

Toda esa hospitalidad era nueva y la agradecía pero me molestaba no tener ni idea de cómo debía corresponderla. Por ejemplo, jamás había oído de las notas de agradecimiento y los americanos parecían enviarlas todo el tiempo. «Es tan extraño», pensaba. «¿Por qué no se puede simplemente telefonear o decirle a alguien en el gimnasio 'Muchas gracias por regalarme los cubiertos' o 'Muchas gracias. Fue una noche maravillosa'?». Así se hacía en Europa. Pero aquí, si Joe Weider me invitaba a cenar con alguna chica, ella después me decía: «Dame su dirección porque quiero escribirle una nota para darle las gracias».

—Pero ¿por qué? —le diría yo—, si ya le dimos las gracias cuando nos despedimos.

—No, no, no, no: a mí me enseñaron buenos modales.

Me di cuenta de que lo mejor sería entrar por el aro y aprender buenos modales americanos. O quizás también fueran buenos modales europeos y yo simplemente nunca los había notado. Sin embargo, por si algo se me había escapado, pregunté a mis amigos allá en Europa pero no, esto era diferente.

Decidí tener por norma salir únicamente con chicas americanas: no quería frecuentar chicas que hablaran alemán y rápidamente me matriculé en clases de inglés en el *community college* (colegio que comprende dos años de universidad) de Santa Monica. Quería mejorar mi inglés lo suficiente como para poder leer periódicos y libros de texto y asistir a clases sobre otros temas. Quería acelerar el proceso de aprendizaje para pensar, leer y escribir como americano: o deseaba esperar hasta que buenamente lograra hacerlo.

Un fin de semana dos chicas me llevaron a San Francisco y nos quedamos en el Golden Gate Park. Pensé para mis adentros: «Es increíble la libertad que la gente tiene en América. ¡Qué tal esto! Estamos durmiendo de noche en un parque y todo el mundo es tan amistoso». Mucho más tarde me daría cuenta de que había llegado a California en un momento cultural de absoluta locura. Era el final de la década de los 60, el auge del movimiento hippie, el amor libre y todos esos cambios increíbles. La guerra de Vietnam estaba en su punto álgido, Richard Nixon estaba a punto de ser elegido presidente y los americanos de la época sentían que el mundo andaba de cabeza. Pero yo no tenía idea de que no siempre había sido así.

—De modo que esto es América —pensaba—, qué lugar tan diferente a Austria.

No había oído mucho de Vietnam pero me encantaba la idea americana de rechazar el comunismo. Si me hubieran preguntado, me habría declarado partidario de la guerra. Habría dicho: «Comunistas de mierda, los desprecio». Yo me crié en un país vecino de Hungría y siempre vivimos bajo la amenaza del comunismo. ¿Invadirían ellos a Austria como lo hicieron con Hungría en 1956? ¿Quedaremos en medio de una guerra nuclear? El peligro estaba tan cerca. Habíamos visto los efectos del comunismo sobre checos, polacos, húngaros, búlgaros, yugoeslavos y alemanes del este, y ya nos rodeaba por todas partes. Estuve en Berlín Occidental por una exhibición de fisiculturismo, miré por encima del muro y vi lo sombría que era la vida al otro lado de esa frontera. Literalmente parecían dos climas distintos: sentí como si acá el día estuviera soleado y al otro lado del muro, la lluvia. Así se sentía. Horrible. De modo que me pareció muy bien que Nixon saliera elegido y que estuviera peleando y rechazándolos porque odiaba a los comunistas, y eso estaba muy bien.

Nunca me pareció extraño que las chicas con quienes salía no usaran maquillaje ni lápiz labial ni que tampoco se pintaran las uñas. Pensaba que las piernas y las axilas peludas eran algo normal porque en Europa ninguna mujer se hacía la cera ni se rasuraba las piernas. De hecho, ese descubrimiento me agarró por sorpresa una mañana del verano siguiente. Estaba en la ducha con una chica, la noche anterior habíamos visto el primer alunizaje en mi pequeño televisor en blanco y negro, y de pronto ella dijo: «A propósito, ¿tienes una navaja de afeitar?».

—¿Para qué necesitas una navaja?

—Detesto estos cañones en mis piernas.

Yo no sabía qué significaba *cañones* y ella me explicó.

—¿Cómo? —le dije—. ¿Tú te afeitas?

—Sí, yo me afeito las piernas. Es asqueroso.

Esa expresión —*gross*— tampoco la había escuchado. Le di mi navaja de afeitar y la observé enjabonarse las piernas, pantorrillas, espinillas, rodillas y afeitárselas como si llevara cinco mil años haciéndolo. Más tarde ese día les dije a los muchachos en el gimnasio: «Hoy una chica se afeitó en mi jodida ducha. ¿Habían visto eso?».

Se miraron gravemente unos a otros, asintieron con la cabeza y dijeron: «Siiií…». Todo el mundo soltó la carcajada. Traté de explicar: «Oh, es que en Europa todas las chicas van a la moda bávara, saben, con pelo por todas partes». Pero eso solamente los hizo reírse aún más fuerte.

Finalmente logré descifrar el asunto. Algunas chicas con las que salía no se afeitaban el pelo en protesta contra lo establecido. Ellas pensaban que al mercado de la belleza solo le interesaba explotar el sexo y decirle a la gente qué debía hacer, y su manera de rechazarlo era volverse más y más naturales. Los vestidos floreados, el cabello crespo, los alimentos que consumían, todo formaba parte del movimiento hippie. Todas las chicas llevaban pulseras y collares de cuentas, muchísimas cuentas. Traían incienso a mi apartamento de modo que el lugar apestaba. Era lo único malo, pues la libertad de fumarse un varillo y la naturalidad de la desnudez me parecían buenas. Todo eso era maravilloso. Yo mismo había crecido un poco así, en medio del ambiente desinhibido del Thalersee.

Ese relajo era fenomenal pero mi misión en América era muy clara. Tenía un objetivo y yo necesitaba entrenar y hacer dieta como loco, comer bien y ganar los mayores títulos el otoño siguiente. Weider me había prometido un año y yo sabía que, si hacía bien las cosas, seguiría en la jugada.

Haber ganado un par de concursos de Mr. Universo en Londres no me había convertido ni de lejos en el mejor fisiculturista del mundo. Había demasiados títulos y se traslapaban, además de que no todo el mundo competía en un mismo lugar. Ser el mejor en realidad se reducía a derrotar a los campeones como Reg Park, Dave Draper, Frank Zane, Bill Pearl, Larry Scott, Chuck Sipes, Serge Nubret, cuyas fotografías cubrían las paredes de mi dormitorio… Esa era la gente que me inspiraba, y dije: «Este es el tipo de personas a las que eventualmente debo sobrepasar». Mis victorias me habían ubicado en su liga pero yo era el recién llegado y todavía tenía mucho por demostrar.

En la cima del pedestal —el lugar donde me visualizaba a mí mismo— estaba Sergio Oliva, inmigrante cubano de 27 años y 230 libras. Ya las revistas sobre músculos simplemente lo llamaban El Mito. Oliva se había llevado su más reciente título de Mr. Olimpia ese otoño en Nueva York *sin oponentes* porque ninguno de los otros cuatro campeones fisiculturistas invitados a competir se había presentado.

Sus antecedentes eran todavía más inusuales que los míos. Su padre había sido trabajador de cultivos de caña de azúcar en la Cuba antes de Castro y, cuando surgió la revolución, Sergio se alistó en el ejército de Batista, igual que su papá. Pero Castro ganó y Sergio se estableció como atleta. Era un levantador de peso olímpico de mucho mayor calibre que yo, llegó a ser líder del equipo cubano en los Juegos de Centroamérica y del Caribe en 1962, y habría liderado el equipo en los Olímpicos de 1964 si no fuera porque odiaba tanto al régimen de Castro que desertó, inspirando a la mayoría de sus compañeros de equipo a seguirlo. Además era un excelente jugador de béisbol, deporte que tras decenas de miles de repeticiones de giros al batear, había ayudado a afinar su cintura.

Conocí a Sergio en Miami, en el concurso de Mr. Universo, donde su demostración de poses enloqueció al público. En palabras de una revista sobre músculos, sus poses rajaron el hormigón. No había dudas de que Sergio todavía estaba muy lejos de mi alcance. Definitivamente era más grueso y tenía mayor intensidad muscular que yo. Además poseía una habilidad rara entre fisiculturistas, que era la de lucir fantástico simplemente estando de pie y relajado. Su silueta era la mejor que yo había visto jamás: una forma en V perfecta que se iba adelgazando desde los hombros muy anchos hasta la naturalmente estrecha y tubular cintura y las caderas. Su 'pose de la victoria', el sello característico de Sergio, es un movimiento que pocos fisiculturistas se atreverían a hacer en una competencia. De pie frente al público con las piernas juntas y los brazos extendidos encima de la cabeza, es una pose que expone el cuerpo totalmente: los protuberantes muslos enormes producto de tantos levantamientos olímpicos y la cintura minúscula, así como unos casi perfectos abdominales, tríceps y serratos.

Eventualmente, lo había decidido, yo derrotaría a este hombre. Pero todavía estaba muy lejos de tener la clase de cuerpo que necesitaba para conseguirlo. Llegué a América como un diamante de 100 kilates que todos miraban diciendo ¡mierda! pero era un diamante casi en bruto. Todavía no estaba listo para presentaciones, por lo menos no bajo los estándares americanos. La construcción de un cuerpo de perfecta talla mundial, típicamente toma por lo menos diez años y yo apenas llevaba seis entrenando. Pero era fuerte y la gente ya estaba diciendo "Vean el tamaño de este chiquillo. ¡Qué diablos! Este tipo, para mí, tiene el mayor potencial". Así había ganado mis victorias en Europa, tanto por ser una promesa y tener el coraje, como por lo bueno que era mi físico. Pero aún me faltaba mucho trabajo por hacer.

El ideal del fisiculturismo es lograr la perfección visual, como si una estatua griega antigua cobrara vida. El fisiculturista esculpe su cuerpo igual que el artista cincela la estatua. Si necesita volumen y definición para su deltoides trasero, debe elegir entre un inventario de ejercicios, el adecuado para ese músculo. El peso o la banca o la máquina se convierten en su cincel y esculpir su cuerpo podría tomarle un año.

Esto significa que debe ser capaz de ver su cuerpo y analizar sus fallas con toda objetividad. Los jueces de las grandes competencias inspeccionan cada detalle: el tamaño, definición, proporción y simetría de los músculos. Miran incluso las venas, pues indican ausencia de grasa bajo la piel.

En el espejo yo veía bastantes puntos fuertes pero también muchos débiles. Había logrado construir los cimientos de fuerza y masa. Al combinar el levantamiento olímpico con el levantamiento de potencia y el fisiculturismo, había desarrollado una espalda muy gruesa y ancha, casi perfecta. Mis bíceps eran extraordinarios en tamaño, altura y forma. Tenía los músculos pectorales marcados, y la mejor pose de pecho lateral de todas. El mío era un verdadero cuerpo de fisiculturista, de hombros anchos y caderas estrechas, lo cual me ayudaba a obtener esa forma en V que es parte del ideal.

Pero era de piernas demasiado largas con relación al torso, por lo que permanentemente debía trabajar brazos y piernas para conseguir que las proporciones lucieran correctas. Aunque los muslos eran enormes, de 29 pulgadas de grosor, mis piernas lucían un poco flacas. Comparadas con los muslos, mis pantorrillas desmerecían. Y mis tríceps desmerecían comparados con los bíceps.

El reto era corregir todos esos puntos débiles. Es propio de la naturaleza humana trabajar en lo que hacemos o tenemos bien. Si se tienen grandes bíceps, se quiere hacer un sinfín de *curls* por la satisfacción de ver una gran flexión. Sin embargo, en lugar de eso, uno debe ser cruel consigo mismo y concentrarse en los defectos, y ahí es donde entran el ojo y la objetividad, así como la capacidad de escuchar a los demás. Por lo general, un fisiculturista que permanezca ciego a sí mismo y no escuche a los demás va quedándose atrás y empieza a perder las competencias.

Un reto aún mayor es que, si se trabajan una a una, algunas partes del cuerpo se desarrollan más rápidamente que otras. Así que cuando uno empieza a hacer ejercicio, después de dos años podría terminar pensando: «Qué curioso que mis antebrazos no estén tan musculosos como mis brazos», o: «Qué curioso que las pantorrillas no me hayan crecido mucho». Las pantorrillas eran mi *coco* particular. Empecé a entrenarlas con diez *sets* tres veces por semana, como lo hacía con otras partes del cuerpo, pero no respondieron de igual forma: otros grupos de músculos iban mucho más adelante.

Fue Reg Park quien me hizo caer en cuenta de lo que estaba haciendo mal. Sus pantorrillas de 21 pulgadas desarrolladas al máximo eran perfectas, cada una como un corazón invertido bajo la piel. Cuando entrené con él en Sudáfrica observé lo que había hecho para lograrlo: Reg entrenaba sus pantorrillas todos los días —no solo tres veces por semana— y lo hacía con un peso monumental. Yo me había

sentido orgulloso porque estaba haciendo mis *calf raises* con 300 libras
pero Reg tenía un sistema de cable que le permitía aplicar mil libras. Y
me dije: «Eso es lo que debo hacer. Tengo que entrenar mis pantorrillas
de una manera muy diferente y no dejarles más alternativa que crecer».
Cuando llegué a California corté todos mis pantalones de sudadera a la
altura de las rodillas. Mantenía cubiertos mis puntos fuertes —bíceps,
pecho, espalda y muslos— pero me aseguré de que las pantorrillas
quedaran expuestas para que todo el mundo las viera. Era implacable y
todos los días hacía 15 sets (a veces incluso 20) de *calf raises* o levantamiento de pantorrillas.

Sabía cuáles eran los músculos en los que sistemáticamente debía
concentrarme. En términos generales, mis músculos eran mejores
para movimientos de jalar (bíceps, laterales y espalda) que para movimientos de presionar (deltoides frontales y tríceps). Lo anterior era
algo hereditario y entonces debía empujar esos músculos con mucha
más fuerza y hacer más sets. Me había construido una espalda grande
pero ahora debía crear la definición y separación ideales entre laterales,
pectorales y serratos, los músculos que están a los lados de la caja torácica. Tendría que hacer ejercicios para los serratos, lo que significaba
más *chin ups* de agarre cerrado. Debía bajar un poco los laterales, lo
que significaría más levantamientos con cable y levantamientos de un
solo brazo. Debía alcanzar los deltoides traseros y eso significaba más
levantamientos de laterales.

Tenía toda una lista de músculos para atacar: el deltoides trasero,
el latissimus bajo, los intercostales y abdominales, las pantorrillas y...
¡Bla, bla, bla! Todos debían ser construidos, esculpidos y separados,
y además la proporción entre ellos debía quedar perfecta. Por las mañanas yo desayunaba con uno o dos amigos del entrenamiento, por lo
general en un deli llamado Zucky, en la esquina de la Quinta con Wilshire. Allí tenían atún, huevos, salmón, todas las cosas que me gustaban.
Otras veces íbamos a uno de esos lugares de desayuno familiares, como
Denny's.

Si no tenía clase de inglés me iba derecho a Gold's y hacía ejercicio.

Después podía ser que fuéramos a la playa a hacer más ejercicios en la plataforma de levantamiento al aire libre, además de nadar y trotar y tendernos en la arena para perfeccionar el bronceado. Otras veces me iba al edificio de Joe Weider y trabajaba en la revista con los muchachos.

Siempre dividía mi rutina en dos sesiones de entrenamiento. Lunes, miércoles y viernes en la mañana hacía pecho y espalda. Por las noches regresaba y hacía piernas —es decir, muslos y pantorrillas— y luego practicaba poses y otros ejercicios. Martes, jueves y sábados hacía hombros, brazos y antebrazos. Y todos los días, por supuesto, hacía pantorrillas y abdominales.

A menudo almorzábamos o cenábamos en alguno de los *smorgasbords* cercanos. En Europa nunca oí hablar de *smorgasbords*: la idea de un restaurante donde uno puede comer todo lo que quiera habría sido inconcebible. Los fisiculturistas empezábamos con cinco, seis y hasta siete huevos. Luego pasábamos a la siguiente estación y comíamos tomates y vegetales. Seguíamos con los filetes de carne y ya por último comíamos el pescado. En ese tiempo las revistas sobre músculos siempre advertían que uno debía tener aminoácidos y fijarse muy bien porque no todos los alimentos los contenían completos.

—Bueno —dijimos—. No vamos a pensar en eso, simplemente comamos todas las proteínas. Tenemos huevo, pescado, carne de res, pavo y queso. ¡Vamos a comerlos todos!

Cualquiera pensaría que el *smorgasbord* nos cobraría más y sin embargo nos trataban igual que a todos sus clientes. Era como si Dios hubiera creado un restaurante para fisiculturistas.

Durante esos primeros meses en Los Ángeles todo salía tan bien que casi no podía creerlo. Me sorprendió que, fuera del corte profundo que sufrí en el muslo, las consecuencias de mi accidente con el GTO fueron mínimas. El luchador de cocodrilos dueño del auto ni se inmutó por los daños pues trabajaba para un concesionario donde podía escoger el auto usado que se le antojara. Su reacción fue: «No te preocupes por eso». De hecho, me contrató. Uno de los negocios del concesionario era la exportación de autos usados y ese otoño gané algún dinero conduciendo autos hasta Long Beach, a un buque de carga que iba rumbo a Australia.

Algunas compañías de seguros llamaron al gimnasio para hablar sobre los daños a los otros autos pero me resultaba tan difícil entender esas conversaciones que le pasaba el teléfono a algún compañero del gimnasio, quien explicaba que yo acababa de llegar a América y no tenía dinero. Así, las compañías desistían. El único efecto drástico del accidente fue que me apuré a conseguir un seguro de salud. En Europa, por supuesto, todo el mundo estaba asegurado. Uno caía en cierta categoría si era estudiante, si era un niño lo amparaba el de los padres, si era empleado tenía el amparo de trabajador, incluso las personas sin hogar estaban amparadas. Me aterraba no estar asegurado aquí y andaba muy preocupado: «¿Qué voy a hacer si me enfermo?». No tenía idea de que uno podía irse a una sala de urgencias y ser atendido gratis. Pero aunque lo hubiera sabido, no quería limosnas: me tomó seis meses hacerlo, pero le pagué a Bill Drake toda la cuenta del médico que me atendió.

Casualmente, Larry Scott, un antiguo Mr. Olimpia que se había retirado del fisiculturismo pero seguía haciendo ejercicio todos los días, ahora era gerente regional de ventas de una gran compañía de seguros.

—Me enteré de que estás buscando un seguro —me dijo—. Déjame ayudarte.

Me consiguió una póliza por un valor de $23.60 dólares mensuales, más otros $5 dólares por incapacidad, que para mí era costosa, pues Weider solo me pagaba $65 dólares a la semana. Pero la tomé y debo haber sido uno de los pocos inmigrantes en Los Ángeles que tenía seguro de salud.

Se acercaba el Día de Acción de Gracias cuando recibí una invitación para una competencia y demostración de fisiculturismo en Hawai, que se realizaría en diciembre. El luchador de cocodrilos había estado planeando pasar las vacaciones en casa y dijo: «Me encanta Hawai. ¿Qué tal si voy y entreno allá contigo unos días y después sigo para

Australia desde ahí?». Así que nos fuimos donde Joe Weider: le preguntamos si conocía a los promotores y qué tal le parecía la idea de ir. Estuvo totalmente de acuerdo. La experiencia me serviría, dijo, y la presión de una competencia que se acercaba me haría entrenar más duro.

Además de disfrutar de la obvia atracción que suponían playas y chicas, en Hawai tuve oportunidad de visitar leyendas del levantamiento de pesas como Tommy Kono, Timothy Leon y Harold Sakata, quien había caracterizado a Oddjob en *Goldfinger* y me había conocido en Munich. También me hice amigo del médico del equipo Olímpico de Estados Unidos, un doctor coreano llamado Richard You, quien me dio la primicia de las drogas que los atletas americanos estaban usando en respuesta al *doping* de los equipos del bloque comunista.

CAPÍTULO 6

Perezosos bastardos

JOE WEIDER LLAMABA PEREZOSOS bastardos a los fisiculturistas extremos. Por lo que pude ver, en buena parte tenía razón. Los clientes típicos de Gold's Gym eran gente trabajadora: obreros de construcción, policías, atletas profesionales, dueños de negocios, vendedores y, con el tiempo, algunos actores. Pero con pocas excepciones, los fisiculturistas *eran* perezosos. Muchos vivían desempleados. Querían asolearse en la playa y que alguien los patrocinara. Siempre pedían: «Hey Joe, ¿me puedes dar un tiquete aéreo para ir al concurso en Nueva York?», «Hey Joe, ¿me puedes pagar un salario para poder entrenar en el gimnasio?», «Hey Joe, ¿me puedes dar gratis los suplementos alimenticios?», «Hey Joe, ¿me puedes dar un auto?». Y cuando no conseguían las dádivas a las que creían tener derecho, se encabronaban. «Cuídate de Joe», me decían. «Ese maldito hijo de puta no cumple lo que promete». Pero yo lo veía completamente diferente. Es cierto que le costaba soltar dinero. Había tenido una niñez pobre y le había tocado luchar cada centavo, pero yo no veía razón alguna por la que tuviera que aflojarle dinero a cualquier fisiculturista que se lo pidiera.

Joe era un maestro para saber exactamente cómo atraer muchachos jóvenes y vulnerables. Cuando leí sus revistas por primera vez tenía 15 años y me preguntaba: «¿Seré suficientemente fuerte para defenderme? ¿Qué haré para tener éxito con las chicas? ¿Cómo podré ganar suficiente para darme la gran vida?». Joe me arrastró a un mundo en el que me sentí especial enseguida. Era el viejo mensaje de Charles Atlas: «Pide mi curso y nadie te echará tierra a la cara. Serás un gran hombre al instante, conseguirás chicas y ¡andarás por Venice Beach!».

Joe le asignaba apodos a todos los grandes fisiculturistas que aparecían en sus revistas, como si fueran superhéroes. Dave Draper, quien entrenaba en Gold's, era el *Blond Bomber* o Bombardero Rubio. Yo lo había visto en la película de Tony Curtis *Don't Make Waves* y eso inflamó aún más mi imaginación: ¡ahí estaba otro gran fisiculturista que había llegado al cine! Las revistas de Weider publicaban fotos de Dave caminando por la playa con una tabla de surf. Eso estaba en la onda. Al fondo se veía un *buggy* para dunas, un Volkswagen con las llantas expuestas… Eso estaba en la onda y Dave aparecía rodeado de chicas que lo miraban arrobadas.

Otras fotografías de la revista mostraban científicos y técnicos enfundados en batas blancas de laboratorio desarrollando suplementos alimenticios en la Weider Research Clinic.

—Weider Research Clinic —me decía a mí mismo—. ¡Esto es increíble!

Y había fotografías de aviones que llevaban la marca Weider pintada en grandes letras, con lo que me imaginé que el negocio sería como la General Motors, tan grande que los aviones volaban por todo el mundo transportando sus equipos y suplementos alimenticios. Los artículos de la revista que me traducían mis amigos también sonaban fabulosos. Las historias hablaban de "agrandar los músculos" y de construir "deltoides como balas de cañón" y "un pecho como una fortaleza".

Y aquí estaba yo, seis años más tarde, ¡en Venice Beach! como Dave Draper, solo que ahora era yo el que posaba con el *buggy*, la tabla de surf y las chicas arrobadas. Claro que para ese momento ya era consciente de que Weider estaba creando todo un mundo de fantasía más o menos cimentado en la realidad pero con rascacielos de exageración. Había tablas de surf, sí, pero los fisiculturistas en realidad no surfean. Había chicas bonitas, sí, pero eran modelos a las que pagaba por sesión de fotos. De hecho, una de ellas era Betty, la esposa de Joe, una modelo preciosa a la cual no tenía que pagarle. Había suplementos Weider y sí se llevaba a cabo alguna investigación pero en Los Ángeles no existía ningún edificio grande llamado Weider Clinic. Los productos Weider eran distribuidos por todo el mundo, sí, pero no había aviones de Weider. Sin embargo, no me molestó descubrir las exageraciones porque había suficiente que era cierto.

No solo me sentía fascinado de estar en medio de todo esto: me parecía que no llegaba la hora de ver lo que sucedería después. «Tengo que pellizcarme», pensaba. Le había dicho a mis amigos que, en ese momento, mi peor pesadilla habría sido sentir que alguien me sacudía y escuchar la voz de mi madre decir: «Arnold, ¡te quedaste dormido! ¡Tienes que levantarte! Llegarás dos horas tarde al trabajo. ¡Apúrate! ¡Debes llegar a la fábrica!», y yo diciendo: «¡Noooo! ¿Por qué me despertaste? Estaba soñando algo increíble. Quiero saber cómo acaba».

El propio Joe no era alguien que cayera bien muy fácilmente. Empezaba la Gran Depresión cuando él y su hermano Ben salieron a punta de uñas y dientes de los barrios bajos de Montreal y montaron sus negocios desde cero. La gente que realmente se ganaba la vida con el fisiculturismo eran unos cuantos promotores y dueños de gimnasios, ninguno de los fisiculturistas lo hacía y yo era al único que le pagaban solo para que entrenara. Las revistas, equipos, suplementos alimenticios y las competencias Weider que constituían el mayor imperio de este deporte estaban produciendo unos $20 millones de dólares al año. Joe y Ben siempre estaban esforzándose por expandirse y no les importaba invadir territorios ajenos. Crearon su propia asociación —la International Federation of BodyBuilding— para desafiar a la American Athletic Union, que controlaba el levantamiento de pesas y el fisiculturismo en Norteamérica, así como a la National Amateur Body Builders Association, que controlaba el fisiculturismo en el Reino Unido. Ellos iniciaron las enemistades al lanzar su propia versión de Mr. América, que pertenecía a la AAU (Asociación Atlética de Amateurs, por sus siglas en inglés), y de Mr. Universo, que pertenecía a la NABBA (Asociación Nacional de Fisiculturistas Amateurs, por sus siglas en inglés). Igual que en el boxeo, la duplicación de los títulos causaba una gran confusión pero contribuyó a la expansión del fisiculturismo.

Joe también fue el primero en ofrecer un premio en efectivo por ganar un campeonato de fisiculturismo. En cualquiera de los otros, como Mr. Universo, lo único que uno obtenía era un trofeo. Joe ofrecía el mejor trato en el fisiculturismo: él pagaba por el hotel y el tiquete aéreo, pero siempre se quedaba con el tiquete de regreso hasta que uno hubiera hecho su parte, que era posar para sus fotógrafos después del evento.

De hecho, Joe habría preferido fotografiar a los fisiculturistas antes del evento pero nadie le aceptaba eso excepto Franco y yo. Nos gustaba hacerlo porque nos forzaba a estar en buena forma y nos daba oportunidad de practicar nuestra manera de posar. Pero cuando se inventó Mr. Olimpia en 1965, el premio fue de $1.000 dólares más una bandeja de plata grabada. El concurso de Mr. Olimpia fue obra del más puro ingenio promocional: la idea era elegir un campeón de campeones y se participaba solo por invitación. Para calificar, uno debía ser o haber sido Mr. Universo. ¡Así que Joe estaba sacando tajada de la proliferación de títulos que él mismo había creado! Con razón los Weider volvían loca a la gente. Su campaña más reciente era el *lobbying* en el Comité Olímpico Internacional para que el fisiculturismo fuera reconocido como deporte internacional.

Me gustaba el hecho de que Joe fuera una persona trabajadora. Tenía revistas. Tenía imaginación. Tenía una federación. Tenía conocimientos. Sacudía las cosas y quería hacer del fisiculturismo algo realmente grande. Sentía que Joe tenía lo que yo necesitaba y él sentía que yo tenía lo que él necesitaba.

Además, yo no era un perezoso bastardo. Lo primero que le dije cuando llegué a California fue: «No quiero andar por ahí holgazaneando. No quiero tomar su dinero por nada. Deme algo que hacer donde pueda aprender». Joe tenía una tienda minorista en la calle Quinta con Santa Monica, donde vendía suplementos alimenticios y equipo para levantamiento de pesas. Le pregunté si yo podría trabajar allí.

—Quiero ayudar a los clientes —le dije—. Me servirá para aprender el negocio y practicar mi inglés, además de que me gusta tratar con la gente.

A Joe le encantó oír eso.

—Ves, Arnold —dijo, con su acento canadiense—.Tú quieres trabajar, quieres desarrollarte, eres alemán, eres una máquina, eres increíble, *¡no eres como estos perezosos bastardos!*

En el gimnasio había algunos buenos trabajadores, maestros, abogados, bomberos. Pero él tenía razón en cuanto a que la mayoría solo esperaba dádivas.

Me encantaba la forma en que funcionaba la mente de Joe. Para ese momento ya había tejido todo un mito acerca de mí: que yo era esta máquina alemana, totalmente confiable, que no sabía funcionar mal y siempre servía. Y que él aplicaría sus conocimientos y experiencia para hacer que esta máquina cobrara vida y caminara, como Frankenstein. Pensé que eso era muy gracioso. No me importaba que me considerara una creación suya porque sabía que, así, Joe Weider me amaría, y eso encajaba perfecto con mi meta de convertirme en campeón del mundo. Y mientras más me veía de esa manera, más generoso era conmigo.

Desde el principio sentí que me consideraba como el hijo que nunca había tenido y comprendí que esta era una oportunidad única para aprender. Mi propio padre me había enseñado a ser disciplinado, duro y corajudo, pero no me había enseñado nada sobre el éxito en los negocios. Me la pasaba buscando mentores que me retomaran desde donde mi padre me había dejado. Tener a Joe cerca era como tener un padre que apreciaba lo que yo estaba tratando de hacer.

La compañía aún tenía su base en el este, en Union City, New Jersey, pero los Weider estaban construyendo una nueva sede en San Fernando Valley y Joe venía cada tantas semanas para supervisar. Me llevaba con él a las reuniones con los constructores y me dejaba andar por ahí para saber cómo funcionaba el negocio. Siempre estaba buscando impresores que hicieran un mejor trabajo y cobraran menos, y me incluía en esas discusiones. Yo lo visitaba en Nueva York y también participaba en reuniones allí. Cuando mi inglés mejoró me llevó en un viaje de negocios a Japón para que aprendiera cómo negociar en el extranjero y comprendiera lo esencial que es la distribución —no solo en el caso de revistas— para el éxito de cualquier negocio.

Subrayaba mucho la importancia de globalizarse en lugar de hacer negocios siempre en un solo país. Sabía que hacia allá se encaminaba el futuro. Cada viaje suyo tenía múltiples objetivos. En Japón, por ejemplo, también nos reunimos con la federación de fisiculturismo y Joe los asesoró sobre la forma de mejorar sus concursos. Los viajes largos en avión con Joe siempre eran estimulantes. Hablaba de negocios, de arte, de antigüedades y de deportes. Era un estudioso de la historia universal y de la historia judía. También estaba muy metido en la psicología. Seguramente habría visitado a algún psiquiatra.

Me sentía en la gloria pues siempre había creído que mi futuro estaría en los negocios. Independientemente de lo que estuviera haciendo, parte de mi mente siempre se preguntaba: «¿Estoy destinado para esto? ¿Cuál es la misión aquí?». Sabía que estaba destinado para algo especial pero ¿qué sería? Para mí, ser hombre de negocios era lo máximo y ahora este magnate me llevaba en sus viajes de negocios y estaba aprendiendo justamente lo que necesitaba. Tal vez podría acabar comercializando y vendiendo el fisiculturismo —suplementos alimenticios, equipos para la casa y equipos para gimnasios—, siendo propietario de una cadena de gimnasios y administrando un imperio comercial, igual que Reg Park, pero a escala global. ¡Eso sería la locura! Para mí los negocios eran algo diferente a lo que eran para los demás fisiculturistas. Si Weider le hubiera ofrecido el viaje a Japón a alguno de los otros muchachos le habrían respondido: «No, Japón suena aburrido. ¿Qué gimnasios tienen allá? Yo quiero hacer ejercicio», o algo tan estúpido como eso. Así que convertirme en el Weider de la siguiente generación tal vez era mi destino. Era evidente que Joe disfrutaba su labor de enseñanza conmigo. Me decía: «¡De veras te interesa!».

De Joe aprendí algo más que negocios. Era un coleccionista de arte y de muebles finos, y eso me fascinaba. Cuando me quedé en su apartamento en Nueva York, miré todas las obras de arte y las antigüedades. Joe hablaba de las subastas y decía: «Esto lo compré por tal suma, ahora vale tal otra».

Por primera vez supe que los muebles antiguos pueden incrementar su valor. Hasta entonces los había considerado trastos viejos como los que teníamos en Austria. Ahora Joe me explicaba: «Mira esto del período del imperio francés. La madera es caoba. ¿Ves los cisnes tallados en los brazos de la silla? Los cisnes eran el distintivo de la esposa de Napoleón, la Emperatriz Josefina. ¿Y ves esta esfinge de bronce incrustada en el espaldar? A los franceses les gustaban los motivos egipcios». Empecé a acompañarlo a subastas de obras de arte en Sotheby's, Christie's y otras firmas.

La silla de Napoleón era una de las piezas más preciadas de Joe. La tenía en la habitación de huéspedes. La primera vez que me quedé allí hizo un gran alboroto: «Es muy frágil y muy, muy costosa. No te vayas a sentar en ella y ni siquiera la toques, ¿okey?». De veras quería tener mucho cuidado con la silla pero esa noche, cuando me estaba quitando los pantalones para irme a la cama, se me enredó el pie, perdí el equilibrio y fui a caer precisamente encima de ella. La silla se desbarató bajo mi peso, se veía como si hubiera explotado. Busqué a George y le dije: «Tienes que ver esto. Acabo de destruir la silla».

Joe se abalanzó a la habitación y cuando vio los pedazos regados por toda la alfombra casi se desmaya. Luego empezó a maldecir: «¡OH, HIJO DE LA GRAN PUTA! ¡Esa es una silla carísima!», pero se contuvo al darse cuenta de que tanto quejarse sonaba vulgar. No importa la silla que sea: si se rompe, se puede armar de nuevo. No era como si se hubiera perdido porque solamente se rompió por las juntas donde estaban pegadas las piezas. Simplemente se desbarató cuando le caí encima.

Me sentía culpable, por supuesto, pero no pude resistirme y le dije:

—No puedo creer que me haya lastimado la rodilla, la cadera, y ni me hayas preguntado: '¿Cómo te sientes?', o que me digas: 'No te preocupes por esto, tú me preocupas más'. ¡Se supone que aquí en América tú eres mi figura paterna! Y veo que solo te preocupa esta silla.

Eso hizo sentir muy mal a Joe.

—¡Ah!, Dios mío —dijo—. Tienes razón. ¡Mira eso! Qué trabajo tan mal hecho.

Y procedió a llamar bastardos a los tipos de Napoleón que hicieron la silla.

Después de esa visita a Nueva York volé a Chicago para ver el concurso de Mr. América de la AAU y pasé una semana entrenando con Sergio Oliva. Ese otoño competiríamos pero eso no impidió que me ofreciera su hospitalidad: él y su esposa me invitaron a cenar a su apartamento y tuve mi primer contacto con la cultura latina cubana negra. Sergio tenía su propia manera de hablar y de vestirse, así como una forma de relacionarse con su esposa diferente a lo que yo había visto, que implicaba mucho carácter y gritos de ambas partes. Pero a pesar de todo era un verdadero caballero.

Yo iba en misión secreta de reconocimiento, con la idea de que hay que colarse en el campo enemigo y experimentar su forma de ver las cosas. ¿Qué es lo que hace de él un campeón, qué come, cómo vive, qué se puede aprender de la forma en que entrena? Y sus poses, ¿cómo las practica? ¿Cuál es su actitud hacia la competencia? Ninguna de esas respuestas me daría algo con qué derrotarlo, pero sí me motivaría y me enseñaría qué necesitaba para ganarle. Sabía perfectamente que la guerra en los deportes no es solamente física sino también psicológica. ¿Encontraría alguna debilidad que pudiera aprovechar sicológicamente?

Lo primero que descubrí es que Sergio trabajaba aún más duro que yo. Tenía un empleo de tiempo completo en una fábrica de acero, y después de pasar todo el día al calor de los hornos, se iba a Duncan YMCA y entrenaba durante horas. Era uno de esos tipos que simplemente no se agota con facilidad. Todos los días, para empezar su rutina, hacía diez sets de 20 *chin-ups*. Pero no eran para entrenar la espalda, eran *solo de calentamiento*. Todos los días. Tenía una cantidad de técnicas inusuales que yo podía aprovechar. Hacía su *bench pressing* como medias repeticiones sin juntar los codos nunca. Eso mantenía toda la tensión todo el tiempo en el músculo pectoral. Él tenía hermosos pectorales. También aprendí algunas cosas de su manera de posar.

Lo que le servía a Sergio no necesariamente me serviría a mí, eso yo lo sabía. Como en un espejo, cada uno de nosotros era la imagen opuesta del otro. Mis músculos eran mejores para jalar —bíceps y espalda— mientras los suyos eran buenos para presionar —deltoides frontales, tríceps y pectorales—. Para derrotarlo tendría que trabajar esos músculos mucho, mucho más duro y hacer más sets. Las otras grandes ventajas de Sergio eran sus años de experiencia y su gran potencial natural: era un verdadero animal deportivo. Pero, más que todo eso, lo que me inspiró fue el fuego que había en él. Me dije que tendría que sobrepasar su intensidad.

Sabía quién me ayudaría a hacerlo. En California tenía compañeros de talla mundial pero, apenas llegué allá, empecé mi campaña para que Joe trajera a mi amigo Franco. Echaba de menos a muchos de mis amigos de Munich y también ellos debían estar extrañados de que yo hubiera desaparecido en California. Pero extrañaba a Franco mucho más porque éramos como hermanos y porque él era el compañero perfecto para mí. En Munich, Franco era tan extranjero como yo: ambos teníamos la misma mentalidad de inmigrantes y la misma clase de hambre. El trabajo duro era lo único con lo que contábamos. Pensé que América sería genial para Franco igual que lo había sido para mí.

Joe jamás se tragaría un argumento sentimental, y por eso se lo presenté en términos comerciales.

—Trae a Franco —le dije—, y tendrás asegurada ¡por años! la combinación fisiculturista profesional perfecta. Tendrás el mejor hombre alto en la categoría de peso pesado (que era yo) y el mejor hombre bajo en la de peso liviano.

Le describí cómo en igualdad de valores Franco era el levantador más poderoso del mundo (lo cual era cierto porque él podía levantar cuatro veces su propio peso) y cómo ahora se estaba reestructurando hacia el fisiculturismo.

—Segundo —le dije a Joe—, Franco es mi compañero perfecto para entrenar y, si podemos trabajar juntos, seré una estrella aún más exitosa. Y tercero, Franco es un trabajador incansable: él no vendría a California solo para haraganear en la playa. Es un tipo que de niño pastoreó ovejas, ha sido albañil y también taxista. No es ningún perezoso bastardo. Tú lo verás.

Joe estaba cerrado a la banda. Cada vez que yo mencionaba a Franco actuaba como si jamás hubiera escuchado el nombre y yo debía presentar todos mis argumentos de nuevo. Pero finalmente cedió a mediados de 1969. Accedió a invitar a Franco y a pagarle los mismos $65 semanales que me pagaba a mí, e inmediatamente empezó a alardear de ese fantástico hombre bajito que estaba trayendo de Europa. Solo que no era muy bueno con los nombres y todavía no podía recordar el de Franco.

—Adivinen a quién vamos a traer ahora —anunció en el almuerzo—. ¡A Francisco Franco!

Artie, que casualmente estaba ahí, dijo: «Ese es el dictador de España».

—No. Quiero decir que su nombre es Columbus (Colón)".

—¿Estás seguro? —preguntó Artie—. Colón descubrió a América.

—No, esperen: quiero decir Franco Nero.

—Ese es un actor italiano. Trabaja en películas de vaqueros.

—¡Arnold! ¿A quién carajos vamos a traer?—Franco Columbu —dije.

—Santo Dios. ¡Hijo de puta! ¡Italianos! ¿Por qué los italianos tienen esos nombres tan raros? Todos suenan igual.

Recogí a Franco en el aeropuerto, en mi escarabajo VW blanco. Lo había engalanado con un volante de carreras y lucía estupendo. Para dar a mi amigo la bienvenida a América y celebrar su llegada, pensé que una galleta de marihuana sería lo mejor. Frank Zane, el fisiculturista que me derrotó en Miami, se había convertido en un buen amigo mío: a él le gustaba hornear sus propias galletas y me daba una de vez en cuando.

—Esto será divertido —pensé—. Recogeré a Franco, que seguro tendrá hambre después de ese viaje tan largo. Le daré, entonces, la mitad de la galleta. No se la voy a dar entera porque no sé cómo reaccionará su organismo.

Así que cuando Franco subió al carro le pregunté:

—¿Tienes hambre?

—Sí, estoy muerto del hambre.

—Bueno, afortunadamente aquí tengo una galleta. Vamos a compartirla.

El primer lugar a donde lo llevé fue el apartamento de mi amigo Artie Zeller, el fotógrafo que me había recibido en el aeropuerto el año anterior. Como su esposa era suiza, pensé que Franco se sentiría más cómodo con personas que hablaran alemán. Y Franco se pasó la primera hora después de su llegada tendido en la alfombra de la sala muerto de la risa.

—¿Siempre es así de gracioso? —preguntó Artie.

—Debe haberse tomado una cerveza o algo —dije—. Pero él es un tipo divertido.

—Oh, pero es divertidísimo.

Artie y Josie también se estaban riendo como locos. Pocos días después le dije a Franco:

—¿Sabes por qué te estabas riendo tanto? —y le conté de la galleta.

—¡Sabía que había algo! —me dijo—. ¡Tienes que darme más de eso porque me hizo sentir muy bien!

Sin embargo, y sin que la galleta tuviera nada que ver en el asunto, Franco se enfermó realmente. Su organismo reaccionó a la vacuna contra la viruela que le habían aplicado justo antes de abandonar Munich. Se le hinchó el brazo, tuvo fiebre y escalofríos, y no podía comer. Esto le duró dos semanas: yo le preparaba bebidas de proteínas y se las daba a tomar cada tantas horas. Por fin traje un médico al apartamento porque ya estaba asustado pensando que Franco se iba a morir. El doctor me prometió que Franco eventualmente se mejoraría.

Mi labor de venta con Joe Weider había sido tan buena que él estaba ansioso por conocer a Franco y ver lo musculoso que era. Pero Franco se había reducido de 170 libras a 150. Si Joe venía, yo lo ocultaba en el dormitorio y decía: «Oh, Franco anda tan ocupado, otra vez se fue a Gold's a hacer ejercicio». O le decía: «Sí, sí, él quiere conocerte pero también quiere lucir perfecto y está en la playa bronceándose».

El plan era que Franco viviera conmigo. Mi apartamento tenía un solo dormitorio: yo seguía usándolo y Franco dormía en el sofá-cama. El lugar era tan pequeño que ni siquiera había espacio para colgar afiches, pero en Munich yo había vivido en el clóset de un gimnasio, así que para mí esto era un lujo. Franco pensaba lo mismo. La playa quedaba a solo tres cuadras. Teníamos una sala y un dormitorio, había cortinas. Nuestro baño tenía lavamanos, inodoro y bañera con ducha, mucho mejor que lo que teníamos en Europa. A pesar de que el lugar fuera tan pequeño, nos sentíamos como si en realidad nos hubiéramos ganado la lotería.

En Munich, muchas veces había visto la habitación de Franco, que él mantenía extremadamente limpia. Por eso sabía que sería un gran compañero de casa. Nuestro apartamento se mantenía inmaculado, aspirado y siempre limpio. Los platos lavados, no había platos sucios apilados. La cama siempre hecha, estilo militar. Ambos teníamos la disciplina de levantarnos en la mañana y asearnos antes de salir. Cuanto más lo hace uno, más automático se vuelve y menos trabajo cuesta. Nuestro apartamento siempre estaba mucho más limpio que cualquier otro que yo visitara, de hombres o de mujeres. Especialmente los de mujeres, que parecían chiqueros.

Franco era el chef y yo el lavaplatos, ese era el trato. No le tomó mucho tiempo encontrar los lugares italianos donde comprar spaghetti, papas y carne. En cuanto a los supermercados, solo le merecían desprecio.

—Ah, los americanos —decía—. Hay que ir a la tiendecita, a la tienda italiana.

Siempre llegaba a casa con paquetitos y frascos de comida diciendo: «Esto solo se consigue en una tienda italiana».

Vivimos muy contentos en el apartamento hasta que el casero nos echó. Un buen día llamó a la puerta y dijo que debíamos irnos porque solo había una habitación. En ese entonces, en el sur de California se consideraba sospechoso que dos hombres durmieran en un apartamento de un solo dormitorio. Le expliqué que Franco dormía en el sofá de la sala pero simplemente insistió: «Esto en realidad está hecho para una sola persona». Al final no nos importó porque en realidad ya queríamos un lugar más grande. Conseguimos un hermoso apartamento de dos habitaciones cerca y nos mudamos allí.

En el nuevo lugar había espacio suficiente para decorarlo pero no teníamos nada que ponerle. Yo no tenía dinero para comprar obras de arte. Entonces vi en Tijuana este póster para la venta, que me pareció muy en la onda: era una fotografía en blanco y negro de un vaquero con dos revólveres. Valía $5, así que lo compré. El hombre lo enrolló, lo puso en un tubo y me lo entregó. Apenas llegué a casa lo fijé en la pared con cinta pegante. Se veía muy bien ahí colgado.

Entonces vino Artie y cuando lo vio empezó a resoplar y a encabronarse.

—Ugh, pero qué idiota.

—¿Qué pasa? —le pregunté.

—Oh, no, Reagan. Pero, ¡por Dios!

—Es una foto estupenda. La conseguí en Tijuana.

—¿Sabes quién es éste? —me preguntó Artie.

—Bueno, ahí debajo lo dice: Ronald Reagan.

—Es el actual gobernador del estado de California.

—¿De veras? —dije—. Eso es fabuloso. Es doblemente bueno. Tengo aquí colgado al gobernador del estado de California.

—Sí, claro —dijo Artie—. Él actuaba en películas de vaqueros.

Con Franco de compañero de entrenamiento pude concentrarme en mis metas para la competencia. Estaba decidido a ganar el título de Mr. Universo de la IFBB que no había ganado en Miami. Haber perdido frente a Frank Zane aún me ardía tanto que, no solo quería ganar

Después de mudarme a California posé para la revista de fisiculturismo de Joe Weider en Muscle Rock, en las montañas arriba de Malibu. A los culturistas les gusta este lugar porque las crestas en el fondo parecen pequeñas y pareciera que tus músculos son más grandes que las montañas. *Art Zeller*

Mis padres, Aurelia y Gustave Schwarzenegger, el día de su boda en 1945. Él llevaba el uniforme de la policía austriaca.

Archivo Schwarzenegger

Mi hermano Meinhard nació en 1946, y un año y catorce días más tarde nací yo. Nuestra madre tuvo mucho que hacer con dos niños pequeños. Aquí estamos en la carretera despavimentada sobre la cual quedaba nuestra casa en Thal.

Archivo Schwarzenegger

Siempre me gustó pintar y dibujar, hasta cuando tenía once años en *Hauptschule*.

Archivo Schwarzenegger

A los dieciséis años me
encantaba ejercitarme en
Thalersee, el lago local,
con amigos como Karl
Gerstl, Willi Richter y
Harry Winkler. *Archivo
Schwarzenegger*

Haciendo una pose
de bíceps frontal en
mi primer concurso
de fisiculturismo en
el Steirerhof Hotel en
Graz, a los dieciséis años.
El culturismo era una
práctica tan desconocida
en ese entonces, que
los organizadores del
concurso pensaron que
necesitaban tener a un
grupo musical en el
escenario para atraer más
audiencia. *Stefan Amsüss*

Conduje este tanque
M47 de cincuenta
toneladas durante
mi primer año en el
ejército austriaco.
Mis compañeros y yo
éramos responsables
de su mantenimiento
diario.
Archivo Schwarzenegger

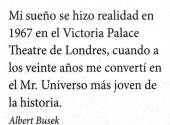

Cuando a los dieciséis años era miembro del equipo del club de levantamiento de pesas de Graz podía levantar 185 libras. Los aplausos del público me hacían más fuerte.

Archivo Schwarzenegger

Finalmente pude conocer a mi ídolo, Reg Park, mientras entrenaba en el gimnasio londinense de Wag Bennett en 1966 (la W que llevo puesta es por "Wag").

Archivo Schwarzenegger

Mi sueño se hizo realidad en 1967 en el Victoria Palace Theatre de Londres, cuando a los veinte años me convertí en el Mr. Universo más joven de la historia.

Albert Busek

Un día en noviembre caminé por la calle en Munich en calzoncillos para promocionar el acondicionamiento físico y atraer nuevos clientes al gimnasio.

Rolf Hayo / Roba Press

Con mi segunda victoria como Mr. Universo en Londres en 1968, me gané una invitación y un boleto de avión para ir a los Estados Unidos. Gané en la clase profesional, y Dennis Tinerino en la clase amateur.

Archivo Schwarzenegger

Cuando iba de visita a casa de mis padres en Austria, me ejercitaba en el ático con mi padre, campeón nacional de curling. *Albert Busek*

Me senté en una terraza de Miami con el fundador del fisiculturismo, Joe Weider, con la esperanza de conseguir algunos consejos de entrenamiento. Casi no lo podía creer cuando él comenzó a entrevistarme a *mí*.

Jimmy Caruso/Cortesía de Weider Health and Fitness

Venice Beach en California era un lugar impresionante donde a los gimnastas, los artistas del circo y los fisiculturistas les gustaba mostrarse. Aquí montamos un espectáculo improvisado de acrobática. *Art Zeller*

Mis compañeros de entrenamiendo (de arriba a abajo): Franco Columbu, Frank Zane y Pete Caputo en el Gold's Gym. Estaban todos apilados encima de mí mientras yo hacía levantamientos de pantorrillas. *Art Zeller*

Betty, la esposa de Joe Weider, y yo a menudo posábamos para publicidades en sus revistas. El planteamiento era sencillo: si tienes músculos, puedes ir a la playa y levantar chicas.

Art Zeller

Franco Columbu y yo nos hicimos pasar por expertos en construcción europea y contratamos a otros fisiculturistas para que nos ayudaran en nuestro primer negocio de albañilería y reparación. *Art Zeller*

Joe Weider y yo revisando cantidades de fotografías mientras preparábamos la revista. *Albert Busek*

Haciendo mis deberes en la biblioteca del Santa Monica City College.
Archivo Schwarzenegger

Yendo a hacer terapia física después de una importante cirugía de la rodilla en 1972. Me observan Barbara Outland, mi novia, y Joe Weider. Estábamos a tan solo unos meses de los campeonatos de fisiculturismo y yo sabía que tenía que recuperarme lo más rápido posible. *Art Zeller*

Intenté convencer a mi madre de mudarse a los Estados Unidos después de la muerte de mi padre y mi hermano. *Archivo Schwarzenegger*

Créelo o no, el ajedrez, un juego de cerebro, ha sido siempre muy popular en Muscle Beach. Aquí estoy jugando un partido contra Franco. *Art Zeller*

Aquí estoy levantando 500 libras en preparación para el concurso de Mr. Olimpia 1971, mientras Franco y Ken Waller me acompañan en caso de que perdiera el equilibrio o me quedara atrapado. *Art Zeller*

Subiendo al escenario en el Felt Forum de Madison Square Garden para defender mi título de Mr. Olimpia en 1974. Franco y Frank Zane están detrás de mí y Lou Ferrigno, el chico maravilla, me observa con cuidado. *Art Zeller*

Cientos de fanáticos me siguen hasta mi hotel después de mi victoria en Madison Square Garden. *Albert Busek*

Comencé a conocer a mucha gente en Hollywood. Aquí estoy tomándome algo con el director Roman Polanski, Bob Rafaelson y algunos amigos. *Art Zeller*

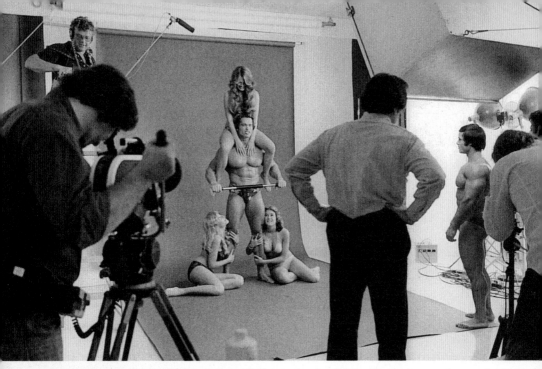

Una sesión de fotos publicitarias para la barra de ejercicios que tengo entre las manos, un producto de Joe Weider. Esta escena aparece filmada en el documental *Pumping Iron*.

George Butler / Contact Press Images © 1975

Charles Gaines y Charles Butler, los creadores de *Pumping Iron* se relajan conmigo en Sudáfrica en 1975.

George Butler / Contact Press Images © 1975

Trabajando con una profesora del ballet de Nueva York para perfeccionar mi pose.

George Butler / Contact Press Images © 1977

En Muscle Beach, Franco y yo vivíamos la vida con la que habíamos soñado cuando éramos adolescentes.

George Butler / Contact Press Images © 1973

Divirtiéndome en la piscina con Nastassja Kinski y otras personas en casa de Frances Schoenberger, de la Hollywood Foreign Press.

Archivos de Michael Ochs / Getty Images

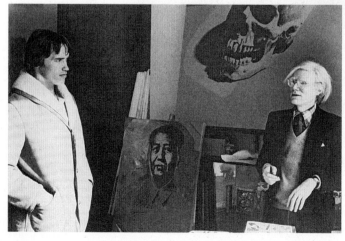

Fui a visitar a Andy Warhol en The Factory, su famoso estudio en Manhattan.

Fred W. McDarrah / Getty Images

Posé para una multitud en el Whitney Museum en Nueva York. En la base del podio está Candice Bergen tomando fotos para el *Today* show.

Archivo Schwarzenegger

Aquí estoy con mi ídolo Muhammad Ali en Nueva Orleans en 1978, después de que derrotara a Leon Spinks, ganando así su tercer título de peso pesado.

Archivo Schwarzenegger

Cuando conocí al senador Ted Kennedy la noche antes del 7th Annual RFK Pro Celebrity Tennis Tournament. (Ethel Kennedy, la viuda de Bobby está a la derecha de Ted). Unos minutos más tarde, Tom Brokaw me presentó a Maria. *Ron Galella / Getty Images*

Después de mi turno en las canchas, me senté con Maria y su madre, Eunice Kennedy Shriver, en el RFK Pro Celebrity Tennis Tournament. *Ron Galella / Getty Images*

Maria, Franco y yo sumándonos al color local de las calles de Venice, California. *Albert Busek*

Estaba tan enamorado, que dejé que Maria y su amiga Bonnie Reiss condujeran mi Jeep durante la campaña de Teddy para presidente en 1980. *Archivo Schwarzenegger*

Joe Gold tenía el mejor gimnasio para fisiculturistas en los Estados Unidos.
Albert Busek

Peter Brenner

Arriba a la derecha y abajo: Cuando se retrasó la producción de *Conan the Barbarian*, entrené sin parar y escandalicé al mundo del culturismo al salir de mi retiro y ganarme, por sexta vez, el título de Mr. Olimpia en la Ópera de Sydney. *Neal Nordlinger*

el concurso, sino que quería ganarlo de forma tan contundente que la gente olvidara que alguna vez yo había perdido.

Luego planeaba volver a Londres y ganar de nuevo el Mr. Universo de la NABBA. Eso me daría, en total, a los 22 años, cuatro títulos de Mr. Universo a ambos lados del Atlántico, más que los alcanzados por cualquier otro fisiculturista en este deporte. Me devolvería el impulso que creía perdido, ese halo de inevitabilidad que me había puesto en la luz pública y enloquecido a la gente. Y lo más importante: divulgaría que ya quedaban solo dos campeones de fisiculturismo a los que el mundo debía mirar, Sergio Oliva y yo. Ésa era mi meta: dar el salto de ser uno de los seis u ocho mejores a ser uno de solamente dos. Lograrlo era responsabilidad mía, para eso había venido a América. Si lo conseguía y consolidaba mi posición en el mundo, habría triunfado y de ahí en adelante nadie podría detenerme.

Después de eso, la gran meta siguiente sería derrotar a Sergio y ganar el Mr. Olimpia. No iba a cometer el mismo error de pensar, como lo había hecho cuando iba para Miami, que podría superar una victoria que había alcanzado después de haber entrenado lo más duramente que yo había podido.

La competencia de Mr. Universo realizada en Miami había sido un experimento para los Weider y para 1969 la realizaron de nuevo en Nueva York. Para aumentar la expectativa, también programaron las competencias de Mr. América, Mr. Universo y Mr. Olimpia para que tuvieran lugar el mismo día, en forma consecutiva, en la Brooklyn Academy of Music, el auditorio más grande de Brooklyn.

Durante todo el año las revistas de Joe habían armado gran alboroto, ubicándome entre los mejores fisiculturistas, pero Mr. Universo sería mi primera competencia grande después del otoño anterior y no veía la hora de saber cómo les parecería a jueces y fans mi cuerpo recién americanizado. El concurso de Mr. Universo resultó aún mejor de lo que yo había planeado. En una de las arenas más duras de todos los tiempos arrasé con los demás. Miles de sets en las máquinas de Joe Gold me habían ayudado a definir mis músculos hasta un punto tal que ni los tipos grandes ni los pequeños suponían una gran amenaza para mí. Además tenía ¡un bronceado californiano!

Ganar esa vez fue algo tan extraordinario que de nuevo se me ocurrió participar en el evento de Mr. Olimpia. ¿Qué tal si había subestimado mis progresos? Si derrotaba a Sergio en esa competencia, ¡sería el rey!

La mañana del concurso, Sergio se presentó con uno de sus característicos atuendos llamativos: vestido entero y chaleco a cuadros hechos a la medida, zapatos de cuero negros, sombrero a la moda y muchas joyas de oro. Mientras veíamos las preliminares de Mr. América bromeamos:

—Hey, Monstruo, ¿estás en forma? —le pregunté.

—Hey nene, te digo que esta noche verás algo —dijo Sergio—. Lo verás y no lo creerás. Nadie va a creerlo.

Finalmente, esa noche empezamos nuestro calentamiento tras bastidores. Sergio era famoso por su larga rutina para aumentar el tamaño de sus músculos antes de cada competencia, durante la cual siempre usaba una larga bata de carnicero para que sus rivales fisiculturistas no pudieran verlos. Cuando llegó el momento de salir a escena, él se quitó la bata y caminó por el pasillo delante de mí. Sabía, por supuesto, que yo lo estaría mirando. Muy casualmente alzó un hombro y extendió el lateral más grande que yo hubiera visto jamás. Era del tamaño de una manta gigante. Luego hizo lo mismo con el otro hombro. Su espalda era enorme: tanto, que pareció bloquear toda la luz del pasillo. Fue una mentalización realmente efectiva. En ese minuto supe que iba a perder.

Ambos posamos —primero yo y después Sergio— y cada uno puso a la audiencia a saltar y gritar. Luego, anunciando que no podían decidirse, los jueces nos llamaron de nuevo a escena para posar simultáneamente. Alguien gritó: «¡Pose!», pero durante un minuto ninguno de los dos se movió. Fue como si cada uno estuviera retando al otro a que lo hiciera primero. Finalmente sonreí y asumí mi pose de doble-bíceps, una de mis mejores. Eso provocó un rugido de la multitud. Sergio respondió con su característica pose de la victoria con ambos brazos sobre la cabeza. Y la audiencia enloqueció coreando: «¡Sergio! ¡Sergio!». Hice una pose de pecho que él empezó a hacer igual pero lo pensó mejor y cambió a otra de máxima musculatura. Más gritos por Sergio. Hice mi mejor pose característica —la tres cuartos de espalda— pero no fue suficiente para impresionarlos. Simplemente Sergio todavía iba más adelante que yo. Seguí haciendo mis poses sin perder la sonrisa. Ya había hecho lo que había venido a hacer y había estado mucho mejor que el año anterior. Había arrasado con todos menos con él. Podía decirme a mí mismo: «Estuviste muy bien, Arnold, y los días de Sergio están contados». Pero por ahora estaba claro que Sergio todavía era el campeón: cuando los jueces se decidieron por él le di un gran abrazo en el escenario. Pensé que Sergio merecía toda la atención. Yo era mucho más joven y muy pronto sería el número uno, entonces disfrutaría de la misma atención. Mientras tanto, sin embargo, él debía recibirla. Porque era el mejor.

Ese otoño Joe Weider me lanzó a la Fase Dos de mi sueño americano: entrar al cine. Cuando corrió la voz de que unos productores necesitaban un fisiculturista para que protagonizara una película, Joe me recomendó a mí.

Lo que ocurrió con *Hercules in New York* fue como una de esas fantasías de Hollywood. Uno se baja de la nave, camina calle abajo y alguien dice: «¡Eres tú! ¡Tú eres el que tiene la apariencia precisa!». Y así, te ofrece una película. Lo escuchas todo el tiempo pero nadie sabe si es cierto.

De hecho, el papel ya se lo habían ofrecido a Dennis Tinerino, el Mr. América que yo había hecho enojar en 1967 cuando gané mi primer Mr. Universo. Dennis era un auténtico campeón, se había recuperado y ganó el título de Mr. Universo *amateur* en 1968. Pero Joe no quería que él se quedara con la película porque Dennis trabajaba más que todo para las otras federaciones de fisiculturismo. Así que llamó a los productores y les dijo que en Viena yo había sido un actor shakesperiano y que debían dejar a Dennis y tomarme a mí.

—Sé que Tinerino ganó el título de Mr. Universo pero Schwarzenegger lo ha ganado tres veces —les dijo—. Ustedes tendrán al mejor fisicultista del mundo. Schwarzenegger es su hombre. Es extraordinario. Su presencia en escena es impactante.

No hay actores austriacos shakesperianos. Eso no existe. No sé de qué diablos hablaba Joe, pero les dijo que él era mi manager y no les permitió hablar conmigo. Le preocupaba que yo no fuera a hablar bien el inglés y entonces cuando le decían que querían conocerme, respondía: «No. Todavía no está por aquí. Pronto vendrá». Todo eso me ponía muy nervioso. Finalmente fuimos a visitarlos y Joe me dijo que no hablara mucho. Cuando menos pensé, ya había conseguido el trabajo. Joe sabía vender.

Después de la competencia de Mr. Olimpia, Franco y yo fuimos a Londres, donde nuevamente gané la competencia NABBA de Mr. Universo, estableciendo el récord de primer fisiculturista ganador de cuatro coronas de Mr. Universo. Luego volé de regreso a Nueva York para convertirme en el nuevo Hércules.

Hercules in New York, un film de bajo presupuesto, era una parodia de las grandes epopeyas de espada y sandalias. El tema era que Hércules, aburrido de vivir en el Monte Olimpo y a pesar de la prohibición de su padre Zeus, cabalga a lomos de un relámpago hasta el tiempo presente en Nueva York y se hace amigo de un tipo llamado Pretzie, un personaje más bien tímido que tiene un carrito de venta de pretzels en el Central Park. Pretzie trata de ayudarlo a adaptarse mientras Hércules se mete en líos con gángsters, pelea con un oso gris, conduce su cuadriga por Times Square, desciende al Infierno, come en el Automat y se enamora de la bonita hija de un profesor de mitología. Cuando Hércules por fin se está acostumbrando a la vida en la gran ciudad, a Zeus se le acaba la paciencia y envía a otros dioses para que lo lleven de regreso.

La idea de situar a Hércules en la Nueva York de nuestro tiempo no es mala. Y la película, de hecho, era muy divertida. Pero lo más gracioso allí era Arnold Stang, el comediante que interpretaba a Pretzie. Él era tan pequeño y yo era tan grande. La experiencia fue intimidante, debo reconocerlo. Siempre había pensado que aparecer en una película me tomaría por lo menos hasta los 30 años. Pero aquí estaba a los 22, en América, protagonizando a Hércules. ¿Cuántas personas llegan a vivir este tipo de sueño?

—¡Tendrías que estar feliz! —me dije a mí mismo. Pero al mismo tiempo pensaba—: No estoy listo aún. ¡Todavía no he aprendido nada sobre actuación!

Si hubiera tenido algo de experiencia habría sido mucho mejor. Los productores me consiguieron un profesor de actuación y un profesor de conversación pero dos semanas con ellos no lograron compensar mis carencias en inglés y en experiencia. No daba la talla. No tenía idea de lo que este tipo de actuación debía implicar. Ni siquiera podía entender todas las frases del libreto.

El tipo que interpretaba a Zeus era un veterano actor de telenovelas llamado Ernest Graves. Recuerdo haber soltado la carcajada en medio de la filmación de una escena porque él produjo esta imponente voz de dios para uno de sus parlamentos y fue una voz muy diferente a la del hombre que había conocido en el remolque de maquillaje. Graves se metía en su papel y, a mi modo de ver, eso resultaba muy gracioso. Pero por supuesto, nadie debe reírse en un set. Se supone que debemos ayudar a los otros actores y realmente creer lo que dicen. Es así como debemos servir de apoyo. Aunque uno no esté en cámara y tenga al camarógrafo detrás de la oreja, debe permanecer caracterizado y actuando su parte, poniendo todo el empeño para ayudar a sacar lo mejor del actor que está siendo filmado. Eso es muy importante pero yo no tenía ni idea y, cuando algo me parecía gracioso, simplemente me reía.

El penúltimo día pude sentirlo finalmente y entendí de qué se trata la actuación. Estábamos filmando una escena en la que Hércules y Pretzie se despiden, y yo viví esa despedida en carne propia, tal como dicen que debe ser una actuación. Después el director se me acercó y me dijo:

—Se me puso la carne de gallina cuando hiciste eso.

—Sí, fue algo extraño —le dije—. Realmente sentí esa escena.

—Vas a ser bueno. Creo que harás carrera en la actuación porque a medida que este proyecto avanzaba tú empezaste a captar cómo se debe hacer.

Uno de los productores preguntó si me podía anunciar como Arnold Strong (*strong* significa fuerte en inglés), porque nadie podría pronunciar Schwarzenegger.

—Es un nombre absurdo —me dijo—, y además sería muy gracioso ver en el póster *Arnold Strong y Arnold Stang*.

Cuando editaron la película doblaron la voz de otro actor sobre la mía porque mi acento era tan fuerte que nadie lo habría entendido. Tal vez lo mejor de *Hercules in New York* fue que pasaron muchos años sin que fuera proyectada, ni siquiera en los Estados Unidos. La compañía productora quebró y la película se quedó en un anaquel antes de que pudieran estrenarla.

Aún así, haber sido el protagonista de Hércules había sobrepasado muchísimo cualquiera de mis sueños. Y además me pagaron $1.000 semanales. Pero lo mejor de todo fue que envié fotografías a casa a mis padres y les escribí:

«¿Vieron? Les dije que todo iba a salir bien. Vine a América, gané el Mr. Universo y ahora estoy en el cine».

Regresé a California muy contento. Joe Weider había prometido hacerse cargo de mí por un año y el año había terminado. Pero era indudable que él quería que me quedara. Mientras yo cosechaba más y más éxitos, Joe ideaba continuamente nuevas formas de presentarme en las historias y la publicidad de sus revistas. Me ofreció dinero extra por tomar una grabadora y entrevistar a los otros fisiculturistas. No tenía que escribir las historias, simplemente debía grabar las cintas para que sus escritores las convirtieran luego en una serie de artículos que serían una primicia para los lectores. Todo lo que debía hacer era hablar con ellos sobre sus rutinas de entrenamiento, las vitaminas que tomaban y demás.

Los muchachos vinieron a casa y Franco les preparó una gran comida italiana pagada por Joe, por supuesto, al igual que los galones de vino que destapamos. Cuando ya todos se sintieron bien relajados yo saqué la grabadora. No sé cómo fue pero el caso es que no llegamos a tocar el tema del entrenamiento y la nutrición. Primero les dije:

—Queremos conocer a todas sus chicas. ¿Alguna vez han salido con chicos? ¿Qué hacen cuando se van a la cama?

Al día siguiente, cuando le pusimos la cinta, los ojos de Joe se abrían y se abrían cada vez más.

—¡Maldita sea! ¡Maldita sea! —explotó—. ¡Idiotas! ¡Payasos! ¡Aquí no hay nada que sirva!

A Franco y a mí casi nos da un infarto pero yo prometí hacer las entrevistas de nuevo.

Empecé a entrevistar a los fisiculturistas uno a uno. La mayoría de los fisiculturistas no son muy intuitivos ni tienen rutinas muy interesantes. Pero yo me había dado cuenta de que los escritores de Joe podían sacar una historia de cualquier cosa. Así que, después de las primeras veces, yo simplemente suspendía la entrevista si ya estaba aburrido, y le entregaba a Joe cintas cada vez más cortas. Aunque refunfuñaba, Joe quería esas entrevistas y entonces con toda inocencia yo le decía:

—¿Pero qué quieres? No es culpa mía que estos tipos no tengan nada más en la cabeza.

Las dos últimas entrevistas fueron de algo así como cinco y ocho minutos, y Joe finalmente se dio por vencido.

—Qué diablos —gruñó—. Solo devuélveme mi máquina.

CAPÍTULO 7

Expertos en piedras y mármoles

EL DINERO QUE JOE me pagaba nunca fue mucho, y yo siempre andaba buscando formas de ganar más. A medida que mi inglés mejoró y pude explicar cómo entrenar, empecé a dictar seminarios en Gold's y en otros gimnasios. Por cada uno me embolsillaba $500 libres.

También abrí desde mi apartamento un negocio de venta por correo, que surgió de toda la correspondencia por parte de fans que estaba recibiendo. La gente quería saber cómo entrenaba para los brazos y el pecho, y me preguntaban cómo podrían ponerse en buena forma ellos mismos. No podía responder todas esas cartas así que al principio les pedí a los escritores de la revista que me ayudaran con modelos de cartas estándar que pudiera enviar. Eso me dio la idea de vender una serie de folletos.

En América —y a diferencia de Europa— no había un millón de obstáculos para iniciar un negocio. Todo lo que debía hacer era ir al Ayuntamiento, pagar $3,75 dólares por un permiso y después alquilar un apartado postal para recibir los pedidos. Luego vino la Board of Equalization (Dirección de Impuestos sobre las Ventas), y el IRS (International Revenue Service o Dirección General de Impuestos). Ellos me preguntaron cuánto creía que iba a ganar.

—Espero ganar mil dólares al mes —les dije.

—Entonces usted cancelará trescientos veinte dólares como primer pago estimado.

No hubo interrogatorio. Fueron amables, encantadores y complacientes. Cuando Franco y yo iniciamos nuestro negocio de albañilería fue lo mismo. Salimos de allí haciéndonos cruces. Franco dijo: «Por eso es que a este lo llaman el país de las oportunidades». Estábamos felices.

Mis folletos eran básicamente los artículos que había estado escribiendo para Joe y que los escritores me habían ayudado a desarrollar un poco agregándoles más detalles y fotos. Hicimos un folleto para brazos, otro para el pecho, otro para la espalda, otro para pantorrillas y muslos, otro para obtener un cuerpo más simétrico, otro para ganar peso, otro para enseñar a posar, y así sucesivamente. Diez cursos. La gente podía escoger el juego completo por $15 o $20 o comprarlos por separado, por $1 o $2 cada uno. También pedían fotos, así que hice imprimir un álbum con mis fotos favoritas. Joe Weider tenía un gran negocio de ventas por correo, por supuesto, pero él no creía que los fisiculturistas harían una competencia real. Lo convencí de cederme espacio publicitario gratis en sus revistas.

—Claro que puedes empezar a pagarme por usarme en tus avisos publicitarios —le dije—, pero me gustaría que me dieras una oportunidad.

Pensé que Joe caería con ésta porque siempre le ha costado desprenderse de su dinero. En efecto, aceptó, y me dio mucho apoyo: dijo que podría empezar con un aviso de página entera y pasar a página doble si la cosa arrancaba en serio.

Muchos fisiculturistas fracasaban en las ventas por correo porque aceptaban el dinero pero no lo usaban para enviar el producto. Por ley, uno debe enviar sus pedidos dentro de un plazo determinado. Si la Oficina de Correos recibía quejas, podía retirarte el apartado y tu negocio se esfumaba. Incluso podías ir a la cárcel. Pero yo era súper eficiente. Le quité las puertas al clóset de mi dormitorio para hacer un nicho, y conseguí que un amigo me instalara algunos entrepaños y un pequeño escritorio plegable. Cada folleto tenía su propio casillero numerado y había recipientes para correo y cheques entrantes, y para sobres y pedidos salientes.

Mis folletos fueron un éxito. Pronto agregué un cinturón Arnold Schwarzenegger para levantamiento de pesas y otros productos, y tuve material suficiente para un aviso de doble página. Eso trajo aún más negocio: creció hasta el punto de que pude contratar a una secretaria para que viniera unos cuantos días a la semana para manejar la mayor parte del correo.

Siempre le mostraba a Joe los avisos que escribía antes de sacarlos en la revista porque él era un genio de la comercialización. Podía desglosar mi lenguaje palabra por palabra.

—¿Por qué no pusiste *Despacho en días*? —decía—. ¡Pon eso en el aviso! A la gente le gusta saber que eres una persona en la que se puede confiar. Y debes decir: *Este folleto es de edición limitada.* ¡A la gente le encantan las ediciones limitadas!

Me fascinaba ser un empresario americano. ¡Con las ventas por correo estaba haciendo lo que Charles Atlas había hecho!

Pronto inicié otro negocio, esta vez con Franco. Su idea era que debíamos trabajar en construcción porque eso ya lo habíamos hecho en Italia y Alemania. Además, parecía ser que a la gente le hubiera gustado contratar a dos tipos fuertes. Pero cuando fuimos al sindicato encontramos que tomaría meses afiliarnos.

Entonces le dije a Franco: «¿Y por qué no abrimos nuestra propia compañía?». Franco sabía de albañilería y yo sabía de negocios, así que lo hicimos: sacamos un aviso en el periódico que decía *Albañiles europeos. Expertos en piedras y mármoles.* Conseguimos nuestro primer trabajo enseguida, que fue construir una pared para un tipo cuya casa en Venice había pertenecido a Rodolfo Valentino.

Franco y yo habíamos visto que a los americanos les encantan los nombres extranjeros: masaje sueco, diseño italiano, hierbas chinas, ingenio alemán. Así que decidimos resaltar que éramos europeos. El hecho de que Franco fuera italiano resultó particularmente bueno. ¡Nada más vean el Vaticano! La arquitectura italiana es insuperable.

También había notado que a los americanos les gusta negociar un poco y sentir que están consiguiendo más barato lo que sea, no como los alemanes que están más dispuestos a aceptar la cotización. Así que Franco y yo perfeccionamos una rutina completa. Yo llevaba el metro y tomaba las medidas y hacía un estimado, siempre en metros y centímetros para conservar el halo europeo. Entonces se lo mostraba a Franco y empezábamos a discutir en alemán frente al cliente.

—¿Qué está pasando? —preguntaba el tipo.

—Bueno, no tengo que decirle nada de los italianos —diría yo—. No me explico por qué él piensa que este patio debe costar $8.000. Quiere ordenar X número de ladrillos, que es más de lo que vamos a necesitar. Lo que quiero decir, entre usted y yo, es que pienso que podemos construirlo con $7.000. Podremos tener todos esos ladrillos extra y luego devolverlos y recuperar los $1.000.

El tipo empezaba a confiar en mí de inmediato.

—Es muy amable de su parte tratar de darme el mejor precio —me diría.

—Bueno, queremos ser competitivos. Estoy seguro de que usted tiene otros estimados, ¿verdad?

—Oh, sí, claro.

—¿Ves, Franco? —diría yo. Entonces discutiríamos un poco más en alemán y el hombre quedaba feliz con la ganga de $7.000.

La albañilería nos encantaba y parecía ser bastante rentable. Pero además nos divertíamos mucho. Una vez una mujer tenía una cotización de un competidor para remplazar la chimenea por $5.000, de los cuales $1.000 correspondían a la demolición de la chimenea vieja.

—¿Mil dólares? —dijo Franco—. Déjeme ver.

Se subió al techo, apoyó la espalda contra la pendiente de las tejas e hizo una presión con la pierna que desbarató la chimenea por completo. Casi le cae encima a la mujer que estaba parada abajo. Pero en lugar de enfurecerse, ella se mostró agradecida:

—Oh, ¡muchísimas gracias por ayudarnos! Eso era peligrosísimo. Le ha podido caer a alguien en la cabeza.

No solo nos dio el trabajo sino que nos permitió conservar los ladrillos viejos, que después le vendí a otro cliente como "ladrillos antiguos".

Otro cliente quería reemplazar una pared que rodeaba su casa. Pensamos que demoler la pared vieja sería tan extenuante que podría equivaler a nuestros ejercicios de ese día. Alquilamos los mazos más grandes que pudimos encontrar. Le dije a Franco que debíamos hacer un concurso: «Empieza tú por aquel extremo y yo por éste y vemos cuál de los dos llega primero a la mitad». Estábamos dando golpes como locos y yo habría ganado si no es porque se voló un trozo de pared que quebró el ventanal de vitrales antiguos del cliente. Hasta ahí llegó nuestra ganancia.

Franco y yo no llevábamos ni un año en el negocio cuando hubo un gran terremoto en San Fernando Valley. Hubo patios que se levantaron. Paredes agrietadas. Chimeneas que se cayeron. No podíamos pedir una mejor oportunidad. Franco y yo sacamos nuestro aviso en el diario *Los Angeles Times* enseguida y tuvimos trabajo las 24 horas. Conseguimos mano de obra extra entre los fisiculturistas que se la pasaban en la playa y hubo un momento en que tuvimos a 15 de ellos mezclando cemento y cargando ladrillos. Se veía muy gracioso, pero no podíamos depender de los fisiculturistas. Ellos no eran capaces de trabajar todos los días. Tal como decía Joe, algunos de esos tipos eran unos perezosos bastardos. Con el dinero que ganamos, pudimos comprar autos mejores y pagar las otras clases que queríamos tomar. También pudimos hacer nuestra primera inversión. En ese tiempo las aerolíneas estaban planeando introducir los aviones supersónicos y había una propuesta de construir un aeropuerto supersónico en Palmdale, justo detrás de las montañas, a unas 50 o 60 millas al noreste de Los Ángeles.

Quería hacerme rico muy rápido. Cuando me enteré de esa propuesta, me dije. «Esta podría ser una gran inversión». Efectivamente, uno o dos meses más tarde, conseguimos un ejemplar del *Antelope Valley Press*, el diario local, y justo en primera plana estaba el aeropuerto propuesto, monstruoso, muy futurista, exactamente como me imaginaba todo en América. ¡Lo que es pensar en grande! En Graz, la preocupación era si el aeropuerto debía recibir tres aviones en un día o cuatro. Me dije a mí mismo: «Esto es grande».

Me imaginé que cuando se construye un aeropuerto a esa escala hay que tener bodegas en sus alrededores, centros comerciales, restaurantes, complejos de viviendas, edificios gubernamentales… Crecimiento, crecimiento, crecimiento. Así que le dije a Franco: «Veamos si hay algo para la venta». Poco tiempo después el *Antelope Valley Press* publicó otro artículo en primera plana sobre compañías que estaban comprando lotes enormes y subdividiendo el terreno.

Un caballero de una compañía urbanizadora nos llevó a conocer la propiedad. En esa época, Antelope Valley era un área baldía, puro desierto. Nos tomó dos horas llegar allí en bus y todo el camino el hombre habló de los planes. Explicó que se construiría una autopista hasta Palmdale y que el aeropuerto sería intercontinental pero que existía la posibilidad de que fuera usado también para naves espaciales. ¡Quedamos impresionados! Cuando llegamos allí nos enseñó dónde quedaría la planta de energía y el acueducto, lo que confirmó mi creencia de que la oportunidad era real. Compré 10 acres a $1.000 cada uno y Franco compró cinco, justo al pie de donde pasaría la autopista y cerca de donde se construiría posiblemente un complejo de edificios bien altos. No teníamos $15.000 en efectivo así que acordamos pagar $5.000 de entrada y $13.000 entre capital e intereses a lo largo de varios años.

Nadie, por supuesto, tuvo en cuenta el problema del ruido que producirían los aviones y cómo esto afectaría a la gente que viviera bajo las rutas de vuelo. Eso se convirtió en una pelea enorme, no solo en los Estados Unidos sino en todo el resto del mundo. Eventualmente los gobiernos acordaron que las aerolíneas tendrían vuelos supersónicos solamente sobre los océanos y Franco y yo quedamos clavados con acres de desierto. El urbanizador seguía insistiendo en que todo esto era solo un inconveniente temporal.

—No lo vendan —dijo—. Sus nietos se beneficiarán.

———

No le había mentido a Joe Weider cuando le dije que ambos, Franco y yo, seríamos campeones de talla mundial. La velocidad con la que Franco se convirtió en fisiculturista fue realmente asombrosa. Como compañeros de entrenamiento teníamos una gran ventaja. Cuando empezamos a trabajar juntos en Munich no había manera de saber mucho sobre lo que estaban haciendo los fisiculturistas americanos, así que nos tocó aprender solos desde cero. Descubrimos docenas de principios y técnicas de entrenamiento que anotamos. Estábamos constantemente a la caza de nuevos ejercicios y variaciones, y podía tratarse de algo tan grande como los *calf presses* de mil libras que yo había aprendido de Reg Park, o tan sutil como hacer un *curl* con la muñeca girada en cierta forma. Una vez por semana escogíamos algún ejercicio que no nos fuera familiar y hacíamos tantos sets y repeticiones que llegaba un punto en que ya no podíamos hacer más. Al día siguiente analizábamos cuáles músculos y secciones de músculos estaban adoloridos y lo anotábamos. Trabajando en esta forma nos tomó un año hacer un reconocimiento sistemático de nuestros cuerpos y elaborar un inventario de cientos de ejercicios y técnicas (eventualmente esa fue la base de la *Encyclopedia of Bodybuilding* o Enciclopedia del Fisiculturismo, que publiqué en 1985).

Un descubrimiento clave que hice fue que no se puede copiar simplemente la rutina de otra persona pues el cuerpo de cada quien es diferente. Son diferentes las proporciones de torso y miembros, lo mismo que las ventajas y desventajas hereditarias. Es posible tomar una idea de otro atleta pero uno debe entender que su propio cuerpo puede responder de forma distinta al del atleta en cuestión.

Con este tipo de experimentos dimos con formas de arreglar nuestras debilidades particulares. Por ejemplo, Franco era cascorvo, y se nos ocurrió que podría hacer *squats* con una postura más abierta para rellenar la parte interior de sus muslos. Luego ideamos técnicas para acrecentar la parte interior de su pantorrilla. Franco nunca pudo hacerles creer a los jueces que sus piernas eran perfectamente derechas, pero ellos sí quedaban impresionados por cuánto había logrado atenuar el problema.

Con miras al enfrentamiento con Sergio Oliva, yo estaba decidido a alcanzar un nuevo nivel con mis poses. Franco y yo practicamos nuestras rutinas durante semanas. Para ganar, es necesario poder sostener cada pose durante varios minutos. La mayoría de los fisiculturistas pueden meter el estómago y hacer una pose al vacío, digamos, pero a menudo no pueden sostenerla, bien porque hayan hecho mucho ejercicio para aumentar sus músculos en el momento de la competencia, o bien porque ya no les quede aliento después de varias poses anteriores. A veces tienen que suspender la pose porque les dan calambres o empiezan a temblar.

Así que uno de nosotros sostenía alguna pose durante unos minutos mientras el otro le avisaba lo que debía hacer. Yo hacía una pose de bíceps y Franco me decía: «Veo tu brazo temblando, deja de temblar», y yo no dejaba que siguiera temblando. Entonces Franco decía: «Okey, sonríe». Y luego: «Gira un poco la cintura». Y después: «Okey, ahora una pose de espaldas tres cuartos. Ah, diste un paso extra. No sirve. Empieza de nuevo».

Uno practica cada pose y cada transición porque ese paso extra es exactamente lo que puede hacerlo a uno perder frente a los jueces. Ellos pueden pensar: «Eso no es profesional. No estás listo para el gran momento. Eres un idiota de mierda, largo del escenario. Ni siquiera puedes quedarte quieto en la pose. No has practicado las cosas más sencillas».

En el concurso Mr. Olimpia, lo más importante no es necesariamente lo que pasa en mitad de una pose. Los jueces suponen que uno sabe cómo hacerla. Lo que se vuelve crucial es lo que se hace entre una pose y otra. ¿Cómo se mueven las manos? ¿Cómo se ve la cara? ¿Cuál es la postura? Es como en el ballet. Todo está en la rectitud de la espalda. La cabeza debe estar alta, no gacha. Nunca un paso extra. A medida que uno va cambiando de una pose a otra debe visualizarse a sí mismo como un tigre, lento y suave… Todo suave. Y preciso, sin que parezca que uno está esforzándose porque eso denota debilidad. Se debe tener control absoluto del rostro. Aunque esté esforzándose y sin aliento, uno debe respirar por la nariz y mantener relajada la boca. Jadear sería lo peor. Y cuando uno vuelve para la siguiente toma debe lucir seguro de sí mismo y exactamente como se supone que uno debe verse.

Mi preparación para enfrentarme a Sergio no terminaba en el gimnasio. Compré un proyector de cine, reuní toda una colección de sus actuaciones en competencias y observé esas películas en casa una y otra vez. Sergio tenía un físico asombroso pero me di cuenta de que había venido usando la misma rutina de poses durante varios años. Ese era un dato que podía aprovechar para planear el *pose off* uno a uno final en Mr. Olimpia. Memoricé sus movimientos en el orden en que los ejecutaba y me preparé para cada uno con mis propias poses. Lo ensayé y lo visualicé una y otra vez: «Cuando él haga esto, yo haré esto, esto ¡y esto!». Mi meta era arrollar cada movimiento que Sergio hiciera.

Un día, más tarde ese verano sonó el teléfono en Gold's Gym y el administrador me llamó desde su escritorio: «Arnold, hay un tipo en el teléfono que se llama Jim Lorimer».

—¿Qué quiere?

—Quiere hablarte de la competencia de Mr. Mundo.

—Dile que me llame otra vez, estoy en la mitad de un ejercicio.

Esa llamada resultó ser una de las cosas mágicas que me ocurrieron y que jamás habría podido planear. Jim todavía ahora se ríe de eso. Cuando lo llamé me explicó que era el organizador de los campeonatos mundiales de levantamiento de pesas, que ese año se celebrarían en los Estados Unidos —en Columbus, Ohio, específicamente— y que después de los campeonatos habría una competencia de fisiculturismo por el título de Mr. Mundo. Él deseaba que yo participara.

Jamás había oído hablar de Jim Lorimer y pregunté por ahí si alguien lo conocía. No me tomó mucho saber que era de verdad. Jim había sido agente del FBI, era unos 20 años mayor que yo y una figura importante en los deportes americanos. Había sido presidente del Comité Olímpico de los Estados Unidos. Había sido el pionero de la estructuración de los equipos femeninos que competirían contra el bloque soviético. Se ganaba la vida como ejecutivo de Nationwide Insurance, el mayor empleador de Columbus. Era alcalde de un suburbio y un político con muy buenas conexiones. Había administrado los campeonatos de levantamiento de pesas en los Estados Unidos y el concurso de Mr. América en Columbus en nombre de la AAU durante años, y mis amigos decían que esos eventos siempre estaban bien organizados. Esa era la razón por la que Columbus había sido escogida como sede del campeonato mundial y a Jim le habían pedido manejarlo.

Miré el calendario y me di cuenta de algo: «Un minuto. Este evento de Mr. Mundo es el 25 de septiembre y el de Mr. Universo en Londres es el 24 de septiembre, y el de Mr. Olimpia en Nueva York es el 7 de octubre. Guau, teóricamente podría ir y ganar el Mr. Universo en Londres, venir luego a Columbus, Ohio, y ganar el Mr. Mundo, y después ir al Mr. Olimpia. Eso sería increíble». En el lapso de solo dos semanas podría cubrir las tres federaciones que controlaban todas las competencias de fisiculturismo. Ganar las tres sería como unificar el título de los pesos pesados en el boxeo: me convertiría en el campeón mundial indiscutido.

Estaba totalmente alborotado hasta que busqué los itinerarios de las aerolíneas. Entonces llamé a Jim Lorimer.

—Quiero ir —empecé—. Pero no hay forma de llegar a tiempo de Mr. Universo a Mr. Mundo. El avión que sale más temprano de Londres después de Mr. Universo solo llega a Nueva York a las dos de la tarde y no hay conexión de Nueva York a Columbus, Ohio, hasta después de las cinco de la tarde. A esa hora la competencia tuya ya ha empezado.

—A menos que hagas milagros, no voy a lograrlo —insistí—. He hablado con los otros mejores fisiculturistas del concurso de Mr. Universo como Franco Columbu, Boyer Coe y Dave Draper y todos están dispuestos a ir conmigo. Pero no vemos cómo hacerlo posible. He oído que eres un organizador de los grandes y tienes muy buenas conexiones. Veamos qué puedes lograr.

A Jim le tomó solo un día. Me llamó de nuevo y dijo: «Vamos a mandar un jet». Era un jet corporativo de propiedad de la Volkswagen, una de las patrocinadoras del evento. «Volarán a Nueva York y los recogerán».

Cuando mi ídolo Reg Park se inscribió para competir en el concurso de Mr. Universo en Londres, yo no podía creerlo. ¡Pensaba que él estaba de mi lado! Un reportero me preguntó cómo me sentía compitiendo contra el mejor Mr. Universo de todos los tiempos y perdí mi habitual actitud despreocupada.

—Segundo mejor —lo corregí—. He ganado el título más veces que él.

Los ex campeones de fisiculturismo se la pasan volviendo de su retiro todo el tiempo para exhibir su entrenamiento o refrescar su imagen o sabe Dios para qué. Reg había ganado sus títulos de Mr. Universo a intervalos muy espaciados, en 1951, 1958 y 1965, y tal vez deseaba poner su sello final al evento. O tal vez yo estaba atrayendo tanta atención que quería mostrar que la generación mayor todavía estaba vigente. Fuera lo que fuera su motivación, su participación nos enfrentó en una forma que yo jamás hubiera esperado.

Cuando nos vimos en la sala de calentamiento apenas nos saludamos. La competencia se sentía extraña para todos. Los jueces estaban incómodos. Los fans estaban incómodos. Normalmente, antes del concurso, otros fisiculturistas se acercan y le dicen a uno: «Te ves fenomenal, vas a ganar». Pero la gente a la que les gustábamos ambos no sabía qué decirle a ninguno estando el otro justo al frente en la misma sala.

La realidad es que un fisiculturista no puede entrenar tan duro cuando ha pasado de los 40 como puede hacerlo cuando tiene 23. Yo estaba en mejor forma que Reg, no necesariamente por el trabajo sino por la edad. Su piel ya no era tan fresca, sus músculos mostraban una leve decadencia en lugar de estar en su plenitud. Unos cuantos años atrás habría podido ser diferente pero ahora era mi turno de ser rey. Ese día Reg estuvo lo suficientemente bien para derrotar a todos los demás contendores, entre ellos a un antiguo Mr. Universo de solo 28 años, pero no estuvo lo suficientemente bien como para derrotarme a mí.

Me sentí bien por haber ganado pero triste al mismo tiempo. Tenía en la mira a Sergio Oliva y no necesitaba derrotar a Reg Park para alcanzar mi sueño.

Al día siguiente, el jet de Volkswagen prometido por Jim Lorimer nos estaba esperando en la pista de Nueva York. Los jets privados eran entonces mucho menos comunes que ahora, y para los otros fisiculturistas y para mí fue un momento de gran emoción. Finalmente sentíamos que se nos estaba dando el trato espléndido de otros atletas de primera línea. Volamos a Columbus y llegamos al Veteran's Memorial Auditorium. Los demás fisiculturistas ya estaban en la mitad de sus ejercicios previos a la presentación.

Quedé estupefacto cuando me encontré con Sergio Oliva allí: era un participante secreto del que nadie nos había advertido. «¡Coño!», dije para mis adentros. Parecía estar en muy buena forma, también. Yo esperaba un enfrentamiento con él en dos semanas, no ahora.

Me tomó unos minutos recuperarme y darme cuenta de la gran oportunidad que era ésta. Aunque yo no sabía que Sergio venía, supe que él sí sabía de mí. Eso significaba que había venido a Columbus para sorprenderme y dejarme fuera de combate, de modo que quedara derrotado incluso antes de que llegáramos a Nueva York, para él obtener una clara victoria en Mr. Olimpia.

Pero lo que podía funcionar para él también podía funcionar para mí.

—Si lo derroto hoy —pensé—, se acabó Nueva York para él.

Solo necesitaba pasar a una velocidad más alta. Era lo mismo que tener un auto deportivo súper veloz con inyector nitroso en el motor: presionas un botón y obtienes los cien caballos de fuerza extra cuando los necesitas. Yo necesitaba presionar el botón de las carreras en ese momento.

Me quité la ropa, me unté el aceite, empecé mis ejercicios para realzar los músculos, nos llamaron y salimos a escena.

Mr. Mundo era de lejos el evento de fisiculturismo más grande que yo hubiera visto jamás. Cinco mil espectadores abarrotaban el lugar, más del doble de la cantidad de espectadores en los campeonatos de Londres y Nueva York. Es más, había luces y cámaras y anunciadores de Wide World of Sports de ABC, pues esta sería la primera competencia de fisiculturismo que sería transmitida por televisión a nivel nacional.

Daba igual si eran cinco mil asientos o 500, yo sabía que si conseguía metérmelos entre el bolsillo usando mi entrenamiento de ventas y encanto, eso influiría en los jueces y me daría la ventaja. Sergio estaba jugando el mismo juego, pavoneándose y saludando y lanzando besos a sus fans. Tenía un buen número de seguidores y era obvio que varias decenas de ellos habían venido. Los cuatro mejores competidores éramos Sergio, Dave Draper, Dennis Tinerino y yo. Todos salimos a escena al mismo tiempo para que el panel de siete jueces internacionales nos diera una primera ojeada. El maestro de ceremonias pidió a cada uno enseñar algunas de sus poses favoritas.

La gente aplaudió y gritó al vernos a todos actuando al mismo tiempo. La energía era tremenda.

Comparado con todos los demás fisiculturistas a los que me había enfrentado, Sergio, de hecho, era una categoría en sí mismo. Eso me impactó nuevamente apenas salimos a escena. Con esos muslos extraordinarios, esa cintura imposiblemente minúscula y esos tríceps increíbles, resultaba muy difícil lucir imponente a su lado. Pensé que en la cabeza de los jueces tal vez yo tuviera alguna pequeña ventaja extra porque venía de ganar Mr. Universo. O tal vez Sergio tuviera una pequeña ventaja porque era un consumado levantador de peso olímpico y la mayoría de los jueces provenían de ese mundo.

Para mentalizarme mejor, busqué la más leve ventaja posible. Ahora, bajo las brillantes luces de la televisión, me pareció que la piel de Sergio se veía un poquito blanda. Eso fue estimulante. Encontré que podía anticipar sus movimientos y empecé a igualar cada pose. A la gente le encantó eso y podían verse las cámaras de televisión girando de él hacia mí y de regreso nuevamente. Cuando abandonamos la escena, yo sentí que había ganado esa vuelta. De ahí en adelante todo mejoró.

A Sergio se le había ido un poco la mano con el aceite, que empezó a gotear mientras él posaba, haciéndolo ver más suave que esculpido. También en su rutina individual él fue pasando de una pose a otra demasiado rápidamente y la gente no alcanzó a captarlas por completo. Cuando me llegó el turno, me aseguré de tener comunicación con la gente, así que cada pose los hizo gritar un poco más fuerte. No querían que me fuera. Era como si Sergio estuviera en escena compitiendo por primera vez, mientras yo estaba absolutamente reposado y cómodo.

En la última tanda de poses yo estaba al 100 por ciento. No importaba lo que él hiciera para mostrar su fuerza, yo tenía una pose igual para mostrar mi fuerza. Y lo más importante: yo era el que deseaba entregarme del todo. Estaba más ansioso que Sergio y quería ese título más que él.

Los jueces me dieron el primer lugar por unanimidad. Eso no debió caer de sorpresa pero, como Sergio había sido el campeón por tanto tiempo, estaba realmente impactado. Me quedé de pie un minuto ahí afuera, repitiéndome: «No puedo creerlo. No puedo creerlo. Acabo de derrotar a Sergio». El premio fue un enorme trofeo de plata, un reloj electrónico de alta tecnología y $500 en efectivo, más la nueva popularidad e impulso que llevaría conmigo a Nueva York.

Cuando abandoné el escenario con mi trofeo tuve buen cuidado de hacer dos cosas. Primero, le di las gracias a Jim Lorimer.

—Esta es la competencia mejor organizada que he visto jamás —le dije—. Cuando me retire del fisiculturismo te llamaré para que tú y yo seamos socios. Estaremos en este mismo escenario manejando el concurso de Mr. Olimpia después de que yo haya acabado de competir.

Jim simplemente se rió y dijo: «Okey, okey». Probablemente era el cumplido más extraño que habría escuchado jamás, especialmente viniendo de un chico.

Lo segundo fue provocar un poco a Sergio. Es una tontería dejar algo al azar cuando uno está tratando de desbancar de su reinado de tres años a un Mr. Olimpia. «Si el concurso en Nueva York está cerca», me dije, «los jueces se lo darán a él». Tenía que liquidarlo en el escenario para facilitarles que me escogieran a mí. Le dije que yo creía haber triunfado hoy porque había ganado mucho tamaño muscular desde que él me había derrotado en Nueva York el año anterior; que él estaba un poco liviano y por eso había perdido ahora, y bla, bla, bla. Quería que se fuera pensando que debía ganar unas cuantas libras para competir. Hoy había estado blando y lo quería más blando en Nueva York.

Mr. Olimpia estaba programado, dos semanas más tarde, en un agradable teatro en Manhattan y alrededor del mediodía un grupo de nosotros se reunió en el cercano Mid-City Gym. Apenas vi a Sergio empecé a molestarlo con la comida y Franco se unió, preguntándole si había perdido peso. Eso hizo reír a todo el mundo excepto a Sergio. De hecho, como yo mismo pronto lo vería, él había mordido el anzuelo. En las dos semanas que habían pasado desde Columbus había ganado diez libras, y nadie gana diez libras en dos semanas y sigue viéndose tallado.

El teatro Town Hall tenía 1.500 asientos y probablemente jamás había visto un público tan alborotador como ése. Los fans de él coreaban: «Sergio, Sergio, Sergio», y los míos trataban de gritar más alto que ellos coreando: «Arnold, Arnold, Arnold».

Ya para terminar una tarde muy larga nos llamaron de nuevo para las poses finales en escena. Sergio repitió su repertorio estándar y, justo como lo había planeado, metí el cambio en alta y presenté tres poses por cada una de él. Al público le encantó eso.

Sin embargo, los jueces seguían pidiendo poses hasta que empecé a pensar: «Hemos estado posando mucho tiempo». No parecía ser porque los jueces no estuvieran seguros de su decisión sino porque el público estaba todo de pie y enloquecido. Los jueces estaban diciendo: «Sigamos con esto, a la gente le encanta».

Estábamos exhaustos y ahí fue donde entré a matar. Se me ocurrió una idea y le dije a Sergio: «Ya está bien. Creo que a estas alturas estos tipos ya deben saber lo que va a pasar».

Él dijo: «Sí, tienes razón». Se dirigió a un extremo del escenario y yo empecé a caminar hacia el otro, pero solo avancé dos pasos. Entonces me detuve para una pose más y giré hacia donde él estaba encogiéndome de hombros, como diciendo: «¿A dónde se fue?».

Sergio se devolvió, algo desconcertado. Para entonces «¡Arnold!» era el único nombre que estaban coreando y algunos de los fans incluso estaban abucheándolo. Aproveché el momento para hacer mis mejores poses y fotos profesionales. Y entonces todo acabó. Los jueces sostuvieron una pequeña reunión tras bastidores y el presentador salió y anunció que yo era el nuevo Mr. Olimpia.

Sergio nunca me dijo nada por haberme burlado de él pero a otras personas sí les dijo que se sentía burlado. Yo no lo veía así. Había sido un momento primario. Al calor de una competencia que yo de todos modos ya dominaba, lo había liquidado por instinto.

Pero la mañana siguiente fue extraña porque Sergio, Franco y yo estábamos compartiendo la misma habitación en el hotel. Y tan pronto se levantó, Sergio empezó a hacer todo tipo de *push-ups* y ejercicios. Era obsesivo. Incluso al día siguiente de la competencia ¡seguía ejercitando sus músculos en el hotel!

Debo admitir que, en ese momento, me dio pesar que hubiera perdido. Sergio era un gran campeón y un ídolo para muchas personas. Durante años mi mente se había concentrado en el deseo de destruirlo, sacarlo, hacerlo bajar al segundo puesto, hacerlo perder. Pero cuando desperté la mañana después de derrotarlo lo vi al lado y me sentí triste. Sergio había sido un gran campeón y era una pena que hubiera tenido que perder para darme paso a mí.

CAPÍTULO 8

Aprendiendo americano

EN EL FISICULTURISMO YO no tenía rival, pero en el diario vivir de Los Ángeles seguía siendo un inmigrante más en la lucha por aprender inglés y ganarse la vida. Mi mente se mantenía tan centrada en lo que estaba haciendo en América, que rara vez pensaba en Austria o Alemania. Sin embargo, sí iba a Europa: visitaba a Fredi Gerstl en Graz y a Albert Busek en Munich. Dentro del ámbito fisiculturista, a menudo me encontraba con Albert y otros amigos europeos. Periódicamente escribía a mis padres, les enviaba fotos contándoles lo que estaba haciendo y también el trofeo de cada campeonato que ganaba. En mi apartamento no hacían falta y quería hacerlos sentir orgullosos. No estoy seguro de que les hubiera importado mucho al principio, pero después de un tiempo ellos pusieron las fotos en casa y montaron un anaquel especial para lucir los trofeos.

Mi papá me respondía las cartas por los dos. Siempre adjuntaba mi carta original marcada con la tinta roja de sus correcciones a mis errores de gramática y ortografía que, según él, se debían a que yo estaba perdiendo contacto con el idioma alemán. Pero papá siempre había hecho lo mismo con los ensayos que Meinhard y yo tuvimos que escribir para él cuando éramos niños. Cosas como éstas me permitían mantener a Austria y a mis padres congelados en el tiempo. Yo me sentía contento de estar fuera viviendo mi propia vida.

Meinhard y yo no teníamos casi contacto. Como yo, él terminó la escuela y prestó servicio un año en el Ejército. Después se fue a trabajar con una compañía de electrónica, primero en Graz y luego en Munich (mientras estuve viviendo allá, pero nuestros caminos rara vez se cruzaron). A Meinhard le gustaba vestirse muy bien, le encantaban las fiestas y llevaba una vida alocada, con muchas chicas. Recientemente lo habían transferido a Innsbruck, se había comprometido con Erika Knapp —la hermosa madre de su hijo de tres años, Patrick— y había dado señales de estar sentando cabeza.

Pero no alcanzó a hacerlo. En el invierno que yo gané Mr. Olimpia sonó el teléfono en mi apartamento. Era mi madre para darme la terrible noticia de que mi hermano había muerto. Meinhard se había estrellando manejando borracho su auto por una carretera en Kitzbühel durante unas vacaciones de esquí.

Como yo estaba en Nueva York, Franco recibió la llamada. Por alguna razón, la noticia le causó tanto impacto que no me la podía dar y solo tres días después, cuando volví a Los Ángeles, me dijo: «Tengo que decirte algo, pero lo haré después de la cena».

Eventualmente logré sacarle que mi hermano había tenido un accidente automovilístico y que había muerto.

—¿Cuándo ocurrió? —pregunté.

—Hace tres día atendí la llamada telefónica.

—¿Por qué no me lo dijiste antes?

—No supe cómo decírtelo. Estabas en Nueva York haciendo tus cosas. Quise esperar hasta que llegaras a casa.

En Nueva York yo estaba a mitad de camino de Austria y Franco no me había avisado. Me conmovió su preocupación por mí pero también me sentí defraudado.

Llamé a casa enseguida. Mi madre sollozaba en el teléfono y al principio casi no pudo hablar. Pero luego me dijo: «No, no vamos a darle sepultura aquí. Dejaremos a Meinhard en Kitzbühel. Nos vamos mañana por la mañana y tendremos una ceremonia muy sencilla».

—Acabo de enterarme —le dije.

—Bueno, yo no trataría de venir ahora —me dijo—. Incluso si alcanzas el primer avión, con las nueve horas de diferencia y el vuelo tan largo no creo que llegues a tiempo.

Fue un golpe terrible para la familia. Podía sentir la desolación en las voces de mis padres. Ninguno de nosotros era bueno para comunicar sentimientos y no supe qué decir. ¿Lo siento? ¿Es terrible? Eso lo sabían ellos. La noticia me dejó anonadado. Meinhard y yo ya no éramos unidos, lo había visto solo una vez en tres años, pero mi mente seguía llena de recuerdos de los dos jugando, de nuestras salidas en citas dobles cuando ya crecimos, de los dos riéndonos juntos. Nunca más tendríamos eso. Nunca más volvería a verlo. Lo único que pude hacer fue apartarlo todo de mi cabeza para poder seguir persiguiendo mis metas.

Me sumergí en mi vida en Los Ángeles. Asistía a la escuela, entrenaba cinco horas diarias en el gimnasio, trabajaba en la construcción y en mis ventas por correo, hacía presentaciones y asistía a exhibiciones, todo en la misma época. Franco andaba igualmente ocupado. Ambos teníamos horarios increíblemente apretados, que algunos días se prolongaban de seis de la mañana a la medianoche.

Hablar inglés con fluidez seguía siendo lo más duro de mi lista de cosas por hacer. Envidiaba a mi amigo fotógrafo Artie Zeller por ser el tipo de persona que podía visitar Italia por una semana con Franco, y regresar hablando italiano. Yo no. No podía creer lo difícil que me estaba resultando aprender otro idioma.

Al principio trataba de traducir todo literalmente. Escuchaba o leía algo, lo convertía al alemán en mi cabeza y luego me preguntaba: «¿Por qué tienen que complicar tanto el inglés?». Había cosas que no podía aceptar por mucho que me las explicaran. Como las contracciones. ¿Por qué no podía decirse *I have* o *I will* en lugar de *I've* o *I'll*?

La pronunciación era particularmente peligrosa. Un día, como una atención especial, Artie me invitó a un restaurante húngaro-judío cuyos platos eran iguales a la comida austriaca. El propietario vino a atendernos y yo dije: «Veo aquí en el menú algo que me gustaría. Déme algo de su *garbage* (basura)».

—¿Cómo llamó a mi comida?

—Solo tráigame un poco de su *garbage*.

Artie saltó enseguida y dijo: «Es austriaco, él quiere decir *cabbage* (repollo), está acostumbrado al repollo de Austria».

Miré de nuevo y pensé que debía pronunciarse *garbage*, y casi armo una pelea por la comida.

El inglés es un idioma difícil pero gradualmente empecé a progresar gracias a mis clases en Santa Monica College. Asistir allí me motivó a aprender. En mi primer día de inglés como segundo idioma, todos los extranjeros estábamos sentados en la clase y el profesor Mr. Dodge dijo:

—¿Les gustaría estar adentro o afuera?

Todos miramos a nuestro alrededor tratando de adivinar qué quería decir.

Mr. Dodge señaló la ventana y explicó:

—¿Ven aquel árbol? Bueno, si lo desean, podemos sentarnos a la sombra y tener nuestra clase ahí.

Salimos y nos sentamos en la hierba, bajo el árbol que estaba al frente del edificio de la escuela. Eso me impresionó mucho. Comparado con la forma en que las escuelas funcionaban en Europa, ¡eso era increíble! Pensé: «Voy a tomar un curso universitario sentado bajo un árbol, ¡como si estuviera de vacaciones! ¡Me inscribiré en otra clase cuando acabe este semestre!». Llamé a Artie y le dije que pasara por allí la semana siguiente y nos tomara una foto sentados afuera.

De hecho, el semestre siguiente me inscribí en dos clases. A muchos estudiantes extranjeros los intimida la idea de volver a la escuela pero en el *community college* me trataban sin aspavientos y los profesores eran tan chéveres, que resultó muy divertido.

Una vez que Mr. Dodge me conoció un poco más y le conté de mis metas, él me presentó al orientador. El hombre dijo:

—Mr. Dodge me ha sugerido que le asigne a usted otras clases además del inglés.

Yo respondí:

—Sí, me interesa tomar otras clases.

—¿Qué le gustaría?

—Administración —dije.

—Bueno, tengo un buen curso de administración para principiantes, que maneja un lenguaje más o menos fácil. Mucha gente proveniente del exterior toma esa clase pues la dicta un buen profesor que comprende a los estudiantes extranjeros.

El orientador creó un pequeño programa para mí:

—Estas son ocho clases que debería tomar, además del inglés. Son cursos de administración. Si yo fuera usted, tomaría también algo de matemáticas. Necesita escuchar el lenguaje matemático para que, cuando le hablen de "división", "decimal" o "fracción", sepa qué significan. Esos son los términos que escuchará y podría no entenderlos.

—Tiene toda la razón, no los entiendo —de modo que agregué una clase de matemáticas en la cual trabajábamos con decimales y álgebra elemental, y empecé mi repaso de ese lenguaje.

El orientador también me mostró cómo acomodar las clases en mi vida. «Sabemos que es un atleta y algunos semestres quizás no resulte. Como las grandes competencias son en otoño, tal vez deba tomar una sola clase durante el verano. Podría asistir una noche por semana, de siete a diez, después de su entrenamiento. Estoy seguro de que podrá arreglárselas». Me pareció genial su forma de trabajar conmigo. Era estupendo agregar algo de educación a mis metas. No había presiones pues nadie me estaba exigiendo: «Debes ir al *college*. Más te vale conseguir un título».

En Gold's Gym también tenía un tutor de matemáticas. Era Frank Zane, quien había sido profesor de álgebra en la Florida antes de venir a California para entrenar. De hecho, varios de los fisiculturistas habían sido profesores, no sé por qué. Frank me ayudaba con tareas y traducciones, tomándose tiempo para explicarme cuando yo no entendía. En California, Frank había adoptado de lleno la filosofía oriental, la meditación y la relajación de la mente. Pero eso no se me ocurrió hacerlo sino mucho más adelante.

Si hubiera pensado que existía un reto serio a mi supremacía, habría permanecido concentrado un ciento por ciento en el fisiculturismo. Pero en el radar no aparecía nadie así que destiné parte de mi energía a otras aspiraciones. Tal como lo había aprendido en el club de levantamiento de pesas en Graz, siempre anotaba mis metas. No bastaba con decirme algo como: «Mi resolución de Año Nuevo es perder 20 libras, aprender mejor el inglés y leer algo más». No. Eso solo era un comienzo. Luego debía volverlo muy específico para que todas esas buenas intenciones no quedaran simplemente en el aire. Las anotaba en tarjetas o fichas:

- Tomar 12 créditos más en el *college*.
- Ganar suficiente dinero para ahorrar $5.000.
- Hacer ejercicio cinco horas al día.
- Ganar siete libras de peso en puro músculo.
- Conseguir un edificio de apartamentos para comprarlo y mudarme.

Podría pensarse que yo mismo me maniataba al imponerme unas metas tan específicas pero para mí era liberador. Saber exactamente a dónde quería llegar me dejaba en total libertad para decidir la forma de hacerlo. Los 12 créditos de *college* adicionales que necesitaba, por ejemplo: no me importaba de qué *college* provinieran, eso ya lo averiguaría. Primero debía saber qué créditos había disponibles, así como su costo y si encajaban en mi horario y las normas de mi visa. En ese momento no necesitaba preocuparme por las respuestas precisas porque ya sabía que iba a tomar los 12 créditos.

El status de inmigrante era uno de los obstáculos que debía superar para poder estudiar. Mi visa era de trabajo y no de estudiante, de manera que solo podía asistir tiempo parcial y no me permitía tomar más de dos clases al tiempo en ninguna escuela. Tendría que saltar de una a otra. De modo que estudié en West LA College, en Santa Monica College, y tomé cursos de extensión en UCLA. Si hubiera querido un título eso habría sido un problema pues tendría que enlazar todos esos créditos para que contaran. Pero mi objetivo no era un título: solo necesitaba estudiar tanto como pudiera en el tiempo que tenía disponible y aprender cómo era que los americanos hacían negocios.

Mis clases de inglés en Santa Monica College se convirtieron en clases de inglés y matemáticas, historia y administración de empresas. En la escuela de administración de UCLA tomé contabilidad, mercadeo, economía y gerencia. En Austria había estudiado contabilidad, por supuesto, pero aquí se trataba de algo completamente nuevo. Los computadores apenas comenzaban y todavía se usaban grandes máquinas IBM con tarjetas perforadas y carretes de cinta magnética.

Me gustaba aprender todo eso porque creía que era la manera americana de hacer las cosas. Mi disciplina me servía para el *college* y además disfrutaba estudiando. Me parecía realmente agradable leer libros para escribir informes y participar en clase. También me gustaba trabajar con otros estudiantes, invitarlos a mi apartamento a tomar café y hacer juntos las tareas. Los profesores nos alentaban a hacerlo así porque, si alguien no sabía algo, los demás se lo explicarían, y todo eso elevaba el nivel de las discusiones en clase.

En uno de los cursos debíamos leer todos los días la página económica para discutir en clase sus titulares y artículos. De modo que lo primero que hacía cada mañana era abrir el periódico en la sección económica y financiera. El profesor diría: «Aquí hay un artículo interesante sobre una acería americana que unos japoneses compraron, desmontaron y se llevaron para armarla de nuevo en Japón. Ahora están produciendo acero más barato de lo que nosotros podemos hacerlo y nos lo venden con ganancia. Hablemos de eso». Nunca pude pronosticar qué cosa me causaría mayor impresión. Un conferencista invitado a UCLA nos dijo que, en ventas, cuanto más grande es el vendedor, más tendía a vender. Eso me pareció fascinante porque soy un tipo grande.

Pensé: «Bueno, yo peso 250 libras, así que cuando salga a vender algo, mi negocio deberá ser enorme».

También me conseguí una novia que fue una influencia conciliadora en mi vida. No era difícil conseguir mujeres pues, como el rock and roll, el fisiculturismo tenía sus fans. Siempre estaban ahí, en las fiestas y exhibiciones, a veces incluso tras bastidores en los concursos, ayudando a los fisiculturistas a untarse el aceite. Llegaban al gimnasio y a la playa a vernos hacer ejercicio. Uno podía saber enseguida quién estaba disponible y también podía bajar a Venice Beach y reunir diez números telefónicos. Pero Barbara Outland era diferente porque yo le gustaba como ser humano, ella ni siquiera sabía qué era el fisiculturismo.

Nos conocimos en el deli Zucky's. Barbara era un año menor que yo y también iba al *college* pero ese verano estaba trabajando como mesera. Empezamos a compartir mucho tiempo y largas conversaciones. Pronto mis amigos del gimnasio comenzaron a molestar: «Arnold está enamorado». Cuando volvió a la escuela yo seguí pensando mucho en ella y nos escribimos cartas, todo un logro para mí. Me gustaba tener una novia y verla a menudo. Disfrutaba conociendo la vida de Barbara, su carrera docente, su escuela, sus metas, y compartía con ella mis ambiciones, mis entrenamientos y mis altibajos.

Rubia, bronceada y rozagante, Barbara se parecía más a una chica-de-la-casa-vecina que a una *femme fatale*. Estudiaba para ser profesora de inglés y era obvio que no lo hacía solo por divertirse. Sus amigas, que salían con tipos de la escuela de leyes y medicina, pensaban que yo era extraño, pero a Barbara no le importaba. Ella me admiraba por escribir mis metas en las pequeñas tarjetas de archivo. Sus padres fueron maravillosos conmigo. En Navidad, cada miembro de la familia tenía un regalo para mí y, más adelante, cuando llevé a Franco, también hubo regalos para él. Barbara y yo fuimos juntos a Hawai, Londres y Nueva York.

Cuando Barbara terminó el *college* en 1971 y vino a Los Ángeles para empezar a trabajar, Franco estaba a punto de mudarse. Él también estaba echando raíces, estudiaba para ser quiropráctico y se había comprometido con una chica llamada Anita, que ya era quiropráctica profesional. Cuando Barbara lo sugirió, me pareció muy natural que se viniera a vivir a casa. No era un paso trascendental porque ya ella pasaba bastante tiempo en mi apartamento.

Ella asimiló totalmente mi hábito de ahorrar cada centavo. Hacíamos parrilladas en el patio trasero y pasábamos el día en la playa en vez de ir a sitios lujosos. Yo no era el mejor candidato para una relación porque mi carrera me absorbía, pero me gustaba tener una compañera. Era genial tener en casa a alguien que me esperaba. Como Barbara era profesora de inglés, me ayudaba mucho con el idioma y también a escribir los trabajos para la escuela. También me echó una mano en el negocio de ventas por correo y en la redacción de cartas, pero pronto contraté a una secretaria para eso.

Aprendimos que cuando una relación se lleva en un idioma extranjero hay que ser más cuidadosos de lo normal para no afectar la comunicación. Teníamos peleas ridículas. Un día fuimos a ver la película *Death Wish* y después ella dijo:

—Me gusta Charles Bronson porque es muy rudo, muy masculino.

—No creo que Charles Bronson sea tan masculino —dije—. ¡Es un flacuchento! Yo diría que es más atlético que masculino.

—No —dijo ella—. Tú crees que estoy diciendo que él es *musculoso* pero no es eso lo que quiero decir. Estoy diciendo que es *masculino*. Masculino es otra cosa.

—Masculino, musculoso, la misma mierda: yo creo que es atlético.

—Pero para mí es muy masculino.

—No, no es correcto —dije—, y seguí discutiéndole.

Ya en casa fui directo al diccionario. Efectivamente, ella tenía razón. Ser masculino es algo totalmente diferente a ser musculoso. Significaba que Bronson era varonil y rudo, que sí lo era. Pensé para mis adentros: «Pero qué estupidez, oh Dios, tengo que aprender este idioma, es tan estúpido discutir por algo como esto».

———

Después de que gané Mr. Olimpia, Weider empezó a mandarme en viajes de ventas por todo el mundo. Me subía a un avión y hacía presentaciones en los centros comerciales donde él tenía distribución o a los que estaba tratando de expandirse. Vender era una de mis actividades favoritas. Me situaba en la mitad de un centro comercial con una traductora, en el centro comercial Stockman en Finlandia, por ejemplo, y ahí habría unos cuantos cientos de personas de gimnasios locales porque mi llegada era publicitada con anticipación. Y yo empezaba a vender, vender y vender. «¡La vitamina E les da una energía extra fantástica durante las horas de entrenamiento que dediquen al día para tener un cuerpo como el mío! Y, por supuesto, no quiero contarles la potencia sexual que les da…». La gente empezaba a comprar y yo siempre era un gran éxito. Joe me enviaba porque sabía que después los anfitriones dirían: «Vendimos una gran cantidad, hagamos negocio».

Me instalaba en medio de un centro comercial con mi camisilla sin mangas y durante mi discurso de venta hacía unas cuantas poses. «Voy a hablarles de la proteína: ustedes pueden comer toda la carne que quieran, todo el pescado que se les antoje, pero el organismo solo puede absorber 70 gramos a la vez. Esa es la regla: un gramo por kilo de peso. Los batidos para construir músculo son la forma de llenar ese vacío en su dieta. ¡Así que si ustedes quieren pueden tener cinco veces los 70 gramos! Jamás alcanzarán a comer filetes suficientes como para compensar la proteína en polvo porque es muy concentrada». Acto seguido mezclaba el batido en una coctelera cromada como las que usan en los bares para preparar martinis, me lo tomaba y los invitaba: «Pruébenlo». Era como vender aspiradoras, y yo me entusiasmaba tanto que dejaba atrás a la persona que estaba traduciendo. Luego pasaba a vender vitamina D, vitamina A y aceite especial. Para cuando terminaba, ya el gerente de ventas había visto todo el interés y pedía suplementos alimenticios Weider para el año entrante, más los juegos Weider de mancuernas y barras. Weider se sentía en la gloria. Un mes más tarde, yo salía de gira otra vez hacia otro centro comercial en otro país.

Siempre iba solo. Joe nunca pagó por otra persona pues lo consideraba un desperdicio de dinero. Pero viajar solo no era problema pues, gracias al fisiculturismo, donde quiera que fuera siempre me esperaba alguien para recogerme, que me trataba como a un hermano. Además, me encantaba andar por todo el mundo y entrenar en distintos gimnasios.

Weider quería llevarme al punto en el que yo mismo cerrara el trato con el gerente del centro comercial, me reuniera con los editores para publicar más números de sus revistas en distintos idiomas y eventualmente me encargara del negocio. Pero yo tenía claro que esa no era mi meta. Decidí lo mismo que decidí cuando, a principios de los 70, me ofrecieron la administración de una de las principales cadenas de gimnasios por $200.000 al año. Era mucho dinero pero rechacé la oferta porque no me llevaría a donde yo quería ir. Manejar una cadena es un trabajo que lleva de diez a doce horas diarias, y eso no me haría campeón de fisiculturismo ni me llevaría al cine. Nada iba a desviarme de mi meta. Ninguna oferta, ninguna relación, nada.

Pero para mí, irme en avión a vender sí era ideal. Siempre me había considerado ciudadano del mundo. Quería viajar cuanto pudiera pensando que, si ahora la prensa local me cubría como fisiculturista, eventualmente regresaría para hacerlo como actor cuando yo protagonizara películas.

De modo que yo viajaba varias veces en el año. Solamente en 1971 fui a Japón, Bélgica, Austria, Canadá, Gran Bretaña y Francia. A menudo yo agregaba algunas exhibiciones pagas para ganar un poco de dinero extra. Siempre era bueno volver a California con unos cuantos miles de dólares en mis botas de vaquero. Llevaba el dinero allí para que nadie pudiera robarlo en el avión mientras dormía, y una vez en casa lo consignaba en mi cuenta de ahorros.

También hacía exhibiciones y seminarios gratis en las prisiones de California. Todo empezó cuando visité a un amigo de Gold's que cumplía una condena en la prisión federal de Terminal Island, cerca a Los Ángeles. Debía pagar dos años por robo de auto pero no quería interrumpir su entrenamiento. Lo vi hacer ejercicios en el patio de la cárcel con sus compañeros y tenía fama de ser el prisionero más fuerte de California porque había establecido un récord en *squat* con 600 libras. Lo que me causó buena impresión fue ver que él y los demás levantadores de pesas eran prisioneros modelo porque así se ganaban los privilegios y el permiso para ingresar la proteína que los ayudaba a volverse tan fornidos. De no ser así, las autoridades carcelarias dirían: «Ustedes están entrenando solo para moler a golpes a otros», y retirarían las pesas.

Pensé: «Cuanto más se popularice el fisiculturismo en las prisiones, a más hombres les llegará el mensaje de comportarse correctamente».

Por otra parte, ser levantadores de pesas también les serviría a su salida pues les quedaría fácil hacer amigos en cualquier gimnasio fisiculturista o en Gold's. A la mayoría de los ex prisioneros los descargan en la estación de autobuses con $200 y acaban vagando por ahí sin trabajo y sin conexiones. Pero si uno es capaz de alzar 300 libras en banca, la gente en Gold's o en cualquier otro gimnasio se dará cuenta y alguien dirá: «Hey, ¿quieres entrenar conmigo?». Así, ya tienen una conexión con otra persona. En la cartelera de Gold's siempre había ofertas de trabajo para mecánicos, jornaleros, entrenadores personales, contabilistas, etcétera, y nosotros les ayudábamos a conseguir trabajo.

Así que a principios de la década de los 70 visité prisiones en todo el estado para popularizar el entrenamiento con pesas. Estuve en prisiones de hombres y de mujeres, desde San Quintín hasta Folsom y Atascadero, donde custodian criminales dementes. Todo esto jamás se habría dado si los guardas hubieran pensado que era una mala idea, pero la apoyaron, y cada alcaide me recomendaba al próximo.

En el otoño de 1972, mis padres vinieron a Essen, Alemania, para verme en el concurso de Mr. Olimpia, que ese año se realizaba en Alemania por primera vez. Ellos no me habían visto competir a nivel internacional y yo estaba contento de que estuvieran allí, aunque esa no fue una de mis mejores presentaciones. Mis padres solo me habían visto en otra competencia —la de Mr. Austria 1963— y Fredi Gerstl los había invitado. Fredi había ayudado a alinear patrocinadores y trofeos.

Fue estupendo verlos en Essen pues se sentían muy orgullosos. Ellos no se dieron cuenta de que yo no estaba en la mejor forma. Vieron que me coronaban Mr. Olimpia por tercera vez y que había batido el récord del mayor número de títulos del fisiculturismo. Comprendieron: «Esto es lo que nos decía, el sueño que no le creímos». Mi madre dijo: «No puedo creer que estés ahí arriba en el escenario. ¡Ni siquiera luces cohibido! ¿De dónde sacaste esto?». Estaban los dos en *shock*. La gente los felicitaba por mis éxitos diciéndoles cosas como: «¡Ustedes sí que le inculcaron buena disciplina a ese chico!», y dándoles el crédito que merecían. Le entregué a mi madre el trofeo para que se lo llevara a casa. Ella estuvo muy contenta. Ambos se sintieron fuera de lugar, sí, pero de todos modos fue un momento importante. Y para mi padre fue estupendo vivirlo porque siempre que entrenaba con las pesas él me decía: «¿Por qué no haces algo útil? Vete a cortar madera».

Para esa época yo había bajado la guardia, lo admito. Había dedicado demasiado tiempo a la escuela y muy poco al gimnasio. Permití que los negocios, los viajes de ventas y las exhibiciones le restaran tiempo al entrenamiento. Además, Franco y yo nos habíamos vuelto perezosos y, dado el acaso de que entrenáramos, reducíamos nuestros sets a la mitad. Siempre había necesitado metas específicas que mantuvieran la adrenalina en movimiento para entrenar al máximo. Con lo ocurrido en Essen aprendí que mantenerse en la cima de la montaña es más difícil que escalarla.

Para este concurso en Essen yo no había tenido esa motivación porque hasta entonces había defendido el campeonato muy fácilmente. En 1971 había obtenido mi segundo título de Mr. Olimpia, en París, donde Sergio habría sido el único retador posible, pues nadie más estaba al mismo nivel que yo. Una disputa entre federaciones, sin embargo, lo había excluido del concurso. En cambio a Essen llegaron todos los grandes fisiculturistas, menos yo, en la mejor de sus formas. Sergio apareció más imponente aún de lo que yo recordaba y Serge Nubret —la nueva sensación de Francia, enorme y definido— también estaba en muy buena forma.

Fue la competencia más dura por la que he pasado y, si hubiéramos estado frente a jueces americanos, tal vez la habría perdido. Pero a los jueces alemanes siempre los impresionaba más la pura masa muscular y afortunadamente yo tenía lo que ellos estaban buscando. Sin embargo, una victoria por tan escaso margen no me había hecho feliz. Quería que mi supremacía fuera clara.

Después de cualquier competencia yo siempre buscaba a los jueces y les pedía decirme cuáles habían sido mis puntos débiles y cuáles los fuertes.

—Agradezco haber ganado pero por favor díganme cuáles fueron mis debilidades y cuáles mis fortalezas —les decía—. No van a herir mis sentimientos. De todas maneras haré una exhibición de poses para ustedes si producen un show o algo por el estilo.

En Essen, uno de los jueces era un médico que había seguido mi carrera desde que yo tenía 19 años, fue tajante: «Blando. Pensé que serías macizo y todavía el mejor allá arriba pero estás más blando de lo que habría querido verte».

Mis padres parecían orgullosos y al mismo tiempo perplejos. No sabían qué pensar de esta escena de gigantes musculosos —uno de ellos, su hijo— desfilando en trajes de baño mínimos y aclamados por miles de fans. Más tarde en los camerinos ellos me elogiaron y quisieron ver el trofeo. Pero cuando fuimos a cenar esa noche y a desayunar a la mañana siguiente, antes de su partida, fue difícil comunicarnos. Mis pensamientos seguían en la competencia y ellos querían tocar asuntos más íntimos. Todavía luchaban con la desolación que les produjo la muerte de Meinhard y el hecho de que su nieto ya no tuviera un papá. Además, para ellos era difícil que yo estuviera tan lejos. No pude decirles gran cosa y, cuando se fueron, me sentí deprimido.

De Essen fui a algunas exhibiciones en Escandinavia, y de allí, a Sudáfrica para hacer unos seminarios para Reg Park. Fue estupendo verlo de nuevo, ya habíamos superado los resentimientos por haberlo derrotado en Londres. El viaje, sin embargo, no acabó tan bien. Tenía programada una exhibición cerca a Durban pero, cuando llegué, descubrí que nadie había pensado en una plataforma para las poses. Pero yo estaba en la construcción —¿o no? —, así que me dije: «Qué diablos», y construí una yo mismo.

Mi trabajo no fue muy bueno porque, en la mitad de mi rutina, aquello se vino abajo con gran estruendo. Quedé bocarriba en el suelo con la pierna prensada debajo de mi propio cuerpo y la rodilla izquierda muy maltratada: tenía un cartílago roto y la rótula desplazada bajo la piel. Los doctores sudafricanos me remendaron para que pudiera terminar el tour con vendajes. Salvo ese percance, fue un viaje maravilloso: estuve en un safari, tuve exhibiciones y seminarios, y de regreso rellené mis botas de vaquero con los miles de dólares que había ganado para que nadie pudiera robarlos mientras dormía en el avión.

Camino a casa pasé por Londres y llamé a Diane Beckett para saludarla.

—Tu madre te ha estado buscando —me dijo—. Llámala. Tu padre está enfermo.

Llamé a mi madre y me fui a Austria rápidamente para acompañarlos. Mi padre había sufrido un derrame cerebral.

Cuando llegué, estaba en el hospital y me reconoció, pero fue terrible. Ya no podía hablar. Se mordía la lengua. Me quedé acompañándolo y parecía consciente pero en otros aspectos estaba muy perdido. Si fumaba, se confundía y trataba de apagarse el cigarrillo en la mano. Fue doloroso y angustioso ver a un hombre que había sido tan inteligente y tan fuerte —campeón, además, de *ice-curling*— perder su coordinación y capacidad de pensamiento.

Me quedé unos días más y papá parecía estable cuando partí. Ya en Los Ángeles, cerca del Día de Acción de Gracias, me operaron la rodilla. Acababa de salir del hospital en muletas con toda la pierna enyesada cuando recibí otra llamada de mi madre.

—Tu padre murió —me dijo.

Me partió el alma pero no lloré ni me desesperé. Barbara estaba conmigo y se angustió al ver que no reaccionaba. Llamé al cirujano, quien me recomendó no viajar con ese enorme yeso. Una vez más no podría asistir a un funeral. Sabía que mi madre contaría con un enorme sistema de apoyo para organizar los oficios religiosos y ocuparse de todos los detalles. La gendarmería cerraría filas para sepultar a uno de los suyos. La banda que tantos años había dirigido mi padre tocaría, tal como él mismo lo había hecho en muchos funerales. Los sacerdotes locales, muy allegados de mi madre, se ocuparían de las invitaciones. Sus amigos la consolarían y nuestros parientes irían. Pero no estaría yo, el único hijo que le quedaba, y no pude hacer nada. Sé que ella me echó mucho de menos.

Estuve como en *shock* y paralizado pero también contento de que el yeso me hubiera impedido ir, porque todavía quería aislarme de toda esa parte de mi vida. Y mi forma de manejar lo ocurrido fue rechazándolo y tratando de seguir adelante.

No quería que mi madre estuviera sola. En menos de dos años mi padre y mi hermano habían muerto, yo sentía que nuestra familia se extinguía rápidamente y apenas podía imaginar la pena que ella debía estar sintiendo. Así que ahora tenía que hacerme cargo de ella. Apenas tenía 25 pero era el momento de actuar y ocuparme de que su vida fuera maravillosa. Era el momento de retribuirle por tantas horas y días de afectuosos cuidados y por todo lo que ella había hecho por nosotros siendo bebés y cuando fuimos creciendo.

No podría darle a mi mamá lo que más deseaba: un hijo cerca a casa que fuera policía como papá, se casara con una mujer llamada Gretel, tuviera dos hijos y viviera en una casa a dos cuadras de la suya, como en la mayoría de las familias austriacas. Ella y mi padre no se habían opuesto a mi traslado a Munich porque quedaba a 250 millas y se podía ir en tren. Pero ahora me daba cuenta de que en 1968, cuando me fui a América sin avisarles, los había golpeado y lastimado. No iba a devolverme, por supuesto, pero también quería compensarla por eso.

Empecé a enviarle dinero todos los meses y a llamarla todo el tiempo. Traté de que se mudara a Estados Unidos pero no quiso. Entonces traté de que viniera de visita y tampoco quiso. Finalmente, en 1973, unos seis meses después de haber muerto mi padre, vino y se quedó con Barbara y conmigo unas semanas. Al año siguiente volvió, y así siguió viniendo cada año después de ése. Por otra parte, fui descubriendo que yo tenía más y más afinidad con Patrick, mi sobrino. Cuando él estaba pequeño y yo iba a Europa, siempre lo visitaba, y por supuesto a Erika y su esposo, que era militar y un padrastro muy entregado. Más adelante, cuando Patrick ya tenía unos diez años y vivía fascinado con la idea de su tío en América, empezó a coleccionar los afiches de mis películas. Erika me pidió objetos relacionados con ellas y yo le envié al niño una daga de *Conan* y camisetas de *The Terminator* y otras películas. También le escribía cartas para que presumiera en la escuela. Ya en secundaria, Patrick me pedía periódicamente que le enviara por correo 20 o 30 fotos autografiadas, sabe Dios con qué propósitos empresariales. Ayudé a que lo enviaran a una escuela internacional en Portugal y, con el permiso de Erika, le prometí que si mantenía altas sus calificaciones vendría al *college* en Los Ángeles. Patrick se convirtió en mi orgullo y mi alegría.

Aunque el aeropuerto supersónico ya no era súper prometedor, y Franco y yo todavía estábamos pagando los 15 acres de desierto, yo seguía creyendo que el mercado de bienes raíces era el lugar donde había que estar. Muchos de los trabajos que tuvimos consistieron en restaurar casas viejas, cosa que nos abrió los ojos. Los propietarios nos pagaban $10.000 por arreglar una casa que habían comprado en $200.000 y la vendían por $300.000. Era claro que se podía ganar bastante dinero.

Así que aparté todo el dinero que pude y empecé a buscar posibilidades de inversión. Dos de los fisiculturistas que habían escapado de Checoeslovaquia y venido a California justo antes que yo habían comprado con sus ahorros una casita para vivir. Eso estaba bien, pero ellos todavía debían pagar la hipoteca. Mi idea era una inversión que me permitiera ganar dinero y pagar la hipoteca con la renta (y no usando plata de mi bolsillo). La mayoría de la gente compraba una casa si tenía con qué hacerlo. Era muy poco usual comprar una propiedad para alquilarla.

A mí me gustaba la idea de tener un edificio de apartamentos. Podía verme con un edificio pequeño para empezar, tomando el mejor apartamento para vivirlo, y pagando todos los gastos con el producto del alquiler de los demás apartamentos. Eso me permitiría aprender de negocios y, a medida que la inversión se pagara, podría empezar a expandirme.

Durante dos o tres años investigué sin prisas. Todos los días me iba a la sección de bienes raíces del periódico, estudiaba los precios y leía artículos y avisos. Llegué a conocer cada manzana de Santa Monica. Sabía cuánto se había incrementado el valor de las propiedades al norte de Olympic frente a las del norte de Wilshire y frente a las del norte de Sunset. Sabía de escuelas y restaurantes y tenía en la cuenta la proximidad a la playa.

Olga Asat, una señora maravillosa y corredora de bienes raíces, me tomó bajo su protección. Es posible que fuera egipcia: ella había emigrado desde algún lugar del Medio Oriente. Era una señora mayor, de baja estatura, gruesa figura y pelo rizado, que siempre vestía de negro porque pensaba que la haría lucir más delgada. Uno la veía y podía pensar: «¿Cómo estoy haciendo negocios con ella?». Pero lo que me atraía de Olga era su calidad humana, su gran corazón y su calidez maternal. Ella me veía como a un compañero extranjero y realmente quería que me fuera bien. Era muy divertida, todo un personaje.

Acabamos trabajando juntos durante años. Eventualmente con la ayuda de Olga conocí cada uno de los edificios de la ciudad. Conocí cada transacción, quién estaba vendiendo, a qué precio, cuánto se había valorizado la propiedad desde que cambió de manos la última vez, el costo anual de mantenimiento, la tasa de interés de la financiación. Conocí caseros, conocí banqueros. Olga era una trabajadora prodigiosa, ella se esforzaba al máximo. Iba de un edificio a otro y a otro hasta que encontrábamos la oportunidad perfecta.

Con la matemática de los bienes raíces me iba muy bien. Yo podía ver todo un edificio y, mientras lo hacía, iba preguntando cuál era el área en pies cuadrados, el factor de vacancia, el valor por pie cuadrado, y calculaba mentalmente en segundos el factor o número de veces por el que debía multiplicar el ingreso bruto de la propiedad para una suma que me permitiera cumplir con los pagos. El corredor de bienes raíces en cuestión siempre me miraba raro, como diciendo: «¿Cómo hizo para calcularlo?».

Simplemente era un talento propio. Entonces sacaba un lápiz y decía: «No puedo subir más de diez veces el valor del ingreso bruto porque pienso que el gasto promedio de mantenimiento de un edificio como éste debe ser del 5%. Y hay que dejar ese 5% disponible. De manera que con la tasa de interés actual del 6,1%, el préstamo costará tanto anualmente». Y se lo anotaba todo al corredor.

Entonces él o ella argumentaba: «Bueno, usted tiene razón, pero recuerde que el valor de la propiedad se incrementará. Así que tal vez usted deba poner un poco de su dinero por el camino. Al fin y al cabo, el valor sube».

—Comprendo —decía yo—, pero yo nunca pago más de diez veces el ingreso bruto. Si el valor aumenta en el futuro, esa es MI utilidad.

Después del embargo petrolero árabe de 1973 y del inicio de la recesión, empezaron a surgir ofertas interesantes. Olga llamaba y me pasaba datos como: "Este vendedor tiene problemas económicos». O: «Ellos están muy abiertos, pienso que debes hacer una oferta rápida». A principios de 1974 ella encontró una edificación de seis apartamentos en 19th Street, justo al norte de Wilshire, en el sitio más deseable de esa zona. Los propietarios querían hacerse a un edificio más grande y deseaban vender rápido. Y algo todavía mejor: su negocio con el edificio más grande era tan bueno que estaban dispuestos a bajar el precio.

El edificio me costó $215.000. Se tomó hasta el último dólar de mis ahorros, que eran de $27.000, más otros $10.000 que me prestó Joe Weider para la cuota inicial. El lugar no lucía muy atractivo: era más bien viejo, de los años cincuenta, con una estructura de dos pisos. Pero me sentí contento desde el primer minuto que me mudé: estaba en un vecindario agradable y los apartamentos eran amplios y estaban bien mantenidos. El mío era extra grande —de 2.400 pies cuadrados— y tenía un balcón en el frente, un garaje para dos autos debajo y un pequeño patio atrás. El edificio también me sirvió para tener conexiones con el negocio al que quería entrar: le arrendé a gente del cine los otros apartamentos. Los actores que conocía en el gimnasio siempre estaban buscando sitios para quedarse, así que eventualmente hubo cuatro viviendo allí. Y lo mejor de todo es que me había mudado de un apartamento donde tenía que pagar $1.300 mensuales a una propiedad que empezó a pagarse a sí misma desde el primer día, tal como lo había planeado.

Verme hacer un negocio de $215.000 dejó a mi viejo amigo Artie Zeller en estado de *shock*. Se pasó días y días hablándome, tratando de averiguar cómo era que yo había tenido los cojones para hacerlo. No podía entenderlo porque él jamás quería correr ningún riesgo.

—¿Cómo aguantas la presión? —me dijo—. Tienes la responsabilidad de alquilar los otros cinco apartamentos. Tienes que cobrar el alquiler. ¿Qué pasa si algo va mal?

Lo único que él veía eran problemas. Podría ser terrible. Los inquilinos harían ruido. ¿Qué tal si alguno llegaba a casa borracho? ¿Qué tal si alguien se resbalaba y me demandaba? «¡Tú sabes lo que es América con las demandas!», y bla, bla, bla, bla.

Me di cuenta de que ya le estaba poniendo atención.

—Artie, casi lograste asustarme —me reí—. No me des más de esta información. A mí me gusta meter la nariz en todo. Si me meto en un problema lo resuelvo. No me los anticipes.

A menudo resulta más fácil tomar una decisión cuando uno no sabe tanto porque así no piensa más de la cuenta. Si uno sabe demasiado se puede paralizar y todo el negocio puede parecer un campo minado.

Ya había visto eso mismo en el *college*. Nuestro profesor de economía tenía dos Ph.D pero andaba en un escarabajo Volkswagen. Ya para esa época yo había tenido autos mucho mejores. Y me dije: «Saberlo todo no es la respuesta porque este hombre no está ganando el dinero suficiente para manejar un auto mejor. Él debería estar conduciendo un Mercedes».

CAPÍTULO 9

El espectáculo de músculos más grande de todos los tiempos

COMO MR. OLIMPIA FUI tres veces ganador de un campeonato mundial del cual el 99% de los americanos jamás había oído mencionar. Además de que el fisiculturismo no solo era poco conocido como deporte, si se le preguntaba al americano promedio por los fisiculturistas, todo lo que se escuchaba era negativo: «Esos tipos son tan musculosos y descoordinados que ni se pueden amarrar los zapatos. Toda esa musculatura se vuelve grasa y mueren jóvenes. Todos tienen complejo de inferioridad. Todos son unos imbéciles. Todos son unos narcisistas. Todos son unos homosexuales». Cada aspecto de su imagen era malo. Un escritor dijo que el fisiculturismo era tan fácil de promover como la lucha de enanos.

Es cierto que los fisiculturistas se miran en el espejo mientras entrenan. Pero es que para ellos los espejos son una herramienta, igual que para los bailarines de ballet. Uno debe ser su propio entrenador. Cuando hace *dumbbell curls*, por ejemplo, debe fijarse si un brazo arrastra al otro.

El fisiculturismo estaba tan abajo en la escala que ni siquiera existía. A mí, que siempre me había parecido un deporte tan americano, todavía me sorprendía que la gente no fuera capaz de adivinar lo que yo hacía.

—¿Es usted luchador? —dirían—. ¡Pero qué cuerpo! No, no, yo sé: usted es jugador de fútbol, ¿verdad?

Ellos dirían cualquier cosa menos fisiculturismo.

De hecho, las audiencias eran mucho mayores en países del tercer mundo. En la India, una multitud de 25.000 personas presenció una exhibición de Bill Pearl. En Sudáfrica asistieron 10.000 espectadores. En el Medio Oriente, el fisiculturismo era uno de los más populares deportes para espectadores. El año 1970 se volvió un hito en la carrera de Joe Weider pues ese año la comunidad internacional accedió a certificar el fisiculturismo como deporte oficial. De ahí en adelante, los programas de fisiculturismo calificaron para recibir apoyo del estado en docenas de naciones donde se subsidia el atletismo.

Pero yo había vivido en Estados Unidos cuatro años y la verdad es que nada había sucedido. En cada una de las grandes ciudades apenas había uno o dos gimnasios para fisiculturistas. Las mayores competencias jamás esperaban una asistencia de más de cuatro mil o cinco mil aficionados.

Esto me molestaba porque quería ver el desarrollo del fisiculturismo, que ganaran dinero los atletas y no solo los promotores. Además, pensaba que, si algún día millones de personas iban a ver mis películas, sería muy importante que supieran de dónde salían los músculos y lo que significaba ser Mr. Universo o Mr. Olimpia o Mr. Mundo. Aún había mucho conocimiento por divulgar y cuanto más se popularizara el deporte, mayores posibilidades tendría yo de convertirme en un hombre destacado. Para Joe Namath era fácil aparecer en comerciales y películas. En los grandes deportes —fútbol, béisbol, baloncesto y tenis—, las estrellas ganaban mucho dinero simplemente por cruzar una calle. Sabía que eso nunca me pasaría. Yo tenía que hacer más. Me interesaba promover el deporte no solo para que más gente pudiera practicarlo sino también para beneficiar mi carrera. Sin embargo, Joe Weider se mantenía en sus 13: no quería tratar de ampliar su público fuera de los fans del fisiculturismo y de los chicos de 15 años, aunque yo me burlara mucho de él.

—¡Estas son puras tiras cómicas! —le decía de sus revistas—.*¿Cómo sobresaltó Arnold sus muslos? ¿Es el bíceps de Joe el que habla? ¿Qué clase de titulares idiotas son esos?*

—Eso vende la revista—diría Joe.

Su sistema era mantener la calidad de los productos y aprovechar cada oportunidad de expandir su distribución por todo el mundo. Probablemente eso era inteligente porque el negocio seguía creciendo, pero comprendí que si yo quería promover el fisiculturismo para que atrajera nuevas audiencias tendría que arreglármelas por mi cuenta.

En el otoño de 1972 pasé por Nueva York camino de Europa y conocí las dos personas que me enseñaron el camino: George Butler y Charles Gaines. Butler era fotógrafo y Gaines, escritor. Ambos trabajaban como *freelance* para la revista LIFE. Iban a cubrir el concurso de Mr. Universo que Weider estaba montando en Irak y les habían dicho que hablaran conmigo para conocer los antecedentes del fisiculturismo.

No podía creer ese golpe de suerte. Eran los primeros periodistas ajenos al mundo del fisiculturismo con quienes hablaría y ellos tenían acceso a cerca de un millón de lectores que jamás habrían oído del deporte. Ambos tenían más o menos mi edad y los tres nos entendimos realmente bien. Gaines resultó bastante conocedor del fisiculturismo pues acababa de publicar su novela *Stay Hungry*, un *best seller* cuya trama se centraba en un gimnasio de fisiculturismo en Alabama. Ese verano, Gaines y Butler habían escrito entre ambos un artículo para *Sports Illustrated* acerca de un concurso denominado Mr. Costa Este en Holyoke, Massachusetts. Ya estaban hablando de seguir en esa onda y escribir un libro después del artículo de LIFE. Ellos sabían que habían dado con un tema fascinante y que la mayoría de los americanos no conocía.

No iría a Bagdad pero les dije que si querían ver fisiculturismo en California, haría los arreglos necesarios para enseñarles lo que había.

Dos meses más tarde ambos estaban sentados con Joe Weider en la sala de mi apartamento en Santa Monica. Acababa de presentarlos y al principio el encuentro tuvo visos de confrontación pues, aunque Charles solo llevaba unos tres o cuatro años involucrado con el fisiculturismo, y George menos que eso, ambos se comportaron con la arrogancia de los jóvenes *sábelotodo*. Le preguntaron a Joe una y otra vez por qué no impulsaba el deporte en tal o cual dirección, por qué no conseguía patrocinadores corporativos, y muchas preguntas más. ¿Por qué no conseguía que el *Wide World of Sports* de la cadena televisiva ABC cubriera sus eventos? ¿Por qué no contrataba publicistas? Me di cuenta de que Joe estaba pensando que no sabían absolutamente nada y que solo eran periodistas viendo todo desde afuera, sin comprender a los personajes ni a las personalidades del deporte, ni el reto que implicaba la entrada de grandes compañías. Que este deporte alcanzara el mismo nivel del tenis, el béisbol o el golf no era cuestión de chasquear los dedos. Había que decir simplemente: «¡Aquí está el fisiculturismo!».

Pero la discusión acabó bien. Weider los invitó a sus oficinas en San Fernando Valley y ellos se pasaron el día siguiente con él observando su operación. Ahí empezó el fisiculturismo a moverse. Me imagino que inicialmente fue difícil para Joe, que no sabría aún cómo vérselas con este nuevo tipo de atención sin sentir que trataban de arrebatarle el negocio o de ganarle o robarle sus atletas. Creo que algo de ese temor existió pero Joe finalmente empezó a valorar el punto de vista de ellos sobre el fisiculturismo y muy pronto a publicar en sus revistas fotos de George Butler y artículos de Charles Gaines.

Yo estaba exactamente en el medio: podía ver ambos lados y recibí este giro de los hechos con beneplácito porque sabía que el deporte necesitaba savia nueva. Me pregunté si, trabajando en equipo con Butler y Gaines, yo también podría incorporarme a ese movimiento y adquirir la distancia suficiente para replantear el fisiculturismo y encontrar formas de elevar su status social.

En los meses siguientes el libro de ellos empezó a tomar forma. Investigando para *Pumping Iron*, George y Charles se volvieron caras familiares en Gold's. Andar con ellos era divertido y le dieron toda una nueva dimensión al elenco de personajes habituales. Gaines era un tipo bien parecido, seguro de sí mismo, que venía de una acaudalada familia de Birmingham, Alabama, donde su padre era un conocido hombre de negocios y sus amigos socios del club campestre. Había tenido una adolescencia alocada, dejó el *college* un tiempo para recorrer el país haciendo *autostop*. Decía que haber descubierto el fisiculturismo lo había ayudado a sentar cabeza. Eventualmente se convirtió en profesor y amante de la vida al aire libre. Cuando nos conocimos vivía en Nueva Inglaterra con su esposa, que era pintora.

Se había dado cuenta de que había todo un mundo de fascinantes subculturas deportivas que, como el fisiculturismo, no se estaban dando a conocer ampliamente: el *ice-climbing* y el *ice-skiing,* por ejemplo. Siendo muy atlético, a Charles le gustaba probar todos esos deportes al aire libre para escribir sobre ellos. Así pudo transmitir su propia experiencia, contar cómo había mejorado su levantamiento de pesas y cómo era capaz de levantar ahora 30 libras más de las que podía un mes atrás.

Butler me parecía aún más exótico. Británico —pero criado en Jamaica, Kenia, Somalia y Gales—, George contaba historias de la férrea disciplina impuesta por su muy británico y estricto padre. También recordaba que, mientras el padre estuvo por fuera en algún otro sitio, él había pasado media vida con su madre en el Caribe y que había sido enviado muy joven a un internado. Más adelante George fue a Groton, a la University of North Carolina y a Hollins College, de donde salió con un millón de conexiones con la alta sociedad neoyorquina.

Tal vez por las circunstancias vividas, George podía llegar a parecer frío y hasta remilgado. Se quejaba por pequeñeces. Siempre llevaba al hombro un bolso LL Bean con su cámara y su diario, en el cual anotaba cosas las 24 horas del día, lo que me parecía artificial, como si copiara a Hemingway o a algún explorador famoso.

Pero George era exactamente lo que el fisiculturismo necesitaba para forjarse una nueva imagen. Podía fotografiarlo en una forma tal que la gente decía: «Guau, esto es una locura, ¡miren!». No tomaba poses estáticas porque no despertaban interés en el grueso del público. Pero en cambio fotografiaba a un fisiculturista como una pequeña figura contra un gran fondo, que era la bandera americana, o también rostros de chicas de Mount Holyoke viendo competir a los fisiculturistas. A los hermanos Weider no se les ocurrían cosas como ésas.

George podía sacar cualquier cosa de nada. O quizás sea que para mí no era nada porque lo veía todo el tiempo, mientras que para él sí era algo. Una vez, después de pasar todo un día tomando fotos en Gold's, me preguntó: «¿Cómo es que tú andas tan rápido por todo el gimnasio y nunca tocas a nadie?».

Para mí la respuesta era obvia: cuando alguien viene uno se quita del medio. ¿Por qué tropezarlos? Pero George veía mucho más allá de eso. Pocas semanas después lo escuché contar la historia en una cena con sus amigos intelectuales:

—Cuando Charles y yo estuvimos en el gimnasio, observamos cuidadosamente la forma como estos hombres transitan por ahí. Y ¿pueden creer que en las cuatro horas que estuvimos allí nunca vimos a ninguno de esos enormes fisiculturistas tropezarse uno con otro? Aunque el lugar es apretado, hay muchos equipos y muy poco espacio, ninguno de ellos se tropieza ni una vez. Pasan unos junto a otros —igual que grandes leones en una jaula— y se movilizan con esa misma gracia felina sin tocarse.

Sus asombrados oyentes dijeron: «Guau, ¿no se tropiezan unos con otros?».

—Jamás —siguió él—. Algo fascinante también es que Arnold nunca muestra enojo mientras entrena. Levanta enormes cantidades de peso, siempre sonriente. ¿Cómo les parece eso? ¿Qué le pasará por la cabeza? ¿Qué sabe de su futuro, que siempre está sonriendo?

Pensé: «Esto es brillante. Yo jamás habría podido expresarlo de esa manera. Todo lo que habría dicho es que disfruto en el gimnasio porque cada repetición y cada set me acercan un paso más a mi meta». Pero viendo la forma en que George lo expresó, la escena que creó para hacerlo, y la psicología que aplicó, me dije: «Esto es el marketing perfecto».

Una vez que él se dio cuenta de que yo era divertido y que disfrutaba conociendo nuevas personas, empezó a presentarme gente en Nueva York. Conocí diseñadores de modas, ricas herederas y gente que hacía cine arte. A George le encantaba reunir mundos distintos. Alguna vez se hizo amigo de un tipo que publicaba una revista para bomberos.

—Esto será lo último —le dijo a todo el mudo—. Revistas especializadas, dirigidas a bomberos o agentes de la ley, o a plomeros o militares.

George se adelantaba a las tendencias.

Además de ser fotógrafo, tenía aspiraciones de ser director de cine y le encantaba la idea de ponerme en la pantalla. Realizó cortometrajes en los que yo aparecía entrenando, asistiendo a la escuela o interactuando con otras personas. Él se los enseñaba a sus conocidos y les preguntaba: «¿Les interesaría tener a este tipo en una película?». Empezó a tratar de conseguir dinero para un documental sobre fisiculturismo para aprovechar el éxito alcanzado por el libro.

Mientras tanto, Charles Gaines hacía amistades en Hollywood. Me presentó a Bob Rafelson, el director de *Five Easy Pieces*, quien había comprado los derechos para hacer la película *Stay Hungry*. Mientras trabajaba con George en el proyecto del libro *Pumping Iron*, Charles empezó a colaborar con Rafelson en el guión. Conocí a Rafelson una vez que Charles lo trajo a verme haciendo ejercicio en Venice Beach. Su esposa Toby también estuvo allí y le encantó: nos tomó un montón de fotografías a Franco y a mí entrenando.

La conexión con Bob Rafelson me lanzó a una órbita totalmente diferente. Con Rafelson llegaron muchos del grupo del *Nuevo Hollywood*: Jack Nicholson y Roman Polanski; que estaban rodando *Chinatown*; Dennis Hopper y Peter Fonda, que habían hecho *Easy Rider* con el productor de Rafelson, Harold Schneider. Más adelante Bob llamó a preguntarme si podría conseguirle un entrenador a Nicholson.

—Jack es un caso perdido —dijo—. Tienes que ayudarme. Necesito que esté delgado para la próxima película.

Así que recluté a Stacey Bentley, una atleta estupenda a quien le gustaba hacer ejercicio en Venice Beach, se la llevé a Nicholson a su casa en Mulholland Drive para que lo torturara, y eventualmente perdió 20 libras.

Gaines y Butler presionaban a Rafelson para que me diera un papel en *Stay Hungry*. Había un rol de fisiculturista —el de Joe Santo— que era importante. Rafelson aún no se decidía, pero recuerdo una noche en mi apartamento a principios de 1974, cuando escuché hipnotizado hablar de lo que ese papel significaría para mí:

—Si llegamos a hacer esta película, quiero que sepas que te cambiará la vida. ¿Recuerdas lo que pasó con Jack cuando hizo *Five Easy Pieces*? ¿Recuerdas lo que les ocurrió a Dennis Hopper y Peter Fonda cuando hicieron *Easy Rider*? ¡Todos se convirtieron en superestrellas! Tengo buen ojo para escoger a la gente, así que cuando hagamos esta película, cambiará tu vida. No podrás ir a ninguna parte donde no te reconozcan.

Yo estaba deslumbrado, por supuesto. ¡Uno de los directores más cotizados de Hollywood hablando de convertirme en una estrella! Pero Barbara, sentada junto a mí en el sofá, miraba al vacío y yo podía sentir las ruedecillas girando. ¿Qué pasaría con nuestra relación y conmigo? Mi carrera nos estaba alejando: ella quería echar raíces y casarse, que yo abriera una tienda de alimentos naturales. Pero ahora veía aparecer nubarrones.

Su instinto, por supuesto, estaba en lo cierto. Mi objetivo era entrenar y actuar y asegurarme de que Rafelson me contratara, no casarme y tener una familia. Pero cuando Bob se fue le dije a Barbara que no se preocupara por lo que él había dicho, que todo eso era solamente la marihuana hablando.

Me gustaba andar en medio de una nube de celebridades. Nicholson vivía en un "complejo habitacional" arriba en Mulholland Drive, cerca de Polanski, Warren Beatty y Marlon Brando. Ellos nos invitaban a mí y a otros fisiculturistas a sus fiestas, y a veces algunos de su grupo venían a mi edificio y preparábamos asados en el patiecito. Era muy divertido: los vecinos que pasaban por la acera no podían creerlo cuando veían

quiénes estaban allí. Pero me daba cuenta de que no debía entusias-
marme mucho por todo eso pues apenas rozaba ese mundo por fuera.

En ese momento no pasaba de ser un fan de todos ellos.

Estaba asomado a un mundo que no conocía. Era bueno andar con
ellos, verlos en acción, verlos tomar decisiones y escucharlos hablar
de los proyectos de películas, de construir sus hogares o una casa en
la playa, o de chicas. Les pregunté qué era la actuación y cuál era el
secreto para ser protagonistas. Nicholson y Beatty, por supuesto, eran
grandes defensores del método como técnica de interpretación. Contaban cómo se preparaban, cuántas veces ensayaban un papel y cómo
podían vivir el momento e improvisar. Jack estaba filmando *One Flew
Over the Cuckoo's Nest* y describía el reto que supone interpretar a un
paciente fuertemente medicado e internado en un manicomio. Mientras tanto Polanski, que había dirigido a Nicholson en *Chinatown*, se
refería a las diferencias entre hacer una película en Hollywood y hacer
una en Europa. En América las posibilidades eran mayores pero había
más formulismos y menos arte en la producción cinematográfica. A
todos les apasionaba su profesión.

Esperaba que tal vez más adelante tuviera oportunidad de trabajar
en películas con ellos, en algún papel secundario. Pero más que todo
pensaba: «Qué gran promoción para el fisiculturismo que ahora esta
gente esté aceptando el deporte».

Tal vez mi carrera en Hollywood no habría despegado de no haber sido
por una cadena de acontecimientos que empezó con una competencia
de fisiculturismo en Los Ángeles ese verano, organizada por Franco y
por mí. Mi deseo de ver generalizarse la práctica del fisiculturismo me
obsesionaba y me sentía frustrado porque la publicidad de sus espectáculos nunca llegaba al gran público, lo que me parecía totalmente
equivocado. ¿Qué teníamos que esconder? Nuestra gente se quejaba
del negativismo de los reporteros acerca del fisiculturismo y de que
escribían estupideces. Y, bueno, eso era cierto, pero ¿quién le hablaba
a la prensa? De modo que Franco y yo decidimos que, para que el fi-

siculturismo de Los Ángeles saliera algún día de su pequeño cascarón, tendríamos que promoverlo nosotros mismos. Alquilamos un gran auditorio en el centro y compramos los derechos para presentar la competencia de Mr. Internacional en 1974.

Había pequeños indicios de que era la época adecuada para hacerlo. Muchos actores estaban empezando a hacer ejercicio en Gold's. Gary Busey venía con regularidad. Isaac Hayes, quien había ganado un Oscar por *Shaft*, aparecía en su Rolls todos los días para entrenar. Hasta entonces los únicos actores que hacían ejercicio en público eran aquellos que reforzaban el estereotipo gay del fisiculturismo. Actores como Clint Eastwood y Charles Bronson, que eran musculosos y lucían unos cuerpos sensacionales en la pantalla, hacían ejercicios, pero en secreto. Cuando alguien se refería a sus músculos, ellos decían: «Son de nacimiento». Pero todo eso estaba empezando a cambiar y el entrenamiento con pesas comenzó a aceptarse.

Otro indicio positivo era que las mujeres ya estaban llegando a Gold's, no para comerse con los ojos a los muchachos, sino para preguntar qué necesitaban para afiliarse. Al principio no se los permitieron. Desde el punto de vista práctico, para Joe Gold habría sido difícil recibirlas porque solo había un juego de baños y duchas, pero la verdad era que los muchachos aún no estaban preparados para ello. El fisiculturismo era un mundo netamente masculino. Lo último que cualquiera querría era tener que preocuparse por lo que se decía en el gimnasio, donde se oían muchas palabrotas y se hablaban cosas de hombres. Le dije a Joe que debería incluir mujeres pues en Munich yo mismo había comprobado los beneficios de hacerlo. Con mujeres en el gimnasio entrenábamos mucho más duro aunque tuviéramos que cuidar un poco nuestro lenguaje.

Las mujeres que solicitaban ingreso a veces eran las hermanas o las chicas de los propios fisiculturistas, pero también lo hacían chicas que ya se ejercitaban en la playa. Si una mujer necesitaba entrenar para alguna prueba —para ingresar a la policía o al cuerpo de bomberos, digamos—, Joe siempre le daba un permiso especial. Le decía: «Ven a las siete de la mañana, que hay menos gente aquí, y puedes ejercitarte por cortesía de la casa, no tienes que pagarme».

Joe nunca tomaba una decisión sin el consentimiento de los fisiculturistas. ¿Debía haber música? ¿Debía alfombrarlo? ¿Alfombrarlo arruinaría el efecto de calabozo? Este era un gimnasio duro, radical, que prestaba servicio a tipos duros, radicales. Sostuvimos conversaciones interminables sobre la conveniencia de que entraran mujeres y finalmente acordamos abrir la membresía pero solamente para mujeres muy duras que firmaran una declaración que decía: «Comprendemos que el lenguaje que se maneja es crudo, entendemos que hay pesas que caen en los pies y se producen lesiones, entendemos que solo hay un juego de baños y usaremos los baños de la playa». Yo quería que la apertura del fisiculturismo a las mujeres fuera total y que hubiera campeonatos femeninos, pero al menos esto ya era un principio y era evidente que sí había interés.

Franco y yo pensábamos que los concursos de fisiculturismo nunca eran suficientemente grandes, siempre para las mismas 500 o 1.000 personas. Había mucha desorganización. A veces no había música, o el maestro de ceremonias era malo o la iluminación una porquería. Nadie nos recibía en el aeropuerto. Todo salía mal. Había excepciones, como el evento de Mr. Mundo en Columbus y el de Mr. Universo en Londres, pero la mayoría de las competencias eran poco serias. Hicimos una lista de todo lo que queríamos ver corregido y empezamos a buscar asesoría.

Programamos nuestro espectáculo para el 17 de agosto. El teatro que alquilamos era un viejo establecimiento del centro de Los Ángeles llamado Embassy Auditorium, al que le cabían 2.300 personas sentadas. Lo primero que hicimos fue contratar una publicista, Shelley Selover, que tenía una oficina en Venice. Dudo que cuando Franco y yo nos presentamos a ella le hubiera interesado alguna vez el fisiculturismo. Pero después de un buen número de preguntas y de escucharnos un rato, decidió tomarnos y darnos un voto de confianza: «Puedo hacer algo con esto».

Shelley nos puso en contacto enseguida con un veterano escritor de la revista *Sports Illustrated* llamado Dick Johnston, quien voló desde Hawai, donde vivía, para darse una vuelta por acá. Antes de conocerlo, Shelley nos aleccionó muy bien:

—Quiere probarle a sus editores que los fisiculturistas son atletas y quiere también escribir un buen artículo —dijo—. ¿Creen que pueden ayudarlo?

Así que llegué con toda clase de ejemplos, como el del muchacho que si no se hubiera decidido por el fisiculturismo habría sido un beisbolista estrella y el de aquel otro que habría sido boxeador. Ellos habrían sido atletas de todos modos, pero daba la casualidad de que el fisiculturismo era su pasión y creían que su mayor potencial era para este deporte. A Dick Johnston le gustó la idea y quedamos en que volvería para cubrir nuestro evento.

Franco y yo trabajamos muy duro para montar ese espectáculo. Sabíamos que con el dinero de la venta de boletos no alcanzaríamos a cancelar todas las cuentas, pues debíamos pagar los tiquetes aéreos de los fisiculturistas que vendrían de todas partes del mundo: los jueces, el teatro, la publicidad y la promoción. De modo que buscamos patrocinadores. Isaac Hayes sugirió que habláramos con su amigo, el gran boxeador Sugar Ray Robinson, quien tenía una fundación.

—A él le gustará esto —me dijo—. Su fundación es para la gente de menos recursos, ¿sabes? Realmente funciona: él les da dinero a chicos de zonas urbanas deprimidas y también a minorías. Así que debes explicar que, por ser austriaco y fisiculturista, ¡en California eres una minoría!

A Franco y a mí nos pareció muy divertido eso de que fuéramos una minoría. Franco estaba encantado con la idea de conocer a uno de los más grandes boxeadores de todos los tiempos, y yo también estaba entusiasmado pues todavía recordaba a Robinson en los noticieros que veía cuando niño.

Cuando llegamos a su fundación había mucha gente en la sala de espera. Pensé en toda la que debía estar pidiendo dinero, y en la maravilla de que este gran ex campeón fuera tan buena persona y dedicara tiempo a su fundación.

Finalmente nos llegó el turno. Sugar Ray nos hizo pasar a su oficina y fue increíblemente cálido. Ver en persona a este hombre, uno de los más grandes boxeadores de todos los tiempos a quien siempre habíamos visto en televisión y noticieros, nos intimidó tanto que ni siquiera oímos lo que dijo los primeros segundos. Robinson se tomó su tiempo para escucharnos pedirle su contribución para pagar los trofeos de nuestro evento. Cuando terminamos se estaba riendo: era muy extraño que dos extranjeros trataran de montar un campeonato internacional de fisiculturismo en Los Ángeles. Nos dio $2.800 para los trofeos, lo que en esa época era bastante dinero. Salimos de allí y compramos unos trofeos muy buenos con pequeñas plaquitas que decían: «Donación de Sugar Ray Robinson Youth Foundation».

Descubrimos que en realidad la gente no se mostraba negativa acerca del fisiculturismo: su actitud era abierta pero nadie les estaba hablando de este deporte. Esta era la América sin prejuicios, lista para aprender algo nuevo. Nuestro propósito era educar a la gente y yo tenía la personalidad para hacerlo. Sabía que las historias de Gaines habían sido bien recibidas. ¿Recuerdan ustedes que la gente de bienes raíces siempre dice: «Ubicación, ubicación, ubicación»? Pues nuestro lema era: «Presentación, presentación, presentación».

A medida que Mr. Internacional se acercaba pusimos afiches en las YMCA y en otros sitios de reunión por toda la ciudad con el titular: ¡EL ESPECTÁCULO DE MÚSCULOS MÁS GRANDE DE TODOS LOS TIEMPOS! El póster tenía fotografías mías (cinco veces Mr. Universo, cuatro veces Mr. Olimpia), de Franco (Mr. Universo, Mr. Mundo), de Frank Zane (Mr. América, Mr. Universo), de Lou Ferrigno (Mr. América, Mr. Universo), de Serge Nubret (la mayor estrella del fisiculturismo de Europa) y de Ken Waller (Mr. América, Mr. Mundo).

Para sorpresa mía, Shelley no solo consiguió entrevistas de los periódicos sino que también consiguió que me invitaran a programas de entrevistas en televisión a nivel nacional como el de Merv Griffin, *The*

Tonight Show y Mike Douglas. En ese punto nos dimos cuenta de que estábamos en lo correcto: aquí realmente existía el interés, no era algo que nos estábamos imaginando.

Pero dado el estereotipo de los fisiculturistas, nadie quería sacarme al aire sin una pre-entrevista. Debía ir al estudio en la tarde, horas antes del show, para que pudieran ver si este fortachón podía abrir la boca y hablar con sentido. Así que yo charlaba con el pre-entrevistador, quien después de un rato diría:

—¡Esto es genial! Pero bueno, ¿podrás decir todo eso bajo presión y frente a una audiencia?

—Sabes, aquí lo importante es que yo no veo a la audiencia. Estoy tan metido en mi cuento, que no la veo. Así que no te preocupes: puedo bloquearlos.

—Genial, genial.

El primer show en el que estuve fue el de Merv Griffin. Ese día, el comediante Shecky Greene era el anfitrión invitado. Me senté, intercambiamos unas cuantas palabras, y entonces Shecky se quedó callado un segundo, solo mirándome. De repente exclamó: «¡No puedo creerlo! ¡Hablas!», lo que provocó una gran carcajada.

Cuando el salto que hay que dar no es tan alto no puede irte mal. Shecky me elogiaba y, como él era tan divertido, me hizo lucir divertido. Este espaldarazo no fue solo para mí: fue un espaldarazo para el fisiculturismo en América. Los televidentes vieron a un fisiculturista que, estando vestido, lucía normal, que podía hablar, que tenía un pasado interesante y una historia que contar. De repente este deporte tenía una cara y una personalidad, que los puso a pensar. «¡Nunca imaginé que estos tipos fueran divertidos! Esto no es algo raro, ¡es genial!». Yo también quedé contento, por supuesto, porque pude promover el Mr. Internacional.

A medida que la competencia se acercaba, Franco y yo empezamos a sentirnos bastante nerviosos, especialmente después de hablar con George Eiferman, uno de los ex campeones de fisiculturismo que habíamos conseguido como jueces. George era un tipo ya mayor, gran exponente del deporte, Mr. América en 1948 y Mr. Olimpia en 1962, que ahora era propietario de gimnasios en Las Vegas. Llegó una semana antes del concurso para visitarnos y asesorarnos, y se reunió con Franco, Artie Zeller y conmigo en Zucky's.

—Bueno, ahora verifiquemos que tengan todo aquí —dijo George.

—¿Qué quieres decir? —pregunté.

—Años atrás yo organizaba estas competencias. A veces uno olvida las cosas más simples.

—¿Cómo qué? —empecé a sudar, pensando qué podría ser. Me di cuenta de que me había concentrado tanto en vender los boletos que tal vez había olvidado detalles importantes.

—Por ejemplo —siguió—, ¿tienen las sillas para la mesa de los jueces? Me volví a Franco:

—¿Te ocupaste de esas sillas? —le pregunté.

—Pero qué idiota eres —me dijo—. ¿Qué voy a saber yo de sillas para jueces?

—Okey, vamos a anotarlo —dije, y apunté que la próxima vez que fuéramos al auditorio tendríamos que conseguir la mesa para poner frente al escenario y también las nueve sillas que necesitaríamos.

—Necesitan un buen mantel para la mesa —siguió George—, preferiblemente verde para que luzca oficial. Además, ¿ya saben quién va a comprar los blocs de papel para los jueces?

—No —dije.

—Fíjense bien que los lápices que lleven tengan borrador.

—Oh, mierda.

George nos paseó por todo el asunto. Teníamos que planear cómo luciría el escenario, cómo arreglar todo tras bastidores y tener allí las pesas listas para el calentamiento que daría realce a los músculos, de dónde vendrían las pesas, cómo las llevarían hasta la parte trasera del auditorio.

—¿Ya tienen eso arreglado? —preguntó—. Este auditorio debe ser manejado por sindicatos, de manera que lo que les permitan levantar y cargar tengan que hacerlo los muchachos del sindicato.

A Franco y a mí no nos gustaba la idea de tener que obedecer reglas de sindicatos, claro, pero recordamos que acá todo era mucho más fácil de hacer que en Europa. Conseguir permisos y pagar impuestos era mucho más sencillo, y los impuestos eran más bajos. Además, la gente que manejaba el auditorio estaba muy entusiasmada.

Al final el auditorio se llenó por completo. Franco y yo recogimos a los fisiculturistas en el aeropuerto y les dimos el mismo trato que a nosotros nos habría gustado recibir. Ahí estaban los mejores fisiculturistas y un grupo de buenos jueces experimentados. La noche anterior habíamos invitado a jueces, patrocinadores y concursantes a una recepción que Franco y yo costeamos. La publicidad que tuvimos ayudó a que el lugar se atiborrara y hubo que devolver a 200 personas. Pero lo más importante de todo fue que vinieron otras personas, no solamente fisiculturistas.

Los ecos de mi éxito con Merv Griffin se extendieron hasta el otoño. Shelley me consiguió más entrevistas en televisión, en el *Tonight Show* y con Mike Douglas, y siempre fue igual. Como no había expectativas de ninguna clase, yo era espontáneo y el presentador respondía: «¡Esto es fascinante!». Pronto me di cuenta de que en una entrevista de entretenimiento uno simplemente puede inventarse cosas. Entonces diría algo como: «En 1968 *Playboy* hizo un sondeo y el 80% de las mujeres declaró odiar a los fisiculturistas. Pero ahora resulta que es lo contrario: el 87% de las mujeres ama a los hombres musculosos». Eso les encantaba. Por primera vez los músculos cobraban personalidad y tenían una cara.

Mi aparición en el show de Merv Griffin arrojó otro resultado que jamás habría esperado. La mañana después del show recibí en el gimnasio una llamada de Gary Morton, esposo y socio de Lucille Ball.

—Te vimos anoche —dijo—. Estuviste gracioso. Ella tiene un trabajo para ti.

En esa época Lucille Ball era la mujer más poderosa de la televisión. Sus comedias de la vida diaria *I Love Lucy* y *The Lucy Show* le habían dado fama mundial y fue la primera mujer de la televisión que rompió con los estudios y tuvo su propia compañía productora (con la que se enriqueció). Morton me explicó que ella estaba trabajando en un especial de televisión con Art Carney y quería que yo hiciera el papel de un masajista. ¿Podría ir por la tarde y leer el libreto? De repente escuché a Lucy en el teléfono:

—¡Estuviste fabuloso! ¡Estuviste genial! Te veremos más tarde, ¿verdad? Adelante, nos encantas.

Fui a la oficina de ellos y alguien me entregó el libreto para que le diera una ojeada. El show se llamaba *Happy Anniversary and Goodbye*. Me entusiasmé enormemente mientras lo leía: Lucille Ball y Art Carney son una pareja de edad mediana llamados Norma y Malcolm. Se acerca su aniversario 25 pero Malcolm dice que está cansado de Norma y sugiere el divorcio. Norma también está cansada de Malcolm, así que acuerdan probar una separación y Malcom se muda a otro sitio. Pero regresa al apartamento a recoger algo que había olvidado y ve a Norma medio desnuda, tendida en una camilla porque le están dando un masaje. Ella exagera las cosas para ponerlo celoso, tienen una pelea muy cómica, y el masajista, que se llama Rico, termina metido en la discusión.

El masajista sería yo. Era un papel de siete minutos en un show de una hora y pensé: «*Esto* es una gran publicidad. ¡Estaré en cámara con Lucille Ball y Art Carney!». Como *Hercules in New York* no se había estrenado, este sería mi debut en la pantalla y frente a una audiencia enorme, de millones de personas.

Estaba soñando despierto cuando me llamaron a leer. Allí estaban Lucille, Gary Morton y el director, y ella fue muy cálida.

—¡Estuviste muy gracioso anoche! —dijo—. Toma, leamos.

Todo era nuevo para mí y no sabía que leer un libreto significa realmente actuar el papel. Me senté y literalmente pronuncié mis líneas palabra por palabra, como si le estuviera mostrando a mi profesor que sí sabía leer:

—Hola, me llamo Rico y vengo de Italia. Allá era camionero pero ahora soy masajista.

Lucy dijo: «Oooo-key». Me di cuenta de que el director me miraba fijamente. En circunstancias normales, ellos habrían dicho: «Muchas gracias, contactaremos a tu agente», aunque en mi caso no habrían podido hacerlo porque yo no tenía un agente. Pero ésta no era una audición ordinaria porque Lucy deseaba darme el papel: no habían convocado a nadie más y yo estaba allí solo porque ella quería convencer a Gary y al director.

Ella saltó de inmediato en mi auxilio.

—¡Excelente! —dijo—. Bueno, ¿sabes de qué se trata la escena?

Respondí afirmativamente.

—Cuéntame brevemente —dijo.

—Pues a mí me parece que yo llego a su apartamento porque usted me ha pedido que venga a darle un masaje Usted se está divorciando o separando o algo así. Yo soy tan musculoso porque en Italia era camionero. Vine a América y he ganado algún dinero, no conduciendo camiones sino como masajista.

—Es eso *exactamente* —respondió ella—. Ahora, ¿puedes decírmelo de nuevo pero en el preciso momento en que te lo pregunte?

Esta vez representamos la escena desde que toco el timbre, entro con mi camilla de masaje y la instalo. Ella está boquiabierta mirando mis músculos y dice:

—¿Cómo te volviste así?

—Oh, vengo de Italia realmente… Era camionero y luego me volví masajista y estoy muy contento de estar aquí para darle un masaje…

Ella se está perdiendo de lo que le estoy diciendo

—Y después tengo un masaje en otro lugar. Me gano algún dinerillo masajeando, eso es bueno para los músculos…

—Bueno, vamos a improvisar —dijo Lucy, así que me inventé una línea:

—Tiéndase para darle una buena.

—¡Genial, genial! —dijo ella—. ¿Qué les parece, chicos?

—Fue graciosa la forma como lo explicó —dijo el director—, y el acento italiano.

—No, el acento es alemán —aclaré—, pero a ustedes todo les suena lo mismo.

Se rieron y me dijeron: «Okey, el papel es tuyo».

Art Carney, Lucille Ball y yo ensayamos esa escena del triángulo todos los días durante una semana. Carney acababa de ganarse un Oscar de la Academia por su película *Harry and Tonto*. Él era un actor verdaderamente gracioso y resultó tener todavía más dificultades que yo para memorizar las líneas. El viernes me dijeron finalmente: «El lunes, cuando vengas, vamos a grabar en vivo». Me sentía preparado y respondí: «Muy bien».

El lunes esperé con otros actores en la salita verde, detrás del escenario. Luego entró alguien y dijo: «Tu escena está lista». Me acompañaron a la puerta por donde debía entrar:

—Quédate aquí y cuando la luz verde se encienda, tocas el timbre de la puerta y arrancas desde ahí, igual que cuando ensayamos.

Así que esperé con mi camilla agarrada por la manigueta. Llevaba puestos unos *shorts*, zapatos tenis y una chaqueta que debía quitarme durante la escena para revelar mi camiseta sin mangas y mis músculos todos realzados y untados de aceite.

Se encendió la luz verde: yo timbré, Lucy abrió la puerta, entré en escena y dije mi primera línea: «Soy Rico».

De repente se oyeron carcajadas y aplausos.

Eso no lo habíamos ensayado. No tenía idea de que «Vamos a grabar en vivo» significaba que grabaríamos en video frente a tres cámaras y al público presente en el estudio. Nunca antes había escuchado esa expresión: ¿qué podía significar para mí, un fisiculturista que jamás había trabajado en televisión? Mientras tanto Lucy —caracterizando a Norma— actuaba como si estuviera hipnotizada por mis abultadas piernas y provocó una gran carcajada diciendo: «Oh, s-sí... ¿Por qué no entras? Oh, ya estás adentro», mientras se apresuraba a cerrar la puerta.

Mi siguiente línea debía ser: «¿Dónde lo hacemos, aquí o en el dormitorio?», pero ahí estaba yo paralizado con la camilla, mirando a las luces y escuchando el aplauso y las risas de un millar de personas que abarrotaban ese estudio hasta las vigas del techo.

Como gran profesional que era, Lucy se dio cuenta de lo que estaba pasando e improvisó: «Bueno, ¡pues no te quedes ahí mirando lejos! Viniste a darme un masaje *¿verdad?*». Entonces recordé mi línea y de ahí en adelante la escena salió buenísima. Hubo aplausos todo el tiempo.

Lucy era tan buena actriz que yo sentía en escena que ella me hacía preguntas que yo debía responder: ya no me sentía actuando. Fue una verdadera lección y, en lugar de que me pagaran, habría debido pagarles yo. Lucy siguió mi carrera como una mamá por muchos años después de eso. A pesar de su reputación de ser una mujer dura, conmigo siempre fue amorosa y cada vez que salía alguna nueva película mía me enviaba una carta elogiándome. Me encontraba con ella en muchos eventos de celebridades y siempre me daba un gran abrazo con todo el amor del mundo.

—El mérito de este hombre es todo mío. Se convertirá en una gran estrella —decía.

Ella me asesoró sobre Hollywood:

— Solo recuerda que cuando digan «No» tú debes oír «Sí» y actuar en consecuencia. Si alguien te dice: «No podemos hacer esta película», tú lo abrazas y dices: «Gracias por creer en mí».

Tenía que cuidarme de que mis aventuras en televisión no me distrajeran del entrenamiento. En julio, Franco y yo pasamos a ejercicios de máximo esfuerzo dos veces al día para prepararnos para las competencias de otoño. Defendería mi título de Mr. Olimpia por cuarto año consecutivo pero, a pesar de eso, la preparación estaba lejos de ser rutinaria. El concurso se iba a realizar por primera vez en el Madison Square Garden, el mejor sitio de la ciudad de Nueva York para conciertos de rock y deportes. Claro que nosotros estaríamos en el Felt Forum, que tiene 5.000 asientos en lugar de los 21.000 que hay en la arena. Pero de todas maneras, en el Madison Square Garden la gente había visto la primera pelea de Muhammad Ali y Joe Frazier y había visto jugar a Wilt Chamberlain y Willis Reed. Era donde venían para escuchar a Frank Sinatra y los Rolling Stones. Era el lugar de los grandes torneos del deporte universitario.

El fisiculturismo estaba dando un gran paso. La gente me había visto en televisión. El libro *Pumping Iron* estaba a punto de salir. Y gracias a la incansable labor de George Butler en las redes, el concurso de Mr. Olimpia estaba siendo objeto de una notoriedad que nunca antes había alcanzado. Delfina Rattazzi —la amiga de Charles Gaines, heredera de la fortuna Fiat y asistente de Jacqueline Kennedy Onassis en Viking Press— decidió ofrecer en su apartamento una fiesta de lanzamiento del libro terminada la competencia. Había invitado a decenas de personas, todas en la onda y muy a la moda, que en otra época habrían despreciado el fisiculturismo. Yo no sabía a dónde llevaría todo eso pero quería estar en la mejor forma.

Los escritores de las revistas de Joe Weider se superaron a sí mismos para avivar el entusiasmo por este evento, que llamaron «el *Super Bowl* del Fisiculturismo»: el lugar de la presentación era un «moderno Coliseo Romano»; los competidores, «gladiadores en un mortal combate vascular»; y el evento en sí era indistintamente «la gran guerra muscular del 74» y «una batalla de titanes».

El drama este año giraba alrededor del nuevo *Wunderkind* (niño prodigio) del fisiculturismo: Lou Ferrigno, un gigante de 6,5 pies y 265 libras procedente de Brooklyn. Solo tenía 22 y cada año se estaba poniendo mejor. En 1973 había ganado dos títulos —Mr. América y Mr. Universo— y ahora estaba entrenando para tratar de eliminarme como Mr. Olimpia. A Lou lo estaban promocionando como el nuevo Arnold: tenía un cuerpo espectacular, era ancho de hombros, con unos abdominales increíbles, un potencial del otro mundo y no tenía nada en su mente que no fuera entrenar y ganar. Para ser precisos, Lou estaba entrenando seis horas diarias, seis días a la semana, más de lo que mi propio cuerpo podía soportar. Me encantaba ser el campeón pero ¿qué tanto más tenía que probar después de haber ganado

Mr. Olimpia cuatro años seguidos? Ahora mis negocios estaban creciendo y tal vez tenía cerca el principio de una carrera en el cine. Mientras entrenábamos para Nueva York decidí que éste sería mi último Mr. Olimpia.

Lou Ferrigno había ganado el concurso de Mr. Internacional que Franco y yo organizamos en Los Ángeles. Lou era enorme y simétrico —si yo hubiera sido juez también lo habría elegido— aunque todavía no estaba bien definido, como yo cuando vine a América, y necesitaba trabajar más en sus poses. Si yo tuviera su cuerpo lo habría podido moldear en un mes para derrotar a cualquiera, incluso a mí mismo. Lou me gustaba, era un muchacho agradable y callado, de una familia amable y trabajadora. Sufría sordera parcial desde niño y había debido superarse mucho mientras crecía. Ahora se ganaba la vida como trabajador en la industria de láminas metálicas y su padre era un teniente de la policía de Nueva York, que además era su entrenador y le daba realmente duro. Podía ver cuán orgulloso estaba Lou de ser fisiculturista: él sentía que era alguien con un cuerpo. Me encantaba la idea de que fuera un tipo que arrasaba con todos los obstáculos y sabía lo que él debía sentir por mí. Había sido un fan mío mientras crecía y ahora debía verme igual que yo veía a Sergio Oliva: como el campeón que finalmente tendría que derrotar.

Pero yo no creía que Lou estuviera listo. Este no iba a ser su año. Así que entrené cuidadosamente, mantuve un bajo perfil y no me inmutaba cuando la gente me decía: «Arnold, debes cuidarte. Si los jueces buscan una cara nueva...». O: «Tal vez Weider piense que tú eres demasiado independiente. Tal vez quiera una nueva estrella».

Lou apareció en Nueva York pocos días antes de la competencia: venía de defender su título de Mr. Universo en Verona, Italia. Su padre alardeó en una reseña de prensa, dijo que si Lou ganaba conservaría el título por una década: «No hay nadie a la vista que pueda retarlo». Pero la mañana de la competencia Lou no llegó a un programa de entrevistas al que había sido invitado con Franco y conmigo. «Es tímido, debe estar sudando la gota gorda», me imaginé. Al aire hice bromas: «Probablemente esté en casa mirando mi cuerpo y dando vueltas alrededor de su televisor, posando, para ver si debe competir.

Esa noche en Madison Square Garden ni siquiera fue reñida la cosa. Ya para la sesión de poses final Lou se veía deprimido, como un novato que ha cometido un error. Y lo había cometido: se había esforzado tanto por lograr mayor definición para sus músculos que perdió demasiado peso, y su gran cuerpo lucía nervudo y menos musculoso que el mío. En el escenario, frente a un auditiorio lleno, copié sus poses haciendo cada una de ellas mejor que él. Entonces llegó un momento en que estuvimos cara a cara en poses de bíceps. Sonreí y le dije: «Estás derrotado». Lou lo sabía, los jueces lo sabían y el público también.

Franco y yo no nos quedamos mucho tiempo después de que el concurso acabó. Nos escabullimos con los Weider y mi viejo amigo Albert Busek, quien había venido desde Munich a cubrir el evento, para ir a la fiesta del lanzamiento del libro *Pumping Iron* en casa de Delfina. Apenas pisé el umbral de esa puerta me convertí yo en un novato. Delfina tenía un apartamento gigantesco, de tres pisos, muy decorado, muy en la onda. Las pinturas estaban en el cielorraso y no en las paredes, de manera que uno podía tenderse por ahí bien drogado y mirar para arriba y ver el arte.

Una infinidad de personas llenaba los enormes salones. La fiesta era atendida por una firma de banquetes y parecía estar muy bien organizada, aunque como yo no había presenciado antes nada igual, no tenía manera de saberlo. Pero sí fue algo extraordinario. Jamás había visto esta clase de gente: la elegancia, los tacones altos, las joyas, las mujeres extraordinarias, actores, directores, gente del mundo del arte, de la moda, una cantidad de gente que yo no conocía. Podía ver que eso era una especie de Euro-onda por la gente tan sofisticada, por las ropas que llevaban (o no llevaban), por la gente gay, por la gente extraña: allí había de todo.

Solo atiné a sacudir la cabeza y decir: «Esta va a ser una vida interesante». No me esperaba todo esto. Saboreaba por primera vez todo lo que el negocio del espectáculo y la fama traían consigo en Nueva York. No importa cuántas veces vaya usted como turista o en plan de negocios, nunca es uno de ellos. Pero ahora empecé a sentirme aceptado. Por lo menos veía en primera fila el mundo del espectáculo.

CAPÍTULO 10

Stay Hungry

BOB RAFELSON ESTABA ALOJADO en el apartamento de Francis Ford Coppola en el Sherry Netherland Hotel frente al Central Park, y el día antes del concurso de Mr. Olimpia me llevó a conocerlo. No sabía que un apartamento pudiera ser así. Era tan grande como una casa y me impresionó muchísimo: yo solo me había alojado en Holiday Inn y Ramada. ¡Tener semejante lugar y no vivir ahí! Coppola solo lo usaba para que sus amigos se quedaran allí. Además de todos los servicios de hotel día y noche, el apartamento tenía pinturas y muebles maravillosos. Me asombró su biblioteca de videocintas: era toda una pared de películas clasificadas por acción, drama, comedia, historia, prehistoria, musicales, animadas y demás.

A la fiesta de lanzamiento del libro la noche siguiente asistieron amigos de Rafelson, fotógrafos, actores y gente del cine que yo jamás había visto. Bob los llevó porque quería conocer su opinión sobre mí. ¿Les agradaba mi personalidad? ¿Serviría para su película?

Gaines y Butler habían estado presionándolo todo el tiempo para que me diera el papel del fisiculturista en *Stay Hungry* y yo también había presionado.

—¿Dónde vas a encontrar un cuerpo como éste? —le dije—. ¡Eso de buscar un actor profesional es pura basura! ¡Yo puedo hacer todo eso! Estoy seguro de que puedo hacerlo si me diriges como es debido.

Según la descripción de Charles, la trama de la película sonaba muy divertida: la historia tiene lugar en Birmingham, Alabama, donde él había crecido. El protagonista, Craig Blake, es un joven aristócrata sureño que hereda mucho dinero y necesita encontrarse a sí mismo. Atascado en el ambiente del club campestre, trabaja como testaferro de unos promotores inmobiliarios deshonestos que secretamente están tratando de apoderarse de una manzana del centro de la ciudad, y uno de los establecimientos que deben comprar es un gimnasio fisiculturista.

Desde el momento en que Craig pisa el gimnasio, su mundo empieza a cambiar. Hay una linda recepcionista que le gusta, una chica del campo llamada Mary-Tate Farnsworth. El ambiente del fisiculturismo le fascina. El principal fisiculturista, Joe Santo, es un indio americano que está entrenando para el concurso de Mr. Universo. Bromista y juguetón, el tipo a veces hace ejercicio disfrazado de Batman. El protagonista se siente inspirado cuando conoce a Joe y a los demás fisiculturistas, y empieza a aceptar la filosofía de Joe Santo: «No es posible crecer sin arder en deseos. No me gusta sentirme cómodo. Me gusta seguir con hambre». Una vez que Craig se involucra con la gente del gimnasio siente que no puede venderlos y ahí arranca la trama.

Rafelson ya había contratado a su amigo Jeff Bridges como Craig, algo muy emocionante pues Bridges era uno de los nuevos talentos más cotizados y había actuado en el show *The Last Picture* y en la nueva película de Clint Eastwood *Thunderbolt and Lightfoot*. Charles pensó que yo sería el Joe Santo perfecto tan pronto rescribió la parte para cambiar el origen del personaje, para que fuera austriaco en lugar de indio-americano.

Tal vez Rafelson se decidió finalmente después de verme en televisión actuando en la parodia con Art Carney y Lucille Ball pues, a finales de octubre, cuando salió al aire *Happy Anniversary and Good Night*, me llamó para decirme que el papel de Joe Santo era mío.

—Eres el único que tiene el cuerpo y la personalidad —dijo—. Pero antes de que empieces a celebrar tenemos que reunirnos mañana y hablar.

Yo no conocía su faceta de director de cine pero al día siguiente en Santa Monica, cuando almorzamos en Zucky's, Bob tenía bastante que decir y fue al grano:

—Quiero que interpretes este papel protagónico en el film, pero no voy a regalártelo —empezó—. Tienes que ganártelo. Ahora mismo no siento que seas capaz de estar frente a la cámara y vender todos los ritmos que necesito.

Yo no sabía qué era un *ritmo* pero cuando siguió empecé a captarlo:

—Casi todo el mundo piensa que un fisiculturista es un tipo que se tropieza y rompe todo cuando entra a un salón, y que solo habla groserías. Pero yo compré el libro en parte porque este tipo, además de ser forzudo, es sensible. Lo verán levantar cientos de libras de peso pero en la próxima escena bien puede tomar una copa y decir: «¿Sabes qué es esto? Es cristal de baccarat. Míralo, es precioso y delicado». Eso apenas es un ejemplo. El hombre ama la música. Toca el violín y la calidad del sonido de una guitarra lo puede enloquecer. Su sensibilidad e intuición son casi femeninas. Eso es lo fundamental en este personaje: esa capacidad que tiene de cambiar velocidades, que es algo muy difícil de lograr.

Mentalmente tomé nota, tendría que tomar lecciones para aprender a tocar un poco de violín.

—Por ejemplo —siguió diciendo Bob—, tú me has dicho que el fisiculturismo es un arte. Pues yo quiero que seas capaz de sentarte con la protagonista cuando ella diga: «Guau, mira tus pantorrillas», y contestarle: «Bueno, la pantorrilla es parte muy importante del cuerpo. Para ganar una competencia no solo debes tener el bulto de un músculo allí: debe tener forma de corazón, de corazón invertido, ¿lo ves? Y la pantorrilla, el brazo y el cuello, todos deben medir lo mismo. Viene de la antigua Grecia. Verás que las esculturas griegas siempre tienen hermosas proporciones, no solo grandes bíceps sino también grandes hombros y pantorrillas».

Bob dijo que yo debía poder explicar todo eso, no como lo haría un fisiculturista, sino con sentimiento, como un artista o un historiador.

—Y tienes que hacerlo en cámara—agregó—. Te he escuchado hablar así algunas veces pero ¿podrás lograrlo cuando yo diga "Acción"? ¿Podrás lograrlo cuando yo haga un primer plano, una toma en ángulo cruzado, un plano general y una toma desde arriba? ¿Puedes mantener el personaje en ese tono y cambiar de nuevo al día siguiente, cuando el guion te exija una sesión de entrenamiento salvaje en la que tú y los demás tipos den tumbos por ahí con pesos enormes? Eso es lo que hace que este papel sea único.

Pero su lista de exigencias aún no había terminado:

—Algo más. Si tú eres Joe Santo tendrás que lidiar con ese ambiente del club campestre sureño, en el que se dan grandes fiestas y esos imbéciles están borrachos todo el tiempo. Todo lo que tienes lo has ganado trabajando duro. Pero ahora aparece este nuevo sujeto, Craig Blake, que heredó un montón de dinero, anda elegantemente vestido y quiere ser tu amigo. ¿Cómo te sientes con eso? Creo que puedes aprender a hacer todo esto. Pero quiero que tomes clases de actuación antes de que empecemos a grabar.

Bob debía estar esperando que yo me resistiera porque se sorprendió cuando accedí a todo. Yo estaba entusiasmado. No solo porque finalmente alguien me había explicado de qué se trataba actuar en películas sino porque lo había convertido en un reto. Rafelson no me estaba contratando simplemente porque me hubiera visto ganar en Mr. Olimpia y porque me llevaba bien con sus amigos de la industria del cine. Tendría que ganármelo, que era justamente lo que a mí me gustaba hacer.

Bob puso otra condición, y ésta fue más difícil: quería que yo pesara 210 libras en vez de 240. Esto ya era pedir bastante.

—La cámara hace que el cuerpo se vea más grande y no quiero que apabulles a los demás actores con tu tamaño. Con 210 libras aún puedes vender la idea de que eres Mr. Universo —me dijo.

Supe que la única forma de poder llegar a 210 sería abandonando mi visión de ser el hombre más musculoso del mundo. No podría tenerlo todo a la vez. Esto me obligaba a tomar la decisión que de todos modos venía considerando: retirarme de las competencias. Ya había practicado el fisiculturismo por 12 años y la filosofía de la película tenía sentido para mí. Me gustaba esa idea de mantenerme con hambre en la vida y no echar raíces en ninguna parte. Cuando tenía 10 años había querido ser bueno en algo, reconocido en el mundo. Ahora nuevamente quería ser bueno en algo, y ser reconocido también, pero en algo aún más grande que lo de antes.

El profesor al que Rafelson me mandó, Eric Morris, había sido profesor de actuación de Jack Nicholson. Tenía un estudio en Los Ángeles cuya dirección y número telefónico todavía me sé de memoria porque le envié mucha gente en los años siguientes.

Junto a la puerta de entrada del estudio había un letrero: «No actúes». La primera vez que lo vi me pregunté qué querría decir pero la compañía productora estaba pagando por tres meses de lecciones y clases privadas, y yo estaba listo para probar.

Morris resultó ser un tipo flaco, casi cuarentón, de pelo rubio enmarañado y ojos penetrantes. Su lema completo era: «No actúes. Solo sé real». Siempre hablaba con gran entusiasmo de sus descubrimientos y de lo que faltaba en otras teorías de la actuación. Yo no conocía ninguna otra teoría pero supe enseguida que el mundo que él me estaba revelando era francamente alucinante.

Era la primera vez que escuchaba a alguien expresar ideas acerca de las emociones, la intimidación, la inferioridad, la superioridad, el sentirse cómodo, incómodo, avergonzado o alentado. De ese lenguaje surgió todo un mundo nuevo.

Me sentí como un plomero que de repente se entera de que existen partes y herramientas que son indispensables pero de las cuales nunca antes había oído hablar. Me dije: «Ni siquiera sé cómo se escriben las cosas de las que estamos hablando aquí». Era como un nuevo mar de palabras que escuchas una y otra vez hasta que finalmente preguntas qué significa eso.

Era ampliar mis horizontes a cosas que había ignorado. Siempre había levantado un muro que me aislara de las emociones cuando competía. Uno debe mantener sus sentimientos bajo control o cualquiera puede desviarlo de su objetivo. Las mujeres siempre estaban tratando de hablar de emociones, cosa que, no solo me parecía tonta, sino que además no encajaba en mi plan. Usualmente no se los decía a ellas porque eso no les gustaba sino que las escuchaba a medias, sin mucha atención, y decía: «Sí, comprendo». Pero ahora estaba viendo que la actuación parecía ser exactamente lo contrario a mi actitud, que debía dejar que las cosas me afectaran y mantener bajas mis defensas para convertirme en un mejor actor.

Si en una escena había que representar una emoción, Morris me hacía volver hacia el pasado y conectarme con algún recuerdo en ese mismo sentido: digamos, que asociara el aroma del café cuando mi madre lo estaba preparando, probablemente no para mí sino para mi papá. Debía visualizarme a mí mismo en la cocina, tal como era cuando mi padre y mi madre estaban ahí, y eso me ponía en un cierto estado emocional. Lo que me habría llevado hasta allá podría ser el aroma del café. También el olor de una rosa, quizás la primera vez que le llevé flores a una novia. Podría verla frente a mí, cómo sonreía, cómo besaba, y eso también me pondría en determinado estado de ánimo. O si uno escuchaba *rock'n roll* de los sesenta, me remontaría a la época en que alguien lo oía por la radio en el gimnasio mientras levantaba las pesas. Con todo esto, Morris estaba tratando de ayudarme a identificar los gatillos que dispararían las emociones específicas que yo podría necesitar. Me diría: «Cuando competías y ganabas ¿te sentías jubiloso, súper excitado? Tal vez eso nos sirva para alguna escena».

Tuve que explicarle que no me sentía muy jubiloso cuando ganaba porque ganar, para mí, era algo dispuesto. Parte del trabajo. Yo tenía la obligación de ganar. Así que no me sentía como: «¡Siiííí! ¡Gané!». En lugar de eso me decía: «Okey, ya lo hice. Ahora vamos para la otra competencia».

Le dije que para mí las sorpresas siempre eran mucho más excitantes. Si, por ejemplo, aprobaba todas mis clases en UCLA, podía salir de allí extasiado porque, aunque hubiera esperado pasar, haberlo logrado era una sorpresa agradable, como lo era llegar a una fiesta de Navidad y recibir un regalo inesperado. Le expliqué todo eso a Morris y él simplemente dijo: «Okey, volvamos a esos momentos».

Morris siguió sondeando y sondeando. ¿Cuándo me enamoré? ¿Cuándo me sentí excluido? ¿Cómo me sentí cuando dejé mi hogar? ¿Cómo me sentí cuando mis padres me dijeron que debía empezar a pagar *Kostgeld*, que es la contribución a los gastos, si deseaba seguir viviendo en la casa? Los americanos no hacen eso así que ¿cómo me sentí? Se aferraba a diferentes cosas hasta que descubría alguna emoción.

Al principio odié todo eso.

—No he lidiado con nada de lo que usted ha hablado hasta ahora —le dije—. Yo vivo de otra manera.

Morris no me creyó ni una palabra:

—Quieres verte a ti mismo como un tipo que no experimenta emociones, pero no te engañes: no prestarles atención o desecharlas no significa que ellas no formen parte de ti. Tienes las emociones porque puedo verlas en tus ojos cuando dices ciertas cosas. No puedes engañar a alguien que engaña.

Morris me estaba enseñando a acceder a todas las emociones almacenadas en mi mente.

—Todo el mundo las tiene —dijo—. En la actuación, el truco es poder evocarlas lo más rápidamente posible. ¿Por qué crees que algunos actores pueden llorar a voluntad? Hablo no solo de un llanto mecánico sino de un llanto real, que provoca que toda tu cara se contraiga y te tiemblen los labios. Eso significa que el actor puede recordar algo muy pero muy perturbador y muy rápidamente. Y para el director es muy importante capturarlo en las dos primeras tomas porque el actor no puede repetirlo una y otra vez sin que se le vuelva mecánico. No se puede provocar a la mente tan seguido pero con Bob Rafelson eso no me preocupa porque él es definitivamente el director indicado. Bob es muy consciente de todo esto.

Jack Nicholson llora en una escena de *Five Easy Pieces*. Eric me contó que Rafelson suspendió el rodaje y habló con Nicholson durante dos horas hasta que lo vio ahogado por la emoción. Hablaron de algo de la vida de Nicholson en voz tan baja que la demás gente no pudo oír. Y al fin Bob anunció: «Genial, Jack, quédate así». Los otros actores hicieron su parte: rodaron la escena y Nicholson lloró.

—Pero fue Bob el que lo logró —dijo Eric—. A veces es difícil, a veces es fácil, a veces no sucede y entonces hay que intentarlo otro día.

—Lo que trato de hacer es darte herramientas —continuó—. Tal vez no lloraste cuando murió tu hermano ni cuando murió tu papá. Pero ¿no te conmueve estar aquí y que ellos hayan muerto mientras tu madre y tú están solos?

Morris estaba tratando desde todos los ángulos pero aquí nos dimos contra la pared. No podía entenderlo. Nada me servía. Decidimos que llorar a voluntad tendría que esperar.

Además de las lecciones privadas, también tomé clases tres noches por semana, de siete a once. Éramos 20 personas y todos trabajábamos en escenas o hacíamos ejercicios. Algo de eso era divertido. Eric tomaba un tema: rabia y frustración, por ejemplo.

—Quiero que todo el mundo hable de ambas. ¿Qué los hace sentir frustrados? —nos preguntaba, y durante la primera hora todos contábamos historias de nuestros momentos de rabia y frustración.

Luego, Eric diría: «Bueno, vamos a guardar esa emoción. Ahora alguien que me diga unas líneas que muestren esa frustración», y nosotros improvisaríamos. La clase siguiente giraría alrededor de la lectura de un libreto en frío, o de una audición, y así sucesivamente.

Las noches eran mucho menos divertidas cuando Morris sacaba a relucir cualquier cosa que yo le hubiera contado en las lecciones privadas, soltándolas al frente de toda la clase. Era su forma de poner el dedo en la llaga y no dudaba en presionarme o avergonzarme. Podía estar leyendo líneas del guion de *Stay Hungry* que estábamos ensayando y Morris me interrumpía:

—¿Qué mierda fue eso? —decía—. ¿Verdaderamente eso es todo lo que tienes? Esta tarde cuando lo leíste conmigo se me puso la piel de gallina. Pero ahora no siento la piel de gallina. Ahora siento que estás tratando de hacer un show, quieres hacer aquí el truco de Arnold. Esto no es el truco de Arnold. Esto es algo totalmente diferente. Repítelo.

Todas las lecciones privadas se concentraban de una u otra forma en el guion. Morris me dijo: «Vamos a verlo todo línea por línea y analizamos incluso las escenas que no tienen nada que ver contigo. Verás, pues, que sí tienen que ver. Tenemos que imaginarnos por qué estás en el Sur, qué significa que tú te encuentres con esa gente del club campestre que está botando el dinero heredado y tomando sus cocteles de noche. Tenemos que comprender el clima, el gimnasio de fisiculturismo y los bandidos que están estafando a todo el mundo.

Así que trabajábamos en el guion, página por página, línea por línea. Hablábamos de cada escena: yo empezaba a aprenderme el diálogo y entonces lo analizábamos otra vez. Yo actuaba el diálogo para él y luego de nuevo en la clase de la noche frente a las 20 personas. Él hacía que alguna de las chicas leyera las líneas de Mary-Tate.

Entonces me llevaba para que le leyera a Bob Rafelson. Veía el desfile de actores y actrices que pasaban por la oficina de Bob haciendo audiciones para los otros papeles. En caso de que aún lo dudara, eso me recordaba lo importante que era esta película. Rafelson se propuso enseñarme cómo funcionaba todo y a darme lecciones que iban más allá de la simple actuación. Siempre me estaba explicando por qué hacía las cosas.

—Escogí a este tipo porque lucía como un chico de club campestre —decía—. Estamos rodando en Alabama porque en California jamás tendríamos el exuberante paisaje verde ni los bares de ostras ni el telón de fondo que necesitamos para darle autenticidad a la historia.

Cuando eligió a Sally Field para representar a Mary-Tate quiso impartir con esa elección otra enseñanza:

—¿Ves? —me dijo—. He hecho audiciones con todas estas chicas y la mejor es ¡la Monja Voladora!

—¿Qué es la monja voladora? —le pregunté.

Tuvo que volver atrás para explicarme que era Sally Field y que todo el mundo la conocía como la monja voladora porque había interpretado ese papel durante años en televisión. Una vez aclarado eso, siguió con algo más importante aún:

—Todo el mundo piensa que sabe lo que una chica debe hacer para conseguir el papel —dijo—. La percepción es que, acostándose con el director, se obtiene el papel. Chicas de grandes tetas, cabelleras sensacionales y cuerpos espectaculares vinieron a ofrecérmelos. Pero al final fue la Monja Voladora la que consiguió el papel: ella no es tetona ni curvilínea ni ofreció acostarse conmigo, pero tiene lo que yo necesitaba para este papel: talento. Ella es una actriz seria y, cuando vino y lo representó, me dejó loco.

Bob también pensaba que me convendría andar por ahí y ver películas que se estuvieran rodando. Así que llamó a algunos *sets* para que yo pudiera ir durante una hora y observar. Fue bueno experimentar el silencio que envuelve al set cuando dicen: «Estamos rodando», y también fue bueno saber que «Acción» no necesariamente significa acción: los actores todavía pueden estar adaptándose y preguntando cuál es su primera línea.

Esta fue la forma como Bob me enseñó que, aunque fuera normal que hicieran 13 tomas tenía que recordar que solo se verá una:

—Así que no te preocupes cuando diga por decimotercera vez: «Vamos a hacerla de nuevo». Nadie lo sabrá. Y no te preocupes si toses en medio de una escena: la cortaré y la cubriré desde un ángulo u otro.

Me sirvió mucho andar por el set porque mientras más lo hacía, más cómodo me sentía. Bob no perdía de vista que ésta era la primera vez que yo iba a hacer una gran película y que yo no era un actor profesional.

Después de contratar a Sally Field, a Bob se le alborotó la locura de que yo debía perder peso. Ella es tan pequeña que la haría lucir como un renacuajo si no me adelgazaba.

—Cuando lleguemos a Birmingham voy a ponerte en una báscula el día antes de empezar el rodaje: si no pesas 210 libras quedarás por fuera de la película —me amenazó.

Ninguna clase de Eric Morris serviría para que una estrella fisiculturista se deshiciera de sus músculos. Debía, por tanto, perderlos solo. Primero tendría que rehacerme mentalmente y soltar la imagen de 250 libras de Mr. Olimpia que aún tenía en mi cabeza. Empecé a visualizarme delgado y atlético. Y de repente lo que vi en el espejo ya no encajaba. Verme así ayudó a liquidar mi apetito por todo el pollo y filetes de carne de res adicionales a los que estaba acostumbrado. Me visualicé como corredor más que como levantador de pesas, y le di un vuelco a todo mi régimen de entrenamiento para dedicar más tiempo a correr, montar bicicleta y nadar, que a levantar pesas.

Las libras desaparecieron durante el invierno. Eso me gustó, pero al mismo tiempo mi vida se estaba volviendo demasiado intensa. Trabajaba en mi negocio de ventas por correo y en las clases de actuación, iba al *community college*, entrenaba tres horas diarias y trabajaba en la construcción. Eran muchos malabarismos al tiempo. A menudo me sentía abrumado y empecé a preguntarme: «¿Cómo haré para poder con todo esto? ¿Cómo hago para no pensar en la próxima actividad mientras todavía estoy en esta otra? ¿Cómo desconectarme?».

La meditación trascendental era popular entre la gente de la playa en Venice. Allá abajo había un tipo que me gustaba, un flacuchento que hacía yoga y más o menos era lo opuesto a mí. Siempre charlábamos y eventualmente descubrí que era instructor de meditación trascendental. Me invitó a una de sus clases en este centro cercano a UCLA. Eso implicaba tener que incurrir en algunos recursos efectistas, como llevar un trozo de fruta y un pañuelo, hacer pequeños rituales, pero los ignoré. Escuchar a esta gente hablar de la necesidad de desconectarse y refrescar la mente fue una revelación.

—Arnold, eres un idiota —me dije—. Gastas todo ese tiempo en tu cuerpo pero jamás piensas en tu mente, en cómo aguzarla y aliviar el estrés. Cuando se te encalambran los músculos haces más estiramientos, tomas un jacuzzi, te pones bolsas de hielo, tomas más minerales.

¿Entonces por qué no se te ha ocurrido que la mente también puede tener un problema? Estar estresada, cansada, aburrida, fatigada, a punto de estallar... Vamos a conocer las herramientas para manejar todo eso.

Me dieron un mantra y me enseñaron a tener sesiones de meditación de 20 minutos para llegar a un lugar en el que uno no piensa. Me enseñaron cómo desconectar la mente de manera que uno pueda dejar de escuchar el tic-tac del reloj que está al fondo y a la gente hablando. Si uno puede hacer esto aunque solo sea unos segundos logra un efecto positivo, y cuanto más pueda prolongar ese tiempo, mejor.

En medio de todo esto, Barbara también estaba experimentando algunos cambios. Ella y Anita, la esposa de Franco, se habían inscrito para EST, unos seminarios de autoayuda muy populares. Nos preguntaron si queríamos asistir pero Franco y yo pensamos que no los necesitábamos. Sabíamos para dónde íbamos. Sabíamos lo que queríamos. Teníamos nuestras vidas bajo control, que era lo que enseñaban en EST.

De hecho, la trampa de la primera sesión era que nadie podía abandonar el salón para ir al baño. La idea era que si uno no podía controlar sus propias meadas ¿cómo iba a poder controlarse a sí mismo o tener control sobre los que lo rodean?

¡Me asombraba que la gente pagara por eso! Pero si Barbara y Anita querían probar, a mí no me molestaba.

Barbara y Anita volvieron a casa radiantes y positivas después del primer fin de semana. Franco y yo empezamos a considerar la opción de ir a EST también. Pero algo sucedió el segundo fin de semana que las dejó a ambas en el otro extremo. Regresaron enojadas y negativas, pensando que todo andaba mal en sus vidas y listas para culpar de eso a todo el mundo. Barbara estaba furiosa con su padre. Ella era la tercera de tres hijas y pensaba que él la trataba como al hijo que nunca tuvo. Su padre me caía muy bien y yo no era lo suficientemente sofisticado para entender. La regañé. Para mí no había indicio alguno de que él la tratara como a un chico. Entonces me acusó de estar obsesionado con la fuerza y de no prestarle a ella suficiente atención.

Usualmente nos llevábamos muy bien y habíamos vivido juntos más de tres años. Pero ella era una persona normal que quería cosas normales y nada era normal en mí. Mi impulso no era normal. Mi visión de dónde quería llegar en la vida no era normal. La sola idea de una existencia convencional era letal para mí. Creo que cuando Barbara me vio pasar del fisiculturismo a la actuación se dio cuenta de que no teníamos futuro. Ella se mudó tan pronto me fui a Alabama para empezar a rodar *Stay Hungry*.

Todo eso me entristeció mucho. Habíamos pasado juntos cuatro años: Barbara era parte de mi vida y yo había llegado a vivir sentimientos nunca antes experimentados, como lo reconfortante que era estar con alguien y compartir la vida. No solo había estado colgando mis cuadros en la pared, también había estado compartiendo el espacio de la pared, escogiendo muebles y alfombras en compañía. También me dolía perder su acogedora y maravillosa familia. Barbara y yo éramos una unidad que se rompió de repente y yo no lograba entenderlo. Tal vez Bob le dijo: «Necesito que Arnold se vuelva más sensible. Necesito verlo llorar. Si quieres ayudar a nuestra película, múdate y mándalo a la mierda». De otro modo, parecía absurdo que ella me hubiera dejado.

Sabía que estaba perdiendo algo valioso. Mis emociones me decían que habría sido bueno seguir juntos pero al mismo tiempo podía entender sus razones para dejarme. A la larga no habría funcionado. Barbara quería echar raíces y yo necesitaba estar libre para cambiar y crecer. Pero los años que pasé con ella me enseñaron que tener una buena relación puede enriquecer tu vida.

Birmingham resultó ser una pequeña ciudad industrial del tamaño de Graz y el rodaje de *Stay Hungry* fue un gran acontecimiento. Llegamos en abril y en pocas semanas empezamos a sentir el pegajoso calor del verano. Me encantó. Filmamos durante tres meses y llegué a conocer muy bien la ciudad, así como todos sus restaurantes y bares de ostras. El hotel era estupendo y la gente, extraordinariamente amistosa. Como

Charles era un hijo de la ciudad nos invitaban a muchas fiestas. Acababa de romper con Barbara y me alegró pasar un tiempo fuera de casa.

Tan pronto empecé a ensayar con Sally Field entendí lo que Rafelson había dicho: Sally tenía un control absoluto de su oficio, podía llorar o ponerse furiosa o lo que se necesitara en cuestión de segundos. Además era una compañera de trabajo muy divertida, siempre burbujeante y llena de vida. Estaba agradecido con ella y con Jeff Bridges porque me ayudaron a aprender. Jeff mantenía un perfil muy bajo: un poco hippie, se dedicaba a tocar su guitarra, era una persona agradable para andar por ahí y muy, muy paciente. Trabajé muy duro para cumplir lo que me había comprometido a hacer. Invité a otros miembros del reparto a criticar mi actuación y le hice prometer a Jeff que me diría lo que pensaba realmente.

Al principio resultó difícil no tomar las críticas como algo personal. Rafelson, sin embargo, me había advertido que cambiar de carrera sería duro. En este mundo yo no era el Número Uno del Universo: era solamente otro aspirante a actor. Bob tenía razón. Debía superar mi orgullo y pensar: «Okey, estás empezando de nuevo. Aquí no eres nada. Eres solo un principiante. Eres un microbio al lado de estos otros actores».

Pero me encantaba el hecho de que una película fuera el trabajo de decenas de personas. En el cine toda esa gente colabora para que uno se vea bien mientras que el fisiculturismo se enfoca más en el ego. Está el compañero de entrenamiento, por supuesto, pero en las competencias uno siempre quiere lanzar un poco de mierda a los otros diamantes para asegurarse de ser el único que brilla. Sin embargo, ya me sentía listo para abandonar todo eso.

En el fisiculturismo uno trata de mantener sus emociones a un nivel bajo y seguir adelante con determinación. En la actuación es lo contrario: uno debe buscar los recuerdos sensibles que le puedan servir como llaves emocionales. Es necesario deshacerse de todo el callo, pero no es fácil. Debes recordar las flores que le compraste a tu madre por el Día de las Madres, lo que trae a tu mente el hogar y lo que es ser parte de una familia. O debes recordar tu enojo con Weider porque no pagó algo que había prometido. O acordarte de que tu padre no creía en ti, que dijo: «¿Por qué no cortas madera en lugar de estar levantando esas pesas? Haz algo que sea productivo». Si quieres vivir tu vida como actor no puedes temer que alguien remueva tus emociones. Debes arriesgarte a eso. A veces te sentirás confundido, otras vas a llorar, pero todo eso hará de ti un mejor actor.

Sabía que Bob Rafelson estaba contento con como iban las cosas, porque, pasadas las dos o tres primeras semanas, no volvió a chequear mi peso. Para cuando rodamos la sesión de poses de Mr. Universo ya estaba en 215. Esa secuencia viene casi al final, cuando los fisiculturistas del concurso de Mr. Universo piensan que Joe Santo se ha robado el dinero del premio y salen todos a las calles de Birmingham. Una vez capturado el verdadero maleante, los fisiculturistas se dan cuenta de que han atraído mucha gente y espontáneamente empiezan una exposición de poses. La gente se involucra tanto que pronto todos acaban posando en un gran clímax feliz. Y la filmación de la escena fue exactamente así: extras y espectadores de Birmingham se mezclaron y todo el mundo reía y hacía poses de músculos mientras Rafelson con su megáfono gritaba: «Por favor NO toquen a los fisiculturistas».

En medio de todo esto, George Butler llegó a Alabama para darle la vuelta a mis nuevos planes. Siempre había hablado de convertir *Pumping Iron* en un documental pero no había podido conseguir el dinero mientras él y Charles terminaban el libro. Pero las cosas habían cambiado. Con toda la publicidad que hubo de Mr. Olimpia, el libro se convirtió en un *best seller* sorpresa y, como yo estaba haciendo una película con Bob Rafelson, sería más fácil obtener fondos. Por otra parte, la esposa de George, Victoria, era una hábil inversionista y estaba dispuesta a poner dinero si yo trabajaba en la película.

—¡Así que podemos hacerlo! —anunció George cuando nos sentamos a hablar. Su idea era que el documental girara alrededor de mi participación en el siguiente concurso de Mr. Olimpia, programado para noviembre en Pretoria, Sudáfrica. Tuve que recordarle que ahora mi meta era la actuación y que mi entrenamiento había cambiado por completo.

—Estoy retirado —le dije—. Mira, me deshice de todos estos músculos.

La conversación se volvió bastante acalorada.

—Bueno, pues no *habrá* un *Pumping Iron* si no estás en él —insistió George—. Los otros no pueden interpretar esta película con la personalidad que tienen. Tú eres el único que de verdad da vida al fisiculturismo. Necesito que estés ahí. Si no es así no podré conseguir el dinero.

Luego aseguró que trabajar en este proyecto beneficiaría mi carrera de actor.

—No lo necesito para mi carrera —dije—. No conseguirás que sea mejor que esta película con Bob Rafelson. Quiero continuar con la actuación tan pronto regrese, es ahí donde está mi oportunidad.

George trató de jugar otra carta:

—Podemos pagarte cincuenta mil dólares por hacerlo.

Él ya había mencionado esa cifra el año anterior. En ese momento me había sonado bien porque acababa de comprar el edificio y estaba asumiendo una deuda muy grande. Además, todavía me gustaba la idea de ganar mucho dinero. Ahora, sin embargo, la idea no me atraía.

—No quiero volver a competir —le dije.

No le debía nada a George, pero había mucho más para considerar. George era el mejor promotor que había conocido jamás y sabía que se comprometería a fondo en este proyecto. Su filmación de *Pumping Iron* podría ser una oportunidad, quizás una gran oportunidad, para presentar el fisiculturismo como deporte a gente que normalmente no le prestaría atención. Le dije que estaba iniciando una carrera de actuación pero que sentía que no podía voltear la espalda al fisiculturismo. Buena parte de mi vida había transcurrido en ese deporte y en él tenía muchos amigos.

Además, tenía negocios pendientes que debía resolver. Años atrás, en Columbus, Ohio, le había dicho a Jim Lorimer que quería ser su socio algún día para producir eventos de fisiculturismo. Y después de mi último Mr. Olimpia yo lo había llamado para decirle: «¿Recuerdas que prometí buscarte cuando me retirara de las competencias?». Habíamos acordado hacer juntos el negocio y estábamos licitando junto con otros inversionistas que él conocía para que Columbus, Ohio, fuera sede de las futuras competencias de fisiculturismo. Si alguien tenía las destrezas empresariales y las conexiones para llevar el fisiculturismo al centro de la comercialización de los deportes en América, ése era Jim. Yo aún tenía, por supuesto, el negocio de ventas por correo Arnold, que ya producía $4.000 al año y seguía creciendo todo el tiempo. También seguía atado a Joe Weider: Joe y yo habíamos librado nuestras batallas, por ejemplo, cada vez que yo me había inscrito en una competencia que no fuera patrocinada por Weider, pero nunca perdimos ese lazo de padre e hijo. Joe se adaptó a mi carrera en el cine cubriendo la filmación de *Stay Hungry* en sus revistas. Todos los fans sabían que me estaba retirando y su forma de presentar mi decisión fue así: «Arnold se pasará a esta otra arena y llevará el fisiculturismo consigo sin importar qué película haga, de modo que vamos a seguirlo y a apoyarlo». Cuando se dio cuenta de que mi sueño de actuación iba en serio, Joe renunció con donaire a su deseo de que yo continuara el negocio. Pero si hubiera pensado que podría perderme del todo se habría aterrado porque yo era la gallina de los huevos de oro.

Finalmente George me convenció de que compitiera otra vez. Entonces repasé lo que quería conseguir. Además de ser el campeón del fisiculturismo, ahora estaba seguro de que este deporte ya estaba listo para recibir el gran empujón. George y Charles habían echado a rodar la bola con sus artículos y el libro. Los seminarios que yo dictaba se llenaban totalmente. Mi trabajo con reporteros había convertido a los medios en un sistema de apoyo para cualquier cosa que se me ocurriera vender. Sentía que la responsabilidad de llevar a cabo esto era mía, por ser el fisiculturista que tenía la personalidad y la cantidad de seguidores necesarias para lograrlo. No debía pensar solo en mi carrera sino en el panorama general: la necesidad de que las personas en todo el mundo estén en forma y el hecho de que levantar pesas las puede convertir en mejores jugadores de tenis, fútbol americano o fútbol. Podíamos conseguir que hacer fisiculturismo fuera divertido.

Pumping Iron podría causar gran impacto. Documentales como *Marjoe* y *The Endless Summer* estaban muy en la onda en ese momento y pasaban de una ciudad a otra valiéndose del dinero de la última para financiar las presentaciones en la próxima.

Le dije a George que volver a poner mi cuerpo en forma para una competencia sería como voltear el Titanic. Mecánicamente era una decisión fácil pues sabía todos los pasos del entrenamiento necesario para lograrlo. Pero aceptarlo sicológicamente era mucho más difícil. Me había desprogramado de las competencias y de la necesidad de esa gloria, y ahora mi meta era protagonizar películas. Ese cambio había implicado meses de ajuste, volver atrás constituía ahora un verdadero reto. ¿Cómo lograría convencerme de nuevo de que el cuerpo era lo más importante?

Sin embargo, creía que podía ganar. Nuevamente debía aumentar de 210 libras al peso de competencia, pero antes había hecho algo similar. Después de la cirugía de rodilla en 1972, mi muslo izquierdo se había atrofiado —28 pulgadas pasó a 22 o 23— y sin embargo lo pude reconstruir hasta quedar más grande que antes, a tiempo para el Mr. Olimpia de ese año. Mi teoría era que, igual que las células grasas, las células de los músculos tienen memoria, así que pueden volver a crecer rápidamente hasta lo que eran. Claro que había una incógnita. Quería que esta nueva presentación mía superara a la de Madison Square Garden y para eso me preguntaba si debía volver a pesar las 240 libras o presentarme más delgado. Pensaba que cualquiera que fuera la decisión sería viable.

La idea de tener las cámaras de Butler filmando constantemente mientras entrenaba resultó tentadora. Uno siempre quiere lucir mejor cuando la cámara lo está tomando así que es una gran motivadora. Pero también se me ocurrió que eventualmente percibiría a los camarógrafos como parte del decorado y dejaría de ser consciente de su presencia, lo cual sería excelente para mi carrera de actuación.

Por lo menos durante una semana estuve en el hotel evaluando los pros y los contras mientras me tocaba filmar otra escena de *Stay Hungry*. Luego volvía, le echaba un poco más de cabeza al asunto y salía por ahí para hablar con otras personas. Charles Gaines había decidido continuar en otros proyectos, escribiendo, y no trabajaría en la película con George. Además, pensaba que mi regreso a la competencia era un error.

—Ahora estás en otra onda, que es la actuación —me dijo—. Debes mostrar a esa comunidad que la estás tomando en serio. Después de esta película, ellos querrán verte seguir en las clases de actuación con actores y directores de talento. Pero si ahora de repente sales a competir de nuevo parecerá que tienes un pie adentro y otro afuera, como con la idea de regresar al fisiculturismo si la actuación no te funciona. ¿Es ésa la impresión que quieres dar?

Toda la vida me había impuesto metas simples y directas, como aumentar el tamaño de un músculo con cientos o miles de repeticiones. Pero esta situación no tenía nada de simple. Me había comprometido en un 100% a convertirme en un actor delgado y atlético. ¿Cómo deshacer eso y volver a concentrarme en ganar Mr. Olimpia una vez más? Sabía cómo trabaja mi mente y sabía que, para conseguir algo, debía estar absolutamente convencido. La meta debía tener sentido y ser algo a lo que yo deseara llegar todos los días, no algo que hiciera solo por dinero o por cualquier otra razón arbitraria. Así, entonces, no funcionaría.

Finalmente me di cuenta de que debía enfocar el problema de otra manera porque no podría resolverlo desde un punto de vista puramente egoísta. Sentía que, aunque iba en camino de emprender una carrera en la actuación, debía demasiado al fisiculturismo como para rechazar el proyecto. Así que debía hacer *Pumping Iron* y competir por Mr. Olimpia de nuevo. No por mí sino para ayudar a promover el fisiculturismo. Al mismo tiempo seguiría mi carrera en la actuación y, si mis acciones resultaban confusas para personas como Charles, simplemente tendría que explicarlas.

———

Un mes después de que regresé de Alabama mis amigos hicieron una fiesta en casa de Jack Nicholson para celebrar mi cumpleaños número 29. La organizó Helena Kallaniotes, quien administraba la propiedad y había tenido un pequeño papel en *Stay Hungry*. Helena era bailarina y comprendía el férreo entrenamiento y dedicación que demandaba el fisiculturismo. En Birmingham nos habíamos hecho buenos amigos, ella me ayudaba a ensayar y visitábamos juntos los bares de ostras. Más adelante, cuando escribí *Arnold's Bodyshaping for Women*, la consulté primero a ella para conocer más la mentalidad femenina con respecto al entrenamiento.

La fiesta fue todo un éxito. Vino mucha gente de Hollywood, así como mis amigos de Venice Beach. Fue una increíble mezcla de actores, fisiculturistas, levantadores de pesas, karatecas, escritores y visitantes de Nueva York. En total, unas 200 personas. Me sentí en la gloria pues me pude presentar a mucha gente nueva.

Ahora que estaba de vuelta conocí un poco mejor a Nicholson, Beatty y al resto de la gente de Mulholland Drive. En ese tiempo todos estaban muy bien cotizados por películas como *Chinatown*, *The Parallax View* y *Shampoo*, que apenas se estaban estrenando. Salían en las portadas de las revistas y parrandeaban en los clubes nocturnos de moda. Siempre andaban juntos y, en invierno, toda la pandilla volaba a Gstaad para esquiar. Yo no era tan cercano como para andar de fiesta con ellos todo el tiempo pero observaba cómo vivían y operaban las estrellas de ese nivel, en qué estaban metidos, cómo andaban por ahí. Viendo todo eso supe que en unos años yo estaría allí.

Jack Nicholson era muy informal y de bajo perfil. Uno lo veía siempre con sus camisas hawaianas, shorts o pantalones largos, anteojos oscuros y despeinado. Era dueño del Mercedes más caro, un Pullman 600 granate con los asientos en cuero y un trabajo de ebanistería extraordinario. La persona que realmente usaba este auto no era Jack sino la señora que organizaba sus fiestas y estaba encargada de cuidar su casa y la de Marlon Brando cuando no estaban. El propio Jack conducía un escarabajo Volkswagen. Este era su lema: «Soy tan rico que me voy a presentar como una persona común. No me interesa para nada el dinero». Conducía su pequeño escarabajo hasta el estudio para hacer una entrevista de prensa o discutir una película, y el guarda de la entrada le decía: «Oh, Mr. Nicholson, claro. Su lugar de parqueo es aquél». Entonces Jack hacía carraspear el carro como si apenas pudiera llegar. Era muy cierto que él se sentía más cómodo andando en el VW que en el Mercedes pero a mí, por ejemplo, me habría encantado el Mercedes.

Un fotógrafo amigo que vino de Nueva York me llevó a la casa de playa de Warren Beatty. Warren quería que mi amigo viera los planos de la nueva casa que estaba construyendo en Mulholland Drive. Beatty era famoso porque nunca se decidía y debatía cada determinación durante horas y horas. Estaba logrando grandes cosas: acababa de protagonizar *The Parallax View,* dirigida por Alan Pakula; era co-autor y protagonista de *Shampoo*; y estaba dirigiendo escenas de la película sobre la Revolución Rusa, que eventualmente se convirtió en *Reds*. Pero si uno lo escuchaba hablar empezaba a preguntarse cómo era que había logrado hacer algo. Pensé que, si estuviera a ese nivel, yo no actuaría así, pero también empecé a darme cuenta de que los actores natos siempre son un poco bohemios y extraños. Uno aprende a identificar los tipos de personas porque los hombres de negocios actúan como hombres de negocios y los políticos se comportan como políticos. Estos tipos eran artistas y se comportaban como artistas. Pero ellos eran Hollywood. Eran otro cuento.

El único que no encajaba en este ambiente era Clint Eastwood. A la cuadrilla de Mulholland Drive le gustaba cenar en el restaurante de Dan Tana, en Santa Monica Boulevard. Ellos se sentaban todos juntos pero Clint podía estar allí comiendo en su propia mesa al otro lado del salón. En alguna ocasión me levanté y fui a presentarme, y él me invitó a sentarme un minuto y charlar. Era fan del fisiculturismo y hacía ejercicio regularmente. Ese día llevaba puesta una chaqueta de tweed con diseño de espina de pescado, muy parecida a la que había usado en *Dirty Harry*. Después supe que no solo era parecida sino que era la misma chaqueta. Cuando ya nos hicimos amigos, él me contó que siempre se quedaba con la ropa de sus películas, que la usaba por años y que nunca compraba nada. (Hoy en día, claro, le gusta andar de punta en blanco. Tal vez todavía consigue los trajes gratis). Muchas estrellas se sentían incómodas al ver a una celebridad comiendo sola pero lo cierto es que Clint se veía perfectamente a sus anchas y para nada cohibido.

Haber co-protagonizado una película de Bob Rafelson que estaba por estrenarse no me sirvió de mucho cuando traté de conseguir un agente. Uno que se me acercó fue Jack Gilardi, quien representaba a O.J. Simpson. O.J. estaba en la cima de su carrera atlética, era el *running back* No. 1 de la NFL y Gilardi le conseguía papeles secundarios en películas como *The Towering Inferno*. A los estudios les gustaba tener a O.J. ahí solo por el nombre, para que los fanáticos del fútbol americano fueran a ver la película. Esa era la forma de fabricar una audiencia. Pero nunca le conseguía el papel principal y en Hollywood nadie de importancia le prestaba atención.

Jack quería hacer lo mismo para mí. Imaginó que, si estaba en una película, todos los fanáticos del fisiculturismo irían.

—De hecho—dijo—, tengo un buen guion de un *western*. Voy a reunirme con los productores. Hay algo ahí para tí.

Era quizás el sexto o séptimo rol en importancia.

Eso no era lo que yo tenía en mente. Quien quiera que me representara tendría que pensar en grande. No quería un agente que dijera: «Estoy seguro de que usted debe tener en este film algo para Arnold, tal vez un papel secundario menor, con unas cuantas líneas, que le permita aparecer en el reparto». Quería un agente que golpeara la mesa con su puño por mí: «Este tipo tiene el potencial para ser protagonista. Quiero prepararlo para el estrellato, así que si puede ofrecernos uno de los tres papeles protagonistas, nos interesa. Si no, simplemente nos vamos».

En las grandes agencias no pude encontrar a nadie que lo viera de esa manera. ICM y William Morris eran las principales agencias de la ciudad y donde quería estar porque ellos siempre sabían primero de los grandes proyectos cinematográficos, manejaban a todos los grandes directores y lidiaban con los altos mandos de los estudios. De cada uno de esos lugares solo un agente estuvo dispuesto a reunirse conmigo y solo porque yo acababa de filmar una película con Bob Rafelson. Ambos dijeron lo mismo:

—Mira, tu acento ahuyenta a la gente —comentó el tipo de ICM—. Tu cuerpo es demasiado grande para las películas. Tu nombre ni siquiera cabría en un póster. Todo lo tuyo es demasiado extraño.

Pero no quería maltratarme, y me ofreció ayuda de otra manera:

—¿Por qué no te quedas en el negocio de los gimnasios y desarrollamos una cadena de franquicias? —me preguntó—. También podemos ayudarte a programar seminarios y charlas, publicar un libro o algo por el estilo sobre tu historia.

Estaba tratando de ayudarme pero definitivamente no lo había convencido mi visión de ser una gran estrella.

Hoy comprendo mejor que son muchos los talentos del mundo que acuden a estas grandes agencias y que en realidad estas agencias no tienen tiempo para prepararlos y cultivarlos hasta llegar a la cima. Ese tampoco es su negocio. «Lo que sea tendrá que ocurrir o no ocurrirá», pensé. Pero en ese momento me sentí herido. Sabía que mi cuerpo era extraño. Sabía que mi nombre era difícil de pronunciar... ¡Pero el de Gina Lollobrigida también lo era! ¿Debía renunciar a mi meta por el hecho de que un par de agentes de Hollywood me había rechazado?

El acento era un problema sobre el cual podía hacer algo. Ese verano agregué a mi programación las clases para eliminar el acento, que se sumaron a las clases de actuación, la administración de mi negocio y el entrenamiento para Mr. Olimpia. Mi profesor era Robert Easton, un instructor de lenguaje mundialmente reconocido y apodado el Henry Higgins de Hollywood. Era un tipo gigantesco, con una gran barba, tremenda voz y una dicción perfecta. Cuando nos conocimos habló inglés, primero con el acento de la Alta Alemania y después con los acentos de la Baja Alemania, Austria y Suiza. Podía imitar acentos ingleses, sureños, y también acentos de Brooklyn y Boston. Había actuado en *westerns*. Su dicción era tan perfecta que tuve miedo de abrir la boca. En su casa, donde iba a practicar con él, tenía miles de libros sobre el lenguaje y amaba a cada uno de ellos. Me decía: «Arnold, el libro que está allí en el cuarto entrepaño de abajo a arriba... Sácalo, por favor. Es sobre los irlandeses», y empezábamos.

Bob me hacía practicar diciendo: *A fine wine grows on the vine*. Era muy difícil pronunciar la F, la W y la V juntas porque el idioma alemán no tiene el sonido de la W, solo tiene el de la V. Cuando tomamos vino [*wine*] lo escribimos: *Wein* y lo pronunciamos *vin*. Así que ahora yo tenía que decir *wuh, wuh, wuh, wine. Why. What. When.* Luego estaba la V, como en *we're going to vuh, vuh, Vegas*. Debía repetir decenas de miles de veces: *A fine wine grows on the vine*. Y esto, porque el alemán no tiene la misma S y la misma Z que tiene el inglés: *The sink is made of zinc*. Bob me explicaba que era la dureza de mi acento lo que hacía sentir a la gente amenazada. Me aconsejaba, entonces, atenuarlo y volverlo más suave en vez de tratar de eliminarlo por completo.

Entretanto, George Butler se había lanzado a la filmación de *Pumping Iron* como loco. Causó un gran impacto en los fisiculturistas al oscurecer las claraboyas en Gold's porque el interior del gimnasio era demasiado brillante para las cámaras. George y su gente filmaron escenas en Venice Beach y fueron con Franco hasta Cerdeña para visitar la aldea de su niñez, arriba en las montañas, y rodar secuencias de sus humildes raíces. Fueron conmigo a Terminal Island donde hice una exhibición de poses y di lecciones de entrenamiento con pesas a los prisioneros. George consiguió una instructora de ballet de Nueva York y la filmó entrenándonos a Franco y a mí para nuestras poses en el estudio de Joanne Woodward en Nueva York. Toda película debe tener una historia y George decidió que *Pumping Iron* se concentraría en la rivalidad entre Lou Ferrigno y yo en la competencia por Mr. Olimpia 1975. Le fascinaba la relación de Lou con su padre —y el hecho de que él y Lou fueran hijos de policías— y se concentró en el suspenso alrededor de la competencia con Lou en Mr. Olimpia. El contraste era perfecto. George fue a filmar a Lou haciendo ejercicio en su pequeño y oscuro gimnasio en Brooklyn, que era exactamente lo opuesto a Gold's. La personalidad de Lou era misteriosa y melancólica y la mía era soleada como un día de playa. Normalmente Lou venía a California para entrenar y broncearse antes de las grandes competencias pero George lo persuadió de que se quedara en Brooklyn para exagerar aún más el contraste. Eso me servía porque lo aislaría más y volvería aún más fácil de derrotar.

Mi trabajo, por supuesto, sería interpretarme a mí mismo. Yo sentía que hablar de fisiculturismo no era la única forma que tenía de destacar porque eso podía ser unidimensional. Debía, entonces, proyectar una personalidad y mi modelo era Muhammed Ali. Lo que lo hacía diferente no era su genio boxístico, con sus técnicas *rope-a-dope* y *float like a butterfly, sting like a bee*, sino el estar dispuesto a decir y hacer cosas memorables y ultrajantes. Se volvió musulmán, se cambió el nombre, renunció a su título de campeón y se negó a prestar servicio militar. La extravagancia no significa nada a menos que se tenga material que la respalde, uno no puede salirse con la suya si es un perdedor. El hecho de ser un campeón sumado con la extravagancia era lo que le daba efectividad. Mi situación era un poco diferente pues el fisiculturismo era un deporte mucho menos popular, pero las reglas para atraer atención eran exactamente las mismas.

Decir cosas extravagantes era fácil para mí porque siempre estaba pensándolas para distraerme. Además, George me azuzaba. En una entrevista le di *sex-appeal* al fisiculturismo cuando comparé la bombeada, el momento en que se inflan los músculos con sangre oxigenada, con un orgasmo. Dije que no había ido al funeral de mi padre porque habría interferido con mi entrenamiento.

Pensé que pocos hombres nacen para liderar mientras que el resto de la humanidad nace para seguirlos, y de ahí pasé a discutir sobre los grandes conquistadores y dictadores de la historia. George tuvo el buen sentido de cortar todo eso de la película, especialmente el comentario de mi admiración por la oratoria de Hitler (nunca lo admiré por sus actos). Aún no conozco la diferencia entre lo descabellado y lo ofensivo.

Me tensionaban las cámaras encima mío todo el tiempo, no solo cuando estaba haciendo ejercicio sino mientras estaba en casa, visitaba amigos, iba a la escuela de administración o a la clase de actuación, buscaba bienes raíces o leía guiones. Una vez más agradecí la existencia de la meditación trascendental, especialmente porque los centros de MT no permitían cámaras.

Aplicar la psicología en Lou y su padre era parte del drama de la película. Ese otoño empecé a fastidiarlos fingiendo estar asustado.

—Espero que usted se equivoque en su entrenamiento —le dije al padre de Lou—. Porque si no es así, él será muy peligroso para mí en el Olimpia.

—Oh, nosotros no vamos a arruinar nada.

El propio Lou era más fácil de fastidiar, igual que Sergio Oliva, Dennis Tinerino o cualquiera de los fisiculturistas tan retraídos que no prestaban mucha atención al mundo. Uno podía decirle casualmente a Lou:

—¿Qué tal tus abdominales?

—Bien —diría él—. ¿Por qué? Los siento muy marcados.

—Bueno, es que… Pero no, no te preocupes, lucen fenomenales.

Mientras uno se lo decía, él empezaba a mirarse los abdominales y después a posar frente al espejo. Yo percibía que una pequeña inseguridad se había colado.

En *Pumping Iron* puede verse cómo yo estuve fastidiando a Lou y a su padre hasta el momento de la competencia. En un momento le digo a Lou: «Ya llamé a mi madre y le dije que gané, aunque la competencia es mañana». O como cuando su papá y su mamá me invitan a desayunar en el hotel en la mañana del evento, y yo les digo,: «No puedo creer esto. Ustedes me ignoran toda la semana y ahora quieren desayunar conmigo en la mañana de la competencia. ¡Ustedes están tratando de ponerme nervioso!». Y finjo estar tan asustado que el huevo revuelto empieza a temblar en mi tenedor. Todo esto era puro teatro, para que mucha gente que viera *Pumping Iron* saliera diciendo: «¿Pueden creer lo que hizo ese tipo? Literalmente llevó a su oponente a la derrota». Pero también tuvo su efecto sobre Lou, quien quedó de tercero mientras yo batí record al ganar el Mr. Olimpia por sexta vez consecutiva.

CAPÍTULO 11

Pumping Iron

PUMPING IRON ESTABA A medio hacer cuando a George se le acabó el dinero pero, en lugar de renunciar al proyecto, se le ocurrió montar una exhibición de poses en un museo de arte de la ciudad de Nueva York para tratar de atraer a algunos mecenas adinerados. No sabíamos con certeza si la idea era estúpida o brillante, pero el Whitney Museum of Art, conocido por su orientación poco convencional, aprovechó la oportunidad de inmediato.

El evento se anunció como *Articulate Muscle—The Male Body in Art (Musculatura articulada: El cuerpo masculino en el Arte)*, y el museo lo presentó un viernes en la noche, en febrero de 1976. La idea era que Frank Zane, Ed Corney y yo posáramos en vivo al lado de diapositivas de estatuas griegas y grandes obras de Miguel Ángel, Leonardo Da Vinci y Rodin. Un panel de profesores y artistas tendría a su cargo los comentarios, en la que sería la primera disertación seria sobre fisiculturismo.

George esperaba que asistieran algunos cientos de personas pero, a pesar de la tormenta de nieve que cayó esa noche, se presentaron más de 2.500 y la fila daba la vuelta a la manzana. La galería del cuarto piso del museo estaba atiborrada de gente de pie y sentada que ocupaba cada pulgada de espacio disponible. En el centro del recinto debíamos posar por turnos sobre una tarima giratoria elevada y los profesores hacían disertaciones en los intermedios.

Probablemente unos dos tercios del público nunca antes habían visto a un fisiculturista. Era gente de los medios y de teatro de Nueva York, críticos y coleccionistas, así como mecenas y celebridades de *avant-garde* como Andy Warhol y Robert Mapplethorpe. La revista *People*, el semanario *New Yorker* y los periódicos *New York Times* y *Daily News* mandaron sus reporteros a cubrir el evento. Tomando fotografías para *Today Show*, el programa de televisión de NBC, estaba Candice Bergen, gran fotógrafa y, por supuesto, bellísima. De repente, el fisiculturismo estaba en la onda. Lo habíamos sacado del mundo de los deportes y del mundo del carnaval y ahora hacía su debut en la cultura pop internacional.

Frank, Ed y yo nos sentíamos orgullosos de posar en un verdadero museo. Habíamos planeado una presentación artística, desechando poses características de la línea dura del fisiculturismo como la denominada «más musculosa». Queríamos que cada pose se viera como una escultura porque estaríamos en una plataforma giratoria. Cuando me tocó el turno, Charles Gaines explicó mis poses estándar y las que ya eran mi sello característico, como la de espalda en giro de tres cuartos. Gaines dijo: «Arnold es el propietario de esta pose. Aquí pueden ver ustedes todos los músculos de la espalda, la pantorrilla y todos los músculos del muslo». Terminé mis diez minutos de presentación con una simulación perfecta de *El Pensador* de Rodin y recibí un gran aplauso.

Finalizada la sesión de poses nos vestimos y salimos para participar en la discusión con los expertos en arte. Sus palabras resultaban fascinantes en cierta forma. Para empezar, estaban demostrando que se puede debatir sobre cualquier cosa. Un profesor dijo que este encuentro marcaba «la entrada de la hermosa forma masculina, altamente desarrollada, en la esfera de la cultura oficial». El siguiente pensaba que, debido a Vietnam, América buscaba una nueva definición de la virilidad, que éramos nosotros. Pero a renglón seguido enlazó el fisiculturismo con el racismo ario de la Europa de los años veinte y la aparición de los nazis, para advertir que simbolizábamos un posible crecimiento del fascismo en los Estados Unidos. Otro profesor dijo que nuestras poses recordaban lo más barato de la frívola ornamentación de la era victoriana y fue abucheado.

Todo el asunto fue un ardid publicitario, por supuesto. Pero pensé que tenía sentido hablar del cuerpo como de una escultura. Esa era la forma como lo describía mi personaje de Joe Santo en *Stay Hungry*. El arte me fascinaba y, si la comparación con la escultura atraía a personas ajenas a nuestro medio y les ayudaba a entenderlo, ¡pues magnífico! Cualquier cosa era mejor que el estereotipo del fisiculturista estúpido, gay, narcisista y de hiperdesarrollada musculatura.

Desafortunadamente en Hollywood estaba ocurriendo mucho menos que en Nueva York. Con *Stay Hungry* aprendí que el marketing de una película puede salir mal. El film obtuvo buenas reseñas pero fracasó en las taquillas: esa primavera estuvo 10 o 12 semanas en cartelera y desapareció. El problema fue que los publicistas y la gente de marketing de United Artists no supieron vender la película. Rafelson me permitió estar presente en una reunión antes del estreno y ellos hablaron de poner afiches en los gimnasios. Y cuando salió la película nos tuvieron a Sally Fields y a mí en *The Mike Douglas Show* enseñándole a Mike Douglas cómo hacer ejercicio. Cada vez que hacíamos algo como eso yo sentía que íbamos en la dirección errada. *Stay Hungry* ha debido venderse como una película de Bob Rafelson —¡el director de *Five Easy Pieces*!— y dejar que el tema del ejercicio fuera una sorpresa. Entonces los espectadores habrían salido diciendo: «Ese es Rafelson. Siempre nos muestra algún mundo extraño».

Aunque mis instintos me decían que ese marketing no era el adecuado, no tenía la sofisticación ni la confianza para expresarlo. Supuse que el estudio haría las cosas como es debido. Solo fue más adelante que me di cuenta de que los estudios trabajan con fórmulas. Si más o menos te sales del molde, no saben qué hacer contigo.

Rafelson tampoco estaba contento, pero el problema con los directores que gozan de gran reputación es que ellos mismos pueden ser su peor enemigo. Quieren hacerlo todo: cortar los tráilers, hacer la publicidad. No permiten que nadie les diga nada. Entonces empiezan las grandes batallas y la letra menuda del contrato usualmente decide quién gana. En este caso, fue el estudio. Bob se dio en la cabeza con la gente de marketing pero no llegó a ninguna parte. Ellos pensaban que él no era capaz de trabajar en equipo.

Gracias a mi co-protagonismo en *Stay Hungry* pude encontrar un agente finalmente: Larry Kubik, que también representaba a Jon Voight y Sylvester Stallone. Empezó a recibir ofertas para mí pero no las que queríamos. Kubik buscaba papeles protagónicos para los que yo pudiera servir y, mientras surgía alguno, rechazábamos cantidades de basura. Alguien me pidió caracterizar a uno de esos *gorilas* que están en la entrada de clubes nocturnos y deshacen peleas. Me propusieron interpretar a un oficial nazi, a un luchador, a un jugador de fútbol americano, a un prisionero. Nunca tomé papeles como esos porque me decía: «Esto no va a convencer a nadie de que estás aquí para ser una estrella».

Me gustaba mucho poder decir no pues, con el ingreso de mis negocios, no necesitaba el dinero de la actuación. No quería llegar a estar jamás en una posición económicamente vulnerable que me obligara a tomar un papel que no deseara. Todo el tiempo veía lo que les pasaba a actores y músicos que hacían ejercicio en el gimnasio. Por ejemplo, un actor se quejaba:

—Hice este papel de asesino en tres días y estoy feliz de que se haya acabado.

—¿Por qué lo hiciste si no querías? —le preguntaba yo.

—Me dieron dos mil dólares. Tengo que pagar mi apartamento.

Podría aducirse que, sin importar el papel, estar frente a una cámara siempre sería una buena práctica. Pero yo no deseaba verme en esa situación jamás. Sentía que había nacido para ser protagonista, tenía que estar en los afiches, debía ser el que llevaba el peso de la película. Eso le parecía una locura a todo el mundo menos a mí. Pero la única forma de triunfar es rompiéndose el cuero trabajando y tratándose a uno mismo como un protagonista. Si yo no creo en mí mismo ¿cómo puedo pretender que alguien más crea?

Incluso antes de *Stay Hungry* yo tenía fama en el gimnasio de rechazar trabajos. Alguien llamaba y decía: «¿Pueden venir unos cuantos muchachos para una entrevista? Necesitamos algunos fortachones». Los que iban contaban después: «Lo que quieren que hagamos es que subamos al techo, corramos por encima, tengamos una pelea a puño limpio y que luego saltemos del techo a una colchoneta de protección». Yo decía para mis adentros: «Eso no es lo que construye la carrera de un protagonista verdaderamente» y les respondía: «No me interesa».

—Pero es que tú nos encantas. Al director le encantas. Eres el más grande, tienes la cara perfecta y la edad perfecta. Te daremos mil setecientos dólares diarios —me proponían.

—Me encantarían los mil setecientos dólares diarios pero la verdad es que no necesito el dinero —respondía yo—. Pueden dárselo a alguno de mis amigos, ellos lo necesitan mucho más.

Larry estaba de acuerdo con que debía ser exigente, pero su socio Craig Rumar se enfurecía al vernos rechazar los trabajos. Siempre me preocupaba cuando Larry se iba de vacaciones porque entonces Craig me llamaba para decirme: «No sé si pueda conseguirte algo. Nadie está haciendo películas ahora. Ahora todo es extranjero. Esto está realmente duro. ¿Por qué no haces comerciales?».

El mayor triunfo de Larry ese año fue una cita que, después de innumerables intentos, me consiguió con Dino di Laurentiis. Dino era una leyenda de la industria cinematográfica: había producido clásicos como *La Strada* de Fellini y también éxitos extravagantes como *Barbarella*, pero igualmente había tenido una mano de fracasos. Haciendo películas en Italia se había vuelto rico y había quebrado. Él llegó a Hollywood a empezar de nuevo. Últimamente había tenido una increíble buena racha con *Serpico*, *Death Wish*, *Mandingo* y *Three Days of the Condor*. Le gustaba adaptar tiras cómicas a la pantalla grande y estaba buscando a alguien que interpretara a Flash Gordon.

Cuando Larry y yo nos presentamos en la oficina de Dino, el lugar parecía un montaje de *El Padrino*. Dino estaba detrás de su escritorio en un extremo de la habitación y, al otro extremo, detrás de nosotros, estaba un productor llamado Dino Conte, que era un contacto suyo de Italia.

Di Laurentiis era como un emperador. Tenía un enorme escritorio antiguo, muy ornamentado, largo y ancho, y quizás un poco más alto que un escritorio estándar. Como me encantan los muebles grandes reaccioné de inmediato: «Guau, mira ese escritorio», pensé. El propio Dino era un tipo pequeño, bajito, y me entraron unas ganas enormes de hacerle un cumplido que también sonara gracioso. Pero lo que salió de mi boca fue: «¿Para qué necesita un pequeñito como usted un escritorio tan grande?».

Dino me miró y dijo: «Tiene *accento*. No puedo *emp-legarlo*. Usted *non* puede ser *Flasha* Gordon. *Flasha* Gordon es americano. Ah».

Pensé que debía estar bromeando: «¿Qué quiere decir con eso de que tengo acento? ¿Y el suyo qué?» Entonces me di cuenta de que todo el asunto ya iba en picada. Di Laurentiis dijo: «La reunión ha terminado», y Larry y yo escuchamos a Dino Conte parado detrás de nosotros diciendo: «Por aquí, por favor».

Larry explotó tan pronto llegamos al parqueadero.

—¡Un minuto y cuarenta segundos! —gritó—. Esta fue la reunión más corta que he tenido jamás con cualquier productor porque *tú* decidiste cagártela. ¿Sabes cuánto tiempo le trabajé a esta reunión de mierda? ¿Sabes cuántos meses me costó entrar a esa oficina de mierda? Y vas y le dices al tipo que es pequeño en vez de decirle más bien lo contrario: que es alto, que es… mucho más alto de lo que te imaginabas. ¡Él es un monstruo! ¡Es tan grande como Wilt Chamberlain! ¿No podías olvidarte del escritorio y simplemente sentarte y hablarle de tu carrera en la actuación?

Supe que él tenía razón. Me había pasado por bocón. Otra vez.

—¿Qué puedo decirte? —le dije a Larry—. Tienes razón. Ese fue un lance de facha. Lo siento.

Facha era una expresión que había tomado de mi amigo Bill Drake, quien la usaba todo el tiempo.

—Mira a ese Archie Bunker ahí —diría él—. Qué facha.

Un año después de la grabación de *Stay Hungry* surgió otro papel protagónico para un episodio de una popular serie de televisión llamada *The Streets of San Francisco*. La serie estaba protagonizada por Karl Malden y Michael Douglas, como detectives de la policía, y en este episodio debían seguirle la pista a mi personaje, un fisiculturista que pierde la cabeza cuando una chica se burla de su cuerpo y sin querer la desnuca. El episodio se llamaba *Dead Lift* y la investigación los llevaba a un escenario ficticio de fisiculturistas y pulseadores de San Francisco, lo que significaba que podría conseguir pequeños papeles para Franco y otro montón de amigos. Tener a toda la pandilla de Gold's Gym en el set fue muy divertido. Casualmente faltaban pocas semanas para las competencias de Mr. Olimpia y Mr. Universo de 1976, de modo que los muchachos estaban más enfocados en prepararse para ello que en actuar frente a las cámaras. Volvieron loco al director porque se le escapaban para ir a entrenar.

Sabía que *The Streets of San Francisco* sería una buena referencia. Mi aparición en la serie ayudaría a que la gente de Hollywood me tomara más en serio, además de que obtendría reconocimiento entre la audiencia televidente. Pero la escena en la que mi personaje mata a la chica me intimidó. Lastimar a una mujer, gritar, arrancar cuadros y estrellar todos los muebles no iba conmigo. Leyendo el guion pensé: «¡Por Dios! Pero ¿cómo me metí en esto?». Considerando las cientos de personas que he llegado a aniquilar en otras películas, ahora esto suena gracioso. Al final me limité a hacer la escena sin pensar mucho en todo ese asunto y el director quedó complacido.

Mi mayor preocupación era que me encasillaran en cierto tipo de papeles. Lo peor para mí sería interpretar siempre a un villano o a un patán en la pantalla. Cuando Robert DeNiro mata en *Taxi Driver*, él es el pequeño y el público lo respalda en un 100%, lo que es bueno para su carrera. Pero para un hombre de mi tamaño, con mi apariencia y acento, los papeles de maleante parecían llevar a un callejón sin salida. Le consulté a Bob Rafelson sobre esto y estuvo de acuerdo. Su sugerencia fue que me dedicara a hacer lo inesperado y actuara como el tipo de personaje opuesto:

—Todo el mundo vendrá a decirte: «Interpreta a este tipo de personaje» pero tú harás lo contrario.

Me fascinaba la idea de hacer un *remake* (una nueva versión) de *The Killers,* un cuento de Ernest Hemingway en el que un ex boxeador apodado el Sueco es perseguido por un par de mafiosos matones. Me imaginaba a mí mismo interpretando a la víctima, al Sueco.

Afortunadamente la agitación por *Pumping Iron* siguió en aumento. George Butler había conseguido el dinero necesario para terminar el documental y ahora trabajaba como loco en su promoción. Probablemente su jugada más inteligente fue contratar a Bobby Zarem, el rey de los publicistas de Nueva York. Bobby empezaba a quedarse calvo, tendría unos 40 años, había crecido en Georgia y salió de Yale directo al negocio de la publicidad. Le gustaba parecer un profesor distraído, sin corbata, con la camisa por fuera y sus pequeños mechones de pelo a los lados de la cabeza. Siempre hablaba como si estuviera muy confundido y el mundo se fuera a acabar. Decía: «No sé qué estoy haciendo, jamás había visto esto tan mal, tengo que ir donde mi loquero, este tipo no me devuelve las llamadas y todo el proyecto se está desbaratando». Escucharlo hablar en esa forma sobre *Pumping Iron* me asustó hasta que me di cuenta de que era su discurso habitual. Inevitablemente alguien le diría: «No, no, Bobby, todo está bien. Vas a sacar esto adelante», y él quedaba feliz.

Bobby había abierto su propia firma solo uno o dos años atrás y creo que tomó *Pumping Iron* en parte para probar que podía hacerlo. George Butler, desde luego, no le debía estar pagando mucho. Pero en los diez meses que pasaron entre el espectáculo en el Whitney y el estreno de *Pumping Iron,* Zarem trabajó tras bastidores manteniendo viva la agitación. Presentó tramos del documental por todas partes. Se conseguía una sala de proyección, invitaba a unos 20 duros del mundo del arte o del mundo literario o de los medios o de Wall Street, y proyectaba escenas del trabajo en curso. Siempre se aseguraba de que en esos eventos estuvieran uno o dos reporteros, así fuera extraoficialmente. A menudo yo lo acompañaba y así como conocí a Charlie Rose, por ejemplo, cuya esposa en esa época, Mary, contribuyó a financiar el film. Bobby siempre presentaba la proyección con una pequeña charla sobre el fisiculturismo como enlace entre los deportes y el arte o como indicador destacado de la tendencia de mantenerse en forma, apenas lo suficiente para que los invitados se sintieran personajes de vanguardia. Luego diría: «Si tienen preguntas, aquí estaremos... Arnold, ¿quieres decir unas palabras?» y yo le decía a la gente cuánto apreciábamos su presencia. Después de la proyección siempre había mil preguntas.

Yo veía con admiración reverente el trabajo de Bobby con los medios. Me enseñó que los boletines de prensa comunes son una pérdida de tiempo, especialmente si estás tratando de atraer la atención de reporteros de la televisión. «¡Ellos no leen!», decía. En cambio conocía personalmente a docenas de periodistas y sus editores. Y su método consistía en personalizar una historia para un reportero en particular, llamarlo y decirle: «Te estoy enviando esto. Por favor llámame apenas lo recibas. Si no llamas pensaré que no quieres la historia y te quedarás sin nada». Bobby era famoso por sus anticuadas y largas propuestas escritas a mano. Me enseñó una carta de cuatro páginas para el director de Time explicándole por qué la revista debía publicar un gran artículo sobre el fisiculturismo. Los editores y directores de todos los noticieros de Nueva York siempre estaban dispuestos a reunirse con él para conversar seriamente. Y si los periódicos o la televisión estaban compitiendo por una historia, Bobby maquinaba un ángulo diferente para cada uno, de manera que no estuvieran simplemente siguiéndose unos a otros. Estudiaba la historia, trabajaba en ella y por las noches hablaba con la gente. Iba a Elaine's, punto de reunión en el *Upper East Side* de intelectuales, periodistas y celebridades, donde gente de alto nivel lo buscaba para intercambiar ideas.

Promover *Pumping Iron* era trabajo de Bobby pero yo lo aproveché un poco para que me reconocieran por mi trabajo en *Stay Hungry*. Aunque la película no fue un éxito de taquilla, fui nominado a un Globo de Oro por Mejor Actor Debutante (*Hercules in New York* había sido tal fiasco que *Stay Hungry* se consideró un film de debut). Había otros cuatro nominados, entre ellos el chico que interpretó a Damien en *The Omen* y también Truman Capote por su parte en *Murder by Death*. Todo eso, por supuesto, alertó al competidor que vive en mí. ¿Cómo asegurarme de que prevalecería? Se me ocurrió como estrategia sacar avisos en el *Hollywood Reporter* y en *Variety* agradeciendo mi nominación a la Hollywood Foreign Press Association, cuyos miembros seleccionan los ganadores de los Globos de Oro. Quería hacerles saber que comprendía lo que esa nominación significaba y que la agradecía desde el fondo de mi corazón.

También invité a miembros de la asociación a una cena y a una proyección anticipada de *Pumping Iron*. A Bobby no le gustaba esta idea para nada porque mi nominación era por *Stay Hungry* y no por *Pumping Iron*. Él pensaba que *Pumping Iron* resultaría demasiado moderno para la prensa extranjera de Hollywood pero yo sentía que eso precisamente ayudaría. Por un lado, a los críticos les gusta ver el trabajo más reciente, aunque no sea realmente el que está siendo juzgado, porque les gusta sentir que están votando por alguien que está en una buena racha. Además, en *Pumping Iron* pude ser yo mismo en mayor medida, entonces ¿por qué no darles ambas? *Stay Hungry* con mi actuación y *Pumping Iron* con mis extravagancias. Además, me imaginaba que a la prensa extranjera automáticamente le simpatizaría un inmigrante que luchaba por un deporte en América. Y si ninguna de estas razones servía, me sentía muy orgulloso de mi trabajo en *Stay Hungry* y estaba dispuesto a hacer todo lo posible para atraer atención sobre ese esfuerzo mío. Muchos escritores asistieron a la proyección y, cuando terminó, los asistentes me dieron grandes abrazos y dijeron cosas como: «Estuviste fenomenal», «Esto es maravilloso». Entonces supe que había dado resultado.

Una semana después de la premier, *Pumping Iron* salió en las columnas de chismes por un almuerzo organizado por Bobby en Elaine's. Delfina Rattazzi fue la anfitriona y yo, el invitado de honor. Asistió gente como Andy Warhol, George Plimpton, Paulette Goddard, Diana Vreeland y el editor de *Newsweek*. Pero la que se robó el show fue Jackie Onassis. Ella era famosa por mantener un bajo perfil y nunca dar entrevistas. Me halagó que hubiera venido a pesar de saber que la prensa escribiría sobre el evento. Me parece que lo hizo en parte como un favor, pues ahora Delfina era su asistente editorial, y en parte por curiosidad, porque le gustaba involucrarse con el arte y las nuevas tendencias.

Ella se quedó todo el almuerzo y pude hablarle unos 15 minutos. Para mí, JFK había sido sinónimo de América mientras crecía, de modo que conocer a Jackie era como un sueño.

Lo que más me impresionó fue su sofisticación y su gracia. Obviamente había venido preparada porque no preguntó nada desatinado o vago como: «¿De qué se trata esta película?». En cambio, me hizo sentir que *Pumping Iron* era importante y que ella apreciaba lo que estábamos tratando de hacer. Hizo toda clase de preguntas específicas: cómo entrenamos, cómo se juzga una competencia, cuál es la diferencia entre Mr. Olimpia y Mr. América, si valdría la pena que su hijo adolescente lo practique y a qué edad se puede empezar con una rutina de ejercicio. Yo estaba predispuesto a que ella me gustara desde antes de conocernos y esa conversación me convirtió en un admirador incondicional.

Claro está que la gente de su calibre tiene las destrezas sociales para hacer ver que están muy enterados de uno y que saben mucho sobre lo que uno está haciendo. Era muy difícil saber si en realidad le interesaba. Pienso que probablemente ella era una persona curiosa. Tal vez creyera que a su hijo le gustaría entrenar, o quizás solo estaba haciéndole un favor a Delfina. Ha podido ser cualquiera de esas cosas. Pero ella definitivamente le dio a *Pumping Iron* un gran realce publicitario y el hecho de que trajera a su hijo a la premier me convenció de que era sincera.

Para la premier en Nueva York, que fue una semana después, Bobby Zarem y George Butler se valieron de todos los recursos a su alcance. Invitaron a 500 personas al Plaza Theater. Había fotógrafos y cámaras de televisión, barricadas de la policía, limosinas que llegaban y reflectores que entrecruzaban sus haces de luz en el cielo. La temperatura estaba muy cerca de cero pero cuando llegué había una docena de fans adolescentes esperándome y coreando «Arnold, Arnold». Me acompañó mi mamá, que había venido desde Austria para el evento, y llegamos temprano porque yo quería circular y besar a todas las chicas bonitas, así como darle la bienvenida a toda la gente que llegaba. Por primera vez en mi vida llevaba puesto un smoking. Había tenido que conseguir un sastre que me lo hiciera pues, aunque había adelgazado y estaba en 225 libras, nadie tenía para alquilar uno que entrara en un pecho de 57 pulgadas y un talle de 32.

La audiencia era una fantástica miscelánea de escritores, gente de sociedad, jóvenes extravagantes, presentadores, ejecutivos, críticos, artistas, modelos y fans del fisiculturismo, entre ellos Andy Warhol y Carroll Baker, Tony Perkins y Berry Berenson, Sylvia Miles, Diana Vreeland, Tom Wolfe, Shelley Winters, la modelo Apollonia, la estrella porno Harry Reems y la mitad del elenco de *Saturday Night Live*. James Taylor vino con Carly Simon, su esposa, que estaba embarazada. Ella flexionó un bíceps frente a las cámaras y le dijo a un reportero que la canción *You're So Vain* no era sobre un fisiculturista. Los propios fisiculturistas hicieron una entrada dramática. Mientras todo el mundo circulaba en el lobby tomando pequeños sorbos de vino blanco entraron seis de los gigantes del film, entre ellos Franco, Lou Ferrigno y Robbie «el Príncipe Negro» Robinson, que llegó esa noche engalanado con un arete de diamante y una capa de terciopelo negro.

Pumping Iron finalmente estaba haciendo lo que habíamos esperado, que era llevar el fisiculturismo de las mazmorras al centro de la comercialización. Toda la semana me habían entrevistado en periódicos, revistas y programas de televisión. Cantidades de buenas reseñas mostraban que los críticos estaban captando el mensaje. «Esta aparentemente sencilla e inteligente película humaniza un mundo que tiene su propio e irreal heroísmo», escribió *Newsweek*. *Time* dijo que la película estaba «hermosamente filmada y editada, inteligentemente estructurada, arriesgando lo que en principio parecería un término muy inapropiado. Encantadora. Sí, encantadora».

A la audiencia del Plaza Hotel también le gustó la película: la aplaudieron como locos al terminar y al final permanecieron en sus asientos para ver la demostración de fisiculturismo que siguió. Mi trabajo esa noche fue el de maestro de ceremonias. Empezamos con la rutina de hombre fuerte de Franco, que incluía doblar una barra de acero con los dientes y hacer estallar una botella de agua caliente con sus pulmones. Antes de que la botella explotara, la gente de las primeras filas ya se había cubierto los oídos. Luego los demás fisiculturistas se unieron a Franco en escena y asumieron poses que yo fui narrando. Al final, una actriz de Andy Warhol envuelta en un vestido ceñido corrió a escena y empezó a palpar los tríceps, pectorales y muslos de todo el mundo antes de fingir que se desmayaba extasiada en mis brazos.

Mi nuevo smoking tuvo su segunda gran salida dos semanas más tarde por los Globos Dorados. La ceremonia fue en el Beverly Hilton y de nuevo mamá fue mi pareja. Mi madre solo hablaba unas pocas palabras en inglés y casi no entendía lo que estaban diciendo si yo no se lo traducía. Sin embargo, todo el bombo de Nueva York la había divertido y cuando los fotógrafos gritaron: «Posa con tu madre», ella sonrió y me dejó darle un gran abrazo. Estaba impresionada con la limosina que el estudio nos había enviado para traernos a los Globos de Oro y alborotada porque iba a ver a Sofia Loren.

Muchas estrellas se presentaron a la entrega de Globos de Oro porque era un evento más divertido que el de los Oscar. Vi a Peter Falk, Henry Fonda y Jimmy Stewart cerca del bar. Carol Burnett, Cybill Shepherd y Deborah Kerr estaban allí. Bromeé con Shelley Winters y coqueteé con Raquel Welch. Henry Winkler vino a decir cosas buenas de *Stay Hungry* y yo le expliqué a mi mamá en alemán que él era The Fonz, estrella de televisión de una gran comedia de la vida diaria llamada *Happy Days*. Cuando nos sentamos a cenar alcancé a ver a Dino di Laurentiis con Jessica Lange. Ella era la atractiva protagonista de *King Kong*, que Dino había producido, y estaba nominada al Globo de Oro por Mejor Actriz Debutante, equivalente al mío. Dino me ignoró.

Sentado cerca a nosotros estaba Sylvester Stallone, a quien conocía un poco porque Larry Kubik también era su agente. Su película *Rocky* había sido todo un éxito de taquilla, superando la venta de boletería de todos los otros *hits* nominados, incluidos *Network*, *All the President's Men* y *A Star is Born*. Estaba, además, nominada a Mejor Película. Lo felicité y me dijo entusiasmado que estaba escribiendo una nueva película sobre luchadores, que podría haber un papel para mí.

Después de la cena, Harry Belafonte, que era maestro de ceremonias, apareció en el escenario. Sentí que toda la calma de mis competencias previas me invadía aquí, igual que en el fisiculturismo. Sabía que podía estar tranquilo porque había hecho todo lo que estuvo en mi poder para ganar. Cuando llegó mi categoría y gané, Sylvester Stallone lideró el aplauso. Después ganó *Rocky* y él se volvió loco besando a todas las mujeres que pudo alcanzar camino al escenario.

Mi primer premio por actuación despertó en mí un sentimiento increíble: ese Globo de Oro me confirmó que no estaba loco, que iba bien encaminado.

Estaba pasando casi tanto tiempo en Manhattan como en Los Ángeles. Para mí, Nueva York era como una tienda de dulces porque me resultaba divertidísimo conocer a todos estos personajes fascinantes y andar con ellos. Me sentía orgulloso y muy contento por ser aceptado. También me sentía afortunado por tener la clase de personalidad que hacía sentir a la gente a sus anchas. Era evidente que no se sentían amenazados por mi cuerpo ni por mi desarrollo físico. Por el contrario, deseaban tenderme la mano y ayudarme a entender lo que estaba tratando de hacer.

Elaine Kaufman, la propietaria de Elaine's, famosa por ser una persona dura y difícil, fue amorosa conmigo. Se convirtió en mi madre en ese ambiente neoyorquino y, cada vez que yo llegaba, me llevaba de mesa en mesa para presentarme. Iríamos a la mesa de Robert Altman, luego a la de Woody Allen, después a la de Francis Ford Coppola y a la de Al Pacino.

—Muchachos, ustedes deben conocer a este joven —diría ella—. Arnold, ¿por qué no acercas una silla? Siéntate aquí y te traigo una ensalada o alguna cosa.

A veces me hacía sentir muy incómodo porque ella interrumpía una conversación y quizás yo no era bienvenido. Pero ahí estaba. Y a pesar de mis ocasionales errores, como decirle a Rudolf Nureyev que no debía perder contacto con su país natal y que debía regresar a visitarlo, sus clientes habituales usualmente se mostraban curiosos y amistosos conmigo. Coppola me hizo un montón de preguntas acerca del fisiculturismo. Andy Warhol quería intelectualizarlo y escribir sobre su significado: ¿Cómo parecer una obra de arte? ¿Cómo ser escultor de tu propio cuerpo?

Me acerqué a Nureyev porque Jamie Wyeth estaba haciendo el retrato de cada uno de nosotros y, cuando estábamos en Elaine's, a veces nos invitaba a Jamie y a mí a sentarnos con él. Nureyev siempre aparecía tarde en la noche después de alguna de sus presentaciones envuelto en un impresionante abrigo de pieles de cuello enorme y una bufanda muy larga. No era un hombre alto pero con su actitud dominaba al salón. Era el rey. Uno lo veía en su forma de caminar, en la forma de quitarse el abrigo, en cada movimiento impactante y perfecto. Igual que en escena. Por lo menos así lo veía yo, pues en presencia de personas como él, la imaginación se desboca y el personaje termina desbordando la realidad. Sin embargo, Nureyev era de trato amable y me hizo saber cuánto amaba a América y al ambiente de Nueva York. No salía de mi asombro. Ser el mejor bailarín era diferente a ser el mejor fisiculturista: yo podría ser Mr. Olimpia durante cuatro mil años pero jamás llegaría a ser tan grande como Nureyev. El suyo era otro plano, como el de Woody Allen, por ejemplo, quien podía presentarse a un evento de corbata negra con smoking y tenis blancos sin que nadie lo objetara. Era su manera de expresarse: «Ustedes, jódanse. La invitación decía corbata negra y aquí la llevo puesta, pero también vengo como Woody Allen». La audacia de la cual él y Nureyev hacían gala me causaba admiración.

Un lugar estupendo en el centro de la ciudad era el restaurante One Fifth, al que John Belushi, Dan Akroyd, Gilda Radner y Laraine Newman iban después de trabajar en *Saturday Night Live*. A menudo yo iba a ver ese show, cuando terminaban me encontraba con ellos y muy tarde en la noche nos íbamos todos juntos a Elaine's.

Las mejores fiestas en el centro las daba un fotógrafo llamado Ara Gallant. Era un tipo bajito y flaquito que siempre usaba ropa apretada de cuero o *denim*, botas de vaquero de tacón alto con la punta forrada por una lámina de plata, una gorrita negra con dijes de oro que tintineaban, patillas negras y, en las noches, delineador negro en los ojos. Era famoso en el mundo de la moda como fotógrafo y por ser el estilista que había creado el maquillaje *disco* en los años setenta: labios rojos, vestidos centelleantes y grandes melenas. Invitaba a cuanta modelo se le ocurría a todas las fiestas en su enorme y exótico apartamento, donde había luces rojas, muchos bajos retumbando en la música de fondo y una constante neblina de humo de marihuana. Allí estarían Dustin Hoffman y Jack Nicholson, quien era el mejor amigo de Gallant, Al Pacino y Warren Beatty, todos *los* actores del mundo del cine. Me sentía en la gloria. No me perdía ni una fiesta de esas y siempre era de los últimos en salir.

Andy Warhol le había dado un espacio a Jamie Wyeth en *The Factory*, su famoso estudio, para que pintara mi retrato. Usualmente yo llegaba a posar hacia el final de la tarde y a las ocho o nueve de la noche, una vez que Jamie había terminado, nos íbamos a cenar. Pero una noche Warhol dijo: «Si quieren quedarse son bienvenidos. En una media hora voy a tomar unas fotos».

Warhol me fascinaba con su pelo rubio parado, su cuero negro y sus camisas blancas. Cuando él hablaba con cualquier persona, aún en las fiestas, siempre tenía una cámara en una mano y una grabadora en la otra, dando así la sensación de que usaría la conversación en su revista *Interview*.

Acepté de inmediato: tenía curiosidad de verlo trabajando. Media docena de muchachos jóvenes llegaron y se despojaron de su ropa. Pensé: «Tal vez va a haber algo interesante aquí». Siempre estaba listo para un descubrimiento o una experiencia nueva y, si me llegaba a sentir extraño, me decía: «Dios me puso en este camino. Su propósito es que esté aquí, de otra manera sería un obrero del montón en alguna fábrica de Graz».

No quería mirar fijamente a los jóvenes desnudos, así que caminé un poco y me puse a hablar con los asistentes de Andy mientras instalaban unos anticuados reflectores alrededor de una mesa ubicada en el centro del estudio. Era una mesa grande y pesada, con un paño blanco por encima.

Entonces Andy le pidió a algunos de los tipos desnudos que se subieran sobre ella y formaran una pila. Luego empezó a moverlos: «Tú tiéndete allí. No, tú tiéndete atravesado encima de él, y entonces tú haces lo mismo encima de él. Perfecto. Perfecto». Después dio un paso atrás y le preguntó a los otros tipos desnudos: «¿Quién de ustedes es flexible?»,

—Yo soy bailarín de ballet —dijo alguno.

—Perfecto. ¿Por qué no te subes, metes una pierna aquí debajo y la otra por encima y entonces la construimos de lado…

Una vez que tuvo la pila amontonada exactamente como quería, Warhol empezó a disparar fotos Polaroid y a ajustar las luces. Las sombras tenían que ser precisamente así, trabajaba con apasionamiento:

—Ven acá, Arnold. ¿Ves? Esto es lo que estoy tratando de conseguir pero todavía no llego allí. Qué frustración.

Me enseñó una Polaroid en la que sus modelos no parecían gente sino formas solamente. Yo pensé: «Esto es increíble, el hombre está convirtiendo traseros en ondulantes colinas».

Luego Andy siguió:

—La idea es poner a la gente a hablar y a escribir sobre lo que hicimos para conseguir este efecto.

Escuchando a Warhol tuve la sensación de que, de haberle pedido que me dejara observarlo trabajando, habría dicho que no. Con los artistas nunca se sabe cuál va a ser la reacción. A veces la única manera de lograr ver un proceso artístico en marcha es siendo espontáneo y aprovechando las casualidades.

Jamie Wyeth y yo nos hicimos buenos amigos y, meses más tarde, cuando el clima se volvió cálido, me invitó a la granja de la familia en Pennsylvania, cerca del Brandywine Museum que alberga algunas de las mejores obras de su padre. Conocí a Phyllis, la esposa de Jamie, y luego él me llevó a la vieja casa de granja vecina para conocer a su papá.

Andrew Wyeth estaba practicando esgrima cuando entramos. No había nadie más allí pero parecía tener un oponente porque llevaba puesta la máscara. «¡Papá!», dijo Jamie, agitando la mano para atraer su atención. Hablaron un momento y después Wyeth giró y se quitó la máscara. Jamie dijo:

—Papá, este es Arnold Schwarzenegger, él aparece en *Pumping Iron* y yo lo estoy pintando.

Después de que hablamos un rato, Andrew preguntó:

—¿Quieres venir conmigo a ver el campo donde estoy pintando ahora?

—¡Claro! —acepté—. Tenía curiosidad de ver cómo trabajaba él. Wyeth me llevó atrás, donde no estaba estacionada una camioneta pickup vieja sino un maravilloso y resplandeciente auto deportivo antiguo de la época de los locos años veinte llamado Stutz Bearcat. Un convertible de dos asientos, más largo que cualquier Cadillac, con enormes llantas a la vista, grandes guardabarros de curva muy pronunciada y estribos, cromados tubos de gases y grandes farolas separadas del capó. Era un bellísimo auto de proxeneta. Yo sabía del Stutz Bearcat porque es un auto costoso y difícil de conseguir y porque Frank Sinatra, Dean Martin y Sammy Davis Jr. tenían cada uno el suyo.

Empezamos a subir por una carretera destapada y Wyeth me explicó que había obtenido el auto de una compañía de vodka y además en trueque, por haberles hecho un aviso. Entretanto, yo veía que ésta ni siquiera era una carretera sino un sendero de granja con surcos y hierbajos crecidos a ambos lados y en el medio, un camino que claramente no era para un auto como ése. Cuando terminanos de transitar por el sendero Wyeth siguió conduciendo colina arriba, dando tumbos por entre la hierba que crecía hasta la altura de las rodillas.

Finalmente llegamos a la cima: había un caballete y una mujer estaba sentada en el suelo, envuelta en una frazada. No era hermosa pero era sensual, fuerte y cautivadora: había algo único en ella. «Quítatela», dijo Wyeth. Ella dejó caer la frazada y se sentó con los senos al aire: eran senos hermosos. Lo escuché murmurar: «Oh, sí», y luego me dijo: «La estoy pintando ahora». Me mostró los primeros trazos de la pintura en el caballete.

—Quería que la conocieras porque ella habla alemán —me dijo.

Ella era Helga Testorf: trabajaba en una granja vecina y fue la obsesión de Wyeth. Él la dibujó y la pintó cientos de veces a lo largo de muchos años, en sesiones que ambos mantuvieron en secreto para todo el mundo. Una década más tarde la historia de estas pinturas y su obsesión acabó en las portadas de *Time* y *Newsweek*. Pero en 1977 dio la casualidad de que estuve ahí y él me dejó entrar.

La promoción de *Pumping Iron* consumía gran parte de mi tiempo pero yo disfrutaba ese trabajo. En la premier de Boston, George Butler me presentó a John Kerry, su amigo de vieja data, que se encontraba allí con Caroline Kennedy. Después salimos a cenar y ella se animó, me dijo que escribía para *Crimson* —el periódico estudiantil de Harvard— y me preguntó si les daría una charla al día siguiente. Acepté muy contento. Ella y otros miembros de planta de *Crimson* me hicieron preguntas sobre el gobierno y mi deporte. Alguien preguntó quién era mi presidente favorito y yo respondí:

—¡John F. Kennedy!

Todo eso era divertido y también fue una buena inversión en mi futuro. Promoviendo *Pumping Iron* y el fisiculturismo también me promovía a mí mismo. Cada vez que aparecía en radio o televisión la gente se familiarizaba un poco más con mi acento, con «la forma de hablar de Arnold», y se iba sintiendo un poco más cómoda y a sus anchas. El efecto era contrario al que los agentes de Hollywood habían pronosticado. Yo estaba convirtiendo mi tamaño, mi acento y mi nombre raro, que ellos consideraban peculiaridades que alejarían a las personas, en puntos a mi favor. Pronto la gente empezó a reconocerme sin verme, solo por el nombre o el sonido de mi voz. Y aunque no estaba consiguiendo roles protagónicos, empezaron a tratarme como a una estrella.

La siguiente gran promoción a la vista era Cannes, en mayo. Como parte de los preparativos decidí hacer algo por mi vestuario. Hasta ahora, mi uniforme estaba conformado por pantalones de tweed, camisetas Lacoste y botas de vaquero, entre otras razones, por falta de dinero. No podía darme el lujo de tener un guardarropa hecho a la medida, y la única ropa lista para descolgar y comprar que me podía servir era la que vendían en tiendas para hombres grandes, a la cual para empezar había que reducirle la cintura por lo menos pie y medio. Otra razón era que, hasta ahora, la ropa simplemente no había sido parte del plan. Cada dólar debía ser invertido para que se convirtiera en dos o tres, asegurando así mi estabilidad económica. Comprando ropa el dinero volaba. George me dijo que el mejor sastre de Nueva York era Morty Sills, de modo que fui a donde él y le pregunté:

—Si tuviera que escoger un solo traje entero para comprar, ¿cuál me recomendaría?

—¿Dónde va a usarlo? —me preguntó.

—Dentro de un mes en Cannes, primero que todo. Voy al festival de cine.

—Bueno, indiscutiblemente tendría que ser un traje de lino beige.

De modo que me hizo un traje liviano de lino beige y escogió la corbata y la camisa para que me viera realmente elegante.

Indudablemente la vestimenta fue importante en Cannes: circulé entre los miles de periodistas que estaban allí y, enfundado en el traje del cual estaba tan orgulloso, con la camisa, la corbata y el calzado indicados, obtuve muchos artículos sobre *Pumping Iron*. Pero el mayor revuelo en Cannes lo causé en la playa, donde a George se le ocurrió montar una sesión fotográfica para la prensa con una docena de chicas del Crazy Horse, el club parisién de *striptease*. Ellas llevaban alegres vestidos de verano, sombreros y ramos de flores, y yo llevaba solo mis calzoncillos de posar. Esas fotos salieron publicadas en todos los periódicos del mundo y la proyección de *Pumping Iron* se llenó por completo.

En Cannes estaban todas las estrellas famosas —¡Mick y Bianca

Jagger!, entre otros— y yo estaba siendo parte de eso. Pateé balón con el gran futbolista brasilero Pelé. Estuve buceando con hombres rana del ejército francés. Conocí a Charles Bronson.

Una noche, la mujer que lideraba la distribución europea de sus películas, ofreció una fiesta para Bronson en el hotel de la playa. Ella se sentó junto a él en la mesa y alcancé a oír su conversación. Resultó ser que no era fácil hablarle a Bronson.

—Usted ha contribuido tanto a nuestro éxito —le dijo ella—. Somos muy afortunados de tenerlo aquí… ¿No le parece un clima maravilloso? Ha sido una suerte tener sol todos los días.

Bronson esperó uno o dos segundos y respondió:

—Detesto la charla trivial.

El impacto fue tan fuerte que ella se volteó hacia su otro vecino de mesa. Yo quedé pasmado. Esa forma de ser suya —grosera— nunca pareció afectar sus películas. Yo decidí, sin embargo, conservar mi estilo amistoso.

Cuando volví a Los Ángeles, y como ya me estaba interesando la ropa, mi agente Larry estuvo encantado de llevarme de compras. «Puedes encontrar esos mismos pantalones en esta otra tienda que no está en Rodeo Drive con un descuento del cincuenta por ciento», me diría. O: «Esas medias café no salen con esa camisa. Creo que debes usar medias azules». Tenía buen ojo y, para ambos, esas salidas eran una diversión bienvenida después de tanto rechazar papeles terribles. Las ofertas más recientes habían sido interpretar a un hombre musculoso en *Sextette*, una película protagonizada por Mae West a sus 85 años, y otra de $200.000 para aparecer en comerciales de llantas de automóviles.

Durante meses, todo parecía indicar que la única acción que podría ejecutar en Los Ángeles estaba en el sector de bienes raíces. La inflación y el crecimiento dispararon el valor de las propiedades en Santa Monica. Mi edificio de apartamentos ni siquiera estaba a la venta pero cuando salió *Pumping Iron*, un comprador me ofreció casi el doble de lo que yo había pagado en 1974. La utilidad de mi inversión de $37.000 fue de $150.000. En tres años había cuadruplicado mi dinero. Y con la ayuda de mi amiga Olga, que encontró el lugar perfecto para comprar, invertí esa suma completa en un edificio el doble de grande, con 12 apartamentos en vez de seis.

A mi secretaria Ronda Columb, que llevaba años administrando mi negocio de ventas por correo y organizando mi disparatado horario, le hizo mucha gracia ver cómo me convertía en un mini magnate de los bienes raíces. Ronda era una neoyorquina trasplantada, cuatro veces divorciada y diez o doce años mayor que yo. Su primer marido había sido campeón de fisiculturismo en la década de los cincuenta y yo la conocí a través del Gold's Gym. Ronda era como una hermana mayor. En ese momento su novio era un promotor inmobiliario llamado Al Ehringer.

Un buen día, inesperadamente, Ronda dijo:

—Sabes, tú le gustas a Al.

—Está con mi secretaria, ¡claro que le gusto! —dije yo.

Eso la hizo reír.

—No, de veras, tú le gustas y quiere hacer negocios contigo. ¿Considerarías hacer negocios con él?

—Bueno, averigua qué tiene en mente porque hay un edificio a la venta en Main Street, y si quiere meterle el diente…

Al tenía reputación de ser un hábil cerebro para los bienes raíces y para prever qué áreas promover. Había jugado un papel importante cuando el distrito histórico de Pasadena se revivió con tiendas y *lofts*. Yo pensaba que Santa Monica podía estar lista para el mismo tratamiento. En Main Street, que corría paralela al océano a pocas cuadras de la playa, había muchas propiedades en venta porque la calle, al mantenerse llena de borrachos y vagabundos, se había venido a menos. Quería invertir $70.000 que había ahorrado por *Pumping Iron* y otro trabajo.

Al ya conocía el edificio al que yo le había puesto el ojo.

—Esa propiedad y otras tres están en venta ahora —dijo—. Escoge la que te guste y voy contigo en ésa.

De modo que Al y yo compramos el edificio que me interesaba y empezamos a orquestar el cambio de Main Street.

Nuestro edificio empezó a pagarse casi al minuto de haberlo comprado. Venía con tres casas pequeñas detrás que daban para la calle siguiente y las vendimos por suficiente dinero como para rembolsar por completo nuestro pago inicial. Eso facilitó la obtención de un préstamo grande y el emprendimiento de una renovación total. Y como el edificio tenía más de 50 años calificó en la categoría de histórico, lo cual significaba una gran ventaja en cuanto a impuestos. Una razón más para amar a América: allá en Austria un edificio debía tener por lo menos 500 años para ser declarado histórico.

Ganar dinero de esa forma redobló mi confianza. Modifiqué, entonces, mi plan de vida. Todavía deseaba ser propietario de una cadena de gimnasios pero, en lugar de ganar dinero con las películas como lo habían hecho Reg Park y Steve Reeves, lo ganaría con bienes raíces.

Ronda siempre hacía una pila aparte con las solicitudes de presentaciones públicas que me llegaban para que yo las revisara. Esa primavera me llamó la atención una de Special Olympics firmada por *Jacquie Kennedy*, quien preguntaba si yo estaría dispuesto a ir a la Universidad de Wisconsin para colaborar en una investigación que allí adelantaban sobre el entrenamiento con pesas como posible estímulo para niños mentalmente discapacitados.

Si me hubiera detenido a pensarlo me habría dado cuenta de que ésta no era *la* Jackie Kennedy que yo había conocido porque ella ni siquiera usaba ese nombre y vivía en Nueva York. Pero se me ocurrió que podría ser presidenta honoraria o algo así, de modo que le dije a Ronda impulsivamente: «Acepto». Ya estaba haciendo seminarios sobre levantamiento de pesas, mostrando cómo ser un ganador, y aunque esta invitación no me ofrecía pago alguno, pensé que la asesoría a una universidad sería una buena referencia y daría realce al fisiculturismo como deporte. No estaba seguro de que el levantamiento de pesas pudiera ayudar a niños retrasados pero me fascinaba que estuvieran dispuestos a intentarlo. Para mí sería algo completamente nuevo.

Cuando llegué en abril todavía había nieve en el suelo. Esta era la rama norte de la universidad y quedaba muy al norte en Superior, cerca a Duluth. Las dos señoras que me recogieron eran científicas e investigadoras, y ambas tenían un doctorado. Ellas me presentaron a Jacquie, delgada y vivaz funcionaria de Special Olympics, y Jacquie me llevó al salón de pesas en el gimnasio, donde los niños estarían a la mañana siguiente.

—¿Qué ejercicios podemos ponerlos a hacer? —preguntó Jacquie.

—No sé cuán discapacitados sean estos niños —dije—, pero *bench press* es algo que seguro podrían intentar. También *dead lift, curls* y…

—Okey —dijo Jacquie—. Vamos a dejarlo así por el primer día.

Preparamos el equipo y la cámara, verificamos que hubiera suficiente luz para filmar y elaboramos un plan para el día siguiente. Esa noche me fui a la cama pensando cómo lidiaría con los chicos pero al fin decidí no preocuparme y simplemente improvisar.

Eran unos diez, todos varones: estaban en sus primeros años de adolescencia y apenas entré al salón supe lo que debía hacer. Todos me rodearon, querían tocar mis músculos y cuando los flexioné exclamaron: «¡Guau! ¡Guau!». Me di cuenta de que serían perfectamente manejables. Para ellos, la autoridad era algo mucho más visual que intelectual: me escucharían, entonces, no porque hubiera estudiado terapia física o algo por el estilo, sino por los bíceps.

Empecé con *bench press* —la barra solamente tenía un plato de 10 libras a cada lado— y organicé a los chicos en turnos de 10 repeticiones cada uno, conmigo allí para posicionar la barra y dejarla llegar hasta su pecho. Los dos primeros chicos estuvieron bien pero el tercero se asustó cuando sintió el peso y empezó a gritar. Pensó que la barra lo aplastaría. Se la retiré del pecho y se levantó de un salto.

—Está bien —le dije—. No te preocupes, solo respira, relájate, quédate aquí y observa a tus amigos.

Él se quedó y vio a los demás turnarse para levantar y bajar el peso diez veces. Después de un rato vi que había recuperado el interés. Le dije: «¿Qué tal si pruebas ahora?», y accedió. Se sentía un poco más confiado cuando le puse la barra sola encima e hizo diez repeticiones.

—Sostén la barra —le dije—. Eres muy fuerte, yo creo que ya ahora puedes con los platos.

Agregué los platos —diez libras a cada lado— y, no solo hizo diez repeticiones fácilmente, sino que me pidió que le pusiera más peso. Me di cuenta de que estaba presenciando algo extraordinario. Veinte minutos antes este chico había estado completamente intimidado y ahora había recuperado toda la seguridad en sí mismo. En los dos días siguientes tuve sesiones con otros grupos de niños y ensayamos cosas distintas hasta que los investigadores obtuvieron todo el material que necesitaban. Una observación que surgió fue que el levantamiento de pesas es mucho mejor para construir confianza en uno mismo que el fútbol, por ejemplo. En el fútbol uno a veces patea bien y a veces no, pero en el levantamiento de pesas uno sabe que si ha levantado cuatro platos a la próxima podrá levantarlos otra vez. Esta previsibilidad ayuda a que los chicos ganen confianza en sí mismos rápidamente.

De este trabajo salieron los eventos de levantamiento de potencia en los Special Olympics, que ahora atraen más competidores que cualquier otro deporte. Escogimos los levantamientos seguros. Como algunas veces los chicos no equilibran bien por su discapacidad, eliminamos las *squats* y los redujimos a *dead lift* (en el que nada puede ir mal porque uno simplemente levanta la barra hasta pararse derecho) y a *bench press* (porque se pueden tener observadores presentes para estabilizar la barra si es necesario).

Una de las investigadoras ofreció en su casa una cena en mi honor y, en el curso de la charla, Jacquie preguntó sobre mi educación.

—Bueno, he tomado unos cinco mil cursos —le expliqué—, pero nunca traté de sacar un título porque todos los recibí en una mescolanza de *community colleges*.

—Nosotros tenemos el mayor programa de aprendizaje fuera de campus de todo el país, de modo que podría terminar sus estudios aquí —me dijo— ¿Por qué no nos envía por correo sus expedientes académicos?

Así lo hice tan pronto llegué a casa y, después de analizar mis registros, me respondieron que solo hacían falta dos cursos para obtener un título: ciencia básica y educación física. Tuve que reírme cuando vi el segundo pero hicimos un plan para llenar los vacíos.

Cuando Bobby Zarem me llamó a principios de agosto para hablarme de una invitación que me hacían los Kennedy (los Kennedy de verdad), casi digo que no. Me estaban invitando a presentarme en el Robert F. Kennedy Celebrity Tennis Tournament en Forest Hills, New York.

—No sé jugar tenis —le dije—. ¿Cuál es la gracia de presentarse si uno no va a contribuir a la ocasión?

Había rechazado torneos de golf por la misma razón: porque nunca había aprendido a jugar.

—Deberías ir —dijo Bobby—. Esta es una invitación difícil de obtener.

Me explicó que había podido agarrar un espacio de último minuto para mí porque a última hora James Caan había decidido no presentarse.

—Por lo menos piénsalo, ¿okey? —me dijo.

Este era el tipo de dilemas que a Larry le encantaba resolver, así que lo llamé.

—Tómalo —me dijo, casi antes de que hubiera acabado de contarle—. Solo tienes que conseguir un entrenador. ¿Por qué no llamas al tipo que Bruce Jenner contrató? A él lo invitaron: solo llevaba un año tomando clases con este hombre y ganó.

Bobby llamó de nuevo y esta vez Ethel Kennedy pasó al teléfono. Eso me convenció. Me dije: «No seas estúpido. ¡No puedes rechazar a Ethel Kennedy! ¿Acaso no te gusta probar nuevas cosas?». Además, todo era por una gran causa. De modo que acepté y empecé a conducir hasta Malibu tres veces por semana para entrenar con el tenista profesional, entrenador de Bruce Jenner.

El torneo estaba programado para el 27 de agosto así que solo teníamos tres semanas. Al principio volaron bolas por todo el lugar pero

practiqué lo suficiente para darle a la bola de frente y devolverla. También era bueno para correr, y eso ayudó. Larry y Craig sacaban tiempo
de su trabajo y boleaban conmigo cuando yo no tenía al tenista profesional. Querían asegurarse de que luciría lo mejor posible entre todas
esas celebridades allá en la cancha.

Eso de entrenar para algo que no tenía esperanzas de ganar era una
nueva experiencia. No me iba a importar que la gente se riera, lo estaba
esperando. Pero me propuse hacer una buena demostración y eso sirvió a la causa.

CAPÍTULO 12

Una chica de ensueño

EL VIERNES 26 DE agosto de 1977 volé a Nueva York para participar en el Robert F. Kennedy Celebrity Tennis Tournament. La fiesta previa al torneo fue en el Rainbow Room, en el último piso del edificio de la NBC en el Rockefeller Center. Tom Brokaw estaba allí de pie con un trago cuando yo entré. Conocí a Tom en Los Ángeles, donde había sido el presentador de las noticias de medianoche de NBC antes de que lo enviaran a cubrir la Casa Blanca. Era amigo de los Kennedy y se estaba convirtiendo en una pieza importante de la cadena de noticias.

—Hola Arnold —dijo—. ¿Cómo estás? Mira, te presento a Ethel, ella es la anfitriona hoy.

Ethel Kennedy me dio una gran sonrisa.

—¡Qué maravilla tenerlo aquí! —dijo—. Me encanta conocerlo. He leído mucho de usted y le agradezco que quiera ayudarnos, estamos recaudando dinero para…

Y habló un poco acerca de las obras de beneficencia del torneo. Después dijo: «Vea, le presento a Teddy».

Teddy Kennedy también estaba allí con su trago. Se acercó y nos estrechamos la mano. Entonces Tom preguntó:

—¿Viniste solo?

—Sí —respondí yo.

—Bueno, tengo la chica perfecta para ti. Tienes que conocer a Maria. ¿Dónde está Maria? Muchachos, ¡consíganme a Maria!

Maria vino, llevaba un vestido perfecto para la noche pero a la vez informal. Lucía como si éste fuera su momento. Era divertida y risueña. Un rato después también me presentaron a Eunice Kennedy Shriver, la madre de Maria. Las primeras palabras que le solté fueron: «Su hija tiene un buen trasero». Siempre me ha encantado decirle cosas escandalosas a la gente pero Eunice no se inmutó.

—Muy amable —dijo.

Maria me invitó a sentarme en su mesa durante la cena. Después bailamos. Y yo pensé: «Guau, esta chica tiene exactamente el estilo que me gusta». No es que me hubiera enamorado, porque no la conocía. Pero para mí era evidente que rebosaba alegría y que tenía una personalidad estupenda. Y ese pelo negro largo... Era una fuente de energía positiva que yo quería cerca.

Las instrucciones que teníamos eran éstas: «Dejen sus pertenencias y objetos de valor en su habitación. Solo pónganse sus ropas de tenis y estén abajo a las nueve en punto». Bajamos y un autobús nos llevó hasta el club de tenis en Forest Hills. Allí nos quedamos en el área que servía de salón verde. Nos divertimos, charlamos, comimos y conocí a todo el mundo: a Bill Cosby, al vicepresidente Mondale, a Pelé, a Rosey Grier, Ilie Năstase, Diana Ross, Andy Williams, Renee Richards, Jack Paar... Mientras tanto, los juegos de tenis se iban llevando a cabo en las dos canchas centrales del club. No era realmente un torneo —solo se iba desarrollando— y cuando a uno lo llamaban para jugar, jugaba, porque se trataba de hacer un aporte a estas obras de beneficencia y no de sacar campeones. Estaba esperando que me llamaran mientras Bruce Jenner bromeaba conmigo sobre el tenista profesional que compartíamos. De pronto fue la hora del almuerzo. Caroline y Maria, cada una con su cámara, habían estado todo el tiempo y por todas partes fotografiando a todo el mundo. A mí me tomaron muchas fotos.

El que armó los contendores para los juegos dobles tenía sentido del humor. Mi compañero fue Rosey Grier, ex estrella del fútbol americano de 6,5 pies y 300 libras de peso, que por fortuna jugaba tenis apenas un poco mejor que yo. Nuestros contendores eran dos chicos de diez años.

Nos las arreglamos para jugar con ellos y, cuando Rosey y yo perdimos un punto, nos arrancamos las camisas y amenazamos a los chicos. Eso hizo reír a la gente, que era lo que Ethel quería. Eran personas que estaban donando mucho dinero, habían pagado por sentarse allí y mirar todo el día, de modo que merecían un buen espectáculo.

Ya por la tarde, Caroline y Maria vinieron al área de puesta en escena y me preguntaron:

—¿Qué vas a hacer después de esto?

—No sé, vuelvo a casa, a Los Ángeles.

—Deberías pensar en venir a Hyannis Port.

Sabía que eso quedaba en algún lugar al norte de Nueva York, pero no sabía dónde quedaba exactamente.

—¿Y cómo llegamos allí? —les pregunté.

—En avión.

—¿Y de cuánto tiempo es el vuelo?

—Como de una hora y media. Pero tenemos avión propio, no te preocupes por eso.

Pensé para mis adentros: «Es demasiado complicado. No traje dinero. Solo tengo la muda de tenis y la raqueta que ellos me dieron». Así que les dije: «Ya son las cinco de la tarde». El torneo se estaba acabando, presenté a Pelé para recibir un premio y él me presentó a mí. Luego Bobby Kennedy Jr. subió al escenario, elogió a todos los participantes y entregó más premios.

Después fuimos a un restaurante para una cena temprana y allí continuó la presión de Caroline y Maria: «Tienes que venir a Hyannis Port».

Mirando atrás, ahora creo saber lo que sucedió. Maria y Caroline se dijeron: «¿No sería divertido que Arnold viniera a Hyannis Port?». Éra su sentido del humor. «Hércules en Hyannis Port, ¡qué espectáculo¡». Caroline me conocía de mi visita a Harvard unos meses antes y no sé qué tanto azuzó a Maria. Seguramente les contaron el plan a los primos y por eso estaban las dos en una misión.

—No te preocupes de que tu ropa esté en el hotel —dijo Maria—.

De todas maneras la habitación está pagada por la fundación hasta mañana en la noche. Para entonces ya habrás vuelto y podrás recoger tus cosas y volar a casa. Mientras tanto, ven con nosotros. Para que sepas lo que hacemos… ¿Te gusta esquiar en el agua?

—Sí, sé esquiar en el agua —les respondí—. No puedo pararme en un solo esquí pero en dos sí.

—¿Y sabes nadar?

—Sí, sí. Me gusta mucho nadar.

—Bueno, porque podemos salir en un velero y turnarnos para que nos arrastren en el agua. Vamos hasta Egg Island… ¡Y la pasamos de maravilla! Todo lo que hacemos es en el agua, así que no necesitas traer nada. Ya tienes los shorts de tenis y Bobby, mi hermano, puede prestarte otros shorts, o una camisa, lo que necesites.

—Pero no tengo dinero, nada.

—¡Te vas a quedar en nuestra casa! No necesitas dinero.

Primero salió el avión con las personas mayores: Ethel y Teddy y toda esa generación. Después, a las nueve de la noche me fui yo con los primos. Recuerdo que aterrizamos alrededor de las 10:30 y que después, cuando ya estábamos en la casa de Hyannis Port, Maria empezó a lucirse:

—¡Vamos a nadar!

—¿Cómo así que vamos a nadar?

—¡Es una noche preciosa! Vamos a nadar.

Así que salimos. Nadamos hasta un bote. Fue un buen trecho: ella era una verdadera rata de agua. Nos subimos a bordo para recobrar el aliento y luego seguimos nadando.

Todo esto era parte de la prueba. Y todo el tiempo, los primos arrastraban a la gente hasta el complejo de los Kennedy: la ponían a prueba y le gastaban bromas. Claro que yo no tenía ni idea.

Nos fuimos a dormir. Bobby me dio su habitación, que era contigua a la de Maria. A las ocho de la mañana me despertó una gran conmoción: «¡Todos a vestirse, todos a vestirse! Nos encontramos en la iglesia, la abuela viene a la iglesia. ¡La misa es por ella!». Todos corrían y agarraban ropa de todos.

De repente caí en la cuenta de que yo solo tenía el conjunto de tenis, así que dije: «No tengo qué ponerme».

—Bueno, aquí tienes, toma una de las camisas de Bobby.

Bobby pesaba 170 libras y yo pesaba 230. La camisa, entonces, no se veía muy bien: empezó a abrirse por las costuras y se saltaron los botones. No tenía ropa e íbamos para la iglesia ¡a encontrarnos con Rose Kennedy! Bobby intentó prestarme pantalones pero no tenía ninguno en el que cupieran mis muslos. Así que me tocó ir a la iglesia con shorts, como niño pequeño. Me sentía muy avergonzado y éste, por supuesto, era el propósito justamente. Todos los primos se rieron: «Pero ¡qué cómico! ¡Miren sus pantalones! ¡Vean su camisa!».

Luego volvimos a la casa a desayunar y tuve la oportunidad de ver dónde estábamos. El complejo de los Kennedy era un grupo de casas blancas de dos pisos sobre prados enormes a la orilla del agua, muy pintoresco. Rose tenía una casa y cada uno de sus hijos también. Yo estaba en la de los Shriver porque Maria y Caroline habían acordado que sería huésped de Maria.

Los mayores —Teddy, Sargent y los demás de esa generación— se reunieron a lo largo del día en una y otra casa para desayunar, almorzar y para los cocteles y distintas cosas. La idea de que no se necesitaba ropa era totalmente falsa porque para la hora del coctel todos aparecieron enfundados en sus pantalones blancos y blazers. Y ahí estaba yo con mis shorts haciendo lo que podía mientras Maria y Caroline me presentaban.

Rose vino a conocerme. Tenía curiosidad de saber de este tipo que venía del mundo de los músculos y empezó a preguntarme por el ejercicio:

—Nuestros chicos no hacen mucho ejercicio y eso me preocupa. ¿Podría enseñarnos unos ejercicios ahora? Yo misma necesito algunos, para el estómago.

Pronto tuve a los nietos más jóvenes y también a algunos de los padres haciendo *crunches* y *leg raises*. Fue muy cómico.

Pero aquí había mucho que me intrigaba. ¿Por qué un complejo familiar? ¿Por qué todas estas casas juntas? La forma en que los Kennedy circulaban entre ellos mismos era fascinante: «Hoy tomaremos cocteles donde Teddy y después cenaremos donde Pat. Mañana desayunaremos con Eunice y Sarge»... Y así sucesivamente.

Los primos eran súper competitivos y querían ponerme a prueba para saber si tenía espíritu deportivo. Por ejemplo, me arrastraron con el velero agarrado de una línea. Pero liderados por Joe Kennedy, el mayor, eran también graciosos. Cuando ya estaban listos para su habitual juego de *touch football* (fútbol americano de toque) en el prado de la casa de su abuela, él me preguntó:

—¿Tú juegas?

—Jamás he tocado un balón de fútbol americano —dije yo.

—Ayer vi que presentaste a Pelé como si realmente lo conocieras, así que debes saber jugar *soccer* (fútbol).

—Sí.

De modo que ese día, en uno de esos pequeños gestos que jamás se olvidan, él los puso a jugar fútbol a todos. Joe tenía reputación de ser un tipo rudo al que le daban ataques de furia y gritaba, pero ese día vi que era un tipo con clase y agradecí su comprensión. Él quiso saber qué estaba haciendo yo, de qué se trataba mi entrenamiento. Quería conocer mi mundo, Austria. El hecho de ser el más cercano a mí en edad también influyó para que Joe se relacionara más conmigo que los otros. Cuando alguien es tan considerado conmigo como él lo fue ese día, haré toda mi vida lo que sea por esa persona.

Al atardecer, Maria y yo fuimos a caminar con su abuela. Rose le preguntó a Maria cosas de gramática, como si quisiera asegurarse de que su educación estaba a la altura: «Se dice 'esto, esto y *mí*' o 'esto, esto y *yo*'?». Luego empezó a hablar en alemán conmigo y me explicó que había ido a un colegio de monjas en Holanda. Habló con fluidez de Beethoven, de Bach y de Mozart, y mencionó cuánto le gustaba la ópera y la sinfonía. También me contó que había tocado piano toda su vida. Fue muy interesante sentirme tan cerca de la historia y la matriarca de los Kennedy, de quien tanto había leído y oído.

Más tarde esa noche fue hora de irme. Maria me llevó al aeropuerto

Cuando la gente me viene con un concepto para una película o un guión siempre les pregunto: «¿Cómo es el póster? ¿Cuál es la imagen? ¿Qué es lo que estamos intentando vender aquí?».

Protagonicé *Hércules en Nueva York* en 1969, pero el productor quebró antes de que la película pudiera ver la luz del día. Siete años más tarde conseguí un papel secundario en *Stay Hungry* del director Bob Rafelson, por el cual gané un Golden Globe (estoy alzando a Raquel Welch en forma de celebración). Jeff Bridges, que era el actor protagónico, fue muy generoso con sus consejos de actuación.

Archivos de Michael Ochs/Getty Images

Frank Edwards / Getty Images

Cortesía de MGM Media Licensing

Cuando salimos a hacer la promoción de *Pumping Iron* en el Festival de Cine de Cannes de 1977, George Butler tuvo la idea de contratar a unas bailarinas de cabaret del Crazy Horse en París y vestirlas en trajes con volantes y sombreros para que posaran conmigo en la playa. *Keystone / Getty Images*

Me precipité sobre la oportunidad de trabajar con Kirk Douglas y Ann-Margret en *The Villain*, una burla de los westerns. Mi personaje se llamaba «Forastero buenmozo». *© The Villain Company. Todos los derechos reservados.*

En el set de *Conan the Barbarian* en España creamos un mundo prehistórico, vívido y violento. *Arriba a la izquierda:* el lugar donde el joven Conan mata gente hasta salir de la esclavitud. *Arriba a la derecha:* Me asé al calor del sol mientras fui crucificado en el árbol del dolor. *Derecha:* El director, John Milius, a quien le encantan los cigarros tanto como a mí, estaba empecinado en que la fantasía fuera correcta hasta en el último detalle.

Cortesía de Universal Studios Licensing, LLC

En 1983, antes de bajar a México para la filmación de *Conan the Destroyer*, celebré el hecho de volverme ciudadano americano. *Michael Montfort / interTOPICS*

¿Por qué comer sólo en tu tráiler cuando puedes pasar tiempo con todo el reparto y el equipo? *Arriba:* a la hora de comer en México durante la filmación de *Conan the Destroyer*. *Derecha:* Wilt Chamberlain, quien hizo del traicionero Bombaata, y André el Gigante, quien hacía de Dagoth, el maligno dios-bestia, me dan la inusual sensación de sentirme un tipo pequeño. *Cortesía de Universal Studios Licensing, LLC*

Como el *Terminator*, trabajé en vender la idea de que era una máquina con la que no se podía negociar ni razonar, que no siente ni lástima ni remordimiento ni temor y que no se detendrá hasta que su objetivo esté muerto. *Cortesía de MGM Media Licensing*

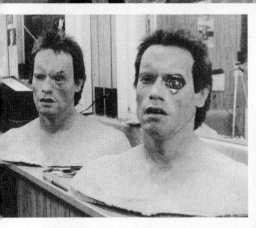

Lo que ocurre en el tráiler del maquillaje es a veces más extraño aún que lo que termina apareciendo en pantalla. Aquí, preparaciones para las reparaciones del brazo y los ojos del Terminator. *Archivo Schwarzenegger*

Visité el Vaticano con Maria y sus padres en 1983 para una audiencia privada con el Papa Juan Pablo II. Para él, además de la religión, la vida se trataba de cuidar de la mente y el cuerpo. Entonces hablamos de sus entrenamientos. *Archivo Schwarzenegger*

Derecha: Después de los sacrificios que hizo para criarnos a mi hermano y a mí, quise que mi mamá viviera a sus anchas. Aquí la traje conmigo para que conociera al presidente Reagan en una cena de estado en la Casa Blanca en 1986. *Foto oficial de la Casa Blanca*

Abajo: Milton Berle se convirtió en mi mentor de comedia. Me animaba diciéndome: «Que tú seas gracioso con tu acento es dos veces más significativo que el que yo sea gracioso. ¡De mí *se espera* que sea gracioso!».
Archivo Schwarzenegger

Simon Wiesenthal, el gran cazador de Nazis, me ayudó a forzar una retracción cuando un periódico de Londres me acusó de ser un neo-Nazi en 1988.
Art Waldinger / Tru-Dimension Co.

Ayudé al vice presidente George Herbert Walker Bush en su existosa campaña a la presidencia en 1988. Aquí estamos preparando discursos a bordo de Air Force Two. *Foto oficial de la Casa Blanca*

El economista Milton Friedman, a quien llegué a conocer durante su jubilación, tuvo gran influencia sobre mi filosofía política.
George T. Kruse

Cinco años después de la premiere de *Conan the Barbarian* me gané la muestra de aprobación más importante de Hollywood: una estrella en el Paseo de la Fama. *Michael Montfort / interTOPICS*

Mi mentor político, Fredi Gerstl es un judío que se unió a la resistencia durante la Segunda Guerra Mundial y que terminó como presidente del parlamento austriaco. *Archivo Schwarzenegger*

Menos de cuarenta y ocho horas antes de que Maria y yo nos casáramos en Hyannis Port, Massachusetts, yo estaba cubierto de lodo en una jungla mexicana filmando *Predator*.

Danny DeVito es un maestro de la comedia, le encantan los cigarros y cocina pasta en el set. ¡No es de sorprenderse que fuera el gemelo perfecto! *Archivo Schwarzenegger*

Paul Verhoeven nos dirige a Sharon Stone y a mí en la escena de *Total Recall* donde mi personaje pierde toda ilusión sobre su matrimonio.
StudioCanal

El director Ivan Reitman se arriesgó conmigo como héroe cómico. Aquí estamos bromeando con un poco de algodón de dulce en el set de *Kindergarten Cop*.
Cortesía de Universal Studios Licensing, LLC

Montando trineo en Camp David: El presidente George H. W. Bush y yo estamos a punto de chocar con la Primera Dama. Su dedicatoria en esta foto dice «¡Gira, maldita sea, gira!».
Foto oficial de la Casa Blanca

El presidente Nixon me puso a hablar en la inauguración de una exposición en su biblioteca presidencial. Terminada la presentación ya me sentía más aliviado y posé aquí con él y con el comediante Bob Hope para una foto. *Ron P. Jaffe/The Nixon Foundation*

Sly Stallone, Bruce Willis y yo la pasamos muy bien en la inauguración de restaurantes Planet Hollywood en todo el mundo. Esta es la inauguración en Londres. *Dave Benett/Getty Images*

Mi personaje y su Harley robada; la combinación perfecta para *Terminator 2*. *StudioCanal*

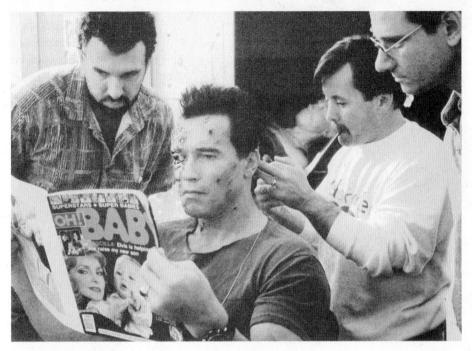

En el tráiler de maquillaje de *Terminator 2*, me estoy poniendo al día con la vida real: nuestra hija Katherine estaba a punto de cumplir un año y venía otro bebé en camino.
StudioCanal

A ratos es difícil explicarle a tu hija lo que haces en el trabajo. Katherine se asustó al ver el maniquí de *Terminator* en el estudio de efectos especiales del gran Stan Winston.
Archivo Schwarzenegger

Clint Eastwood, uno de mis héroes, me explica una escena cuando lo visité en el set de *In the Line of Fire* en 1993. © *1993 Columbia Pictures Industries. Todos los derechos reservados.*

En 1993 Maria y yo convertimos el rodaje de *True Lies* en una aventura familiar. Patrick era un recién nacido, Christina tenía dos años y Katherine tenía casi cuatro. © *1994 Twentieth Century Fox. Todos los derechos reservados.*

Jim Cameron me muestra cómo quiere que el personaje de Harry Tasker salga peleando de un campo de terroristas durante la filmación en los Florida Keys. Jamie Lee Curtis (*abajo*) era Helen, mi esposa en la película. © *Twentieth Century Fox. Todos los derechos reservados.*

Me retiré del fisiculturismo en 1980 pero siempre he permanecido involucrado en el deporte. Aquí estoy celebrando con Kevin Lecrone y Laura Creavalle, los ganadores del Arnold Classic en 1994. *Archivo Schwarzenegger*

Maria demuestra su valentía en una situación asustadora. Una operación de corazón abierto en 1997 para reemplazar una válvula defectuosa falló en el primer intento. Al otro día los doctores me tuvieron que volver a abrir. *Archivo Schwarzenegger*

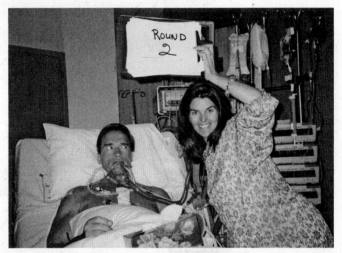

Muhammad Ali y yo ya éramos amigos desde hacía veinte años cuando decidimos unir fuerzas en 2000 para levantar fondos para la Inner City Games Foundation y el Muhammad Alí Center. *Herb Ritts/ trunkarchive.com*

Christina, de seis años, sube la escalera para charlar con su padre mientras estoy crucificado en *End of Days*, un thriller de fin de milenio. *Abajo:* Christopher, de un año y Patrick, de cuatro, también visitan el set.
Cortesía de Universal Licensing, LLC

Me encantó trabajar con Danny Hernández, a mi izquierda, el ex infante de marina que creó el Hollenbeck Youth Center en el este de Los Ángeles, ofreciendo a los niños de un barrio pobre e infestado de pandillas, un lugar a dónde ir, dando a los niños problema una seguna oportunidad. *Archivo Schwarzenegger*

Se me pone la piel de gallina cuando Nelson Mandela habla de la inclusión, la tolerancia y el perdón. En 2001 lo conocí en Robben Island (donde pasó veintisiete años en prisión), para encender la Llama de la Esperanza para los Special Olympics African Hope Games. *Christina Jauschowetz*

Mi primera campaña política fue una cruzada en 2002 para pasar una iniciativa que crearía programas para después del colegio en todas las escuelas primarias y secundarias de California. *Frazer Harrison / Getty Images*

Por pedido del alcalde neoyorquino Rudy Giuliani, visité Ground Zero tres días después del 11 de septiembre para agradecer a los socorristas y para ayudar a subir la moral. *FDNY Photo Unit*

Al ex presidente Bill Clinton le encantaba visitar los sets de las películas. De camino a un discurso en 2003 pasó por el set de *Terminator 3*. *Robert Zuckerman*

En 2010, durante mi último año como gobernador de California, el estado se asoció con los ambientalistas y los conservacionistas para preservar la tierra alrededor del aviso de Hollywood. *Archivos del estado de California / Peter Grigsby*

Apenas dejé la gobernación regresé a trabajar en el mundo del cine. A la derecha, estoy con Sly y Bruce en Bulgaria, donde filmamos *Expendables 2*. *Frank Masi / Millennium Films*

Abajo, estoy en plena lucha encima de un camión en *The Last Stand*. *Cortesía de Lionsgate*

y estábamos charlando junto al mostrador cuando recordé que no tenía dinero: mi billetera estaba en la caja fuerte del hotel en Nueva York. Maria tuvo que hacer un cheque para pagar mi tiquete aéreo. La temperatura se me debió subir unos 100 grados por la vergüenza de tener que pedirle a una chica de 21 años que me prestara dinero. La razón por la cual siempre quise ganar mi dinero era para no tener que pedir jamás una limosna o un préstamo. Lo primero que hice apenas llegué a Los Ángeles fue decirle a Ronda:

—Haz un cheque enseguida y vamos a enviárselo a Maria porque ella me prestó sesenta dólares. Debo devolver ese dinero lo más pronto posible.

Lo envié junto con una nota de agradecimiento.

Maria y yo solo volvimos a encontrarnos en Halloween. Para entonces yo andaba de gira promocional con mi nuevo libro: *The Education of a Bodybuilder*, una mezcla de autobiografía y de introducción al entrenamiento con pesas que hice con un escritor y fotógrafo llamado Douglas Kent Hall después de retirarme de las competencias. A Dan Green, editor de Simon & Schuster, le fascinaba el fisiculturismo y él mismo planeó y organizó el proyecto. Cuando me reuní con él para hablar del plan de marketing para el libro estaba entusiasmado.

—Esto va a salir muy bien —dijo—. Tendrá tanto éxito como *Pumping Iron*.

—No si nos atenemos a este plan publicitario —dije yo.

La propuesta que me estaba enseñando incluía visitas a media docena de grandes ciudades para promover el libro.

—La gente no va a comprar este libro a menos que le contemos que existe —señalé—. De otra manera, ¿cómo van a saberlo? Si quieres que las ventas se disparen no me mandes a seis ciudades apenas. Iremos a 30 ciudades y lo haremos en 30 días.

—¡Treinta ciudades en treinta días! ¡Eso es una locura!

—Alégrate —dije—. Iremos a ciudades a las que normalmente no van las celebridades y, de esa manera, obtendremos más tiempo en los programas de la mañana.

—Sí, eso es cierto —aceptó.

Le recordé que *Pumping Iron* había tenido éxito porque lo promocionamos más ampliamente de lo usual y se vendió en lugares no convencionales, como las tiendas de productos para deportes.

Washington D.C. era uno de esos lugares que las giras de publicidad normalmente omitían. Pero yo había promocionado *Pumping Iron* allá, así que tenía sentido volver e involucrar a los mismos periodistas.

Como Maria había dicho que iba a la escuela en D.C. me pareció natural llamarla. Lo hice con anticipación y muy entusiasmada se ofreció a enseñarme la ciudad. Llegué tarde, a las ocho o nueve de la noche de Halloween. Maria me recogió disfrazada de gitana y me llevó a los bares y restaurantes en los que había trabajado desde que estaba en la universidad. Ella parecía una gitana de verdad, con su abundante y hermoso cabello negro: llevaba un colorido vestido, muchos brazaletes y aretes grandes. Nos divertimos en grande hasta la una de madrugada y ella se fue a casa. A la mañana siguiente yo tuve mi entrevista con la prensa y seguí mi viaje.

Una semana más tarde, el 6 de noviembre, le envié flores por su cumpleaños, algo que nunca había hecho por ninguna chica. Estaba enamorado de ella y acababa de descubrir que se podía ordenar flores por teléfono, lo que para mí era una nueva manera de demostrar gratitud, como la costumbre americana de enviar notas de agradecimiento. Por lo que fuera, a Maria le gustó.

Tan pronto regresé de Europa continué con la gira del libro y fui a dar a Detroit para hacer una presentación en un centro comercial. Llamé a Maria y le dije: «Hey, si quieres ven a reunirte conmigo. Aquí tengo amigos maravillosos y podemos salir». Mis amigos, los Zurkowski, eran dueños de una parte del Chicago Health and Tennis Corporation, la mayor cadena de ejercicios del país, con más de 30 gimnasios en toda América. Maria aceptó venir y salimos juntos. Para mí esto fue un claro indicio de que a ella le interesaba entablar una relación. Sabía que había estado saliendo con un muchacho en la universidad pero parecía que esa luz se estaba apagando. Se me ocurrió que ella estaba lista para seguir adelante.

Por mi parte, no sabía qué estaba pensando cuando la llamé. Me había divertido tanto en Halloween que quería verla de nuevo. Y como ella estaba en la Costa Este se me ocurrió que Detroit quedaba en el vecindario. Todavía no estaba en el punto de querer una relación, y menos una de costa a costa. Ella había hablado de estudiar producción de televisión en Filadelfia apenas se graduara en junio. Yo pensé: «Ni hablar. Filadelfia y Los Ángeles sería difícil».

Pero en eso se convirtió exactamente: una relación de costa a costa. Nunca se habló de que estuviéramos saliendo oficialmente o viendo a alguien más. Fue más como: «Veámonos cuando podamos».

Me gustaba que Maria tuviera tantas aspiraciones. Ella quería convertirse en una figura de peso en las noticias por televisión y yo también le conté de mis ambiciones.

—Un día voy a ganar un millón de dólares por película —dije, porque eso era lo que estaban ganando los actores mejor pagados como Charles Bronson, Warren Beatty y Marlon Brando. Tenía que ser uno de ellos. Le dije que mi meta era ser protagonista y llegar a ser tan exitoso en el cine como ya lo era en el fisiculturismo.

Después de *Stay Hungry*, *Pumping Iron* y *The Streets of San Francisco*, la comunidad en Hollywood parecía estar mucho más al tanto de mí. Pero nadie sabía qué hacer conmigo. Los ejecutivos de los estudios siempre estaban abrumados de proyectos y ninguno iba a sentarse y decir: «Caray, ¿y qué hay de este tipo? Tiene cuerpo y apariencia. Tiene personalidad. Puede actuar. Pero no encaja en ningún papel común y corriente. ¿Qué podemos hacer?».

De manera que necesitaba conectarme con un productor independiente. El que me reclutó fue Ed Pressman, que había hecho *Badlands* con el escritor y director Terence Malick. En ese momento estaba trabajando en *Paradise Alley* con Stallone. Era un hombre de baja estatura, con un aire magistral, oriundo de Nueva York, elegante y de buen vestir. Tenía un título en Filosofía de Stanford y su padre había creado una compañía de juguetes. El proyecto del alma de Ed era llevar a la pantalla grande a un guerrero bárbaro de la literatura barata violenta de los años treinta llamado Conan. Ed y su socio se habían pasado un par de años negociando los derechos para la película y acababan de engavetarlos cuando vieron un corte preliminar de *Pumping Iron*. De inmediato decidieron que yo sería perfecto para *Conan*.

Ed ni siquiera tenía un guion. Me dio una pila de historietas para mirarlas mientras tomaba su decisión. Yo jamás había oído hablar de Conan pero resultó que había todo un culto de chicos sumergidos en esa fantasía. Desde los sesenta, Conan había resurgido en grande, editado como libro de fantasía en rústica. Marvel Comics, además, había tomado el personaje. Para mí, todo eso indicaba que si Conan llegaba a la pantalla ya tendría muchos fans por ahí.

Lo que Ed tenía en mente no era solo una película sino toda una franquicia de *Conan* —como Tarzán o James Bond— con una nueva entrega cada dos años. No recuerdo exactamente cómo lo planteó porque Ed era de bajo perfil. Lo que sí recuerdo es que fue muy persuasivo. Para conseguir respaldo del estudio, me explicó, necesitaba atarme al negocio. Yo no podría aceptar otros papeles de súper macho (otro Hércules, digamos) y tendría que comprometerme a estar disponible para hacer secuelas. Con solo ver las carátulas de los libros en rústica supe que quería el papel: eran unas fantásticas ilustraciones del artista Frank Frazetta que mostraban a Conan levantando sus hachas de guerra, parado triunfante sobre una pila de enemigos muertos. O aparecía Conan con una hermosa princesa a sus pies, también en un caballo de guerra cargando contra un ejército de enemigos aterrorizados.

En el otoño de 1977 acordamos un trato para que yo hiciera *Conan the Warrior* y cuatro secuelas. Me darían $250.000 por la primera película, $1 millón por la siguiente, $2 millones por la siguiente y así sucesivamente, más un 5% de las utilidades. Las cinco películas valdrían $10 millones en diez años. Pensé: «¡Esto es fantástico! He sobrepasado mi meta». La noticia del trato se esparció rápidamente en Hollywood, la prensa del gremio la recogió y, cuando yo iba a pie por Rodeo Drive, los comerciantes salían de sus tiendas para invitarme a pasar. Aunque todavía había muchas incógnitas, firmar ese contrato me dio la seguridad de que estaría entre los actores que ganaban un millón de dólares en la industria del cine. De modo que cuando le conté a Maria que esa era mi visión, sabía que se convertiría en una realidad.

No imaginé que eso tomaría varios años más, pero tampoco tenía prisa. Con los derechos y el actor ya asegurados, Ed debía buscar el director y el dinero para hacer la primera película. John Milius quería el proyecto —le encantaba la mezcla de macho y mitología de los libros de Conan— pero estaba ocupado rodando una película *coming-of-age* (género cinematográfico que se centra en el crecimiento psicológico y moral del protagonista) de un surfeador, con Gary Busey: *Big Wednesday*. Así que Ed seguía buscando un director. En el aspecto financiero tuvo más suerte: Paramount Pictures accedió a poner $2,5 millones para el desarrollo inicial siempre y cuando Ed incluyera un guionista de prestigio en el proyecto.

Por eso conocí a Oliver Stone. En ese momento él era considerado una estrella en ciernes y había terminado el guión de *Midnight Express*, acerca de un americano joven que la policía turca mete a la cárcel. Ese guion le valdría su primer Oscar. *Conan* le llamaba la atención porque era épica y mítica y tenía potencial de franquicia, y porque en Paramount estaban dispuestos a pagar.

Oliver y yo nos reunimos durante todo el año siguiente, siempre que estuve en la ciudad. Era un tipo loco, muy inteligente y un genio de la entretención. Se consideraba a sí mismo un gran escritor y a mí me gustó que fuera tan seguro de sí mismo como yo. Salíamos juntos y, aunque él era de izquierda y yo de derecha, nos respetábamos mutuamente. Stone estaba totalmente en contra del establecimiento y se la pasaba renegando del gobierno, de Hollywood y de Vietnam.

Oliver me hizo leer una cantidad de historietas y novelas de fantasía en voz alta para hacerse una idea de mi manera de lidiar con el diálogo y de lo que sonaba y no sonaba bien en mi voz. Se sentaba en el sofá y cerraba los ojos mientras yo leía pasajes como: «Aquí llegó Conan, el

Cimmerio, pelo negro, ojos sombríos, espada en mano, ladrón, villano, asesino, el de infinitas melancolías y colosal alborozo, a aplastar los enjoyados tronos de la Tierra bajo sus sandalias».

Ed tenía un presupuesto de $15 millones para la película, casi el doble de los costos de una película promedio, y le había dicho a Oliver que pensara en grande. Oliver así lo hizo. Transformó la historia en lo que más tarde Milius describiría como un «sueño febril con ácido». En lugar de desarrollarla en un pasado remoto la situó en el futuro, después de la caída de la civilización. Imaginó una saga de cuatro horas de duración: las fuerzas de la oscuridad amenazan la Tierra y Conan debe reclutar un ejército para restablecer el reino de una princesa en una batalla épica contra 10.000 mutantes. Oliver se ideó las imágenes más extraordinarias, como la del Árbol del Infortunio, una enorme planta depredadora que se apodera de los camaradas de Conan cuando tratan de cortarlo a punta de hachazos y los aprisiona luego en su submundo, que es el infierno del Árbol. Su guion también incluía un perro de muchas cabezas, una harpía, pequeñas criaturas que parecen murciélagos y mucho más.

Sin embargo, para cuando el guion empezó a circular el siguiente verano, aún no estaba claro si el proyecto se realizaría. Filmar la visión de Oliver costaría una fortuna: ya no serían $15 millones sino $70 millones. Aunque *Star Wars* estaba batiendo todos los récords de taquilla y los estudios andaban en busca de superproducciones, eso era demasiado, y en Paramount les dio miedo y se echaron atrás. Ed ya llevaba cuatro años desarrollando a Conan: él y su socio estaban endeudados.

Decidí adoptar un enfoque zen para todo el asunto. Tenía mi contrato y sabía que el desarrollo de grandes producciones podía tomar mucho tiempo. «No tengo prisa alguna», me dije. Estas demoras tenían que darse. Solo quería asegurarme de usar sabiamente el tiempo para que, cuando llegara el día de empezar el rodaje, yo estuviera listo.

Ed preparó proyectos que me dieran más experiencia frente a las cámaras. Interpreté un papel secundario en *The Villain*, una parodia de western protagonizado por Kirk Douglas y Ann-Margret. El nombre de mi personaje era "Handsome Stranger" (Forastero Apuesto) y el resto de la película era igual de idiota. Fue un fracaso de taquilla total y lo más que puedo decir de ese film es que afinó mi destreza para montar a caballo. También fui co-protagonista de Loni Anderson en una película para la televisión —*The Jayne Mansfield Story*—, en la que interpreté al segundo marido de Mansfield, el campeón de fisiculturismo de 1950 Mickey Hargitay. Estos papeles no eran estelares, no implicaban mucha presión y me ayudaron a prepararme para lo más importante: *Conan*, la gran película internacional con promoción a nivel mundial y con $20 millones que la respaldaban.

Mientras tanto seguía atendiendo mis negocios. Aún dirigía mis empresas de fisiculturismo y co-producía el campeonato en Columbus, Ohio, que al final se convertiría en el Arnold Classic. Cada año Jim Lorimer y yo podíamos aumentar el importe del premio en efectivo y cada año el evento se volvía más grande. Entretanto, en bienes raíces se presentaron oportunidades demasiado buenas como para desperdiciarlas. En el sur de California, el valor de la propiedad estaba aumentando casi al doble de la tasa de inflación. Uno podía dar una cuota inicial de $100.000 para comprar algo de $1 millón que al año siguiente costaría $1,2 millones. O sea, la utilidad de la inversión era del 200%. Era de locos. Al Ehringer y yo vendimos nuestro edificio de Main Street y compramos, para un proyecto de reurbanización, una manzana en Santa Monica y otra en Denver. Yo cambié mi edificio de 12 apartamentos por uno de 30. Para cuando Ronald Reagan asumió la presidencia y las cosas se calmaron, yo había hecho realidad otra parte del sueño del inmigrante: había ganado mi primer millón.

Conan the Barbarian aún estaría atascado en las historietas si John Milius no hubiera reaparecido en 1979. Él tomó el guion de Oliver Stone, lo redujo a la mitad, y volvió a escribirlo para que costara mucho menos. Todavía, sin embargo, salía a $17 millones. Pero Milius tenía algo que era aún mejor para Ed Pressman: su manera de conseguir el dinero. Tenía un contrato para hacer su próxima película con Dino de Laurentiis, quien amaba la fantasía. Ya para finalizar ese otoño, Dino y Ed hicieron negocio y Dino efectivamente le compró el proyecto a Ed. Con las conexiones de Dino entraron las grandes ligas a la distribución y Universal Pictures acordó manejar *Conan* en los Estados Unidos.

De repente ¡bang!: el proyecto echó a andar.

Sin embargo, lo que era bueno para Conan el Guerrero no necesariamente era bueno para mí. De Laurentiis todavía me despreciaba por nuestro primer encuentro. Aunque yo estaba bajo contrato, quería deshacerse de mí.

—A mí no me gusta el Schwarzenegger —le dijo a Milius—. Es un nazi.

Afortunadamente John ya había decidido que yo era la elección perfecta para ese papel.

— No, Dino— le dijo—. En este equipo solo hay un nazi y soy yo. *¡Yo soy el nazi!*

Milius no era ningún nazi, por supuesto, solo quería escandalizar a Dino y le encantaba decir cosas indignantes. Durante el resto de la producción se dedicó a visitar tiendas de antigüedades extrañas y compraba pequeñas figuritas de plomo de Mussolini, Hitler, Stalin y de Francisco Franco para ponerlas en el escritorio de Dino.

La siguiente movida de Dino fue enviar al abogado de su compañía para que renegociara conmigo. El hombre era de apellido Sidewater y mi agente Larry lo apodó Sidewinder, que es un tipo de serpiente cascabel. El abogado anunció: «Dino no quiere darle cinco puntos, como dice en el contrato. Él no quiere darle puntos».

—Quédese con los puntos —le dije—. No estoy en situación de negociar.

El tipo me miró boquiabierto.

—¿Todos los cinco? —me preguntó, estupefacto al oírme decir eso: estaba esperando que yo no aceptara. Cada uno de esos pequeños dígitos puede convertirse en muchos miles de dólares cuando una película tiene éxito.

—Todos los puntos —dije—. Quédese con ellos. Quédese con todos.

Yo estaba pensando: «Puedes quedarte con ellos y metértelos por donde te quepan porque no es por ellos que estoy haciendo la película». Yo era consciente de la realidad: era una situación sesgada en la que Dino tenía el dinero y yo necesitaba la carrera, de modo que no tenía sentido discutir. Era cuestión de oferta y demanda. Pero también pensé: «Llegará el día en que se voltee la tortilla y Dino tendrá que pagar».

A medida que nos hicimos amigos me di cuenta de que con John Milius todo era dramático. Andaba en una Harley Davidson y parecía un oso barbudo, de cabello negro y rizado, que fumaba cigarros. La historia lo obsesionaba, especialmente las guerras, y tenía un conocimiento enciclopédico de batallas y armas desde la época de los egipcios, los griegos y los romanos, hasta hoy. Podía hablar con propiedad de vikingos y mongoles, de piratas de todas las épocas, de los samuráis y de los reyes y hombres de arco largo del medioevo. Conocía el tamaño de cada una de las balas usadas en la Segunda Guerra Mundial, y qué tipo de pistola llevaba Hitler. John no necesitaba investigar, ya lo tenía todo en la cabeza.

Le gustaba considerarse un Zen fascista y se jactaba de ser tan de derecha que ni siquiera era republicano. Algunas personas en la ciudad pensaban que estaba perturbado. Pero era tan fabuloso escritor que incluso los liberales le pedían ayuda para sus guiones, como Warren Beatty con *Reds*. Nadie escribía mejor que él las líneas de machos. El soliloquio de *Jaws* es de Milius: mientras toda su tripulación está siendo devorada por tiburones, el Capitán Quint relata en ese monólogo el hundimiento del *USS Indianapolis* en la Segunda Guerra Mundial después de haber entregado la bomba que sería lanzada sobre Hiroshima. Sus palabras finales son: «Mil cien hombres entraron al agua. Trescientos dieciséis salieron de ella ese 29 de junio de 1945. Los tiburones acabaron con los demás. Igual entregamos la bomba». Milius escribió la icónica línea de Robert Duvall en *Apocalypse Now*: «Amo el olor del napalm en la mañana. Huele a... victoria». Y por supuesto, la línea que ya era mi favorita en *Conan*, cuando al Bárbaro le preguntan: «¿Qué es lo mejor en la vida?», y él dice: «Aplastar a mis enemigos, verlos arrastrarse frente a mí y escuchar el lamento de sus mujeres».

Era divertido salir con un tipo tan absolutamente comprometido con la fantasía del macho, ideal de masculinidad de Teddy Roosevelt. A mí, en cambio, me gustaba entrar y salir de ese ideal. Un minuto podía ser actor, al siguiente un vagabundo de la playa, al otro minuto hombre de negocios, al otro minuto un campeón de fisiculturismo, al siguiente Romeo, lo que fuera. Pero Milius estaba cerrado a la banda y eso era parte de su encanto. En su oficina siempre tenía sobre el escritorio revólveres, espadas y navajas. Le encantaba mostrar sus Purdeys (escopetas británicas) fabricadas por encargo y grabadas especialmente. Tomaba meses hacer cada una y costaban decenas de miles de dólares. John se daba el gusto de tener una nueva después de cada película: la escopeta siempre formaba parte del trato. Si entregaba la película a tiempo, automáticamente recibía una Purdey.

Milius sabía mucho del mundo y le encantaba compartir sus conocimientos con quien quisiera escucharlo. Agarraba una espada y decía: «Toca esta espada. Siéntele el peso. Ésta es la diferencia entre la espada británica y la francesa. La francesa siempre es más liviana…» y por ahí seguía. O miraba a una actriz y decía: «Sí, es preciosa, pero no despertaría el instinto sexual en la era de Conan. No creo que sus mujeres tuvieran esos senos descomunales. Y mira qué separados tiene los ojos, y la forma de la nariz y los labios. Esos labios no son egipcios».

Milius inmediatamente me puso a ver películas que consideraba importantes para mi preparación. Ponía *The Seven Samurai* y me decía: «Tienes que ver a Toshiro Mifune. Observa la forma en que se enjuga la boca, su manera de hablar, su forma de agarrar a las mujeres. Todo con estilo, todo un poquito más exagerado que la vida real y siempre buscando pleito. Así es Conan». También me hizo prestarle mucha atención a la destreza en el manejo de la espada porque el *kenjutsu* era parte de toda una gama de estilos de combate que Milius estaba entretejiendo en el universo de Conan. El guion requería un museo completo de espadas, hachas de batalla, lanzas, navajas y armaduras empleadas a lo largo de toda la historia.

Consiguió todo tipo de expertos para que me entrenaran: maestros en artes marciales, armeros y dobles de riesgo que eran jinetes especializados. Durante tres meses me dieron clases de combate con sable, dos horas diarias. A diferencia de la espada samurái —que es muy liviana y muy cortante, diseñada para cortar cabezas y brazos y piernas y un cuerpo por la mitad— el sable es macizo y de doble filo y está hecho para dar grandes golpes que eventualmente traspasan armadura y carne. Tuve que aprender qué partes del cuerpo son vulnerables al ataque, cómo blandir la espada y lo que pasa si uno falla. El impulso de una espada de 11 libras puede hacerte perder el equilibrio, igual que ocurre con un arma de fuego que da un culatazo tremendo, así que es indispensable anticipar y canalizar el impulso para poder devolverse enseguida con otro golpe.

El siguiente fue un instructor de *kenjutsu* y después vino uno que era experto en un estilo de pelea brasilero que combinan puñetazos y movimientos de lucha con todo tipo de derribos, golpes de codo y tiradas del contrincante al suelo. Otro doble me enseñó técnicas para escalar, caer y rodar, y también para saltar a una colchoneta desde 15 pies de altura. Milius estaba ocupado en la pre-producción de *Big Wednesday* pero siempre sacaba tiempo para pasar por donde yo estuviera entrenando para verificar mis progresos y grabarme en video.

El entrenamiento era intenso: tomaba tanto tiempo como la preparación para una competencia de fisiculturismo y yo me dediqué por completo. Sentía que de repente mi carrera cinematográfica había cobrado una nitidez perfecta. La visión siempre estuvo allí, pero algo vaga, pues nunca tuve claro qué dirección tomaría o cómo llegaría mi gran oportunidad. Pero haber sido escogido como Conan para mí fue lo mismo que haber obtenido mi primer título internacional de fisiculturismo. Hasta ese momento, yo había podido ver mi progreso en el espejo y ver crecer lentamente mis músculos, sin que supiera realmente cuál era mi situación. Pero el día que gané Mr. Universo pensé: «Dios mío, esos eran jueces internacionales, yo competí con tipos que veía en las revistas y gané. Voy a triunfar».

Ahora los pesos más pesados de Hollywood estaban interesados en mi carrera. Dino me estaba dando la oportunidad de probarme en el cine, en cierta forma lo mismo que Joe Weider había hecho por mí en el fisiculturismo. Y ahora yo tenía conexión con Universal Pictures, uno de los estudios internacionales más grandes, que estaba produciendo éxitos tan importantes como *The Deer Hunter* y *Jaws.* En ese momento el estudio estaba rodando *E.T.* Los tipos que dirigían Universal —Lew Wasserman y Sid Sheinberg— eran personajes legendarios. Ellos hacían las estrellas.

El doble que era mi instructor, veterano de Hollywood y agudo observador del medio, me señaló lo mismo enseguida.

—Tú sí que tienes suerte, hombre —me dijo—. ¿Te das cuenta de que ya eres parte de la maquinaria de Hollywood? ¿Sabes cuánto dinero van a gastar en tí, solo en tí? Veinte millones de dólares en la película… ¡Veinte millones de dólares! Y eres el protagonista. Toda esa maquinaria va a trabajar para ti. Vas a ser enorme.

Pensé en toda la gente que venía a Hollywood y luchaba para poder pagar sus cuentas trabajando como meseros y meseras mientras trataban de conseguir papeles. A algunos los conocía de las clases de actuación y los había escuchado decir cosas como: «Me rechazaron de nuevo, no sé qué hacer». Los rechazos en Hollywood son pan de cada día y la paliza sicológica puede ser despiadada. Luego, además, hay que volver a casa avergonzado por el fracaso. Por eso es que tantos actores y actrices recurren a la droga. Y yo, que había podido evitar esa experiencia, había sido el afortunado. Me habían escogido. Claro que ahora debía demostrar que lo merecía, pero eso no me preocupaba: estaba dispuesto a hacer lo que hiciera falta para llegar.

Este sentimiento de orgullo no lo compartí con nadie. Mi estilo era seguir adelante sin reflexionar mucho. Pero fue un sentimiento estupendo.

El instructor más salvaje de todos los que Milius me consiguió era un fanático de Conan que en la vida real vivía en las montañas, al aire libre. Estaba tan metido en las historias de Conan que quería vivir la vida de Conan: se volvió un experto en dormir en la nieve, subir a los árboles y vivir de la tierra. Incluso se llamaba a sí mismo Conan. La tierra y las temperaturas bajo cero no parecían incomodarlo: fui con él a Aspen y esquió en shorts. Me pregunté si estaría resentido conmigo porque yo había obtenido el papel pero él estaba encantado de que el trabajo fuera mío. Entre los fans de Conan se había corrido la voz de que yo estaba entrenando muy duro para este papel, que realmente montaría a caballo y que pelearía con la espada yo mismo. De modo que los fans acérrimos decidieron que yo era una buena opción, sobre todo porque mi cuerpo se parecía mucho al de Conan en las historietas. Además del gusto que me daba ser aceptado, supe que ésas eran señales prometedoras para la película porque se suponía que ellos eran el núcleo del público, los espectadores que volverían a ver la película una y otra vez y se la recomendarían a sus amigos. Como premio por haberse tomado el tiempo para ayudarnos, llevamos a Conan a Europa cuando filmamos y le tocó interpretar a un guerrero enemigo en una escena de lucha en la que tuve que volverlo pedazos.

CAPÍTULO 13

Maria y yo

AUNQUE POLÍTICAMENTE MARIA Y yo estábamos en lados opuestos, la política nos unió geográficamente, pues ella se mudó a California para trabajar en la campaña de Teddy. En la política americana era casi insólito que un presidente en campaña se enfrentara a un contendor de su propio partido para ser reelegido, pero el período de Jimmy Carter había sido tan decepcionante y la moral de América estaba en un punto tan bajo que Teddy decidió lanzarse. Y cuando alguien decidía postularse como candidato en la familia Kennedy, todo el mundo arrimaba el hombro: se suponía que debías dejar tu vida en suspenso y dedicarte a hacer campaña.

Lo primero que hicieron Maria y su amiga Bonnie Reiss fue empapelar con afiches y adhesivos de Kennedy '80 todo mi Jeep, que era un Cherokee Chief color café del cual me sentía orgulloso. Muy grande si se comparaba con autos comunes y corrientes, fue el primer SUV que salió. Yo había ido hasta Oregón para ahorrarme $1.000 del precio. Le había instalado un parlante y una sirena para fanfarronear de vez en cuando y espantar a otros conductores de mi camino. Pero ahora, cada vez que andábamos por la ciudad, me encogía un poco en el asiento con la esperanza de que no me vieran. Además, me sentía raro llegando todos los días al gimnasio, donde era conocido por ser partidario de los republicanos (igual que la mayoría de sus afiliados), con todos los afiches de Teddy.

Personalmente esperaba que Ronald Reagan fuera elegido presidente pero nadie pedía mi opinión: era Maria a quien querían ver. Hollywood, por supuesto, es una ciudad muy liberal y su familia tenía profundas conexiones allí. Su abuelo Joe Kennedy había tenido mucho que ver con la industria cinematográfica y los Kennedy eran famosos por involucrar gente del mundo del entretenimiento en sus campañas. De modo que todos en la familia conocían mucha gente de Hollywood y recurrían a actores, directores y ejecutivos para que les ayudaran a recaudar fondos. Peter Lawford, el tío de Maria, era una estrella y un gran amigo de Frank Sinatra y Dean Martin. Ella había escuchado hablar de estos hombres desde su niñez, los había visto en casa de sus padres y había estado en las de ellos en Palm Springs. Y en 1980, tan pronto llegó, conoció a las esposas de ellos.

El centro de la campaña de Kennedy llamaba a estudios y agencias y le programaba a Maria citas con celebridades y gente muy importante. «A Maria le gustaría visitarlo para hablarle de un evento que vamos a organizar», dirían. Casi invariablemente la reacción sería: «¡Dios Santo, viene una Kennedy!», y las puertas se abrían. Por lo general, Maria iba con otros miembros del personal de la campaña pero a veces yo mismo la llevaba o incluso la acompañaba. La candidatura de Teddy era tan polémica que no resultaba fácil conseguir respaldo. A menudo yo escuchaba a gente como el productor Norman Lear explicarle a Maria por qué no respaldaban a Teddy sino a John Anderson, el candidato independiente, o por qué preferían quedarse con Carter.

Maria ni siquiera había cumplido 25 años pero era una persona que había que tener en cuenta. Eso me había quedado claro desde el principio. En 1978, unos seis meses antes de que nos conociéramos, yo posé para un ensayo fotográfico que la revista *Playgirl* iba a publicar. Se lo habían encargado a Ara Gallant, mi amigo fotógrafo de Nueva York, y a mí se me ocurrió que debíamos hacer una escena de salón cervecero. Sería un salón cervecero tradicional pero, en lugar de que robustas mujeres alemanas sirvieran jarros, pretzels y salchichas, lo harían chicas sexy con las tetas al aire. Fue una de esas ideas locas que a veces se me ocurrían y Ara estaba encantado. Pero cuando se la describí a Maria y le conté que estábamos trabajando en la diagramación me dijo que todo el asunto era una pésima idea.

—Pensé que querías hacer películas —dijo ella—. ¿Tú crees que si posas con esas chicas con las tetas colgando los productores dirán: «¡Hey, guau! Yo quiero a este tipo»? Lo dudo. ¿Por qué quieres hacer esto?

Tuve que admitir que no tenía una respuesta. Solo había estado de un humor idiota y le había dicho a Ara: «Hagamos algo divertido». No estaba tratando de conseguir nada con eso.

—Bueno, como no hay una razón y eso no va a llevarte a nada, dale mate —dijo Maria—. No lo necesitas. Ya te divertiste, ahora sigue adelante.

Ella fue implacable y tan convincente que acabé consiguiendo que *Playgirl* no publicara la historia. Pagué, eso sí, los $7.000 que les había costado el trabajo de las fotos.

Maria sabía lo que decía en cuanto a la percepción del público por el mundo en que había crecido y, de mis novias, era la primera a la que mis ambiciones no le habían parecido un fastidio ni algún tipo de locura que fuera en contravía de su propia visión del futuro: matrimonio e hijos con una casita acogedora en cualquier parte para llevar una típica vida americana promedio. El mundo de Maria no era tan pequeño como todo eso. Era un mundo gigantesco por todo lo que habían hecho su abuelo, su padre, su madre y sus tíos, y finalmente yo había encontrado una chica con un mundo por delante tan grande como el mío. Ya había alcanzado algunas de mis metas pero muchas partes de mi mundo todavía eran sueños: cuando yo le hablaba de esos sueños, que eran aún más grandes, ella nunca me dijo: «Vamos, es que eso no puede hacerse».

Maria lo había visto en su familia: su bisabuelo había empezado de cero y su abuelo amasó una enorme fortuna en Hollywood con el negocio del licor, los bienes raíces y otras inversiones más. En su mundo, ver que un pariente se postulara para ser presidente o senador no era nada fuera de lo común. Ella había oído a su tío John F. Kennedy decir:

«Vamos a llevar a un hombre a la luna». Su madre había creado Special Olympics y la convirtió en una organización internacional para promover la competencia deportiva entre personas discapacitadas psíquicamente. Su padre era fundador y director de los Cuerpos de Paz (*Peace Corps*), había creado Job Corps, VISTA y Legal Services for the Poor —todo eso bajo las administraciones Kennedy y Johnson— y además fue embajador de los gobiernos de Lyndon Johnson y Richard Nixon en Francia.

Así que si yo decía: «Quiero ganar $1 millón por película», a Maria no le parecía absurdo. Solamente le producía curiosidad:

—¿Cómo vas a hacerlo? —diría—. Admiro lo determinado que eres. No entiendo cómo alguien puede ser tan disciplinado.

Es más, conmigo ella pudo ver algo que jamás había presenciado de primera mano: cómo conviertes cada dólar en dos, montas negocios y te vuelves millonario.

La forma en que fue criada le había dado enormes ventajas: la ventaja de ser inteligente, la ventaja de absorber el conocimiento que tenía su madre, el de su padre y el conocimiento de toda la familia. La ventaja de conocer la clase de gente que llegaba a su casa e ingresaba al círculo de los Kennedy y la ventaja de escuchar o presenciar sus conversaciones. La ventaja de haber vivido en París mientras su padre fue Embajador en Francia, y de viajar por el mundo. Y la ventaja de estudiar en buenas escuelas y visitar campamentos interesantes, además de haber crecido jugando tenis, esquiando y compitiendo en exhibiciones ecuestres.

Pero también hubo desventajas: Eunice y Sarge eran de un carácter tan fuerte que los chicos no llegaban a formar sus propias opiniones sobre las cosas. Ambos tenían buen cuidado de hacerles saber a sus hijos que eran inteligentes.

—Esta es una muy buena idea, Anthony —escuché a Eunice decirle al menor de sus hijos, cuando apenas empezaba su escuela secundaria—. Yo lo haría de ésta y ésta otra forma, pero tú tienes ahí un buen punto. No se me había ocurrido pensar en eso.

Sin embargo, en el hogar había una jerarquía estricta según la cual los padres, usualmente Eunice, tomaban las decisiones. Eunice tenía una personalidad muy dominante pero eso a Sarge no le molestaba.

Cuando a uno lo crían de esa forma es difícil tomar decisiones propias y las personas acaban creyendo que no es posible actuar sin el aporte de sus padres. Los padres decidían dónde pasar las vacaciones. Decidían donde ir a esquiar. Decidían cuáles universidades considerar. Y sí, los chicos tenían algún grado de participación, pero el sentir general era que los padres dirigían la parada. Pero muchas veces ni siquiera *ellos* dirigían la parada sino la familia Kennedy. El grado de conformidad en la familia era extremo. Ni uno solo de los 30 primos, por ejemplo, era republicano. Si uno agarra 30 personas de cualquier familia es imposible que todas sean iguales. Por eso siempre le tomaba el pelo a Maria: «Tu familia es como una mano de clones. Si le preguntas a tu hermano cuál es su color favorito no sabrá qué responder. Dirá: *Nos gusta el azul*».

Ella se reía y decía: «Eso no es cierto, mira qué distintos somos todos». Y yo le diría: «Todos son ambientalistas, todos son atléticos, todos son demócratas, todos respaldaron a los mismos candidatos y a todos les gusta el azul».

Otra gran desventaja era la percepción que el público en general tenía de la familia. Independientemente de lo que cualquiera de ellos hiciera, por el hecho de ser un Kennedy o un Shriver, nadie reconocía sus logros. La gente decía: «Si yo fuera un Kennedy también lo haría». Por todas esas razones Maria tenía que luchar más que la mayoría de las personas para forjarse una identidad propia.

Sarge y Eunice me acogieron muy bien. La primera vez que Maria me llevó a su casa en Washington, Sarge bajó las escaleras con un libro en la mano.

—Estaba leyendo sobre tus grandes logros —me dijo.

Había encontrado que me mencionaban en un libro sobre americanos inmigrantes que, habiendo llegado sin nada, habían triunfado en algo. Esa fue una agradable sorpresa: aún no esperaba estar en los libros porque el fisiculturismo todavía era algo extraño. Yo pensaba que escribirían sobre inmigrantes como Henry Kissinger pero no sobre mí. Fijarse en ese pasaje y mostrármelo fue algo gentil y muy generoso de su parte.

Eunice me puso a trabajar enseguida. Estaba encantada de saber que yo había estado involucrado en la investigación de Special Olympics en la Universidad de Wisconsin. Antes de darme cuenta, ya le estaba ayudando a impulsar la idea de agregar el levantamiento de potencia a los juegos de Special Olympics y también a desarrollar talleres sobre levantamiento de pesas para personas con discapacidades mentales en todos los sitios a los que viajaba.

Si Sarge y Eunice no hubieran sido tan gentiles, la primera cena que compartieron conmigo en su casa habría sido difícil. Las edades de los hermanos de Maria iban de 22 a 11, y ahí mismo uno de los menores abrió la boca para decir: «Papi, a Arnold le encanta Nixon». Yo nunca había dicho eso exactamente pero él debió haber leído en alguna parte que Nixon me había inspirado. El hecho era que, cuando llegué a América y Nixon era candidato a la presidencia en 1968, él parecía poner en palabras todo aquello en lo que yo creía. Era la forma que Nixon tenía de ver el mundo, y no la de Hubert Humphrey, la que me parecía razonable.

Sin embargo, Hubert Humphrey y Sargent eran grandes amigos, incluso Humphrey había querido que Sarge fuera su compañero de fórmula, hasta que en 1968 la familia Kennedy torpedeó la idea. De modo que me sentí realmente incómodo cuando uno de los chicos hizo ese anuncio sobre Nixon.

Como buen diplomático, Sarge solo dijo: «Bueno, cada quien piensa diferente acerca de estas cosas». Más adelante hablamos de ello y le expliqué que mi admiración por Nixon había sido mi reacción por haber crecido en Europa, donde el gobierno se encargaba absolutamente de todo: un 70% de la gente trabajaba para el gobierno y la mayor aspiración era conseguir un puesto público. Ésa era también una de las razones por las cuales me había ido.

Sargent resultó ser un estudioso del idioma alemán porque era de ascendencia alemana. De hecho, había pasado unas vacaciones escolares de verano en Alemania hacia la mitad de la década de 1930 y, enfundado en los típicos *lederhosen,* había ido de un pueblo a otro en su bicicleta, explorando la campiña alemana y austriaca. La subida de Hitler al poder no impresionó mucho a Sarge en su primer verano, el de 1934. Pero en el segundo, en 1936, después de que Sarge aprendió a reconocer la SS, la SA y las Juventudes de Hitler, leyó acerca de presos políticos enviados a Buchenwald y escuchó a Hitler hablando, regresó convencido de que América debía tratar de mantener su distancia. Y fue tal su convencimiento que en 1940 cofundó en Yale con otros condiscípulos como Gerald Ford, futuro presidente, y Potter Stewart, futuro magistrado de la Corte Suprema, el America First Committee, un grupo de presión que se oponía a la entrada de América a la Segunda Guerra Mundial. Sin embargo, antes del ataque a Pearl Harbor en 1941, Sarge se alistó en la Marina y prestó servicio durante la guerra. Los dos hablamos en alemán muchas veces: él no lo hablaba con mucha fluidez pero sí podía cantar en alemán.

Las comidas familiares en el hogar de los Shriver eran lo más opuesto a mi crianza que uno pudiera imaginar. Sarge me preguntaba en la mesa:

—¿Qué habrían hecho tus padres si les hubieras hablado como mis hijos me están hablando?

—Mi papá me habría abofeteado enseguida.

—¿Oyeron eso chicos? Arnold, repítelo. Repítelo. Su padre lo habría abofeteado. Eso es lo que yo tendría que hacer con ustedes, chicos.

—Oh, papi —decían los chicos, lanzándole un trocito de pan.

Tenían ese tipo de humor en la mesa que a mí me dejaba atónito. La primera vez que fui a cenar donde ellos, uno de los chicos se echó un pedo cuando acabó la cena. Otro eructó y otro se dejó caer con todo y silla hacia atrás. Se quedó sentado en el suelo, diciendo: «Uf, mano, hoy sí que quedé lleno, coño».

—No vuelvas a decir eso en esta casa, ¿me oíste? —dijo Eunice.

—Lo siento, mamá, pero estoy tan lleno… Tú cocinas increíblemente.

Por supuesto, eso también era una broma: Eunice no sabía preparar ni un huevo tibio.

—Agradece que estás alimentado —dijo ella.

De hecho, ella y Sarge tenían un enfoque hacia la crianza mucho más informal del que Meinhard y yo habíamos experimentado. Siempre se nos ordenaba callar mientras a estos chicos siempre les decían que participaran en la conversación. Cada quien debía expresar algo. Si estaban hablando del 4 de julio, del hecho que era una gran celebración, Sargent diría: «Bobby, ¿para ti que significa el 4 de julio?». Ellos hablaban sobre temas políticos, males sociales y cosas que el presidente había dicho. Todo el mundo debía pensar en algo y participar.

Aunque Maria y yo vivíamos en costas opuestas, nuestras vidas se entrelazaron. Ella vino a mi graduación en Wisconsin donde, después de una década de cursos en distintos *colleges,* se me confirió una licenciatura en administración con especialización en marketing internacional de *fitness*. Maria apenas iniciaba su carrera en televisión y trabajaba como productora en los noticieros locales de Filadelfia y Baltimore. Yo la visitaría allá y una o dos veces asistí a un show con su amiga Oprah Winfrey, que también estaba empezando y tenía un programa de entrevistas en Baltimore. Maria siempre escogía amigas interesantes y Oprah realmente era sobresaliente: talentosa y agresiva, era evidente que confiaba en sí misma. Para uno de sus programas, Oprah vino al gimnasio e hizo ejercicios conmigo para mostrar la importancia de mantenerse en forma, y en otro programa habló de la relevancia de enseñar a los niños a que lean y se interesen en los libros.

Me sentía orgulloso de Maria. Por primera vez vi lo decidida que estaba a labrar su propio nicho. No había otros periodistas en la familia. En su entrevista de trabajo le preguntaron: «¿Está dispuesta a trabajar 14 horas diarias o espera que la mimemos por ser una Shriver?». Ella dijo que estaba dispuesta a trabajar duro y lo hizo.

Fuimos juntos a Hawai, Los Ángeles, Europa. Nuestro viaje para esquiar en Austria fue su primera Navidad lejos de su familia. Yo también acompañaba a Maria a los acontecimientos familiares, que eran muchos. Aprendí rápidamente que ser un primo Kennedy implica no ser nunca completamente libre. Se esperaba que Maria fuera a Hyannis en verano, acompañara a la familia en sus vacaciones de invierno y estuviera en casa para el Día de Acción de Gracias y Navidad. Si alguien tenía un cumpleaños o una boda, más le valía estar presente. Como eran tantos primos, las obligaciones eran bastantes.

Cuando Maria podía escapar del trabajo me visitaba en California. Ella se llevaba muy bien con algunos de mis amigos, especialmente con Franco, y también con algunos de los actores y directores que yo conocía. Otros no le gustaban porque consideraba que eran gorrones o que trataban de usarme. Durante las visitas anuales de mamá en Semana Santa, las dos también llegaron a conocerse bastante.

Cuanto más seria se volvía nuestra relación, más hablaba Maria de mudarse a California, de modo que para nosotros el tiempo de la campaña de Teddy fue perfecto. Yo estaba listo para comprar una casa y nuestro primer gran paso como pareja fue buscarla juntos y llamarla nuestro lugar. A finales del verano encontramos una casa estilo español de los años veinte en un agradable sector de la ciudad, cerca de San Vicente Avenue. La llamábamos nuestra casa, pero no lo era realmente. Era mía. Tenía una escalera curvada hacia la izquierda, preciosos azulejos antiguos, una gran sala con vigas en el techo y hermosas chimeneas en la sala, en la estancia de televisión y en la alcoba principal. Tenía una larga piscina de entrenamiento y una casa de huéspedes para que mi mamá se quedara allí cuando nos visitara.

El hecho es que era nuestra casa solo entre Maria y yo. Ella no quería que sus padres supieran que estábamos viviendo juntos, especialmente Sarge, que era muy conservador. Ella les dijo que vivía unas cuadras más abajo, en Montana Avenue, y de hecho alquilamos y amoblamos un apartamento para que, cuando Sarge y Eunice vinieran de visita, Maria pudiera invitarlos a almorzar ahí. Estoy casi seguro de que

Eunice sabía lo que estaba pasando, pero el apartamento separado era importante para la imagen familiar.

Claro que el anonimato total es casi imposible en Hollywood, especialmente para una prima Kennedy. Una de las corredoras de bienes raíces que conocía la conexión de Maria con los Kennedy nos dijo cuando andábamos buscando casa: «Tengo una casa fascinante para mostrarles en Beverly Hills. No voy a contarles qué es lo que la hace tan interesante, ya lo verán». Fuimos y nos enseñó la casa. Luego dijo: «¿Saben quién vivió aquí? ¡Gloria Swanson!», y nos llevó al sótano para mostrarnos un túnel que llevaba a otra casa cercana. Joe Kennedy había usado ese túnel durante su prolongado *affair* con Gloria Swanson. Después, Maria me preguntó: «¿Por qué nos enseñó esto?». Eso, en parte, le fascinó, pero también se sintió enojada y avergonzada.

La campaña de Teddy fue una oportunidad maravillosa para saber lo que implica lanzarse a una contienda por la presidencia. En febrero fui con Maria a New Hampshire para ver las primarias. El personal de la campaña estaba alojado en un hotel pequeño, en medio de una actividad febril. Había gente de los medios y seguidores, así como personal y voluntarios de la campaña, gente con periódicos bajo el brazo que corrían a leerlos y organizadores que mandaban a Maria a estrechar manos en alguna fábrica.

La operación me pareció poco seria porque aún no comprendía cómo funcionan las campañas. Teddy Kennedy era un político muy importante: había llegado a la portada de *Time* cuando decidió postularse y por eso yo pensaba que estaría dirigiéndose a enormes concentraciones. Ese año yo había asistido a varios mítines por Ronald Reagan y siempre asistieron entre mil y dos mil personas, algunas veces más. Incluso si Reagan solo llegaba de pasada a alguna fábrica para hablarles a los trabajadores, eso también parecía un mitin, lleno de banderas, estandartes y música patriótica.

Sin embargo, ahí estábamos en este hotelito insignificante estrechando manos, visitando tiendas y restaurantes.

—Esto es tan raro —pensaba yo—. ¿Por qué nos quedamos en este hotel de mala muerte? ¿Por qué no nos quedamos en un gran hotel?

No sabía que, cuando se está empezando, lo importante es el contacto uno a uno. Tampoco sabía que si se alojaba al personal de la campaña en hoteles de lujo inevitablemente alguien escribiría un artículo sobre el desperdicio de dinero que tanta gente trabajadora había donado a la campaña. No comprendía que, dependiendo de las circunstancias, algunos eventos eran grandes y otros más pequeños y privados. Me pasó lo mismo que cuando no entendí por qué en Venice, California, no había edificios altos: solo más tarde me di cuenta de que todo su encanto estaba en las casitas pequeñas.

La contienda demócrata de 1980 se convirtió en algo muy crudo. Antes de lanzarse, Teddy iba adelante del presidente Carter en las encuestas de opinión por un margen de más de dos a uno. Todo el mundo azuzaba a Teddy para que se postulara. Los calificativos de los periodistas no lo bajaban de fantástico y poderoso, y hablaban de lo fácil que le resultaría vencer a Jimmy Carter y salvarles la patria a los demócratas. No podría fallar. Pero tan pronto anunció su postulación, todo cambió. Los ataques eran implacables, yo no podía creer lo que veía. Tampoco ayudó que, en una entrevista en CBS de cubrimiento nacional, Teddy no hubiera podido dar una respuesta convincente cuando le preguntaron por qué quería ser presidente. La gente ponía en tela de juicio su carácter por lo sucedido en Chappaquiddick y sostenía que él solo estaba aprovechándose de la reputación de sus hermanos.

Estaba en *shock*. Resultaba alucinante ver en primera fila cómo todo ocurría frente a mis propios ojos.

Teddy perdió las decisivas primarias tempranas en Iowa y New Hampshire, y con esa derrota también perdió parte de sus recursos, lo que significaba que la campaña tendría que reducirse de tamaño antes de las primarias en los estados más grandes. Luego se recuperó lo suficiente como para ganar en los principales estados, entre ellos Nueva York en marzo, Pensilvania en abril y California en junio, en parte gracias a los esfuerzos de Maria. Pero perdió en docenas de otros estados y en los sondeos de opinión nacionales no volvió a alcanzar al Presidente

Carter. Teddy acabó ganando solo 10 de las 34 primarias. En agosto, el primer día de la Convención Demócrata, ya era claro que el Presidente Carter tenía suficientes delegados para asegurar su nominación y Teddy se vio obligado a abandonar la contienda.

Tras meses de intenso trabajo, de repente todo acabó, y Maria quedó triste y deprimida. En el curso de su vida, su familia había experimentado tantas tragedias, empezando por el asesinato del Presidente Kennedy cuando ella tenía ocho años, el de Bobby cuando tenía trece, y la muerte de Mary Jo Kopechne, que se ahogó en Chappaquiddick el verano siguiente. Encima de todo eso, había visto a su padre perder como compañero de fórmula vicepresidencial de George McGovern en 1972 y perder otra vez cuando trató de obtener la nominación demócrata para la presidencia en 1976. Y ahora Teddy se había postulado y de nuevo la familia enfrentaba una pérdida.

Ella había puesto su corazón en esa campaña y yo ya había visto lo avasalladora y absolutamente fuera de control que puede ser la política. Quien se postula para presidente siente la presión del público cada día. Los medios locales y nacionales le siguen la pista a todo lo que esa persona dice y hace, además de que todo el mundo lo analiza todo el tiempo. Ver a su tío Teddy pasar por todo eso y perder era muy, muy duro. Me gustó estar ahí y poder apoyarla en circunstancias tan difíciles.

—Fue un trabajo fantástico —le dije—. La forma como hablaste a los medios, la forma de romperte el trasero por Teddy.

La experiencia confirmó la poco halagüeña visión que Maria tenía de la política como opción de carrera.

Mi vida, en cambio, pasaba por un momento muy divertido. Acababa de rodar la película para televisión sobre la vida de Jayne Mansfield y, después de meses de entrenamiento con espada y de trabajar con los dobles, estaba ansioso por filmar *Conan the Barbarian*. Me sentía fabuloso con mi carrera.

Eché mano de todas mis habilidades para levantarle el ánimo a Maria. Nos escapamos de vacaciones a Europa y nos divertimos en grande en Londres y París y viajando por toda Francia. Pronto Maria dejó de sentirse como una trabajadora de campaña apaleada y recuperó todo su entusiasmo y buen humor.

Antes de dejar la costa este, Maria tomó una decisión atrevida que le dio un giro drástico a su carrera. Cuando nos conocimos, a ella le gustaba mucho la idea de ser productora, la persona tras las cámaras, pero ahora decidió pasarse frente a las cámaras y competir por uno de esos escasos puestos de presentador estrella en los noticieros de televisión. Yo siempre había avanzado en mi vida partiendo de una visión clara y trabajando tan duro como fuera posible para alcanzarla, y ahora podía ver cómo se desarrollaba en Maria ese mismo tipo de determinación. Me pareció maravilloso.

Nadie de la familia Kennedy había sido presentador de noticias por televisión. Esto era algo totalmente nuevo y era *suyo*. Ya había visto yo a algunos de sus primos labrarse sus nichos, pero casi siempre tenían que ver con una causa o un tema enmarcado en las creencias de la familia. El hecho de que Maria se saliera de ese marco para estar frente a las cámaras era una verdadera declaración de independencia por parte de un Kennedy.

Tan pronto como regresamos a Santa Monica, Maria se dio a la tarea de retomar sus conexiones y obtener la capacitación necesaria, algo muy parecido a lo que yo había hecho para la actuación. ¿Qué se necesitaba para triunfar frente a las cámaras? Eso tendría que descubrirlo ella misma. ¿Qué necesitaba cambiar de su apariencia, su voz, su estilo? ¿Qué debía conservar? Sus profesores le dirían: «Tienes demasiado pelo, debes rebajarlo un poco. ¿O puedes recogerlo hacia atrás? Probemos eso. Tus ojos son demasiado intensos, quizá debamos atenuar su color». Había que dar forma y moldear. Ella tuvo que aprender cómo obtener una apariencia que facilitara *mirarla* y escucharla día tras día en televisión, sin lucir tan espectacular para no distraer al público de las noticias. La noticia en sí debe ser el foco de la atención.

Con la grabación de *Conan* ese invierno pasaron cinco meses sin que pudiéramos vernos. Ella me envió fotos para mostrarme que había perdido diez libras, que se había cortado el cabello y que lo había ondulado un poco. Entretanto *Conan* se había programado y pospuesto varias veces. Se suponía que filmaríamos los exteriores en Yugoslavia en el verano de 1980, pero su dictador Tito murió en mayo y el país se desestabilizó. Entonces los productores decidieron que resultaría más barato y sencillo mudar la producción a España en el otoño. Luego, cuando Maria y yo volvimos de Europa, me enteré de que el proyecto se había retrasado otra vez y que el rodaje no empezaría sino hasta después de Año Nuevo.

Esto despejó el camino para un plan que tenía en mente: volver a competir de sorpresa, recuperar el campeonato mundial de fisiculturismo y el título de Mr. Olimpia. El fisiculturismo había crecido tremendamente en los cuatro años pasados desde *Pumping Iron*. En todo el país comenzaban a aparecer los llamados *health clubs* o gimnasios y el entrenamiento de fuerza era parte fundamental de lo que ofrecían. Joe Gold vendió su gimnasio original a una franquicia y construyó un nuevo establecimiento cerca a la playa. Lo llamó World Gym y ahí atendía a mujeres y hombres por igual.

La competencia de Mr. Olimpia estaba en auge. En uno de los periódicos intentos de Weider para expandirse por todo el mundo, la federación iba a realizar el Mr. Olimpia de ese año en Sydney. De hecho yo debía trabajar para CBS como *color commentator* —celebridad de un deporte que acompaña a un equipo de comentaristas— con una muy buena paga, pero el atractivo de hacerlo se desvaneció una vez fui presa de la pasión por competir de nuevo. Apenas esa visión se cristalizó en mi cabeza se volvió irresistible. Mi reconquista del deporte sería la preparación perfecta para *Conan*. Le mostraría al mundo quién era el verdadero rey… Y el verdadero bárbaro. Frank Zane había retenido el título tres años y por lo menos una docena de contendores se lo disputaban ahora, algunos de los cuales yo veía en el gimnasio todos los días. Uno era Mike Mentzer, de Pensilvania, con una estatura de 5,8 pies y un bigote oscuro caído, que el año anterior había acabado en un reñido segundo lugar. Mentzer se promocionaba a sí mismo como próximo gurú del entrenamiento con pesas y vocero del deporte, y siempre estaba citando a Ayn Rand. Se rumoraba mucho que yo volvería a la competencia y sabía que, si lo negaba todo y esperaba hasta el último minuto para lanzarme, la incertidumbre atormentaría a gente como él.

Maria pensaba que todo esto era una insensatez.

—Tú *organizas* competencias ahora —señaló—. Dejaste el fisiculturismo como campeón y esto podría poner a la gente en contra tuya. Además, puede ser que no ganes.

Sabía que ella tenía razón, pero el deseo de competir no se apagaba.

—Si te sobra tanta energía, ¿por qué no aprendes español antes de irte a España a filmar? —me dijo.

Después de haber visto perder a Teddy, ella no quería un riesgo más en su vida. La noche antes se había descompuesto cuando Muhammed Ali perdió con Larry Holmes. Como si eso fuera simbólico.

Pero yo simplemente no podía dejarlo. Cuanto más lo pensaba, más me aferraba a la idea.

Entonces una noche, para sorpresa mía, Maria cambió de parecer. Dijo que ella me había dicho lo que pensaba pero que, si yo estaba decidido a competir, me respaldaría. Se convirtió, así, en una socia extraordinaria.

Maria era la única persona a la que yo le había dicho. Franco, por supuesto, lo adivinó. Ahora él era un quiropráctico y estaba trabajando como compañero de entrenamiento en mi preparación para *Conan*. Franco me había instado a que compitiera.

—Arnold, se acerca el Olimpia. Debes participar para que impactes a todo el mundo —me decía, pero no podía estar seguro de que yo fuera a hacerlo si no lo escuchaba de mí.

Algunos de los muchachos del gimnasio estaban realmente inquietos. Cuando me vieron empezar con sesiones de dos horas dos veces al día no se imaginaron lo que tenía en mente. Sabían que yo debía interpretar a Conan y yo les dije que el papel requería que tuviera los músculos muy marcados. Sí, yo iba a ir a Sydney, pero eso era para hacer los comentarios en televisión, ¿no? Además, faltaban solo cinco semanas para Mr. Olimpia, así que pensaron que ya nadie podría iniciar un entrenamiento pesado tan tarde y estar listo. Sin embargo, ellos no estaban seguros y yo alimentaba su incertidumbre. A medida que pasaban las semanas y la competencia se acercaba más, volvía loco a Metzer con solo sonreírle desde el otro lado del gimnasio.

Fue el entrenamiento más duro que hubiera realizado jamás. Por eso me encantó hacerlo. Me asombraba ver cuán profundamente se involucró Maria en cada paso a pesar de estar concentrada en su propia meta. Ella había crecido rodeada de deportes, por supuesto. No del fisiculturismo precisamente pero sí del béisbol, el fútbol americano, el tenis y el golf. Maria entendía por qué debía levantarme a las seis de la mañana para entrenar dos horas y ella iba conmigo al gimnasio. Si a la hora de la cena me veía atacar un helado, literalmente me lo quitaba de las manos. Me transfirió todo el entusiasmo que le había puesto a la candidatura de Teddy.

El concurso de Mr. Olimpia se presentó en Sydney Opera House, la espectacular obra maestra arquitectónica que tiene forma de velas a orillas del puerto de Sydney. Frank Sinatra había actuado allí inmediatamente antes que nosotros. Presentarnos en semejante lugar fue un honor y también un signo de que el fisiculturismo se estaba saliendo del mundo de las mazmorras. El premio era de $50.000, el más alto jamás ofrecido en una competencia de fisiculturismo, y participaron 15 campeones registrados con anticipación, el mayor número de todos los tiempos.

El teatro de la ópera resultó ser el sitio ideal pues, desde el día de nuestra llegada, el concurso estaba repleto de drama, emoción e intrigas. Causé gran revuelo cuando anuncié que no estaba allí para observar sino para competir. Los funcionarios de la federación tuvieron que debatir el asunto. ¿Era posible participar sin haberse registrado de antemano? Se dieron cuenta de que no había norma que lo prohibiera, de modo que me permitieron hacerlo. Luego vino una rebelión contra ciertas reglas de la propia competencia que se formalizó a través de una petición firmada por todos menos por mí. Los negociadores tuvieron que firmar para evitar el caos. Y después de mucho drama no solo aceptaron adoptar los cambios sino que también pidieron a los contendores que aprobaran a los jueces.

Todas estas maniobras tras bastidores sacaron a flote un aspecto de Maria que me recordó a Eunice en acción. Aunque Maria tratara de tomar distancia, ella tenía los instintos políticos de su madre y una sensatez que superaba sus años. En política, cuando empiezan las disputas y se forman los bandos, hay que captar lo que está sucediendo y moverse muy rápidamente. Su percepción de todo eso iba a la velocidad del rayo y su asesoría fue realmente buena. Habló con la gente indicada y me ayudó a evitar que me aislaran o atacaran. Ella era un animal político perfecto. Yo me preguntaba cómo es que alguien que jamás ha tenido contacto con el mundo del fisiculturismo —y que apenas conoce a los actores— sea capaz de intervenir tan rápida y efectivamente.

Al final gané mi séptima corona de Mr. Olimpia. Fue, sin embargo, una victoria que ha sido polémica hasta el día de hoy. La decisión de los jueces no fue unánime: cinco votaron a favor y dos, que apoyaban al contendor Chris Dickerson, en contra. Fue la primera decisión no unánime en la historia de Mr. Olimpia. Cuando anunciaron mi nombre, solamente la mitad de las dos mil personas que había en el teatro de la ópera me vitorearon. Por primera vez en mi vida también debí escuchar que me abuchearan. Ahí mismo uno de los cinco finalistas empezó a arrojar sillas tras bastidores mientras otro volvió añicos su trofeo en el parqueadero y uno más anunció que se retiraba para siempre del fisiculturismo.

Realmente fue un placer haber entrenado para competir y ganar nuevamente pero, en retrospectiva, debo admitir que el episodio no le hizo ningún bien al deporte. Creó una gran división y yo habría podido manejar la situación de otra forma. La vieja camaradería del fisiculturismo se perdió. Eventualmente yo me reconcilié con todos esos muchachos pero con algunos de ellos me tomó años hacer las paces.

La grabación de *Conan* no estaba programada para empezar en serio sino hasta un par de meses después, pero yo tuve que volar a

Londres a finales de octubre para rodar una escena preliminar. Cuando llegué allí, a Milius no le gustó lo que vio.

—Debo pedirte una reconversión —dijo—. No puedo tener un Conan que luzca como un fisiculturista. Esta no es una película de Hércules. Te quiero más fornido. Debes ganar algo de peso. Tienes que lucir como alguien que ha sido un luchador callejero, como un guerrero y esclavo encadenado por años a la Rueda del Dolor. Ese es el tipo de cuerpo que quiero. No puedes tener los músculos marcados como un fisiculturista.

Milius quería que todo luciera tan auténtico como fuera posible y, aunque el de *Conan* fuera un mundo de pura fantasía, eso era lógico. En la escena que filmamos en Inglaterra aparecí como Conan el rey, ya anciano, haciendo un monólogo que funcionaría como introducción a la película:

Sabe, Oh Príncipe, que entre los años en que los océanos se tragaron la Atlántida y el auge de los hijos de Aryas, existió una era jamás soñada… En la que yo, Conan, ladrón y villano, llegué para aplastar los tronos enjoyados de la tierra bajo mis pies. Pero ahora mis ojos se han nublado. Siéntate conmigo en el suelo porque eres lo que queda de mi era. Déjame contarte de los días de gran aventura.

En esa escena yo aparecía envuelto en ropas y pieles, de modo que el físico de Mr. Olimpia no se veía. Pero antes de que empezáramos a filmar en exteriores (en enero), tendría que darle una forma nueva a mi cuerpo una vez más.

Camino a Los Ángeles desde Sydney me di cuenta de cuánto nos habían unido a Maria y a mí las tribulaciones de los últimos meses. Me sentía tan contento de haber sido tolerante con esos pósters de Teddy en mi Jeep y de no haber armado un problema por mis propias opiniones políticas. Por primera vez sentí que de veras tenía un socio. A lo largo de ese tiempo de primavera y verano yo había podido ayudarla con los altibajos de la campaña —una mala historia aquí, una buena historia acá— y sentía que haberla llevado después a Europa había sido exactamente el impulso correcto. Ahora la había visto involucrándose y ayudándome con lo *mío*, algo que para ella era muy distinto de todo lo que conocía.

Sabía que a Maria la estaban presionando los amigos de los Kennedy en Hollywood para que se consiguiera un novio más adecuado, especialmente las mujeres mayores y sobre todo las amigas de su madre o de Pat Lawford, que le decían cosas como: «¿Por qué sales con ese fisiculturista? Déjame presentarte a este estupendo productor». O: «Déjame presentarte a este joven y atractivo hombre de negocios». O: «¡Tengo el hombre para ti! Es un poquito viejo pero es billonario. Déjame cuadrarte con él».

El mundo exterior miraba nuestra relación de una manera simplista, como una picante historia de éxito: «¿No es asombroso que gane Mr. Olimpia y todos esos campeonatos de fisiculturismo y que además se consiga de novia a una Kennedy?», lo que convertía a Maria en parte de mi colección de trofeos.

Pero la verdad es que ella no era ningún trofeo. No me importaba su apellido. Si yo no hubiera sido de su estilo y ella del mío jamás habríamos acabado juntos. Su personalidad y su figura, su inteligencia y su ingenio, lo que ella planteaba y cómo podía participar en todo sin perderse una, era lo único que me importaba. Maria encajaba con lo que yo era, con lo que yo defendía y con lo que yo estaba haciendo. Esa fue una razón de mucho peso para pensar que podría ser la compañera de mi vida. Me volví adicto a Maria y, cuando llegué a España, me costó trabajo estar sin ella.

Entendía lo que Maria quería lograr. Ella quería convertirse en la próxima Barbara Walters y yo quería llegar a ser la estrella de cine más grande, así que ambos teníamos todo muy claro. Yo comprendía el mundo al que ella quería entrar y ella entendía el mundo que yo estaba tratando de explorar y a dónde quería llegar. Los dos podíamos ser parte del viaje de cada uno.

Yo también entendía qué era lo que a Maria le atraía de mí. Su personalidad era tan fuerte que simplemente se llevaba por delante a los tipos y ellos se convertían de inmediato en sus esclavos. Entonces aquí me tenía a mí, alguien a quien no podía pasarle por encima porque yo era seguro de mí mismo. Yo había logrado cosas y yo era alguien. Ella admiraba el hecho de que fuera un inmigrante que había venido a hacer su vida acá. Podía ver en mi personalidad que yo seguiría y comprendería a su familia y que me sentiría cómodo entre ellos, aunque hubiera sido intimidante conocerlos por ser unas personas que habían logrado tanto.

Ella quería alejarse de su casa tanto como yo de la mía y ¿qué mejor forma de hacerlo que enamorándose de un ambicioso fisiculturista austriaco empeñado en hacer una carrera en el cine? Le gustaba estar lejos de Washington y de los abogados, políticos y de todo lo del D.C., que estuviera relacionado con la política de los Estados Unidos. Ella quería ser única y diferente.

Si había alguien en su familia con quien Maria podía compararnos como pareja era con sus abuelos. Joe era un hombre que había alcanzado su posición gracias a su propio esfuerzo y yo también me había hecho a mí mismo. Él era muy agresivo para ganar dinero y yo también lo era. Rose lo había escogido cuando él no tenía un centavo: ella era la hija del alcalde de Boston y tuvo una fe absoluta en su capacidad para triunfar. Yo era inexorable y disciplinado, práctico y lo suficientemente avispado para alcanzar el éxito también. Eso era lo que hacía que Maria quisiera estar conmigo.

Mi físico también la influyó. A ella le gustaban los tipos atléticos y fuertes. Me contó que de niña andaba con los hombres del Servicio Secreto que siempre había en la casa. En la noche, cuando estaban de guardia tratando de mantenerse despiertos, leían a veces revistas de músculos ¡que me tenían a mí en la portada! Ella era demasiado pequeña para prestar mucha atención pero sí se dio cuenta de que todos esos guardaespaldas hacían ejercicio. Eso se le quedó grabado, y tanto que, cuando el libro *Pumping Iron* salió, ella lo compró para regalárselo a su hermano mayor Bobby.

Empezamos a decorar nuestra casa antes de que yo tuviera que irme en diciembre para la preproducción de *Conan*. A Maria le gustaban las cortinas floreadas con aire conservador: a mí también me gustaba ese estilo porque era muy de la costa este y también un poco europeo. Eso lo había heredado Maria de su familia: todos ellos crecieron con telas floreadas y cierto tipo de sofás y de sillas, algunos con espaldar de madera y otros totalmente tapizados. Todas las casas y todos los apartamentos de ellos tenían un piano en la sala y docenas de portarretratos con fotografías de miembros de la familia en todos los aparadores y superficies.

Mi estilo era más rústico, así que cuando necesitamos un juego de comedor me fui a una feria de antigüedades en el centro de Los Ángeles y compré una mesa de roble macizo y las respectivas sillas. Maria se encargó de la sala: pidió grandes sofás, mullidos, y los hizo tapizar con esos motivos florales. Luego consiguió poltronas tapizadas en colores lisos para complementar los sofás y otras sillas que tenían madera. Una de las amigas de Eunice era una gran decoradora y nos ayudó con sus sugerencias.

María y yo estábamos de acuerdo con que nuestro hogar debía ser confortable. Ninguno de los dos quería un lugar tan formal que no fuera posible subir los pies o empujar lo que fuera.

Me di cuenta de que ella tenía gusto, así que la dejé hacer lo suyo, y ella vio que yo también tenía gusto. Eso estuvo genial porque, aunque María era de opiniones fuertes, pudimos hacerlo juntos y evitar que yo hiciera todo solo, tratando de adivinar si a ella le gustaría esto o aquello, o preocupándome de que la casa fuera un reflejo de mí. Ella aportó una gran base de conocimientos y fue una compañera estupenda para trabajar porque ambos maduramos.

A Maria le encantaba que la llevara a las exhibiciones de antigüedades y juntos mirábamos todos esos vejestorios. Mi gusto se había desarrollado con los años y también viendo a Joe Weider coleccionar sus antigüedades, pero aún no podía decirse que fuera refinado. Yo no compraba por encima de cierto nivel, que dependía de la cantidad de dinero que tuviera y de cuánto deseara gastar. Nunca conseguí una

pieza para que la tapizaran especialmente, simplemente compraba lo
que encontraba exhibido o buscaba un buen arreglo. Pero ahora que
Conan había arrancado sentí que podía abrir mi billetera un poco más
y hacer tapizar las cosas con las telas que a Maria le gustaban.

Todo eso se dio sin discusiones. La nuestra era una buena conviven-
cia, ambos respetábamos los gustos del otro y confiábamos en lo que
cada cual hacía. Nos hicimos buenos amigos y vimos que podíamos
vivir juntos, algo que ambos queríamos comprobar. Yo tenía cierta
inclinación por el arte, tal vez por la influencia de Joe Weider, y para
desarrollar mi propio gusto visité muchos museos y galerías y asistí a
bastantes subastas. Maria y yo disfrutábamos viendo juntos las obras
de arte. Empecé a coleccionar: al principio, litografías de Chagall, Miró
y Dalí, que eran menos costosas y podía comprarlas, pero rápidamente
avancé hasta adquirir pinturas y esculturas.

La idea de casarnos surgió por primera vez porque yo debía partir
pronto: quería que Maria estuviera conmigo en España y fuera parte
de mi carrera. Después de todo lo que pasamos juntos ese verano y
ese otoño, para mí fue obvio que era la mujer ideal para mí. Maria era
dueña de esa exclusiva combinación de cosas que yo necesitaba. Ella
exigía respeto, era inteligente, sabía mucho, era buena compañera y me
quería ayudar tanto como yo a ella, y en todas las formas posibles.

La invité a venir y a que se quedara conmigo, o que por lo menos
viniera de visita una vez al mes. Pero ella dijo que no podría porque
su madre y su padre no lo aprobarían. Dijo que, como no estábamos
casados, a ellos les molestaría saber que estaba pasando las noches
conmigo.

—Bueno, ¿y por qué no nos casamos? —le pregunté yo.

Pero eso fue peor todavía. A ella le preocupaba la reacción de Eunice.

—No, no, no —dijo—. Yo no podría hacerle eso a ella jamás.

Eunice se había casado tarde, tan tarde que su boda se había vuelto
parte del anecdotario de la familia. Había muchas otras cosas que ella
quería hacer primero: se graduó de Stanford en Sociología y trabajó
para el Departamento de Estado ayudando a veteranos que habían sido

prisioneros de guerra a readaptarse a la vida civil. Después de la guerra trabajó para el Ministerio de Justicia en asuntos de delincuencia juvenil; como trabajadora social en el campamento de una prisión federal para mujeres en West Virginia; y también en un refugio para mujeres en Chicago. Sarge, que era buen mozo como una estrella de cine y gerenciaba el Chicago Merchandise Mart para Joe Kennedy, se enamoró de Eunice en 1946 y la cortejó siete años. Ya casi había perdido las esperanzas cuando ella un día lo llevó a una capilla adyacente después de la misa de la mañana y le dijo: «Sarge, creo que me gustaría casarme contigo».

En resumidas cuentas, ella no se casó sino hasta pasados sus 30, después de haber hecho muchas cosas. Así que Maria se sentía muy cómoda no casándose ahora, que tenía 25, y prefería esperar a tener por lo menos 30. Había mucho que quería hacer primero.

Me alegró saber que el problema no era conmigo sino que en sus planes no estaba contraer matrimonio a esa edad. En ese momento el matrimonio no necesariamente estaba dentro de mis planes pero tanto quería estar con ella que me habría casado. Sabía que la echaría mucho de menos en España pero, por otra parte, esto era realmente perfecto. Ella me estaba diciendo que no, que era muy pronto, que no estaba lista para casarse tan rápido. Por lo tanto podríamos seguir así durante años sin que yo tuviera que oír: «¿A dónde se supone que vamos? Ya llevamos cuatro años saliendo». O: «Ya hemos vivido juntos dos años y tú aún no te decides… ¿Acaso no soy lo suficientemente buena? ¿Estás buscando a alguien más?». No habría nada de eso, simplemente hasta ahí llego el tema.

Podría durar horas y horas hablando de lo que me atrae de Maria y sin embargo no alcanzaría a explicar del todo esa magia. Cuando supe que Ronald Reagan se sentaba y le escribía diez cartas de amor a Nancy estando ella sentada al frente suyo, en la misma sala, yo pensé: «¿Por qué simplemente no se lo decía?». Pero después de todo esto me di cuenta de que escribir algo no es lo mismo que decirlo y que las historias de amor se van tejiendo según la manera de ser de las personas.

Lo que no nos mata nos fortalece

CONAN THE BARBARIAN SE desarrolla en una Europa primitiva durante la imaginaria Era Hiboria, después de la desaparición de la Atlántida pero milenios antes de los albores de la historia que conocemos. Llegué a Madrid a principios de diciembre cuando empezaba a tomar forma la España de los tiempos modernos. Milius había estado diciendo que haríamos «buen entretenimiento pagano, más que todo romance, aventura, una película en la que ocurre algo grande» pero también plena de acción y sangrienta.

—Será salvajemente cruel —dijo—. No voy a contenerme.

Para llevar su visión a la pantalla reclutó al Equipo Magnífico: maestros como Terry Leonard, el director que acababa de hacer *Raiders of the Lost Ark*; Ron Cobb, el diseñador de producción de *Alien*; y Colin Arthur, quien había trabajado en el museo de Madame Tussaud para supervisar la manufactura de los cuerpos y fragmentos de cuerpos de los maniquíes. Para cuando llegué, ya *Conan* era una pequeña industria. El cuartel general de la película estaba en un lujoso hotel ubicado en el centro de Madrid: ahí se alojarían la mayoría de los actores y los miembros más importantes del equipo de filmación, pero la verdadera acción se rodaría en exteriores por toda España. Doscientos trabajadores construían los sets en una gran bodega a 25 millas de la ciudad.

Las secuencias en exteriores debían rodarse en las montañas de Segovia y en las espectaculares dunas y marismas de Almería, provincia de la costa mediterránea. En un bazar marroquí se montaría una ciudad hiboria y también filmaríamos en una antigua fortaleza y otros sitios históricos cercanos.

El presupuesto de $20 millones era espléndido para una producción (algo así como $100 millones de hoy día) y con ese dinero Milius contrató a una asombrosa nómina de gente y destinó una parte para efectos especiales. Trajo artesanos, entrenadores y dobles desde Italia, Inglaterra y Estados Unidos, y decenas de españoles para trabajar en el film. Además de 1.500 extras, el guion requería una población animal de caballos, camellos, cabras, buitres, serpientes, perros, un halcón y un leopardo. La música estaba a cargo de una orquesta de 90 músicos y un coro de 24 personas que cantarían en una imitación del latín. Milius quería que cada pieza de ropa y equipo fuera fiel a la fantasía. Cualquier cosa hecha en cuero o tela debía ser envejecida y arrastrada por tierra hasta que se viera sucia y desgastada. Las sillas de montar caballos debían ir ocultas bajo mantas y pieles porque John decía que, en esos tiempos prehistóricos, no había artesanos que cosieran el cuero para fabricarlas. Las armas eran objeto de atención desmedida: los dos sables del propio Conan fueron forjados a la medida según dibujos de Ron Cobb y con inscripciones grabadas en un idioma ficticio. Se hicieron cuatro copias de cada sable a $10.000 cada una. Naturalmente, John insistió en que esos sables y las demás armas debían verse curtidas por la intemperie, no relucientes: estaban hechas para matar y no para brillar, dijo. Matar era la idea.

Me pasé el mes de diciembre aprendiéndome el papel, ayudando a planear posiciones y movimientos en las escenas de acción, y conociendo a la otra gente del equipo de *Conan*.

Milius tenía ideas poco ortodoxas para seleccionar un elenco: decidió tener atletas en vez de actores en los otros papeles importantes. Para interpretar al arquero Subotai, mi compañero, escogió a Gerry López, un campeón de *surf* de Hawai que había protagonizado *Big*

Wednesday, el film anterior de Milius. Y para caracterizar al amor de Conan, la ladrona y guerrera Valeria, eligió a Sandahl Bergman, una bailarina profesional recomendada por Bob Fosse. John creía que los rigores del entrenamiento con pesas, los del baile y los del *surf*, que podían dejarlo a uno medio muerto, daban una fortaleza de carácter que se vería en la pantalla.

—Mira las caras de las personas que han vivido tiempos terribles, la gente en Yugoslavia o Rusia —diría—. Mira las líneas de expresión, el carácter que reflejan sus rostros. Eso no se puede fingir. Son personas con principios que defenderán y por los que se harán matar. Son personas duras por las adversidades que han tenido que superar.

Hasta un fanático como Joe se daba cuenta de que nuestra inexperiencia frente a las cámaras podría ser un problema. Para inspirarnos y contribuir a atenuar el riesgo también contrató a algunos veteranos. James Earl Jones estaba acabando una temporada en Broadway como estrella de *A Lesson from Aloes*, de Athol Fugard, y vino para interpretar a Thulsa Doom, el malvado rey hechicero que mata salvajemente a los padres de Conan y vende al joven héroe como esclavo. Max von Sydow, estrella de muchos films de Ingmar Bergman, se unió como el rey que quiere recuperar a su hija que se ha escapado al culto de la serpiente de Thulsa Doom.

Una de las preocupaciones de Milius era encontrar tipos más grandes que yo para que no pareciera que Conan iba a atropellar a todo el mundo. Y era muy específico en eso: tenían que ser más altos que yo y más musculosos. En el circuito del fisiculturismo yo había conocido a un danés llamado Sven Thorsen que medía 6,5 pies y pesaba más de 300 libras. Sven también era cinturón negro en karate. Lo contacté en nombre de Milius y le encargué buscar a otros tipos grandes. Llegaron a Madrid a principios de diciembre. Eran media docena de enormes daneses y lucían realmente intimidantes: levantadores de potencia, lanzadores de martillo, lanzadores de bala, expertos en artes marciales. Entre ellos yo me sentía el pequeño y jamás había experimentado eso. Trabajamos juntos entrenando con las hachas de batalla y los sables y montando a caballo. Al principio yo los aventajaba, por supuesto, pero para cuando empezamos a rodar en enero, los daneses se habían vuelto muy buenos y contribuyeron en grande a las escenas de batallas.

Estaba encantado de ver cómo se desenvolvía todo esto a mi alrededor. Tal como mi instructor de dobles lo había previsto en Los Ángeles, la maquinaria de la cinematografía estaba trabajando en beneficio mío. Yo era Conan y se estaban gastando millones de dólares en hacerme brillar.

Los dobles, la gente de maquillaje, los electricistas y los camelleros… Todos estaban allí para hacerme brillar. La película tenía otros personajes importantes, por supuesto, pero al final todo se encaminaba a hacerme ver como un verdadero guerrero. James Earl Jones estaba allí para hacerme brillar y Max von Sydow estaba allí para hacerme brillar. Los sets se habían construido con igual propósito. Por primera vez me sentí como si yo fuera la estrella.

Y esto era distinto a ser campeón de fisiculturismo. Millones de personas verían la película, distinto a lo que ocurría en el fisiculturismo, cuya audiencia más grande en vivo no pasaba de cinco mil personas y en televisión, de uno o dos millones. Esto era GRANDE. Sobre *Conan* escribirían en las revistas de cine, en la sección Calendar de *Los Angeles Times*, y las revistas y periódicos de todo el mundo la reseñarían y analizarían. Y sin duda la discutirían porque lo que Milius visualizaba era muy violento.

Maria estuvo de visita unos días a fines de diciembre después de pasar Navidad con sus padres. Tuve oportunidad de presentarle el equipo y el elenco para que no pensara que me había desaparecido de la faz de la tierra. Le divirtió mucho que hubiera reunido a toda una pandilla de amigos del mundo del músculo (no solo los daneses sino también a Franco, pues conseguí un pequeño papel para él).

Cuando empezamos a filmar una semana más tarde, me alegró que Maria ya no estuviera. En la primera escena que debíamos rodar, un Conan recién liberado de la esclavitud y sin armas es perseguido por lobos a través de una rocosa meseta. Escapa escalando un saliente rocoso, por el que cae rodando hasta la entrada de una tumba que contiene una espada. Preparándome para esta secuencia yo había trabajado todas las mañanas con los lobos solo para dominar mis temores. Los lobos eran en realidad cuatro pastores alemanes: sin decirme nada, Milius había ordenado al coordinador de dobles que consiguiera animales que semejaran lobos, pensando que así obtendría mayor realismo.

—Tendremos todo cronometrado —me aseguró—. Cuando soltemos los perros tú ya estarás corriendo. No tendrán tiempo de cruzar el campo ni de alcanzarte antes de que te hayas subido a las rocas.

La mañana que rodamos la escena —y para motivar a los perros— restregaron carne cruda en la piel de oso que yo llevaba en la espalda. Las cámaras rodaron y yo corrí a toda velocidad. Pero el entrenador soltó a los perros muy pronto y no pude tomarles suficiente ventaja. La manada de lobos me agarró antes de que pudiera llegar hasta arriba por las rocas. Mordieron mis pantalones, me arrastraron y caí de espaldas desde una altura de 10 pies. Me arrancaron la piel de oso y me esperó un arbusto espinoso. El entrenador gritó un comando y los perros se paralizaron y se quedaron cerca de mí babeando. Ahí quedé, lleno de espinas y sangrando por un corte profundo que me hice al caer sobre una roca. Milius no mostró compasión:

—Ahora ya sabes cómo va ser la película —dijo—. ¡Fue por esto por lo que pasó Conan!

Yo fui a que me suturaran la herida y más tarde lo vi almorzando muy animado.

—Tenemos la toma. Empezamos muy bien —me dijo.

Al día siguiente acabé necesitando más puntos porque me corté en la frente al saltar a una charca llena de rocas. Cuando Milius vio la sangre correr preguntó: «¿Quién hizo ese maquillaje? Está genial. Parece sangre de veras». Se rehusó a pensar en lo que podría pasar con la película si yo quedaba lisiado o si me matara. Yo, por supuesto, no tenía un doble porque habría sido muy difícil encontrar a alguien que tuviera el cuerpo como el mío.

El resto de la semana nos dedicamos a una elaborada secuencia de acción que se vería mucho más adelante en la trama. Las cuadrillas habían construido la Cámara de la Orgía del templo de la montaña de Thulsa Doom en nuestra bodega de las afueras de Madrid. Vista de afuera, la bodega era un monótono edificio de dos pisos hecho de acero corrugado. Estaba rodeado por un polvoriento parqueadero, algunas carpas y un burdo aviso en pintura roja que decía *Conan*. Pero adentro, después de pasar por entre las salas de maquillaje, vestuario y utilería, uno quedaba transportado al perverso esplendor del culto a la serpiente del hechicero. La cámara de las orgías era un salón de techo alto con terrazas y escalinatas de mármol alumbradas por antorchas y cubiertas con hermosas sedas y satines, y en la que doce mujeres desnudas y sus consortes dormitaban o se deleitaban tumbadas en mullidos cojines dispuestos en un foso central. Del centro del foso salía una columna de 12 pies de altura: era de un mármol rosa y grisáceo y tenía cuatro gigantescas cabezas de serpiente esculpidas en su capitel. Los sirvientes servían el banquete de un caldero hirviente en el que podían verse manos y otras partes del cuerpo cercenadas.

Conan, Valeria y Subotai debían irrumpir en esta orgía, dar muerte a los guardas y arrebatarles la descarriada princesa que había caído bajo el hechizo de Thulsa Doom. Se suponía que los guardas eran matones infrahumanos y algunos llevaban máscaras de reptiles. Yo llevaba rostro y torso pintados de asustadoras rayas negras, era un camuflaje como de luciérnagas. Sandahl y Gerry también llevaban rayas pintadas. Después de tanto entrenamiento con nuestras armas, era fantástico entrar en acción. Milius nos vio complacido abriéndonos paso en decenas de tomas.

El set de una película es un lugar ruidoso entre una toma y otra: la gente está hablando, las piezas metálicas del equipo suenan al golpearse unas con otras y las cuadrillas trabajan afanosamente. Era la cuarta mañana y nos preparábamos para una toma en la cámara privada de Thulsa Doom, excavada a una gran altura en la pared del salón de la orgía, cuando alguien dijo; «Dino esta aquí». Sentí que la conmoción cesó de repente. Miré escalinatas abajo y allí, en el foso de la cámara de la orgía, en medio de todas las chicas desnudas, estaba nuestro legendario productor haciendo su primera aparición en el set. Impecablemente vestido, llevaba un traje muy elegante y un hermoso sobretodo de cachemir que, por supuesto, siendo italiano, usaba sobre los hombros como una capa.

Estuvo allí analizando toda la escena y luego subió las gradas hasta donde nosotros estábamos. Serían unos 20 pasos pero a mí me parecieron 100 porque se demoró bastante. El momento fue casi como cuando en un accidente automovilístico uno ve toda su vida pasar frente a los ojos. Yo solamente lo veía a él subiendo con todas esas mujeres desnudas al fondo. Finalmente llegó arriba y vino directo a mí.

—Schwarzenegger —dijo—. Tú *eres* Conan.

Se dio media vuelta y se fue.

Los micrófonos estaban prendidos y Milius, que seguía junto a la cámara, vino hasta donde yo estaba.

—Escuché eso —dijo—. ¿Te das cuenta de que este es el mayor cumplido que jamás recibirás de este tipo? Esta mañana vio los tres días de película que rodamos y ahora es un creyente. Ha dicho que tú eres Conan.

Sentí que ésa había sido la forma de Dino de anunciarme que ya no estaba en su lista negra por haberlo llamado pequeño. De ahí en adelante Dino volvió a España todos los meses y cada vez me invitaba a su hotel para tomar café. Poco a poco fuimos simpatizando.

Dino delegó los aspectos prácticos de la producción de *Conan* a su hija Raffaella y a Buzz Feitshans, quien había trabajado con Milius en otras películas. Raffaella, también hija de la actriz italiana Silvana Mangano, era exuberante y decidida y desde niña supo que quería ser productora. Dino le había venido enseñando los secretos de la industria durante diez años y, aunque solo tenía la edad de Maria, ésta era ya su segunda gran producción.

Pude valorar el trabajo que ella y Buzz habían hecho porque ya había aprendido suficiente de producción cinematográfica como para apreciarlo. Cuando el plan de Yugoslavia se vino abajo, ellos dos tuvieron que fajarse para encontrar un lugar dónde rodar. Cada país tiene una comisión de cine y, cuando alguien va a producir una película, usualmente la contacta y dice: «Queremos hacer esta película en su país. ¿Qué pueden hacer por nosotros?». En el caso de *Conan*, España no perdió tiempo. Los de la comisión les dijeron a Raffaella y Buzz: «Tenemos una enorme bodega que pueden convertir en estudio. Tiene agua corriente, sanitarios y duchas, y hay espacio para los generadores que van a necesitar. Tenemos otra bodega adicional que también pueden alquilar más un hangar desocupado en una base de la fuerza aérea. Tenemos un complejo de apartamentos de lujo en Madrid que es perfecto para los actores y los altos cargos del equipo. Está adscrito a un hotel de cinco estrellas así que tendrán restaurantes y servicio a las habitaciones permanentemente. Y justo a la vuelta de la esquina hay espacio para sus oficinas».

Todo tenía su precio, y *Conan* era un proyecto complicado, así que Buzz, Raffaella, el diseñador, el explorador de exteriores y otros miembros del equipo de producción tenían que tener en la cuenta mil factores más. ¿Cuántos caballos necesitaríamos y cuántos dobles que fueran buenos jinetes? ¿Se podían conseguir en España o habría que traerlos de Italia u otros países? ¿Tenía España el tipo de exteriores —desierto, montañas y sitios a la orilla del mar— que necesitábamos? ¿Podríamos conseguir permisos para filmar allí y en las ruinas históricas? Obviamente Raffaella y Buzz no querían salirse del presupuesto así que siempre andaban buscando los mejores arreglos.

Ellos también hicieron cotizaciones en otros países y en un lapso de tiempo realmente breve pudieron presentar al estudio un informe detallado.

—En España podemos rodar la película por dieciocho millones de dólares —dijeron—. En Italia costaría treinta y dos millones. También podemos hacerla en Las Vegas y construir los sets en el desierto de Nevada pero costará mucho más. O podemos hacerla en *soundstages*, los estudios insonorizados de Los Ángeles, y costará aún más.

La opción era la misma de siempre en la moderna producción de películas: países con una industria establecida de cine y sindicatos, como Italia, y países emprendedores pero no sindicalizados, como España. Sindicatos o no, Dino tenía la reputación de conseguir que las cosas se hicieran, y si quería filmar 16 horas en un día podía hacerlo. En eso era muy poderoso: la gente de Hollywood lo sabía y le caminaban. Si los estudios querían que una película costara determinada cantidad de dinero, trabajaban con él. En este caso, él respaldó a Raffaella y Buzz cuando escogieron España.

—Tendremos que construir todo dentro de una bodega —le dijeron ellos al estudio—, pero aun así sale mucho más barato que si usamos estudios insonorizados donde la mano de obra puede paralizarnos.

Y efectivamente no hubo problemas por sindicalismo en *Conan*. Todos trabajamos juntos y, si una toma requería un cambio rápidamente, todo el mundo cargaba luces y movía cosas de aquí para allá. Desde todo punto de vista, España fue un lugar excelente para rodar, con una pequeña excepción: los dobles se tomaban mucho tiempo para morir. Milius les decía una y otra vez: «Cuando él te corta, simplemente caes». Pero ellos caían teatralmente, se levantaban a medias, volvían a caerse, boqueaban… Ése era su momento y lo querían aprovechar al máximo. Estaba ocupado matando a mi próximo oponente y oiría a Milius gritarle al tipo detrás de mí: «¡Estás muerto! ¡Quédate abajo! Él te cortó, no te muevas», pero parecía un zombi. Finalmente Milius ofreció pagarles extra por quedarse quietos cuando morían.

Ese es el tipo de cosas que nadie te enseña, no importa cuántos años tomes clases de actuación. Aunque todos hablan de la memoria y de interiorizar el personaje, nadie te prepara para el frío que sientes cuando una máquina empieza a echarte nieve en la cara y te está congelando hasta el trasero. O cuando alguien lleva una cinta métrica hasta tu nariz. En esos casos, ¿cómo haces toda esa joda del *sense-memory*? Todo eso de vivir el recuerdo se va por la borda.

Mientras uno está tratando de actuar, toda una producción está en marcha. Hay que lidiar con la distracción que causan 150 personas que están en el set trabajando y hablando. El hombre de las luces está poniendo escaleras en frente de uno y dice: «¿Puede moverse? No quiero que le caiga una lámpara encima». El hombre del sonido está neceándole el cinturón a uno para acomodarle un paquete de baterías. El tipo del *boom* (la jirafa) está gritándole al de la cámara: «¡Quítate del medio!». El diseñador del set está diciendo: «Necesito más plantas allá al fondo, muchachos». El director está tratando de coordinar. El productor grita: «En cinco minutos hay que almorzar. Si quieren la toma, ¡fílmenla ahora!».

Entonces el director dice: «Arnold, mira a tu oponente directo a los ojos. Cabeza derecha y arriba. Domina esta escena». Eso suena bien, lo habíamos trabajado en las clases de actuación salvo que... ¿Qué tal si te ha puesto sobre un caballo muy brioso? El caballo está girando sobre sí mismo y parándose en dos patas. ¿Cómo lucir dominante si estás muerto de miedo pensando que el caballo se va a chiflar y a tirarte al suelo? De modo que tienes que parar y ensayar con el caballo. En esas circunstancias, ¿cómo haces para actuar de veras?

Nunca había hecho escenas de amor frente a una cámara y me sentí realmente extraño. Un set cerrado significa que no puede haber invitados pero de todas maneras hay mucha gente mirando: el supervisor del guion, los técnicos de iluminación, los asistentes de cámara. Y estás desnudo. En las clases de actuación nadie habla nunca de qué puede hacer uno en una escena cuando estás desnudo y si te excitas de verdad. En el sexo una cosa lleva naturalmente a la otra. Puede ser embarazoso. Dicen que uno se debe mantener dentro del personaje pero, créanme, eso no es lo que realmente quieren. Todo lo que uno puede hacer es tratar de pensar en otra cosa.

Aunque supuestamente el set estaba cerrado, las escenas de sexo parecían tener un efecto magnético. Después de escapar de los lobos, Conan es seducido por una bruja que lo pone sobre la pista de Thulsa Doom. Cassandra Gava, que interpretaba la bruja, y yo nos revolcamos desnudos frente a un fuego rugiente en la cabaña de piedra de la bruja. Con el rabillo del ojo alcancé a ver que las paredes de la cabaña se movían. En un rincón se abrió una rendija y pude ver a un par de ojos que brillaban con la luz del fuego.

—¡Corten! —gritó Milius—. Arnold, ¿qué estás mirando?

—¿Qué quieres decir?

—Me pareció que estabas mirando para algún sitio. ¿Estoy equivocado?

—Bueno, en realidad —dije—, es lo más raro. Alcancé a ver que el rincón de la sala se movía y separaba. Creo que vi unos ojos atisbando por ahí.

Un muchacho corrió a la parte de atrás del set y entonces salió Raffaella absolutamente avergonzada. Dijo: «Lo siento pero ¡tenía que mirar!».

En la película, Sandahl Bergman interpretaba al personaje de Valeria, que es el verdadero amor de Conan. Sandahl tampoco había hecho escenas de amor y se sentía tan incómoda como yo. De cualquier manera, se suponía que yo debía ser una extraña mezcla de bárbaro y caballero, pero tampoco demasiado de ninguno de los dos. Era difícil estar en ese estado de ánimo porque no hay oportunidad de practicar con la coestrella y se debe empezar maquinalmente y en frío. Encima de todo, Sandahl y Terry Leonard, el jefe de dobles, se habían enamorado y yo era totalmente consciente de que lo tenía cerca y listo para arrancarme la cabeza. Entretanto, Milius se esforzaba por evadir los censores diciendo cosas como: «Arnold, ¿puedes mover el trasero para que quede en aquella sombra? Y asegúrate de taparle los senos con tu brazo porque no podemos tener pezones en la toma».

Las escenas de acción tenían sus propios peligros. Conan vive en un mundo de riesgo constante. En ese mundo de fantasía nunca se sabe qué va atacarlo a uno. Un día puede ser una serpiente y al día siguiente una bruja que también es loba. En la vida real, yo debía estar siempre alerta para rodar esas escenas.

Quedé adolorido una semana después de batallar con una enorme serpiente mecánica. La secuencia está en la mitad de la película, cuando Conan y sus aliados se cuelan en la Torre de la Serpiente y roban algunas de las valiosas joyas del culto de la serpiente. Nosotros debíamos escalar la torre, que en realidad era un set de 40 pies de altura construido en el hangar abandonado de la fuerza aérea, y luego descolgarnos hasta un calabozo donde nos hundíamos hasta los tobillos entre basura y huesos de vírgenes sacrificadas a la serpiente. La serpiente era una réplica de 36 pies de largo y 2,5 pies de ancho de algún tipo de boa constrictor, operada a control remoto y animada con cables de acero y bombas hidráulicas capaces de ejercer nueve toneladas de fuerza. Resultó ser bastante difícil de controlar y el operador no había practicado lo suficiente. Cuando me envolvió entre sus anillos y empezó a estrellarme contra la pared del calabozo, yo empecé a gritarle que la aflojara. En el guion, Conan mata a la serpiente, por supuesto. Subotai sale gateando de un túnel, encuentra a su amigo en peligro y le tira un sable que Conan, con un único y veloz movimiento, agarra por la empuñadura y le entierra a la culebra. Yo había agarrado la pesada espada y golpeado a la serpiente en el punto preciso (detrás de la cabeza) para hacer explotar el paquete con sangre. Conan, por supuesto, debe estar totalmente confiado mientras hace todo esto. Pero una parte de mí pensaba: «Espero que salga bien». Es un orgullo para mí poder decir que los dos años y medio de entrenamiento rindieron lo suyo y que liquidé a la serpiente en la primera toma. El cuerpo, sin embargo, me quedó doliendo toda esa semana.

James Earl Jones llegó tarde a la producción porque estaba dándole mate a su compromiso en Broadway, pero rápidamente nos hicimos amigos. Hacia mediados de marzo, cuando la producción se mudó de Madrid a Almería para filmar las escenas de batallas y la culminante confrontación en la ciudadela de la montaña de Doom, yo pasé días enteros en su remolque. Él quería mantenerse en forma así que lo ayudé con su entrenamiento. Él, a su vez, me enseñó sobre actuación. Con su potente voz de bajo, Jones era un maravilloso actor shakesperiano: más adelante ganaría un premio Tony por su papel en *The Great White Hope*, un éxito de Broadway sobre boxeo. También cobraría renombre internacional como Darth Vader, el villano de *Star Wars*. James Earl me contó la asombrosa historia de su llegada a la actuación. De niño en Mississippi, él tartamudeaba tanto que, desde que entró a la escuela a la edad de cinco años y hasta que cumplió catorce, se había negado a hablar. Las escuelas lo denominaban *funcionalmente* mudo. Ya después, en la escuela secundaria, se enamoró de la literatura y sintió un gran deseo de leer las obras en voz alta. Su profesora de inglés lo animó diciéndole: «Si te gustan las palabras, debes ser capaz de aprenderlas y decirlas».

Milius quería que yo agregara media página de diálogo que él había escrito durante el rodaje. El diálogo debía desarrollarse en la calma que precedía a la batalla culminante en los Túmulos, un antiguo cementerio de guerreros y reyes junto al mar, parecido a Stonehenge. Conan y sus aliados han fortificado el camposanto: están esperando el ataque de Thulsa Doom y un gran escuadrón de sus salvajes secuaces a caballo. Thulsa Doom ya ha matado a Valeria, y Conan y sus amigos, a quienes sus contrincantes aventajan en número, esperan morir. Es así como, antes de la batalla, Conan se sienta en la ladera y, con la barbilla apoyada en el puño, contempla el mar, sumido en la melancolía.

—Recuerdo días como hoy, en los que mi padre me llevaba al bosque y comíamos arándanos salvajes —le dice a Subotai—. Hace más de 20 años. Yo era un niño de cuatro o cinco años. Las hojas se veían tan oscuras y verdes entonces… La brisa de primavera traía el dulce olor de la hierba.

—¡Más de veinte años de lastre implacable! Sin descanso y sin dormir, como todos los hombres. Y sin embargo, la brisa de primavera sigue soplando, Subotai. ¿Has sentido alguna vez esa brisa?

—Donde yo vivo también sopla —dice Subotai—. En el norte del corazón de todos los hombres.

Conan ofrece a su amigo la oportunidad de partir y volver a su hogar:

—Nunca es demasiado tarde, Subotai.

—No. Ese viaje solo me traería de vuelta a este sitio otro día… Y en peor compañía.

—Para nosotros no habrá primavera —dice Conan, sombríamente—. Solo el fresco olor de la brisa antes de la tormenta.

Había practicado esas líneas decenas de veces, como siempre lo hacía antes de cualquier toma. Pero le dije a Milius: «No lo siento natural. No siento que estoy realmente, ya sabes, buscándolo y viéndolo». Uno simplemente no puede recitar un monólogo así nomás, tiene que parecer que estás evocando lo que sea, que los recuerdos te llegan, que las ideas van surgiendo en tu mente. Así que en algunos momentos dices las cosas de prisa y en otros simplemente miras sin ver. La cuestión es cómo crear esa naturalidad.

Milius dijo:

—¿Por qué no le preguntas a Earl? Él hace eso en teatro, donde la presión es mucho mayor porque no hay forma de editar los errores.

De modo que me fui al remolque de James Earl y le pregunté si le importaría echarle un vistazo al diálogo.

—No, no, claro que no. Siéntate —dijo—. Veámoslo.

Lo leyó. Después me pidió pronunciar las palabras y yo asentí con la cabeza.

—Bueno, lo que yo haría es pedir que mecanografíen esto de dos formas. La primera, con renglones muy cortos que ocupen todo el largo de la página. Y la segunda, con el papel apaisado para que los renglones queden mucho más largos.

Me explicó que yo había practicado tanto que inconscientemente había memorizado los cortes de los renglones. Entonces cada vez que recordaba uno se manifestaba como un corte en la idea.

—Debes desechar ese ritmo —dijo.

Ver las líneas mecanografiadas de otra manera también me hizo escucharlas de otra manera, lo que me ayudó enormemente. Volví más tarde ese día: los dos analizamos cuidadosamente el diálogo línea por línea y lo ensayamos.

—Bueno, normalmente después de una frase como ésta habría una pausa porque el pensamiento es muy profundo —diría Earl—. Aquí tal vez quieras cambiar un poco de posición. Puedes hacer lo que se te ocurra: estirarte o sacudir un poco la cabeza o simplemente hacer una pausa.

—No debes programarte —seguiría—, porque podría quedar diferente de una toma a la siguiente, a menos que John te diga que eso causa un problema para la edición. Pero usualmente se quedan con una sola toma hasta que cambia la idea. Entonces se van a otro ángulo.

Max Von Sydow fue muy generoso y también me ayudó bastante. Fue genial poder observar a dos grandes actores de teatro ensayar y afinar hasta que les saliera bien. Trabajando con profesionales uno aprende muchos matices. Me di cuenta, por ejemplo, de que los actores a menudo cambian de velocidad cuando el director pasa de un plano general a un plano medio, a un primer plano, y a un primerísimo primer plano que capta, digamos, un gesto en los ojos. Algunos actores prestan poca atención al plano general porque saben que solo se usa para establecer dónde están ubicados físicamente en la escena. Por lo tanto le ponen poco talento o emoción. Pero cuando la toma se va acercando ellos actúan con más intensidad. Uno se da cuenta de lo importante que es controlar su propio ritmo, no salir con todo en las primeras tomas, dar solo un 80%. Eventualmente llegará el primer plano y es ahí cuando debes actuar realmente. Imaginé que ésta podía ser una forma de obtener más primeros planos de uno mismo en una película porque en la edición escogen a menudo la toma que tiene la mejor actuación.

El rodaje de *Conan* me trajo recuerdos de los alocados veranos con mis amigos fingiéndonos gladiadores a orillas del Thalersee. Aquí, la fantasía de Milius era la que marcaba la pauta. Antes de rodar una escena él narraba interminables relatos de la historia real: de cómo comían los bárbaros, de cómo peleaban o montaban, de sus religiones y crueldades. Para la secuencia de la orgía habló de la decadencia de la antigua Roma, de las mujeres, la desnudez, el sexo, la violencia, las intrigas, los festines. Nos acompañaban los mejores expertos en armas, los mejores conocedores de caballos, los mejores diseñadores y expertos en vestuario y maquillaje, todos para llevarnos al mundo de Conan.

Me encantaba estar metido de lleno en la filmación de exteriores, compartir los Apartamentos Villa Magna con los demás actores, conducir desde ahí hasta la bodega y adaptarme a toda una nueva manera de funcionar durante seis meses. Nunca antes había filmado en un país extranjero y aprendí bastante español porque en el set muy pocas personas hablaban inglés. Al principio, el trabajo era tan intenso que no me permití a mí mismo hacer nada fuera de entrenar, ensayar y rodar. Pero después de uno o dos meses empecé a relajarme, y pensé:

—Hey, hey, espera. ¡Estoy en Madrid! Veamos sus museos, su interesante arquitectura, conozcamos sus edificios y calles. Probemos algunos restaurantes de los que todo el mundo habla. Y probemos también cenar a las once de la noche como los españoles.

Descubrimos la gente que trabajaba el cuero, y los sastres, y empezamos a comprar preciosos objetos españoles como ceniceros hechos de plata y cinturones de cuero hermosamente labrados.

Trabajar para Milius era una aventura permanente. Por ejemplo, tuve que destrozar un buitre con los dientes. Esta escena ocurre cuando los enemigos de Conan lo crucifican en el desierto, en el Árbol del Infortunio. El árbol era de utilería y estaba armado sobre una base giratoria para que el ángulo del sol y las sombras no cambiaran. En ese calor achicharrante, a medida que Conan siente acercarse la muerte, los buitres vuelan en círculos y se posan en las ramas. Cuando uno de ellos intenta comerle la cara, yo le muerdo el cuello y lo desgarro con mis dientes. Con Milius, como era de esperar, los buitres posados en las ramas eran reales: entrenados, sí, pero buitres de todos modos, llenos de piojos. Durante los tres días que necesitamos para rodar la escena, cada hora metían a los buitres bajo una carpa para descansar mientras yo permanecía en el árbol con otros cinco buitres nuevos. El pájaro que yo desbaraté era de utilería, hecho con partes de buitre muerto. Después de eso tuve que enjuagarme la boca y lavarme la piel con antibióticos.

También debíamos lidiar con camellos y serpientes reales. Nunca había tenido camellos cerca y mucho menos había montado uno, pero el guión estipulaba que debía subirme a un camello y montarlo. Una semana antes de filmar esa escena me dije: «Más te vale hacerte amigo del camello, a ver cómo vas a salir de esto». Rápidamente descubrí que los camellos son muy diferentes a los caballos: se levantan apoyándose en sus patas traseras y te lanzan hacia adelante. Además, no puedes simplemente jalarle las riendas como a un caballo porque, si lo haces, la cabeza del camello sigue girando hasta que de repente su cara está frente a la tuya. Te puede escupir a los ojos. En ese caso, la saliva es tan cáustica que un médico debe atenderte enseguida. Y los camellos muerden: usualmente en la nuca, apenas olvidas que están por ahí.

Además de la serpiente mecánica que me había vapuleado, la trama requería serpientes reales. Las que teníamos eran algún tipo de serpientes de agua y a su cuidador le preocupaba que se fueran a deshidratar, así que las echó a la piscina del complejo de apartamentos. En los Estados Unidos, el departamento de salud o bienestar animal habría estado ahí en dos segundos. El agua, además, habría estado saturada de cloro, lo que no habría sido bueno para la piel de las serpientes. Pero en España, y con Milius por los alrededores, este tipo de cosas eran pan de todos los días.

Milius siempre se pasaba de la raya. Los ambientalistas se quejaron de que nuestros sets afectaban las marismas y los productores debieron prometer que restaurarían los sitios. Los defensores de los derechos de los animales se quejaron porque en *Conan* había escenas en las que un perro era pateado, un camello recibía un puñetazo (mío, pero fingido) y se le hacía zancadilla a los caballos. Nada de eso habría sido permitido en los Estados Unidos. La producción tenía dobles que eran excelentes jinetes y sabían cómo hacer girar al caballo en una caída para que rodara sin romperse el cuello. Aún así, esas maniobras eran peligrosas para los caballos y la gente. Vi muchas contusiones, cortes y descalabraduras. Ese tipo de cosas ya han sido prohibidas en las películas.

A pesar de todo eso, el derramamiento de sangre en *Conan* parece inocuo frente a los estándares de hoy día. En su época, esa película introdujo a la pantalla toda una nueva dimensión de violencia. Las batallas con espada hasta entonces siempre habían sido más o menos organizadas, los personajes caían y tal vez se veía algo de sangre. Pero

Milius ataba paquetes de cinco cuartos de galón al pecho de los actores, de modo que cuando un hacha de guerra le pegaba a alguno volaba sangre por todas partes. Y cada vez que había derramamiento de sangre, él insistía en que fuera contra un fondo claro para que se viera perfectamente.

A Milius nada de eso le parecía reprobable.

—Él es Conan EL BÁRBARO. ¿Qué esperan? —dijo a los reporteros.

Pero en mayo, después de que terminó el rodaje y volvimos todos a casa, la cuestión siguió candente y a los mandamases de Universal les preocupó que toda esa violencia fuera a alejar a los espectadores.

Estaban estudiando si debían estrenar *Conan* en alguna de las festividades de noviembre o diciembre, hasta que en agosto Sid Sheinberg, el presidente de Universal que se hizo famoso por haber descubierto a Steven Spielberg, vio un corte preliminar. Me vio destrozando gente —sangre por todas partes— y en mitad de la proyección se levantó y dijo a los otros ejecutivos sarcásticamente: «Feliz Navidad, gente». Y se fue. De modo que a *Conan* lo echaron para atrás. Los estrenos de Universal en la Navidad de 1981 fueron *On Golden Pond* y una película de terror.

Todos sabíamos que *Conan* generaría controversia. La incógnita era cómo hacer el marketing y cómo hablar de la película a los medios. Uno de sus pilares importantes era Nietzche, pues el epigrama de *Conan* sale de *The Twilight of the Idols*: «Lo que no nos mata nos fortalece». Su otro gran pilar era el acero: «Cuanto más se martilla el acero más duro y resistente se vuelve. Igual que el carácter de un ser humano. Hay que templarlo. Necesita vencer los obstáculos. Cuanto más debe luchar un hombre, más se fortalece. Miren a la gente que proviene de ciudades arrasadas por la guerra o de vecindarios peligrosos de la ciudad. En sus caras está retratada su lucha. Un artista del maquillaje no puede hacer eso. Y todo lo que debió soportar siendo niño es justamente lo que hace de Conan el guerrero más fiero y más poderoso. El lujo y las comodidades siempre son perjudiciales para los seres humanos». Para Milius, Conan era toda una declaración que iba mucho más allá de las películas de acción y las historietas. Se remontaba hasta Nietzsche.

Milius mostraría a los reporteros uno de sus sables de samurái y diría: «Sabes, un sable de samurái se forja y se martilla en un yunque siete veces, hasta que adquiere la resistencia necesaria. Los guerreros samurái practicaban con criminales. Los sacaban, los obligaban a estar de pie y les cortaban la cabeza de un solo golpe». Milius representaba todo ese drama mientras los reporteros tomaban notas. Y yo pensaba: «¿De dónde saca toda esa mierda?». Mi enfoque era mucho más directo. Yo vendía el aspecto del entretenimiento, la alegría de disfrutar viendo *Conan* como una divertida aventura épica, como un *Star Wars* en la tierra.

Para promocionar la película debíamos trabajar todos los ángulos posibles y nos valimos de las revistas especializadas para reunir una audiencia. Teníamos historias de lucha con espadas para las publicaciones especializadas en artes marciales; de caballos para las revistas ecuestres; de espadas y hechicería para las revistas de ficción fantástica; y para las de fisiculturismo, historias sobre lo necesario que es estar en óptimas condiciones para ser como Conan.

La película necesitaba una clasificación, por supuesto, para poder estrenarse. Me irritaba mucho ver cómo los ejecutivos todopoderosos del estudio se doblegaban ante los miembros de la junta de clasificación. La junta estaba integrada por personas designadas por la Motion Picture Association of America, cuyos nombres ni siquiera daban a conocer públicamente. La mayoría era personas de edad media con hijos ya crecidos, pero reaccionaron ante *Conan* como una mano de ancianitas: «Oh, ah, la sangre, tuve que cerrar los ojos». Se corrió la voz de que tendríamos que editar parte de la sangre.

Me dije: «¿De dónde sacaron a estos remilgados idiotas? Consigamos gente joven, gente que esté en la onda». Y le pregunté a uno de los del estudio: «¿Quién es el responsable de esto? Debe haber alguien a cargo. ¿Por qué no van y hacen que los despidan?».

—No, no, no, no —dijo—. Tú no puedes alborotar ese avispero.

Nadie estaba dispuesto a pelear nada.

Y yo no entendía que lo que estaba en juego era como una partida de ajedrez. Universal tenía en salsa a *E.T.* de Spielberg, esperando que fuera su éxito de taquilla en el verano de 1982. El estudio no quería hacer nada que suscitara el antagonismo de los clasificadores. Quería ser amado, quería que Spielberg fuera amado, quería que *E.T.* fuera amado. Y aquí llegaban Milius y Schwarzenegger masacrando a toda esa gente en la pantalla. Milius ya era la oveja negra de Hollywood con su inclinación republicana de extrema derecha y su reputación de decir cosas indignantes. Y por supuesto el estudio estaba listo para decir: «Cortemos esas escenas de Conan ya mismo para que la semana próxima, cuando llevemos *E.T.* a la junta de clasificación, no nos crucifiquen». *E.T,* sin embargo, no podía ser más tierna.

Me enfurecí porque estaba seguro de que una de las masacres de *Conan* era extraordinaria y había quedado muy bien filmada. ¿Y qué importa si lo primero que ves es a Thulsa Doom arrasando la aldea de la niñez de Conan y la cabeza de su madre volando por el aire? Podría decirse que necesitábamos esa escena para poder hacer de Thulsa Doom el peor de los villanos, para que la cacería que le hace Conan fuera justificada. Pero es que uno se enamora de su propia obra. Mirando atrás creo que, gracias a que nos obligaron a atenuar la violencia, más gente vio la película.

Esta fue mi primera experiencia con el *marketing* a gran escala de los estudios. Para la promoción internacional de Conan se estaba planeando un tour. En la primera reunión a la que asistí, los especialistas dijeron: «Iremos a Italia y Francia».

—Okeeey —dije—, pero si le dan un vistazo al mundo se darán cuenta de que hay otros países además de Italia y Francia.

Siendo europeo, yo era perfectamente consciente de que había todo un mundo afuera de los Estados Unidos. En ese punto, dos tercios de los ingresos brutos de las películas eran de origen nacional y solo un tercio era de origen internacional. Era evidente, sin embargo, que eso estaba cambiando. Si no se promocionaba a nivel internacional, ¿cuánto dinero se dejaría de ganar?

Les dije:

—Gente, ¿por qué no somos más sistemáticos? Pasemos dos días en París, dos en Londres, dos en Madrid, dos en Roma y luego vamos al norte: a Copenhague, a Estocolmo… Y de ahí bajamos a Berlín. ¿Qué hay de malo en eso?

—Bueno, que no es así como hacemos las cosas. Sabes que la película se estrena en fechas distintas en los diferentes países y no queremos dar entrevistas con demasiada anticipación.

—Entonces ¿qué tal si hacemos un trato con las revistas y los diarios de esos países para que no publiquen sus historias antes del estreno?

—Tendríamos que ver eso.

Yo sabía que otra razón para estar tan renuentes a enviarme por todos lados era que a muy pocos actores les gusta vender. Había visto lo mismo con los autores en el negocio de los libros. La actitud típica parecía ser: «No quiero prostituirme. Lo mío es la creación, no voy a ser un señuelo. No me interesa la cuestión monetaria».

Para ellos el cambio fue evidente cuando les dije: «Vamos a todas partes porque esto no solo me conviene económicamente a mí. Al público también le conviene ¡porque pagarán por ver una buena película!».

En últimas, el estudio me permitió promocionar *Conan* en cinco o seis países, lo que consideré un gran paso adelante.

Éste fue el mismo debate que sostuve con mi editor cuando salió mi libro *The Education of a Body-Builder*. Los Estados Unidos constituyen apenas el 5% de la población del mundo, entonces ¿por qué ignorar al otro 95%? Ellos no estaban aprovechando las oportunidades al máximo. Con Joe Weider yo había aprendido a pensar en el mercado global.

Me he considerado, antes que nada, un hombre de negocios. Muchos actores, escritores y artistas piensan que están por encima del mercadeo. Pero no importa lo que uno haga, vender es parte de la vida. No es posible hacer películas sin dinero. Aunque yo no tuviera una obligación publicitaria en mi contrato, me interesaba promover la película y asegurarme de hacer tanto dinero como fuera posible. Quería participar en las reuniones. Quería que todo el mundo supiera que estaba trabajando muy duro para crear un rendimiento para el estudio. Me parecía que era responsabilidad mía aumentar las utilidades.

El despegue de *Conan* fue en 1982, justo el día después de San Valentín. La primera proyección de prueba, en Houston, fue tal éxito que los de Universal no podían creer las cifras. Los espectadores le dieron a la película una calificación de 93 sobre 100, lo que casi siempre significa que la producción será un éxito fenomenal. Esa noche me telefonearon y dijeron: «Esto es enorme. Queremos probar otra vez en Las Vegas mañana. ¿Puedes venir si lo hacemos?». Con solo pasar por el frente del cineplex en la tarde siguiente, pudimos ver que la de *Conan* no sería una proyección común y corriente. Había una fila de gente que le daba la vuelta a la manzana, además de los fans de la historieta que Universal esperaba. Había musculosos fisiculturistas con camisas ajustadas, gays, estrafalarios de pelo parado y anteojos, gente con atuendos de Conan. Había mujeres, pero el grueso del público era masculino, incluyendo a un gran contingente de motociclistas completamente vestidos de cuero. Algunos de esos tipos parecían dispuestos a armar un disturbio si no podían entrar. Universal simplemente empezó a abrir auditorios hasta que el último pudo entrar. Entre todos ocuparon tres salas.

El estudio contaba con que los fans acérrimos de las historietas y novelas de Conan convirtieran la película en un éxito. Se suponía que ellos serían el grueso de la audiencia, la gente que la vería varias veces si le gustaba y que le contaría a todos sus amigos. Con los que Universal no contaba era con mi gente, los fisiculturistas. Ese grupo era aún mayor. Esa noche ellos integraban una tercera parte de la audiencia y ya pueden imaginarse los puntajes que le dieron a *Conan* en la prueba. Sin ellos, el film quizás habría obtenido un 88 pero con ellos fue de 93, tal y como en Houston. La gente del estudio estaba muy excitada. Y Dino, más todavía. Esa noche se acercó y me dijo: «Te hago una estrella». Por su acento no supe si quería decir que se proponía volverme una estrella, o que ya lo había hecho. Esta vez no me burlé de él.

Después de esa noche, *Conan* fue imparable. Un mes más tarde las funciones privadas en 16 ciudades por todo el país atrajeron a hordas de gente. En Manhattan la policía tuvo que intervenir porque la gente en la fila estaba literalmente peleando para entrar. En Washington D.C. la cola se extendió cuadras enteras y causó un gran embotellamiento de tráfico. En Los Ángeles hicieron tres presentaciones seguidas en lugar de hacer la única que habían planeado: hubo gente que esperó en fila ocho horas.

Después de las proyecciones, las gigantescas reseñas en la prensa del gremio nos ayudaron a obtener presentaciones en cientos de teatros. *Conan* se estrenó a nivel nacional el 14 de mayo y se convirtió en el mayor éxito de taquilla que se recuerde y la mejor película de verano de todos los tiempos. Ese verano también estrenaron *Road Warrior, Rocky III, Star Trek II, Blade Runner, Fast Times at Ridgemont High, The World According to Garp, Poltergeist, An Officer and a Gentleman, Tron, The Thing* y, por supuesto *E.T.,* pero *Conan the Barbarian* mantuvo su posición entre todas.

CAPÍTULO 15

Hacerse americano

A MI REGRESO DE Madrid y la Era Hiboria, Maria me dio la bienvenida en Santa Monica con un cachorrito Labrador que había bautizado Conan.

—¿Sabes por qué te regaló el perrito, verdad? —bromeó uno de sus amigos.

—¿Porque a su familia siempre le han gustado los perros? —supuse.

—¡Es una audición! Ella quiere saber cómo te va con los niños.

No sabía de eso, pero Conan y yo —quiero decir, Conan el Can y Conan el Bárbaro— nos llevamos muy bien. Yo también estaba contento de haber vuelto a casa, que estaba totalmente transformada por la decoración que Maria y yo habíamos empezado juntos.

El otro gran cambio durante mi ausencia fue la investidura de Ronald Reagan. Nadie en Hollywood, ni siquiera los conservadores, parecía saber qué pensar del hecho de que fuera Presidente. Justo después de su elección, Maria y yo cenamos con algunos de mis amigos del mundo del entretenimiento que habían trabajado en su campaña.

—¿Por qué ayudaron a este tipo? —preguntó ella—. No está hecho para ser presidente. Caramba, gente, ¡él es un actor!

En lugar de defender a Reagan ellos respondieron cosas como: «Lo sabemos, pero la gente lo está escuchando». No hablaron de lo que había hecho por California cuando fue gobernador, ni tampoco de su visión o de sus ideas. Probablemente solo estaban siendo corteses y no querían decirle de frente a Maria que la época de los demócratas había terminado.

Me asombró ver la actitud negativa que la mayoría de la gente de Hollywood mantuvo hacia Reagan mientras duró su presidencia. A pesar de que estaba recuperando la economía, todo lo que yo escuchaba eran críticas porque había recortado los parques o reducido los salarios de los empleados públicos, o despedido a los controladores de tráfico aéreo, o porque no había hecho lo correcto en beneficio del medio ambiente, o porque se había sometido a las compañías petroleras, o había desechado el combustible sintético y los proyectos de energía eólica y solar de Jimmy Carter. Siempre había alguna queja. No había ni el asomo de una visión general de lo que se estaba logrando.

Lo que para mí importaba era que él representaba los valores que me habían traído a América. Vine porque Estados Unidos era el país más grande y con mejores oportunidades, pero ahora era mi hogar y yo quería mantenerlo así y volverlo todavía mejor. Después del caos y el pesimismo de los años setenta, los americanos votaron por Reagan porque les recordaba su propia fuerza. Maria decía: «No sé por qué te gusta ese tipo». Pero era por eso.

Esa primavera conocí a un hombre que había forjado las ideas de Reagan sobre el libre mercado, uno de los grandes pensadores del siglo xx: Milton Friedman, economista y Premio Nobel. Él también ejerció una gran influencia sobre mí. En 1980, la serie de televisión pública *Free to Choose,* de Friedman, fue un gran éxito. Yo vi cada una de las entregas y absorbí sus ideas como esponja sedienta. Friedman y su esposa habían escrito un libro también titulado *Free to Choose,* que se convirtió en un *best seller*. Yo envié ejemplares de la obra a todos mis amigos como regalo de Navidad. De alguna manera el productor de la serie de televisión, Bob Chitester, se enteró de eso y me buscó para preguntarme si me gustaría conocer a los Friedman. La pareja estaba viviendo en San Francisco, donde Milton era miembro del cuerpo docente y la junta rectora de la Hoover Institution desde que él y Rose se habían retirado de sus cátedras en la Universidad de Chicago.

Esa noche mientras me alistaba me sentía como un chico que va para una emocionante excursión escolar.

—¿Dónde está mi cámara? —le pregunté a Maria—. ¿Me va bien esta corbata?

Friedman se había convertido en uno de mis héroes. Su pensamiento sobre los roles de los gobiernos y mercados en el progreso de la humanidad era un salto gigante a partir de la economía que yo había estudiado en la escuela: era la explicación de mucho de lo que yo había visto y experimentado como emprendedor americano. El meollo de su argumento era que los mercados se comportan más eficientemente cuando se reduce la intervención del gobierno. Como Reagan, Friedman tenía la capacidad de plantear sus ideas de una manera clara para que todo el mundo las pudiera entender. Un lápiz le servía de ejemplo para abogar por el mercado libre. «La madera vino del estado de Washington, el grafito de Sur América y el caucho de Malaya. Literalmente miles de personas en tres continentes distintos contribuyeron, cada una con unos segundos de tiempo, a la fabricación de este lápiz. ¿Qué los reunió y los indujo a colaborar? No había ningún comisario enviando órdenes desde alguna oficina central. Lo que había era una demanda. Cuando hay demanda de algo, el mercado encuentra el camino».

Apliqué las ideas de Friedman en una discusión con Sargent Shriver sobre el precio de la leche. Sarge dijo: «Recuerdo que cuando hicimos campaña en Wisconsin había tanta leche que el precio se estaba cayendo. Luego llegamos a Illinois y descubrimos que escaseaba la leche y que el precio estaba subiendo, así que agarré el teléfono y me quejé con los reguladores».

Le dije: «¿No crees que el mercado habría solucionado eso? Si era tanta la necesidad de leche en Illinois, eventualmente alguien la habría llevado de Wisconsin o de cualquier otro estado. Creo que allí querían acaparar la leche para subir el precio, que ésta fue una decisión tomada a conciencia por los del sector privado. Pero tú usaste el poder del

Gobierno para interferir con la oferta y la demanda. Yo no creo que el Gobierno deba hacer eso». Mucho después yo aprendería que, cuando se está en la pelea, los principios de *laissez-faire* se quedan cortos pues entre teoría y realidad existe una brecha. Solo desde el punto de vista de inversión pública tiene sentido poner dinero de los contribuyentes en programas post-escolares para que en el largo plazo se ahorren muchos dólares por la disminución de los índices de delincuencia y prisión. No se puede dejar a una familia, si esa familia es pobre, toda la carga de un niño discapacitado. Debe haber una red de seguridad social. Debe haber inversión en bienestar público.

Los Friedman eran personas bajitas y muy animadas que lucían perfectamente sincronizadas. Alguien me había dicho: «Asegúrate de dirigirte a Rose. Ellos se consideran pares pero mucha gente le habla a él e ignora a Rose porque él fue quien ganó el Nobel». Así que tuve buen cuidado de hacerle a Rose tantas preguntas como a Milton, y eso desató la conversación. Pasamos una noche maravillosa hablando de economía, de sus vidas, de los libros que habían escrito juntos y de su participación en la serie de televisión. Una de las cosas fascinantes que Friedman me contó fue que él había trabajado con el Gobierno durante el *New Deal*.

—No había otros empleos —dijo—. Fue un salvavidas.

Me impresionó que, aún estando en contra de la mayoría del ordenamiento, él fuera partidario de la ayuda y los empleos gubernamentales cuando el desempleo alcanzaba grandes proporciones, porque eso podía inspirar la economía a crecer.

La administración Reagan devolvió la coherencia a la economía de los Estados Unidos, pero yo habría ganado más dinero si Jimmy Carter se hubiera quedado. Bajo Carter el mercado de bienes raíces había sido una locura: las propiedades se valorizaban hasta un 10 y 20% cada año. Mi socio Al Ehringer y yo estábamos a punto de hacer un gran negocio con nuestra inversión en Denver, toda una manzana en un área baja y muy deprimida de la ciudad, cerca de la vía férrea. Gracias a los programas de Jimmy Carter para lidiar con la crisis del petróleo, el negocio de la energía en Denver había prosperado y un consorcio de bienes raíces se proponía construir una torre de 30 pisos en nuestro terreno. Estábamos listos para firmar los papeles cuando llegó Reagan y paró la inflación. De repente la gente empezó a mirar la energía y los bienes raíces de otra forma. El proyecto se desbarató. Los de la compañía petrolera nos dijeron algo así como: «El crecimiento económico está declinando, la disponibilidad de dinero ya no es la que pensábamos. La exploración del gas pizarra está parada. Nada de esto podrá hacerse». Un tiempo después, el estadio de béisbol Coors Field fue construido a una cuadra de nuestro terreno y nos llegó el gran día de pago, pero por muchos años esa propiedad en Denver fue algo similar al aeropuerto supersónico al que Franco y yo le habíamos apostado años atrás. Ese tipo de volatilidad es normal en el negocio de bienes raíces y uno acepta riesgos mayores con la esperanza de obtener mejores ganancias. Reagan hizo lo correcto al apretar el crédito pero ese apretón nos golpeó de mala manera.

Las oportunidades en bienes raíces que encontré durante el mandato de Reagan estaban más cerca de casa. En Santa Monica, tal como Al y yo esperábamos, Main Street había empezado a cambiar y poco a poco los alcohólicos y vagabundos fueron dando paso a peatones y pequeños restaurantes y tiendas. Ahora uno escuchaba a la gente decir: «Vamos a Main Street». Pero su rehabilitación no había llegado hasta el extremo sur, en el límite entre Santa Monica y Venice, donde Al y yo teníamos toda una manzana de lotes, tierras del viejo sistema de *trolley* Red Car que en los años cuarenta conectaba el centro de Los Ángeles con Santa Monica y Venice Beach. Ahora esta franja era tierra de nadie. El último edificio al final de Main era un bar, el Oarhouse; al lado había una tienda de alimentos naturales que era de unos tipos con turbante; y al frente una sinagoga pequeña y un edificio con puertas y ventanas selladas por tablas que pertenecía a un comediante famoso. En la parte frontal de todo lo que quedaba cerca había lugares baratos para alquilar, algunos ocupados por pequeñas religiones y distintas sectas. Había un local de Cienciología. Todo estaba muy deteriorado, nadie andaba a pie por ahí y había muy pocas tiendas. Nuestro plan era construir un hermoso edificio de ladrillo rojo, de poca altura, que ocupara toda nuestra manzana, y que tuviera tiendas en el primer nivel y un par de pisos para oficinas arriba, que servirían de anzuelo. Queríamos que otros inversionistas y negocios dijeran: «Guau, están construyendo bastante al sur, tal vez valga la pena hacerlo nosotros también».

Era una jugada arriesgada para nosotros, un proyecto de $7 millones y 39.000 pies cuadrados, capitalizado con las utilidades que nos daba el edificio de oficinas que estaba un poco más arriba en Main Street, construcción que habíamos restaurado y luego vendido en el último año de la era Carter recibiendo una utilidad de $1,5 millones. Al y yo pensamos que controlaríamos el riesgo si nos asegurábamos que el nuevo edificio estuviera totalmente alquilado el día que abriera. Para lograrlo montamos un show de diapositivas mostrando el brillante futuro del vecindario. Nosotros mismos hicimos las presentaciones y cumplimos nuestro objetivo.

Ese vecindario me gustaba porque allí todavía quedaba mi oficina, Oak Productions, bautizada así por mi apodo en el fisiculturismo: el Roble Austriaco. Nos habíamos mudado al altillo esquinero del viejo edificio de la compañía de gas en Venice, justo a una cuadra de Main. Tenía muchas ventanas, paredes de ladrillo pintadas de blanco y un cielorraso alto con claraboyas. Inspirado en el Centre Pompidou de París, se me ocurrió la idea de dejar todos los ductos a la vista y pintarlos de rojo y azul brillantes. A todo el mundo le encantó. La oficina estaba decorada con muebles antiguos de roble, alfombra roja y un sofá azul con forma de L frente a mi escritorio, lo que le daba al espacio una sensación bastante patriótica. Las divisiones eran de vidrio para que todos nos pudiéramos ver y había una pequeña área cerrada para almacenar camisetas y folletos para mi negocio de ventas por correo Arnold.

Con la expansión de mi carrera en los negocios y el cine, finalmente cedí y contraté más empleados. Ronda siguió siendo mi mayor soporte: ella trabajaba para mí desde 1974 y ahora tenía a su cargo las inversiones y llevaba los libros. Aunque Ronda había administrado una tienda de juguetes, no tenía una capacitación formal como administradora, así que tomó clases de administración en el Santa Monica College y en UCLA. Pocos años más tarde recibimos por primera vez un cheque de $1 millón por un negocio de bienes raíces. Recuerdo que ella llegó corriendo a mi oficina con el cheque en la mano y dijo: «Oh, Dios mío, nunca había tenido tanto dinero en la mano. ¿Qué debo hacer con esto? Estoy tan nerviosa».

Anita, una de mis asistentes, tenía 30 años y tuvo que aprender a programar y planear mis viajes. El negocio de ventas por correo quedó en manos de una artista llamada Lynn, que tenía poco más de 20. Trajimos una cuarta asistente para manejar proyectos especiales como libros, permisos para fotos, seminarios y eventos de fisiculturismo en Columbus, en sociedad con Jim Lorimer. Las ventas por correo seguían siendo un flujo continuo de buenos ingresos gracias a esos eventos de Columbus y las historias sobre mí publicadas en las revistas de Joe Weider. Casi ningún número de *Muscle & Fitness* o de *Flex* salía sin llevar por lo menos una foto mía, una retrospectiva de Arnold, un ensayo sobre entrenamiento o nutrición firmado por mí, o un informe de mis aventuras en el mundo del cine. Cada una de esas menciones ayudaba a vender más cursos y camisetas Arnold.

Entretanto, las ventas de mis libros iban a las mil maravillas. Tenía un agente literario y un editor, y ya estábamos dando los últimos toques a la *Encyclopedia of Modern Bodybuilding*, un proyecto enorme en el que venía trabajando hacía tres años con el fotógrafo Bill Dobbins. Para aprovechar la locura de estar en forma que desataron los videos de ejercicio de Jane Fonda, yo también lancé mi propio video —*Shape Up with Arnold*—, así como ediciones actualizadas de mis libros *Arnold's Bodyshaping for Women* y *Arnold's Bodybuilding for Men*. Todo eso implicaba salir en giras de promoción, que me encantaban.

Siempre teníamos nuevas cosas que hacer. Podía ser que Lynn señalara, por ejemplo: «Nos está llegando un montón de correo de gente que quiere un cinturón de levantamiento como el que usaste en *Pumping Iron*».

—Vamos a agregarlo —diría yo.

Entonces trabajábamos todos en equipo para crear el producto. Si comprábamos cinturones ya hechos no habría utilidades, entonces ¿dónde conseguir el cuero? Habría que encargárselo a un fabricante. ¿Y la hebilla qué? ¿Cómo hacer que el cinturón se viera usado y salpicado de sudor para que pareciera auténtico? Entonces empezábamos a llamar a nuestros contactos y a las compañías, conseguíamos todos los elementos y en un par de días teníamos todo listo. Entonces las preguntas eran: ¿Cómo empacamos los cinturones? ¿Qué medio de envío nos resulta más rápido y barato?

Yo empujaba todo el tiempo y, desde la perspectiva de Ronda, Anita y Lynn, el trabajo podía ser increíblemente caótico. Parecíamos malabaristas con proyectos de cine, bienes raíces y fisiculturismo, todos al tiempo. Yo viajaba constantemente, hablaba con gente de todas las profesiones y condiciones sociales, todo sin parar. Pero ellas no eran trabajadoras comunes con la mentalidad de marcar tarjeta. Se convirtieron en miembros de mi familia, cuidaban unas de otras y me veían como un reto. Aceleraban para igualar mi velocidad y, si yo aceleraba más, ellas también lo hacían.

Fomentar ese ambiente no requería de mí ningún esfuerzo extraordinario ni ser un genio de la administración. Para empezar, ellas eran cálidas y maravillosas y yo era un buen empleador: les pagaba bien, haciendo honor a mi crianza austriaca; tenían un plan de pensiones y un estupendo seguro médico, los dos automáticos (nadie necesitaba pedirlos); y les pagaba 14 salarios al año en lugar de 12. El mes 13 era la paga de sus vacaciones de verano y el mes 14, la bonificación de fin de año para que pudieran usarla con sus familias en Navidad. Esa era la tradición en Austria y el presupuesto de mi oficina no era tan apretado como para no permitírmelo.

La otra técnica mía era hacerlas sentir incluidas. Ellas estaban aprendiendo sobre el negocio igual que yo. Cuando estaba en la oficina analizábamos todo lo que me estaba pasando. Ellas se sentaban en círculo, cada una expresaba su punto de vista y, aunque no estuviera de acuerdo, los aceptaba. Lo gracioso es que todas eran demócratas liberales y después, cuando siguió entrando más gente, y durante muchos años, fue raro encontrar en la oficina a otro republicano que no fuera yo.

Para mí, el trabajo no era intenso de ninguna manera; era apenas normal. Uno hace una película o un libro, lo promueve como el carajo, viaja por todo el mundo porque el mundo es su mercado, y mientras tanto hace ejercicio, se ocupa del negocio y explora todavía más. Todo era diversión, por eso es que nunca pensaba: «Oh Dios mío, cuánto trabajo. La presión es mucha».

Mi trabajo por la noche podía ser una reunión para hablar de alguna película. ¿Cómo no me iba a gustar? ¡Si estaba hablando de cine! O algunos hombres de negocio me pedían que fuera hasta Washington. Eso era buenísimo también, siempre había risas y tabacos, y una vez vi a Ronald Reagan pronunciar un discurso. Luego, a medianoche, nos íbamos a tiendas de adultos y mirábamos lo último que había salido al mercado. Era muy divertido conocer esa otra cara de algunos conservadores puritanos.

Para mí, el trabajo solo significaba descubrimiento y diversión. Si escuchaba a alguien quejarse: «Oh, yo trabajo tan duro, mis días son de diez y doce horas», lo crucificaba: «Si el día tiene veinticuatro ¿de qué mierda hablas? ¿Qué más hiciste?».

Me encantaba la variedad de mi vida. Un día tenía una reunión para desarrollar un edificio de oficinas o un centro comercial tratando de maximizar el espacio. ¿Qué necesitaríamos para obtener los permisos? ¿Cuáles eran las políticas del proyecto?

Al día siguiente estaría hablando con el editor de mi último libro sobre las fotos que debía incluir. Después trabajaría con Joe Weider sobre un tema de portada. Luego asistiría a reuniones sobre una película o estaría en Austria hablando de política.

Todo lo que yo hacía podría haber sido mi pasatiempo. En cierta forma *era* mi pasatiempo. Todo me apasionaba. Mi definición de vivir es estar siempre así de entusiasmado, esa es la diferencia entre vivir y existir. Más adelante, cuando supe del *Terminator*, me encantó la idea de que fuera una máquina que no necesitaba dormir jamás. Me dije: «¿Te imaginas la ventaja que supondría tener todo ese tiempo, esas seis horas extra cada día para hacer algo más? Imagínate: podrías estudiar toda una nueva profesión. Podrías aprender a tocar un instrumento, sentarte en el piano, o agarrar una trompeta y tocar. Eso sería increíble. Para mí la cuestión era poder acomodar todas las cosas que yo quería hacer».

Por lo tanto, rara vez mi vida me parecía caótica. Esa idea casi nunca se me ocurría. Solo más tarde, cuando Maria y yo pasamos de ser novios a comprometernos y casarnos, empecé a prestarle atención al equilibrio entre el trabajo y mi vida de hogar.

Cuando quise saber más sobre negocios y política, apliqué el mismo método del que me valí cuando quise aprender actuación. Conocí a toda la gente que pude que fuera realmente buena en eso. Un buen lugar donde encontrar a estas personas era el Regency Club, un refugio recién abierto para la élite de los negocios en Los Ángeles. Ocupaba el último piso y el *penthouse* de una nueva torre en Wilshire Boulevard, con vistas panorámicas de toda la ciudad. Tanto el edificio como el club pertenecían a David Murdock, uno de los hombres más ricos de la ciudad. Su vida era otra de esas grandes historias americanas tipo: «De harapientos a millonarios». David nunca terminó la secundaria en su natal Ohio y, después de prestar servicio en la Segunda Guerra Mundial, convirtió un préstamo de $1.200 en una fortuna de bienes raíces en Arizona y California. Ahora tenía grandes intereses en International Mining y en Occidental Petroleum, así como en bienes raíces y hoteles, y era coleccionista de animales, orquídeas, muebles finos y arañas de luces. Su esposa Gabrielle, diseñadora de interiores nacida y criada en Munich, había decorado el club con un estilo formal, elegante, como del viejo mundo, lo que reforzaba el tono tan correcto y refinado. Allí no se podía ir sin corbata.

Pete Wilson, quien ganó su asiento en el Senado de los Estados Unidos durante los meses que yo estuve promocionando *Conan the Barbarian*, se encontraba allí con todo su equipo. También lo hacía George Deukmeijian, que en la misma elección de 1982 le ganó de mano la gobernación al demócrata Tom Bradley. La gente pesada de la administración de Reagan que visitaba la ciudad iba a cenar y pasaba el rato en el Regency. Mucha gente de negocios, conservadora, era visitante habitual, así como algunos agentes y ejecutivos liberales del mundo del espectáculo de Hollywood. Empecé por asistir a eventos de respaldo a Wilson cuando se postuló para el Senado de los Estados Unidos, o de respaldo a George Deukmeijian cuando estaba en campaña para la gobernación. Sin embargo fui expandiendo mi círculo de amistades gradualmente.

Guido's en el Santa Monica Boulevard era otro buen lugar para hacer conexiones de negocios y absorber ideas, igual que lo era 72 Market Street en Venice si lo que querías era pasar un rato con actores, o el Rock Store en Malibu Canyon si querías motociclistas. Llevé a Maria varias veces al Regency pero, a pesar de que le gustaba la decoración de Gabrielle, la gente conservadora y el refinamiento la aburrían. A mí tampoco me gustaban mucho los formalismos pero solo hay que ser disciplinado y adoptarlos. Sentía que no había razón para que yo no pudiera jugar en ambos bandos: el bando extravagante de botas de motociclista y cuero, y el bando conservador de traje, corbata elegante y zapatos británicos *brogue*. Quería sentirme cómodo en los dos mundos.

Maria y yo también nos codeábamos con la comunidad liberal. De hecho, fue por invitación de Jane Fonda que yo me conecté por primera vez con el Simon Wiesenthal Center en una función benéfica a la que Jane había sido invitada por ser una celebridad y para que reclutara invitados. Maria y yo éramos amigos de ella y de Tom Hayden, y nos habían invitado a su casa varias veces para que conociéramos a líderes políticos o religiosos, entre ellos al Obispo Desmond Tutu. La noche de esa función benéfica Jane me presentó a Marvin Hier, un rabino de Nueva York que siete u ocho años atrás se había mudado a Los Ángeles y fundado en 1977 el Simon Wiesenthal Center. Su objetivo era combatir el antisemitismo y promover la tolerancia religiosa y racial. Cualquiera pensaría que en una ciudad como Hollywood, con tanta gente judía poderosa, las cosas habrían sido fáciles para él. Pero debía lucharlas, me dijo.

—Si a usted le gusta todo esto, le agradecería su ayuda —agregó—. Usted es una estrella en ascenso, la gente va a prestarle atención en el futuro, y a nosotros nos ha costado conseguir que la gente de Hollywood participe más allá de la compra de un puesto o una mesa en una función benéfica. Necesitamos que ingrese gente que se integre a nuestra junta directiva y done $1 millón o $3 millones, y que tenga recaudadores de fondos. Ahí es donde están los grandes capitales. Y los necesitamos porque estamos tratando de construir un Museo de la Tolerancia que costará $57 millones.

—Yo no estoy en ese nivel —le advertí, pero la idea de construir un museo sí tenía sentido para mí. Si se quiere promocionar la buena forma física y combatir la obesidad, se necesitan gimnasios. Si se quiere alimentar a la gente, se necesitan tiendas de comestibles. De modo que si se quiere luchar contra los prejuicios hay que tener centros de tolerancia en todas partes, lugares a donde los chicos puedan ir y conocer la historia de lo que ocurre cuando la gente es prejuiciosa y odia a los demás.

Cuanto más conocía su misión, más sentía que debía involucrarme. No soy una persona religiosa pero me dije: «Esto solo puede ser obra de Dios». En mi vida, muchas personas judías habían jugado papeles muy importantes, desde Fredi Gerstl hasta Artie Zeller, pasando por Joe y Ben Weider, Joe Gold y mi agente de películas Lou Pitt. Sin embargo, no estaba seguro de que yo mismo estuviera libre de prejuicios: había hecho comentarios prejuiciosos, había dicho cosas estúpidas. Era casi como si Dios me estuviera diciendo: «Si eso es lo que haces, entonces te voy a poner precisamente aquí, donde empieza el diálogo de la tolerancia, y tú vas a recaudar fondos para ellos, y vas a luchar por ellos, y a combatir ese lado tuyo». Después de eso empecé a hacer donaciones periódicas al centro, y a participar en eventos para recaudar fondos.

Aunque mi apoyo a Reagan no era un secreto para nadie y yo daba lo que podía a candidatos y causas republicanas, solía mantenerme fuera de la escena política. Mi objetivo era mi carrera en el cine. Cuando uno promociona una película quiere conquistar a todo el mundo pero, si uno pronuncia discursos políticos, es seguro que no podrá conquistar a un porcentaje de los asistentes, no importa lo que diga. Entonces ¿para qué hacerlo?

Además, yo todavía no era tan famoso como para que mucha gente se interesara en mis puntos de vista o los políticos buscaran mi respaldo. ¡Todavía no era siquiera ciudadano americano! Tenía mi permiso de residencia y trabajo, pagaba mis impuestos y consideraba a los Estados Unidos mi hogar permanente, pero no podía votar. Líderes como Reagan, Wilson y Deukmejian simplemente tenían que acceder a sus cargos sin mí. Yo pegaba adhesivos en mi auto pero no pronunciaba discursos.

Cuando iba a Austria tampoco hablaba de política. Allá la prensa me elogiaba como al hijo nativo que ha triunfado y yo no quería ser visto como un sabelotodo que volvía para decirle a la gente qué hacer. Una o dos veces al año, cuando iba de visita, pasaba el tiempo con mis amigos y me ponía al día en los últimos acontecimientos y debates políticos. Mi mentor político, Fredi Gerstl, se había convertido en miembro del Concejo de la Ciudad de Graz y era una voz del Partido del Pueblo cada vez más influyente a nivel nacional. En diálogos que yo encontraba enriquecedores, los dos comparábamos el sistema americano y el austriaco: propiedad privada versus propiedad pública de las industrias, democracia representativa versus gobierno parlamentario, finanzas privadas versus finanzas públicas. Fredi me daba una visión interna de las maniobras políticas en Austria sobre asuntos clave como la puja por privatizar el tabaco, el acero, los sistemas de transporte y la industria aseguradora, así como la lucha contra el resurgir del ala de extrema derecha.

Fredi también me presentó a Josef Krainer Jr., que en 1980 ganó la gobernación del estado de Styria. Krainer era un poco menor que

Fredi y había pasado toda su vida en la política. Cuando yo era niño, su padre, Josef Sr., había sido gobernador de Styria, una figura nacional que ganó la elección después de haber pasado toda la Segunda Guerra Mundial en prisión por su oposición al *Anschluss*, la ocupación y anexión de Austria que pretendía la Alemania nazi en 1938. Josef Jr. había estudiado en Italia y América y sus ideas eran una interesante mezcla de conservatismo económico y defensa del medio ambiente que me resultaba muy atractiva. Otro buen amigo mío era Thomas Klestil, un diplomático en pleno ascenso que había sido cónsul general en Los Ángeles cuando llegué la primera vez. Ahora él era Embajador de Austria en Estados Unidos y en pocos años sucedería a Kurt Waldheim como presidente de Austria.

Lazos como estos eran los que me hacían renuente a renunciar a mi ciudadanía austriaca en 1979, cuando por haber conservado mi permiso de residencia y trabajo durante el mínimo requerido de cinco años, ya calificaba para solicitar la de Estados Unidos. Nunca me ha gustado restar cosas de mi vida sino agregar y me pareció que la doble nacionalidad sería ideal. Pero aunque en Estados Unidos sí era permitida, la ley austriaca decía que debía escoger. No podía tener las dos. Las raras excepciones eran típicamente para personas en altos cargos diplomáticos, y la decisión debía tomarla el gobernador de un estado austriaco. Le pregunté a Fredi qué debía hacer. Me dijo que Josef Krainer Jr. estaba a punto de postularse para gobernador y que sería prudente esperar. Tres años más tarde me sentí profundamente honrado cuando Josef me otorgó la excepción. Celebré invitando a Maria a cenar en 72 Market Street, y solicité enseguida mi ciudadanía americana.

Dos años después me fue otorgada. El 16 de septiembre de 1983, sintiéndome muy orgulloso de estar entre otros dos mil inmigrantes en el Shrine Auditorium (frente al campus de la USC), juré lealtad a los Estados Unidos. Me había sentido americano desde que era un niño de diez años pero ahora todo estaba convirtiéndose en una realidad. Cuando alcé la mano y repetí el juramento sentí un escalofrío y toda la piel se me puso de gallina. Después los fotógrafos me siguieron y me tomaron fotos mostrando mi certificado de naturalización, con Maria al lado mío, los dos sonriendo. Les dije a los reporteros: «Siempre he creído que uno debe apuntar a lo más alto y hacerme americano es como entrar a formar parte del equipo ganador».

Tuvimos una fiesta en casa con mis amigos y los amigos de Maria. Me puse una camisa con la bandera americana y un sombrero que también tenía la bandera y sonreía todo el tiempo por la alegría de ser —por fin— oficialmente americano. Ahora podría votar, podría viajar con pasaporte americano y hasta podría postularme como candidato para un cargo público algún día.

CAPÍTULO 16

The Terminator

CUANDO VI POR PRIMERA vez el boceto del cartel de la película *The Terminator*, el robot asesino que aparecía en él no era yo sino O.J. Simpson. Unas semanas antes, me encontré en la proyección de una película sobre un helicóptero de la policía con Mike Medavoy, director de Orion Pictures, quien estaba financiando el proyecto.

—Tengo la película perfecta para ti —me dijo—. Se llama *The Terminator*. Inmediatamente tuve mis reservas porque ya había una película de poca monta llamada *Exterminator*.

—Es un nombre extraño —le dije.

—Bueno, podemos cambiarlo. De todos modos, es un gran papel; es el protagonista, y es muy heroico —señaló. Me explicó que era una película de ciencia ficción en la que yo interpretaría a un valiente soldado llamado Kyle Reese, quien lucha para salvar a una niña y proteger el futuro del mundo.

—Ya O.J. Simpson está prácticamente contratado para que represente al *terminator*, que es como una máquina de matar.

—¿Por qué no nos reunimos? —me dijo—. El director vive en Venice, cerca de tu oficina.

Eso fue en la primavera de 1983. Yo había estado leyendo un montón de guiones con la idea de hacer un nuevo proyecto aparte de la secuela de Conan, que supuestamente debíamos empezar a rodar casi al fin de año. Me estaban ofreciendo películas de guerra, de policías, e incluso un par de romances. Había un guion tentador sobre Paul Bunyan, el mítico leñador gigantesco. Me gustaba que se encargara de hacer justicia y pensé que sería divertido tener un buey azul como compañero. También había un guion sobre un héroe popular llamado Big Bad John, basado en una canción de Jimmy Dean sobre la leyenda de un carbonero misterioso. Los proyectos que me estaban ofreciendo eran cada vez mejores. Pero no había encontrado todavía uno que me gustara. Además, a todos les faltaba algo: el respaldo de un estudio, financiación, o un director.

Los ejecutivos y directores de los estudios me estaban cortejando después de *Conan*. Yo ya era alguien para ellos porque había hecho una gran película en la que estaban involucrados nombres como Dino De Laurentiis y Universal Pictures. Poco antes de la inauguración de *Conan* cambié de agente y firmé con Lou Pitt, el poderoso director de talentos cinematográficos de International Creative Management. Me sentí mal por dejar a Larry Kubik, quien me ayudó mucho cuando mi carrera cinematográfica no iba a ninguna parte. Pero yo pensaba que debía tener una gran agencia detrás de mí porque ellos tenían contactos con todos los directores y proyectos grandes, y muchas conexiones. Y obviamente, era agradable entrar por la puerta grande de una de las agencias que, unos años antes, me había rechazado.

Mi mente se adaptó rápidamente al mundo nuevo al que entré. Yo siempre le había dicho a Maria que mi meta era ganar $1 millón por película, suma que aseguré con la segunda versión de *Conan*. Pero yo ya no quería ser solo Conan. La idea de hacer unas cuantas películas tipo *Hércules*, y luego invertir el dinero en el negocio de los gimnasios como Reg Park, desapareció con rapidez: yo sabía que tenía que apuntar más alto.

Ahora que los estudios me están buscando me dije, ¿qué pasa si doy mi todo? Si trabajo duro en la actuación, en las escenas de riesgo, en todo lo demás que necesito para estar en la pantalla… Y si aparte de esto, me vendo muy bien, le hago un buen mercadeo a las películas, las promociono y las publicito bien… ¿Qué pasaría si yo me proponía convertirme en uno de los cinco hombres más importantes de Hollywood?

La gente siempre dice que son muy pocos los artistas que están en la parte superior de la escalera, pero yo siempre estuve convencido de que había espacio para uno más. Pensaba que, como había muy poco espacio, la gente se sentía intimidada y más cómoda en la parte inferior de la escalera. Pero, en realidad, mientras más personas piensan eso, más concurrida se vuelve esa zona. No hay que ir a donde hay mucha gente sino a donde no hay nadie. Aunque es más difícil llegar allá, es ahí donde yo pertenezco, y donde la competencia es menor.

Por supuesto, estaba muy claro que nunca iba a ser un actor como Dustin Hoffman o Marlon Brando, ni un comediante como Steve Martin, pero eso estaba bien. Me estaban buscando para películas de acción tipo John Wayne, Clint Eastwood y Charles Bronson. Esos eran mis tipos. Veía todas sus películas y sabía que iban a hacerse cargo del trabajo. Ellos nunca tendrían problemas. Así que habría un montón de trabajo y de oportunidades para convertirme en una estrella tan grande como cualquiera de ellos. Yo quería estar en la misma liga y en la misma escala salarial que ellos. Sentí una gran sensación de calma cuando me di cuenta de esto porque yo podía verlo. Al igual que con el fisiculturismo, yo estaba totalmente convencido de que lograría mi objetivo. Tenía una nueva visión frente a mí, y siempre he creído que si puedo ver y creer en algo, entonces podré lograrlo.

Lou Pitt y yo ya estábamos buscando películas de guerra y épicas en caso de que *Conan* perdiera impulso. De lo contrario, se trataría más de un asunto especulativo porque, bajo los términos de mi contrato actual, yo estaría comprometido con Dino de Laurentiis por diez años. Se esperaba que hiciera una película de *Conan* cada dos años durante el tiempo que Dino quisiera, hasta un máximo de cinco películas, y sin poder tomar otro papel. Así que si *Conan* se convertía en el éxito que todos querían, haríamos una tercera película de *Conan* en 1986 y una cuarta en 1988 y así sucesivamente, y ganaríamos un montón de dinero. En cuanto a estar impedido para hacer otros trabajos, Lou me dijo: «No te preocupes por eso. Si es necesario, podemos renegociarlo».

Y entonces dejé de preocuparme por eso, mientras la idea de pasar de los músculos a las películas comerciales de acción se hacía cada vez más atractiva.

Mike Medavoy me organizó un almuerzo con el director de *Terminator* y los productores de la película: John Daly y Gale Ann Hurt. Leí el guión antes de la cita. Estaba muy bien escrito, era interesante y lleno de acción, pero la historia me parecía extraña. Una mujer, Sarah Connor, es una camarera en un restaurante común y corriente. y de repente empieza a perseguirla un asesino despiadado —en realidad es el *Terminator*, un robot envuelto en carne humana—. La trama se desarrolla en una época de terror en la que el mundo de los computadores se ha descontrolado y producido un holocausto nuclear. Los computadores están utilizando *terminators* para acabar con lo que queda de la raza humana. Sin embargo, los combatientes de la resistencia humana han empezado a contener a las máquinas y tienen un líder carismático llamado John Connor, el futuro hijo de Sarah. Las máquinas deciden sofocar la rebelión, evitando el nacimiento de Connor, y utilizan un portal del tiempo para enviar a un *terminator*, que tiene por misión dar con el paradero de Sarah en la época actual. La única esperanza de Sarah es Reese, un joven soldado leal a Connor, que se desliza a través del portal del tiempo antes de que sea destruido. Su misión es detener al *terminator*.

James Cameron, el director, era un tipo delgado e intenso. Todo este guión extraño era idea suya. Conectamos el día del almuerzo. Cameron vivía en Venice y, al igual que muchos de los artistas allí, me pareció mucho más real que, digamos, la gente que conocía en Hollywood Hills. Él solo había hecho una película, un film de terror en Italia llamado *Piranha II: The Spawning*, del que yo no había oído hablar, aunque me pareció emocionante. Me contó que había aprendido a hacer películas con Roger Corman, el genio del bajo presupuesto, y que conocía todos los pormenores de un set de grabación. Solo por su vocabulario me di cuenta de que sabía mucho de tecnología. Parecía saberlo todo acerca de las cámaras, los lentes, las tomas, las luces y la iluminación, y también sobre el diseño de escenografía. Como si fuera poco, conocía los trucos para ahorrar dinero y hacer una película con $4 millones en lugar de $20 millones. Cuatro millones de dólares era la suma que tenían presupuestada para *Terminator*.

Al hablar de la película, me interesó más el personaje del *terminator* que el de Reese, el héroe. Yo tenía una visión muy clara del *terminator* y le dije a Cameron: «Una cosa que me preocupa es que quien quiera que represente al *terminator*, ya sea O.J. Simpson o cualquier otra persona, debe recibir el entrenamiento adecuado. Porque pensándolo bien, si este tipo es realmente una máquina no parpadeará cuando dispare, no tendrá que mirar cuando cargue un nuevo cartucho en su arma porque una máquina o una computadora lo hará por él. Tampoco habrá absolutamente ninguna expresión en su cara cuando mate, ni de alegría, triunfo ni de nada. No pensará ni parpadeará, solo entrará en acción».

Le expliqué cómo tendría que prepararse el actor para eso. En el ejército habíamos aprendido a desmontar y a cargar nuestras armas sin mirar: te vendan los ojos y te hacen desarmar una ametralladora llena de barro, y tienes que limpiarla y ensamblarla de nuevo.

—Ese es el tipo de entrenamiento que se debe hacer —le dije—. No es muy diferente a lo que hice en *Conan*. Yo sacaba la espada y le cortaba la cabeza a alguien como por acto reflejo.

Le conté que había practicado durante horas y horas para aprender a manejar una espada como si la hubiera usado toda mi vida, y para aprender a ponerla en la vaina sin mirar hacia abajo.

—¿Por qué no interpretas al *terminator*? —me propuso Cameron cuando llegó el café.

—No, no, no quiero retroceder —le dije. El *terminator* tenía aún menos líneas que Conan —terminó con 18— y me preocupaba que la gente pensara que yo estaba tratando de evitar papeles en los que tenía que hablar mucho o, peor aún, que una gran parte de mis diálogos eran editados porque no funcionaban.

—Creo que sería genial que interpretaras al *terminator* —insistió—. Ahora que te oigo, me parece que podrías comenzar ¡mañana mismo! No tendría que hablar contigo de nuevo. No hay nadie que entienda mejor el personaje.

Y agregó:

—No has dicho una sola palabra sobre Kyle Reese.

Sonaba realmente convincente.

—Ya sabes —dijo—. Muy pocos actores han entendido bien la idea de una máquina. Yul Brynner lo hizo en *West World*. Es algo muy difícil y desafiante desde el punto de vista de la actuación. Y Arnold, ¡es el papel protagónico! Serías el *terminator*. Imagina el póster: *Terminator: Schwarzenegger*.

Le dije que ser retratado como un villano malvado no me ayudaría en mi carrera. Que era algo que podía hacer más adelante pero que en ese momento yo debía representar héroes para que la gente se acostumbrara a que yo fuera un personaje heroico. Cameron dijo que yo estaba equivocado. Sacó papel y lápiz y comenzó a dibujar.

—Todo depende de lo que hagas con él —señaló—. El *terminator* es una máquina. No es bueno ni malo. Si lo interpretas de una manera interesante podrás convertirlo en un personaje heroico que la gente admirará por lo que puede hacer. Y mucho depende de nosotros, de cómo lo filmemos, de cómo lo editemos… Me mostró su dibujo: yo era el *terminator*. Capturaba la frialdad con exactitud. Yo podría haber actuado a partir de ese dibujo.

—Estoy absolutamente convencido de que, si lo representas, será uno de los personajes más memorables de la historia. Puedo ver que eres el personaje, que eres una máquina, y que lo entiendes totalmente. Eres un apasionado de este personaje.

Le prometí que leería el guion una vez más y que lo pensaría. Nos trajeron la cuenta. En Hollywood, el actor nunca paga. Sin embargo, Daly no pudo encontrar su billetera, Hurd no tenía su bolso y Cameron descubrió que no tenía nada de dinero. Fue toda una comedia, con ellos de pie buscando en sus bolsillos.

Finalmente les dije: «Tengo dinero». Después de tener que pedirle prestado a Maria para pagar el billete de avión, yo nunca salía de casa sin mil dólares en efectivo y una tarjeta de crédito sin límite, así que pagué y ellos se sintieron muy avergonzados

Mi agente se mostró escéptico —según la sabiduría popular de Hollywood, interpretar a un villano es un suicidio profesional— y yo siempre me resistía a cambiar mis planes una vez que tenía una idea fija en mí. Sin embargo, y por un montón de razones, *The Terminator* me gustaba. Se trataba de un proyecto donde yo aparecería vestido y no con un simple taparrabos. El atractivo sería la actuación y la acción, y no solo que yo me rasgara la camisa. El *terminator* era un personaje duro por excelencia, con ropa y lentes sofisticados. Yo sabía que me quedarían bien. Puede que no tuviera una gran cantidad de diálogos pero por lo menos afinaría mis habilidades en el manejo de armas modernas. El guion era genial, el director era inteligente y apasionado, y el pago estaba bien: $750.000 por seis semanas de filmación en L.A. Sin embargo, el proyecto también era de bajo perfil —respaldado por una pequeña compañía de producción solo John Daly y su socio, un pequeño estudio para su distribución, Orion Pictures, y un presupuesto de apenas $4 millones— así que no estaría arriesgando mi reputación mientras intentaba algo nuevo.

Pensé que hacer un gran trabajo en *The Terminator* me abriría más puertas. La clave era que el siguiente papel no fuera de villano. De hecho, no debería interpretar a otro villano por un buen tiempo. Yo no quería tentar a los dioses del cine interpretando dos veces a un villano.

Tardé solo un día en llamar a Jim Cameron y decirle que interpretaría a la máquina. Él se alegró, pero sabía que ahora necesitábamos el permiso de Dino.

Cuando fui a hablar con Dino en su oficina, ya no era el hombre pequeño y temperamental a quien yo había insultado pocos años antes. Su actitud hacia mí parecía benevolente y casi paternal; la misma que sentí en varias ocasiones con Joe Weider. Recordé la forma en que Dino se había quedado con mi 5% de *Conan* al comienzo de nuestra relación.

Decidí que esto no tenía importancia porque prefiero guiarme siempre por las cosas positivas. Cuando llegué a su oficina dejé de concentrarme en su enorme escritorio y deposité mi atención en las estatuas y premios de todo el mundo: premios Oscar y Globos de Oro, premios italianos, alemanes, franceses, japoneses. Yo admiraba enormemente a Dino por todos sus logros. Había participado en más de 500 películas desde 1942, y había producido oficialmente unas 130. Aprender de él era mucho más importante para mí que recuperar ese ridículo 5%. Además, él había honrado su palabra al pagarme $1 millón por *Conan II*, lo que me permitió alcanzar mi meta. Yo estaba agradecido por eso.

No tuve que decirle por qué había ido a visitarlo porque él sabía que yo estaba recibiendo otras ofertas y creo que el hecho de que me apreciaran en Hollywood hacía que él también lo hiciera. Además, él se había dado cuenta de que yo pensaba más como un hombre de negocios que como un típico actor, y que podía entender sus problemas.

—Se me están presentando grandes oportunidades y quiero tener la libertad de hacer otras cosas entre las películas de *Conan* —le dije. Le recordé que solo podía hacer una película de *Conan* cada dos años porque los vendedores necesitaban ese tiempo para aprovechar el potencial de cada versión—. Así que tengo tiempo para otros proyectos.

Le hablé de *The Terminator*, y de otro par de películas que me interesaban.

Él podría haberme obligado a cumplir mi contrato de exclusividad durante diez años, pero fue flexible. Asintió con la cabeza cuando terminé de hablar y me dijo: «Quiero trabajar y hacer muchas películas contigo. Por supuesto que entiendo tu forma de pensar». El acuerdo que hicimos fue seguir haciendo entregas de *Conan* siempre y cuando fueran rentables. Y si yo me comprometía también a hacer una película de acción contemporánea para él, que se concretaría más adelante, él me dejaría en libertad para dedicarme a otros proyectos.

—Ve y haz tus películas —me dijo—. Te llamaré cuando tenga listo un guion.

Lo otro era que él no quería que me distrajera de *Conan II*, así que solo quedaría en libertad hasta después de filmar la película. Y una semana después de mi conversación con Cameron y Daly, tuve que preguntarles si estaban dispuestos a posponer el rodaje de *The Terminator* hasta la primavera siguiente. Me dijeron que sí. También aclaré algunas cosas con Medavoy.

—Si la comparamos con *Conan the Barbarian*, *Conan the Destroyer* parecía un viaje al Club Med. Estábamos filmando en México con un presupuesto más o menos igual al del primer *Conan*, por lo que había grandes escenarios y mucho dinero para trabajar. El único que faltaba era John Milius, que no estaba disponible para escribir o dirigir cuando llegó el momento de hacer la secuela. Sin embargo, el estudio asumió un papel mucho más activo y me pareció que estaba cometiendo grandes errores.

Universal estaba pensando en *E.T.* La compañía había ganado tanto dinero con el éxito de taquilla de Spielberg que los ejecutivos decidieron que *Conan* también debía ser una película de entretenimiento familiar. Alguien calculó que si *Conan the Barbarian* hubiera sido clasificada PG en lugar de R habría vendido un 50% más de entradas. Ellos creían que mientras más convencional y aceptable fuera la película, más éxito tendría.

Pero no podías convertir a Conan el bárbaro en Conan la niñera. Él no era un personaje PG. Era un tipo violento que vivía para conquistar y vengarse. Lo que lo hacía heroico era su físico, su habilidad como guerrero, su capacidad para soportar el dolor y su sentido de la lealtad y el honor: tenía, además, un poco de humor. Haberlo rebajado a PG podría asegurar un público más amplio pero perjudicaría a la franquicia porque los entusiastas incondicionales de *Conan* terminarían disgustados. Tienes que satisfacer a tus mejores clientes en primer lugar. ¿Quiénes leían las historias de *Conan*? ¿Quiénes eran los fanáticos de los cómics de *Conan*? Ellos dejarían en claro que amaban a *Conan the Barbarian*. Así que si querías que ellos amaran aún más la secuela debías hacer que la trama fuera aún mejor, que la historia fuera más picante y que las escenas de acción fueran aún más sorprendentes. Centrarse en los niveles de audiencia era una estrategia equivocada.

Les expresé mi opinión con claridad a Dino y a Raffaella, así como a la gente de los estudios, y tuvimos una discusión.

—Ustedes se están rajando —les dije—. No están siendo fieles a la esencia de Conan. Tal vez deberían renunciar a la idea de hacer una franquicia de Conan si se avergüenzan de la violencia o de lo que representa el personaje. ¡Simplemente no lo hagan más o véndanselo a otra persona! Pero no lo conviertan en algo que no es.

De nada sirvió. Al final tuve que obedecer su decisión porque tenía un contrato con ellos. Richard Fleischer era el director. Llevaba 40 años haciendo películas en Hollywood, incluyendo algunas muy memorables como *Tora! Tora! Tora!* y *20.000 leguas de viaje submarino*. No era idea suya hacer una *Conan* clasificada como PG, pero recibía instrucciones del estudio y de Dino y, a su edad, ya no estaba dispuesto a discutir: se sentía feliz de tener un trabajo. Le dijeron que le diera un tono más cómico, semejante al del libro, que incluyera más fantasía y aventura, y que reemplazara con castillos mágicos a Nietzsche y al *gore*. Era un director fantástico en todo lo demás, pero insistió en que siguiéramos esos lineamientos.

A pesar de todo esto, lo que hizo divertida la grabación de *Conan the Destroyer* fue la oportunidad de trabajar con Wilt Chamberlain y Grace Jones. Raffaella había adoptado la costumbre que tenía Milius de escoger personas interesantes que no fueran actores. En la trama de la película, una reina hechicera promete resucitar a Valeria, el amor perdido de Conan, si este recupera algunas joyas y un colmillo mágico. Para ayudarle en su búsqueda, ella le presta su hermosa y joven sobrina, que es el único ser humano que puede tocar las joyas, y al capitán de su guardia de palacio, el gigante Bombaata, que supuestamente debe matar a Conan cuando recupere los bienes.

Bombatta fue interpretado por Chamberlain en su primer papel cinematográfico. Él no solo fue uno de los grandes del baloncesto de todos los tiempos sino también una prueba viviente de que levantar pesas no te hace musculoso. Se tomó en serio la máquina Universal e hizo extensiones de tríceps con 240 libras como si nada. Era un jugador tan fuerte y feroz en la cancha que nadie podía alejarlo del camino. Yo vi su capacidad atlética cuando peleaba con la espada.

Pero la pelea más interesante era entre él y Grace Jones. Ella interpretaba a una guerrera bandida llamada Zula, que tenía un bastón como arma. Grace envió a dos dobles al hospital con ese bastón por no tener cuidado en las escenas de combates. Yo sabía que ella era amiga de Andy Warhol en Nueva York. Era una modelo, artista y estrella de música *new wave* de seis pies de estatura que podía ser realmente feroz. Pasó 18 meses entrenando para el rodaje. Pero ella y Chamberlain se mantenían discutiendo en el tráiler de maquillaje sobre quién era realmente negro. Él le decía que era una afroamericana y ella se salía de sus casillas.

—¡No soy afroamericana, así que no me digas así! —le decía.

El tráiler de maquillaje es un lugar donde todo el mundo habla. Si alguien está preocupado por algo, es allí donde va a desahogarse. A veces la gente va al tráiler a relajarse, a entretenerse y divertirse, y otras veces va con ganas de discutir. Tal vez algunos se sienten inseguros, o tienen una gran cantidad de diálogos en la siguiente escena y están asustados, y se molestan por cualquier cosa.

A algunas grandes celebridades las maquillan en su propio tráiler. No me gusta hacer eso. ¿Por qué habría de querer estar solo y no con los demás? Yo siempre fui al tráiler de maquillaje. Allí oyes todas las conversaciones imaginables: preocupaciones acerca de la siguiente escena, quejas sobre la película, dificultades que tienen por resolver. Es la madre de todos los salones de belleza porque las actrices, por supuesto, tienen muchos más problemas que la típica ama de casa. «Ahora tengo esta escena pero hay algo que no cuadra». O: «Tengo un grano en la cara. ¿Puedes quitármelo?». El director de fotografía tal vez dice: «No soy un cirujano. No puedo quitarte un grano», y entonces ella se preocupa por eso y vuelve al tráiler de maquillaje.

Todo esto tiene que ver con las relaciones personales. Uno sufre mucho cuando pasa dos, tres o cinco meses en una locación, lejos de su casa y su familia. Y la gente se queja de los hijos que dejaron en casa, de sus mujeres, de que tal vez los están engañando… Todos hablan y comentan: los actores, el tipo de maquillaje. Entonces llega el director y se preocupa por la actitud mental de un actor. A veces ves gente desnuda haciéndose tatuajes para la escena. Es genial para la comedia y el drama. Pero las discusiones entre Wilt y Grace eran muy fuertes, incluso para un tráiler de maquillaje. Yo no podía entender su hostilidad. pero siempre salía a flote.

—Yo no soy como tú —le decía ella—. Yo no vengo de esclavos sin educación. Yo soy de Jamaica, hablo francés, y mis antepasados nunca fueron esclavos.

La palabra N… era utilizada con frecuencia y eso me sorprendió. Wilt decía:

—No tengo nada de negro. No me vengas con esa mierda. La negra eres tú. Vivo en Beverly Hills con los blancos, solo me chingo a mujeres blancas, tengo los mismos coches que los blancos, y tengo dinero como los blancos. Yo no soy negro. Vete a la mierda; la negra eres tú.

En cierta ocasión les dije:

—Esperen, esperen, esperen. Por favor, chicos: éste es un tráiler de maquillaje, no tengamos estas discusiones. Se supone que el tráiler de maquillaje debe ser un ambiente tranquilo porque aquí te estás preparando para la escena. Así que no nos agitemos aquí.

—Por otra parte —agregué—, ¿se han mirado últimamente al espejo? Porque ¿cómo pueden decir que no son negros? Es decir, ¡ustedes dos son negros!

—No, no, no entiendes —dijeron ellos—. No tiene nada que ver con el color. Es la actitud, el trasfondo…

Sus argumentos eran muy, muy complicados. Realmente no estaban hablando sobre el color sino acerca de cómo llegaron a América grupos diferentes. Había algo cómico en ver a un grupo de personas negras acusarse mutuamente de ser negras. Más tarde nos reímos de eso, en la fiesta de despedida: y Grace y Wilt se la llevaron muy bien al final.

Los dos son muy talentosos y entretenidos. Era solo una discusión que debían tener.

México se convirtió rápidamente en uno de mis lugares favoritos para rodar películas. Los equipos eran muy trabajadores y su labor en los sets era increíble. Todo estaba a la altura de los viejos estándares europeos. Y si necesitabas algo de inmediato, digamos que una colina como telón de fondo para una escena, estaba lista dos horas después, con todas las palmeras o pinos, o con lo que se necesitara en la escena. En *Conan the Destroyer* montamos tanto a caballo que era como si los animales nos pertenecieran, incluso cuando no estábamos rodando. Maria venía a visitarme y recorríamos las montañas a caballo. Ella era una jinete extraordinaria y toda su vida había practicado salto de obstáculos y cabalgado al estilo inglés. Atábamos las cestas de picnic en la silla de montar, y luego sacábamos las viandas, la botella de vino, y nos sentábamos a soñar en la montaña. No teníamos nada de qué preocuparnos, ni responsabilidad alguna

Cuando regresé de México en febrero de 1984 ya había cumplido mi compromiso con Dino y estaba listo para comenzar a prepararme para *Terminator*. Tenía apenas un mes para hacerlo. El reto consistía en tener la actitud fría y sin emociones del ciborg.

Todos los días trabajé con armas de fuego cuatro semanas antes de filmar y durante las dos semanas iniciales de rodaje. Practiqué desenfundando y sacando las armas de nuevo con los ojos vendados hasta que los movimientos fueron automáticos. Pasé horas y horas en el campo de tiro aprendiendo técnicas para manejar todo un arsenal de armas diferentes, acostumbrándome a su ruido y a no parpadear. Cuando el *terminator* amartilla o carga un arma, no mira hacia abajo más de lo que lo hace Conan al mirar la vaina de su espada. Y, por supuesto, tienes que ser ambidiestro. Todo eso se logra con repeticiones. Tienes que practicar cada movimiento 30, 40 o 50 veces hasta dominarlo. Desde la época del fisiculturismo aprendí que todo está en las repeticiones y en la experiencia. Mientras más millas de esquí hagas, mejor esquiador serás. Mientras más repeticiones hagas, más ágil será tu cuerpo. Soy un gran creyente del trabajo duro. Creo en no parar hasta lograrlo, así que el reto me atrajo.

No sé por qué entendí tan bien al personaje del *terminator*. Para aprender el papel, mi mantra fue lo que Reese le dice a Sarah Connor: «Escucha y entiende. Ese *terminator* está ahí afuera. No puedes negociar con él. No puedes razonar con él. Él no siente compasión, remordimiento ni miedo. Y no se detendrá hasta que estés muerta». Trabajé para vender la idea de que yo no tenía humanidad ni expresividad, que no desperdiciaba un solo movimiento, que solo era voluntad. Así que cuando el *terminator* va a la comisaría donde se ha refugiado Sarah y le dice al sargento: «Soy amigo de Sarah Connor. Me dijeron que está aquí. ¿Puedo verla, por favor?», y el sargento responde: «Dentro de un rato. Tendrás que esperar, hay un banco», sabes que no será una escena agradable.

Cameron me había prometido que el *terminator* sería una figura heroica. Hablamos mucho acerca de cómo lograr esto. ¿Cómo hacer que la gente admire a un ciborg que destruye una comisaría y masacra 30 policías? Fue una combinación de la forma como representé el papel, la manera como dirigió Cameron el personaje y las cosas sutiles que hizo para que los policías parecieran idiotas. En lugar de ser los guardianes competentes de la seguridad pública, siempre están fuera de la base, siempre un paso atrás. Así que el espectador piensa: «Son estúpidos, no entienden, y son arrogantes y condescendientes». El *terminator*, entonces, barre con ellos.

Jim es como todos los directores obsesionados con controlar hasta el más mínimo detalle. Le gustaba rodar de noche para poder tener un control total sobre la iluminación. Así es él quien la crea. No tienes que lidiar con el sol. Comienzas con la oscuridad y luego construyes a partir de ahí. Si quieres crear una escena en una calle solitaria, donde el espectador pueda percibir a simple vista que no es un lugar donde te gustaría pasar el rato, es más fácil hacerlo de noche. Así que la mayor parte de *The Terminator* se rodó en la oscuridad. Por supuesto, rodar de noche supone un horario tortuoso para los actores pues no es tan cómodo ni tan divertido como rodar de día.

Cameron me recordaba a Milius: amaba con pasión todo el proceso de hacer películas y conocía la historia, las películas, los directores, los guiones. Hablaba una y otra vez acerca de la tecnología. Yo no tenía mucha paciencia cuando hablaba de cosas técnicas que no se podían hacer, y pensaba: «¿Por qué no te limitas a dirigir bien la película? Es decir, las cámaras les han funcionado muy bien a Spielberg y a Coppola. Alfred Hitchcock hizo sus películas y no se quejaba del equipo. Entonces, ¿quién chingados eres tú?». Tardé un tiempo para comprender que Jim sabía muy bien lo que hacía.

Lo tenía todo precisamente orquestado, en especial las escenas de acción. Contrataba a dobles expertos y se reunía con ellos de antemano para explicarles lo que quería en cada escena, como un entrenador de fútbol planeando una jugada. Por ejemplo, dos coches irrumpían en un bulevar desde un callejón durante una persecución, casi chocando contra los autos que venían en sentido contrario, los cuales se desviaban ligeramente, y uno de los coches derrapaba y le arrancaba el guardabarros trasero a una camioneta que iba en sentido contrario: él filmaba eso como un maestro y luego editaba las tomas. Estaba tan bien informado que los dobles sentían que realmente podían hablar con él. Y luego iban y se arriesgaban tanto como fuera necesario para hacer esas escenas.

Seguramente estaba durmiendo en el remolque cuando ellos rodaban a las tres de la mañana. No me necesitaban por un par de horas y yo aprovechaba para dormir un poco. Pero me sorprendía al ver las imágenes al día siguiente. Era increíble que un tipo que estaba haciendo apenas su segunda película como director tuviera la habilidad y la confianza para sacar esto adelante. Conocía todos los detalles del set y constantemente estaba haciendo ajustes. Tenía ojos detrás de la cabeza. Sin siquiera mirar al techo, decía: «Maldita sea, Daniel, enciende ese reflector, ¡y ya te dije que le pusieras esa bandera! ¿O acaso tengo que subir y hacer personalmente ese maldito trabajo?». Daniel, que estaba a 90 pies de altura, casi se caía de su andamio, sorprendido de que Cameron se diera cuenta de eso. Sabía el nombre de todos y dejaba muy claro que no podían engañarlo ni hacerle trampas. «Nunca pienses que vas a salirte con la tuya». Te gritaba y avergonzaba en público y hacía una escena utilizando la terminología precisa para que el tipo de la iluminación pensara: «Este sujeto sabe más de luces que yo. Será mejor hacer exactamente lo que dice». Fue todo un aprendizaje para alguien como yo, que no reparaba en esos detalles.

Me di cuenta de que Cameron no era solo un hombre de detalles sino también un visionario cuando se trataba de la narración y del panorama general, en especial de la manera como las mujeres aparecen en la pantalla. En los dos meses antes de rodar *The Terminator*, Cameron escribió los guiones para *Aliens* y *Rambo: First Blood Part II*. Rambo muestra que él sabe caracterizar a un macho pero el personaje de acción más poderoso de *Aliens* es una mujer, Ripley, interpretada por Sigourney Weaver. Sarah Connor también es heroica y poderosa en *The Terminator*.

Esto no solo se aplicaba a las películas de Jim. Las mujeres con las que estuvo casado, a pesar de que conforman una larga lista, son mujeres con las que no querrías meterte. La productora de *The Terminator* fue Gale Ann Hurd, que después se casó con él, durante la filmación de *Aliens*. Su labor consistía en mantener nuestro proyecto dentro del presupuesto, que en última instancia fue de $6,5 millones. A pesar del incremento, aún era muy ajustado para una película tan ambiciosa. Ella tenía menos de 30 años y había entrado a la producción después de graduarse de la Universidad de Stanford y de empezar como secretaria de Roger Corman. Era una apasionada del cine y estaba muy dedicada al proyecto. Al principio, ella y su amiga Lisa Sonne, una de las diseñadoras de producción, fueron a mi casa a las tres de la mañana para despertarme y hablar de la película.

—¿De dónde vienen? —pregunté.

—Sí, acabamos de venir de un partido —dijeron.

Estaban un poco drogadas. De repente me vi enfrascado en una conversación sobre *The Terminator*: lo que había que hacer, la manera como podía ayudarlas. ¿Quién viene a hacer eso a las tres de la mañana? Pensé que era fantástico.

Gale me buscaba para hablar sobre el guión, el rodaje y los desafíos. Era profesional y dura, pero podía ser dulce si pensaba que eso le ayudaba. Iba a mi tráiler, se sentaba en mis piernas a las seis de la mañana y me decía: «Has trabajado muy duro toda la noche. ¿No te importaría si te mantenemos despierto otras tres horas para seguir rodando? De lo contrario no vamos a lograrlo». Siempre pienso en todas las personas que se apechan de un proyecto y están en él las 24 horas del día. Ella necesitaba toda la ayuda que pudiera conseguir porque no había producido cinco mil películas precisamente. Y mientras un montón de actores se quejaban por teléfono con sus agentes, yo le daba con gusto todo el tiempo que me pedía.

Como yo venía de trabajar con Universal Studios, que era enorme y tenía mucho dinero, rodar *The Terminator* de noche, en otro país, y casi con las uñas, fue una experiencia completamente diferente. No formabas parte de una maquinaria gigante ni sentías que eras solamente un actor. Yo estaba al lado de los cineastas. Gale estaba produciendo en el remolque de al lado, y Jim siempre estaba allá y me incluía en gran parte de la toma de decisiones. John Daly, que había puesto el dinero, también pasaba mucho tiempo con nosotros. No había nadie más, solo nosotros cuatro hablando y trabajando. Todos estábamos en las primeras etapas de nuestras carreras y todos queríamos hacer una película exitosa.

Lo mismo se puede decir de las personas clave del equipo. No eran realmente conocidos ni habían ganado mucho dinero. Stan Winston estaba teniendo su gran oportunidad como creador de efectos especiales del *terminator*, incluyendo el endoesqueleto y todas las piezas móviles para los primeros planos asustadores. Lo mismo sucedía con Jeff Dawn y el maquillaje, y con Peter Tothpal, el estilista que se las ingenió para que el *terminator* tuviera una mirada irracional y escalofriante. Fue una experiencia maravillosa que nos dio reconocimiento universal por nuestro trabajo.

No traté de tener química con Linda Hamilton y Michael Biehn, que interpretaban a Sarah Connor y a Kyle Reese. Todo lo contrario.

Ellos llevaban una gran cantidad de tiempo ante las cámaras pero eran irrelevantes en lo que se refiere a mi personaje, que era una máquina a la que no le importaba lo que hicieran ellos. Él estaba allí para matarlos y seguir adelante. Ellos hablaban de las escenas que filmaban cuando yo no estaba grabando. Todo eso era genial, siempre y cuando la actuación fuera buena y sus papeles fueran creíbles, pero no era una situación en la que tuviéramos una relación. Mientras menos química, tanto mejor. Es decir, Dios no lo quiera que haya química entre una máquina y un ser humano. Así que no pensé en ellos. Era casi como si ellos estuvieran haciendo su propio drama, que nada tenía que ver con el mío. El set de *The Terminator* no era lo que yo llamaría un set divertido. ¿Cómo podrías divertirte destruyendo cosas en medio de la noche, cuando todo el mundo se siente agotado y muy presionado para lograr secuencias de acción complicadas e intentando que los efectos visuales salgan bien? Era un set productivo, donde la diversión consistía en hacer cosas realmente descabelladas. Yo pensaba: «Esto es genial. Ésta es una película de terror con acción. O realmente no sé qué pueda ser porque realmente rompe con todo».

Debía estar mucho tiempo con la cara embadurnada de pegante para poderme pegar los aparatos de efectos especiales. Afortunadamente tengo una piel resistente, así que los productos químicos no me hicieron mucho daño. De todos modos eran horribles. Cuando me ponía los ojos rojos del *terminator* sentía que el cable que los hacía resplandecer se calentaba hasta quemarse. Tuve que practicar con un brazo de efectos especiales mientras que el mío permanecía varias horas atado a mi espalda.

Cameron estaba lleno de sorpresas. Una mañana, tan pronto estuve listo para representar a *terminator*, me dijo: «Sube a la camioneta. Vamos a rodar una escena». Llegamos a una calle residencial muy cercana y me dijo: «¿Ves esa camioneta que está allá? Todo está arreglado. Cuando yo te dé la señal, caminas hasta la puerta del conductor, miras a tu alrededor, le das un puñetazo a la ventana, abres la puerta, subes, enciendes el motor, y te pones en marcha». Hicimos eso, pues no teníamos dinero para obtener el permiso de la ciudad y organizar debidamente la escena en la que el *terminator* se roba un coche. Esto me hizo sentir como si yo fuera parte de la creatividad de Jim, evadiendo todo el proceso de permisos para no excedernos en el presupuesto de la película.

Las ideas flojas realmente le irritaban, sobre todo si concernían el guion. Un día decidí que *The Terminator* no tenía suficientes momentos divertidos. Hay una escena donde el ciborg va a una casa y pasa junto a un refrigerador. Y pensé que la puerta del refrigerador se podía abrir, o que él podía abrirla. Que viera una cerveza adentro, se preguntara qué es, se la bebiera, le hiciera un poco de efecto y por un segundo se comportara con torpeza. Jim me interrumpió antes de que pudiera terminar.

—Es una máquina, Arnold —me dijo—. No es un ser humano. No es E.T. No se puede emborrachar.

Pero nuestro mayor desacuerdo fue sobre el célebre «Volveré» *(I'll be back)*. Es, por supuesto, lo que dice el *terminator* antes de destruir la estación de policía. Tardamos mucho tiempo en rodar la escena porque yo estaba a favor de «Voy a volver». Sentí que sonaría más mecanicista y amenazante que si decía: «Volveré».

Seguimos discutiendo y finalmente me dijo:

—Mira, solo confía en mí, ¿de acuerdo? Yo no te digo cómo actuar, así que no me digas cómo escribir. —Y lo rodamos como estaba escrito en el guion. La verdad es que, incluso después de tantos años de hablar inglés, yo no entendía ciertas sutilezas. Pero la lección que aprendí fue que los escritores nunca cambian nada. Jim no estaba filmando un guion ajeno sino uno suyo. Y era aún peor que Milius: no estaba dispuesto a cambiar un solo apóstrofe.

Cuando *Conan the Destroyer* llegó a los cines ese verano, hice todo lo posible para promocionar la película. Fui a todos los programas de entrevistas nacionales y locales que pudieran recibirme, empezando con Letterman, y concedí entrevistas a periodistas, desde las revistas y periódicos más grandes hasta las más pequeñas. Tuve que recurrir a los publicistas para organizar mis apariciones en el extranjero, a pesar de que $50 millones (más de la mitad de las ganancias por concepto de taquilla de la primera de *Conan*) se habían recaudado por fuera de los Estados Unidos. Yo estaba decidido a hacer todo lo que estuviera a mi alcance para que mi primer papel de un $1 millón fuera un éxito.

La segunda entrega de *Conan* terminó superando a *Conan the Barbarian*, batiendo la marca de $100 millones en ingresos en todo el mundo. Pero aunque esto fue bueno para mi reputación, no fue una noticia tan agradable para la franquicia. En los Estados Unidos, *Conan the Destroyer* fue exhibida en menos salas de cine que la primera película y recaudó $31 millones, es decir, un 23% menos. Nuestros temores se habían hecho realidad. Al reencauchar a Conan como «el bárbaro ideal para las familias», tal como la llamó jocosamente Roger Ebert (y le dio «tomates podridos»), el estudio alejó a una parte del público más recalcitrante. Sentí que *Conan* había terminado para mí, pues la franquicia no iba a ninguna parte. Cuando regresé de mis giras de publicidad hablé de nuevo con Dino y le dije que definitivamente no quería hacer más películas prehistóricas, que solo quería hacer películas contemporáneas. Resultó que él también había perdido el entusiasmo por *Conan*. En lugar de pagarme millones de dólares por más secuelas, prefería que hiciera una película de acción, aunque todavía no tuviera un guion. Así que, por el momento, yo estaba libre para hacer más proyectos como *The Terminator*.

La conversación fue muy agradable y tal como lo habíamos hablado el otoño anterior. Sin embargo, y como era usual en él, Dino me pidió un favor. Antes de colgar mi espada para siempre me dijo: «¿Por qué no haces un cameo?», y me entregó un guion llamado *Red Sonja*.

El personaje de Red Sonja era la contraparte femenina de los cómics y novelas fantásticas de Conan: una mujer guerrera, decidida a vengar el asesinato de sus padres, que roba el tesoro y los talismanes mágicos y lucha contra hechiceros y bestias. El papel que Dino tenía en mente para mí no era el de Conan sino el del Señor Kalidor, un aliado de

Red Sonya. Gran parte de la trama tiene que ver con su deseo por Sonja y su virginidad.

—Ningún hombre podrá poseerme a no ser que me derrote en franca lid —señala ella.

Maria leyó el guión y me dijo:

—No lo hagas. Es basura.

Estuve de acuerdo pero pensé que le debía un favor a Dino. Así que a finales de octubre, justo antes de que *The Terminator* llegara a las salas de cine, me encontré en un avión con destino a Roma, donde ya estaban rodando *Red Sonja*.

Dino llevaba más de un año buscando a una actriz que fuera lo suficientemente amazónica para interpretar a Sonja. Finalmente encontró a Brigitte Nielsen en la portada de una revista: era una modelo danesa de 21 años y seis pies de estatura, completamente pelirroja y con fama de ser muy fiestera. Nunca había actuado pero Dino la llevó a Roma, le hizo una prueba y la lanzó al estrellato. Luego, y para que la película funcionara, trajo a los veteranos del equipo de *Conan*: a Raffaella como productora, a Richard Fleischer como director y a Sandahl Bergman como la desleal Reina Gedren.

Mi llamado «papel de estrella invitada» terminó requiriendo cuatro semanas enteras en el set de grabación. Filmaron todas las escenas del Señor Kalidor con tres cámaras, y luego utilizaron el material extra en la sala de montaje para prolongar el tiempo de Kalidor en la pantalla. En lugar de hacer una aparición pequeña, terminé como uno de los personajes predominantes de la película. Ocupé el doble de espacio que Brigitte en el póster de *Red Sonja*. Me sentí engañado. Así era como Dino utilizaba mi imagen para vender su proyecto y me negué a hacer cualquier promoción cuando *Red Sonja* fue lanzada en julio del año siguiente.

Red Sonja fue nominada a tres premios Golden Raspberry, una especie de Oscar a la inversa para películas malas: peor actriz, peor actriz de reparto y peor nueva estrella. Brigitte terminó ganando como la peor nueva estrella. Las películas terribles a veces pueden ser éxitos de taquilla pero *Red Sonja* era demasiado mala incluso para ser cursi era realmente lamentable. Traté de mantener la distancia y bromeé diciendo que me sentía aliviado de haber sobrevivido a ella.

El mayor problema que yo le veía a *Red Sonja* era Red Sonja. Me involucré con Brigitte Nielsen y tuvimos un romance apasionado durante la grabación. Gitte, como le decían todos, tenía una personalidad risueña y divertida y una gran sed de atención. Después de la filmación viajamos por Europa un par de semanas antes de separarnos. Regresé a casa suponiendo que nuestra aventura había terminado.

Sin embargo, Gitte fue a Los Ángeles en enero para hacer la regrabación de los diálogos, con el fin de que fueran más claros en la banda sonora, y me dijo que quería una relación estable. Teníamos que sostener una conversación seria.

—Gitte, eso fue en el set de grabación —le dije—. Fue divertido pero no fue nada serio. Ya estoy con la mujer con la que quiero casarme y no hay lugar para ti.

Y añadí:

—Si estás buscando una relación seria con una estrella de Hollywood, hay tipos por ahí que están disponibles y que se sentirán atraídos por ti, especialmente por tu personalidad.

Ella aceptó eso y concentró su energía en la búsqueda de un mejor partido. No pasó mucho tiempo: efectivamente, al cabo de un mes, estaba saliendo con Sylvester Stallone y un año después se casaron.

The Terminator se había convertido en una sensación durante mi ausencia. Lanzada justo una semana antes de Halloween, fue la película número uno en los Estados Unidos durante seis semanas, antes de recaudar más de $100 millones. No me di cuenta del éxito hasta que regresé a los Estados Unidos y algunas personas me pararon en las calles de Nueva York.

—Oh, acabamos de ver *Terminator*. Dilo, dilo, ¡tienes que decirlo!

—¿Qué?

—Ya sabes: «¡Volveré!»

Ninguno de los que participamos en la película imaginó que ésta iba a ser la línea que recordaría la gente. En realidad, cuando haces una película nunca puedes predecir cuál será la línea más repetida.

A pesar del éxito de *The Terminator*, Orion hizo un pésimo trabajo para promoverla. Jim Cameron se sentía amargado. Orion se centró más bien en promover su gran éxito *Amadeus*, que ganó ocho premios Oscar ese año. Así que sin pensar mucho en *Terminator*, los promotores la posicionaron como una película ordinaria de serie B, aunque desde el principio había indicios de que se trataba de mucho más. Los críticos dijeron que era todo un hito. Como si dijeran: «Guau, ¿de dónde ha salido esto?». A la gente le sorprendió el producto final y la forma en que fue rodada. Y no solo les gustó a los hombres. *The Terminator* resultó ser sorprendentemente atractiva para las mujeres, en parte por la poderosa historia de amor entre Sarah Connor y Kyle Reese.

Pero Orion dirigió la campaña de publicidad a los fanáticos de la acción, y yo aparecía disparando y destruyéndolo todo. El anuncio de televisión y el tráiler de la película hacían que la mayoría de la gente dijera: «¡Uf, es ciencia ficción disparatada y violenta! No es para mí. Tal vez le pueda gustar a mi hijo de 14 años. Ah, pero tal vez no debería verla. Tiene clasificación R». Lo que Orion le transmitió a la industria fue: «Es solo una película que nos ayuda a pagar las cuentas. Nuestra película con clase es *Mozart*».

Cameron se volvió loco. Le suplicó al estudio que ampliara la promoción e hiciera un mayor despliegue antes del estreno de la película. Los anuncios debían ser más amplios, con más énfasis en la historia y en Sarah Connor, de modo que el mensaje fuera: «Aunque puedas pensar que es ciencia ficción disparatada, realmente te sorprenderás. Esta es una de nuestras películas con clase». Pero los ejecutivos trataron a Jim como a un niño. Uno de ellos le dijo de antemano que los «*thrillers* de acción sucios y bajos» como éste tienen, por lo general, una vida de dos semanas. Que en el segundo fin de semana la asistencia se reduce a la mitad y en la tercera semana se acabó todo. No importaba que el *Terminator* comenzara en el número uno y permaneciera ahí. Ellos no iban a aumentar el presupuesto de promoción. Si hubieran escuchado a Jim, nuestra taquilla podría haberse duplicado.

Extrañamente, el hecho de que *The Terminator* no tuviera un mayor éxito fue afortunado para mí. Si la película hubiera recaudado, por ejemplo, $100 millones en los cines de los Estados Unidos en lugar de $40 millones, yo habría tenido dificultades para interpretar un papel diferente al de un villano. Por el contrario, la película entró en la categoría de: «Fue una gran sorpresa». La revista *Time* la consideró una de las diez mejores películas del año. Fue un gran éxito en términos de inversión porque recaudó $40 millones en el país y $50 millones en el extranjero, y solo costó $6,5 millones. Pero no fue un caso como el de *E.T.* La gente podría decir: «Es interesante que Arnold interpretara a Conan, que recaudó $40 millones en los Estados Unidos, y también a *Terminator*, que recaudó la misma cifra, por lo que es muy aceptado como héroe y como villano». Y, por supuesto, antes de que terminara el año, Joel Silver, el productor de *48 horas*, fue a mi oficina y me propuso que interpretara al coronel John Matrix, «un héroe más grande que la vida» en un *thriller* de acción llamado *Commando*. El pago era de $1,5 millones.

La aventura con Brigitte Nielsen me recordó lo que yo ya sabía: quería que Maria fuera mi esposa. Ella me había dicho en diciembre que cada vez pensaba más en el matrimonio. Su carrera estaba despegando —ya era corresponsal de CBS News— pero pronto cumpliría 30 años y quería formar una familia.

Como ella llevaba tanto tiempo sin decir nada del matrimonio, yo no necesitaba que lo dijera dos veces.

—Esto es —me dije—. Es el fin del noviazgo, de decirle a la gente: «Creo en amoríos largos» y toda esa cháchara. Tomémonos esto en serio y sigamos adelante.

Literalmente, al día siguiente les pedí a unos amigos que estaban en el negocio de los diamantes que me ayudaran a diseñar un anillo. Y cuando escribí mi lista de metas para el año 1985 puse en la parte superior: «Este es el año que voy a proponerle matrimonio a Maria».

Yo quería un diamante en el centro, rodeado de otros pequeños a ambos lados. Les pedí a mis amigos que me dieran ideas en esa línea y dibujaran un boceto de mi idea. Yo quería que el diamante principal tuviera un mínimo de cinco quilates y que cada uno de los otros tuviera un quilate o dos. Trabajamos sobre esa idea; pocas semanas después tuvimos los diseños y posteriormente, el anillo.

Lo mantuve en el bolsillo desde ese día en adelante. Buscaba el momento adecuado para proponerle matrimonio adondequiera que íbamos. Estuve a punto de hacerlo en varios lugares de Europa y en Hyannis Port, en la primavera de este año, pero no me parecía que fuera el momento más adecuado. Realmente tenía intenciones de proponerle cuando la llevé a Hawai en abril. Pero tan pronto llegamos nos encontramos con otras tres parejas que nos dijeron: «Hemos venido para comprometernos», o: «Hemos venido para casarnos».

Yo pensé: «Arnold, no le propongas aquí porque todos los imbéciles vienen a hacer lo mismo».

Tenía que ser más creativo. Yo sabía que algún día mi esposa le contaría la historia a mis hijos y que ellos se la contarían a los suyos, así que tenía que inventarme algo original. Las opciones eran numerosas. Podría ser en un safari en África o en la Torre Eiffel, salvo que si íbamos a París sería un claro indicativo. El desafío consistía en darle una verdadera sorpresa.

—Tal vez debería llevarla a Irlanda —pensé. Mientras busca a sus ancestros; tal vez en algún castillo de Irlanda.

Al final decidí hacerlo espontáneamente. En julio estábamos en Austria visitando a mi mamá y fui a remar al lago Thalersee con Maria. Era el lago donde yo había crecido, donde había jugado cuando era niño, donde había aprendido a nadar y ganado trofeos de natación, donde había empezado el fisiculturismo y donde tuve mis primeras citas con mujeres. El lago significaba todas estas cosas para mí. Maria quería conocerlo desde que me oyó hablar de él. Me pareció que tenía mucho sentido proponerle matrimonio allí. Ella empezó a llorar y a abrazarme, totalmente sorprendida. Fue exactamente como yo lo imaginaba, la forma en que debía suceder.

Y obviamente, cuando regresamos a la orilla, se le ocurrieron todo tipo de preguntas: «¿Cuándo crees que deberíamos casarnos? ¿Cuándo deberíamos hacer una fiesta de compromiso? ¿Cuándo deberíamos hacer el anuncio?».

Y luego me preguntó:

—¿Has hablado con mi padre?

—No —respondí.

—En Estados Unidos es una tradición hablar y pedirle la mano al padre.

—Maria —le dije—. ¿Crees que soy estúpido? Si hablaba con tu padre, él le diría a tu madre y tu madre te lo chismearía a ti inmediatamente. ¿Cuál crees que es su lealtad para conmigo? Eres su hija. O ella le diría a Ethel, a Bobby y a todos en la familia, incluso antes de que lo supieras. Yo tenía que tener mi oportunidad de proponerte matrimonio. Así que, por supuesto, no hablé con ellos ni con nadie.

Llamé a su padre esa misma noche.

—Sé que debía preguntarte a ti en primer lugar —dije—, pero no tenía intenciones de preguntarte nada porque sabía que le dirías a Eunice y que ella, a su vez, le diría a Maria.

—Tienes la maldita razón. Es exactamente lo que habría hecho ella —dijo Sarge.

—Así que ahora te estoy preguntando a ti.

—Arnold, es un gran placer tenerte como yerno —me dijo. Fue sumamente amable conmigo, como lo ha sido siempre.

Luego hablé con Eunice y ella se emocionó mucho. Pero estoy seguro de que Maria la llamó antes que yo.

Pasamos mucho tiempo con mi mamá. Salimos con ella, la llevamos a Salzburgo, hicimos varios recorridos y la pasamos muy bien.

Luego regresamos a Hyannis Port. Hicimos una pequeña fiesta para celebrar con todos sentados alrededor de la mesa: la familia Shriver, Eunice y Pat, Teddy y Joan —su esposa en esa época— así como muchos primos Kennedy. Ellos siempre han tenido mesas grandes y muchos invitados a cenar. Tuve que contar todo en detalle, y fue divertido. Estaban pendientes de cada palabra y hacían todos estos sonidos: «¡Oh! ¡Ahh! ¡Fantástico!», y lanzaban ráfagas de aplausos.

—¡Se fueron en un bote de remos! Cielos, ¿dónde pudieron encontrar un bote de remos?

Teddy hizo mucho escándalo y alboroto; se estaba divirtiendo:

—¡Eso es increíble! ¿Has oído eso, Pat? ¿Qué habrías hecho si Peter te hubiera pedido en un bote de remos que te casaras con él? Sé que Eunice habría preferido un velero. Ella habría dicho: «¡Un bote de remos! ¡Eso no está bien! ¡Quiero acción!».

—Teddy, deja que Arnold termine la historia.

Todo el mundo me preguntó: «Dime Arnold, ¿cómo reaccionó Maria? ¿Cuál fue la expresión en su rostro? ¿Qué habrías hecho si te hubiera dicho que no?». Y luego: «¿Qué quieres decir con eso de que no? ¡Maria no podía ESPERAR a que él le propusiera matrimonio!».

Fue una manera muy irlandesa de saborear los detalles más pequeños y convertir todo en una gran diversión.

Al final, Maria tuvo la oportunidad de hablar.

—Fue tan romántico —dijo, y levantó el anillo para que todos lo vieran.

CAPÍTULO 17

Matrimonio y películas

CUANDO ESTABLECES LA FECHA y dices: «Bueno, nuestra boda será el 26 de abril del próximo año», no sabes si en esa época estarás grabando una película. Mientras transcurría el año de 1986 procuré que la producción de *Predator* se postergara por unas semanas pero al productor Joel Silver le preocupaba que, si esperábamos, tendríamos que rodar durante la temporada de lluvias. Fue así como me encontré en la selva mexicana, cerca de Palenque, la ciudad maya en ruinas, cuando faltaban menos de 48 horas para ir al altar. Tuve que alquilar un jet por primera vez en mi vida para asegurarme de llegar a tiempo a la cena de ensayo en Hyannis Port.

El día que yo debía viajar, Jesse Ventura me hizo bromas durante la grabación. Estábamos rodando una secuencia de acción en la selva y él, que no estaba participando en la escena, se escondió detrás de los árboles. Cuando yo debía gritarles a los otros tipos: «¡Al suelo! ¡Al suelo!», oímos a Jesse decir con esa voz profunda: «Lo acepto, lo acepto, lo acepto». Todos nos reímos como locos y bromeamos en cada toma. El director nos preguntó varias veces: «¿Por qué no se concentran?».

A Maria no le gustó que yo me perdiera los preparativos finales. Ella quería que tuviera mi mente en la boda pero yo la tenía en la película cuando nos casamos. *Predator* había tenido grandes problemas y, para la percepción pública, la estrella es la responsable del éxito de una película. Se habló de tener que detener la producción y, cuando eso ocurre, es probable que la película nunca vuelva a rodarse. Fue un momento de riesgo en mi carrera. Obviamente yo me esforcé de nuevo para concentrarme en la boda pero no lo hice por completo. Mientras tanto, algunos invitados se preguntaron por qué el novio tenía un corte de pelo militar. Y aunque la situación no era la ideal, casarnos de ese modo fue divertido, y también una aventura.

Yo hacía caso omiso a las historias de terror que contaban mis amigos sobre la vida de casado. «¡Ja! Ahora tendrás que discutir sobre quién debe cambiar los pañales». También bromeaban: «¿Qué tipo de alimentos hace que una mujer deje de hacerte sexo oral? ¡El pastel de bodas!». O me decían: «Ah, espera hasta que a ella le dé la menopausia». No le presté atención a nada de eso.

—Simplemente déjenme hacerlo —les dije—. No quiero estar prevenido.

Puedes pensar demasiado en cualquier cosa y siempre encontrarás aspectos negativos. Cuanto más sepas, menos tenderás a hacer algo. Al igual que en el sector inmobiliario, en el cine, o en el fisiculturismo, yo no me habría casado si hubiera sabido todo lo que tendría que pasar. ¡Al diablo con eso! Yo sabía que Maria era la mejor mujer para mí, y eso era lo único que contaba.

Siempre estoy comparando la vida con una subida, no solo porque hay dificultades, sino porque me parece que hay tanta alegría en subir como en llegar a la cima. Me imaginé el matrimonio como toda una cadena de montañas llena de retos fantásticos de un risco al otro: planear la boda, casarnos, decidir dónde viviríamos, cuándo tendríamos hijos, cuántos tendríamos, cuáles jardines prescolares y escuelas escogeríamos para ellos, quién los llevaría a la escuela, y así sucesivamente. Yo ya había conquistado la primera montaña —la planificación de la boda— al darme cuenta de que era un proceso que no podía detener o cambiar. No importaba lo que yo pensara sobre los manteles, la comida o el número de invitados. Solo tenía que aceptar que no tenía ningún control. Todo estaba en buenas manos y yo sabía que no tenía por qué preocuparme. Maria y yo habíamos esperado un tiempo considerable para casarnos: ella tenía 30 años y yo 37. Nuestras carreras estaban disparadas. Justo después de comprometernos, ella había sido nombrada copresentadora de Morning News de la CBS y pronto tendría un trabajo igualmente importante y bien pagado en la NBC. Trabajaría en Nueva York pero dejé en claro que nunca me iba a interponer en su camino.

—Si nuestro matrimonio tiene que transcurrir entre las dos costas, así lo haremos —le dije—, así que no lo discutamos ni siquiera por el momento.

Siempre pensé que debía esperar a alcanzar la estabilidad financiera y superar los obstáculos más difíciles de mi carrera antes de casarme. Yo había oído a demasiados atletas, artistas y hombres de negocios decir: «El problema principal es que mi esposa quiere que yo esté en casa y yo necesito pasar más tiempo en mi trabajo». Yo detestaba esa idea. No es justo poner a tu esposa en una posición donde tenga que preguntarse: «¿Y yo qué?», mientras estás luchando por tu carrera 14 o 18 horas diarias. Siempre había querido tener seguridad financiera antes de casarme porque la mayoría de los matrimonios se separan por problemas financieros.

La mayoría de las mujeres se casan con ciertas expectativas de atención, por lo general basadas en el matrimonio de sus padres, aunque no siempre. En Hollywood, el estándar de oro de la devoción marital era Marvin Davis, el dueño multimillonario de la 20th Century Fox y de los hoteles Pebble Beach y Beverly Hills. Estuvo casado con Barbara, la madre de sus cinco hijos, durante 53 años. Todas las mujeres se derretían por él. Una vez fuimos a cenar a su casa y Barbara presumió: «Marvin nunca ha pasado una sola noche sin mí. Cada vez que hace un viaje de negocios vuelve a casa el mismo día. Nunca ha pasado una sola noche por fuera. Y cuando lo hace, me lleva con él». Y las esposas les decían a sus maridos: «¿Por qué no puedes ser así?». O si tu esposa estaba a tu lado te daba golpes y patadas debajo de la mesa. Por supuesto, cuando Marvin murió, la revista *Vanity Fair* publicó un artículo en noviembre de 2005 donde se decía que estaba arruinado y que Barbara había tenido que tratar de continuar con sus causas filantrópicas y hacer frente a un montón de deudas. Entonces muchas esposas de Hollywood se disgustaron mucho con su ejemplo.

Yo me había prometido que nunca utilizaría el dinero de Maria: ni el que ganaba ella ni el de su familia. No me casé con ella porque su familia fuera rica. En esa época yo estaba ganando $3 millones por *Predator* y, si le iba bien en la taquilla, estaría recibiendo $5 millones por el próximo proyecto y $10 millones por el siguiente, pues yo había logrado casi que doblar mis tarifas en cada película. No sabía si iba a terminar siendo más rico que Joe Kennedy pero tenía muy claro que nunca tendría que recurrir al dinero de los Shriver ni de los Kennedy. Lo que tenía Maria era suyo. Nunca le pregunté cuánto tenía. Nunca le pregunté cuánto tenían sus padres. Esperaba que tuvieran lo que habían soñado tener pero no tenía ningún interés en su dinero. Yo también sabía que Maria no quería vivir en un apartamento alquilado de dos dormitorios: tenía que ofrecerle un estilo de vida semejante al que había llevado toda su vida.

Maria y yo estábamos muy orgullosos de lo que habíamos logrado. Ella escogió una casa que yo compré después de comprometernos: era mucho más suntuosa y lujosa que la casa en la que habíamos comenzado nuestra relación. Se trataba de una mansión de estilo español con cinco dormitorios, cuatro baños y 12.000 pies cuadrados, localizada en un acantilado en Pacific Palisades. Dondequiera que uno mirara había hermosos sicomoros y teníamos vista de toda la cuenca de Los Ángeles. Nuestra calle, Evans Road, conducía por el cañón hacia el parque estatal Will Rogers, que tenía fabulosos caminos para montar a caballo y practicar senderismo, y un campo de polo. Maria y yo teníamos nuestros propios caballos y nos íbamos cabalgando allá. Quedaba tan cerca que era como un patio grande que podíamos usar de día y de noche.

En los meses previos a la boda yo estaba ocupado con la promoción de *Commando* y filmando *Raw Deal* —la película de acción que había prometido hacer para Dino— y preparándome para comenzar con *Predator*. Maria estaba aún más ocupada en Nueva York. Sin embargo, sacamos tiempo para renovar y decorar nuestra casa. Ampliamos la piscina, instalamos un jacuzzi, construimos la chimenea que queríamos, cambiamos las baldosas y la iluminación, y sembramos árboles. Debajo de la casa, donde la colina descendía hasta la cancha de tenis, excavamos y terminamos un nivel que sirvió como cancha de tenis, zona de entretenimiento y espacio adicional para los huéspedes.

Maria había escogido las cortinas y las telas pero para cuando volví a finales de mayo después de rodar *Predator*, no las habían instalado todavía. Ella regresaría tres semanas después de Nueva York. Quería asegurarme de que la renovación se llevaría a cabo y de que Maria y yo podríamos mudarnos y tener la casa perfecta para vivir como marido y mujer. Entonces hablé con el decorador para que terminara el trabajo y hubo un frenesí de pintura, decoración y de obras de arte. Yo había estado trabajando con los contratistas a larga distancia mientras rodaba *Predator* y viajaba los fines de semana para cerciorarme de la renovación, de modo que Maria encontrara todo tal como lo había imaginado. También le compré un Porsche 928.

Reservé el mejor lugar de la sala para mi regalo de bodas: un retrato de Maria en serigrafía que le encargué a Andy Warhol. Me gustaban sus famosos cuadros de Marilyn Monroe, Elvis Presley y Jackie Onassis. Lo llamé y le dije:

—Andy, tienes que hacerme un favor, tengo una idea loca. Ya sabes lo que siempre haces con tus retratos de estrellas… Bueno, cuando Maria se case conmigo ¡será una estrella! ¡Pintarás a una estrella! ¡Pintarás a Maria! —dije, y eso hizo reír a Andy—. Y quiero que vaya a tu estudio, pose para ti, le tomes fotos y le hagas un retrato.

La obra que hizo fue una impactante pintura de 42 pulgadas cuadradas que capturaba la belleza salvaje y la intensidad de Maria. Hizo siete copias en diferentes colores: una para mi oficina, otra para los padres de Maria, otra para él y cuatro para nuestra sala, donde estaban agrupadas en un cuadrado gigante de ocho pies. Las litografías y pinturas de Miró, Picasso, Chagall y otros artistas que habíamos coleccionado estaban en otros lugares. Pero entre todas esas imágenes dramáticas, el retrato de Maria era la joya de la corona.

Jugué un papel muy importante en la decoración de nuestra casa, pero la boda en sí se me salió de las manos. Los Kennedy han elaborado un sistema complejo para las bodas en Hyannis Port. Contratan a los planificadores adecuados, tienen limusinas y autobuses, se aseguran de que la lista de invitados no sea tan grande para que nadie se quede por fuera de la iglesia. En cuanto a la recepción, ellos saben exactamente dónde instalar las carpas con calefacción para los cócteles, las cenas y los bailes. Manejan el acceso para que los curiosos puedan ver las idas y venidas y los reporteros tomen las fotos y hagan los videos que necesitan sin interrumpir el evento. A los Kennedy no se les escapa ni un solo detalle relacionado con los alimentos, el entretenimiento o el alojamiento. Y la gente realmente la pasa muy bien.

Franco fue mi padrino de bodas, y yo invité a unas pocas docenas de familiares, amigos y personas que me han ayudado en la vida, como Fredi Gerstl, Albert Busek, Jim Lorimer, Bill Drake y Sven Thorsen, el hombre fuerte danés de quien me hice amigo en *Conan*. La lista de invitados de Maria era de casi 100, solo contando su familia. Luego estaban sus amigas, como Oprah Winfrey y Bonnie Reiss, y los compañeros de trabajo, como su copresentador Forrest Sawyer. También asistieron amigos que conocimos como pareja, además de una galaxia entera de gente maravillosa que conocían a Rose, Eunice o Sarge: Tom Brokaw, Diane Sawyer, Barbara Walters, Art Buchwald, Andy Williams, Arthur Ashe, Quincy Jones, Annie Liebowitz, Abigail Van Buren, 50 personas o más de las Olimpiadas Especiales, y así sucesivamente. Tuvimos 450 invitados en total y yo conocía tal vez a un tercio de ellos.

Ver tantas caras nuevas no me distrajo de la boda; al contrario, hizo que el evento fuera aún más colorido para mí. Fue una oportunidad para conocer a mucha gente, llena de diversión, de vida y de brindis. Todo el mundo estaba alegre. La familia y los parientes de Maria fueron extremadamente amables. Mis amigos seguían llegando y diciendo: «Esto es increíble, Arnold». La pasaron muy bien.

Mi madre había conocido a Eunice y a Sarge durante sus visitas anuales de primavera. Sarge siempre bromeaba con ella. Le encantaban Alemania y Austria, hablaba con ella en alemán y sabía cómo hacerla sentir bien. Le cantaba canciones de cervecerías y la invitaba a bailar el vals; daban vueltas por todo el salón. Siempre destacó el gran trabajo que había hecho criándome. Le contaba detalles de Austria, de diferentes pueblos que había recorrido en su bicicleta, de de *The Sound of Music* y la historia de Austria, de cuando los rusos se marcharon y Austria logró su independencia, del gran trabajo de reconstrucción que habían hecho los austriacos. Le hablaba de su pasión por los vinos y por la ópera. Mi madre diría después: «Qué hombre tan agradable, tan educado. ¡Lo poco que sé acerca de los Estados Unidos en comparación con lo mucho que él sabe de Austria!». Él era un encanto, un profesional.

También conoció a Teddy y a Jackie en la boda. Los dos fueron increíblemente amables. Teddy le ofreció el brazo y la acompañó fuera de la iglesia después de la ceremonia. Él era muy bueno teniendo gestos como ése, pequeños pero importantes. Cuidar así de la familia era su especialidad. Jackie hizo un alboroto con mi mamá cuando fuimos a su casa la tarde antes de la boda. Su hija Caroline era la dama de honor y estaba ofreciendo un almuerzo para las damas de honor y los padrinos de boda, así como para unas 30 personas de la familia. No solo mi mamá sino todos los que tuvieron la oportunidad de conocer a Jackie quedaron impresionados, tal como quedé yo cuando la conocí en casa de Elaine. Ella le hablaba a todo el mundo y participaba realmente en la conversación. Después de conocerla a través de los años pude ver por qué había sido una Primera Dama tan popular. Tenía una capacidad asombrosa para hacer preguntas que te hacían pensar. «¿Cómo sabe eso?». Jackie siempre hizo que mis amigos se sintieran bienvenidos las veces que los invité a Hyannis. Mi madre también se llevó una gran opinión de ella.

Esa noche mi mamá ofreció la cena de la noche anterior a la boda en el Club Hyannisport, un club de golf con vista a la casa que los Shriver habían alquilado para la ocasión. Hicimos una fiesta austríaca y el tema fue la mezcla de las culturas americana y austríaca. Pusimos manteles a cuadros rojos y blancos típicos de una cervecería de Austria y me presenté con un traje tradicional y sombrero tirolés. El menú fue una combinación de las dos gastronomías: *Wiener schnitzel* y langostas como plato principal, y tarta *Sacher* y pastel de fresas como postre.

Hicimos brindis maravillosos por Austria, Alemania, por la familia y por Teddy y Sarge. Los brindis por el lado de Maria fueron por ella, por lo maravillosa que es y por mi privilegio de ser su esposo. Por mi parte fue todo lo contrario: por el gran hombre que soy, por el ser humano tan perfecto que soy y por la manera como ella podría beneficiarse de esto. Seríamos la pareja perfecta. Los Kennedy saben muy bien cómo celebrar estas ocasiones. Todos se integran y pasan un buen rato. Eso fue muy divertido para los demás. Y fue la primera vez que mis amigos conocían ese mundo. Nunca habían visto tantos brindis ni a un público tan animado. Aproveché la ocasión para darles a Eunice y a Sarge una copia del retrato de Maria pintado por Andy Warhol.

—En realidad no me la estoy llevando porque les estoy dando esto a ustedes para que siempre la tengan a su lado —les dije. Y entonces les prometí a todos los invitados—: La amo y siempre la cuidaré. Nadie debería preocuparse.

Sargent también hizo su contribución y dijo que yo era el hombre más afortunado del mundo:

—Tú eres el tipo más afortunado del mundo por casarte con Maria pero yo soy el hijo de perra más afortunado por estar con Eunice. ¡Los dos tenemos suerte!

La boda consistió en una misa nupcial en San Francisco Javier, una iglesia blanca de madera en el centro de Hyannis, a un par de millas de distancia. Era un sábado por la mañana y, literalmente, miles de simpatizantes estaban esperando afuera cuando llegamos. Bajé la ventanilla de la limusina y saludé a la multitud que estaba detrás de las barricadas. Había docenas de reporteros y equipos de camarógrafos y de video.

Me encantó ver a Maria caminando hacia mí por el pasillo. Se veía regia con su hermoso vestido de encaje, larga cola y con las diez damas de honor, y al mismo tiempo irradiaba felicidad y calidez. Todo el mundo guardó silencio por la formalidad de la misa nupcial, durante la cual se celebra el intercambio de votos.

Cuando llegó el momento Maria y yo fuimos donde el sacerdote. Estábamos a punto de decir «Acepto» cuando, de repente, la puerta de la iglesia se abrió de golpe y todos se dieron la vuelta para ver qué estaba pasando. El sacerdote miró por encima de nosotros. Allí, silueteados contra la luz del día en la entrada de la iglesia, vi a un tipo flaco con el pelo en punta y a una mujer alta, negra, con un sombrero de visón teñido de verde: eran Andy Warhol y Grace Jones.

Parecían pistoleros entrando por las puertas giratorias de un salón en una película, o al menos así me pareció, porque lo que estaba viendo era más grande que la vida. Pensé: «Este cabrón… No puedo creerlo. Se está robando el show en mi boda». Fue maravilloso en cierto sentido. Andy era siempre escandaloso y Grace Jones no podía hacer nada que fuera discreto. Maria y yo estábamos encantados de que hubieran venido y, cuando el sacerdote nos aconsejó en su sermón que una pareja debía tener por lo menos diez buenas risas al día, ya estábamos en nuestro camino.

No hay muchos hombres que describan la recepción de su boda como enriquecedora o instructiva, pero así fue la nuestra para mí. Mientras mi suegro me llevaba alrededor para presentarme, me sorprendí de nuevo por todas las situaciones tan diversas que habían vivido Sarge y Eunice: «Este tipo dirigió mis Cuerpos Paz en Zimbabwe, que entonces se llamaba Rhodesia»… «Te encantará este tipo, es quien se hizo cargo tras los disturbios en Oakland, cuando lanzamos los programas Vista y Head Start».

Yo estaba en mi salsa porque siempre estaba ansioso de conocer a personas con el mayor número posible de profesiones y procedencias. Sarge me presentaba a la mayor parte de los invitados de la política, el periodismo, los negocios y las organizaciones sin ánimo de lucro. Se trataba de personas que habían trabajado en los Cuerpos de Paz y en la administración Kennedy, en la política durante el transcurso de los años, durante su misión comercial en Moscú, cuando fue embajador en París, y así sucesivamente. Otro hombre que quería presentarme era de Chicago: «Increíble, Arnold, un ser humano extraordinario. Él gestionó por sus propios medios la asistencia jurídica completa al programa para los pobres que implementé, y ahora la gente que no tiene dinero puede obtener asesoría y representación legal». Esto se prolongó durante todo el día: «Arnold, ¡ven aquí! Déjame presentarte a este amigo de Hamburgo… Ja, ja… Te encantará hablar con él; hizo un acuerdo con los rusos».

Cuando llegó el momento de bailar, Maria se quitó los tacones y se puso zapatillas blancas para protegerse un dedo del pie que se había fracturado la semana anterior. Y mientras Peter Duchin y su orquesta tocaban un vals, ella le dio cinco o seis vueltas a la cola de su vestido y la enrolló en su muñeca: mostramos los pasos que habíamos estado practicando y recibimos muchos aplausos. Mi amigo Jim Lorimer, de Columbus, había hecho los preparativos para que tomáramos lecciones de baile de salón. Eso nos ayudó mucho. La torta fue una copia de la legendaria boda de Eunice y Sarge: una torta de zanahoria de ocho niveles con glaseado blanco, de más de cuatro pies de altura y 625 libras de peso. Su aparición dio comienzo a una nueva ronda de brindis.

Hice un comentario en la recepción que pareció no tener importancia en ese momento: Su sombra, sin embargo, me persiguió durante varios años y tuvo que ver con Kurt Waldheim, el ex Secretario General de las Naciones Unidas, que en esa época era candidato a la presidencia de Austria. Lo habíamos invitado a él y a otros líderes, como a los Presidentes de Estados Unidos e Irlanda, y al Papa. Pensamos que no vendrían pero que sería genial recibir sus cartas para el álbum de la boda. Yo había respaldado a Waldheim como líder del partido conservador, con el que había estado asociado desde los días en que levantaba pesas en Graz.

Pocas semanas antes de la boda, el Congreso Mundial Judío lo acusó de ocultar su pasado como oficial nazi en Grecia y Yugoslavia, cuando los judíos eran enviados a campos de exterminio y los partisanos, asesinados. Esto fue difícil para mí. Al igual que la mayoría de los austriacos, yo lo veía como a uno de los grandes pues había sido el Secretario General de las Naciones Unidas. No solo era un líder nacional sino también un líder mundial. ¿Cómo podía tener algún tipo de secreto nazi? Había sido investigado antes de eso. Muchos austriacos pensaron que era una táctica de desprestigio utilizada por los rivales socialdemócratas en el año electoral, una estrategia estúpida que avergonzaría a Austria ante los ojos del mundo. Me dije a mí mismo: «Lo seguiré apoyando».

Aunque Waldheim no asistió a la boda, el partido conservador envió a dos representantes a la recepción. Ellos mostraron un regalo que llamó la atención: una caricatura de Maria y yo en tamaño real y papel maché con trajes populares de Austria. En un brindis agradecí a la gente por todas las cartas y regalos:

—Quiero agradecer también a los representantes del partido conservador austríaco por haber venido, por habernos dado este regalo. Sé que tiene la bendición de Kurt Waldheim. Quiero darle las gracias también a él. Es una lástima que esté recibiendo todos esos ataques en este momento pero en eso consisten las campañas políticas.

Alguien le contó esto al periódico *USA Today,* que divulgó mi comentario en un artículo sobre la boda. Esto terminó involucrándome en una controversia internacional que se prolongó varios años. Finalmente se comprobó que Waldheim había mentido acerca de su historial militar, hecho que llegó a simbolizar la negativa de Austria a enfrentar su pasado nazi. Yo todavía estaba tratando de entender los horrores del nazismo y si hubiera sabido la verdad no habría mencionado su nombre.

Sin embargo, esa pena aún estaba por llegar. Maria y yo subimos a la limusina y nos dirigimos al aeropuerto con la sensación de que la nuestra era la mejor boda en la que habíamos estado. Fue un día muy especial. Todo el mundo estaba feliz. Todo fue maravilloso.

———

Maria le había dicho a sus fans de *Morning News* de la CBS que solo se tomaría unos días de descanso. Yo tampoco tenía mucho tiempo para la luna de miel. Estuvimos tres días en Antigua, y luego Maria vino conmigo a México para pasar un par de días en el set de *Predator*. Yo tenía todo preparado: las flores estaban en la habitación e invité a Maria a una cena romántica con mariachis. Cuando volvimos a la habitación abrí un vino excelente de California y pensé que tendríamos una velada romántica. Todo era perfecto hasta que Maria fue a tomar una ducha. Luego escuché unos gritos fuertes provenientes del baño, como en una película de terror.

Yo debí sospecharlo: Joel Kramer y su equipo de dobles habían decidido hacernos una broma. En realidad se trataba de una venganza porque anteriormente algunos dobles y yo le habíamos puesto arañas en la camisa y serpientes en la mochila. El set era en cierto sentido como un campamento de verano. Y cuando Maria abrió la cortina de la ducha vio ranas colgando. Se podría pensar que estaba acostumbrada a este tipo de cosas, ya que sus primos hacían bromas todo el tiempo en Hyannis. Ella y sus hermanos comparten una peculiaridad: son físicamente audaces. Maria no lo pensaría dos veces antes de saltar al océano desde un acantilado de 30 pies de altura pero si ve una hormiga o una araña, o hay una abeja en el dormitorio, se llena de miedo, como si una bomba estuviera a punto de estallar. Lo mismo ocurre con sus hermanos. Así que las ranas provocaron un drama considerable. Joel no estaba al tanto de esto pero aún así su broma fue un gran éxito. El cabrón de Joel estropeó la noche entera.

Maria regresó a Nueva York y yo tenía que volver a interpretar el papel del mayor Dutch Schaefer, el héroe de *Predator*. La película es, por supuesto, de ciencia ficción. En ella conduzco a mi equipo por las selvas de Guatemala mientras las personas están siendo interceptadas y despellejadas vivas por un enemigo que no conocemos (resulta ser un alienígena equipado con armas de alta tecnología y equipos invisibles, que ha venido a la Tierra para cazar seres humanos por puro deporte). Los productores Joel Silver, Larry Gordon y John Davis y yo corrimos un gran riesgo al elegir a John McTiernan como director. Él solo había hecho una película de terror y de bajo presupuesto llamada *Nómadas*, sobre un grupo de personas que siembran el caos a bordo de una camioneta. Lo que distinguía a McTiernan era la tensión que mantenía en una película que costó menos de $1 millón: pensamos que debía ser muy talentoso si podía crear ese tipo de atmósfera con tan poco dinero. *Predator* necesitaba suspenso desde el momento en que los personajes llegan a la selva y queríamos que los espectadores sintieran miedo aunque no vieran al depredador, que se asustaran solo con la bruma, los movimientos de la cámara y las cosas que se acercaban. Entonces apostamos que McTiernan podría manejar una producción que fuera diez veces más cara.

Al igual que cualquier película de acción, *Predator* fue más un calvario que un deleite para rodar. Todas las dificultades que uno esperaría en una selva estaban presentes: sanguijuelas, pantanales peligrosos, serpientes venenosas, una humedad asfixiante y un calor insoportable. El terreno que McTiernan escogió para filmar era tan accidentado que escasamente había una pulgada de terreno plano. El mayor dolor de cabeza, sin embargo, resultó ser el propio *predator*. La mayor parte del tiempo se mantiene invisible pero cuando aparece en la pantalla se supone que debe tener un aspecto lo suficientemente extraño y temible como para aterrorizar y eliminar a tipos fuertes y grandes. Sin embargo, el que teníamos no cumplía con esos parámetros. Había sido diseñado por una compañía de efectos especiales contratada por el estudio de cine solo para ahorrar dinero: Stan Winston, el creador del *terminator*, cobraba $1,5 millones y esta compañía había pedido apenas 750.000. Sin embargo, la criatura no tenía un aspecto amenazante. Al contrario, era ridícula: parecía un tipo en traje de lagarto con cabeza de pato.

Empezamos a inquietarnos cuando hicimos las primeras pruebas de rodaje y nuestra preocupación se cristalizó unas pocas escenas después. La criatura no funcionaba, era cursi, no parecía creíble. Además, Jean-Claude Van Damme, que interpretaba al *predator*, se quejaba constantemente. Tratamos de solucionar el problema pero nadie se dio cuenta de que las imágenes de la criatura solo podrían arreglarse cuando nos fuéramos de México y la película estuviera en la sala de edición. Por último, los productores decidieron contratar a Stan Winston para hacer un rediseño e hicieron los preparativos para enviarnos de nuevo a Palenque con el fin de rodar el enfrentamiento culminante una vez más. Se trata de una secuencia nocturna en la que el depredador se revela completamente y pelea con Dutch mano a mano en el pantano.

La selva estaba helada en aquellas noches de noviembre. El *predator* de Stan Winston era mucho más grande y espeluznante que el anterior, un extraterrestre verde de 8,5 pies de altura, con pequeños ojos brillantes y hundidos, y mandíbulas a modo de boca. Utilizaba su visión térmica en la oscuridad para encontrar a su presa y Dutch, que en ese momento de la película ha perdido todas sus ropas, se cubre con barro para camuflarse. Tuve que aplicarme barro frío y húmedo en todo el cuerpo para filmar. Pero en vez de barro, el artista de maquillaje utilizó arcilla de cerámica como la que tienen los recipientes para mantener el vino frío en los restaurantes. Él me advirtió: «Esto te enfriará el cuerpo unos pocos grados. Es probable que tiembles». No dejé de temblar y tuvieron que usar lámparas de calor para calentarme. Las lámparas, sin embargo, también secaban el barro así que no las utilicé mucho. Bebí *Jägertee*, una mezcla de licor que bebes cuando practicas *ice curling*. Me ayudó un poco pero luego me sentí tan borracho que tuve dificultades para hacer la escena. Trataba de controlar el temblor mientras la cámara estaba grabando, me agarraba con fuerza de algo para dejar de temblar pero, tan pronto me soltaba, volvía a temblar. Me acordé de cuando era niño y me echaba barro en el lago Thalersee. Pensé: «¿Cómo pude disfrutar eso?».

Kevin Peter Hall, el actor de 7,2 pies que llevaba el traje de *predator*, tuvo sus propias dificultades. Tenía que parecer ágil pero su traje era pesado e inestable, y la máscara le impedía ver. Se suponía que debía ensayar sin la máscara y luego recordar dónde estaba todo. Eso funcionó la mayor parte del tiempo. Sin embargo, en una pelea se suponía que debía darme una palmada mientras esquivaba mi cabeza pero de repente escuchamos un «¡ZAP!» y sentí su mano derecha en mi cara, con garras y todo.

Todos estos problemas se vieron recompensados en la taquilla el verano siguiente. *Predator* tuvo la segunda mejor semana inaugural de todas las películas de ese año (después de *Beverly Hills Cop II*) y terminó recaudando $100 millones. Escoger a McTiernan de director resultó ser una gran elección: cuando obtuvo un gran éxito con *Die Hard* al año siguiente quedó claro que su éxito con *Predator* no había sido una casualidad. De hecho, si un director de su calibre hubiera hecho la secuela de *Predator*, la película podría haberse convertido en una gran franquicia a la par de *Terminator* o *Die Hard*.

Tuve una divergencia con los ejecutivos de los estudios en ese sentido. Lo que pasó con *Predator* le sucede a un montón de películas exitosas con directores debutantes. El director continúa produciendo éxitos y su tarifa sube: después de *Die Hard*, McTiernan empezó a cobrar $2 millones. Y obviamente, los costos habían aumentado en los siete años que transcurrieron desde *Predator*, pero los ejecutivos de los estudios querían hacer una secuela que no costara más que la primera película. Esto dejaba por fuera a McTiernan y contrataron a otro director con relativamente poca experiencia y de bajo costo, el tipo que había hecho *A Nightmare on Elm Street 5*. Joel Silver quería que yo hiciera la secuela de *Predator* pero le dije que la película sería un fracaso. No solo el director no era el indicado sino que el guion era malo. La historia se desarrolla en Los Ángeles y yo le dije: «Nadie quiere ver a los depredadores corriendo por el centro de Los Ángeles. Ya *tenemos* bastantes depredadores. Las guerras entre pandillas matan personas todo el tiempo. No necesitas extraterrestres para hacer que la ciudad se vea peligrosa». Sentí que si no pagaban para contratar a un buen director y para tener un buen guion no lograrían contratarme a mí. Él no cedió, así que no acepté. *Predator 2* y todos los otros *Predators* que siguieron no tuvieron éxito y Joel y yo nunca volvimos a trabajar juntos.

Actualmente los estudios han mejorado en ese sentido. Pagan por la secuela; les pagan más dinero a los actores y a los escritores, y mantienen al mismo director. No importa que la secuela tenga un costo de $160 millones. Franquicias como *Batman* y *Ironman* recaudan por película $350 millones en taquilla. Las películas de *Predator* podrían haber sido así. Pero con un director, un escritor y un actor más baratos, *Predator 2* se convirtió en uno de los mayores fracasos del año. Sin embargo, ellos no aprendieron y cometieron el mismo error con *Predator 3*. Obviamente, siempre es fácil ser inteligente en términos retrospectivos.

Yo estaba en la cresta de la ola con las películas de acción, un género completamente nuevo que estaba haciendo furor en esa época. Stallone lo inició con las películas de *Rocky*. En el *Rocky* original de 1976, él parecía ser simplemente un boxeador promedio. Pero en *Rocky II* ya tenía un cuerpo mucho mejor. Sus películas de *Rambo*, especialmente las dos primeras, también tuvieron un impacto enorme. Mi película *Commando*, de 1985, continuó con esa tendencia y salió el mismo año que la segunda *Rambo* y *Rocky IV*. Luego *The Terminator* y *Predator* la expandieron, agregándole ciencia ficción. Algunas de estas películas fueron aclamadas por la crítica y todas hicieron tanto dinero que los estudios ya no podían considerarlas como simples películas de serie B. Llegaron a ser tan importantes en los años ochenta como lo fueron las películas de vaqueros en los años cincuenta.

Los estudios no veían la hora de tener nuevos guiones, desempolvar otros viejos y que los escritores redactaran guiones especialmente para mí. Stallone y yo éramos los actores principales del género. Sly estaba muy por delante de mí y le pagaban más. Había más trabajo para las estrellas de acción del que podría hacer cualquiera de nosotros y la demanda fue tal que surgieron otros actores: Chuck Norris, Jean-Claude Van Damme, Dolph Lundgren, Bruce Willis. Incluso personas como Clint Eastwood, que estaban haciendo películas de acción, empezaron a trabajar con actores más corpulentos, sin camisa, que mostraban sus músculos.

El cuerpo era la clave en todo esto. Había llegado la época en que a los hombres musculosos se les consideraba atractivos. Tener un aspecto físicamente heroico se convirtió en algo estético. Se veían poderosos. Fue muy inspirador: el simple acto de mirarlos te hacía creer que ellos podían hacerse cargo del trabajo. Y por descabellada que fuera la maniobra pensabas: «Sí, él puede hacer eso». *Predator* fue un éxito en parte porque los actores que estaban en la selva conmigo eran impresionantemente musculosos y grandes. Jesse Ventura debutó como actor en esta película. Yo estaba en los Estudios Fox cuando asistió a la entrevista y después que salió dije: «Chicos, no creo que exista la menor duda de que deberíamos trabajar con este tipo. Es un hombre rana de la Marina, es un luchador profesional y tiene buen aspecto. Es grande y tiene una voz profunda y maravillosa, muy viril». Yo siempre había sentido que las películas no tenían hombres de verdad y él me parecía perfecto en ese sentido.

Mi plan era duplicar siempre mi sueldo con cada película nueva. No es que funcionara siempre, pero sí la mayor parte del tiempo. Trabajé duro para hacer que eso sucediera y muchas veces lo logré. Comencé con $250.000 por *Conan the Barbarian*, y a finales de los años ochenta ya había recibido $10 millones en salarios. La progresión fue así:

Terminator	$750.000
Conan the Destroyer	$1 millón
Commando	$1,5 millones
Red Sonja "Cameo"	$1 millón
Predator	$3 millones
The Running Man	$5 millones
Red Heat	$5 millones
Total Recall	$10 millones

A partir de ahí pasé a $14 millones por *Terminator 2* y a $15 millones por *True Lies*. Bang, bang, bang, bang, el aumento fue muy rápido.

En Hollywood te pagan por el dinero que puedas traer. ¿Cuál es el retorno de la inversión? La razón por la que pude duplicar lo que pedía por cada película se debía a los ingresos en todo el mundo. Yo me preocupaba por los mercados extranjeros y siempre estaba preguntando: «¿Esta película es atractiva para una audiencia internacional?». Por ejemplo, al mercado asiático no le gusta el vello facial así que ¿por qué habría de tener yo una barba en este papel? ¿Realmente quería renunciar a todo ese dinero?».

El humor fue lo que me hizo sobresalir entre otros protagonistas de acción como Stallone, Eastwood y Norris. Mis personajes siempre bromeaban sin reírse y también decían frases cortas y divertidas. Después de romperle el cuello a uno de los secuestradores de mi hija en *Commando*, siento al tipo a mi lado, en la silla del avión, y le digo a la asistente de vuelo: «No molestes a mi amigo, está muerto del cansancio». O después de estrangular con un alambre de púas a uno de los acosadores malvados de *Running Man* le digo: «¡Qué dolor en el cuello!», y salgo corriendo.

Decir frases cortas para relajar al espectador después de una escena intensa fue algo que comenzó accidentalmente con *Terminator*. Hay una escena en la que el *terminator* se ha refugiado en un albergue de indigentes para repararse a sí mismo. Un empleado panzón que lleva un carrito de basura por el pasillo golpea la puerta de su habitación y dice: «¿Oye, amigo, tienes un gato muerto ahí o qué?». Lo ves desde la perspectiva del *terminator*, mientras escoge las posibles respuestas apropiadas entre una lista:

SI/NO

O QUÉ

VETE

POR FAVOR VUELVE PRONTO

VETE AL DIABLO

VETE AL DIABLO, CABRÓN

Luego se escucha: «Vete al diablo, cabrón». La gente se moría de la risa en los teatros porque esto rompía la tensión. ¿El empleado iba a ser la próxima víctima? ¿Yo lo iba a hacer pedazos? ¿Lo iba a aplastar? ¿A enviarlo al infierno? En cambio el *terminator* simplemente le dice que se largue y el hombre desaparece. Es lo contrario de lo que esperas y es gracioso porque la tensión se rompe.

Comprendí que esos momentos podían ser muy importantes y le agregué bromas a *Commando*, mi próxima película de acción. Cerca del final de la película, el archi-villano Bennett casi me mata pero finalmente lo derroto y empalo en una tubería de vapor rota. Le digo: «Suelta un poco de vapor». Al público le encantó. La gente decía cosas como: «Lo que me gusta de esta película es que había algo de lo que reírse. A veces las películas de acción son tan intensas que te entumeces. Pero cuando rompes con eso y le pones un poco de humor es muy refrescante». Desde ese momento empezamos a pedirles a los escritores un toque de humor en mis películas de acción, aunque fueran tan solo dos o tres frases. A veces contrataban a un escritor específicamente para añadir las frases humorísticas. Esas frases cortas se convirtieron en mi sello personal y el humor cursi desvirtuó algunas de las críticas que decían que las películas de acción eran demasiado violentas y unidimensionales. El humor refrescaba la película y la hacía atractiva para más personas.

Yo me imaginaba a todos los países, un poco como la lista de «posibles respuestas apropiadas» del *terminator* en la escena del albergue:

«¿Cómo se verá en Alemania?», me preguntaba. «¿Cómo se verá en Japón? ¿Cómo se verá en Canadá? ¿Cómo se verá en España? ¿Cómo se verá en Oriente Medio?».

En la mayoría de los casos, mis películas se vendían aún mejor en el extranjero que en los Estados Unidos. Esto se debía en parte a que yo viajaba como un loco para promocionarlas pero también porque las películas eran muy sencillas. Eran comprensibles y no importaba en qué país estuvieras. *The Terminator, Commando, Predator, Raw Deal, Total Recall*; todas trataban temas universales como el bien contra el mal, la venganza, o una visión asustadora del futuro.

Red Heat fue la única película ligeramente política y la primera producción americana que obtuvo un permiso para filmar en la Plaza Roja. (Esto fue durante el período del *glasnost*, cuando la Unión Soviética y los EstadosUnidos estaban tratando de encontrar la manera de trabajar juntos y ponerle fin a la Guerra Fría). Pero lo que yo quería era básicamente hacer una película de colegas en la que yo era un policía de Moscú y Jim Belushi un policía de Chicago, y nos uníamos para evitar que los traficantes rusos enviaran cocaína a los Estados Unidos. Walter Hill, nuestro director, escribió y dirigió *48 Hours* con Nick Nolte y Eddie Murphy, y al igual que en esa película, la idea era combinar la acción y la comedia.

Lo único que Walter tenía al principio era una escena de apertura, que es como se hacen muchas veces las películas: tienes una idea y luego te sientas y te imaginas el resto de las 100 páginas del guion. En esa escena yo interpreto al detective soviético Iván Danko y persigo a un hombre. Lo encuentro en un bar de Moscú y peleamos cuando se resiste al arresto. Después de tenerlo controlado e indefenso en el suelo, y ante el horror de los presentes, le levanto la pierna derecha y se la rompo brutalmente.

Los espectadores se horrorizarían con eso. ¿Por qué romperle la pierna a un tipo? Bueno, en el instante siguiente se ve que la pierna es artificial y que está llena de polvo blanco: es cocaína. Fue una idea de Walter y, tan pronto la escuché, dije: «Me encanta, cuenta conmigo».

Hablamos varias veces mientras él escribía el guion y decidimos que sería bueno que la relación de amistad reflejara la relación de cooperación entre Oriente y Occidente. Es decir, hay una gran cantidad de fricción entre Belushi y yo; se supone que estamos trabajando juntos, pero constantemente estamos metiéndonos en el caso del otro. Él se burla de mi uniforme verde y de mi acento. Discutimos sobre cuál es el arma más poderosa del mundo. Yo digo que es la Patparine soviética y él dice: «Oh, vamos, todo el mundo sabe que la 44 Magnum es insuperable. ¿Por qué crees que Harry el Sucio tiene una?». Y yo le respondo: «¿Quién es Harry el Sucio?». Pero la única manera de detener el tráfico de cocaína es trabajando juntos.

Walter me hizo ver a Greta Garbo en *Ninotchka* para saber cómo debía reaccionar Danko cual soviético leal en Occidente. Tuve que aprender un poco de ruso y mi propio acento fue una ventaja para el papel. Me encantó rodar en Moscú, y también me encantó hacer la escena de la pelea en el sauna, en la que un gángster desafía a Danko entregándole un carbón encendido y se sorprende al ver que que no se inmuta: el policía simplemente toma el carbón y lo aprieta en su mano, luego le da un puñetazo al hombre a través de una ventana y salta detrás de él para seguir peleando en la nieve. Rodamos la primera mitad de esa escena en el Rudas Bath de Budapest y la segunda mitad en Austria porque no había nieve en Budapest.

Red Heat fue un éxito: recaudó $35 millones en los Estados Unidos pero no fue el fenómeno que yo esperaba. Es difícil saber por qué: podría ser que el público no estuviera preparado para Rusia, que las actuaciones de Jim Belushi y yo no fueran lo suficientemente divertidas o que el director no hiciera un trabajo lo bastante bueno. Por alguna razón, la película simplemente no estuvo a la altura de las expectativas.

Cada vez que yo terminaba de filmar una película sentía que había hecho la mitad de mi trabajo. Cada película tenía que ser promovida en el mercado. Puedes tener la mejor película del mundo pero si no la muestras, si la gente no la conoce, entonces no tienes nada. Lo mismo sucede con la poesía, la pintura, con la escritura o con los inventos. Siempre me ha sorprendido que algunos de los más grandes artistas, desde Miguel Ángel hasta Van Gogh, no hayan vendido mucho mientras vivían. No sabían cómo hacerlo, tenían que depender de un idiota, de un agente, un mánager o del dueño de una galería para que lo hicieran por ellos. Picasso iba a un restaurante y hacía un dibujo o pintaba un plato a cambio de una comida. Ahora vas a esos restaurantes en Madrid y los Picasso están en las paredes, valen a millones de dólares. Eso no iba a pasar con mis películas. Lo mismo sucede con el fisiculturismo y con la política. No importa lo que hiciera en la vida, comprendí que tenía que saber venderlo.

Como dijo Ted Turner: «Duérmete temprano, levántate temprano, trabaja como el diablo y promociónate».

Así que decidí asistir a las proyecciones de prueba. En un teatro lleno, la gente llenaba cuestionarios calificando la película y luego 20 o 30 personas compartían sus reacciones. Los expertos del estudio buscaban dos cosas: una era ver si la película necesitaba cambios. Si los cuestionarios indicaban que a la gente no le había gustado el final, los promotores le pedían al grupo de discusión que hiciera propuestas para que nosotros pudiéramos considerar la posibilidad de cambiarlo. «Me pareció poco creíble que el héroe sobreviviera después de todo el tiroteo», podían decir, o: «Me gustaría que mostraran a su hija una vez más para que pudiéramos ver lo que le pasó». A veces señalaban problemas en los que no habíamos pensado durante el rodaje.

Los promotores también buscaban señales sobre cómo posicionar la película. Si veían que a la mayoría de los espectadores le encantaba la acción, entonces la promovían como una película de acción. Si la gente amaba al niño que aparecía al principio, entonces lo incluían en el tráiler de la película. Si había un tema que a la gente le parecía genial —la relación de la estrella con su madre, por ejemplo— tendrían eso en cuenta.

Yo iba para recibir retroalimentación personal pues quería saber qué pensaba la gente del personaje que había interpretado y de la calidad de la actuación, y qué les gustaba verme hacer. Así, yo sabía en qué tenía que trabajar y qué tipo de papeles debía interpretar. Muchos actores reciben pistas y sugerencias del departamento de marketing pero yo quería recibirlas directamente de los espectadores. Escucharlos también me hizo ser un promotor más eficaz. Si alguien decía: «Esta película no solo consiste en recuperar la inversión sino también en superar los obstáculos difíciles», yo escribía eso y lo utilizaba en las entrevistas con los medios.

Tienes que cuidar a tu público y hacer que aumente con cada película. Era fundamental que un cierto porcentaje de los espectadores dijera luego de cada proyección: «Yo iría a ver otra película de él a ojo cerrado». Ésas son las personas que les dicen a sus amigos: «Tienen que ver a este tipo». Cultivar una película también significa prestarles atención a los distribuidores, a los intermediarios que hablan con los propietarios de las salas para que proyecten tu película en lugar de otra. Los distribuidores necesitan saber que no los dejarás abandonados a su propia suerte. Por ellos vas al ShoWest, la convención de los distribuidores en Las Vegas, y te tomas fotos con los dueños de los cines, aceptas un premio y das una charla sobre tu película y una conferencia de prensa. Haces lo que los distribuidores consideran importante porque luego todos promoverán la película en los teatros. Esa misma semana uno de ellos puede llamar y decir: «Diste una charla el otro día y solo quiero que sepas lo útil que fue. Los dueños de estas salas aceptaron darnos dos pantallas en cada multiplex en lugar de una porque les pareció que realmente estabas promocionando la película y que creías en ella».

Al principio de mi carrera en el cine, lo más difícil fue renunciar al control. En el fisiculturismo todo dependía de mí. Aunque les pedía ayuda a Joe Weider y a mis compañeros de entrenamiento, yo tenía el control total de mi cuerpo. Pero en las películas dependes de los demás desde el primer momento. Cuando el productor te ofrece un proyecto, confías en que escoja al director adecuado. Y cuando vas a un set de grabación, confías plenamente en el director, y también en un montón de personas. Vi que cuando yo tenía un buen director, como Milius o Cameron, mis películas tenían un gran éxito porque me dirigían bien. Pero si tenía un director que estaba confundido, o que no tenía una buena visión de la película, el proyecto era un fracaso. Yo siempre era el mismo Arnold, así que lo importante era el director. No podía tomarme muy en serio cuando comprendí esto, aunque me colmaran de elogios. *The Terminator* no fue semejante éxito por mí; lo fue gracias a la visión de Jim Cameron, que escribió el guion, dirigió y logró que fuera una gran película.

Comencé a tener poder de decisión en muchas películas: podía aprobar el guión y el reparto e incluso elegir al director. Pero seguía obedeciendo mi regla: cuando escoges a un director tienes que confiar de lleno en él. Si cuestionas todo lo que hace entonces solo tendrás discusiones y peleas. Muchos actores funcionan de esa manera, pero yo no. Hago todo lo posible para echarle un vistazo al director de antemano. Llamo a otros actores y les pregunto: «¿Maneja bien el estrés? ¿Es un gritón?». Pero cuando lo has escogido tienes que obedecer su criterio. Puedes haber escogido a la persona equivocada pero no puedes pelear durante toda la película.

The Running Man fue un proyecto de 1987 en el que el director, Andy Davis, fue despedido después de solo una semana de rodaje. Los productores y ejecutivos de los estudios irrumpieron en el set mientras yo estaba promocionando campeonatos de fisiculturismo en Columbus. Cuando volví habían reemplazado a Andy por Paul Michael Glaser, que incursionó en la dirección de programas de televisión después de ser actor (interpretó al detective Starsky en *Starsky and Hutch*). Nunca había dirigido una película pero estaba disponible y lo contrataron por eso.

Fue una decisión terrible. Glaser era del mundo de la televisión y filmó la película como si fuera para ese medio, sin considerar los temas más profundos. *The Running Man* es una historia de ciencia-ficción basada en una novela de Stephen King. Gira en torno a una visión de pesadilla de los Estados Unidos en el año 2017, treinta años después de la grabación. La economía está en una depresión y los Estados Unidos se ha convertido en un estado fascista: el gobierno utiliza en los barrios la televisión y las pantallas gigantes para distraer a la gente del hecho de que nadie tiene empleo. Este tipo de entretenimiento público va más allá de la comedia, el drama o los deportes. El espectáculo número uno de la película es *The Running Man*, un concurso en vivo en el que las personas son perseguidas y sacrificadas en la pantalla. La historia gira en torno al héroe, un policía llamado Ben Richards que ha sido injustamente condenado y termina como *corredor*, luchando para sobrevivir.

Para ser justos, Glaser simplemente no tuvo tiempo para hacer la investigación o pensar en lo que la película tenía que decir sobre el papel del entretenimiento y del gobierno, y sobre lo que significaba llegar a un punto en el que matan a la gente en la pantalla. En la televisión te contratan y grabas la próxima semana, y eso era lo único que él sabía hacer. En consecuencia, *The Running Man* no tuvo un resultado tan bueno como el esperado. Debió haber sido una película de $150 millones en taquilla. El argumento de *The Running Man* era fantástico y fue totalmente estropeado por la contratación de un director principiante y por el hecho de que no le dieron tiempo para prepararse.

Los guiones de *Total Recall* habían estado dando vueltas por Hollywood desde hacía tanto tiempo que la gente dijo que el proyecto tenía una maldición. Dino de Laurentiis tuvo los derechos durante gran parte de los años ochenta y trató de producir la película dos veces: una en Roma y la otra en Australia. Era un tipo de película diferente de lo que terminó siendo en última instancia: menos violenta y más centrada en la fantasía de hacer un viaje virtual a Marte.

Me molestó que Dino no me la ofreciera porque yo le dije que me gustaría actuar en ella. Pero él tenía una visión diferente. Contrató a Richard Dreyfuss para rodar en Roma y a Patrick Swayze, de *Dirty Dancing,* para hacerlo en Australia, y mientras tanto me dio *Raw Deal.* Alcanzaron a construir escenarios en Australia y estaban a punto de empezar a rodar cuando Dino tuvo problemas de dinero. Esto ya había pasado varias veces durante su carrera: significaba que tenía que olvidarse de algunos proyectos.

Llamé a Mario Kassar y a Andy Vajna de Carolco, que en esa época era la compañía de producción independiente de más rápido crecimiento: la empresa estaba en su época dorada luego de hacer las películas de *Rambo.* Habían financiado *Red Heat* y pensé que serían perfectos para *Total Recall.* Les dije: «Dino se está retirando. Tiene un montón de proyectos maravillosos y hay uno en concreto que quiero hacer». Se movieron con rapidez y se la compraron en cuestión de días. Yo fui la fuerza motriz durante todos esos años.

Y ahora la pregunta era: «¿Quién debía dirigirla?». Eso seguía sin resolverse unos meses más tarde, cuando me encontré con Paul Verhoeven en un restaurante. No nos conocíamos personalmente pero lo reconocí: era holandés, flaco, parecía concentrado y tenía unos diez años más que yo. Su reputación era buena en Europa y sus dos primeras películas en inglés —*Flesh+Blood* y *Robocop*— me habían causado una buena impresión. Me acerqué y le dije: «Me encantaría trabajar contigo algún día. Vi *Robocop*. Es fantástica. *Flesh+Blood* también me pareció maravillosa».

—A mí también me encantaría trabajar contigo —dijo—. Tal vez podamos encontrar un proyecto.

Lo llamé al día siguiente y le dije:

—Tengo el proyecto —y le conté sobre *Total Recall*. A continuación llamé a Carolco y les dije—: Envíenle el guion a Paul Verhoeven de inmediato.

Un día después Verhoeven me dijo que le había encantado el guion, pero que quería hacerle algunos cambios. Eso es normal: cada director quiere dejar su marca en el guion. Pero sus sugerencias eran inteligentes y hacían que la historia fuera mucho mejor. Inmediatamente comenzó a hacer preguntas sobre Marte: «¿Cómo liberas el oxígeno que está entre las rocas?». Eso debía tener una base científica. Paul le agregó una dimensión de realismo y de información científica a la película. El control de Marte en la historia giraba en torno al control del oxígeno. Paul dio muchas ideas brillantes; tenía una visión y también entusiasmo. Nos reunimos con Carolco y conversamos acerca de lo que él quería cambiar, y Paul firmó para hacer la película.

Eso fue en el otoño de 1988. Nos dedicamos de lleno a reescribir el guión, luego a decidir dónde rodar, después a la preproducción, y empezamos a grabar a finales de marzo en el estudio de Churubusco en Ciudad de México. Rodamos todo el verano, cinco o seis meses seguidos.

Escogimos Ciudad de México en parte por su arquitectura: había edificios que tenían el aspecto futurista que necesitaba la película. Las imágenes creadas por computador todavía no eran muy convincentes en esa época, por lo que tenías que hacer un montón de trabajo en el mundo real, ya fuera buscando el lugar perfecto o mediante la construcción de sets de gran escala o en miniatura. La producción de *Total Recall* fue tan compleja que hizo que *Conan the Barbarian* pareciera una película de pequeña escala. Necesitamos un equipo de más de 500 personas y construir 45 sets, que albergaron ocho estudios sonoros durante seis meses. Aún con el ahorro en los costos por haber trabajado en México, la película costó más de $50 millones, siendo la segunda producción más cara de la historia en esa época, después de *Rambo III*. Me alegraba que *Rambo III* fuera una producción de Carolco, a Mario y a Andy no les asustaba correr riesgos.

Lo que me atrajo de la historia fue la idea del viaje virtual. Yo interpretaba a un trabajador de la construcción llamado Doug Quaid, que se interesa en un anuncio de una empresa llamada Rekall y va a reservar unas vacaciones virtuales a Marte. («Por la memoria de toda una vida», dice el anuncio. «Rekall, Rekall, Rekall»).

—Toma asiento, ponte cómodo —dice el vendedor. Quaid está tratando de ahorrar dinero, pero de inmediato el comerciante, que es un poco insistente, procura que Quaid tome algo más que el viaje básico.

—¿Qué se mantiene exactamente igual en todas las vacaciones que has tomado? —le pregunta.

A Quaid no se le ocurre nada.

—¡TÚ! Tú eres el mismo —le dice el vendedor—. No importa a donde vayas, tú estás ahí. Siempre eres el mismo.

Luego le ofrece identidades alternativas como un incentivo para el viaje:

—¿Por qué ir a Marte como un turista cuando puedes ir como un *playboy*, como un deportista famoso, o como un…

Ahora Quaid siente curiosidad a pesar de sí mismo. Le pregunta por la posibilidad de ir como un agente secreto.

—Aaaah —dice el vendedor—. Déjame tentarte: eres un agente importante y vas encubierto en tu misión más importante. La gente

Maria, una chica con una gran personalidad y mucha alegría; tenía un montón de energía positiva y yo quería estar cerca de ella. En la playa en 1980. *Albert Busek*

Arriba: No estábamos buscando una relación de costa a costa pero antes de que nos diéramos cuenta, Maria y yo estábamos saliendo. Aquí estamos en un viaje de canotaje cerca de Sacramento en 1979. *Douglas Kent Hall*

Izquierda: Cuando Maria decidió que se quedaría en California después de la campaña política de 1980, compré mi primera casa en la calle 21 en Santa Monica para que viviéramos juntos. *Archivo Schwarzenegger*

Maria, Conan el perro y yo disfrazados de motoristas para Halloween, a comienzos de los ochenta. *Archivo Schwarzenegger*

Cuando estoy en Austria suelo ponerme la ropa típica austriaca y hago lo que hacen los locales. *Arriba:* de excursión en los Alpes; *abajo a la izquierda:* haciendo *curling; abajo a la derecha:* bailando en una versión austriaca de la fila de conga. *Archivo Schwarzenegger*

Fototom.at

Archivo Schwarzenegger

Maria y yo fuimos novios durante ocho años antes de este feliz día en la primavera de 1986. Yo tenía treinta y ocho años y ella tenía treinta. *Denis Reggie*

Franco fue mi testigo principal, y entre mis doce otros padrinos de boda estaban mi sobrino Patrick Knapp, mis amigos del mundo del culturimso Albert Busek y Jim Lorimer, y Sven-Ole Thorsen, quien hizo de matón en muchas de mis películas. *Archivo Schwarzenegger*

Acompaño a mi madre y a mi nueva suegra americana a cruzar la propiedad de los Kennedy para llegar a donde se llevaría a cabo la recepción. Afortunadamente, Aurelia y Eunice se llevaban bien. *Archivo Schwarzenegger*

Andy Warhol era extravagante y Grace Jones es incapaz de hacer algo de bajo perfil. El esmoquin de Warhol era en realidad una chaqueta de motociclista. *Archivo Schwarzenegger*

Viajar con Maria, Eunice y Sarge por Europa fue divertido. Aquí estamos en un ferry cruzando el lago Chiemsee en Bavaria. *Albert Busek*

En algunas ocasiones, cuando estaba de excursión en los Alpes, me ponía unas camisas hawaianas estrafalarias para escandalizar a los tradicionalistas vestidos de *lederhosen*. Aquí estoy con una vaca lechera que sucumbió a mi encanto. *Archivo Schwarzenegger*

En Santa Monica, Maria y yo vivíamos tan cerca de un parque estatal que teníamos caballos e íbamos de paseo por el parque todos los días. Mi caballo se llamaba Campy. *Archivo Schwarzenegger*

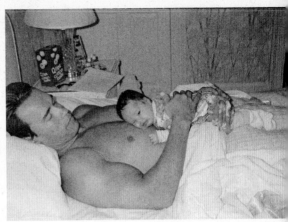

Mary Anne Fackelman-Miner

Izquierda: Katherine acababa de nacer cuando el primer presidente Bush me nombró zar del acondicionamiento físico y organizamos la Gran Sesión Americana de Ejercicio en el Jardín Sur de la Casa Blanca. *Arriba:* Con Christina, nuestra segunda hija, perfeccioné el arte de hacer dormir a un bebé sobre mi pecho. *Archivo Schwarzenegger*

De camino a unas vacacciones en Sun Valley a comienzos de 1993. Estoy mostrando a Christina un artículo sobre cómo Maria equilibria el trabajo con la familia.

Archivo Schwarzenegger

Casi todos los días traía a Christina al gimnasio conmigo. *Archivo Schwarzenegger*

Patrick, nuestro hijo mayor, nació en septiembre de 1993. *Archivo Schwarzenegger*

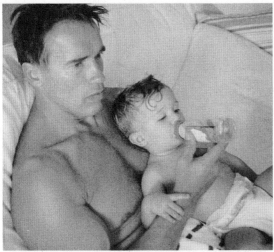

Para esta vez, ya sabía cuidar de él perfectamente. *Arriba:* Katherine se acurruca conmigo mientras Patrick descansa sobre mi pecho. *Izquierda:* También era un experto en biberones y pañales. *Abajo:* Celebré mi cumpleaños número cuarenta y cuatro en Sun Valley con los chicos: mi viejo amigo Adi Erber, un profesional del esquí; mi sobrino Patrick Knapp; mi cuñado Bobby Shriver; el asesor finaciero Paul Wachter; y Al Ruddy, productor de *El padrino.*

Archivo Schwarzenegger

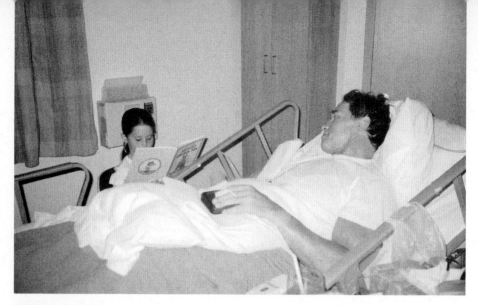

Katherine me leyó *Arthur's Chicken Pox* (*La varicela de Arthur*) mientras me recuperaba de las cirugías de reemplazo de válvulas del corazón en 1997. *Archivo Schwarzenegger*

Los Schwarzenegger molestando en un hotel de Hawai en 2000. Christopher, nuestro hijo menor, tiene tres años. *Archivo Schwarzenegger*

Después de ir a pescar en un estanque cerca de nuestra casa en Sun Valley. *Archivo Schwarzenegger*

Katherine y yo montando a caballo y molestando en las montañas de Santa Monica.

Archivo Schwarzenegger

Supervisando a Christopher y a Patrick en un estadio de criquet durante un viaje a Sudáfrica para ver los Juegos Olímpicos Especiales en 2001.

Archivo Schwarzenegger

Una leona con tranquilizante, un guardabosques y nosotros durante un safari en Tanzania. Estaba tan emocionado como los niños porque los felinos siempre me han fascinado.
Archivo Schwarzenegger

Somos una familia de esquiadores. Aquí estamos en Sun Valley. La nieve, los bosques de pinos y las montañas siempre han formado parte de mi vida. Christopher no está en la foto porque tenía solo cuatro años y ese día estaba ocupado entrenándose en la montaña de principiantes. *Archivo Schwarzenegger*

Este soy yo besándome a mí mismo en Halloween de 2001, solo que el Arnold que se encuentra al lado derecho es en realidad Maria con una máscara de *Terminator*. Tal como lo demuestra la foto de abajo, Halloween es una fiesta muy importante en casa de los Schwarzenegger. *Archivo Schwarzenegger*

Patrick y Christopher sentados conmigo en el escritorio del gobernador en Sacramento. *Archivo del estado de California / Steven Hellon*

Los viajes, como este que hicimos a Maui en la primavera de 2007, fueron momentos felices durante una época en la que nuestra familia tuvo que pasar mucho tiempo separada debido a la gobernación. *Archivo Schwarzenegger*

Todavía me encanta conducir mi tanque M47 del ejército austriaco. Ahora vive en un estudio en las afueras de Los Ángeles, donde aparece de vez en cuando en películas de la Segunda Guerra Mundial. Conmigo en el tanque están Patrick, Christopher (con el casco) y mi asistente Greg Dunn. *Archivo Schwarzenegger*

Katherine poniéndome su pelo largo para hacernos reír.
Archivo Schwarzenegger

En el invierno de 2011 mi sobrino Patrick y yo fuimos a la tumba de Meinhard, mi hermano, y su padre, en Kitzbühel, Austria, durante una tormenta de nieve particularmente fuerte.
Archivo Schwarzenegger

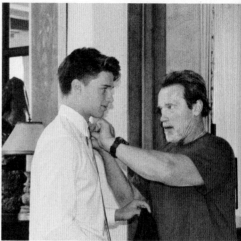

Cindy Gold

Archivo Schwarzenegger

En junio de 2012 se graduó Patrick del bachillerato y Katherine de la University of Southern California. Me había dejado crecer la barba para mi papel en *The Tomb*, una película de guerra con Sylvester Stallone. *Arriba:* Vistiéndome con Christopher y Patrick. *Izquierda:* Katherine y Christina.

Archivo Schwarzenegger

Cindy Gold

Para mi cumpleaños número cincuenta, el 30 de julio de 1997, Maria me sorprendió con este póster. Es una naturaleza muerta de cosas y *hobbies* que representan todo lo que me gusta: el alpinismo, los carros Hummers, las pipas y los relojes elegantes, los dibujos en pluma y tinta, cigarros y schnapps, ser padre, el ajedrez y el billar, el tenis y el golf, los guiones de cine, las motocicletas y el cuero, la historia del alzamiento de pesas y el futuro del culturismo. Mi lista de intereses no ha hecho sino crecer desde ese entonces. *Archivo Schwarzenegger*

está tratando de matarte a toda costa. Conoces a una mujer hermosa y exótica… No quiero estropearlo, Doug. Solo debes estar seguro de que cuando el viaje haya terminado, hayas conquistado a la chica, matado a los malos y salvado a todo el planeta.

Me encantó esa escena: un tipo vendiéndome un viaje que nunca haría realmente pues todo era virtual. Por supuesto, cuando los cirujanos de Rekall se disponen a instalar el chip que contiene la memoria de Marte en el cerebro de Quaid, descubren que otro chip ya está ahí y se desata el caos. Porque él no es Quaid sino un agente del gobierno que una vez fue enviado a las colonias rebeldes en las minas de Marte y cuya identidad ha sido borrada y reemplazada con la de Quaid.

La historia tiene giros inesperados, nunca lo sabes hasta el final: ¿Tomé este viaje? ¿Fui el héroe en realidad? ¿O todo esto estaba dentro de mi cabeza y simplemente manejo un martillo neumático? ¿Tal vez soy un esquizofrénico? Ni siquiera estás necesariamente seguro al final. Para mí, todo eso era muy similar al sentir que yo tenía a veces: «Mi vida es demasiado buena para ser cierta». Alguien podía preguntarme: «¿Cuál es tu mayor temor?», y yo respondía: «Que estoy acostado en la cama en Thal y que mi madre me despierta y me dice: «¡Arnold, te has quedado dormido! Son las ocho, se supone que debes estar en la fábrica!».

Verhoeven sabía cómo equilibrar los juegos mentales con la acción. Hay una escena en *Total Recall* en la que Quaid, ya en Marte, se encuentra frente a frente con sus enemigos y estos empiezan a dispararle de cerca. De pronto se desvanece y lo oyes gritar: «Ja, ja, ja, estoy aquí». Ellos le estaban disparando a un holograma que él había proyectado de sí mismo. En la ciencia ficción puedes salirte con la tuya con ese tipo de cosas y nadie te cuestiona. Paul Verhoeven convierte esto en un largo tiroteo con miles de balas y, solo después de mucho suspenso, Quaid desaparece y dice: «Ja, ja, ja, ja, estoy aquí». Eso es algo maravilloso, es el tipo de narración que tiene un atractivo internacional y poder de permanencia. No importa si ves *Total Recall* dentro de 20 años, todavía podrás disfrutarla de la misma forma como aún hoy puedes disfrutar

Westworld. Hay algo muy atractivo en las películas futuristas si tienen buena acción y personajes creíbles.

Total Recall fue una película difícil de hacer: tuvo muchos trucos, lesiones, locura, rodajes de día y de noche y mucho polvo. Sin embargo, cuando el set son los túneles de Marte, el trabajo es interesante. Verhoeven hizo un gran trabajo dirigiéndome a mí y a los otros actores principales: Rachel Ticotin, Ronny Cox, Michael Ironside y Sharon Stone. Sharon, que interpreta a Lori, la esposa de Quaid, en realidad es una agente enviada por el gobierno para vigilarlo. Ella lo sigue a Marte, irrumpe en su habitación y lo patea en el estómago.

—Eso es por hacerme venir a Marte —le dice ella.

A finales de la próxima escena agrega: «Doug, no me harías daño ¿verdad, cariño? Amor, sé razonable, estamos casados», mientras saca una pistola para matarlo. Él le dispara entre los ojos y dice: «Considéralo como un divorcio».

¿En qué otras películas te sales con la tuya así? Un hombre le dispara en la cabeza a su esposa —una mujer hermosa— y luego hace una broma. Eso es único. Es lo que hace que la ciencia ficción sea maravillosa. Y que actuar también sea maravilloso.

Trabajar con Sharon siempre será un reto. Ella es un amor de persona cuando no está en el set pero hay algunos actores que simplemente necesitan más atención. Tuvimos dificultades para filmar una escena violenta porque yo tenía que agarrarla del cuello y ella se asustó mucho.

—¡No me toques! ¡No me toques! —me dijo.

Al principio pensé que ella había tenido una educación muy femenina, pero era más que eso. Nos enteramos de que le habían cortado la garganta o que habían intentado estrangularla en algún momento de su vida. Lo cierto era que le había pasado algo en el cuello. Creo que incluso tenía una cicatriz.

—Sharon—le dije—. Todos practicamos en esa habitación de hotel en Sunset. Paul estaba, todos estaban rodando una escena tras otra. ¿Por qué no dices: «Por cierto, cuando lleguemos a la escena de la pelea en la que tú me estás estrangulando, debes tener cuidado con mi cuello porque tengo un problema»? Entonces habríamos podido hacer algo mientras rodábamos. Yo habría puesto mis manos gentilmente sobre tu cuello y luego tú habrías podido decirme cuándo podía apretarte más, ser un poco rudo. Yo soy el primero en entender.

Paul la calmó y ella estuvo dispuesta a practicar la escena porque quería que fuera un éxito. Primero, sin embargo, teníamos que superar lo más difícil; así eran las cosas.

Cuando eres actor o director tienes que lidiar con todos esos problemas. Nadie se levanta por la mañana y dice: «Hoy seré difícil» o «Haré fracasar la película» o «Seré una cabrona». Todos tenemos nuestras fijaciones e inseguridades, y actuar es algo que las saca a flote. Porque eres *tú* quien está siendo juzgado, son *tus* expresiones faciales, *tu* voz, tu personalidad, *tu* talento, es todo lo que te hace vulnerable, a diferencia de algún producto físico o de un trabajo de maquillaje que hayas hecho. Si alguien le dice al maquillador: «¿Puedes bajarle un poco el tono a esto? Tengo mucho polvo», él dirá: «Oh, lo siento», y simplemente lo retirará. Pero si alguien dice: «¿Puedes deshacerte de esa sonrisa tímida mientras estás haciendo la escena? Tienes algo raro en la cara», piensas: «¡Cielos!». Y entonces no sabes qué hacer con tu cara. Ahora eres consciente de ti. Cuando actúas te tomas las críticas de un modo mucho más personal. Te molestas. Pero todo trabajo tiene su lado negativo.

A pesar del trabajo increíble de Verhoeven, *Total Recall* casi se pierde camino a la pantalla. El tráiler que habíamos pasado en las salas de cine antes del lanzamiento de la película era realmente malo. Las tomas eran muy apretadas, y no transmitían la magnitud ni el aire extraño de la película. Como siempre, yo estaba mirando los datos de marketing desde el estudio, los estudios de seguimiento, como se les llama, que miden la curiosidad que despierta una película.

Los departamentos de marketing generan cientos de estadísticas y el truco es encontrar, de inmediato, los números que son realmente importantes. Los que yo busco son «conocen» y «quieren ver». Estos miden cómo responde la gente a las preguntas tipo: «En esta lista de películas que están saliendo, ¿de cuál has oído hablar y cuál quieres ver?». Si la gente dice: «He oído hablar de *Total Recall* y de *Die Hard 2* y me muero por verlas», entonces sabes que tu película estará arriba. Una cifra de conocimiento de 90 a 95 significa que la película probablemente abrirá en el número uno y que recaudará por lo menos $100 millones en taquilla. Por cada punto porcentual inferior a esto podría recaudar $10 millones menos, por lo que los estudios y directores a menudo modifican sus películas a último minuto. El «Conocimiento sin ayuda» es otra medida útil: muestra si las personas mencionan tu película de manera espontánea entre las que saben que van a estrenarse. Una puntuación de 40% o más significa que tienes una película ganadora. Hay otros dos indicadores que también son muy importantes: «Primera opción», que tiene que estar entre el 25 y el 30% para garantizar el éxito, y el «Interés definitivo», que tiene que oscilar entre el 40 y 50%.

Con algunos éxitos, como *Conan the Barbarian*, los números son prometedores desde el principio. Con otras películas señalan que a la película le podría ir mal. Ese fue el caso de *Total Recall*. Incluso después de semanas de tráileres y anuncios, su conocimiento estaba en los cuarenta y no en los noventa, la primera opción era solo del 10% y no estaba siendo nombrada en la categoría «Quiero verla».

Para ese entonces, yo sabía más o menos todo lo que hay que saber sobre la comercialización de películas pero eso no me estaba haciendo mucho bien. El origen del problema no era *Total Recall* en sí. Era TriStar, el distribuidor, que se encargaba de editar los tráileres y de hacer la publicidad. Sus vendedores no sabían qué hacer con la película y el estudio estaba convulsionado. TriStar y su socio, Columbia, estaban siendo adquiridos por Sony y se fusionaron en una sola compañía durante las megafusiones de los años ochenta. Había una nueva dirección —Peter Guber y Jon Peters— para supervisarlo todo, lo que significaba que una gran cantidad de ejecutivos de TriStar estaban a punto de perder sus empleos.

En la mayoría de los casos, un cambio en la administración del estudio puede hundir una película pues, no solo los nuevos directivos tienen sus propios proyectos, sino que también quieren hacer quedar mal a la administración anterior. Pero eso no era un problema con Guber y Peters porque eran unos verdaderos animales. Ellos solo querían el éxito, sin importar quién hubiera comenzado el proyecto. Con el paso de los años yo había llegado a conocer a Guber lo suficientemente bien como para llamarlo por teléfono y darle la alarma.

—Peter, estamos a tres semanas de la inauguración y la película solo tiene un conocimiento del cuarenta por ciento —le dije—. Eso para mí es un desastre.

—¿Cuál es el problema? —dijo.

—El problema es que tu estudio está arruinando la campaña de publicidad y los tráilers que están en las salas de cine. Pero no creas lo que te digo. Quiero que tú y Jon hagan una proyección de la película y del tráiler. La veré con ustedes. Echémosle un vistazo y me dices qué piensas.

Entonces nos sentamos: vimos *Total Recall* y también el tráiler.

—Esto es increíble —dijo Peter—. La película parece de cien millones de dólares y el tráiler la hace ver como si fuera una película de veinte millones.

Inmediatamente llamó a los vendedores de TriStar y les dijo:

—¡Quiero ver tamaño, chicos! ¡Quiero ver la acción grande que tenemos aquí! —pero yo lo interrumpí.

—Creo que tenemos que contratar ayuda externa —le dije—. No dejes que el estudio tome esas decisiones porque no podrán hacerlo hasta que limpies la casa. Y no has hecho eso. La vieja guardia todavía está ahí. Dale la película a una empresa externa para que haga el marketing; vayamos a las tres más importantes y hagamos una guerra de ofertas para ver a cuál se le ocurre la mejor idea.

Ellos me hicieron caso y nos reunimos con tres firmas de promoción. Cimarron/Bacon/O'Brien, que era la número uno en el negocio, detectó las fallas del tráiler de *Total Recall* incluso mejor que yo. Obtuvieron el contrato y el fin de semana siguiente ya estábamos en el mercado con nuevos tráileres y una campaña totalmente diferente. La película se vendió con frases como: «Ellos robaron su mente y ahora él la quiere de vuelta. ¡Prepárate para el viaje de tu vida» y «¿Cómo sabes si alguien te robó tu mente?». Los tráileres resaltaron la acción increíble y los efectos especiales. El público recibió el mensaje: en 14 días pasamos, en conocimiento, del 40 al 92%. Fue la comidilla de la ciudad. Joel Silver llamó, a pesar de nuestras diferencias por *Predator*, y dijo: «Fantástico. Fantástico. Va a sorprender a todo el mundo».

Y efectivamente, *Total Recall* no solo alcanzó el número uno en la taquilla en su primer fin de semana sino que también llegó a ser la número uno de todos los tiempos en el fin de semana inaugural de una película sin secuela. Recaudamos $28 millones en los primeros tres días y $120 millones ese año en los Estados Unidos solamente. El equivalente actual sería más de $200 millones porque los precios de las entradas se han duplicado. La película también obtuvo un gran éxito en el extranjero, recaudando más de $300 millones a nivel mundial. Ganó un Oscar a Logro especial por efectos visuales, galardón que la Academia otorga para destacar películas que no tienen una categoría definida. Paul Verhoeven tuvo una visión magistral e hizo un gran trabajo. Yo estaba orgulloso de que mi interés y pasión ayudara a posicionar la película. Pero esta experiencia también demuestra lo importante que es el marketing, lo importante que es decirle a la gente de qué se trata la película, despertar realmente su curiosidad y hacer que digan: «Tengo que ir a verla».

CAPÍTULO 18

Los tiempos de un cómico

ME ENCANTABA SER UN héroe de acción: gracias a mi cuerpo y a mi procedencia, era algo natural para mí. Pero no puedes pasar toda tu vida volando todo en pedazos. Yo había soñado con hacer comedia desde hace varios años.

Siempre he creído que todo en la vida tiene un lado divertido. La pasé muy bien posando en pantaloncillos aceitados y ajustados al frente de todas estas personas que tratan de ser el hombre más musculoso del mundo. Fue divertido hacer que me pagaran millones de dólares por luchar contra un depredador extraterrestre. Fue divertido tomar clases de Lamaze pretendiendo que el embarazo es una labor en equipo. Me parecía muy divertido que Maria y yo hubiéramos tenido crianzas totalmente opuestas. Me reía de mi acento y me encantaba que Hans y Franz me imitaran en *Saturday Night Live*. Yo siempre había sido el blanco perfecto para las bromas y yo proporcionaba mucho material para trabajar. Era austriaco, me había casado con Maria, era republicano, tenía acento… Con todo eso necesitas un sentido del humor para divertirte con los demás.

En 1985, un año después de que *Terminator* se convirtiera en un éxito, yo estaba en una cena en Denver en la víspera del Carousel Ball, un famoso espectáculo de caridad organizado por Marvin y Barbara Davis. Marvin, que era entonces el dueño de Fox Studios (el estudio donde yo estaba haciendo *Commando*), era conocido por su sentido del humor. Él y Barbara estaban sentados con un grupo de cómicos que iban a actuar en la gala, incluyendo a Lucille Ball y a su esposo Gary Morton. Yo estaba en la mesa de al lado con John, el hijo de los Davis, y con gente joven. Me acerqué para decirle a Marvin: «Oye, ¿cómo estás? Gracias por haberme invitado», y darle la mano.

Más tarde hubo un montón de risas en la mesa de los Davis y los chistes estaban empezando a circular. Oí que Marvin me llamó: «¡Oye, Arnold, ven aquí. ¿Por qué no nos cuentas un chiste?». Esto era típico de Marvin según supe después. Pero me quedé sin palabras porque no tenía ninguno preparado. Yo ni siquiera sabía qué tipo de chistes se deben hacer en un evento como ese.

Lo único que pude decir fue:

—Dame un poco de tiempo para prepararme. Tal vez te lo cuente mañana —o algo por el estilo.

Sin embargo, Lucille Ball nos interrumpió:

—Él es muy gracioso. No tienes que preocuparte por él —dijo—. Hemos trabajado juntos.

Luego de ayudarme con ese comentario, Gary Morton interrumpió la conversación con un chiste y luego Milton Berle habló sobre lo que sería de Gary Morton sin Lucille Ball. Yo me salvé, pero fue un ejemplo perfecto de lo importante que es estar preparado para estas ocasiones.

Yo había conocido a Milton Berle en la fiesta de compromiso que Maria y yo ofrecimos en 1985 en la Costa Oeste. Ruth, la esposa de Berle, y Maria se conocían gracias a The Share Girls, un grupo de caridad al que Maria se unió luego de mudarse a Los Ángeles, y que incluía a la esposa de Johnny Carson, a la esposa de Dean Martin, a la esposa de Sammy Davis Jr. y así sucesivamente. Nosotros la llamábamos la fundación de las chicas ricas. Había una gran historia entre los Berle y los Kennedy porque Milton había sido un gran admirador de JFK. Se veían con frecuencia y él le dio una caja para conservar el tabaco que después compró el director y editor de *Cigar Aficionado* por $520.000

en la subasta de Kennedy. Él me dio uno igual, uno de los tres que ha regalado en toda su vida.

Maria y Ruth se hicieron buenas amigas. Ella fue con Milton a nuestra fiesta de compromiso. Lo primero que hizo fue acercarse a un tipo que no conocía y estrecharle la mano. Él dijo: «Es muy agradable estar aquí hoy en esta fiesta de compromiso. Maria se casará con Arnold Schwarzenegger y... Arnold, esto es genial, muchas gracias por haberme invitado».

Me pareció un comentario desatinado y le dije: «¡Yo estoy *aquí*!». Era un comentario estúpido pero la gente se rió y eso rompió el hielo. Luego hizo un número cómico:

—Mi esposa Ruthie —dijo—. Miren sus labios. La última vez que vi unos así tenían un gancho atravesado.

Ruthie, que estaba sentada junto a Maria, le dijo:

—Oh, Dios. He oído mil veces ese chiste».

Berle se sentó con nosotros después. La pasamos muy bien y finalmente dijo:

—Reunámonos.

—¡Por supuesto! —respondí.

Nos encontramos en Beverly Hills, el Caffé Roma, que se convirtió en nuestro lugar habitual. Siempre almorzábamos allí y me gustaba pasar el rato con él y sus amigos, como Sid Caesar, Rodney Dangerfield y Milt Rosen, quienes escribían muchos de los chistes. O iba a su casa y fumábamos cigarros y yo le hacía mil preguntas acerca de la comedia.

Milton era el presidente del Friars Club, que fundó en los años cuarenta con otros comediantes como Jimmy Durante y George Jessel. Estaba situado en Beverly Hills, en una calle lateral entre Wilshire y Santa Monica. Era una edificación blanca y parecía un búnker por fuera, pero realmente era un restaurante privado y un club nocturno. Yo iba cada mes o dos para almorzar, cenar, o para algún evento. El club tenía buenos combates de boxeo y era famoso por sus parrilladas con celebridades. Pero Milton tenía casi 80 años y era evidente que el club ya estaba en decadencia.

A él y a sus amigos les dolía que los nuevos cómicos no se unieran al club. Cuando iban personajes como Eddie Murphy, Steve Martin, Danny DeVito o Robin Williams, podías verlos pensar: «¿Quiénes son esos viejos chochos? Yo puedo hacer chistes que harán morir de la risa a todo el mundo».

Pero yo no era un cómico, así que no me estaba poniendo en ese nivel. Aún más, crecí en una cultura donde los ancianos son respetados. Para mí, alguien que había logrado tantas cosas como Berle debía ser respetado, felicitado y estimulado porque tal vez ya no tenía mucho más que hacer. Debe haber sido extraño para Milton Berle convertirse en una leyenda como Mr. Television, luego ser una gran estrella en Las Vegas y en Broadway y ver de repente que su única identidad era el Friars Club. Sin importar dónde estuviera, Milton trataba de robarse el show porque aún tenía ese deseo de llamar la atención, razón por la cual se había convertido en un comediante.

Vi que todas esas leyendas de la comedia podían tener una conversación normal, pero no con frecuencia. Hablaban de asuntos cotidianos si estábamos en el Caffé Roma pasando el rato, pero entonces llegaba Robin Williams o Rodney Dangerfield en bermudas, y el ambiente se alborotaba. Si ibas con ese grupo a un evento donde había todo tipo de público, la locura era interminable: contaban un chiste tras otro, lanzaban una pulla tras otra y todos se atacaban mutuamente. Pero lo más gracioso es que muchos de los cómicos llevaban a sus esposas, que eran amas de casa. Ellas ponían los ojos en blanco con los chistes. Casi podías oírlas decir: «¡Otra vez el mismo chiste! Oh, Dios mío». De hecho, a veces oías a una de ellas decir: «Oh, vamos. ¿Cuántas veces más vas a decir eso?». Eso era lo peor. Y sus esposos, comediantes mayores, odiaban eso.

Los tipos del Friars Club no me veían como un comediante. Me apreciaban como persona, les gustaban mis películas y sentían que yo tenía algo de talento para los chistes con cierto material que no era demasiado complicado. También sabían que yo los respetaba y admiraba su talento. Eso estaba bien. Tienes que calcular tu potencial. Así que digamos que en una escala de 1 a 10, siendo Milton Berle un 10, mi potencial era de cinco. Obviamente su potencial era mucho mayor que el mío en la comedia, pero tal vez no en otra cosa. Era difícil imaginar a Milton Berle como un héroe de acción.

Pero entonces la pregunta es: «¿Cómo puedes alcanzar el ciento por ciento de tu potencial?». Era el momento adecuado en mi carrera para pasar a la comedia y cambiar un poco las cosas. Pero también sabía que la comedia era difícil, particularmente para mí como europeo, porque no tenía un sentido del humor americano y mi sentido del tiempo y la forma como decía las cosas tendían a ser un poco disparatadas. Así que haber conocido a estos hombres y ser parte de su círculo me dio la oportunidad de entenderlo mejor. Descubrí que me gustaba estar rodeado de personas que son divertidas, que escriben comedia y que siempre quieren decir las cosas de una manera única. Esto, a pesar de que tuve que acostumbrarme a los chistes de Milton, que decía que yo tenía las tetas más grandes que mi novia.

Él se convirtió en mi mentor de comedia y me animaba diciéndome: «Que seas gracioso con tu acento es dos veces más valioso a que yo sea gracioso con el mío. ¡Ellos *esperan* que yo sea divertido!». Él me enseñó mucho acerca de cómo contar chistes, la forma de minimizar el humor y aprendí a insistir demasiado en el remate del chiste. Yo le preguntaba cómo escoger bromas para aliviar una situación tensa y hacer que el humor pareciera orgánico. Aprendí que si estás haciendo monólogos de comedia nada tiene que tener coherencia. Haces un par de chistes sobre las noticias, al igual que Jay Leno, y luego escoges algunas personas del público y trabajas con ellas, y te aseguras de reírte de ti mismo para que no te acusen de burlarte de los demás.

Él me daba muchas instrucciones sobre la sincronización en el tiempo.

—Te dan un montón de premios cuando eres una estrella y muchos de ellos son irrelevantes —dijo—. Sin embargo tienes que dar un discurso de aceptación. Así que esto es lo que haces. Dices: «He recibido muchos premios pero éste para mí…». Y tienes que volverte emotivo y hacer como si tuvieras un nudo en la garganta: «...Y éste para mí... ¡Es el más reciente...!». ¿Ves? Muestras la emoción para hacer que el público vaya en sentido contrario.

Berle escribía sus propios chistes —su espectáculo fue el show más grande y de más larga duración en los primeros días de la televisión— pero también era famoso por robarse los chistes de los otros comediantes. Jack Benny fue acusado una vez de robarle uno a Berle y dijo: «Cuando tomas un chiste de Milton Berle no es robar sino recuperar la posesión».

Su mayor frustración conmigo tenía que ver con la manera como yo siempre me sobrepasaba. Milton me estaba ayudando a prepararme para un *roast* al que él no podía asistir. En esa ocasión yo era la persona que iba a ser burlada, y Milton me estaba dando los chistes que debía contar cuando me llegara el turno de responder a los demás oradores.

—No lo quemes, simplemente dóralo por encima —me dijo, lo que me recordó la antigua regla de los *roasts*. No le presté mucha atención. Uno de los chistes que me dio era sobre Henny Youngman: «Henny tiene un problema de peso. Pero en realidad no es un problema de peso, es solo retención de agua. Está reteniendo el Lago Mead».

La noche del asado, durante mi turno para hablar, hice un gesto en dirección a Henny y dije: «Miren a este cerdo gordo. Pero él no es realmente gordo. Tiene un problema de retención de agua».

Los amigos de Milton en el Friars Club sabían que él me había estado entrenando y al día siguiente lo llamaron gritando: «¿Cómo pudiste decirle a Arnold que dijera que Henny es un cerdo gordo?». Milton dijo que yo debía llamar a los socios del club que se sintieron ofendidos y pedirles disculpas.

—Pensé que si iba más allá de lo que estaba escrito en la tarjeta sería más divertido —les dije—. Pero sé que eso estaba en contra de las reglas, y realmente lo siento.

Escuchar a Milton fue una inspiración. Él hacía reír a mucha gente y les daba tanta alegría que lo comentaban durante un buen tiempo: «¿No es increíble Milton? ¿No es gracioso? Ese chiste me hizo reír a carcajadas. Y lo que dijo sobre su esposa y sobre su vida sexual… Oh Dios, creo que debería poner una cámara en mi habitación».

Siempre que veo a un gran artista comienzo a soñar. ¿No sería genial ser una estrella de rock como Bruce Springsteen? ¿No sería genial dar un discurso a 100.000 personas en medio de aplausos como Ronald Reagan? ¿No sería genial hacer un divertido monólogo de comedia durante media hora como Eddie Murphy? Tal vez sea el Leo que hay en mí, el artista perpetuo que siempre quiere ser el centro de atención.

Así que con Milton Berle yo me decía para mis adentros: «Tal vez nunca llegue a su nivel pero sí puedo lograr un poco de lo que él sabe…». ¿Cuántas veces en la vida tienes que hacer un brindis? ¿Cuántas veces tienes que dar un discurso para una causa digna como el acondicionamiento físico? ¿O ir a una conferencia de prensa en algún festival de cine?

Este problema se agravaba con las películas de acción. El cincuenta por ciento de los críticos dicen de forma automática: «Odio las películas de acción. Me gustan las historias de amor. Me gustan las películas que puedes ver con toda tu familia. Este hombre solo mata gente y los niños lo ven y luego salen a la calle a matar gente». Comenzar con un comentario divertido que desarme es una buena manera de destacarse. Te vuelves más agradable y la gente recibe mucho mejor tu mensaje.

Cada vez que yo veía una comedia, ya fuera *Animal House*, *Ghostbusters* o *Blazing Saddles*, pensaba: «¡Yo podría haber hecho eso!». Pero nadie me iba a contratar para ese tipo de papeles y no tenía sentido golpear el suelo e insistir: «Mi próxima película tiene que ser una comedia». Yo no había recorrido aún todo el camino que tenía por delante con las películas de acción. Y si iba a incursionar en las comedias en el corto plazo necesitaba que alguien me animara.

Ese problema se resolvió automáticamente en un albergue de esquí en Snowmass a finales de 1986. Maria y yo estábamos una noche al lado de la chimenea con Ivan Reitman y Robin Williams y sus respectivas esposas. Robin y yo la estábamos pasando bien intercambiando historias divertidas sobre el mundo del esquí y chismeando quién se acostaba con quién en Aspen. Ivan era un maestro. Había producido *Animal House* y produjo y dirigió *Ghostbusters* y *Legal Eagles*. Yo tenía muchos deseos de trabajar con él, así que estaba utilizando todas las habilidades en materia de chistes que había aprendido de Milton Berle. Funcionó. Al final de la noche Ivan me miró pensativo.

—¿Sabes algo? —me dijo—. Hay una cierta inocencia en ti que nunca he visto reflejada en la pantalla, y un cierto sentido del humor. Creo que Hollywood quiere mantenerte encasillado como un héroe de acción pero podría ser muy atractivo verte interpretar a un tipo fuerte, pero con tu inocencia.

Lo llamé cuando regresamos de Aspen y le dije: «¿Por qué no desarrollamos algo juntos?», y él estuvo de acuerdo. Les pidió a algunos escritores que esbozaran cinco ideas para mí y me las dio: eran borradores de dos páginas en las que se presentaban un personaje y una historia. Descartamos cuatro rápidamente pero la otra nos pareció genial: se trataba de unos gemelos muy distintos que son el producto de un experimento científico que se propone crear al ser humano ideal. Uno de ellos, el personaje de Arnold, recibe todos los genes buenos y es prácticamente perfecto, pero ingenuo. Sale en busca de su hermano, que es un ladrón de poca monta, con resultados cómicos. Estuvimos de acuerdo con que el título *The Experiment* no funcionaría dado mi origen germánico, por lo que el proyecto fue renombrado como *Twins*. A partir de ese momento todo el mundo se enamoró de la idea.

Pensé en Danny DeVito para interpretar a Vicente, el gemelo de los bajos fondos, porque me había encontrado con su agente y pensé que sería muy divertido tener a dos mellizos que eran tan distintos físicamente. A todo el mundo le gustó la idea. Hablaron con Danny y también le encantó. Comenzó a preocuparse de inmediato: «Está bien, tiene un gran atractivo visual que Arnold y yo aparezcamos como gemelos. Ahora, ¿cómo podemos mantener eso?». A Danny le gustaba resolver todos los detalles. Y fue así como empezó el proyecto.

Ivan, Danny y yo hacíamos un equipo interesante. La madre de Ivan era una sobreviviente de Auschwitz y su padre había sido un combatiente de la resistencia: los dos emigraron de Checoslovaquia después de la guerra. Al igual que muchos niños que sobrevivieron, Iván tenía una energía increíble, combinada con su maravilloso talento para dirigir y producir comedias. Resultó muy divertido trabajar con Danny. A pesar de sus grandes éxitos en la televisión y en las películas; él es todo lo contrario a una celebridad inabordable de Hollywood. Tiene autos normales, una gran familia y lleva una vida normal. Y es muy organizado en términos financieros.

Ser realistas y ecuánimes en términos de negocios nos permitió a los tres añadirle un pequeño capítulo a la historia empresarial de Hollywood. Sabíamos que sería difícil vender el proyecto de los gemelos de la forma habitual. En teoría, a los estudios les encantaría la idea; solo tenían que imaginarme a Danny DeVito y a mí, el uno al lado del otro, en un póster de la película. Pero en realidad lo que estábamos proponiendo era una película fuera de lo común con tres actores caros. Si a cada uno de nosotros nos pagaban nuestra tarifa actual, el presupuesto sería tan alto que ningún estudio se atrevería a hacerlo. Y sin embargo, ninguno de nosotros estaba dispuesto a recibir un pago inferior porque trabajar por menos dinero puede afectar tu poder de negociación en futuros acuerdos. Así que cuando hablamos con Tom Pollack, el director de Universal, propusimos rodar *Twins* sin recibir ningún salario en absoluto.

—Puedo garantizar que será un éxito con Ivan y Danny —le dije—. Pero entiendo que al ser un ejecutivo de un estudio, me ves como un hombre de acción. Yo nunca he hecho comedias y soy un desconocido en ese campo. ¿Por qué habría de correr el riesgo? Así que no nos pagues nada hasta que demostremos nuestro valor.

Lo que queríamos a cambio era una parte de la película; un porcentaje de los ingresos de taquilla, ventas, alquiler de videos, proyecciones en aerolíneas, etc. Lo que Hollywood llama «la parte de atrás».

Tom estaba tan convencido de que la película iba a ser un éxito que dijo: «Preferiría pagarles». Pero Ivan, Danny y yo ya estábamos muy apegados a nuestra idea.

—No queremos dinero —dijimos—. Ninguno de nosotros está corto de dinero en efectivo. Compartamos todos el riesgo.

El acuerdo que cerramos nos garantizaba a Ivan, a Danny y a mí tres octavas partes de todos los ingresos de la película: un 37,5%. Ese 37,5% era real y no estaba sujeto a todos los artilugios y falsos trucos por los que es famosa la contabilidad de las películas. Nos repartimos proporcionalmente el 37,5% entre nosotros tres de acuerdo a lo que cada uno de nosotros había ganado en su película anterior. Como a mí me habían pagado mucho por *The Running Man* terminé con la mayor tajada, casi el 20% del proyecto. Las cuentas eran muy simples. Si *Twins* era un éxito de tamaño decente y recaudaba, por ejemplo, $50 millones, yo tendría casi $10 millones en el bolsillo.

Tom Pollack sabía muy bien lo cuantiosos que pueden ser estos términos. Pero él no quería que fuéramos a otro estudio y que nos ofrecieran más dinero. Adicionalmente, si nosotros ganábamos, Universal también ganaría mucho. Tom tenía un gran sentido del humor al respecto. Estábamos en su oficina y después de que nos pusimos de acuerdo, se levantó y se sacó teatralmente los bolsillos del pantalón.

—Está bien —dijo—. Ahora me voy a agachar. Sigan adelante. ¡Pueden robarme todo lo que quieran y chingarme!

Ésa se convirtió en una de las frases legendarias de un ejecutivo de estudio. Todos nos reímos. Luego dijo: «Creo que es un buen negocio. Vamos a hacerlo».

Nunca había caído en la cuenta de que hacer películas podría ser tan divertido cuando no estás cubierto de fango en la selva helada, o siendo golpeado por serpientes mecánicas. Rodamos *Twins* en Los Ángeles, Nuevo México y Oregón en los primeros meses de 1988. Hice cosas en la cámara que no había hecho nunca antes. Bailé vals. Canté. Pude hacer el papel de un hombre virgen de 35 años seducido por una chica hermosa interpretada por Kelly Preston, la esposa de John Travolta, y fue un placer trabajar con ella. Me puse en contacto con lo que Ivan llamó mi lado inocente.

Danny DeVito interpretó un papel cómico como Milton Berle hacía con los chistes. Nunca trató de decir cosas divertidas, nunca dependió de un chiste para crear humor, ya que eso no funciona en las cámaras. En lugar de eso dependió de las circunstancias para crear humor. Fue muy inteligente la forma como utilizó su voz, sus ojos y su cuerpo. Él sabía exactamente lo que salía bien, lo que a la gente le gustaba de él y lo que vendía. Él sabía exactamente hasta dónde te podía llevar el diálogo y hablamos mucho con los escritores para afinar todos los detalles de las escenas y los diálogos. Y como compañero en el set, Danny era genial. Fumaba cigarros. Nos preparó pasta una o dos veces por semana. Hacía un *espresso* delicioso y siempre tenía preparado el Sambuca y buenas bebidas para después de la cena o del almuerzo.

La química entre nosotros funcionó muy bien desde el principio. Él hacía de Vincent, el gemelo oscuro que trataba de jugar conmigo como si fuera masilla. Había estafado a mucha gente y ahora quería estafarme a mí. Y yo, como Julius, era un blanco fácil, pero al mismo tiempo lo bastante inteligente como para darme cuenta de las cosas y hacer algo al respecto. Tenía que interpretar mi personaje exactamente como había sido escrito: ingenuo, fuerte, inteligente, educado, sensible, capaz de hablar una docena de idiomas, e inocente.

Comparado con un héroe de acción, ser una estrella de comedia era mucho más fácil. Todos los ensayos consistieron en cambiar el ritmo de mi personalidad. Tenía que deshacerme de la mirada severa, de las frases duras, de mi forma de hablar imperativa y mecánica. No debía hablar de esa forma monótona y lenta que habla el *terminator*: «Vamos a ir allá». Tuve que deshacerme de todo lo que había aprendido en las películas de acción relativo a impartir liderazgo y dar órdenes. En lugar de eso tenía que suavizarlo todo. Tenía que decir las palabras con más suavidad, pronunciarlas juntas y combinarlas con miradas suaves y lentos giros de la cabeza. Hay una escena al comienzo de la película en la que un chico malo en una motocicleta se acerca por detrás de Julius y trata de arrebatarle su maleta. Pero Julius no la suelta y el tipo queda hecho polvo. Tenía que hacer esa escena sin ningún tipo de demostración de ira o esfuerzo. Julius tiene una fuerza tremenda: tiene sentido que se aferre a su maleta porque esto no le supone ningún esfuerzo. No estaba tratando de hacer que el tipo se accidentara. En realidad, termina sintiéndose muy mal al respecto. El chico se cae de la moto y a Julius le preocupa que esté herido y trata de ayudarlo.

Había mucha comedia en eso. Sabíamos que teníamos una película exitosa en nuestras manos. La idea de dos mellizos tan distintos funcionó realmente bien y siempre hubo risas en el set. Cada noche, cuando veíamos la grabación del día, el reparto y el equipo que nos habían visto hacer cuatro, cinco o seis tomas de una escena seguían riéndose cuando la veían en la pantalla. Al principio rodamos en Los Ángeles y luego nos trasladamos a Nuevo México, donde filmamos en el desierto cerca de Santa Fe.

Sin importar dónde estuviéramos, la gente nos visitaba porque se propagaba el rumor de que se pasaba bien en el set. Me acuerdo que Clint Eastwood fue el día que rodamos la escena en la que yo canto. Julius está en un avión de pasajeros escuchando *rock and roll* con auriculares por primera vez en su vida. Él empieza a cantar *Yackety-Yak, Don't Talk Back* sin darse cuenta de que todos los demás pasajeros lo están oyendo. Fue mi debut como cantante en el cine, y eso que yo no soy Frank Sinatra. Después, Clint dijo, bromeando: «No sabía que tenías tanto talento». En la vida real solo canto al final de las fiestas, cuando quiero que los invitados se vayan.

Una de las bromas más usuales en el set era: «Nunca hables de política con Arnold». No es que yo me enojara, era simplemente que si me preguntabas, yo te saturaba con un sermón sobre el vicepresidente Bush. Era la época de elecciones primarias presidenciales y competía contra Bob Dole y Pat Robertson por la nominación republicana para suceder a Ronald Reagan. Los demás miembros del reparto de *Twins* eran demócratas y la broma era que, si empezábamos a hablar, *ellos* se molestarían *conmigo*, lo cual pondría en peligro el gran estado de ánimo en el set.

Durante la filmación de *Twins* mi gran estado de ánimo se vino abajo, aunque esto no tuvo nada que ver con la película. A finales de febrero, el *News of the World*, un tabloide de Londres, publicó un titular en primera página sobre mí titulado: *El secreto nazi de la estrella de Hollywood.*

El artículo me atacaba a mí pero se concentraban en mi padre. Decía que había sido nazi y miembro de la SS, y que había enviado a homosexuales y a judíos a los campos de concentración. Me llamaba «un admirador secreto» de Hitler, afirmaba que participé en el movimiento neo-nazi y que yo tenía «fervientes opiniones nazis y anti-semitas».

Normalmente yo solo desechaba las críticas. Nunca, sin embargo, había sido difamado por algo tan grave. Sabía que tendría que responder. Mi primer paso después de hablar con los abogados y los publicistas fue llamar a Rupert Murdoch, dueño del periódico. Yo lo había conocido en Aspen y habíamos tenido conversaciones agradables. Me escuchó mientras le explicaba que la historia era falsa.

—Te agradecería si no la imprimes en Estados Unidos —dije—. Y también te agradecería si el periódico publica una disculpa y dice que fue un error, que obtuvo información errónea. Con esto daré por terminado el asunto. A veces se cometen errores.

—Bueno, mi personal de allá me dice que se hizo una investigación muy a fondo —señaló Rupert—. Y si es cierta, entonces yo no creo que nadie debería pedir disculpas. Pero mientras tanto, te prometo que no la voy a publicar en los Estados Unidos.

—No te estoy culpando por cada historia de todos tus periódicos y medios impresos. Pero quiero llamar tu atención sobre la injusticia de este caso. Por favor, examínalo bien —le dije.

Rupert cumplió su palabra y nunca publicó la historia en América. Pero no pasó nada más. Y mientras mis abogados enviaron una carta formal exigiendo una rectificación y se prepararon para entablar una demanda, otros periodistas comenzaron a pedirme una respuesta.

Yo estaba en una posición muy incómoda: sabía que la historia sobre mí era falsa pero ¿qué pasaba con las acusaciones contra mi padre? Pensé que también eran falsas pero ¿qué sabía yo en realidad? Habíamos conversado muy poco en nuestra casa sobre la Segunda Guerra Mundial. Yo realmente no lo sabía. Así que decidí llamar al rabino Hier, un amigo mío que trabajaba en el Centro Simon Wiesenthal.

—Necesito tu ayuda —le dije—. Sé que ustedes tienen un sistema para rastrear los crímenes de guerra. ¿Podrías echarle un vistazo a los antecedentes de mi padre durante la guerra? Quiero saber si fue nazi. Y en segundo lugar, ¿perteneció a la SS? ¿Qué hizo durante la guerra? ¿Cometió algún crimen de guerra, ya fuera de manera activa o pasiva? ¿Hizo alguna de estas cosas?

—Arnold, tenemos acceso a todos los documentos. En una semana o dos tendré lo que me pides —dijo.

Llamó a su gente en Alemania y tal vez incluso a Simon Wiesenthal, el gran cazador de nazis en Viena, a quien conocí más adelante. Tres o cuatro semanas después regresó con la información.

—Tu padre tenía carnet como miembro del partido nazi —me dijo—, pero no hay evidencia de que haya cometido ningún asesinato o crímenes de guerra contra homosexuales, judíos o contra nadie. Era sargento y su rango no le permitía ordenar ese tipo de actos sin la autorización de un oficial. No hay ninguna indicación de que haya dado este tipo de órdenes.

El Centro Simon Wiesenthal envió esa información oficial para que pudiera ser utilizada en la corte. En cuanto a las acusaciones contra mí, el mismo Simón Wiesenthal le escribió una carta a la corte diciendo que no había evidencia alguna que las respaldara. Contar con estas declaraciones, junto con la incapacidad de la prensa sensacionalista para divulgar hechos que respaldaran su historia, dejó en claro que sus fuentes no eran confiables. El caso tardó varios años en la corte pero finalmente el tabloide publicó una retractación total y pagó daños sustanciales en un acuerdo extrajudicial. El dinero de la indemnización fue donado a las Olimpiadas Especiales en Gran Bretaña.

El rodaje de *Twins* terminó justo antes de la Pascua de 1988, casi al final de las primarias presidenciales. El vicepresidente Bush había librado algunas batallas difíciles. Aunque tenía el respaldo de Reagan, perdió algunas de las primeras elecciones primarias contra Bob Dole. Eso se debía a que la gente veía a Bush como la sombra de Reagan; lo que los austríacos llaman su *Waschlappen*, o trapo de cocina. Yo había conocido al vicepresidente en mis visitas a la Casa Blanca durante la presidencia de Ronald Reagan. Siempre fue muy amable, un verdadero *mensch*, y estaba donde estaba debido a los cargos importantes que había ocupado. Contrariamente a los rumores propagados por los demócratas, él tenía una tremenda fuerza de carácter y de voluntad. Pero, obviamente, las campañas son injustas. Siempre buscas la vulnerabilidad de tu oponente o algún defecto que puedas utilizar en su contra. Los demócratas sabían muy bien que Bush estaba cumpliendo con su cargo como vicepresidente tal como lo estipulaba la Constitución: apoyando al presidente y preparado para intervenir y ocupar su lugar en caso de ser necesario. Sus rivales ganaron terreno diciendo que el vicepresidente era débil. Bush opuso resistencia y cuando terminamos el rodaje, había salido victorioso en las elecciones primarias del Súper Martes y tenía la nominación asegurada.

Seguí las campañas presidenciales de ese año con gran interés y acepté complacido cuando me invitaron a participar en la Convención Nacional Republicana que se celebraría en Nueva Orleans el mes de agosto. Mi tarea consistía en contribuir con mi celebridad a uno de los «equipos de caucus conformados por los funcionarios de la administración Reagan y los partidarios de Bush, cuya labor consistía en animar a las delegaciones estatales y hablar con ellos sobre temas claves».

Yo había estado anteriormente en otras convenciones republicanas, pero esta era la primera desde que me había casado con Maria. Pensamos que debíamos proceder como siempre lo habíamos hecho: ella iría a la convención demócrata y a las reuniones de todas las cosas en las que creía, y cubriría a los republicanos como periodista, y yo seguiría yendo a la convención republicana. Sin embargo, debíamos tener cuidado para evitar controversias innecesarias. Todo salió bien en Nueva Orleans, hasta que mi amigo y compañero de tiro Tony

Makris, el gurú de relaciones públicas de la Asociación Nacional del Rifle, mencionó que la ANR estaba organizando un almuerzo en honor del senador Phil Gramm, de Texas, y me preguntó si quería asistir. Yo conocía bien a Gramm y, cuando fui al día siguiente, los periodistas se ocuparon de mí, aunque había otras celebridades. Los Kennedy habían sufrido la tragedia de varios asesinatos y se oponían mucho a las armas. ¿Por qué, entonces, estaba yo en una recepción de la ANR?, me preguntaron.

Yo ni siquiera había pensado en eso. De ser así, habría tenido la sensatez suficiente como para no asistir a ese evento de la ANR. También me preguntaron si yo apoyaba a la ANR, teniendo en cuenta que estaba casado con una Kennedy. ¿Cuál era mi posición sobre las armas automáticas? ¿Los especiales de sábados por la noche? ¿Los rifles de francotirador? ¿Las balas para matar policías? Yo no sabía cómo responder; pertenecía a la ANR porque creía en el derecho constitucional a portar armas, pero no había pensado en todas esas cuestiones y detalles. Hubo incluso una pregunta sobre mi presencia en la Convención Nacional Republicana de 1988: ¿Se trataba de una especie de desafío a la familia Kennedy? La verdad es que a ninguno de los Kennedy le importaba, y mucho menos a Sargent y a Eunice, que dependían del apoyo de ambos partidos para sus programas e invitaban a su casa a muchos legisladores republicanos. Pero comprendí que lo de la ANR era un problema más serio y me fui antes de que los oradores empezaran a hablar. Yo había ido desprevenidamente y no quería que mi presencia allí se convirtiera en una noticia. Quería apoyar a George Bush, que los periodistas escribieran sobre eso y no sobre armas de fuego.

Necesitaba replantearme las cosas. Todavía me estaba acostumbrando al enjambre de atención y publicidad en torno a la familia de Maria. Esta era la primera vez que realmente había sentido su aguijón. Fue una bendición y una distracción mucho más intensas de lo que suele acompañar al estrellato. Asistí al resto de la convención republicana pero no a las reuniones de mi grupo caucus con las delegaciones de los estados individuales.

La contienda ese otoño entre George Bush y Michael Dukakis, el candidato demócrata y gobernador de Massachusetts, se reducía a si los estadounidenses aprobaban o no el rumbo establecido por Reagan. Justo antes de la elección, el vicepresidente me invitó a hacer campaña con él. Me llamó y me preguntó: «¿Viajarás conmigo la próxima semana para hacer campaña? Me encantaría que me presentaras en algunos mítines». En ese momento Bush tenía una ventaja decisiva sobre Dukakis en las encuestas —algo así como 55 a 38, con cuatro por ciento de indecisos— por lo que mi labor solo consistía en atraer a las multitudes y ayudar a asegurarnos de que la tendencia no hubiera cambiado. Pero salté al paso de la oportunidad: yo no iba a rechazar un viaje en el Air Force II.

Visitamos Ohio, Illinois y Nueva Jersey unos días antes de la elección. Peggy Noonan estuvo presente para ayudar con los últimos días de la campaña. Ella era una brillante redactora de discursos y había escrito muchos de los grandes discursos de Reagan. También había escrito el poderoso discurso de aceptación que yo le había escuchado a Bush en Nueva Orleans. Me encantaba el pasaje en el que Bush hablaba de la persona que debía suceder al presidente Reagan: «En 1940, cuando yo era apenas un niño, Franklin Roosevelt dijo que no debemos cambiar de caballo a mitad de camino. Amigos míos, en estos días el mundo se mueve aún más rápidamente y ahora, después de dos grandes términos, se producirá un cambio. Y cuando tienes que cambiar de caballo a mitad de camino ¿acaso no tiene sentido cambiarlo por otro que va por el mismo?». Ese fue también el discurso en el que Bush les dijo a los votantes «Lean mis labios. No habrá nuevos impuestos», una promesa que le hizo daño más tarde. La frase, de todos modos, fue muy potente. Bush se disparó en las encuestas un día después de ese discurso. Había demostrado su liderazgo y su determinación. Estaba claro en los Estados Unidos que él era nuestro próximo presidente.

Nuestro punto de partida fue Colombus, donde mi amigo y socio de negocios Jim Lorimer organizó una concentración de cinco mil personas en la gran plaza junto a la sede de su empresa, Nationwide

Insurance. Era un día soleado y fresco, perfecto para un discurso, y la compañía dejó salir a sus empleados para que asistieran a la plaza. Peggy Noonan nos había preparado al vicepresidente y a mí. Ella se divirtió imitándome como un héroe de acción. Presenté a Bush a la multitud como «el *verdadero* héroe americano». Dije:

—Soy un patriota estadounidense. Vi a Ronald Reagan y a George Bush recibir una economía que se parecía a Pee-Wee Herman y volverla como Superman.

Y lancé una crítica contra el gobernador Dukakis por un comentario que fue publicado en todos los medios de comunicación:

—Yo solo interpreto al *terminator* en mis películas. Pero déjenme decirles que, en lo que respecta al futuro de los Estados Unidos, Michael Dukakis será el verdadero *terminator*.

A Bush le encantó mi discurso y me bautizó como Conan el Republicano.

Yo había visto a George Bush en dos cenas realizadas en la Casa Blanca durante la administración Reagan. Una vez fui con mi madre y la otra con unos amigos. Eran simplemente ocasiones ceremoniales pero el vicepresidente se levantó de su mesa en ambas ocasiones y se acercó para hablar conmigo. Siempre estaba bien informado, y sabía cuál película acababa de hacer y en cuál estaba trabajando.

Nos relajamos y charlamos en el Air Force II. Hablamos sobre la campaña, sobre sus discursos, si alguna vez se había olvidado cuál ciudad visitaría y lo mucho que le gustaba hacer campaña. Él tenía un enfoque muy casual con respecto a la campaña electoral, y no todo tenía que ser organizado a la perfección.

Nuestra conversación también giró en torno a un interés específico que yo tenía. En 1980, al inicio de la administración Reagan, yo había rechazado una oferta para ser miembro del Consejo Presidencial para el Acondicionamiento Físico y los Deportes. Se trataba de un grupo de asesoría de 24 miembros que, a pesar de su título imponente, ya no era parte de la Casa Blanca en lo absoluto. Su origen se remontaba a una iniciativa que tuvo el presidente Eisenhower sobre el acondicionamiento físico, que había tenido mucha importancia en el apogeo de la Guerra Fría. Tanto Eisenhower como John F. Kennedy habían defendido el acondicionamiento físico como una de las formas para que Estados Unidos permaneciera firme contra la amenaza soviética. Me encantaban especialmente las historias sobre lo que hacía Kennedy para promover la salud y el deporte. Comenzó como presidente electo publicando un ensayo en *Sports Illustrated* titulado *El americano blando*, que despertó mucha atención. Cuando llegó a la Casa Blanca desempolvó una orden ejecutiva de Teddy Roosevelt desafiando a los marinos de EE. UU. a completar una caminata de 50 millas en 20 horas: JFK le hizo este desafío a su personal de la Casa Blanca. Bobby, que era un Kennedy típicamente competitivo, asumió el reto y llamó la atención nacional luego de caminar 50 millas con sus zapatos de cuero de Oxford. Esa maniobra desató una moda nacional de caminatas de 50 millas y ayudó a lanzar muchos programas de acondicionamiento físico a nivel estatal y local, muchas veces promovidos y coordinados a través del Consejo de la Presidencia.

Sin embargo, la condición física dejó de ser el centro de atención durante la Guerra de Vietnam. El Consejo Presidencial se convirtió en un apéndice de la burocracia de la Educación para la Salud y el Bienestar Social y se mantuvo así durante 20 años. Pero el Consejo era lo bastante prestigioso, tanto así que el astronauta Jim Lovell fue su presidente durante mucho tiempo, al igual que George Allen, el legendario entrenador de la NFL. Pero nunca se hizo mayor cosa. Por ejemplo, cuando el presidente invitaba al equipo olímpico de los Estados Unidos o a los campeones de la Serie Mundial a la Casa Blanca, el presidente del Consejo ni siquiera era invitado. Por eso rechacé la invitación en 1980: no quería ser parte de una organización moribunda. Ahora, casi diez años más tarde, sentí que las cosas podrían ser diferentes.

—Hay una gran oportunidad ahí —le dije a George W. Bush. Le describí lo importante que sería para la Casa Blanca reafirmar el liderazgo en la salud y el acondicionamiento físico, especialmente ahora que había cambiado la visión sobre la importancia del acondicionamiento físico para todos los estadounidenses, no solo para los deportistas.

¿Y quién le prestaba atención al otro 99,9% de las personas que nunca hacen deporte? ¿Quién les estaba prestando atención a los niños con sobrepeso? Nunca serían elegidos para un partido de fútbol, un equipo de tenis, de natación, de voleibol o de polo acuático. Y ¿qué pasaba con el chico desgarbado con unos lentes tan gruesos como botellas de Coca-Cola? ¿Quién le estaba prestando atención a ese chico?

—Una gran cantidad de escuelas tiene programas deportivos maravillosos pero no son buenos programas de acondicionamiento físico —señalé—. ¿Qué podemos hacer por esta mayoría de niños que no se inclinan por los deportes? Y ¿qué pasa con todos los adultos que estaban fuera de forma o que tal vez nunca lo han estado? Era una idea acertada que John F. Kennedy pusiera de relieve los deportes competitivos para inspirar a la gente. Era bueno que Lyndon B. Johnson hubiera creado el Consejo Presidencial para el Acondicionamiento Físico y los Deportes. Pero ahora debíamos cambiar el énfasis de los deportes competitivos al acondicionamiento físico para todos, y asegurarnos de que todo el mundo participara.

Yo sabía que a Bush le gustaban los deportes y que se mantenía en forma.

—Esa es una idea brillante si quieres dedicarle un tiempo —dijo—. Tomaría algún tiempo. Si haces algo, querrás hacerlo bien.

Viajamos de Columbus a Chicago, donde celebramos un mitin en una escuela secundaria. De regreso al aeropuerto, Bush vio un lugar llamado Three Brothers Coffee Shop y dijo: «Oigan, es un restaurante griego. Entremos». Todos los automóviles se detuvieron y entramos. Él se comportó con mucha espontaneidad y me pareció genial la forma como entró al restaurante, probó toda la comida y bromeó con los clientes, los camareros y los ayudantes de cocina. Luego, cuando pensé en ello más tarde, comprendí: «Arnold, qué idiota eres. Él está haciendo campaña contra un tipo llamado Dukakis. ¡*Por supuesto* que va a parar en un restaurante griego!».

Fue un privilegio ver una campaña presidencial desde adentro, especialmente a tan solo dos semanas antes de la elección. Yo no había participado siquiera en una elección para alcalde pero ahí estaba viendo lo que hacía el candidato presidencial en el avión: cuánto tiempo duerme, cómo se prepara para el próximo discurso, la forma como estudia los problemas y la manera como los comunica, y lo relajado que hace que parezca todo. Me impresionó lo amable que era con la gente, la forma como posaba para las fotos… Hablaba con todos y siempre sabía lo que debe decirse y cómo mantener sus niveles de energía. Tomó una siesta de 45 minutos en el avión. Como dijo Jimmy Carter una vez: «Los políticos son expertos en siestas. Luego tienes que despertarte y prepararte con rapidez para la rueda de prensa». Su personal lo preparaba y él sabía un poco acerca de todo. Su hija Doro estaba siempre con él para brindarle apoyo moral. Era un nivel de intensidad completamente diferente al del set de una película porque donde quiera que vayas, los medios de comunicación están ahí. No tienes margen para cometer errores. Tomarán cada palabra equivocada, cada gesto que sea un poco raro, y lo amplificarán para hacerlo ver como algo enorme. Bush asumía todo eso con espontaneidad.

Para el día de Acción de Gracias, mientras los republicanos estaban saboreando la victoria de Bush, nosotros nos estábamos preparando para lanzar *Twins*. Yo no había visto nunca a un director afinar una película tan metódicamente como Ivan Reitman. Se sentaba en las proyecciones de prueba, hablaba con el público y luego cambiaba la música o recortaba una escena determinada y ponía a prueba la película de nuevo: la importantísima estadística «quieren ver» aumentaba dos puntos. Luego hacía otro cambio y subía otro punto. Literalmente llevamos a *Twins* de 88 a 93 puntos. Ivan dijo que el porcentaje era incluso más alto que el de *Ghostbusters*.

El estreno de la película fue una combinación de mis mundos mucho más feliz que la convención republicana. Eunice y Sarge organizaron un evento masivo de beneficencia en el Kennedy Center, donde la proyección de *Twins* cerró un festival de un día de duración para promover las Olimpiadas Especiales. El presidente electo Bush asistió con Barbara, al igual que Teddy Kennedy, el congresista Joe Kennedy, y otros miembros del clan Kennedy-Shriver. Barbara Walters y Connie Chung estaban allí, e incluso Armand Hammer y Donald Trump. Afuera había una verdadera multitud de limusinas, docenas de equipos de cámaras y cientos de fans.

Una demostración de gimnasia y levantamiento de pesas de los atletas de las Olimpiadas Especiales abrió el show. A continuación, el presidente electo subió al escenario y elogió a los atletas por su valor, antes de mirarme y decir:

—Existen muchos tipos de valor —bromeó—. Está el valor de mi amigo Arnold Schwarzenegger: él hizo campaña conmigo por el país en más de una ocasión y recibió por ello las críticas de su familia política cada vez que regresaba a casa.

Su comentario produjo risas. Eunice y Sarge siempre iban a ver mis películas y al día siguiente me llamaban para darme su opinión. Pero no todos los miembros de la familia Kennedy eran tan entusiastas con mis películas, debido a las armas y a la violencia. Así que Eunice solo estaba bromeando a medias cuando dijo: «Por fin la familia puede ir a ver una de tus películas».

La película fue la comedia más exitosa de la temporada y eso me encantó porque era mi primera película de Navidad. *Twins* no solo tuvo un gran fin de semana de apertura a mediados de diciembre sino que cada vez le iba mejor. Entre Navidad y Año Nuevo, los ingresos de taquilla en los Estados Unidos alcanzaron los $3 millones, lo que significa que, cada día, más de medio millón de personas compraban boletas. Fue un final feliz para todos los que nos habíamos arriesgado. Después Ivan produjo y dirigió exitosas comedias como *Kindergarden Cop* y *Junior,* ambas conmigo. Danny siguió expandiendo su increíble talento en la dirección de películas como *The War of the Roses* y produciendo películas como *Pulp Fiction* y *Get Shorty.* Para Universal, *Twins* coronó un año de cinco o seis éxitos con uno enorme. Tom Pollack se retiró para ser el director ejecutivo de la productora de Ivan Reitman.

Ya le había añadido una dimensión de comedia a mi carrera y, como Hollywood es la ciudad de la copia, todo el mundo empezó a enviarme guiones para comedias y películas de acción. Más importante aún, gracias a nuestro acuerdo sin precedentes con Universal, terminé ganando más dinero con *Twins* que con cualquiera de mis películas de *Terminator*. Pero los estudios no tardaron en reaccionar y actualmente nadie puede llegar a un acuerdo tan abierto como lo hicimos nosotros con *Twins*.

Contando las ventas internacionales, los derechos de video y así sucesivamente, gané con *Twins* más de $35 millones. Esta cifra sigue aumentando porque los DVD todavía se venden y la película sigue siendo transmitida en la televisión. Durante 25 años he estado tratando de convencer a Universal para que haga una secuela. Se llamaría *Triplets* y Eddie Murphy, a quien aprecio y admiro mucho, interpretaría a nuestro otro hermano desconocido. Hace poco, en el Polo Lounge del Hotel Beverly Hills, nos pusimos de acuerdo para acelerar el proyecto y actualmente *Triplets* está en camino.

A medida que mi éxito aumentaba, Sarge siempre me retaba a hacer más cosas en favor del público.

—Arnold —me decía—, tus películas de acción son geniales. Ahora dime: ¿Cuántas veces más quieres hacer otra persecución en coche?

Él no sabía nada sobre el negocio del entretenimiento. Justo después del estreno de *Supermán*, él y Eunice organizaron otro evento privado para recaudar fondos para las Olimpiadas Especiales en una gran carpa en su casa, tal como lo hicieron con *Twins*. Christopher Reeve estaba sentado junto a Sarge en la mesa principal.

—¿Qué haces en la vida? — le preguntó Sarge.

—Estuve en la película de *Supermán*. Interpreté a Supermán.

—¡Eso es fantástico! ¡Supermán! —dijo Sarge—. Pero sabes, creo que es más interesante que tengamos superhombres en la vida real.

Había una parte de él que quería ser diplomático y respetuoso, pero la otra no podía entender que alguien desperdiciara tantas horas con disfraces y maquillaje. Sarge nunca entendió bien la industria del entretenimiento.

—¿A cuántas personas salvas cuando te va bien en el set? —me preguntaba. Se burlaba de mí porque yo me había llevado una buena impresión de James Earl Jones durante el rodaje de *Conan*.

—Me dijiste que James Earl Jones estaba en medio de un discurso y se le olvidó lo que tenía que decir. Que de lo profesional que es mantuvo su compostura y dijo: «Díganme qué debo decir, chicos, díganme qué debo decir». Y que la próxima frase era: «Yo soy la fuente desde la cual brotas», y que entonces dijo: «Ah, sí... Yo soy la fuente, de la cual brotas». ¿Así es que *eso* es lo importante para ti? ¿Ser capaz de quedarte petrificado en medio de una escena y pedirle a alguien que te recuerde lo que debes decir? ¿No sería mucho mejor viajar por África y enseñarles a cavar pozos, a cultivar verduras y animarlos a sembrar?

Era un choque de mundos, pero yo no estaba totalmente en desacuerdo. La actuación se reducía simplemente a un logro real. Sin embargo, sentí que Sarge me estaba dando un golpe bajo. Yo solo estaba tratando de explicarle por qué admiraba a James Earl Jones. Tocamos el tema un año después. Él me estaba hablando de sus negocios petroleros en Rusia en compañía de Armand Hammer después de retomar la práctica privada como abogado. Me contó sobre las salidas nocturnas con los expertos rusos en petróleo.

—No sabes el vodka maravilloso que tienen —me dijo Sarge.

—¿Es eso lo que realmente admiras? —le pregunté—. ¿En eso consiste tu vida? ¿En tomar el mejor vodka?

—¡No, no, no! Hicimos un gran negocio.

—Solo estoy bromeando. ¿Recuerdas lo que me dijiste sobre la actuación: ser capaz de quedarte petrificado en medio de una escena y pedirle a alguien que te recuerde lo que debes decir?

—Lo entiendo, lo entiendo —admitió Sarge.

El servicio público representaba una gran parte de la conversación en su casa.

—Arnold, tienes una personalidad increíble —me decían Sarge y

Eunice—. Imagina utilizar todo lo que Dios te dio para ayudar y animar a otras personas: a los atletas olímpicos especiales, a los que no tienen hogar, a los enfermos, a los militares que regresan después de la guerra. No importa la causa que escojas, podrías ponerla en el centro de la atención debido a tu energía y estrellato.

Yo estaba en una cruzada alrededor del mundo para promover la salud y el acondicionamiento físico en los jóvenes. Profundicé mi compromiso con las Olimpiadas Especiales: ya era el entrenador nacional del equipo de levantamiento de pesas de los Estados Unidos, organizaba seminarios con frecuencia y hacía apariciones en todo el país. Yo estaba dispuesto a aceptar otras cosas debido a mi creciente popularidad como estrella de cine.

—¿Qué otra cosa puedo hacer? —les pregunté a Sarge y a Eunice. Tenían un montón de ideas. Eunice era una fuente constante de inspiración. Lo que ella había logrado, en mi opinión, era más grande que la labor de la mayoría de los alcaldes, gobernadores, senadores o incluso presidentes. No solo había hecho que las Olimpiadas Especiales abarcaran más de 175 países sino que también cambió la forma de pensar de la gente en todo el mundo. Muchos países consideraban el retraso mental como un lastre para la sociedad o un peligro para los individuos y que las personas con discapacidad mental debían ser tratadas como parias o confinadas en instituciones mentales. Eunice utilizó su nombre y su influencia para liberar a estas personas y que llevaran una vida normal, y para que tuvieran también los mismos beneficios sociales que los demás ciudadanos. Fue un gran reto porque los gobiernos no quieren que alguien les diga que están haciendo algo mal. Se sentían avergonzados cuando Eunice Kennedy Shriver llamaba la atención sobre las instituciones donde estaban recluidos los discapacitados mentales. Sin embargo, y una por una, las naciones fueron cambiando su postura, incluida China, que superó varios siglos de prejuicios sociales y organizó los Juegos Internacionales de las Olimpiadas Especiales en 2007. Fueron los más importantes en la historia del movimiento. Había 80.000 personas en el estadio, y el presidente de China asistió. Yo también estaba allí, encabezando al equipo estadounidense en la ceremonia de apertura.

Después de las elecciones de 1988 le envié un mensaje al presidente electo reiterando mi interés en el Consejo Presidencial para el Acondicionamiento y los Deportes, y le dije que esperaba que me tuviera en cuenta luego de conformar su gabinete. Si necesitaba ayuda en el Consejo de Acondicionamiento yo estaría más que dispuesto a ir y compartir mi visión con él. Obviamente, el personal de Bush sabía de mi pasión por la promoción de la salud y el acondicionamiento físico para los jóvenes. Eunice le envió una carta recomendándome para el trabajo y señalando que yo era «la estrella número uno» en los Estados Unidos. El presidente le respondió dándole las gracias por «recomendar a nuestro hombre Conan».

Sin embargo, ella estaba mucho más preocupada por no tener nietos. Eunice se preocupó al ver que Maria y yo no tuvimos hijos poco después de nuestra boda. Nos habíamos casado en abril de 1986 y ya habían transcurrido casi tres años. No dejaba de decirle a Maria: «¿Por qué no tienes hijos?», y Maria le respondía: «Tengo un trabajo… No es el momento… Arnold se mantiene muy ocupado, siempre está filmando…», y así sucesivamente. Estos obstáculos eran reales. Maria se había convertido en una de las principales personalidades de NBC News. No solo era la copresentadora del programa *Sunday Today* y de *Main Street*, la galardonada revista mensual de la NBC para jóvenes; sino que también presentaba las noticias de fin de semana y era la suplente habitual de Tom Brokaw en *Nightly News* y otros programas de NBC. Todos se grababan en Nueva York. En el verano de 1988, Maria había recibido un premio Emmy como copresentadora del cubrimiento que hizo NBC de los Juegos Olímpicos de Seúl. Estaba ganando mucho más de un millón de dólares al año y viajaba constantemente: No eran las circunstancias adecuadas para ser mamá.

Pero su madre pensaba: «No, tiene que haber otra razón. Tal vez está teniendo problemas para quedar embarazada». Así que Eunice comenzó a examinar los efectos de los esteroides en los órganos reproductivos masculinos. Nunca me habló del tema pero le envió a Maria un informe científico de cinco páginas escrito por uno de los médicos asociados a las Olimpiadas Especiales. No supe cómo lo consiguió. Lo cierto es que Eunice siempre hacía lo mismo. Iba a su oficina y decía: «Consígueme un experto para que me ayude con este problema». O: «Consígueme a alguien para escribir este discurso». O: «Llama a la Casa Blanca y pásame el teléfono».

Era un informe muy completo escrito especialmente para Maria. Explicaba que si tienes relaciones sexuales con regularidad y estás tratando de quedar embarazada pero no puedes hay muchas razones posibles, pero una de ellas es que tu esposo haya usado o abusado de los esteroides. Luego explicaba todo en términos médicos. Vi el informe sobre el escritorio de Maria, lo leí y me reí a carcajadas.

—Tu madre está fuera de control —le dije.

—Lo sé, lo sé —dijo Maria, que también se rio—. ¿Puedes creerlo? Tengo que calmarla...

Eunice tenía la costumbre de tratar de estar en todo. Yo solía bromear diciendo que ella quería dormir entre nosotros en nuestra luna de miel con el fin de supervisarlo todo. Esto no era totalmente descabellado en la familia Kennedy: la leyenda decía que cuando Eunice y Sarge se fueron de luna de miel a Francia, llegaron al hotel y descubrieron a Teddy en el vestíbulo. Joe lo había enviado como acompañante.

Aparte de todo esto, sin embargo, Maria oía también el tic-tac del reloj biológico. Acababa de cumplir 33 años, ya era un año mayor que su madre cuando la tuvo a ella. Así que en 1989 decidimos ponernos en marcha y Maria quedó embarazada de Katherine.

Yo estaba de nuevo como un héroe de acción aquella primavera, haciendo *Total Recall*, pero la paternidad nunca estuvo muy lejos de mi mente. Un día, mientras estaba leyendo guiones en mi remolque, me encontré con un borrador de *Kindergarten Cop*. No pude dejar de leerlo: la idea de un detective rudo que se vuelve maestro de un grupo de niños en edad preescolar me hizo reír

En Hollywood siempre me decían: «Nunca actúes con niños o

animales. Es imposible trabajar con ellos y luego se ven tan lindos en la pantalla que se roban el show». Yo había trabajado con animales en *Conan* y no había tenido problemas. Llevaba varios años interesado en hacer una película con niños y la perspectiva de convertirme en padre me inspiró. Pensé: «¡Genial! Dejemos que los niños se roben el show siempre y cuando la película tenga éxito». Llamé para asegurarme de que el guion estuviera disponible. Entonces le pregunté a Ivan Reitman si me dirigiría de nuevo. Los dos queríamos hacer cambios en el guion y añadirle más relevancia social: yo quería agregarle un poco de acondicionamiento físico y él quería hablar de los hogares destruidos, del maltrato infantil y de la vida familiar. Sin embargo, nos pusimos de acuerdo para seguir adelante. Empezamos a planear *Kindergarten Cop* para la Navidad de 1990 pues Ivan ya estaba trabajando para lanzar *Ghostbusters II* en las festividades de 1989.

CAPÍTULO 19

La verdadera vida de un *terminator*

YO ESTABA EN LA sala de partos con la cámara de video cuando nació nuestra primera hija, en diciembre de 1989.

—¡Alto ahí!

—No, tenemos que sacar al bebé.

—No, no, esperen. Déjenme filmar —les pedí.

Las enfermeras y médicos estaban en la sala de partos probablemente habían visto todo tipo de cosas. Maria y yo habíamos hecho todos los preparativos propios de quienes son padres por primera vez. A medida que se acercaba la fecha del parto contratamos a un profesor de Lamaze. Por supuesto, hice todo lo que nos dijo: era mi deber como padre. Hay que demostrar un interés extraordinario en el embarazo, en el parto, en la placenta, en cortar el cordón umbilical y en todo lo demás, a diferencia del mundo de mi padre, donde los hombres permanecían totalmente alejados. Alguien hizo un video donde yo imitaba nuestra clase de Lamaze, y el hecho de verlo me ayudó a convencer a Ivan Reitman para que hiciera la película *Junior*. Todo lo relacionado con Lamaze les parecía horrible a Eunice y a mi madre.

—¿Ayudarás a sacar al bebé? —me preguntó mi madre—. ¿Estás filmando su vagina? Lo siento, esto es demasiado para mí.

La reacción de Eunice fue más o menos la misma.

—¡Bien por ti! —me dijo—. Si eso hace feliz a Maria… Por mi parte, quisiera que me dieran una foto y me dejaran por fuera. A Sarge le dieron permiso para verme tres días después. Y cuando llegó, yo parecía una postal y lo único diferente era el bebé. Sentí la alegría más increíble al ver a Katherine salir de las entrañas de Maria. Me dije a mí mismo: «¡Diablos! Es mi primer bebé!». Eso es lo interesante de la mente humana: que puedas sentirte tan contento por algo que han hecho miles de millones de personas a lo largo de la historia. Obviamente me hice cargo de la situación de inmediato, trabajando con la enfermera para limpiar a la bebé, llevándola a pesar, poniéndole el sombrerito para que no sintiera frío, el pequeño vestido y el pañal y, por supuesto, haciendo fotos y videos sin fin. Maria estaba llorando de alegría y la acompañé mientras descansaba. Después de un rato entró la enfermera y nos enseñó cómo darle pecho. Yo siempre había pensado: «Es una gran mentira», cuando la gente me contaba que lloraba después del nacimiento de su bebé. Pero, efectivamente, cuando fui a casa y llamé a mis amigos para contarles que Katherine había nacido, también lloré.

Los padres de Maria se encontraban en Washington y mi mamá estaba en Austria. «No iremos hasta que nos inviten. Ustedes dos deben estar juntos», nos habían dicho Sarge y Eunice. Tal vez Maria les sugirió que dijeran eso —no lo sé—, pero el parto definitivamente no era para Eunice. Sin embargo, Maria era su única hija y al día siguiente viajó. No me importaba pues ya habíamos tenido nuestro momento privado. Maria sintió que era la primera cosa importante que habíamos hecho solos, sin la interferencia de su madre. Ella se sentía feliz de estar conmigo en el hospital.

Una docena de paparazzis tomaban fotos desde el otro lado del estacionamiento cuando salimos del hospital la noche siguiente, pero tan pronto llegamos a casa con Katherine, comenzó todo el drama de la adaptación. Porque a partir de ese momento, tu vida en pareja cambia. Incluso después de que tus hijos se van del hogar aún te sientes responsable por ellos. Ya tenía que cuidar a otras personas: a Maria, a mi madre, a Katherine y a los hijos que vendrían después. Maria siempre había querido tener cinco hijos porque venía de una familia de cinco hermanos. Yo quería tener dos porque venía de una familia de dos hijos. Pensé que acordaríamos un punto intermedio. Cuando Maria llegó a casa y Sarge y Eunice vinieron de Washington un día después, tratamos de seguir el ritmo de la lactancia materna y del cambio de pañales, y pensamos cómo debíamos decorar la habitación del bebé. Muy rápidamente una niñera entró en escena y sentí que mi importancia desapareció prácticamente. El cuidado del bebé se convirtió en una conversación entre ella y Maria. Al principio, no le presté mucha atención a esto, pero luego leí algo y vi algo en la televisión. Me dije:

—¡Sí! Eso es exactamente lo que me está pasando! Me están sacando del panorama, no puedo hacer un solo movimiento que esté bien, todos se preocupan siempre cuando yo estoy cargando mal al bebé.

Decidí que tenía que olvidarme de eso y divertirme más. Debe haber sido algo que leí en una revista en el consultorio médico porque normalmente no leo nada relacionado con el cuidado del bebé. Pensé que en la Edad de Piedra no existían libros ni revistas sobre este tema y, sin embargo, todas las personas de esa época sabían cuidar a sus bebés así que ¿cómo podrías hacerlo mal? Mientras ames a tu bebé lo descubrirás por tu propia cuenta, tal como sucede con todo lo que te encanta hacer. El cuidado de los bebés es algo que está en el cerebro. Muchas veces he estado en un avión y hasta el más pequeño chillido de un bebé 20 filas atrás me produce un gran susto.

De hecho, me sentía afortunado porque Maria era una madre fabulosa, que no es algo que puedas decir necesariamente acerca de una persona por adelantado. A pesar del control al acceso admiré la forma como ella controlaba totalmente la situación. Yo no tenía que preocuparme en lo absoluto. Ella tenía el instinto, tenía el conocimiento, había estudiado muchos libros y trabajado en estrecha colaboración con la niñera, así que no había inconveniente alguno con que yo pudiera ver, por más que me hicieran a un lado.

Aun así, decidí que el control al acceso ya era cosa del pasado. Y un par de años más tarde, cuando nuestra hija Christina nació en julio de 1991, me planté con firmeza desde el primer día. No es que hubiera dicho: «No, ustedes no pueden decirme que salga de la habitación». Pero cuando nos acostábamos por la noche y Maria terminaba de lactar a Christina, yo cogía a la bebé de inmediato y la ponía en mi pecho. Las manos y los pies de Christina colgaban hacia los lados. Alguien me dijo:

—Yo siempre me pongo al bebé en mi pecho.

—¿Cómo puedes dormir? —le pregunté.

—No lo sé. De alguna manera funciona. No tengo ni idea. Tal vez nunca he tenido un sueño profundo, tampoco me molestaba porque lo hacía por el bebé.

Me dije a mí mismo: «¡Sí! Eso es lo que voy a hacer». Me di cuenta de que podía dormir con Christina en mi pecho, pero no tan profundamente para evitar que me diera la vuelta y ella se cayera. La naturaleza había diseñado esa garantía. Yo estaba dormido y de repente oía al bebé haciendo sonidos. Miraba el reloj y veía que habían pasado cuatro horas. Era exactamente igual que la enfermera en el hospital, quien había dicho: «Tendrán que darle pecho cada cuatro o cinco horas». Entonces le pasaba el bebé a Maria, ella la amamantaba y yo la ponía en mi pecho y dormía un par de horas más. También hice grandes progresos en materia de cambiar pañales. Empecé a cambiarlos de inmediato, y dije:

—Fracasé por completo con el primer bebé pues, por cada cien pañales que cambiaba Maria yo cambiaba uno. Eso no es justo. No es justo para el bebé, no es justo para ustedes y no es justo para mí. Quiero participar más en esta ocasión.

Y entonces cerraba la puerta con seguro por si trataban de entrar. Practiqué, hice progresos y lo logré. Al cabo de una semana o dos, había logrado que me dieran permiso para subir y cambiar los pañales cuando oíamos al bebé y sin ayuda de nadie.

—Este es un avance enorme —me dije.

Me sentía como en el cielo, solo en la habitación, mirando a mi niña sin que nadie mirara por encima de mi hombro mientras yo le cambiaba los pañales. Christina se calmaba, se volvía a dormir de inmediato y yo pensaba: «¡Lo hice!». Fue un gran sentido de logro y una gran alegría participar en eso, que solo aprendí con el segundo bebé.

La batalla comenzó de nuevo con nuestro tercer hijo, pues Patrick era el primer varón. Tenía que ser tratado de un modo diferente, como niño que era, independientemente de lo que eso signifique. Los dos estábamos encantados pero no esperaba que Maria se sintiera tan feliz por haber tenido un niño. Estaba realmente dedicada a ser *el* motor de su crecimiento. Así que, una vez más, inicialmente fue muy difícil compartir la crianza de los hijos, pero lo hicimos. Y ya habíamos logrado un gran equilibrio cuando Christopher, nuestro segundo niño, nació en 1997. Cuando tienes niños, en vez de jugar muñecas Barbie, de repente lo haces con camiones y controles remotos, autos y tanques. Compras bloques de construcción y construyes castillos y locomotoras. Te metes en el mundo de los cuchillos y luego les enseñas a disparar con pistolas, escopetas y rifles. Todo eso me hizo muy feliz.

El nacimiento de nuestras hijas sucedió justo cuando llegué a la estratosfera con mi carrera en el cine. En Navidad de 1990, pocas semanas después del primer cumpleaños de Katherine, la revista *Time* me incluyó en su portada como la estrella más grande de Hollywood, y dijo: «A los 43 años es el símbolo más potente de la dominación mundial de la industria del entretenimiento de los Estados Unidos». *Kindergarten Cop* llegó esa temporada a los teatros y fue un gran éxito. *Total Recall* debutó en el número uno y fue el mayor éxito de taquilla de películas de acción del verano. Y yo tenía un proyecto aún más grande entre manos: *Terminator 2: Judgment Day*. Habían pasado siete años desde que *The Terminator* había impulsado nuestras dos carreras, y Jim Cameron y yo siempre nos habíamos sentido comprometidos a hacer una secuela. Él había hecho un par de películas sumamente exitosas —*Aliens* y *The Abyss*— y, finalmente, en 1990 obtuvo los derechos y la financiación previa para *Terminator 2*. Sin embargo, me decepcioné un poco cuando Jim me invitó a un restaurante y me habló de la idea que tenía de mi personaje en la película.

—¿Cómo puede el *terminator* no matar a nadie? —le dije—. ¡Es un *terminator*! Eso es lo que la gente quiere ver: yo dándole patadas a las puertas y ametrallando a todo el mundo.

Yo sospechaba que el estudio se estaba echando hacia atrás y tratando de hacer que *Terminator* fuera clasificada como PG. Eso había hecho fracasar a Conan y no quería que sucediera lo mismo con *Terminator*.

—No, no —dijo Jim—. Sigues siendo muy peligroso y violento. Pero esta vez el *terminator* regresa cuando John Connor es un niño y está programado para protegerlo. Ya no es un villano. El villano es un nuevo *terminator*, más pequeño y hasta más aterrador: el T-1000, que está programado para matar a Connor. Tu *terminator* tiene que detenerlo.

Había muerte en la película, pero era perpetrada por el T-1000. Descansé al saber que la película iba a ser clasificada R. A medida que *Terminator 2* empezaba a tomar forma, mis otros negocios prosperaban viento en popa. Yo había usado parte del dinero que había ganado en las películas como capital para invertir en el sector inmobiliario. Ya era el propietario de tres edificios grandes de apartamentos en Los Ángeles (sumaban más de 200 unidades), además de un terreno en Denver, donde Al Ehringer y yo estábamos construyendo oficinas, restaurantes y tiendas. Nuestra apuesta en el deprimido sector de Santa Monica también había sido muy rentable: 3110 Main era ahora un próspero complejo de oficinas y tiendas, y el sector se había puesto de moda. Nuestro primer grupo de inquilinos —arrendatarios corporativos aburridos como un banco, una agencia de seguros y una agencia inmobiliaria— había dado paso a productores, directores y personas de la industria del entretenimiento. Nuestro edificio era toda una sensación. Johnny Carson tenía su oficina en el segundo piso y yo compartía el tercero con Oliver Stone.

—¿Por qué no utilizas el espacio de la izquierda para los ascensores —me sugirió él—, y ocupas el espacio de la derecha? Eso concuerda con nuestras posturas políticas.

Me eché a reír y estuve de acuerdo: actualmente mi oficina está en ese lado. Poco después, Shaquille O'Neal se trasladó al edificio y luego otros productores y directores deportivos. Participé también en un gran proyecto de servicio público. Muy poco después del nacimiento de Katherine recibí la llamada de la Casa Blanca que había estado esperando.

—Al presidente le gustaría que presidieras el Consejo Presidencial para el Acondicionamiento Físico y los Deportes —me dijo formalmente—. Él dice que quiere que hagas exactamente lo que propusiste durante la campaña: poner el acondicionamiento físico para todo el mundo de nuevo en la agenda nacional.

Ser nombrado el «zar del presidente para el Acondicionamiento Físico», como lo llamaron los medios de comunicación, era el logro más satisfactorio de mi vida laboral. Vi esto como parte de la cruzada que había empezado varias décadas atrás promoviendo el fisiculturismo como un medio para la salud y el acondicionamiento físico. Además, al trabajar con las Olimpiadas Especiales, yo vendería la idea de los deportes y el acondicionamiento físico para todos, y no solo para los atletas. Era por esto que yo había sido tan enfático con el presidente Bush con respecto a mi interés en ese cargo. Podría hacer muchas cosas a través de él. La Casa Blanca siempre había cometido el error de nombrar a grandes deportistas pero no a las personas que tenían un historial de hacer el trabajo, o que tuvieran la capacidad para conseguir resultados. Se necesitaba un atleta o un ídolo, sí, pero también a alguien que hiciera el trabajo y que no se limitara a sentarse en el trono. Yo tenía una visión clara de lo que se tenía que hacer. Y en ese momento yo era adicto al servicio público, especialmente a trabajar por el bien de los niños. Ya no tenía nada que ver con la fama.

Esta noticia fue casi tan gratificante para mi suegra como lo fue para mí. Eunice le había escrito personalmente al presidente Bush para recomendarme. Ella sentía una gran pasión por el acondicionamiento físico y no solo por su liderazgo en las Olimpiadas Especiales sino también porque su hermano Jack había sido el campeón presidencial más grande del acondicionamiento físico desde Teddy Roosevelt. Cuando llamé para darle las gracias ella me preguntó de inmediato:

—¿Cómo planean anunciarlo?

—No sé —respondí—. ¿Qué sugieres?

—En primer lugar, tendrías que reunirte con el presidente en el Despacho Oval, pedir que tomen una foto de esa reunión y divulgarla al público. Después de la reunión, yo haría que el presidente y tú salieran juntos de la Casa Blanca y hablaran con la prensa. Debes estar listo para hacer una declaración sobre tu contribución y explicar cuál será tu misión como presidente del Consejo. Debes tener siempre una misión y una razón que justifique que eres la elección correcta.

Eunice tenía el genio político de los Kennedy. Sabía que el nombramiento para un cargo de este nivel normalmente no se consideraba lo suficientemente importante como para justificar una conferencia de prensa. El presidente tiene todo tipo de Consejos, desde el Consejo de Asesores Económicos hasta el Consejo de Salud, el Consejo para las Drogas, el Consejo para la Creación de Empleo, y así sucesivamente. Normalmente, para un nombramiento como el mío, la oficina de prensa de la Casa simplemente emite una declaración tipo: «El presidente Bush anunció hoy que ha nombrado a Arnold Schwarzenegger como presidente del Consejo para el Acondicionamiento Físico». Más allá de eso, sería difícil llamar la atención de alguien más. Pero si la prensa te veía saliendo de la Oficina Oval con el presidente, entonces te respetarían. Resultó que el presidente estuvo totalmente de acuerdo: hizo que sus funcionarios orquestaran el anuncio para hacerme quedar como un pez gordo, algo muy semejante a lo que Eunice había planeado. Salí al jardín de la Casa Blanca, donde estaban los periodistas. Hablé de mi nombramiento, de la reunión en la Oficina Oval, de mi entusiasmo, mi visión y mi misión.

El reto de ser el zar del acondicionamiento físico me emocionó realmente y cuando me reuní de nuevo con el presidente en Camp David un par de semanas más tarde, yo ya había hecho mi tarea. Quería retomar y expandir todos los eventos deportivos y de acondicionamiento físico que había impulsado JFK. Les pregunté a Sarge y a Eunice qué pensaban que podía hacer yo con mi nombramiento. Ellos habían estado cerca cuando Jack estaba en el poder. ¿Cuál era su visión? ¿Por qué él organizaba eventos de acondicionamiento físico frente a la Casa Blanca en el Jardín Sur? Tomé nota de todo. Me reuní con funcionarios de Salud y de Servicios Humanos, del Departamento de Agricultura y de la Casa Blanca. Fue así como empecé a construir una agenda. También consulté con expertos como John Cates, de la Universidad de San Diego, quien implementó los primeros Campamentos Juveniles para el Acondicionamiento. Ya tenía una propuesta detallada.

—El Consejo ha estado pensando en pequeño —le dije al presidente Bush—. Tenemos que cambiar eso.

Describí la forma en que irrumpiríamos en Washington D.C. y haríamos que los departamentos a cargo de Salud, Educación y Nutrición coordinaran una importante campaña de acondicionamiento físico. También queríamos que el acondicionamiento físico fuera mucho más visible en la Casa Blanca.

—Hagamos una demostración pública de acondicionamiento físico esta primavera en el jardín de la Casa Blanca —le dije al presidente, y le expliqué cómo podía funcionar esto: instalaríamos estaciones de golf, tenis, aeróbicos y pesas, béisbol, salto con cuerdas y otras actividades que podrían llevar a cabo los ciudadanos. Invitaríamos a entrenadores y atletas, a padres, abuelos y niños, y a los medios de comunicación nacionales, especialmente los programas televisivos matinales.

—Haremos que todos se involucren —le dije—. Entonces usted y Barbara pueden salir de la Casa Blanca, tomar la iniciativa y hacer un poco de ejercicio. Será una celebración, al igual que el 4 de julio, y mostraremos que el acondicionamiento físico es divertido.

El presidente se entusiasmó mucho.

—Cuando regresemos el lunes a Washington —dijo—, quiero que te reúnas con el personal de la Casa Blanca y pongas esto en marcha.

También le propuse instaurar de nuevo el programa de premios presidenciales, los certificados de acondicionamiento y las medallas que JFK había entregado.

—La gente estaba muy orgullosa de esos certificados y medallas —le dije—. Promueven los retos en las escuelas y es así como logras que los niños participen.

A él también le gustó esa idea. Le dije que mi misión personal debería consistir básicamente en la promoción. Luego de examinar las realidades del acondicionamiento físico en los Estados Unidos comprendí que tendría que abordarlo estado por estado y a nivel local. Algunos estados tenían un consejo del gobernador para el acondicionamiento físico, pero otros no. Algunos tenían programas en todo el estado, y otros lo dejaban a discreción de las administraciones y escuelas locales. Solo un estado exigía la educación física en las escuelas desde el kindergarten hasta el grado 12. Yo tenía muy claro que tenía que transmitirles a los 50 estados el mensaje de que el acondicionamiento físico era una prioridad nacional.

—¿Vas a ir a los cincuenta estados? —me preguntó el presidente.

—Ya lo verás —le dije—. Me encanta estar de viaje, reunirme con la gente y vender ideas. Eso es lo que mejor sé hacer.

Cerca de 15 funcionarios del Gobierno asistieron a la primera reunión en la Casa Blanca para planear la Gran Sesión Americana de Ejercicio. Y todos ellos dijeron que no. El funcionario del Departamento de Parques dijo que no, que la multitud de gente podría arruinar el césped. El responsable de la seguridad pública dijo que el clima en Washington puede ser muy caliente en mayo, que la gente se desmayaría, que necesitaríamos agua y comida y que no teníamos presupuesto para eso. El representante del Servicio Secreto dijo: «No podremos vigilar a tanta gente si el presidente está yendo de una estación a otra. Es demasiado riesgoso». Después le dije a Jim Pinkerton, el asesor de políticas de la Casa Blanca con quien yo había estado trabajando, que fue la peor reunión de mi vida.

—Déjame explicarle esto al presidente —me dijo—. También deberías hablar con él. —Vi al presidente un par de días más tarde y le conté la reacción oficial.

—Oh, eso es típico del Gobierno —dijo, riendo—. Todo comienza siempre así. Pero no te desanimes. Déjame hablar con ellos.

En la próxima reunión de planificación todos dijeron:

—Es una gran idea. Hemos encontrado una forma de evitar los problemas. Es muy complicado pero el presidente quiere hacer esto.

Así que el martes 1 de mayo de 1990, exactamente a las siete y diecinueve de la mañana, el presidente Bush y su esposa salieron de la Casa Blanca para unirse a lo que él declaró la *Primera Gran Sesión Americana de Ejercicio Anual*. Dos mil visitantes ya estaban en el Jardín Sur realizando las actividades que habíamos organizado a lo largo y ancho de cuatro o cinco hectáreas: bailes aeróbicos, máquinas de ejercicio, lanzamiento de herraduras, lanzamiento al tablero de baloncesto, soccer y juego de pelota. Las cámaras filmaban mientras el presidente y Barbara pasaban de una actividad a otra. Habíamos organizado un espectáculo que habría impresionado incluso a John F. Kennedy, el presidente del acondicionamiento físico. El evento resaltó toda la importancia y la alegría de la actividad física.

Habíamos hecho un recorrido el día anterior. No pensé en ello en ese momento, pero al ver los preparativos se me ocurrieron algunas ideas que podría utilizar más adelante en mis campañas. Vi de primera mano cómo planificar y organizar el evento para los medios de comunicación: averiguar dónde quieres que estén y dónde no, y cuándo y cómo invitarlos. La Gran Sesión Americana estuvo abierta oficialmente desde las siete hasta las nueve de la mañana. Me enteré que el presidente asistió a las siete y diecinueve porque esa hora marcaba el momento de máxima audiencia en los programas *Today* y *Good Morning America*. Yo había hecho anteriormente decenas de apariciones en la televisión por la mañana y nunca le presté atención a la hora. Pero a partir de ese momento, siempre insistí en aparecer alrededor de las 7:30.

No mucho tiempo después de la Gran Sesión Americana saqué tiempo y viajé a Cannes. Fui ante todo para promover *Total Recall*, cuyo estreno estaba programado para junio de ese año. Pero el viaje, a bordo del avión de Carolco, giró principalmente alrededor de *Terminator 2*. Jim Cameron acababa de terminar el guion con su coautor y había prometido llevarlo para que todos lo viéramos. Lo repartió después de despegar. Todos lo habíamos leído cuando aterrizamos y saltábamos por todo el avión, entusiasmados por lo maravillosa que era la historia y por su sofisticación tecnológica. Nunca esperé que *Terminator 2* fuera simplemente otra secuela más pues Cameron estaba convencido de sorprender a la audiencia. Yo esperaba que *Terminator 2* fuera tan sorprendente e inesperada como la primera película. Pero este guion me estremeció por completo. Hice un montón de preguntas sobre el *Terminator* 1000, que cambia de forma, y contra el cual lucharía yo. Era un reto imaginar siquiera una máquina fabricada con una aleación de metal líquido. Fue entonces cuando comprendí que el conocimiento que tenía Cameron de la ciencia y del mundo del futuro era muy superior al ordinario. Cuando llegamos a Cannes los distribuidores extranjeros se abalanzaron sobre el guion y no veían la hora de firmar con nosotros. A nadie le importó que la producción de *Terminator 2* costara $70 millones, más de diez veces más que la primera película. Ellos sabían que iba a ser un gran éxito.

Siempre se pensó que *Terminator 2* debía ser mucho más grande que la original. No solo contaba con un presupuesto gigantesco sino que el rodaje duraría ocho meses en lugar de seis semanas. Estábamos en una carrera contra el tiempo, y la película tenía que estar lista el verano de 1991 para poder cumplir con sus compromisos financieros. La preproducción era tan complicada que el rodaje no podía comenzar hasta octubre de 1990 y, cuando la producción terminó en mayo, *Terminator 2* se había convertido en el proyecto cinematográfico más caro de la historia: $94 millones.

Cameron le dijo a un reportero:

—Cada vez que empiezo a rodar una película fantaseo con que seremos una gran familia y pasaremos un buen rato y tendremos todos estos maravillosos momentos creativos juntos. Pero el cine no es eso: es una guerra.

Lo que hizo que mi personaje fuera un reto es que esta vez el *terminator* adoptaría patrones de comportamiento humano a medida que la trama se desarrollaba. Era una idea típica y genial de Cameron hacer que una máquina desarrollara una personalidad propia. El chico le dice a *Terminator*: «No más asesinatos, promételo», y le ordena hablar menos como un idiota y más como una persona. En ese papel yo debo pasar de una máquina de matar asesina a algo que está tratando de ser humano pero que no siempre lo logra. No estoy muy convencido de la primera vez que el chico me pide que diga «Hasta la vista, *baby*». El *terminator* se humaniza poco a poco pero solo hasta cierto punto. Todavía es muy peligroso y causa mucho caos. Sin embargo, y en comparación con el T-1000, definitivamente soy un tipo bueno. Estábamos filmando las escenas fuera de secuencia y siempre teníamos que averiguar el grado de humanidad que deberíamos darle al *terminator* en esa etapa de la trama. Yo le preguntaba constantemente a Jim durante las primeras semanas, «¿Es demasiado humano ahora o no es lo suficientemente humano?».

Terminator 2 abrió nuevas posibilidades en los efectos visuales: el T-1000 está hecho de metal líquido y puede transformarse ante tus ojos para imitar cualquier persona u objeto que toque. Los artistas gráficos por computador solucionaron semejante desafío. Pero la película también requería el trabajo agotador de los actores y dobles. Cameron presionaba a su hermano Mike, que estaba creando utilería y acrobacias, y Mike presionaba al rodaje y también nos presionaba a nosotros.

Empezamos a ensayar los trucos con varios meses de antelación. En la espectacular escena de persecución en un canal seco de Los Ángeles, se supone que el *terminator* debe irrumpir sosteniendo una escopeta calibre 10 con una sola mano mientras conduce una Harley: saca el arma, apunta, dispara, la recarga, dispara de nuevo, y así sucesivamente. Todo sonaba muy bien en el guion, y factible: era simplemente una cuestión de repeticiones, repeticiones y más repeticiones. Sin embargo, la preparación fue dolorosa y muy molesta. No podía usar un guante porque quedaría atascado en el mecanismo de la escopeta, y me arranqué la piel de la mano y de los dedos luego de practicar cien veces hasta poder dominarlo. Después tenía que aprender a hacerlo mientras conducía una Harley. Y luego incorporar el manejo del arma y de la motocicleta con la actuación. Es difícil saber por dónde vas y ver dónde quiere el director que mires. En una escena yo tenía que poner la rueda delantera de la moto en movimiento casi en el lente de la cámara, que estaba en un camión frente a mí. Al mismo tiempo se suponía que yo debía disparar sin mirar hacia abajo. Arruinaría la toma si miraba a mi alrededor.

También tuve que conducir la Harley hacia una puerta con llave y destrozar el candado con la escopeta antes de atravesar la puerta. Tardé varias semanas practicando con el arma y luego con la moto. Después tuve que hacerlo todo con calma. Arranqué haciendo un salto espectacular con la moto en el lecho del canal. Los otros adultos con papeles protagónicos —Linda Hamilton como Sarah Connor y Robert Patrick como el T-1000— también tenían papeles difíciles. Linda se sometió a preparación física tres veces al día durante varios meses para que fuera convincente como una guerrera sobreviviente. Todos los trucos eran tan complicados que implicaron un esfuerzo mucho mayor que en la primera película.

Cada pocas semanas, cuando había una pausa en el rodaje, yo dejaba de ser el *terminator* y me transformaba en el zar de acondicionamiento físico del presidente Bush. Este cargo, y mi amistad con el presidente, se convirtieron rápidamente en una parte muy importante de mi vida. Mi pago por la película incluía un avión Gulfstream III, el vehículo perfecto para viajar por el país. Mi plan era visitar los 50 estados del país en el primer mandato del presidente Bush. Tenía tres años para hacerlo. Abrí el mapa de los Estados Unidos para ver la distribución geográfica de los estados. Mi idea era dividirlos por grupos y visitar cuatro o seis cuando no estuviera rodando ni ocupado con otros negocios. Obviamente yo tendría que ser flexible porque los gobernadores no siempre estarían disponibles durante mis viajes. Muchas veces, si tenía otro asunto —un seminario, por ejemplo, un concurso en Columbus o unas vacaciones en Hawai— hacía preparativos para visitar los estados vecinos.

Cuando hablé con los gobernadores dejé en claro que la política no entraría en juego. Se trataba simplemente de deportes y de acondicionamiento físico, y muchos gobernadores tuvieron dificultades para entender esto.

—El *terminator* viene de la Casa Blanca Republicana para delatarme ante la opinión pública porque no les presto suficiente atención a los niños —podrían pensar ellos, preocupándose de que yo los abrumara y avergonzara. Pero aclaramos de antemano que esa no era nuestra agenda. Yo no estaba predicando una filosofía republicana sino una filosofía del acondicionamiento físico. Se corrió la voz y de repente los gobernadores se sintieron tranquilos. Empezamos a sentirnos bienvenidos y todo el mundo se unió a la cruzada del acondicionamiento físico.

Fue una gran experiencia de aprendizaje ver de primera mano la forma en que funcionan los gobiernos estatales y locales. Nunca vi tantos defensores instantáneos del acondicionamiento físico. Me di cuenta de que podíamos visitar dos estados al día. Por lo general, comenzaba con un desayuno con el gobernador y hablaba con él o ella acerca de la importancia de mejorar el acondicionamiento físico en el estado. Cada estado era diferente y tuve que estudiar. Íbamos a una escuela y participábamos con los niños en una clase de acondicionamiento físico. Luego dábamos una conferencia de prensa. En algunos estados, las escuelas eran enormes y, en un gimnasio lleno de padres y niños, nos daban la bienvenida con la banda escolar. Yo siempre le regalaba al gobernador una chamarra Tony Nowak con el logotipo del Consejo Presidencial, se la ayudaba a poner y hacíamos una sesión de fotos con él rodeado de niños.

El acto final era siempre una «cumbre de acondicionamiento físico», a la que invitábamos a funcionarios de los departamentos de Educación, Salud y Servicios Humanos, al personal del gobernador, a los oficiales de educación, a los propietarios de clubes de salud, a la YMCA, a la Alianza Norteamericana para la Salud, Educación Física, Recreación y Danza, y así sucesivamente. Por lo general teníamos una sala de reuniones repleta con 50 a 100 personas. Hablábamos de la importancia del acondicionamiento físico para los niños y del peligro que suponía la inactividad física para la salud. Y ellos nos hacían recomendaciones sobre cómo trabajar juntos. Por último, regresábamos al avión, visitábamos otro estado y hacíamos exactamente lo mismo por la tarde.

Después comprendí que esto era muy semejante a una campaña política, en la que tienes un horario apretado, tienes que estar en un lugar a cierta hora, pronunciar un discurso y animar a los asistentes. Las bandas escolares te daban la bienvenida y los políticos locales te daban una oleada de apoyo. Después de ser el zar del acondicionamiento físico, ser candidato a gobernador de California me pareció como un *déjà vu*.

Curiosamente, nadie dijo nada del hecho que yo utilizara mi avión privado. Si la gente me preguntaba: «¿El gobierno está pagando por esto?», era agradable poder decir:

—No, yo pago todo, incluso la papelería. No estoy haciendo esto por dinero sino para dar algo a cambio. Tengo talento para el acondicionamiento físico y por lo tanto esto es algo que puedo retribuir.

Me sentía muy bien haciendo eco de Sarge.

Esas cumbres de acondicionamiento físico fueron como un curso intensivo en política. En California, cuando los exhorté a intensificar la educación física en las escuelas, se me fueron encima:

—Bueno, dile a nuestro gobernador que destine más dinero para la educación, y podremos contratar a profesores de educación física.

—Pero estamos en recesión y, por lo que leí, nuestro estado está recibiendo menos ingresos. Nuestro gobernador no tiene fondos.

—Entonces debería reasignar fondos de otros programas. Estamos hablando de los niños.

—Pero si no hay dinero ¿por qué no nos vamos a un lugar como la YMCA o uno de los clubes deportivos locales para ver si nos pueden proporcionar entrenadores?

—¡Ah! ¿Así que las escuelas deberían tener voluntarios en lugar de profesores? ¡Es una idea maravillosa! Pero, Arnold, si leyeras nuestras leyes estatales, sabrías que es ilegal llenar el cupo de un maestro con un voluntario.

Me estaba encontrando con un tabú que tenía el sindicato de maestros en contra de los voluntarios en las escuelas. Ver esa actitud fue una verdadera revelación. No se trataba de los niños, como decían ellos, sino de conseguirles empleo a más profesores. Obviamente yo sabía que los sindicatos hacen eso: luchan por lo suyo. De todos los gobernadores, el que causó la impresión más profunda en mí fue Mario Cuomo. Nueva York fue el décimo estado que visité. Desde la distancia, nunca me había gustado el gobernador Cuomo por la forma como había atacado a Reagan en su discurso durante la convención demócrata de 1984. («Señor Presidente, usted debe saber que esta nación es más una 'Historia de Dos Ciudades' que una 'Ciudad Brillante en una Colina' », dijo Cuomo.) Pero fue receptivo y elogioso cuando lo conocí y hablamos sobre el acondicionamiento físico. Me dio ideas muy valiosas:

—Tienes que hablar más sobre la salud de los niños y sobre los costos. Eso es sumamente importante. Habla sobre el desastre que habrá en materia de salud y el precio que pagarán los contribuyentes si los niños no están en forma.

Me ofreció todo su respaldo a mi labor. Pude ver por qué lo querían tanto en su estado y por qué era un gran líder. Luego nos dirigimos a los medios de comunicación y él hizo toda una perorata sobre lo maravilloso que era que yo viajara por el país, utilizara mi propio dinero y trabajara de manera voluntaria:

—En eso consiste el verdadero servicio público —dijo.

Yo pensé: «Él sabe que soy republicano y que represento a un presidente republicano. Es realmente amable y generoso de su parte decir esto». Y también pensé que él estaba en lo cierto. Aún me faltaban 40 estados por visitar y pude incorporar sus sugerencias en mi mensaje.

Mi amistad con el presidente Bush fue estrecha desde el momento en que nos conocimos durante la administración Reagan. Me sentí honrado cuando me pidió que asistiera a la inauguración presidencial y que lo presentara en algunos eventos, aunque tengo que admitir que hacer eso también fue un poco incómodo en ciertas ocasiones. Había muchas personas que tal vez habrían sido más dignas de hacerlo. Recuerdo en particular una celebración del Día de Martin Luther King, donde había una gran cantidad de afroamericanos en la audiencia y muchos oradores negros.

Si yo fuera uno de los espectadores me habría preguntado: «¿Por qué está presentando *él* al presidente?». Pero así era Bush. No le importaba nada de eso. Si tenías talento y le hacías un favor o le caía en gracia, él te impulsaba sin importar lo mucho o poco que tuviera sentido. Era de una casta diferente, un encanto de hombre. Tanto él como Barbara han sido muy corteses y amables de verdad. Siempre nos envían notas escritas a mano y por cada cosa que hacía por ellos, él me mandaba una nota o me llamaba para agradecerme.

Nos hicimos muy cercanos mientras fui zar del acondicionamiento físico. Yo podía ir a la Casa Blanca y hablar con él en cualquier momento que estuviera en Washington. Teníamos ese tipo de relación. John Sununu fue su jefe de gabinete al comienzo y también fue muy amable conmigo. Nunca me dijo: «El jefe está ocupado ahora, vuelve mañana».

Nos sentimos honrados de que el presidente y Barbara nos invitaran en numerosas ocasiones a Camp David. La Casa Blanca puede ser claustrofóbica en ciertas ocasiones y a ellos les gustaba refugiarse en Camp David los fines de semana, aunque el presidente siempre trabajara cuando estaba allá. Yo viajaba con ellos en el helicóptero o me reunía con ellos allá. Íbamos a los restaurantes locales o a la iglesia los domingos. Y, por supuesto, al presidente Bush le encantaba la actividad física y los deportes.

Cuando un periodista le preguntó:

—Señor Presidente, ¿Arnold le ha enseñado algunos ejercicios? —él se reía y respondía de inmediato;

—Oh, todo el tiempo hacemos ejercicio cuando él viene a Camp David. Él me enseña a levantar pesas y yo le enseño wallyball.

—¿Wallyball? ¿Quiere decir voleibol?

—No, no, wallyball.

—¿Qué es wallyball?

—Tenemos una cancha cubierta donde jugamos voleibol y unas reglas especiales que te permiten jugar con la pelota fuera de la pared. Arnold ha jugado varias veces y ya está mejorando.

Yo jugaba bolos con el presidente. Lanzábamos herraduras. Nadábamos. Levantábamos pesas. ¡Practiqué el tiro al plato con él! (¿Cuándo te permite el Servicio Secreto andar con un arma de fuego cerca del presidente?). Durante un fin de semana a principios de 1991 estaba nevando y, cuando Katherine estaba aprendiendo a caminar, nosotros tres visitamos a los Bush y practicamos tobogán. Por desgracia, yo no había hecho esto antes. Es diferente del *sled*, que puedes manejar con los pies. El tobogán es plano y se desliza de manera diferente. El presidente y yo bajamos la colina demasiado rápido, chocamos contra Barbara y ella terminó con una pierna fracturada en el hospital. Todavía tengo la foto que me envió el presidente Bush. Él y yo estamos en el *sled*, y abajo dice: «¡Gira, maldita sea, gira!».

Se realizaron muchas reuniones en Camp David después de la invasión de Irak a Kuwait en agosto de 1990. Era muy extraño ir y venir entre una crisis del mundo real y la amenaza en un mundo futuro en el set de grabación de *Terminator 2* en Los Ángeles. El Secretario de Defensa Cheney y el general Colin Powell, jefe del Estado Mayor Conjunto de Estados Unidos, iban con frecuencia a Camp David para informarle novedades al presidente y para sostener reuniones de toma de decisiones. En el otoño, el presidente Bush lanzó la Operación Escudo del Desierto, la gran coalición de fuerzas norteamericanas y de otros países a lo largo de la frontera saudí con Irak y Kuwait. Hice mi pequeña contribución a esta campaña después de leer un informe de prensa donde se decía que las tropas estadounidenses estacionadas en el desierto utilizaban baldes de arena para su entrenamiento con pesas. A los músculos de una persona no les importa de dónde provenga la resistencia porque no tienen ojos. Sin embargo, pensé que podríamos mejorar mucho la condición de las tropas. Me acordé de que yo había llevado pesas y un banco de entrenamiento en mi tanque en el ejército austríaco. Así que fui donde el general Powell y le pregunté qué pensaba de enviar equipos más adecuados para levantar pesas. Le encantó la idea y a los pocos días tuve la oportunidad de hacer que los fabricantes donaran 40 toneladas de máquinas de pesas, bancos, barras y otros equipos para la Operación Escudo del Desierto. Enviar esto en un buque de carga tardaría varias semanas, así que Powell y Cheney encontraron la manera de despacharlo por vía aérea desde Oklahoma, junto con los envíos de los contratistas privados. El equipo fue entregado a las tropas dos semanas después, y empecé a recibir cartas y fotografías extraordinarias en las que me agradecían y decían que los soldados estaban entrenando en varios turnos para maximizar el acceso a los nuevos equipos.

Siempre me he sentido agradecido con las fuerzas armadas porque yo me he beneficiado del sueño americano, el cual es garantizado por el valor y la dedicación de sus fuerzas. Desde mis primeros días como campeón de fisiculturismo me tracé el propósito de visitar bases militares y buques de guerra cada vez que tuviera la oportunidad. Cuando incursioné en el cine, era natural que incluyera visitas a la USO en mis giras de promoción en el extranjero. También visitaba con frecuencia destacamentos de la Marina en las embajadas estadounidenses: en Japón, Alemania, Corea del Sur, Rusia y muchos otros países. En ninguna escuela te enseñan cómo entretener a las tropas pero hablé con otras celebridades como Jay Leno y desarrollé la capacidad de hacerlo. Hablaba de mis películas, hacía un poco de comedia (mientras más vulgar mejor), llevaba una nueva película para que las tropas la vieran y repartía tal vez algunos cigarros. Se trataba de animarlos y de agradecerles. Mucho más tarde, cuando yo era gobernador, la gente en Sacramento siempre me preguntaba por qué pasaba tanto tiempo con las fuerzas armadas: «¿Por qué estás batallando para que ellos tengan educación gratuita? ¿Por qué les estás ayudando con sus préstamos estudiantiles? ¿Por qué estás luchando para que consigan empleos? ¿Por qué estás luchando para acelerar la construcción de viviendas para veteranos y construir más que cualquier otro gobernador en la historia de

California? ¿Por qué estás luchando para lograr que el establecimiento reconozca el síndrome de estrés postraumático y los jóvenes que lo padecen reciban ayuda tras su regreso?». La respuesta era simple: Estados Unidos no sería la tierra de la libertad si no fuera el hogar de los valientes. Cuando ves el trabajo que hacen y los riesgos que corren te das cuenta de lo mucho que les debemos a nuestros militares.

Solo una vez en Camp David fui testigo de un asunto serio. La sala de conferencias que servía como el centro de mando del presidente estaba normalmente fuera del alcance de los invitados. Pero una tarde de febrero, mientras yo estaba leyendo un guion en mi cuarto de visitante, el presidente me llamó.

—Ven a conocer a la gente —me dijo.

Todos estaban descansando y comiendo sándwiches en la gran mesa de conferencias. Me presentó y me dijo:

—Ya sabes, estamos tomando algunas decisiones importantes acerca de la guerra en Oriente Medio.

El ataque aéreo de la Operación Tormenta del Desierto ya estaba en marcha y las fuerzas blindadas de Estados Unidos y de sus socios de la coalición llevaban varios meses en la frontera de Irak y Kuwait.

—Mira estas fotos —me dijo el presidente, y me mostró imágenes de reconocimiento aéreo. Luego proyectó un video grabado por el conductor de un tanque con una cámara que tenía en su casa, donde se veía que ya estaban a un paso de la frontera. Las divisiones de tanques estaban haciendo maniobras, simulando ataques en la frontera y luego retirándose, y explicó que muy pronto entrarían a Irak y a Kuwait.

—Así que van a recibir un golpe por sorpresa y al mismo tiempo serán rematados por... —siguió, y me mostró las posiciones de los barcos en el Golfo Pérsico donde la Marina de los Estados Unidos estaba lista para lanzar misiles de crucero y desembarcos anfibios—. Recibirán tantos ataques que no lo creerán.

Comenzaron a planear de nuevo la guerra después del receso. El ambiente tenía una intensidad y una concentración que me recordó a los médicos en una sala de operaciones. Ellos estaban tomando decisiones de vida o muerte, pero no era la primera vez que lo hacían. Además, ellos sabían lo que tenían que hacer. No hubo pánico. El tono informal era solo un reflejo de Camp David: era más liviano que el de la Casa Blanca y por eso les gustaba reunirse allí.

Cuando terminaron de comer el presidente dijo:

—Bueno, voy a mostrarle un caballo a Arnold y regresaré en veinte minutos.

Me fui al día siguiente sabiendo que la guerra terrestre comenzaría en 48 horas. Era un jueves y atacarían dos días después. Yo caminaba pensando: «Sé algo que nadie más sabe salvo en ese círculo. Ni la prensa ni nadie sabe». El hecho de que el presidente Bush depositara tanta confianza en mí tuvo un gran efecto. Sentí que nunca jamás traicionaría su confianza ni lo defraudaría sin importar lo que sucediera.

El resto de 1991 fue excelente para mí: en mi hogar, en mi cargo público y en mis películas. *Terminator 2: Judgment Day* se estrenó en los cines el fin de semana del 4 de julio y rápidamente se convirtió en el mayor éxito de taquilla de mi carrera. Christina nació tres semanas después de *Terminator 2*. También fui el orgulloso propietario de la primera Hummer civil del mundo, cuya contraparte militar, la HMMWV o Humvee, jugó un papel importante en la Guerra del Golfo. Había visto la primera Humvee el verano anterior en Oregón mientras estábamos filmando escenas para *Kindergarten Cop*. Un convoy de Humvees del Ejército pasó y me enamoré de ellas. Era la SUV más ruda y formidable que hubiera visto nunca. Estaba equipada con cosas en las que muchas personas gastarían miles y miles de dólares añadiéndoles a sus jeeps o Blazers: ruedas y espejos de gran tamaño, una altura considerable, luces adicionales —incluyendo infrarrojas—, una barra de protección en la parte delantera y un torno en caso de emergencia. La Humvee tenía un aspecto genial y no había que agregarle nada. Yo quería una para mí pero sabía también que tendría todo un mercado disponible si lograba hablar con el fabricante para que lanzaran una versión civil. Ese fue mi argumento de venta cuando fui a hablar con el director general y otros ejecutivos de la AM General en Lafayette, Indiana, fabricante de las Humvees militares. Logré convencerlos para ser el primer propietario civil de una Humvee, la llevé a una empresa para que la adaptaran para circular por las calles y hacer más agradable el interior, y luego la envié de vuelta a AM General. Les dije: «Ahora copien esto». Eso es lo que hicieron y la razón por la cual me identificaron con la Hummer cuando salió al mercado.

Ese año también tuve una interesante aventura de negocios. Me reuní en octubre con Sylvester Stallone y Bruce Willis en Nueva York para el lanzamiento oficial de una máquina formidable de hacer dinero: un restaurante de celebridades y cadena de mercancías llamada Planet Hollywood. Todas las celebridades que puedas imaginar estaban presentes. No era solo un evento sino el comienzo de un imperio.

La idea era abrir Planet Hollywoods en todo el mundo y convertirlos en un imán para la gente que amaba a las estrellas del cine americano. La decoración consistiría en recuerdos y accesorios de películas, como el traje de vuelo de Tom Cruise en *Top Gun*, el traje de baño de Jayne Mansfield en *The Girl Can't Help It* y una motocicleta de *The Terminator*. Los restaurantes proyectarían estrenos cinematográficos, serían visitados por estrellas y venderían chalecos y camisetas especialmente diseñados, así como otros suvenires. Fue una idea original de Keith Barish, un productor de cine, y de Robert Earl, que había creado el Hard Rock Café, el negocio global de restaurantes basados en temas musicales. Keith había convencido a Robert de que los restaurantes estilo Hollywood podrían ser más exitosos incluso que los de estilo musical, especialmente ahora que la Cortina de Hierro había desaparecido y el mundo entero estaba abierto a la cultura estadounidense. Ellos me propusieron una idea.

—Queremos que seas nuestro socio de negocios —dijeron—. No queremos una celebridad loca que no entienda. Tú tienes una mente empresarial. Y eres la estrella número uno. Si lo haces, otros seguirán tu ejemplo.

Me pareció que la idea tenía sentido y la voz se corrió con rapidez.

Muy pronto mi abogado Jake Bloom, que representaba también a Sly y a Bruce, me dijo que ellos querían entrar como socios.

—¿Te importa si lo hacen? —me preguntó.

—En lo absoluto —respondí.

Me sentí muy feliz por Sly, pues Jake sabía que Stallone y yo habíamos competido durante varios años. Esto se remontaba a los primeros días de Rocky y Rambo, cuando él era el héroe de acción número uno y yo procuraba alcanzarlo. Recuerdo haberle dicho a Maria cuando filmé *Conan the Destroyer*: «Por fin estoy cobrando un millón por película, pero ahora Stallone gana tres. Me siento estancado». Había imaginado que Stallone era mi enemigo para darme energías, así como había demonizado a Sergio Oliva cuando yo estaba tratando de obtener el título de Mr. Olimpia. Odiaba tanto a Sly que empecé a criticarlo en público: su cuerpo, su forma de vestir... Hablé mal de él con la prensa.

No podía culparlo por devolverme el golpe. De hecho, él había intensificado la disputa alimentando en secreto historias negativas sobre mí con los medios de comunicación. En una época llegó a pagar incluso las cuentas legales de un periodista deshonesto a quien yo había demandado por difamación. Pero el tiempo había pasado, yo estaba mucho más seguro de ser una estrella, y quería hacer las paces.

—Dile que es bienvenido y que ésta es mi forma de ser amable y hacer las paces —le dije a Jake.

Así que Sly, Bruce y yo nos convertimos en un equipo: asistíamos a la apertura más reciente de un Planet Hollywood, saludábamos a las celebridades locales, posábamos para las cámaras, hablábamos con la prensa y hacíamos todo lo posible para premiar la fidelidad de los fans. En el avión, Sly y yo fumábamos cigarros e intercambiábamos muchos chistes. Nunca hablamos de nuestra disputa. Actuábamos con naturalidad, en estado de negación, como si nunca hubiéramos tenido ningún problema y no hubiera pasado nada. Fue así como avanzamos en nuestra relación.

A pesar de todo, sentí que algo empezaba a inquietarme. Esto me recordó la inquietud que sentí después de ganar mi tercer o cuarto Mr. Olimpia. De repente, la idea de tener el cuerpo más musculoso no significaba mucho para mí. Era una etapa que había vivido y un medio para alcanzar un fin: el fisiculturismo me había traído a los Estados Unidos y me había hecho incursionar en el cine. Pero superé esa etapa, como cuando dejé de jugar con pequeños trenes de madera cuando era niño. Por supuesto que siempre he querido promover el fisiculturismo y el acondicionamiento físico. Pero ser el hombre más musculoso ya no significaba nada para mí.

Convertirme en la mayor estrella de acción había sido el siguiente desafío. Y también lo logré con el tiempo. Luego di un paso más, en las comedias. Pero yo siempre había sabido que eso también quedaría atrás.

En los siete años entre las dos películas de *Terminator*, mi posición con respecto al negocio había cambiado. A lo largo de los años ochenta yo rodaba películas con entusiasmo. Estaba apuntando a la cima, tratando de duplicar mi sueldo con cada proyecto, tener la película número uno en la taquilla y ser la estrella más grande. Detestaba literalmente tener que dormir. Cuando hice *The Terminator*, soñaba con poder funcionar sin parar, como una máquina para poder pasar toda la noche en el set con Jim Cameron y cambiarme de ropa a la mañana siguiente para rodar otra película durante el día.

—¿No sería genial? —pensé—. ¡Podría hacer cuatro películas al año!

Pero ahora, después de *Terminator 2: Judgment Day*, yo veía las cosas de un modo totalmente diferente. Mi familia estaba creciendo. Yo quería tener una vida agradable. Quería disfrutar de mi esposa y de mis hijos. Quería ver crecer a Katherine y a Christina. Quería ir a eventos con ellas. Quería salir de vacaciones con ellas. Quería estar en casa cuando regresaran de la escuela.

Así que traté de encontrar la manera de equilibrar mi tiempo y pensé que hacer una película al año podría ser el ritmo perfecto. La gente aceptaba ahora el hecho de que yo era una de las estrellas más grandes así que no tenía que demostrar nada. Pero esperaban más películas, así que tenía que asegurarme de darles unas que fueran buenas. Si escuchaba una idea o leía un guion que fuera realmente bueno y despertara algo en mí, me sentía contento de hacer esa película. Pero había otras oportunidades y ya no era suficiente hacer las películas de acción.

Pensé que la forma de mantener mi interés era haciendo lo que hace Clint Eastwood, quien enriquece su carrera cinematográfica dirigiendo de vez en cuando, produciendo de vez en cuando, apareciendo a veces en una película, dejando de aparecer en otras, y así sucesivamente. Me encantaban los nuevos desafíos y también los riesgos. Clint era una de las pocas personalidades de Hollywood que tenía la cabeza en su sitio. Era buen negociante. Nunca perdía dinero. Invertía con sabiduría. Siempre se involucraba en empresas por las que sentía pasión, como su negocio de restaurantes y de golf en el norte de California. ¡Fue incluso alcalde de su pueblo! Yo lo había idolatrado desde el momento en que vine a Estados Unidos. Yo no sabía si tenía ese tipo de talento, pero tal vez podría tratar de ser como Clint, cuando la actuación ya no fuera suficiente para mí. Yo siempre estaba buscando el próximo desafío.

Y entonces vi un camino totalmente diferente para mí. Al igual que Clint, quien había sido elegido alcalde de Carmel, yo podría hacer una campaña política y postularme para… En ese momento, yo no sabía para qué. No podía dejar de sentirme influenciado por los Shriver y la familia Kennedy, a pesar de que estábamos en lados diferentes en términos políticos.

Un impulso sorprendente en el sentido de postularme para un cargo se produjo en noviembre de 1991, por parte de Richard Nixon. Me invitó a pasar por su oficina antes de un evento para recaudar fondos en su biblioteca presidencial y la inauguración de una exposición de las fiestas, programado pocas horas después de la inauguración de la biblioteca de Reagan. Yo sabía que Nixon era odiado por muchas personas, sabía muy bien del escándalo de Watergate y de las dificultades que le causó al país, pero sacando eso de la ecuación, yo lo admiraba y pensaba que había sido un presidente fantástico. Sospecho que él sabía que yo era un admirador suyo porque lo había alabado en los medios de comunicación, incluso cuando estaba en la cima de su impopularidad. Me encantaba hablar de él porque hay una parte de mí que quiere ser rebelde e impactar a la gente.

Él me dijo por teléfono cuando me invitó a su evento: «Quiero que lo *disfrutes*, Arnold». De hecho, él me estaba preparando para hacer un discurso sin decírmelo. Así que acepté sin sospechar nada y fui con mi sobrino. Patrick tenía unos 25 años, se había graduado como abogado de la Universidad del Sur de California y estaba trabajando como asociado de Jake Bloom, mi abogado de entretenimiento. Me encantaba pasar el rato con él y enseñarle cosas. Bajamos y saludamos al presidente Nixon. Había cerca de 1.300 personas en esa inauguración, o al menos eso fue lo que nos dijo un organizador.

Nixon era muy bueno para prestarte atención. Se metía en tu cabeza y quedé impresionado. Me dijo:

—Arnold, quiero que vengas a mi oficina.

—¿Mi sobrino puede unirse a nosotros?

—Por supuesto —dijo.

Entramos a su oficina, cerró la puerta y comenzó a sacarme información: qué estás haciendo, cómo te va con las películas, qué te hizo ser republicano, por qué estás involucrado en la política... Y todo ese tipo de cosas.

Después de responderle le conté lo que tenía guardado en mi interior:

—Vine a Estados Unidos porque es el mejor lugar del mundo y voy a hacer todo lo posible para que lo siga siendo. Para que eso suceda, no podemos permitir que los idiotas se postulen para la Presidencia ni que vayan a la Casa Blanca. Necesitamos buenos líderes y tenemos que avanzar en nuestra agenda. Lo mismo sucede en los estados y en las ciudades. Así que siempre quiero asegurarme de votar por la persona adecuada y de hacer campaña por la persona adecuada. Necesito saber

qué representan, cómo han votado en el pasado, cómo han represen-
tado a su estado, si fueron grandes líderes y todo ese tipo de cosas.

Le conté los desafíos que enfrentaba California en las áreas de salud
y educación, basándome en lo que había aprendido como Presidente
del Consejo de Acondicionamiento Físico. Y también le hablé sobre el
reto de hacer que el estado fuera más receptivo con las empresas.

Un funcionario entró y dijo:

—Señor Presidente, ya lo están esperando. Entonces nos pusimos
de pie. Nixon se volvió hacia mí justo antes de salir y me dijo:

—Deberías postularte para gobernador de California. Si te lanzas
como candidato te apoyaré hasta el final.

Eso me tomó por sorpresa, pues no habíamos estado hablando
de eso.

Envió a Patrick a que tomara asiento y me dijo:

—Quédate aquí, cerca del podio.

Había otras personas allí, incluyendo Bob Hope y otras celebridades
así que fui donde ellos.

A continuación, se dirigió al micrófono y empezó a hablar. El discurso fue bueno y relajado, y me impresionó porque no tenía notas.
Habló con elocuencia de la biblioteca y de su misión, de ciertas cosas
que había logrado en su vida, de ciertas políticas que deberían continuar, y así sucesivamente.

—Y obviamente tengo muchos seguidores aquí. Ustedes son responsables de hacer posible todo esto y me siento muy agradecido por
su apoyo —dijo—. Pero ahora quiero traer a alguien que es el futuro de
este estado y...

No oí lo que dijo después, porque mi corazón empezó a latirme
a mil.

«Tal vez solo quiere mencionarme», pensé. Pero yo sabía que estaba
a punto de pedirme que hablara. Los dos lados de mi mente entraron
de inmediato en un debate. Uno decía: «¡Carajo! Por Dios, no estoy
listo para esto», y el otro decía: «Hombre, el presidente Nixon está hablando de ti. ¡Alégrate!».

Escuché al presidente decir: —Arnold, ven acá —y se escuchó un aplauso enorme.

Así que di un paso al frente de todas las personas y le estreché la mano. Luego él me susurró al oído, de modo que se escuchara claramente por el micrófono:

—Creo que deberías decir unas pocas palabras.

Por suerte, cuando te sientes bien con alguien y sabes específicamente por qué, no es nada difícil hablar con el corazón. Permanecí calmado. Hice incluso una broma al respecto.

—Bueno, siempre me gusta que me llamen para hablar sin previo aviso, pero muchas gracias.

Eso causó un poco de risa. Dediqué unos minutos para contar cómo me hice republicano. Conté cuando vi a Nixon en la televisión por primera vez durante la campaña presidencial de 1968 cuando él estaba hablando de *respaldar a las fuerzas de la ley*. Unas pocas personas aplaudieron. Dije:

—Él estaba respaldando a los militares, al Pentágono, la expansión militar y Estados Unidos solo puede ser poderoso si tiene un *ejército fuerte*.

Más aplausos.

—Y él estaba hablando de construir una economía que fuera global. Estaba hablando de la eliminación de aranceles y barreras al comercio y, en última instancia, es nuestra prosperidad la que tenemos que proteger, ¡no el trabajo!

Aún más aplausos.

—Me encantó escuchar todo eso. Y sobre todo me gustó oír a alguien que venía de un país socialista decir: «Quítenme al gobierno de la espalda» —Aplausos y ovaciones.

—Por lo tanto, me convertí en un gran seguidor de este hombre. Yo era un gran seguidor suyo y estoy aquí porque todavía soy un gran seguidor suyo. ¡Necesitamos más líderes como él!

Ahora todo el mundo estaba aplaudiendo y vitoreando. Era el paraíso.

El presidente Nixon me llevó de nuevo a su oficina y me dijo:

—Recuerda lo que te dije acerca de postularte para gobernador.

Él fue el primero en decírmelo con seriedad.

Pensé que la idea de terminar en la política no era tan descabellada si te lo sugería alguien como Nixon. Pero nunca lo sentí con tanta intensidad como para que pensara que eso sucedería sin duda alguna. Nunca fue una de esas metas que me proponía al año. No lo pensé con detenimiento ni le puse un plazo de tiempo. Me sentía muy relajado, sin prisa. A partir de ese momento, comenzó una especie de ping-pong divertido en mi cabeza: convertirme en director y productor, o incursionar en la política.

CAPÍTULO 20

El último héroe de acción

NO HAY NADIE EN Hollywood que gane siempre. En algún momento estás destinado a recibir una paliza. El siguiente verano fue mi turno con *Last Action Hero*. Le habíamos prometido un éxito de taquilla al mundo. «El billete grande del 93» y «la película más importante del verano»: fue así como promovimos la película. *Terminator 2: Judgment Day* había sido la película más importante de 1991 y la expectativa era que *Last Action Hero* la superara.

Sin embargo, *Jurassic Park*, de Steven Spielberg, se convirtió en la sensación de verano que todo el mundo tenía que ver y terminó superando a *ET* como el mayor éxito en la historia del cine. Nosotros, en cambio, hicimos una película que no tenía la agilidad necesaria para ser sumamente entretenida y tuvimos la mala suerte de que su estreno fuera programado para el fin de semana después de *Jurassic Park*. *Last Action Hero* fue pisoteada desde el momento en que llegó a las salas de cine. El gran titular de primera página de la revista *Variety* fue: «Lagartos se comen el almuerzo de Arnold».

En realidad, *Last Action Hero* hizo dinero y fue un fracaso solo en comparación con lo que se había previsto. Nadie lo habría notado si yo no fuera una gran estrella. Eso estuvo muy mal porque la idea de la película me encantaba. Era una película que combinaba la acción con la comedia, los dos tipos de papeles que mejor hacía yo. La hicimos

PG-13 para atraer a una audiencia más amplia: una película divertida de verano, una parodia en esencia, sin violencia gráfica excesiva, lenguaje crudo ni sexo. Yo interpretaba al héroe de acción, Jack Slater, un detective inconformista de la Policía de Los Ángeles. Yo era también el productor ejecutivo de la película, lo que significaba que tenía que aprobar todas las facetas del proyecto: el desarrollo del guion, escoger al director y al elenco, darle instrucciones al estudio para financiar, distribuir y comercializar la película, elaborar el presupuesto, conseguir una firma de relaciones públicas, planear el lanzamiento, y así sucesivamente. Esta responsabilidad adicional fue un verdadero placer. En el pasado yo había asumido con frecuencia un papel activo en mis películas, haciendo que la producción fuera una realidad o proponiendo al director y, por supuesto, planeando la comercialización. Pero a veces, cuando yo decía: «Déjenme ver el póster» o «Utilicemos una foto mejor», me sentía como si los estuviera embistiendo a todos. Ahora podía participar en todo el proceso, desde soñar con las estrategias de promoción hasta aprobar los prototipos para los dos artefactos de Jack Slater.

La trama gira en torno a Danny, un niño de once años que está obsesionado con las películas de acción y sabe todo lo que hay que saber sobre ellas. Danny recibe un tiquete mágico que le permite entrar a la última película de Jack Slater, su héroe de acción preferido.

Yo estaba feliz de tener a John McTiernan como director porque había hecho *Predator*, *Die Hard* y *The Hunt for Red October*. John siempre tiene una gran claridad de visión y me dio el primer indicio de problemas mientras rodábamos *Last Action Hero*. Estábamos tomando una copa después de filmar hasta las tres de la mañana en Nueva York y John dijo: «Lo que realmente estamos haciendo aquí es *E.T.*». Sentí que se me caía el alma a los pies al escuchar eso: tal vez era un error que la película fuera para mayores de 13 años. Pensé que aunque había un niño en ella, a la gente no le gustaría que yo hiciera una película de acción dirigida a toda la familia. Eso estaba bien para Harrison Ford en *Raiders of the Lost Ark*, pero no para mí.

Obviamente yo había hecho comedias, pero diferente porque nadie espera que mates gente en una comedia. Cuando estás vendiendo una película con la palabra «acción» en el título, más te vale que la incluyas. *Conan II* había fracasado porque la hicimos PG. Y ahora estábamos apostando a que podíamos incluir bastantes trucos sorprendentes y energía para hacer que *Last Action Hero* estuviera a la altura de su nombre.

La idea de una película de acción más cálida y tierna parecía adecuada para la época. Bill Clinton acababa de derrotar a George Bush en las elecciones de 1992 y los medios de comunicación estaban llenos de historias acerca de los *baby boomers* que estaban tomando el relevo de la generación de la Segunda Guerra Mundial; decían que Estados Unidos estaba yendo ahora en una dirección contraria a la violencia. Los periodistas de entretenimiento decían: «Me pregunto lo que esto significa para los héroes de acción que son conservadores acérrimos, como Charlton Heston, Sylvester Stallone, Bruce Willis y Arnold Schwarzenegger. ¿El público está ahora más interesado ahora en la paz y el amor?». Esa es la tendencia con la que yo quería conectarme, así que cuando los fabricantes de juguetes llegaron con los prototipos de un muñeco de Jack Slater, veté las armas de combate que habían propuesto. Dije que estábamos en los años noventa y no en los ochenta. En lugar de sostener un lanzallamas, el juguete de Jack Slater lanzaba un puñetazo y decía: «¡Gran error!», su comentario habitual contra los malos. La envoltura del muñeco decía: «Juega con inteligencia. Nunca juegues con armas de verdad».

Nos dedicamos de lleno a la comercialización y a la promoción. Además de los juguetes de acción, expedimos licencias para siete tipos de videojuegos, una promoción de $20 millones en Burger King, $36 millones para que la película fuera exhibida en parques de atracciones y —mi favorito— la NASA nos escogió para ser el primer anuncio pagado en el espacio exterior. Pintamos *Last Action Hero* y *Arnold Schwarzenegger* a los lados de un cohete y realizamos un concurso nacional cuyo ganador tendría la oportunidad de hundir el botón de lanzamiento. Pusimos una estatua inflable de Jack Slater de cuatro pisos de altura en una balsa frente a la playa en Cannes durante el festival de cine en mayo y establecí un récord personal dando 40 entrevistas para la televisión y 54 para la prensa en un período de 24 horas.

Mientras tanto, la producción se estaba retrasando. En nuestra única proyección de prueba el 1 de mayo, la película aún estaba tan cruda que duraba dos horas y 20 minutos y la mayor parte del diálogo era incomprensible. El público salió aburrido. Quedaba tan poco tiempo que no podíamos hacer más pruebas y nos vimos obligados a seguir casi a ciegas, sin la retroalimentación necesaria para afinar una película. Sin embargo, nadie en el estudio quería posponer la inauguración, ya que esto podría crear la percepción de que la película estaba en problemas, y estuve de acuerdo con eso.

A muchas personas les gustó *Last Action Hero*. Pero eso no es suficiente en el negocio del cine. No basta con que a la gente *simplemente* le guste la película: necesitas que se apasionen por ella. El boca en boca es lo que hace que las películas sean grandes porque, aunque puedes destinar $25 o $30 millones para promocionar la película el primer fin de semana, no puedes darte el lujo de seguir haciendo eso cada semana.

Éramos totalmente conscientes de esto y estábamos expectantes. Sin embargo, tal vez por causa de *Jurassic Park*, la venta de entradas estuvo por debajo de las expectativas el primer fin de semana: $15 millones en lugar de los $20 millones que habíamos previsto. Y cuando vi que la gente salía tibia y no entusiasmada de los teatros, diciendo cosas como: «Realmente estuvo muy buena», supe que estábamos fritos. Efectivamente, el segundo fin de semana nuestra taquilla se redujo en un 42%.

La crítica fue mucho más allá de *Last Action Hero*. Dijeron que mi carrera había terminado. Los escritores atacaron todo lo que yo había hecho en las películas, como diciendo: «¿QUÉ se puede esperar de un tipo que trabaja con John Milius y habla de aplastar a sus enemigos? Ese es el mundo en el que quieren vivir ellos pero nosotros queremos vivir en un mundo compasivo».

La política entró en juego. Nunca me habían atacado por ser republicano, a pesar de que Hollywood y la prensa de entretenimiento suelen ser liberales. Y ahora que yo estaba abajo, ellos podían despacharse conmigo. Reagan y Bush estaban afuera, los republicanos estaban afuera, y lo mismo ocurría con las películas de acción sin sentido y con toda la mierda machista. Era el momento de Bill Clinton, Tom Hanks y las películas que tienen sentido.

Asumí las críticas desde una perspectiva filosófica y traté de minimizar el asunto. Tenía todo tipo de proyectos en fila —*True Lies*, *Eraser* y *Jingle All The Way*— como para dar por hecho que una película que se va al inodoro no tendría ningún impacto en mi carrera, en el dinero que ganaba o en nada real. Me dije a mí mismo que no importaba porque tarde o temprano todos recibimos una paliza. Podría haber sido en otra película. Podría haber sido tres años más tarde. Podría haber sido cinco años más tarde.

Pero el hecho es que no es agradable cuando la recibes. Es vergonzoso fracasar en la taquilla y que tu película no tenga un buen comienzo. Es vergonzoso que escriban historias horribles sobre ti. Es vergonzoso que la gente empiece a decir que este año será el de tu fracaso. Como siempre, había dos voces discutiendo en mi cabeza. Una decía: «¡Maldita sea. ¡Oh, Dios mío, esto es terrible». La otra respondía: «Ahora veremos de qué estás hecho, Arnold. Vamos a ver qué cojones tienes, qué tan resistentes son tus nervios. ¿Qué tan grueso es tu pellejo? Vamos a ver si puedes pasear en tu convertible con la capota abajo y sonreírle a la gente sabiendo que ellos han visto que acabas de salir con una mierda apestosa. Vamos a ver si puedes hacer eso». Todo esto sucedía en mi mente: me daba látigo y trataba de darme ánimos al mismo tiempo, preguntándome cómo superar esto. Era una especie de repetición de la noche que perdí el título de Mr. Universo contra Frank Zane.

Maria fue un gran apoyo.

—Mira, la película era buena —dijo—. Tal vez no era lo que esperábamos, pero era buena y debes sentirte orgulloso de ella. Sigamos adelante. Concentrémonos en el siguiente proyecto.

Fuimos a nuestra casa de vacaciones en Sun Valley y jugamos con los niños.

—No te lo tomes tan en serio —me dijo—. Mira lo que tenemos aquí. Deberías pensar en eso y no en esa película. Esas cosas vienen y van. Además, de tus veinte películas o algo así, por lo menos las dos terceras partes tuvieron éxito, así que no tienes nada de qué quejarte.

Pero creo que ella también estaba decepcionada y probablemente se sentía avergonzada cuando llamaban mis amigos. Es lo que hacen en Hollywood. Te dicen: «Lo siento mucho por los ingresos de taquilla», cuando en realidad están tratando de ver cómo respondes y reaccionas. Así que Maria recibía llamadas de sus amigos, quienes le decían cosas como: «Oh, Dios mío, vi el artículo de *Los Angeles Times*. Dios, lo siento mucho. ¿Hay algo que podamos hacer?». Ese tipo de comentarios.

Todos lo hacemos. Solidarizarse con los problemas de alguien es algo que es parte de la naturaleza humana. Yo llamaría a Tom Arnold si una de sus películas fracasara. Yo llamaría a Stallone y le diría: «Al diablo con *Los Angeles Times*, al diablo con ese gremio, con esos cabrones estúpidos… Tú eres un gran actor y tienes talento». Eso es lo que haces. Pero, al mismo tiempo, hay una parte tuya que se pregunta: «¿Qué va a decir él?». Entonces ¿por qué la gente no me llama y hace lo mismo? Y cuando te sientes avergonzado como lo hice yo tiendes a suponer que todo el mundo está concentrado en tu fracaso. Yo iba a un restaurante y alguien decía: «Ah, oye, ¿cómo estás? Veo que ya salió la nueva película, ¡es genial!», y yo pensaba: «¿Es genial? ¡Hijo de puta! ¿No has leído el *Los Angeles Times*?». Pero en realidad no todo el mundo lee *Los Angeles Times* ni *Variety* ni va a ver todas las películas. El pobre seguramente no sabía nada de nada y solo quería decir algo agradable.

Estos problemas no eran nada que otro gran éxito no pudiera arreglar. Antes de terminar el verano yo estaba de nuevo ante las cámaras de

Jim Cameron, galopando en un caballo negro en el centro de Washington D.C., y persiguiendo a un terrorista en una moto. *True Lies* era una comedia de acción a gran escala que tenía efectos especiales muy sofisticados, incluyendo un tiroteo entre un rascacielos de Miami y un avión Harrier, y una explosión nuclear que destruye uno de los cayos de la Florida. Y tenía relaciones divertidas y complicadas, sobre todo con mi esposa, que piensa que soy vendedor de computadores, y yo, que interpreto a un súper-espía estilo James Bond. Jamie Lee Curtis hizo un papel tan bueno que fue nominada a un Globo de Oro en la categoría de comedias.

Yo había sabido de *True Lies* el año anterior, cuando Bobby Shriver llamó y me dijo que había visto una película francesa que le gustaría adaptar para el mercado norteamericano.

—Se llama *La Totale* —dijo—, y se trata de un tipo cuya esposa no sabe lo que él hace para ganarse la vida. A veces llega completamente golpeado a casa y tiene que inventar excusas. Arresta a criminales internacionales y, mientras tanto, no puede encontrar la manera de lidiar con las locuras que está haciendo su hija adolescente.

—Suena gracioso —le dije.

—Sí, sí. Es comedia y acción. Te ríes pero hay un montón de suspenso.

Llamé al agente de la película, le pedí que me la enviara y me enamoré de ella. Bobby, sin embargo, tenía razón: era demasiado estática para el público americano y le faltaba acción y energía.

—¡Jim Cameron! —pensé—. Estaba planeando rodar *Spiderman*, pero no se concretó.

Así que llamé a Cameron y le dije:

—Hagámosla juntos, tal como te imaginas las cosas: ¡EN GRANDE!

Pronto llegamos a un acuerdo con Fox y Jim comenzó a escribir el guion. Los personajes femeninos son fuertes en todas sus películas y él transformó a esta mujer de un ama de casa corriente al personaje que interpreta Jamie Lee: elegante y atractiva, con su propia vida secreta. Jim me llamaba para pedir mi opinión mientras el guion tomaba forma.

Nos encerramos dos días en Las Vegas explorando cómo iba a hablar con mi esposa, cómo la confrontaría si sospechaba que ella estaba teniendo una aventura, qué le diría a un terrorista antes de matarlo, cómo manejaría la situación si me enteraba de que mi hija le estaba robando a mi amigo, y adaptamos el ritmo del diálogo exactamente a mi medida. La sincronización del proyecto en el tiempo funcionó a la perfección, como se vio después: tan solo unas semanas después de la decepción de *Last Action Hero* entramos en preproducción y el 1 de septiembre ya estábamos rodando.

Maria y yo convertimos *True Lies* en una aventura familiar. Ella tenía ocho meses de embarazo cuando comenzó el rodaje y, al anunciar su permiso de maternidad en su programa *First Person with Maria Shriver*, les dijo a los espectadores: «Arnold estará en Los Ángeles cuando dé a luz. Iré con mis hijos al set de grabación y veré cuánto tiempo duro como esposa». Cameron se las arregló para que filmáramos tres semanas en Los Ángeles hasta que Patrick naciera. Luego, la producción se trasladó a Washington D.C. y, efectivamente, unos días después, Maria, Katherine, Christina, el bebé y la niñera se encontraron conmigo.

Vivimos un mes en Washington y fue una temporada muy feliz. Cameron prefería filmar de noche, como de costumbre, y yo trabajaba hasta el amanecer: iba a casa, dormía, y por la tarde me levantaba y jugaba con los niños. Katherine tenía cuatro años y Christina dos y medio, y además de hacernos cosquillas y de hacer tonterías, una de las cosas que más nos gustaba era pintar. Ronda, una artista que también era mi asistente, me había hecho recobrar el entusiasmo por la pintura: me encantaba desde que era niño. Siempre había prometido retomarla pero nunca tuve la paciencia para conseguir los materiales e intentarlo de nuevo. Un sábado por la mañana, Ronda fue a nuestra casa con acrílicos y lienzos, y nos dijo: «Vamos a pintar las próximas tres horas».

—Bueno —dije.

Sacamos un libro de Matisse y nos dispusimos a copiar un cuadro; era una habitación con una alfombra, un piano y una flor en un jarrón, con puertas francesas que se abren a un balcón con vista al mar. Eso me llevó de regreso al arte. Luego comencé a dibujar castillos con pluma y tinta y a pintar tarjetas de Navidad y de cumpleaños para Maria y nuestros hijos. Las niñas y yo nos sumergimos en esa rutina deliciosa de hacer dibujos y jugar juntos, y yo pinté una hermosa calabaza de Halloween con crayolas para Patrick, y un pastel de cumpleaños con velas para Maria.

Vivimos como gitanos en los próximos meses. Trasladamos la producción de *True Lies* a Miami y monté en jet-ski con Maria y las niñas. Luego fuimos a Key West, a continuación a Rhode Island y finalmente regresamos al Oeste. Integré la familia y el trabajo mucho mejor que mi personaje como agente secreto. Cameron le dio un orden increíble al set y todos los días tuve tiempo para trabajar y jugar. Aun así, hacer *True Lies* fue todo un reto, y no me refiero solo a las muchas horas que pasé practicando tango para las escenas de baile. Cameron estaba mejorando la película con acrobacias y efectos especiales, y además de emplear a 48 especialistas, los actores teníamos que hacer muchos trucos. Jamie Lee colgaba de un helicóptero que la depositaba en un coche que circulaba por el puente que une a los Cayos de la Florida. Nadé en el océano para escapar de un muro de llamas. Yo confiaba en que Cameron no pondría nuestras vidas en peligro pero esos trucos eran arriesgados y si cometías un error, nadie te podría proteger en un ciento por ciento.

La situación más peligrosa que viví fue al cabalgar el caballo negro. En la película, Harry Tasker persigue a los terroristas en su motocicleta por varios lugares: un parque de Washington D.C., un hotel de lujo, un salón de baile, una fuente, en unos ascensores llenos de personas con esmoquin y vestidos de fiesta. Por último, el malo de la película está acorralado en la azotea. Pero asombrosamente el terrorista acelera su moto, hace un salto espectacular y cae en la piscina de la azotea de un edificio adyacente. En el fragor de la persecución, Harry espolea su caballo y se acerca al borde del tejado para saltar, pero frena y patina de una forma tan abrupta que Harry sale disparado de la silla en un arco grande sobre el cuello del animal y termina colgando de las riendas a muchos pisos de altura. Ahora su vida depende del caballo, que él trata de convencer para que dé un paso atrás. La azotea era en realidad un estudio del set, construido a 90 pies de altura. Todos estaban nerviosos de que el caballo no pudiera detenerse y resbaláramos entonces por el borde. Le agregaron, pues, una plataforma de seguridad, semejante a una pasarela de alta resistencia. De esta manera, si el caballo daba un paso o dos más no nos caeríamos. La imagen de la plataforma sería editada en la copia final.

Necesitas un caballo muy brioso para hacer un truco como ése porque tienes que hacer muchas tomas. Un caballo ordinario se dará cuenta de que realmente no vas a permitir que salte. No irá hasta el borde de la azotea después de unos pocos intentos sino que se desacelerará a mitad de camino y se detendrá sin problemas. Pero a un caballo brioso le atrae tanto la idea de saltar que continuamente irá hasta el borde, esperando que lo dejes saltar. Lo cierto es que yo tenía un caballo brioso y bien entrenado pero muy agresivo. Eso me gustaba pues aprendí a lidiar con animales desde que entrené en Conan.

Antes de que pudiéramos empezar tenían que comprobar los ángulos de las cámaras y medir el foco. Tuve que llevar el caballo hasta el borde de la azotea y a la pasarela que estaba sobre el piso del estudio. De repente, una de las cámaras que estaba en un soporte largo cayó accidentalmente sobre la cara del caballo. El golpe no fue fuerte pero el caballo se asustó y sus cascos empezaron a resbalar en la pasarela cuando retrocedió. Me apeé tan rápido como pude pero estaba prácticamente atrapado: me encontraba en la pasarela, a 90 pies de altura, y debajo del caballo. «Sigue con vida, sigue en esta plataforma, ten cuidado con los cascos», fue lo único que pensé. El caballo se estaba moviendo y si me pisaba o volvía a resbalar, los dos podríamos caernos. Recordé que varias personas habían sobrevivido luego de caer desde alturas mucho más considerables. Pero yo sabía que, en este caso, el caballo y yo aterrizaríamos en el piso de cemento y todo habría terminado.

Lo último que habría pensado alguien es que sería peligroso hacer algo al respecto. Sin embargo, Joel Kramer, nuestro director de trucos, sabía que esto no se había intentado antes y reaccionó con rapidez. Lo vi saltar a la plataforma y agarrar el caballo, calmarlo y retroceder suavemente para que yo pudiera escapar.

Mi cerebro funcionó como lo hace en caso de peligro: descarta el incidente como si no hubiera sucedido. Y cuando el caballo se calmó, volvimos a filmar la escena tal como estaba planeada. Le regalé una caja de cigarros Montecristo a Joel pues era evidente que, de no haber sido por él, el caballo y yo probablemente estaríamos muertos.

Maria tenía demasiadas energías como para jugar durante mucho tiempo al papel de mamá. Cuando llegamos a la Florida ya estaba trabajando de nuevo, pensando en nuevos reportajes, y cuando la producción se trasladó a Rhode Island, ella y yo fuimos a Cuba por un día. Obviamente los estadounidenses tenían prohibido ir a Cuba pero Maria podía hacerlo en calidad de periodista: ya le había hecho un par de entrevistas a Fidel y, en una de ellas, le preguntó sin rodeos si había tenido algo que ver con el asesinato de John F. Kennedy. Ella estaba preparando el terreno para otra entrevista y yo fui en calidad de esposo.

El punto culminante para mí, por supuesto, eran los habanos. Mientras Maria estaba ocupada con sus reuniones, fui a la fábrica Partagás, donde se hacen los Cohibas, los Punches, los Montecristos y otras marcas legendarias. Me encantan las fábricas y, cuando me apasiona un producto, me gusta ver cómo lo hacen. Me gusta mucho ver el proceso de elaboración de autos, zapatos y vidrio soplado. Me encanta ir a la fábrica de relojes Automar Piquet en Suiza —ver a los técnicos trabajar con sus batas blancas, guantes, gafas y gorros para evitar que el polvo caiga en el mecanismo de los relojes— y a las tiendas de madera en el Bosque Negro, donde tallan a mano figuras religiosas y máscaras. Es genial ver dónde está la acción en lugar de limitarse a comprar el producto en una tienda.

Esta fábrica era el cielo de los cigarros. Imagina un salón de clases muy grande para un centenar de estudiantes con bancos y mesas de madera, como en los viejos tiempos. Ese es exactamente el aspecto que tenía la fábrica. Varios hombres y mujeres estaban enrollando cigarros en sus pupitres y en el centro había una plataforma, como la que teníamos cuando yo estaba en la escuela media, donde el maestro siempre estaba por encima de los alumnos. Allí había un hombre sentado leyendo las noticias en voz alta. Mi español no es tan bueno como para que pudiera entender todo lo que decía, pero eran noticias mezcladas con propaganda. Tienes que ser elocuente para estar allí y leer las noticias de esa manera, ser casi un artista del entretenimiento, como Robin Williams interpretando al *disc jockey* en *Good Morning, Vietnam*. Este hombre era así, hablando y gritando a mil por hora y agitando las manos. Estoy seguro de que les ayudaba a pasar el tiempo a los trabajadores.

Me sorprendió ver cómo trataban ese tabaco extraordinario como si fuera oro. Yo solo había visto medidas de seguridad semejantes en las minas de diamantes y oro de Sudáfrica. Cuando los trabajadores llegan se dirigen a una sala enorme, humidificada a la perfección, donde cuelgan las hojas; son hojas grandes, largas y perfectamente alineadas y curadas. A cada trabajador se le asigna cierto número de hojas y tres cigarros de calidad inferior para su consumo personal. La regla es: «No enrolles nunca un cigarro para ti». Todo el tabaco era contabilizado: así de valioso es ese tabaco. Tiene que ser cultivado de cierta manera. Tiene que ser tratado de cierta manera. Tiene que ser preparado y secado cuidadosamente hasta que adquiera un color marrón y esté listo para ser enrollado. Todo tiene que ser perfecto, y los cubanos son unos genios en esto. Cuentan con el mejor clima, la mejor tierra y toda la tradición; son varias generaciones que enrollan tabacos con pasión y que siempre están buscando perfeccionar aún más el producto final.

Los ves armar el cigarro: primero el núcleo, que tiene un tabaco de alta calidad, luego la hoja de aglutinante, con un tabaco diferente, y finalmente la envoltura, una hoja que no debe tener absolutamente

ninguna vena. Si un cigarro tiene venas —venas gruesas— entonces
es un cigarro de menor calidad o significa que fue descuidado. Un
cigarro como ese vale ocho dólares y es de buena calidad, pero no es
tan agradable como un Davidoff, un Montecristo o un Cohiba. Vi a
los trabajadores poniendo las vitolas. Como en todo, es importante
tener una etiqueta de excelente aspecto. Para un fumador de cigarros,
el interés aumenta con la banda, sobre todo si ésta tiene un aspecto
internacional, si parece cubana, brillante y latina, con rojos y amarillos
estridentes y a veces con un una figura femenina muy bien pintada. Los
cigarros cubanos realmente son tan buenos como dice la gente. Hay un
montón de cigarros cubanos pero, si eres un experto, puedes detectar
en cuestión de segundos los falsos y los genuinos porque el verdadero
cigarro cubano tiene un olor fuerte, como el de los fertilizantes. Suena
raro decir esto, pero es así como huelen. Tienen un sabor delicioso
cuando fumas uno de ellos pero si no sabes de cigarros y abres la caja,
no te gustará el olor.

Ahora que Bill Clinton había llegado a la Casa Blanca, mi nombre ya no
sonaba tanto en Washington. Incluso antes del día de la inauguración,
Donna Shalala, la nueva secretaria de Salud y Servicios Humanos, me
pidió la renuncia como zar de acondicionamiento físico. Simplemente
me dijo: «Hiciste campaña para Bush y no podemos tenerte como presidente del Consejo Presidencial». Y cuando hablé con Bruce Babbitt,
el nuevo Secretario del Interior, para obtener un permiso y cabalgar en
el caballo negro a través del espejo de agua en el Monumento a Washington durante el rodaje de *True Lies*, él nos rechazó de plano, aunque
había autorizado el rodaje de otras películas.

Maria no se sorprendió.

—Bienvenido a la política. Simplemente es así —dijo.

Por supuesto que ella lamentaba verme obligado a abandonar mi
cargo en el Consejo Presidencial, el cual me encantaba y desempeñé
con eficacia. Por otro lado, a pesar de que ella apreciaba personalmente a George Bush, no veía la hora de que Bill Clinton asumiera

el cargo. No sé cuáles fueran realmente sus sentimientos al respecto. Tal vez se sentía satisfecha en su interior porque yo llevaba mucho tiempo moviéndome entre los altos círculos republicanos, diciéndole a ella que Ronald Reagan esto y que George Bush lo otro, y que los conservadores iban a enderezar el país. Pero ella no veía la hora de un cambio.

Yo había aprendido tantas cosas durante mi cargo como zar presidencial para el Acondicionamiento Físico, que sabía exactamente en qué quería concentrarme a continuación. Luego de recorrer los Estados Unidos por espacio de tres años, un problema importante relacionado con los niños me preocupaba cada vez más: muchos de ellos estaban desperdiciando el tiempo después de la escuela y durante las vacaciones de verano; no tenían nada para hacer y contaban con muy poca supervisión adulta. En todos los estados que yo visitaba, veía que los chicos salían de la escuela a las tres de la tarde. La mitad de ellos eran recogidos por sus padres o regresaban a sus casas en autobuses escolares, y la otra mitad regresaba caminando.

A medida que me interesé en esto me hice amigo de Danny Hernández, un ex *marine* que dirigía el centro juvenil Hollenbeck en un sector pobre y plagado de pandillas de Los Ángeles. Según la experiencia de Danny, las vacaciones de verano eran el momento más difícil para los jóvenes, cuando estaban más propensos a involucrarse en la delincuencia, las drogas, el alcohol y las pandillas. Y en 1991 creó los Inner-City Games, una especie de Juegos Olímpicos para que las vacaciones de verano tuvieran más sentido. Los jóvenes de las diferentes escuelas entrenaban desde junio hasta agosto y luego competían el último día de vacaciones.

Danny me invitó al centro juvenil Hollenbeck, producto de una colaboración inusual entre las empresas locales y la policía de Los Ángeles en los años setenta. Contaba con canchas de baloncesto, una sala de pesas, clases de educación física, una sala de informática, clases de computación y un lugar para hacer tareas. Había un hermoso cuadrilátero de boxeo situado en el este de Los Ángeles, una zona latina.

El boxeo es muy popular en esa cultura. Danny me explicó que la idea era ofrecerles un lugar a los jóvenes y darles una segunda oportunidad a quienes tuvieran problemas. Con frecuencia las comisarías de policía de Hollenback y de otros sectores del este de Los Ángeles enviaban a estos chicos al centro Hollenbeck y no a la corte. Les decían: «Aléjate de la calle, ve a trabajar allá cuando salgas de la escuela, haz tus tareas allí; hay computadoras, un gimnasio y boxeo, así que anda».

Los disturbios en la primavera de 1992 evidenciaron de manera muy dolorosa la necesidad de mantener a los jóvenes alejados de los problemas. El estallido de la violencia fue ocasionado por la absolución de unos policías de Los Ángeles que habían golpeado a Rodney King después de haber eludido a una señal de «Pare». Un video filmado en el lugar de los hechos mostró que la policía lo golpeó severamente una vez que se entregó. Varios sectores de Los Ángeles ardieron en llamas, decenas de personas murieron y hubo disturbios en otras ciudades. El centro Hollenbeck sirvió como un refugio seguro durante los motines. Hice un video musical de servicio público con Arsenio Hall llamado *Chill*, donde le pedíamos a la gente que se calmara.

Después, Danny y yo aumentamos nuestros esfuerzos para ampliar los Inner-City Games de modo que involucraran más escuelas y participantes, y hacer que el programa estuviera disponible todo el año. Cuando *True Lies* llegó a los cines y encabezó la taquilla de verano para películas de acción en 1994, los Inner-City Games estaban cobrando fuerza. Ahora llegaban a miles de chicos y culminaban en nueve días finales en la Universidad del Sur de California con la participación de cinco mil jóvenes. Nos estábamos expandiendo más allá de los deportes, incluyendo concursos artísticos y de escritura, programas de teatro, concursos de baile, y hasta programas para jóvenes empresarios. Atlanta había puesto en marcha su propia versión de estos juegos, y se planeaba implementarlos en Orlando, Miami, Chicago y otras cinco ciudades.

Aprendí muchas cosas sobre mí luego de trabajar con estos jóvenes. Anteriormente yo creía ser el chico que aparecía en el póster del sueño americano. Vine a los Estados Unidos virtualmente arruinado, trabajé duro, me mantuve concentrado en mi objetivo y lo logré. «Este era realmente el país de las oportunidades», pensaba. Si un chico como yo podía hacerlo, cualquiera podría hacerlo también. Sin embargo no era así.

A medida que visitaba las escuelas vi que no bastaba con crecer en los Estados Unidos. En los barrios más deprimidos, los niños ni siquiera se atrevían a soñar. El mensaje que recibían era: «No te molestes. Nunca lo lograrás. Eres un perdedor».

Pensé en todo lo que yo tenía, a diferencia de esos niños que no tenían nada. Yo también había crecido en la pobreza. Tenía un fuego interior para alcanzar el éxito y dos padres que me estimularon y me inculcaron la disciplina. Tuve una educación sólida en la escuela pública. Y cuando salía de clases practicaba deportes con entrenadores y deportistas que eran modelos a seguir. Tuve mentores que me hicieron pensar que podría lograrlo. Estaban conmigo, apoyándome y haciéndome crecer las 24 horas del día. Pero ¿cuántos chicos de los barrios más deprimidos tenían esas herramientas? ¿Cuántos aprendían a tener disciplina y determinación? ¿Cuántos recibían el estímulo que les permitiría siquiera vislumbrar su autoestima?

Al contrario, les decían que estaban atrapados. Podían ver que la mayoría de los adultos que los rodeaban también lo estaban. Las escuelas tenía pocos recursos, los maestros estaban extenuados y no siempre eran los mejores, y los mentores eran escasos. Por todos lados había pobreza y pandillas.

Yo quería que ellos sintieran su propia motivación, ambición y esperanza, y que pudieran salir desde el mismo. De partida. Por lo tanto, no tuve dificultades para trabajar con estos niños ni pensar en lo que debía decirles.

—Los queremos —les decía—. Nos preocupamos por ustedes. Son geniales. Ustedes pueden lograrlo. Creemos en ustedes, pero lo más importante es que crean en ustedes mismos. Muchas oportunidades están a su alcance, siempre y cuando tomen las decisiones correctas y tengan un sueño. Pueden ser todo lo que quieran ser: maestros, agentes de policía, médicos. O estrellas de baloncesto, actores, o incluso presidentes del país. Cualquier cosa es posible pero ustedes tienen que hacer su parte del trabajo y nosotros como adultos tenemos que hacer nuestra parte.

CAPÍTULO 21

Problemas del corazón

GANAR DINERO NUNCA FUE mi único objetivo. Pero siempre mantuve un ojo en mi poder adquisitivo como un indicador del éxito y el dinero me abrió la puerta a inversiones interesantes. *True Lies* y *Junior* fueron éxitos en 1994 y de nuevo pusieron en marcha mi carrera en el cine. Tenía muchísimo trabajo y el dinero me seguía llegando a chorros: solo con el cine gané casi $100 millones en el resto de los años noventa. Cada año ganaba millones adicionales por concepto de videos, de trasmisión por cable y por las emisiones de mis películas antiguas. Mi primera película, *Hércules en Nueva York*, estaba ganando dinero como película de culto, aunque no recibí nada por ella. Gané decenas de millones más en el sector inmobiliario, con Planet Hollywood, con libros y otros negocios.

Al igual que muchas otras estrellas de Hollywood, también gané dinero haciendo comerciales en Asia y Europa. Hacer comerciales en los Estados Unidos habría afectado la imagen y la marca de Arnold, pero los anuncios de las celebridades americanas tenían prestigio en el extranjero, especialmente en el Lejano Oriente. Los fabricantes de productos como fideos instantáneos, café en lata, cerveza y Vffuy, una bebida vitamínica japonesa, estaban dispuestos a pagarme hasta $5 millones por cada anuncio. Y por lo general se rodaban en un día. El acuerdo incluía siempre una «cláusula de confidencialidad» que garantizaba que el anunciante no transmitiría el comercial en Occidente. Esa posibilidad ya no existe: filmas un comercial hoy y al día siguiente está YouTube. A mediados de los años noventa, sin embargo, Internet era solo una idea nueva y extraña.

A medida que mis intereses empresariales se expandían supe que entraríamos a un territorio donde ya no tendría tiempo para encargarme de todos y que Ronda, mi asistente, se vería abrumada de trabajo. Ella había estado tomando clases de negocios pero era realmente una artista. En 1996 me dijo: «No puedo manejar tanto dinero. Ya no me siento cómoda». Yo apreciaba mucho a Ronda y le prometí que podía hacer solo aquello con lo que se sintiera cómoda y que conseguiría ayuda para los proyectos más grandes, los que involucraban más dinero.

Siempre sentí que lo más importante no es cuánto gane uno sino cuánto inviertes y cuánto te queda. No quería unirme a la larga lista de artistas y atletas famosos que terminaron casi arruinados. Es una lista impresionante: Willie Nelson, Billy Joel, Zsa Zsa Gabor, Bjorn Borg, Dorothy Hamill, Michael Vick y Mike Tyson son solo algunos. Todos ellos tenían gerentes de negocios. Recuerdo a Burt Reynolds y a su manager conduciendo cada uno un Rolls Royce por Palm Springs. Y luego el dinero se esfumó. No importa lo que hagas en la vida, tienes que tener una mente de negociante y aprender sobre asuntos de dinero. No puedes entregárselo a un gerente y decir: «Invertiremos la mitad para pagar los impuestos y yo guardaré la otra mitad». Mi objetivo era hacerme rico y seguir siendo rico. Nunca quise recibir la llamada telefónica en la que el mánager dice: «Algo salió mal con la inversión. No podemos pagar los impuestos». Yo quería saber hasta el más mínimo detalle.

Mis intereses son tan diversos que podría haber terminado con un montón de asesores especializados. Sin embargo, cada vez he trabajado más de cerca con un banquero de inversión muy inteligente llamado Paul Wachter, a quien conocía desde hace varios años. Era un viejo amigo de mi cuñado Bobby Shriver —entablaron amistad después de graduarse de abogados en los años setenta, mientras trabajaban para jueces en Los Ángeles— y eran muy cercanos. Se podría pensar que yo no tenía mucho en común con un abogado judío, un banquero del Upper East Side de Manhattan que nunca había estado cerca de un cuarto de pesas o de un set de grabación. A varias personas les parecía extraño lo bien que nos llevábamos Paul y yo. Él tenía una fuerte herencia austriaca: su padre había sobrevivido al Holocausto en Viena y su madre era de una región de Rumania donde se hablaba alemán (este era el idioma que se hablaba en su casa). Y su padre, a diferencia de muchos inmigrantes después de la Segunda Guerra Mundial, había mantenido fuertes lazos con Europa. De hecho, tenía un negocio de importación y exportación de jamón y otros productos cárnicos entre Estados Unidos y lugares como Polonia y Baviera. Paul había pasado los veranos en Europa durante su infancia y más tarde trabajó como profesor de esquí en los Alpes austríacos. En comparación con la mayoría de los americanos, su modo de pensar era más semejante al mío. Los dos llevábamos el paisaje alpino en nuestra sangre: los nevados, los bosques de pinos, las chimeneas grandes y los chalets. Él me entendió cuando le dije que soñaba con construir un chalet grande para mi familia en una colina de Los Ángeles. Los dos éramos muy competitivos, jugábamos tenis y esquiábamos juntos. Gracias a su padre, a quien yo apreciaba mucho, Paul entendía la mentalidad de los inmigrantes que venían a América, abrían un negocio y tenían éxito.

Se trataba de un individuo en quien yo confiaba, divertido y atlético, con el que yo podía pasar el tiempo, charlar, esquiar, jugar tenis, golf, viajar e ir de compras. Esas cosas son importantes para mí. Nunca me han gustado las relaciones de negocios que son puramente laborales. Maria y yo somos muy diferentes en ese sentido. Ella creció con una línea claramente trazada entre los amigos y los trabajadores. En mi caso, esa línea casi no existe. Me gusta mucho trabajar con personas de las que también puedes ser amigo y practicar rafting en un río, ir a Austria y caminar por las montañas. Y yo soy como un niño pequeño a quien le encanta mostrar y compartir experiencias. Si voy a almorzar a la cima de la torre Eiffel y la comida es extraordinaria, y el camarero se acerca con un carrito con cinco mil cigarros, y me gusta la forma como presenta el cigarro y lo enciende, quiero que todos mis amigos vivan esa experiencia. Así que la próxima vez que estoy promocionando una película en el extranjero hago lo posible para invitarlos. Quiero que conozcan la Ópera de Sydney. Quiero que conozcan Roma. Quiero que vean los partidos de la Copa Mundial de soccer.

Paul fue mi rabino no oficial cuando yo estaba haciendo el negocio de Planet Hollywood. Me sugería ir con mi abogado cuando los demás socios utilizaban los de la compañía. Él me insistió también en que nos tomáramos el tiempo para llegar a un acuerdo satisfactorio. Pasamos casi dos años negociando la participación en la propiedad y mientras las otras estrellas se centraron sobre todo en los regalos y en las gratificaciones, yo logré un acuerdo más lucrativo y con más salvaguardias establecidas en caso de que el negocio fracasara. Paul me ayudó en otros negocios durante el tiempo que trabajó en Wertheim Schroder, un banco de inversiones. Su especialidad en Wertheim eran los deportes y hoteles: había vendido campos de golf, clubes de tenis y centros de esquí. Pero él tenía tantas energías que me pareció que estaba para cosas más grandes. No importaba lo que llegara a sus manos —un estudio de producción, una bodega de vino en Napa, la construcción de un centro comercial— Paul siempre hacía un buen negocio. Era la persona más rápida para hacer estudios que yo conocía.

Él y yo llevábamos varios años trabajando de manera informal cuando Ronda llegó a su límite. El sentido común me había estado diciendo que yo necesitaba diversificar más allá de los bienes raíces, el único sector que conocía realmente. La economía estaba en auge, se estaban abriendo nuevas empresas e industrias, y el mercado de valores se estaba expandiendo de una forma increíble. Yo no estaba interesado en la compra y venta de acciones ni en dedicar mi tiempo a buscar otras empresas. Pero yo sabía que el mercado en general se había apreciado más de seis veces en términos reales en los más de 20 años desde que Jimmy Carter fue elegido presidente. Y yo quería aprovechar ese crecimiento. Paul hizo los preparativos para que yo adquiriera una participación en una compañía de fondos mutuos de capital privado con sede en Santa Monica llamada Dimensional Fund Advisers. Conocí a su fundador, David Booth, que había sido un estudiante de Milton Friedman, y Paul no terminaba de alabar ese negocio.

—Conozco cientos de empresas pero nunca he visto a un grupo de personas como éstas —me dijo—. Son muy éticas, brillantes en términos intelectuales y buenas para los negocios.

Dimensional era pequeña todavía y estaba bajo el radar, pero estaba a punto de dominar una parte del negocio de índice de fondos mutuos que el gigante de la industria, Vanguard, no atendía. Aproveché la oportunidad y Dimensional se convirtió rápidamente en uno de mis activos más valiosos. Yo le había insistido a Paul que trabajara por cuenta propia y en 1997 se instaló en mi edificio como gestor de patrimonio independiente con un solo cliente inicial: yo. Nos entendíamos tan bien por aquel entonces que le di apenas unas pocas instrucciones. La primera fue mi viejo lema: «Toma un dólar y conviértelo en dos». Yo quería grandes inversiones que fueran interesantes, creativas y diferentes. Las apuestas conservadoras —las del tipo que generarían un cuatro por ciento anual, por ejemplo— no me interesaban. Tampoco me interesaban sociedades ni negocios en el extranjero. Me sentía orgulloso de pagarle impuestos a mi país por el dinero que ganaba. Cuanto más pagáramos tanto mejor, pues solo sería una muestra de que estaba ganando más dinero. Asimismo, no estaba interesado en las inversiones que a menudo les atraían a los administradores de negocios de Hollywood: hoteles y clubes de moda, por ejemplo. Yo podía tolerar grandes riesgos a cambio de grandes ganancias, y me gustaba enterarme tanto como fuera posible de lo que estaba pasando. Paul se sintió atraído por mi apertura a nuevas ideas y mi participación, y por la cantidad de dinero que ganaba. Él sabía que podíamos hacer muchas cosas.

La idea de comprar un Boeing 747 se fue incubando lentamente en nosotros. Teníamos un conocido en San Francisco, David Crane, cuya firma de inversión había incursionado en el negocio de arrendamiento de aeronaves. El arrendamiento de aeronaves es toda una industria que existe porque a las aerolíneas muchas veces no les gusta ser dueñas de sus aviones: es algo que requiere una gran cantidad de capital y puede ser una gran distracción cuando su verdadero negocio consiste en transportar pasajeros y carga. Por lo tanto, las compañías aéreas suelen alquilar los aviones básicamente del mismo modo en que los conductores estadounidenses suelen alquilar sus coches en lugar de comprarlos. En un contrato de arrendamiento, la compañía opera y mantiene el avión, digamos por ocho años, y luego lo devuelve al propietario, que es libre de venderlo o arrendarlo de nuevo.

La firma de David estaba trabajando con Singapore Airlines. Esto me interesó porque Singapore Airlines tenía la mejor reputación en el negocio de las aerolíneas. Pensaba aumentar su sistema de rutas de forma agresiva y, a fin de liberar capital, estaba vendiendo aviones y tomándolos en alquiler mediante contratos respaldados por garantías del Gobierno de Singapur. Leí un poco sobre las líneas aéreas y los arrendamientos, y dejé que todo aquello se cocinara a fuego lento en mi mente. Entonces un día me desperté y tuve una visión totalmente clara: «¡Tengo que tener uno de esos 747».

Hasta donde yo sabía, la oportunidad era buena. También sentí un poco el mismo impulso que se apoderó de mí cuando vi la primera Humvee. El Boeing 747 era el campeón de los aviones para pasajeros y su precio era tan grande como su tamaño. Uno nuevo costaba entre $130 y $150 millones, dependiendo del modelo y de las opciones, como la cabina y los asientos, la capacidad de carga, la instrumentación, y así sucesivamente. Por supuesto, no pagas el monto total porque comprar un jet para alquilar es un poco como comprar un edificio de locales y oficinas: digamos que inviertes $10 millones y pides préstamos bancarios para cubrir el resto.

Nos pusimos en contacto con David Crane y él se mostró escéptico. Las ofertas de arrendamiento de aeronaves eran casi un monopolio compuesto por enormes instituciones financieras como GE Capital. Ninguna persona había incursionado en esa línea.

—Lo dudo, pero investigaré —dijo, y nos prometió que les preguntaría a sus clientes en Singapur.

Una semana más tarde me llamó:

—Es imposible. No puedes hacerlo. Ellos no quieren personas, solo instituciones.

—Bueno, puedo entender por qué —le dije—. Es probable que piensen que se trata de un idiota de Hollywood que consiguió algo de dinero de la noche a la mañana y que de repente cree que puede comprar un 747. Que cuando la otra parte está lista para cerrar el negocio, su película se va a pique (o algo así) y él se retrata. Ellos no quieren tratar con esos drogadictos y bichos raros de Hollywood. Entiendo eso. ¿Podemos hacer que se reúnan con nosotros? ¿Alguna vez vienen a Los Ángeles por negocios?

—Déjame averiguar.

Al día siguiente nos enteramos de que sus clientes vendrían a la Costa Oeste en dos semanas, dispuestos a ir a mi oficina.

—Ah —pensé—. Como suele ser el caso, algo que es imposible poco a poco se vuelve posible.

Cuando llegaron los ejecutivos de Singapore Airlines habíamos hecho nuestra tarea y fue fácil venderles la idea. Pasé el comienzo de la reunión revisando la oferta principalmente para mostrarles que yo entendía cómo funcionaba. Vi que se relajaron. Treinta minutos después nos estábamos tomando fotos juntos: la negociación ya estaba cerrada en principio. Les di chamarras de *Terminator 2*, gorras de *Predator* y camisetas de fisiculturismo como recuerdos. Yo sabía que en el fondo eran fans míos.

Ahora venía la parte difícil… para Paul. Cuando miras un negocio y no tienes todo el conocimiento, o no sabes muy bien todo lo que encierra, es probable que veas los riesgos y estés muy dispuesto a dar el paso. Yo acababa de ver lo que tenía delante y todo parecía muy bueno. Muy atractivo. Claro, también se veía arriesgado y olía arriesgado.

Pero mientras más arriesgadas sean las cosas, mayores serán las oportunidades.

Mi labor consistía en decir básicamente: «Me gusta esto». La labor de Paul consistía en asegurarse de que todo estuviera claro y que hubiéramos entendido los riesgos. En cuanto a la idea de ser dueño de ese aparato gigante... Estás firmando los documentos y crees que no tendrás ninguna responsabilidad pues el mantenimiento y la seguridad son responsabilidad de la aerolínea pero ¿era totalmente cierto eso? Paul descubrió unas cláusulas que eran realmente extrañas. Por ejemplo, si el avión se estrellaba seguramente tendrías problemas para dormir por la noche pero de todos modos contabas con un seguro para cubrir la pérdida. Por otro lado, si otros aviones de Singapore Airlines se estrellaban y la reputación de la compañía aérea se arruinaba, entonces el valor de tu inversión recibiría un fuerte golpe porque otras aerolíneas no querrían tu avión cuando terminara el contrato de arrendamiento y Singapore Airlines te lo devolviera.

—Ésa es una de las formas como todo esto podría irse a pique —explicó David Crane—. Tendrías un 747 que nadie quiere y tendrías que hacer tus pagos al banco.

Es cierto que la rentabilidad de la inversión depende en gran medida de este valor residual. Y el valor residual podría verse afectado por un sinnúmero de cosas, desde la reputación de la aerolínea hasta el estado de la economía mundial, los precios del petróleo o la innovación tecnológica dentro de diez años. Pero no pude dejar de reírme cuando oí el peor de los escenarios descritos por David.

—De acuerdo —dije—. Es exactamente lo que me sucederá.

Pero yo confiaba en que nada de eso sucedería. Finalmente nos sentimos cómodos con el trato. Yo estaba emocionado.

—Deberías hablar con otras personas en Hollywood —le dije a Paul—. Puede ser que también les guste la idea, podrías hacer un pequeño negocio.

Paul fue y habló con cinco o seis estrellas y altos ejecutivos pero regresó con las manos vacías.

—Me miraban como si tuviera tres cabezas —me dijo—. Sobre todo, lo que vi en sus ojos fue miedo. Como si todo el asunto fuera demasiado grande y raro para ellos.

El avión terminó costando $147 millones. Fuimos al aeropuerto para verlo antes de firmar los papeles. Aparezco en una foto pateando literalmente los neumáticos de mi 747. Naturalmente, firmamos todo tipo de acuerdos de confidencialidad pero los bancos no pudieron guardar silencio y la noticia se filtró el primer día. Me encantó porque todo el mundo pensaba que yo había comprado el 747 para viajar en él, al igual que el jeque de Dubai. Nadie cayó en la cuenta de que haríamos un gasto tan extravagante a manera de inversión. Las ganancias eran considerables: recibías beneficios fiscales y tenías el orgullo de ser su propietario. Oía a muchos tipos presumiendo acerca de su nuevo G4 o G4SP y luego les decía: «Eso está muy bien, chicos. Ahora déjenme hablar de mi 747». Era un gran interruptor de conversaciones.

Comprar el avión fue una aventura afortunada en un momento que fue difícil por otro sentido. Durante el rodaje de *Batman y Robin*, a finales del año anterior, yo me había enterado en mi examen físico anual que tendría que sacar un espacio en mi agenda para que me hicieran una delicada cirugía del corazón.

El momento fue una sorpresa pero no el problema en sí: yo sabía desde hacía 20 años que tenía un defecto hereditario que algún día tendría que ser reparado. Durante una de las visitas de primavera de mi madre en los años setenta, la llevé al hospital porque se sentía mareada y con náuseas. Se descubrió que tenía un soplo en el corazón debido a una válvula aórtica (la válvula principal que sale del corazón) defectuosa. La válvula tendría que ser reemplazada. Estas cosas suelen detectarse en la edad madura, según el médico, y ella tenía poco más de 50 años. Yo solo tenía 31 pero me revisaron también y descubrieron que tenía ese mismo defecto.

El médico me dijo: «Tu válvula no necesitará tratamiento por un buen tiempo. Pero vamos a estar pendientes de ella». Y todos los años me hacía examinar el corazón. El médico escuchaba el murmullo y decía: «No hay nada de qué preocuparse, simplemente debes estar siempre en forma, mantener el colesterol bajo y bla, bla, bla...», y yo me olvidaba un año más del problema.

Finalmente le dijeron a mi madre que había llegado el momento de la cirugía pero ella se negó.

—Estoy lista para irme cuando Dios quiera llevarme —señaló.

—Eso es gracioso: no dijiste lo mismo cuando te hicieron la histerectomía —le dije—. Has afrontado todos tus problemas de salud entonces ¿por qué hablas ahora de Dios? Fue Dios quien hizo que la ciencia fuera posible. Fue Él quien preparó a los médicos. Todo está en manos de Dios. Puedes prolongar tu vida.

—No, no, no.

Era una de esas actitudes típicas del Viejo Mundo. Sin embargo, aún sin la cirugía, ella parecía estar bastante saludable a sus 75 años.

El que no estaba bien era yo. La primera señal de un verdadero problema se produjo después de hacer *True Lies*. Sentí un ardor muy fuerte y extraño en el pecho mientras nadaba en la piscina de mi casa. Era una señal de que la válvula estaba empezando a fallar.

—Se deteriorará lentamente y luego lo hará con mucha rapidez —me dijo el médico—. La idea es intervenir cuando empiece a deteriorarse porque es el momento más adecuado y seguro para hacer la reparación. Si esperas más allá de eso, la aorta se verá afectada y el corazón se agrandará, y no queremos que esto suceda. Pero no puedo decir cuándo llegará ese momento: podría ser el próximo año o podría ser dentro de cinco. Cada persona es diferente.

No sentí más síntomas y continué haciendo lo mío. Esquié, hice películas, fui a inauguraciones de Planet Hollywood, hice mi servicio público. Sin embargo, en la revisión anual de 1996, el doctor me dijo: «Ha llegado el momento. Necesitas una cirugía de corazón. No tiene que ser mañana pero sí este año».

Fui a tres hospitales para hablar con los cirujanos. Creo que debes recibir tres dictámenes cuando te enfrentas a una decisión médica importante. El médico que escogí era Vaughan Starnes, del hospital de la Universidad del Sur de California. Era un tipo en buena condición física, llevaba gafas sin montura y era totalmente conocedor del problema y de los riesgos. También sabía quién era yo.

—Me encantan tus películas de acción y quiero que las sigas haciendo —dijo—. Así que no te quiero ver corriendo por ahí con una válvula artificial.

Me explicó que la mejor solución era insertar una válvula elaborada con tejido vivo en lugar de una válvula mecánica. Con una válvula mecánica yo tendría que tomar anticoagulantes y limitar mi actividad por el resto de mi vida. Pero con una válvula biológica podría seguir haciendo acrobacias, practicar deportes, esquiar, conducir motocicletas, montar a caballo y hacer lo que quisiera.

Ese era el lado positivo. El inconveniente era el riesgo. El procedimiento en particular que me estaba recomendando funcionaba seis de cada diez veces.

—Quiero que entiendas que la cirugía funciona entre el sesenta y setenta por ciento de los casos —me dijo, pero no en treinta o cuarenta por ciento de las veces. Si fuera el caso tendríamos que volver a intentarlo.

Un gran riesgo, una gran recompensa: eso tenía sentido para mí.

—Está bien —le dije—. Correré el riesgo.

Programamos la cirugía tan pronto terminé *Batman y Robin* para poder retomar mis actividades sin ningún problema. Después de la operación en abril, quería promover *Batman y Robin* ese verano y luego filmar mi próxima película a finales de año.

No le dije nada a mi madre ni a mi sobrino ni a nadie acerca de mi operación del corazón. Nadie lo sabía. Ni mis hijos ni nadie. Yo no quería hablar de eso. Yo quería fingir que en realidad no era una cirugía del corazón, que sería más como sacarme una muela del juicio. Yo quería ir, hacerlo y regresar luego a casa. Puse la cirugía de corazón a ese nivel: como si fuera la extracción de una muela. Así, no habría ansiedad de mi parte.

Ni siquiera quería decirle a mi esposa. Maria estaba en medio de un embarazo difícil —estábamos esperando nuestro cuarto hijo— y yo no quería que nada la molestara. Maria tendía a hacer un drama por todo, incluso por las cosas que no eran de vida o muerte, y yo procuraba ser muy discreto. Por ejemplo, nunca le decía: «Iré a Noruega dentro de tres meses para dar un discurso» porque desde ese momento en adelante se preocuparía por mi ausencia esa semana y por el hecho de que se quedaría sola. Maria no dejaba hilo sin dedal: «¿Qué vuelo vas a tomar? ¿Por qué viajar el sábado y no el domingo? ¿De verdad tienes que ir por tanto tiempo? ¿Cuáles son esas dos reuniones adicionales?» Y cuando me subía al avión ya no podía disfrutar el viaje porque habíamos hablado mucho al respecto. Así que siempre le decía a Ronda y a Lynn: «Nunca compartan mi calendario con nadie», y solo le informaba a Maria pocos días antes. De otro modo no podría soportarlo: soy una persona a la que no le gusta hablar una y otra vez de las cosas. Tomo decisiones con mucha rapidez y no pido la opinión de muchas personas. No quiero pensar muchas veces en una misma cosa. Me gusta seguir adelante. Es por eso que ella decía siempre que yo era igual a su madre.

Maria es todo lo contrario. Es una genio en asuntos médicos y acostumbra profundizar en todo y hablar con un montón de gente. Ella es un procesador externo; yo, en cambio, mantengo las cosas embotelladas. Yo tenía miedo de que los rumores se propagaran antes de mi cirugía si ella hacía eso. Que me criticara e hiciera conjeturas y discutiéramos todas las noches. Y yo necesitaba estar en estado de negación. Había tomado mi decisión en el consultorio médico y no quería reconsiderarla de nuevo. Si ella empezaba a mencionarla todo el tiempo, entonces mi truco de la negación no funcionaría y más bien alteraría mi forma de afrontar una cirugía de vida o muerte. Y entonces me pareció que lo mejor era que Maria solo se enterara poco antes del viaje o, mejor dicho, justo antes de ir al hospital.

Le comuniqué mi plan al doctor cuando se acercaba la hora de la cirugía.

—Le diré a mi familia que voy a ir a México —empecé—. Les diré que necesito una semana de vacaciones. Entonces hacemos la cirugía del corazón. Como dijiste que saldré del hospital cinco días después, me hospedaré luego en un hotel. Tomaré el sol, me broncearé, me veré saludable, regresaré a casa y nadie sabrá que me hicieron una cirugía. ¿Qué te parece?

Siempre hay hoteles cerca de los hospitales donde se recuperan las personas que se someten a cirugías estéticas o de otro tipo. Pensé que yo podía hacer lo mismo.

El médico pareció sorprenderse. Me miró y luego me dijo con toda naturalidad:

—No funcionará. Sentirás dolor, necesitarás ayuda, no podrás fingir. Te recomiendo encarecidamente que le digas a tu esposa. Ella está embarazada y deberías tenerla en cuenta. Yo se lo diría ahora mismo.

Esa noche le comenté a Maria.

—¿Te acuerdas que una vez te dije que algún día necesitaría que me reemplazaran la válvula del corazón? El médico tiene un cupo disponible para mí en dos semanas y pensé que es una buena idea hacerla en ese momento porque no estoy rodando ninguna película. Dentro de seis o siete semanas podré ir a Europa para la promoción de *Batman*. Es un buen momento para hacerlo, así que solo quiero que lo sepas.

—¡Espera! Espera, espera, espera. Espera un minuto. ¿Me estás diciendo que necesitas que te operen del corazón? —dijo ella—. Fue como si nunca le hubiera hablado de eso. A partir de ese momento me habló constantemente de la cirugía pero también me ayudó a mantenerla en secreto. Mi madre se estaba quedando con nosotros durante su visita anual de primavera y ni siquiera se lo dijimos.

Una noche antes de ir al hospital jugué billar hasta la una de la mañana con Franco y un grupo de amigos. Bebimos licor, la pasamos muy bien y no le dije a ninguno de ellos lo que haría el día siguiente. A las cuatro de la mañana Maria se levantó y me llevó al hospital. Fuimos en la camioneta familiar y no el Mercedes de lujo. Seguí la sugerencia de Maria de registrarme con otro nombre. El encargado del estacionamiento nos estaba esperando y nos llevó al garaje. A las cinco de la mañana comenzaron a prepararme y a conectarme a las máquinas, y a las siete comenzó la cirugía. Me encantó eso. Ir a las cinco, comenzar la cirugía a las siete y terminar al mediodía. Me desperté a las seis de la tarde, listo para jugar billar de nuevo.

Esa era la idea. Me pusieron mi camisa hawaiana después de la cirugía para que no creyera que estaba en el hospital cuando despertara. Ese era el propósito. Y claro que funcionó. Me desperté, vi a Maria sentada allí, me sentí bien y me volví a dormir. Cuando me desperté a la mañana siguiente Maria todavía estaba allí. Vi una bicicleta estacionaria que habíamos pedido para que yo la utilizara esa semana. Dos horas después me levanté y usé la bicicleta. El médico entró y se sorprendió.

—Por favor, tienes que sacar esa bicicleta de aquí —me dijo.

—Realmente no me estoy ejercitando, simplemente lo hago para darme ánimos.

El médico me examinó y se mostró satisfecho con mi progreso. Pero empecé a toser por la noche. Mis pulmones se estaban llenando de líquido. El médico volvió a las nueve de la noche y ordenó un montón de pruebas. Traté de dormir un poco más tarde, cuando Maria fue a casa para estar con los niños. Sin embargo, la tos empeoró y tuve dificultades para respirar. El médico regresó a las tres de la mañana, se sentó en la cama y me tomó la mano.

—Lo siento mucho —dijo—, pero esto no funcionó. Tenemos que operarte de nuevo. Estoy conformando el mejor equipo. No vamos a perderte.

—¿A perderme?

—No vamos a perderte. Simplemente descansa esta noche, tal vez te demos algún medicamento para que duermas. ¿Dónde está Maria?

—En casa.

—Tendré que llamarla.

—No, se asustará. Ni siquiera se lo digas.

—No, ella tiene que estar aquí.

Hay una parte que detesto de las cirugías: cuando la anestesia comienza a hacer efecto y sabes que estás perdiendo la conciencia y el control, y no sabes si vas a despertar de nuevo. Me parecía como si la máscara de oxígeno me estuviera ahogando, me esforzaba para respirar y me faltaba el aire.

Era una sensación de encierro mucho más fuerte que la claustrofobia contra la cual luchaba mientras llevaba máscaras faciales y corporales para interpretar al *terminator* o a Mr. Freeze en *Batman y Robin*. Los efectos especiales de Stan Winston me parecían una tortura: se necesita un molde para hacer las máscaras y entonces lo que hacen es que te ponen unos moldes grandes y pesados en la cabeza. Una gran cantidad de actores odian eso, por lo que Stan y sus ayudantes tienen una rutina completa para hacer más llevadero el asunto.

Cuando llegas por primera vez, oyes música y todo el mundo es alegre y hospitalario. «¡Sí, es bueno tenerte aquí!». Pero tan pronto te sientas te dicen: «Será un poco difícil. ¿Eres claustrofóbico?».

—No —respondía siempre, tratando de hacerme el valiente.

Entonces comienzan a envolverte con tiras de tela llenas de cemento. Tus ojos no tardan en estar cubiertos y no puedes ver nada. A continuación te tapan los oídos y tampoco puedes oír nada. Uno por uno, todos tus sentidos dejan de funcionar. Luego te sellan la boca y ya no puedes hablar. Y finalmente te tapan nariz: dos popotes sobresalen de tus fosas nasales para que puedas respirar.

Tienes que esperar una media hora para que se seque el cemento y tu mente comienza a especular. ¿Qué pasa si no puedo obtener suficiente aire? ¿Qué pasa si un poco de cemento se cuela en uno de los popotes y me tapa una fosa nasal? Ellos tratan de aliviar las cosas con música y conversaciones informales porque muchos actores se asustan. Aunque no puedes oír nada, de todos modos sientes que están cerca de ti mientras te ponen la envoltura. Te dicen de antemano que les hagas una señal con la mano o les toques el brazo si crees que no vas a resistir.

Y poco después, el verdadero temor comienza a hacer mella en ti. Sientes que el cemento se endurece, lo que significa que ya no es posible arrancártelo de la cabeza Y que tendrían que cortarlo para poder ha-

La fama me ayudó a salir elegido como gobernador y a impulsar a California para que se volviera el centro de atención, sobre todo en cuanto a temas globales como el medioambiente.

Me encanta cuando la gente dice que algo no se puede hacer; me incorporé a la elección californiana de 2003 en el último momento. *Ron Murray*

El demócrata Warren Buffett y el republicano George Shultz me acompañaron en mi primera conferencia de prensa, demostrando que yo era un candidato para toda California.
David McNew/Getty Images

La noche antes de la elección levanté una escoba en las escalinatas del capitolio en Sacramento y prometí que limpiaría la casa.
Justin Sullivan / Getty Images

Maria y yo celebramos mi victoria la noche de la elección, el 7 de octubre de 2003, en el Beverly Hilton Hotel. *Hector Mata / AFP / Getty Images*

Eunice y Sarge, que siempre me apoyaron en mi deseo de adoptar un cargo público, se unieron a nosotros para celebrar la victoria. *Ron Murray*

Seis semanas más tarde, el 17 de noviembre, caminamos por los pasillos del capitolio estatal para subir al escenario donde se llevaría a cabo mi investidura. *Wally Skalij/ Los Angeles Times*

Maria sostuvo la Biblia mientras realicé el juramento para volverme el trigésimo octavo gobernador del estado de California. *Silvia Mautner*

Empecé mi gobierno sin tener experiencia alguna como funcionario electo. Pasábamos por un momento de crisis en el cual el estado se enfrentaba a un enorme déficit presupuestario. *Archivos del estado de California / John Decker*

No importaba que fuera centrista; me estaba yendo tan bien que los líderes del partido me pidieron que le ayudara a George W. Bush en su campaña de reelección. Aquí estoy hablando en el Congreso Nacional Republicano en Madison Square Garden el 30 de agosto, 2004. *© 2004 Rick T. Wilking*

Monté una carpa en el patio de afuera de mi oficina para tener un lugar dónde fumar cigarros. Llegó a conocerse como la carpa donde se hacían negocios. Fabián Núñez y Darrell Steinberg, miembros de la asamblea demócratas, vienen a negociar conmigo en junio de 2004. *Archivos del estado de California/ Steven Hellon*

El demócrata Herb Wesson, a la izquierda, el dirigente estatal de la asamblea cuando yo entré como gobernador, se burlaba siempre de mi estatura. Aquí estamos hablando con el reverendo Jesse Jackson en una fiesta de la Liga Urbana en 2005. *Archivos del estado de California/ Duncan McIntosh*

Todos los diciembres, unos días antes de alumbrar oficialmente el árbol de Navidad, celebrábamos Janucá en las escalinatas del capitolio. *Archivos del estado de California/John Decker*

Hoy en día las excesivas pensiones de empleados públicos se han vuelto un problema nacional, pero en 2005 ya estábamos haciendo campaña para que California dejara de gastar más dinero del que estaba generando. *Archivos del estado de California/Duncan McIntosh*

Los temas que tratábamos eran serios; sin embargo nos divertíamos. Aquí estoy discutiendo los recursos de agua en una reunión con mi equipo. *De izquierda a derecha:* Terry Tamminen, mi secretario de gabinete; Pat Clarey, jefa de gabinete; y Fred Aguiar, secretario de servicios de estado y del consumidor. *Archivos del estado de California/Steve Hellon*

La senadora Dianne Feinstein, una Demócrata muy popular, nos aconsejó cómo negociar con Washington y con los miembros de su partido en beneficio de nuestro estado. En esta conferencia de prensa estamos bromeando: decimos que se necesitan músculos para resolver los problemas de agua de California. *Archivos del estado de California/William Foster*

Mi suegra siempre fue una fuente de sabiduría y perspicacia. Es de notarse que un día, cuando se pasó por mi oficina para hablar, eligió sentarse en la cabecera de la mesa del salón del gabinete. *Archivos del estado de California/Steve Hellon*

Paul Wachter nunca tuvo un cargo oficial pero siempre fue un asesor —y un compañero de ajedrez— importante durante mi gobernación. *Archivos del estado de California/ Peter Grigsby*

El secretario de agricultura de California, A.G. Kawamura y yo promocionamos nuestra producción local —las ciruelas que estoy sosteniendo en una bandeja— en 2005 durante una misión comercial en Hong Kong. *Archivos del estado de California/John Decker*

El estado de California es dado a las inundaciones, las sequías y otros desastres naturales. Es por eso que me enfoqué mucho en mejorar nuestra preparación y nuestra habilidad para responder rápidamente. *Derecha:* Acompañando a personas que lo perdieron todo en el incendio forestal de Humboldt en julio de 2008. El incendio quemó 23.000 acres y destrozó 87 hogares. *Abajo:* Después de un deslizamiento de tierra que se produjo en enero de 2005 en La Conchita, donde murieron diez personas.

Archivos del estado de California/William Foster

Archivos del estado de California/Duncan McIntosh

Unos días antes de su reelección, acogí al presidente Bush y lo presenté a un público eufórico durante un rally en Columbus, Ohio.

Archivos del estado de California / Steven Hellon

El senador de Arizona John McCain viajó en bus conmigo para apoyarme en mis condenadas iniciativas de «Reformar y Reconstruir» en 2005.

Archivos del estado de California / John Decker

Me gusta decir que California es una nación-estado; era un imán para los mandatarios extranjeros. El presidente mexicano Vicente Fox fue un gran aliado en nuestras iniciativas en la frontera. Él y su esposa Marta nos visitaron durante los meses antes de mi reelección en 2006. *Archivos del estado de California / John Decker*

Tenía ilusión de conocer al Dalai Lama cuando hablé en la Governor's Women's Conference (Conferencia del gobernador para las mujeres) en Long Beach en 2006. Hablamos de sus viajes y de su largo exilio del Tibet. A la derecha se encuentra la jefa de protocolo de California, Charlotte Shultz.

Archivos del estado de California / Duncan McIntosh

El estratega Steve Schmidt, la jefa de gabinete Susan Kennedy y el director de comunicaciones Adam Mendelsohn me ayudaron a mejorar las relaciones con la «coalición de los furiosos» para ser reelegido en 2006. *Archivos del estado de California/ John Decker*

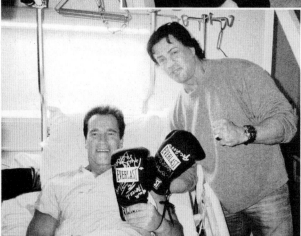

Sly me animó a que siguiera luchando cuando me quejaba por haberme partido la pierna en diciembre de 2006... *Archivo Schwarzenegger*

...entonces decidí no ser un cobarde y me presenté a mi segunda investidura en muletas. *Ron Murray*

Así como Ronald Regan a menudo cruzaba el pasillo para trabajar con los demócratas, Teddy vino a hablar en la Biblioteca Reagan en 2007. *Archivos del estado de California/ Duncan McIntosh*

El primer ministro británico Tony Blair fue clave en cuanto a nuestra iniciativa medioambiental de 2006. El año siguiente lo visité en 10 Downing Street. *Archivos del estado de California/Duncan McIntosh*

«California está sin duda empujando a los Estados Unidos a tomar acción» dije a las Naciones Unidas en 2007. El secretario general Ban Ki-moon me invitó a hablar de nuestras innovadoras leyes para combatir el cambio climático. *Don Emmert/Getty Images*

En enero de 2008 el senador John McCain y Rudy Giuliani, el alcalde de Nueva York, vinieron a California a visitar una de nuestras nuevas empresas de energía.

Archivos del estado de California / William Foster

El presidente Obama sabía de mi pasado bipartidista y de que teníamos metas en común en cuanto al medioambiente, la inmigración y la reforma del sistema de salud. Cuando visité Washington en 2010 hablamos de hacer grandes inversiones en infraestructura.

Foto oficial de la Casa Blanca / Pete Souza

Me alié con el alcalde de Nueva York, Michael Bloomberg, independiente, y el gobernador de Pensilvania, un demócrata, para hacer algo respecto al hecho de que los Estados Unidos se están quedando atrás en cuanto a la inversión en infraestructura. Aquí estamos yendo a reunirnos con el presidente Obama en la Casa Blanca en 2009. *AP Images*

De visita en Irak en 2009, comí con una brigada militar de la Guardia Nacional (*arriba y abajo a la derecha*). Una experiencia memorable durante ese viaje fue el haberle pegado a algunas bolas de golf en el antiguo palacio de Saddam Hussein (*izquierda*). Me reuní con el primer ministro Nouri al-Maliki, quien me interrogó sobre la reconstrucción económica. (Gracias a la importancia global de California y al poder mediático de Hollywood, cuando viajaba, a menudo se me trataba como a un jefe de estado.)

Archivos del estado de California/Justin Short

Bill Clinton y yo nos cruzamos durante una foro sobre energía y medioambiente en Jerusalén en 2009. Ambos sentimos gran pasión por crear un futuro de energía verde para los Estados Unidos y el mundo. *Archivos del estado de California/Justin Short*

Yo tenía grandes ambiciones para que California fuera un estado líder en temas de energía renovable y el medioambiente. Aquí, el secretario del Interior, Salazar (en sombrero blanco), visitó conmigo el desierto del Mojave, donde está la planta solar más grande del mundo. *Archivos del estado de California*

Justo antes de que acabara mi gobernación visité la compañía de maquinaria portuaria Shanghai Zhenhua en China para agradecer a los trabajadores por construir partes del nuevo Bay Bridge en la bahía de San Francisco. *Archivos del estado de California/Peter Grigsby*

Susan Kennedy y yo nos abrazamos con alivio después de ganar una batalla muy reñida sobre el presupuesto. *Archivos del estado de California/Justin Short*

Para mi último cumpleaños siendo gobernador, mi equipo me sorprendió con una torta y *cupcakes* en el atrio, junto a la carpa de fumadores. *Archivos del estado de California/Justin Short*

Rula Manikas, mi asistente en Sacramento, era una de las únicas personas autorizadas para tocar mi corbata y elegir su color. *Archivos del estado de California/John Decker*

En pleno agosto, mientras esperamos un voto legislativo, haciendo bromas con mi equipo: Mona Mohammadi (sentada), Daniel Ketchell, Greg Dunn, Karen Baker e invitado, Daniel Zingale y Gary Delsohn. *Archivos del estado de California/Peter Grigsby*

He vivido el Sueño Americano y me he visto beneficiado por el valor y la dedicación de los militares americanos. Desde mis comienzos como campeón de fisiculturismo, a donde fuera que viajara, visitaba bases militares y buques de guerra para animar a las tropas y darles las gracias. Aquí estoy con la guarnición del Ejército americano en Seúl, Corea del Sur, en 2010. *Archivos del estado de California/Peter Grigsby*

cerlo. Viste las herramientas al comienzo —la pequeña sierra eléctrica circular que utilizan para cortar yesos— pero no hiciste suficientes preguntas cuando tuviste la oportunidad. Así que ahora estás pensando: «Espera un minuto. *¿Cómo saben ellos qué tan profundo deben cortar?* ¿Y qué pasa si esa sierra me hace cortes en la cara?».

Empecé a respirar con mayor dificultad tras pensar en la sierra cuando me hicieron esto por primera vez y sentí que necesitaba más aire. No estaba recibiendo suficiente aire a través de mis popotes y me estaba asustando de verdad. Traté de calmarme.

—Deja de pensar eso, dejar de visualizar ese popote —me dije—. Sácalo de tu mente. Sí, está bien, ya lo he sacado de mi mente. Bien, ahora piensa en otra cosa. Tal vez deberías pensar en el mar. Tal vez deberías pensar en un gran bosque, en algo agradable, en el canto de los pájaros y el crujir de las hojas por el viento y en las personas trabajando y en el sonido de una... ¡moto sierra!

Entonces me sentía ansioso de nuevo. Y obviamente, los asistentes ya se habían esfumado. Tal vez no habían salido de la habitación pero yo no sabía dónde estaban. Tal vez me habían dicho: «Solo faltan diez minutos», y no pude oírlos. Yo estaba atrapado, sin nadie alrededor. Y solo esperaba lo mejor, que las cosas salieran bien. La cirugía me hizo recordar eso.

Maria se asustó tanto al recibir una llamada del doctor Starnes a las cuatro de la mañana que llamó por teléfono a su amiga Roberta y le dijo: «Ven conmigo por favor». Roberta Hollander era una productora de noticias de la CBS y pronto se convirtió en una especie de hermana para Maria: era una líder fuerte y dura que sabía bien cómo lidiar con la gente. Unas horas más tarde, ella y Maria estaban en el consultorio del doctor Starnes mientras yo me encontraba en la mesa del quirófano. Él tenía un gran monitor en su oficina que le permitía ver y oír lo que sucedía en la sala de operaciones porque él no participaba en ciertas partes del procedimiento (por ejemplo, la desconexión del paciente de la máquina corazón-pulmón). Regresaba a su consultorio, atendía a otros pacientes, sostenía reuniones y hacía un seguimiento en caso de que fuera necesario. Maria me dijo más tarde que ella miró hacia otro lado en muchas ocasiones. No tuvo el valor para ver cuando me abrieron el pecho, tomaron unas pinzas, cortaron los cables que sostienen la caja torácica y dejaron mi corazón al descubierto. Pero Roberta acercaba su silla hasta la pantalla.

—¿Viste eso? —le decía—. ¡Acaban de cortar la aorta y están insertando la válvula nueva!

Así que tuve una segunda o tercera oportunidad en la vida, dependiendo de cómo lo veas. Me desperté de la cirugía y vi que Roberta estaba confortando a Maria. Me sentí bien. La tos dolorosa había desaparecido y ya podía respirar.

—¡Increíble! —dije—. ¡Esto es genial! ¿Cuando dijo el médico que podía irme a casa?

Encontramos a un austríaco en la cocina del hospital que sabía preparar *Weiner Schnitzel* y comí eso los dos primeros días. Tenía un sabor delicioso. Pero al tercer día, cuando el encargado vino con la comida, le dije:

—¿Puedes llevarte eso, por favor? No puedo soportar el olor.

Olía a basura podrida.

A partir de ese momento solo toleré el helado y las frutas. Todo me olía mal. Perdí mi sentido del gusto. Odiaba todo lo que me llevaban y empecé a sentirme realmente deprimido.

El médico me había advertido que muchos pacientes quedaban deprimidos después de someterse a una cirugía a corazón abierto.

Maria estaba muy preocupada.

—Es como si no fueras tú —dijo.

Cuando pasaron un par de días y vio que mi situación anímica no mejoraba, pensó que los médicos estaban siendo demasiado displicentes.

—Tienen que hacer algo —les dijo—. No podemos tenerlo así. Será mejor que esté alegre cuando regrese mañana.

A los residentes médicos se les ocurrió la idea de darme un cigarro de contrabando porque sabían que me gustaban. Ellos pensaban que eso me haría sentir muy bien. Había una zona en la azotea donde se puede practicar baloncesto y me llevaron a fumar allá. No se dieron cuenta de que yo había perdido el sentido del gusto. Me llevé el cigarro a la boca y por poco vomito.

—No, gracias, no puedo —les dije.

Terminé viéndolos jugar baloncesto, sentado en una silla de ruedas, como un personaje de la película *One Flew Over the Cuckoo's Nest*. Yo estaba mirando simplemente. No sabía lo que veía; solo cuerpos saltando. Aquello no tenía ninguna lógica para mí. Finalmente me llevaron de regreso a la habitación. Pero creo que estar un momento al aire libre me hizo sentir un poco mejor.

Empecé a recuperarme con el tiempo, sobre todo cuando estuve en casa. Jugué con los niños y poco a poco comencé a entrenar en el gimnasio. No hacía pesas, por supuesto, pero montaba un poco la bicicleta estática. Poco después ya podía subir la colina hacia el Parque Will Rogers Park, con Conan y Strudel, los dos labradores negros que Franco me regaló en uno de mis cumpleaños. Yo podría levantar pesas de nuevo dentro de un tiempo, pero el entrenamiento pesado estaba fuera de toda consideración en esos momentos debido a la presión que ejercería sobre la válvula.

—No te esfuerces —me recomendó el médico—. No vuelvas a hacerlo.

Nunca comprendí el efecto negativo que tendría para mí la noticia de la cirugía en Hollywood. La anunciamos porque de todos modos el rumor ya había comenzado a propagarse y no decírselo a la gente habría parecido sospechoso. Inmediatamente recibí llamadas telefónicas de los ejecutivos de los estudios con los que había estado trabajando.

—No te preocupes por el guion —dijeron—. Te lo guardaremos. Solo cuídate y recupérate. Y déjanos saber tan pronto estés listo.

Yo debí haber sabido que las cosas no serían así de simples. Mientras más te promueves como el héroe de acción por excelencia, más anuncias que estás en forma, que montas a caballo, que puedes saltar y pelear, más piensa la gente que eres más grande que la vida, casi sobrehumano. Te ven como un héroe de acción real y no solo como un tipo con un disfraz en la pantalla. El corazón es el símbolo de todo. Es el centro del cuerpo y del aspecto físico. Es la base del coraje y de la voluntad. El corazón también representa la emoción: es el amor, la pasión y la compasión. El corazón es el centro de todo.

Y de repente la gente se entera de que te hicieron una cirugía. Simplemente debías solucionar un asunto que tenías pendiente desde hace varias décadas pero ellos se preguntan: «¿Qué pasó? ¿Tuvo un ataque al corazón? Ah, no sé qué es un cambio de válvula. Pero, Jesús, ¡una cirugía a corazón abierto! Tuvieron que detener su corazón, abrirlo y cambiarle unas partes. Y dos cirugías seguramente quiere decir que algo está muy mal. Parece una noticia terrible. Pobre hombre, todo acabó para él».

La reacción del público fue totalmente diferente cuando a David Letterman le practicaron una derivación coronaria diez años más tarde. Dos semanas después estaba de regreso al programa diciendo: «Me operaron, me sentí cansado, pero en realidad…». Entonces contó algunas bromas sobre las enfermeras y siguió adelante con su vida. Pero nadie esperaba que él levantara pesas, atravesara llamas o quedara colgando de un precipicio. En términos generales, puedes volver a tu vida normal después de la cirugía cardíaca, pero mi vida no era normal, mis trucos no eran normales y mis películas tampoco lo eran, así que mi caso fue visto de otra manera. Fue como cuando a un físico teórico le hacen una cirugía cerebral. Todo el mundo se deprime y dice: «Bueno, dijeron que una tercera parte de su cerebro se vio afectada y eso es un desastre».

Access Hollywood y otros programas de chismes comenzaron a hablar de mi operación. Varios expertos médicos que no me conocían ni sabían de mi condición hereditaria, ni los detalles de mi tratamiento, fueron entrevistados en la televisión. Decían cosas como: «En circunstancias normales, una cirugía así significa que tienes una válvula artificial y que tendrás que tomar diluyentes de la sangre y evitar actividades vigorosas que puedan causar lesiones, como acrobacias en el cine, pues podrían causarte una hemorragia interna grave y morir de inmediato».

Fue bueno aclarar que no me habían puesto una válvula mecánica y que, obviamente, no necesitaba anticoagulantes, pero el daño ya estaba hecho. Los estudios estaban tomando decisiones basadas en una información que era errónea. La gente pensaba: «Ya no veremos más a Arnold en películas de acción».

A pesar de todo esto, tuve una maravillosa recuperación física, cosa que sucede con frecuencia luego de una cirugía del corazón. Me sentí tan vigoroso como Hércules, listo para trabajar de nuevo. En julio, ya estaba viajando por el mundo para la promoción de *Batman y Robin*. Como de costumbre, tenía proyectos en diversas etapas de desarrollo con papeles que me interesaban. *With Wings as Eagles* era una película en la que yo interpretaría a un oficial del ejército alemán en los últimos meses de la Segunda Guerra Mundial, que ignora las órdenes de matar a los prisioneros de guerra aliados y opta por salvarlos. *Minority Report* fue concebida como una secuela de *Total Recall* y con un guion del mismo escritor: yo haría el papel de detective que finalmente interpretó Tom Cruise. En *Noble Father,* yo interpretaría supuestamente a un policía viudo que trata de criar a sus tres hijas mientras combate la delincuencia. Estaba también la propuesta de una versión cinematográfica de *S.W.A.T,* la serie televisiva de acción, así como una película llamada *Crossbow*, basada en la leyenda de Guillermo Tell, y *Pathfinder*, sobre un huérfano vikingo criado por nativos americanos en la época del primer contacto entre Europa y Norteamérica.

Inicialmente, yo no sabía que los estudios estaban suspendiendo los proyectos pero cuando empecé a presentar las historias y los guiones que quería hacer, respondieron con lentitud. Me di cuenta de que los estudios parecían reacios a invertir mucho dinero. Fox se fue alejando de la idea de hacer *Terminator 3*. Warner le puso freno a *I Am Legend*, un guion post-apocalíptico de vampiros que supuestamente iba a rodar ese otoño bajo la dirección de Ridley Scott, que pedía un presupuesto de $100 millones mientras que Warner solo quería destinar $80 millones. Esa fue la disculpa que esgrimió el estudio para echarse atrás, pero la verdadera razón era mi cirugía del corazón.

En medio de todo esto, yo estaba tratando de evitar también que lo de Planet Hollywood se derrumbara como un castillo de naipes. ¿Era una moda pasajera o un verdadero negocio? La puesta en marcha se había convertido, por decirlo suavemente, en una loca aventura. En los últimos 18 meses yo había participado en aperturas de restaurantes en Moscú, Sidney, Helsinki, París y más de una docena de ciudades en todo el mundo. Con frecuencia estas aperturas parecían ser eventos nacionales: 10.000 personas asistieron en Moscú y 40.000 en Londres. Nuestra apertura en San Antonio, Texas, se convirtió en una celebración en toda la ciudad: más de 100.000 personas estaban de fiesta en las calles. Era una sensación increíble. No había medio de comunicación que no cubriera esto. Planet Hollywood era como los Beatles, una idea genial con una promoción sofisticada y el mejor de los mercadeos.

Un número impresionante de estrellas se involucraron como propietarios a medida que la empresa crecía: Whoopi Goldberg, Wesley Snipes, Antonio Banderas, Cindy Crawford, George Clooney, Will Smith, Jackie Chan, y así sucesivamente. Tuvimos un desfile de atletas realmente fantástico: personajes como Shaquille O'Neal, Tiger Woods, Wayne Gretsky, Sugar Ray Leonard, Monica Seles y Andre Agassi. Los atletas se asociaron con el Official All-Star Café, la cadena de celebridades del deporte perteneciente a Planet Hollywood. Cuando Planet Hollywood cotizó acciones en 1996, la Bolsa tuvo el día más ocupado en la historia del comercio en el sistema de valores de la NASDAQ y el valor total de la empresa fue de $2,8 mil millones.

Y estaba claro también que Planet Hollywood era un lugar estupendo para ir de fiesta. Cuando hicimos la premier de *Eraser* en el Official All-Star en Times Square, el tráfico se paralizó por varias cuadras. Comprabas una hamburguesa y una cerveza con $15 dólares, y nos veías a George Clooney, a Vanessa Williams, a mí y al resto del elenco y de los invitados pasando el rato en el piso principal. Hicimos exhibicio-

nes interesantes en torno a la nostalgia, como la colección de *memora-
bilia* de béisbol de Charlie Sheen y una porción preservada de la torta
de bodas de Joe DiMaggio. Había mostradores donde podías comprar
ropa de diseño y recuerdos especiales.

Los viajes que hicimos por Planet Hollywood, así como las aperturas y los eventos, fueron muy divertidos. A veces iba con Maria y los
niños, y convertíamos el viaje en unas pequeñas vacaciones. Me reunía
y pasaba el rato con Sly y Bruce. También era interesante conocer a las
celebridades locales, que eran una parte esencial del negocio. Todas
las ciudades tienen celebridades, ya sea una estrella del fútbol o un
cantante de ópera o lo que sea. Cuando abrimos sucursales en Munich,
Toronto, Ciudad del Cabo o Cancún, siempre invitamos a las estrellas
internacionales y a las locales, en una verdadera celebración. Las celebridades locales asistían porque podían mezclarse con las estrellas
internacionales: muchas veces se convirtieron en socios financieros de
un restaurante en particular. Después de la inauguración, las celebridades internacionales volvían a sus ciudades y las locales apoyaban el
restaurante como un lugar de reunión habitual, organizando fiestas y
proyectando películas, pues casi todos los Planet Hollywood tenían una
sala de proyecciones.

Cotizar en la Bolsa le dio a la empresa capital para expandirse. Pero
también comprendimos muy rápidamente los inconvenientes deriva-
dos de ser una empresa de propiedad pública. En comparación con
cadenas como Ponderosa o Applebee, los gastos de Planet Hollywood
eran altos y si no participabas en las decisiones, o andabas promocionando el negocio, tendrías dificultades para saber por qué algunos
gastos cuantiosos tenían sentido. Al igual que sucede con los aviones
corporativos, Planet Hollywood gastaba mucho dinero pagando los
viajes de las celebridades. En realidad, se trataba de la manera más eficaz de cimentar la lealtad de las estrellas, incluso más que las opciones
sobre acciones que también recibían. A las grandes celebridades no les
gusta viajar en vuelos comerciales pero muy pocas tienen su propio
avión. Era por esta razón que el estudio de Warner Brothers operó su

propia flotilla aérea durante 20 o 30 años: para transportar a Clint y a otros grandes actores y directores. Warner también tenía casas en Acapulco y Aspen, y apartamentos en Nueva York para ellos. Eran como caramelos para las celebridades. Si eras parte de la familia Warner podías utilizar todo eso de forma gratuita. Y los actores y directores permanecían vinculados al estudio, firmando un contrato tras otro, porque sabían que si se iban, por ejemplo, a Universal, ya no tendrían más aviones corporativos. Apelamos a este recurso y, sin embargo, los accionistas decían: «Un minuto. ¿Por qué están desperdiciando todo ese dinero en celebridades? No quiero pagar por eso».

Ellos se quejaban también de los gastos de diseño. Todos los restaurantes vendían mercancías que iban desde lindas cazadoras hasta gorras y llaveros, y estos productos se renovaban y actualizaban constantemente. Los aficionados trataban de ver cuántas camisetas Planet Hollywood de diferentes ciudades podían coleccionar. A veces un cliente se me acercaba durante una inauguración para que yo le firmara 30 camisetas porque había estado en 30 ciudades de todo el mundo. Era realmente agradable. Y sin embargo, los accionistas seguían preguntando: «¿Por qué todo el tiempo están diseñando cazadoras y mercancías? ¿Por qué no vendemos siempre las mismas?».

La mayor presión de los mercados públicos era expandirnos. Wall Street estaba en el apogeo del *boom* de la Internet y los inversores solo querían un crecimiento rápido. Los fundadores, Robert Earl y Keith Barish, tenían cada uno $500 millones en el papel porque eran propietarios del 60% de las acciones. Ellos se comprometieron a aumentar las ventas totales entre el 30 y el 40% cada año, así como el número de sucursales. Esto implicaba construir restaurantes en ciudades de segunda y tercera categoría como Indianápolis, St. Louis y Columbus, así como en docenas de ciudades en el extranjero. En abril de 1997, el mes de mi cirugía, la compañía cerró un negocio con el príncipe Alwaleed bin Talal, el multimillonario saudí, para abrir casi tres docenas de Planet Hollywood a lo largo y ancho de Oriente Medio y Europa, comenzando con Bruselas, Atenas, El Cairo, Lisboa, Estambul y Budapest. Y también cerraron otro negocio con un magnate de Singapur, Ong Beng Seng, para construir casi dos docenas de restaurantes de Asia.

Yo les decía continuamente a Robert y a Keith que eso era un gran error. Estaban perdiendo el control sobre el concepto central. Si ibas al Planet Hollywood de Beverly Hills realmente podías ver a Arnold. Si ibas al de París, realmente podías ver a Gerard Depardieu. Si entrabas al All Star Café de Tokio, podías ver a Ichiro Suzuki, el gran pelotero, y en Orlando podías ver a Shaq cuando jugaba allí. Pero si ibas al Planet Hollywood en Indianápolis ¿verías almorzando a Bruce Willis? Obviamente no. Todo comenzó a parecer un engaño y no podíamos cumplir ya la promesa inicial.

En octubre yo estaba tan preocupado por esto que les pedí a Robert y a Keith que fueran a mi oficina a hablar conmigo. Nos sentamos alrededor de la mesa grande de conferencias Paul Wachter y nosotros tres, y les expliqué que teníamos que cambiar de estrategia. Les dije: «Ahora tenemos restaurantes maravillosos en todo el mundo que tienen un potencial enorme aún sin explotar». Preparé toda una presentación sobre cómo hacer esto. Había una gran oportunidad de trabajar con los estudios para estrenar películas.

—Hollywood está sacando cincuenta películas al año —les dije—. Cada una de esas películas se va a ver en los Estados Unidos y en todo el mundo así que ¿dónde celebrar la fiesta?

Yo quería traer ejecutivos de los estudios al negocio que viajaran a los estrenos, ofrecerles ventajas y tratarlos como reyes para que dijeran en las reuniones de marketing: «Vamos a inaugurar esta película en el Planet Hollywood de Moscú, Madrid, Londres, París y Helsinki. En diez ciudades. En cada ciudad haremos una proyección en el restaurante y luego una proyección enorme en un teatro local. El Planet Hollywood será el anfitrión de una gran fiesta de celebración. Y aquí está lo bueno, chicos: Planet Hollywood llevará a las celebridades y pagará la fiesta. Nos encargaremos del hotel y de todo lo relacionado con el estreno. Si dividimos los costos ahorraremos dinero y tendremos al mismo tiempo un montón de atención».

Para hacer ese tipo de acuerdos necesitábamos a una persona importante que hablara con el estudio. Mi primera opción era Jack Valenti, quien por mucho tiempo fue el director de la Asociación Cinematográfica de Estados Unidos, y también un cabildero influyente de Hollywood en Washington. Jack era un buen amigo mío y había sido uno de mis colaboradores más cercanos cuando fui Presidente del Consejo Presidencial para el Acondicionamiento Físico y los Deportes. Pensé que deberíamos visitarlo y decirle: «Jack, tienes 75 años. Has hecho un trabajo excelente en el negocio del cine pero ¿cuánto te pagan? ¿Un millón de dólares al año? Aquí tienes dos millones al año. Relájate. Y aquí tienes una pensión y unos beneficios para tus nietos». De repente teníamos a Jack Valenti hablando con todos los estudios y haciendo negocios con ellos.

Nuestras pizzas y hamburguesas eran buenas pero yo quería ofrecer platos más interesantes. Y vi un gran potencial en las mercancías: en lugar de reducir nuestros gastos en el diseño pensé que debíamos gastar más. Me había fascinado la manera como Tom Ford llegó a Gucci y transformó una empresa chapada a la antigua —en la que yo no compraría nada— en una firma que producía lindas chamarras y zapatos a la moda. Yo me había vuelto cliente suyo.

—Hay que tener un tipo así como diseñador en Planet Hollywood —les dije a Robert y a Keith—. Necesitamos desfiles de moda sensacionales que podamos llevar a Japón, Europa y el Medio Oriente para que la gente quiera tener los últimos productos de Planet Hollywood. En lugar de vender las mismas cazadoras viejas deberíamos cambiarlas todo el tiempo, usar diferentes tipos de hebillas y cadenas. Si haces que la mercancía se vea atractiva, a la moda, lo más nuevo de lo nuevo, venderás toneladas.

Robert y Keith decían: «Sí, sí, es una gran idea», mientras yo hablaba. Al final se comprometieron a consultarme de nuevo. Paul fue el único que tomó notas.

—No creo que hayan entendido —me dijo cuando estuvimos solos.

Yo esperaba que esa reunión cambiara las cosas porque entendía muy bien la promoción y comercialización. Pero tuve la sensación de que Robert y Keith se sentían abrumados. La presión del mercado se cernía sobre ellos: Robert se había concentrado supuestamente en las operaciones y Keith en la visión estratégica, y básicamente hablaban solo de las ofertas que recibían de los inversores. Y Planet Hollywood había llegado a un nivel donde ya no era posible que dos empresarios se encargaran de todo. La compañía necesitaba una estructura más grande y personas que fueran expertas en el manejo de una operación global. Soy una persona leal y seguí comprometido con el negocio durante varios años más. Sin embargo, su popularidad disminuía constantemente y las acciones cayeron y cayeron hasta que finalmente la empresa se declaró en quiebra. Me fue muy bien en términos financieros gracias a las protecciones que negocié en mi contrato, aunque no gané nada que estuviera cerca de los casi $120 millones que había valido alguna vez mi acción en el papel. Mi situación fue mejor que la de muchos accionistas que perdieron dinero, y que la de muchos actores y atletas.

Aun así, Whoopi, Bruce, Sly y todos los demás participantes de renombre te dirían que Planet Hollywood fue muy divertido. La pasamos en grande con las fiestas maravillosas, las aperturas, los estrenos y la oportunidad de conocer gente de todo el mundo. Me encantaría volver a hacerlo, solo si lo administraran mejor.

CAPÍTULO 22

Padre de familia

MARIA PASÓ MOMENTOS MUY difíciles con las náuseas del embarazo mientras esperaba a Christopher en 1997. Se sintió tan mal que tuvo que ser internada en el hospital porque no podía retener ningún alimento. Yo estaba preocupado, aunque ella tuviera buena atención médica, y los niños se sentían molestos porque Maria no estaba con ellos. Katherine tenía solo siete años; Christina, cinco; y Patrick, tres. Cancelé varios compromisos y pasé varias horas en casa tratando de ser papá y mamá a la vez.

Me imaginé que lo que más los tranquilizaría sería ver todos los días a Maria y seguir adelante con sus rutinas diarias. Todas las mañanas llevaba a las niñas al hospital antes de entrar a la escuela y luego volvíamos en la tarde. Les expliqué que a mamá le gustaría tener una parte de la casa con ella, así que cada mañana íbamos a nuestro jardín y recogíamos la flor más linda para llevarle.

Maria y yo habíamos recibido una educación muy diferente, de modo que podíamos incorporar lo mejor de cada estilo a nuestro hogar. Las comidas estaban definitivamente en la tradición de los Shriver. Mis padres insistieron en sentarnos todas las noches en familia pero ahí terminaban las similitudes. Nadie discutía nada durante la cena durante mi infancia. La norma era: «Cuando es hora de comer, simplemente comes». Cada uno de nosotros mantenía sus asuntos en privado y, si tenías un problema, tratabas de solucionarlo por tus propios medios. Sin embargo, en la familia de Maria, todos compartían lo que habían hecho durante el día. Todos se contaban sus historias y experiencias. Soy bueno en la comunicación pero Maria era mucho mejor para crear diversión en la cena y explicarles todo a los niños. Ella había traído la atmósfera de su familia a nuestra mesa. Yo había tratado de seguir su ejemplo, de aprender y ser como ella. Era muy útil tener al menos un padre con esas habilidades.

Cuando nuestros hijos tenían tareas escolares, cada uno de nosotros contribuía con sus fortalezas. Maria les ayudaba con todo lo relacionado con el lenguaje, y yo lo hacía con los números. Ella es una escritora muy buena, tiene un vocabulario increíble y es elegante con las palabras. De hecho, la maternidad la inspiró a convertirse en autora de libros de conocimiento para los jóvenes. Su primer libro, *Diez cosas que me gustaría haber sabido antes de salir al mundo real*, derribó el mito de que la profesión de un súper padre no sufre cambios mientras cría a sus hijos. «Los hijos cambian su carrera» es el título de uno de los capítulos, y la idea principal es que uno es reemplazable en el trabajo pero irremplazable como padre. Los dos creíamos eso firmemente.

Siempre me he sentido cómodo con los números. No tuve ninguna dificultad para aprender matemáticas desde que era niño. Los decimales tuvieron un sentido inmediato para mí. Lo mismo sucedió con las fracciones. Yo conocía todos los números romanos. Podía resolver cualquier problema que me dieran. Si me mostraban estadísticas, yo interpretaba los hechos y las tendencias que mostraban las cifras y las leía como una historia en lugar de hacerlo como la mayoría de las personas.

Les enseñé a nuestros hijos los mismos ejercicios de matemáticas que mi padre nos enseñó a Meinhard y a mí. Él siempre nos hacía estudiar un mes antes de que comenzaran las clases y teníamos que hacerlo todos los días porque él pensaba que el cerebro debe ser entrenado y ejercitado como el cuerpo de un atleta.

No solo mi hermano y yo teníamos que hacer los ejercicios de matemáticas sino también todos los amigos que vinieran a nuestra casa. Muy pronto muchos de ellos dejaron de visitarnos. Obviamente yo detestaba todo eso. Y allí estaba yo, enseñándoles matemáticas a mis hijos 35 años después. Siempre les daba las cuentas de los restaurantes para que calcularan la propina del 20%. Ellos hacían las cuentas y yo firmaba, siempre revisándolas para asegurarme de que no se hubieran equivocado. Era toda una rutina y a ellos les encantaba.

Cuando se trataba de labores domésticas, seguíamos la tradición de los Schwarzenegger. En Europa uno crece ayudando a mantener la casa limpia. Te quitas los zapatos al entrar pues de lo contrario habrá un gran desorden. Apagas las luces cuando sales de la habitación porque la energía es limitada. Ahorras agua porque alguien tiene que sacarla del pozo. Estás mucho más involucrado con lo básico. Recuerdo mi sorpresa cuando conocí a Maria, a quien siempre le habían recogido las cosas. Una vez vino a mi casa, se quitó su suéter de cachemira, cayó al suelo y no lo recogió. Yo no puedo tratar un suéter de cachemira de esa manera. Yo lo habría recogido y colgado en una silla. Y aunque tengo dinero para comprarme uno, nunca usaría un suéter de cachemira para esquiar o practicar deportes. Lo hago con uno de algodón, lana o un material más barato, que cueste $10.

Aunque Maria me siguió el ejemplo y se convirtió finalmente en una maniática del orden, era yo quien imponía la disciplina europea en casa; obviamente con tolerancia porque yo sabía que no me podía volver loco con esto. Tienes que bajarle el tono y no ser como algunos amigos en Austria con sus hijos, pues eso les funciona a ellos allá, pero aquí no. De lo contrario, cuando tus hijos comparen notas con sus amigos en la escuela, estos pensarán que su padre es un bicho raro. También me prometí que, en esta generación, el castigo físico debía desaparecer. Yo no iba a seguir esa tradición. Maria y yo discutimos nuestra estrategia: mimábamos un poco a los niños pero también tenían reglas. Desde cuando estaban pequeños, por ejemplo, tenían que lavar su ropa, aprender a usar la lavadora, echar el detergente y la ropa, y seleccionar si la carga era mediana o grande. También les enseñamos a echar la ropa en la secadora y la manera de doblarla y guardarla, y a organizarse para que sus hermanos también pudieran lavar su ropa. Debía ser algo automático: hacer tu cama y lavar la ropa son solo una parte de la vida.

Todos los días antes de llevar a los niños a la escuela, yo veía si las luces estaban apagadas, si las camas estaban tendidas, y los cajones y los armarios cerrados. Yo permitía un poco de desorden, pues era mucho más flexible que mi papá. Sin embargo, nuestros hijos hacían las camas. Yo no buscaba la perfección, como si ellos estuvieran en el Ejército. Pero yo no quería que pensaran que otra persona iba a recoger sus cosas. La lucha épica, sin embargo, fue enseñarles a apagar las luces cuando salían de una habitación o antes de dormir. Yo tenía que luchar contra todo el clan de Maria porque los niños habían heredado la costumbre de su madre y mantenían las luces encendidas. Ella nunca se dormía con las luces apagadas porque no se sentía segura. Y cuando estábamos en Washington o Hyannisport y yo llegaba tarde, veía que todos estaban dormidos con todas las luces encendidas. Nunca pude entender esto. Era algo descabellado. Al día siguiente, la excusa era: «¡Oh, sabíamos que ibas a llegar tarde y quería que te sintieras bienvenido, así que dejamos las luces encendidas». Pero ellos siempre dejaban las luces encendidas. Toda la casa permanecía tan iluminada como Times Square. Yo le explicaba a mis hijos que teníamos escasez de energía y poca agua en el estado:

—No pueden permanecer quince minutos bajo la ducha. Cinco minutos es el límite. Empezaré a contar el tiempo. Y asegúrense de apagar las luces porque si no están en la habitación, no necesitan dejarlas encendidas.

Hasta el día de hoy, mis hijas no se duermen sin la luz del pasillo encendida. Tuve que acostumbrarme al hecho de que se sienten más cómodas así. En cuanto a dejar las luces encendidas cuando no están en una habitación, mi padre habría resuelto eso con una bofetada pero nosotros no golpeamos a nuestros hijos. Cuando la comunicación falla, nuestro método es quitarles ciertos privilegios como llamar a sus ami-

gas para ir a jugar o venir a pasar la noche en nuestra casa; los regaña-
mos o no los dejamos que salgan en sus coches. Sin embargo, castigos
como estos eran un poco exagerados para el problema de no apagar las
luces. Uno de nuestros hijos era quien más dejaba las luces encendidas
así que tuve que desenroscar una bombilla en su habitación cada vez
que la encontraba encendida. Le dije que había doce bombillas para esa
habitación y que, si él seguía así, pronto estaría en la oscuridad. Y eso
fue lo que pasó.

Con el tiempo, mi cruzada demostró ser eficaz. Ahora, cuando estamos en casa, solo tengo que apagar las luces tal vez solo dos días a la
semana. Una de las alegrías que te dan los hijos son las fiestas, que viví
muy poco en mi infancia. Las vacaciones son mucho más significativas
cuando tienes una familia porque las ves de dos maneras. Recuerdo claramente la Navidad cuando yo era niño: mis padres encendían las velas
en el árbol con los juguetes debajo cantando *Heil'ge Nacht* tomados
de la mano, mi padre tocaba la trompeta. Y ahora yo también veía la
Navidad con ojos de padre. Yo me consideraba un experto decorando
árboles. Eso estaba en mi sangre. Mi padre y los otros hombres del
pueblo iban al bosque tres días antes de Navidad y traían árboles. Se
supone que los niños no debían saber esto porque oficialmente el árbol
provenía de *Christkindl*, un ángel femenino como el niño Jesús, que era
la versión austriaca de Santa Claus. Una vez mi hermano cometió un
error y anunció: «Vi a papá salir con un hacha». Mi padre se molestó
mucho porque mi madre no nos había mantenido lejos de la ventana.
Pero casi siempre era muy divertido. Ellos decoraban nuestro árbol con
todo tipo de caramelos, envoltorios y adornos para que las ramas se
inclinaran hacia abajo, con los regalos debajo y el árbol siempre tan alto
que el adorno de la cima tocaba el techo. Había velas de verdad sujeta-
das con grampas a las ramas exteriores y el árbol solo podía encenderse
por unos pocos minutos.

A las seis de la tarde del día de Nochebuena, mi padre apagaba la
radio y había un silencio total. Mi madre decía: «Presten atención, recuerden que *Christkindl* siempre viene alrededor de las seis en punto».

Y poco después escuchábamos el sonido de una campanilla, uno de los adornos que decoraban el árbol. En realidad, la chica vecina se había deslizado por las escaleras traseras hacia la puerta de atrás de nuestra habitación, pero no nos dimos cuenta de esto sino hasta más tarde. Durante varios años, Meinhard y yo corríamos a nuestra habitación, nos deslizábamos sobre la alfombra en el piso de madera y nos limpiábamos los pies antes de llegar a la puerta. Luego la empujábamos y entrábamos. Siempre sentimos mucha alegría haciendo esto.

No hicimos eso con nuestros hijos porque no es una tradición americana. La tradición aquí es armar el árbol tres o cuatro semanas antes de Navidad y yo no quería que los niños nos preguntaran constantemente: «¿Por qué no tenemos un árbol todavía?». Invitábamos amigos y cada uno colgaba un adorno en el árbol. A medida que los niños crecían nos ayudaban más y más, hasta que finalmente les encargábamos que pusieran el ángel o la estrella, Jesús o María, o cualquiera que fuera el adorno, y decidíamos qué aspecto tendría el árbol: si ponerle esto o lo otro hasta que quedara hermoso.

También celebrábamos en grande las otras festividades. Mi madre siempre nos acompañaba durante la Pascua. Todos los años llegaba a mediados de febrero y se quedaba dos o tres meses en nuestra casa, dependiendo del invierno y la nieve en Austria. Además de querer estar con nosotros, también lo hacía para evitar la parte más dura del invierno en Austria. Ella era la abuela perfecta para la Pascua porque las grandes tradiciones se remontan a esa parte de Europa: el conejo, las cestas, los huevos, los chocolates… Ella siempre pintaba los huevos con los niños, era toda una experta y los niños se ponían sus delantales. También se hacía cargo de la cocina y horneaba pasteles. La masa era tan delgada que nadie sabía cómo hacía para lograr esto. Luego ponía las rodajas de manzana, doblaba la masa y horneaba el pastel de manzana más delicioso de los Estados Unidos. Todo el día celebrábamos las festividades de Pascua. Primero, las grandes canastas de Pascua y el intercambio de pequeños regalos, y luego la misa y la búsqueda de los huevos. Después hacíamos una fiesta y nuestros familiares y amigos nos visitaban.

———

Maria se esforzó mucho con mi madre y realmente se llevaban bien. Y obviamente yo me sentía en el cielo cuando Eunice o Sarge venían a visitarnos. Así que nunca tuvimos problemas con los suegros. Los niños le decían Omi a mi madre y ella los amaba y los malcriaba. Ella había aprendido inglés con el transcurso de los años y había tomado algunas clases, así que ahora lo hablaba con la fluidez suficiente como para conversar con los niños. Sin embargo, nunca es fácil hablar con ellos en un idioma que no sea el nativo. Ella era especialmente cercana a Christina, cuyo segundo nombre es Aurelia.

Mi madre también malcriaba a nuestros perros. No permitíamos que Conan y Strudel subieran al segundo piso pero, cuando nos íbamos a dormir, mi madre los llevaba a su habitación y al día siguiente amanecían acurrucados sobre la alfombra junto a su cama. Ella había pasado un tiempo considerable en Los Ángeles y ya tenía su propia vida y círculo de amigos —austriacos y periodistas europeos— con los que iba de compras, almorzaba y pasaba el rato. Nunca olvidaré una vez que ella estaba en un banquete de premiación conversando con las madres de Sophia Loren y Sylvester Stallone. Seguramente estaban reclamando todo el crédito por nuestro éxito.

Tenía 76 años cuando murió en 1998. Fue el 2 de agosto, el mismo día del cumpleaños de mi padre. Tal como siempre lo hacía, mi madre fue a visitar su tumba al cementerio, situado en una colina afuera de la ciudad. Sostenía conversaciones imaginarias con él durante una hora, le contaba todo lo que había hecho recientemente y le hacía preguntas como si él estuviera a su lado.

Era un día húmedo y hacía un calor sofocante, y el cementerio estaba en una cuesta empinada. La gente que la vio dijo que al llegar a la tumba se sentó como si se sintiera débil y que luego cayó al suelo. Los médicos trataron de reanimarla pero cuando la llevaron al hospital ya tenía muerte cerebral debido a la falta de oxígeno. Nunca se sometió a la cirugía que necesitaba y el corazón le falló.

Maria y yo viajamos a Graz para el entierro. Mi sobrino Patrick, Timmy (el hermano de Maria) y Franco también nos acompañaron. Yo me había perdido el entierro de mi padre y de mi hermano, pero llegamos un día antes del de mi mamá y ayudamos con los preparativos. La vimos en el ataúd con un vestido austriaco. Ella había estado bien y alegre como siempre durante su visita en la primavera, y se había quedado hasta finales de mayo, así que nuestro impacto fue terrible. Pero más tarde, mirando su vida retrospectivamente, sentí que yo no tenía remordimientos tras su muerte. Esto se debía a la relación que había construido con ella después de llegar a Estados Unidos porque aprendí a pensar un poco más en mi familia y no solo en mí. Ahora que tenía hijos comprendí que ella debió sentirse disgustada por mi partida. Yo la había apreciado como una madre dedicada pero nunca había pensado en el dolor que le había causado mi partida. Este proceso ocurrió demasiado tarde como para volver a conectarme con mi hermano o con mi padre, pero construí una buena relación con mi madre.

Varias veces le ofrecí comprarle una casa en Los Ángeles pero ella no quería marcharse de Austria. Sin embargo, no solo venía para la Pascua y el Día de la Madre, también vino para el bautizo de cada uno de nuestros hijos. Vio todas mis películas y asistió a muchos de los estrenos. A partir de *Conan the Barbarian* la llevé al set de grabación de todas y cada una de mis películas. Ella pasaba el tiempo en el set, estaba en mi remolque o me veía filmar. Cuando yo estaba en una locación en México, Italia o España, ella iba y se hospedaba una o dos semanas en un hotel cercano. Nadie más llevaba a su mamá al rodaje pero la mía era una turista natural y lo disfrutaba mucho. Esto se debía en parte a que recibía mucha atención de todo el mundo. Desayunábamos juntos y luego mi chofer la llevaba a donde ella quisiera, así que siempre regresaba a casa con fotos para mostrarles a sus amigos: fotos de un mercado en México, del Vaticano en Roma o de los museos de Madrid. La llevé a la Casa Blanca para que conociera a Reagan en los años ochenta y asistió a la Gran Sesión Americana en la Casa Blanca con George Bush. Él fue sumamente amable con ella, hablaron hasta por los codos y la felicitó por el gran trabajo que había hecho criándome.

Me encantaba darle gusto no solo porque quería hacerla sentir que me había criado bien sino también como una especie de recompensa por las dificultades de su vida anterior. Se ve demacrada y delgada en las fotografías de nuestro nacimiento: ella tenía apenas 23 o 24 años. Recién había terminado la guerra y ella rogaba por un poco de comida. Tenía un marido que se volvía loco y se emborrachaba de tanto en tanto. Vivía en una aldea pequeña. El clima era terrible, con lluvia, nieve y oscuridad, excepto en el verano. Nunca tuvo suficiente dinero. Su vida fue una verdadera lucha.

Así que pensé que ella debía llevar la mejor vida posible en sus últimos años. Quería recompensarla por llevarnos en el filo de la noche al hospital, localizado en una montaña, cuando nos enfermábamos, y por estar a mi lado cuando la necesité. También debía recompensarla por el dolor que le causó mi partida. Ella merecía ser tratada como una reina.

Enterramos a mi madre en la tumba donde murió, al lado de mi papá. Es algo muy triste pero también romántico. Ella estaba muy conectada con él.

Si mi madre se encargaba de la Pascua, el día de Acción de Gracias eran unas festividades especiales para Sarge y Eunice desde mucho antes de que Maria y yo nos casáramos. Los hijos, cónyuges y nietos de los Shriver siempre iban a su hermosa mansión de estilo georgiano en las afueras de Washington. Era como una fiesta familiar de tres días. Muchas parejas tienen que negociar con sus parientes para pasar esta temporada con su familia política pero esto termina acordándose con naturalidad. Le dije a Maria: «Vamos a seguir con esto porque la pasamos muy bien con tus padres el fin de semana de Acción de Gracias. Y siempre podemos celebrar la Navidad en casa: esto no significa que tus padres no puedan venir, pero pasaremos la Navidad en nuestro territorio». Ella estaba de acuerdo con eso. Siempre me había preocupado que nuestro matrimonio la alejara de su familia y que Maria extrañara a sus padres, a pesar de que ella también quería tener su independencia. Así que yo siempre le decía: «Recuerda que cualquier miembro de tu familia que quieras invitar se vuelve automáticamente un invitado mío». Nunca tuve el menor problema recibiendo a mis suegros porque los quería mucho y siempre nos traían su risa y su diversión.

El fin de semana de Acción de Gracias en la casa de los Shriver comenzaba en la iglesia —Sarge y Eunice iban a misa todos los días— y un desayuno después de la ceremonia seguido de un montón de actividades deportivas. En Georgetown hay grandes tiendas de ropa y de regalos con artículos diferente a los que venden en las tiendas de California. Yo aprovechaba la oportunidad para empezar a hacer las compras de Navidad. Nos veíamos de nuevo en la noche y muchas veces Teddy iba con su esposa a cenar o a tomar algo. Robert Kennedy Jr., el ambientalista, iba con su hijo, o con su hermana Courtney y su hija Saoirse (su nombre se pronuncia *Sir-sha*, que significa libertad en gaélico). Los primos de la familia Kennedy y los Lawfords se reunían en Hyannisport en agosto y era una locura: veías a 30 primos nadar, practicar vela y esquí acuático, e ir al bar a comer camarones fritos y almejas. Era un campo deportivo desde el amanecer hasta el anochecer.

Siempre había creído que Eunice y Sarge tendrían una gran influencia sobre nuestros hijos. Ciertamente la tuvieron en mí. Trabajé con ellos en las Olimpiadas Especiales, donde me desempeñé como portador de la antorcha para ayudar a que la organización se expandiera. En el verano, cuando Katherine tenía 12 años y el menor de nuestros hijos tenía cuatro, Maria y yo los llevamos a una misión en Sudáfrica.

Era mi primera visita a ese país en 26 años: no iba desde que había ganado el Mr. Olimpia en Pretoria durante los días del *apartheid*. Fue impresionante ver cómo había cambiado el país. En aquel entonces, Mr. Olimpia había sido la primera competición deportiva completamente integrada. Durante mis visitas a Sudáfrica en aquella época me había hecho amigo de Piet Koornhoof, ministro de Deportes y Cultura, y una voz fuerte y progresiva contra el *apartheid*. Él me abrió el camino para que hiciera exhibiciones de fisiculturismo en los municipios y me dijo: «Cada vez que hagas algo por los blancos me gustaría verte hacer algo por los negros». También había desempeñado un papel fundamental para lograr que Sudáfrica fuera la sede del concurso Mr. Olimpia y yo fui parte de la delegación de la IFBB que trabajó con él. El *apartheid* había desaparecido hacía mucho tiempo y Nelson Mandela había sido un presidente distinguido de ese país.

Desde que dejó su cargo, Mandela se había comprometido a elevar el perfil de las Olimpiadas Especiales en todo el continente, donde millones de personas con discapacidad mental eran estigmatizadas o ignoradas. Sarge y Eunice habían planeado venir con nosotros pero Eunice, que acababa de cumplir 80 años, se rompió una pierna en un accidente automovilístico un día antes del viaje. Así que cuando llegamos a Ciudad del Cabo solo estábamos nosotros, la generación más joven: Maria, nuestros hijos y yo. También fue su hermano Tim, que había sucedido a Sarge como presidente de los Juegos Olímpicos Especiales. Tim fue con su esposa Linda y con sus cinco hijos.

Mandela era un héroe para mí. Se me erizaba la piel cuando escuchaba sus discursos sobre la inclusión, la tolerancia y el perdón, lo contrario de lo que cabe esperar de un hombre negro en una nación blanca y racista, que se había podrido en la cárcel durante 27 años. Esta virtud no se da por accidente y mucho menos en la cárcel por lo que, para mí, era como si Dios lo hubiera puesto entre nosotros.

Estábamos allí para lanzar una carrera de antorcha con la participación de atletas de todo el sur de África y tenía el doble propósito de elevar el perfil de las Olimpiadas Especiales y respaldar la causa de la aplicación de la ley dentro de la propia Sudáfrica. Mandela encendió la llama en el lugar más sombrío posible: en su antigua celda en la prisión de Robben Island. Allí tuvimos la oportunidad de hablar antes de empezar y le pregunté cómo había logrado inspirarse en ese lugar. Estoy seguro de que le habían preguntado eso mil veces pero su respuesta fue inolvidable. Dijo que era bueno haber estado en la cárcel, que le había dado tiempo para pensar, para decidir que la actitud violenta de su juventud era equivocada, y para prepararse y ser la persona que actualmente es. Yo lo admiraba, aunque no sabía muy bien qué pensar. ¿Se trataba de una transformación genuina o simplemente de algo de lo que él mismo se había convencido? ¿Podría Mandela creer realmente que era necesario pasar 27 años en una celda? ¿O acaso estaba viendo el panorama más amplio, el significado que tenían esos años perdidos para Sudáfrica, y no para él? No eres más que un individuo y el país es mucho más grande: es lo que perdurará por siempre. Era una idea conmovedora. Después le dije a Maria: «No sé si pueda creerle o no, pero fue increíble que dijera eso, que se sentía completamente satisfecho con lo que había sucedido y con haber perdido varias décadas de su vida».

Los niños estaban todo el día con Maria y conmigo. Christopher, que tenía solo cuatro años, no entendía tantas cosas como su hermano y sus hermanas, que tenían ocho, diez y doce años. Pero yo sabía que ver todo esto tendría un impacto en ellos aunque no lo entendieran de inmediato. En algún momento tendrían que escribir ensayos en la escuela sobre su encuentro con Mandela, de cuando encendieron la antorcha y escucharon a Mandela comparar los prejuicios que padecieron los atletas olímpicos especiales debido a la injusticia del *apartheid*. Podrían pensar en ello y preguntarnos a Maria y a mí sobre lo que habíamos visto, y luego escribir sobre los atractivos de Ciudad del Cabo y el contraste con los municipios y la pobreza de las familias que viven allí. Tardarían un tiempo en asimilar la experiencia. Antes de regresar a los Estados Unidos pasamos unos días en un safari y a todos nos pareció maravilloso. Yo me sorprendí tanto como los niños viendo lo que parecía ser todo el reino animal ante nuestros ojos: leones, monos, elefantes y jirafas. Y luego estábamos en una carpa por la noche y escuchábamos las llamadas y los gritos de todos los animales. El guarda estaba buscando a una leona que tenía una etiqueta especial en la oreja para reemplazar su dispositivo de rastreo. Finalmente la vio y dijo: «Tengo que tranquilizarla». Apuntó y le disparó un dardo, y de repente la leona rugió furiosa y se alejó. «Recorrerá unas 200 yardas», dijo el guarda. Efectivamente la leona caminó, nos miró y finalmente cayó de lado.

Nos dirigimos hacia ella, bajamos del coche y los niños tuvieron la oportunidad de tomarse fotos y ver el tamaño de sus garras, más grandes que sus caras. Los felinos grandes siempre me han fascinado. Cuando estábamos filmando *Total Recall* en México tuvimos todo tipo de animales en el set, incluyendo un cachorro de pantera y otro de puma. Me encantaba jugar con ellos. El entrenador los llevaba todos los sábados a mi remolque durante el descanso de dos horas. Tenían unos cinco meses y estaban creciendo con rapidez. En el último mes de rodaje ya tenían siete meses y el puma estaba descansando en la parte trasera de la caravana cuando me puse de pie y salí. De repente el puma atravesó toda la longitud del vehículo de un salto y se abalanzó sobre mi nuca: sus 100 libras de peso me hicieron chocar contra el volante del remolque. Pudo haberme matado de un mordisco en la columna vertebral pero él solo quería jugar.

Una leona adulta pesa por lo menos cuatro veces más. No pude dejar de apoyar mi barbilla sobre la cabeza de esta leona para mostrarles a mis hijos lo grande que era: en comparación con su cabeza, la mía parecía un pequeño alfiler. Nos reímos y tomamos fotos y me sentí muy aliviado al ver que la leona estaba completamente noqueada y que no nos haría daño.

Siempre me ha gustado tener la oportunidad de pasar más tiempo con mi familia, irnos de vacaciones y tener aventuras. Pero también quería que mi carrera en el cine se moviera de nuevo, y eso requería de un verdadero esfuerzo. Tuve que montar toda una campaña para convencer a la gente de que podía trabajar de nuevo. El primer paso fue hablar con Barbara Walters en la televisión nacional nueve meses después de mi cirugía del corazón.

—Podrías haber muerto —me dijo—. ¿Sentiste miedo?

—Me asusté mucho —le dije, sobre todo cuando la reparación de la válvula salió mal y tuvieron que operarme de nuevo. Pensé que la mejor estrategia era decir la verdad y dejar que la gente me viera. Ella me preguntó por mi familia y bromeó con mis canas pero me dio también la plataforma que necesitaba para decir que me sentía totalmente enérgico y con muchas ganas de seguir adelante.

El siguiente paso fue tomarme fotos corriendo en la playa, esquiando y levantando pesas y asegurarme de que las imágenes fueran publicadas en los periódicos. De esa forma la gente sabría que me había recuperado totalmente. Aun así, los estudios seguían devolviendo mis llamadas con lentitud. Me quedé sorprendido al descubrir que el seguro era un problema. No solo le dijeron a mi agente: «No sabemos qué piensa ahora la gente de él», sino también. «Simplemente no sabemos si podemos asegurarlo». Parecía haber un sinfín de preguntas e incertidumbres con las que no querían lidiar. Pasó un año entero sin una nueva película. Finalmente recibí una visita de Army Bernstein, un productor cuya hija había ido al mismo jardín prescolar que las mías. Había oído lo que decían los estudios y sabía que yo estaba buscando trabajo.

—Haré una película contigo en cualquier momento —dijo—. Y me están escribiendo una película fantástica.

Los productores independientes como Army son los salvadores de Hollywood porque asumen riesgos que los grandes estudios no están dispuestos a asumir. Él tenía su propia compañía, contaba con una serie de éxitos y tenía una buena financiación.

La película que tenía en mente para mí era *End of Days,* un thriller de acción y terror que estaba programado para llegar a los cines a finales de 1999 y recaudar taquilla por la fiebre del Y2K. Yo interpreto a Jericho Cane, un ex policía cuya misión es impedir que Satanás vaya a Nueva York y consiga una novia en las últimas horas de 1999. Si Jericho no lo detiene, la mujer, entonces, dará a luz al Anticristo y el próximo milenio estará regido por la maldad.

El director, Peter Hyams, venía recomendado por Jim Cameron y, al igual que éste, prefería rodar de noche. Cuando entramos en la producción a finales de 1998, los horarios que pasamos en un estudio en

Los Ángeles fueron toda una pesadilla. Para mi sorpresa, había agentes de seguros y ejecutivos de los estudios en el set. Los ejecutivos eran de Universal, que había firmado para distribuir la película. Estaban viendo si me desmayaba, me moría o tenía que descansar con mucha frecuencia.

En la primera escena que rodamos, Jericho es atacado por diez satánicos que lo golpean hasta convertirlo en una pulpa sanguinolenta. La pelea ocurre de noche, en un callejón oscuro durante una lluvia torrencial. Empezamos a rodar y combatimos hasta que yo terminé de espaldas, mirando hacia arriba las ráfagas de una lluvia artificial iluminada desde atrás que caía sobre mí mientras perdía el conocimiento. Después de la toma salí del set y me senté frente al monitor, mojado y con una toalla alrededor de mis hombros, listo para volver y hacer la siguiente toma.

A eso de las tres de la mañana, los agentes de seguros y los empleados del estudio me preguntaron:

—Caramba, ¿no es agotador hacer esto una y otra vez? ¿Estar empapado y ser molido a golpes?

—En realidad no —les dije—. Me encanta filmar de noche porque tengo una gran cantidad de energía. La noche me inspira mucho. Es realmente increíble.

Y luego iba a que me dieran otra paliza. Salía del set, me sentaba y decía: «¿Puedo ver la reproducción?». Y estudiaba la toma mientras los técnicos la proyectaban en el monitor.

—No sé cómo lo haces —me dijo el agente de seguros.

—Esto no es nada —le respondí—. Deberías ver algunas de las otras películas, como las de *Terminator*. El ritmo es infernal.

—Pero ¿no te cansas?

—No, no. Yo no me canso, mucho menos después de la cirugía del corazón. Me dio una energía increíble. Me siento como una persona totalmente nueva.

Y luego el tipo del estudio me hacía la misma pregunta. Desaparecieron después de la primera semana y no regresaron más.

Yo los convencí, y los tipos de los trucos, del maquillaje y del vestuario corrieron la voz de que yo me sentía muy bien, que estaba en perfectas condiciones y así sucesivamente. A partir de entonces las ofertas comenzaron a llegar de nuevo y dejé de convencer a la gente de que aún tenía energía.

CAPÍTULO 23

Una propuesta política

A LA GENTE LE encantaba que yo bromeara con incursionar en la política. En la cena del Consejo del Gobernador en Sacramento en 1994, el gobernador Pete Wilson me saludó desde la tribuna diciendo: «Me gustaría verte como candidato a gobernador, Arnold. Alguien que ha interpretado a *Kindergarten Cop* ya tiene la experiencia necesaria para lidiar con la Legislatura». Los asistentes se rieron. Sin embargo, lo que proponía no era tan descabellado para alguien que no fuera político de carrera. Ronald Reagan había sido actor. Y no solo eso: el presidente Nixon me había dicho en su biblioteca que yo debía intentarlo.

El año anterior, en *Demolition Man*, la película de ciencia ficción de Sylvester Stallone, su personaje, que se encuentra de repente en el año 2034, hace una toma doble cuando oye a alguien hablar de la Biblioteca Presidencial Arnold Schwarzenegger. Ser candidato a la presidencia era imposible para mí, por supuesto, porque yo no había nacido en territorio norteamericano, tal como lo exige la Constitución de Estados Unidos. Pero a veces fantaseaba: ¿Y qué tal si mi madre hubiera tenido una aventura al final de la guerra y mi padre no fuera realmente Gustav Schwarzenegger sino un soldado americano? Eso podría explicar por qué siempre he tenido una fuerte sensación de que Estados Unidos es mi verdadero hogar. ¿O qué tal que el hospital donde ella me tuvo estuviera en realidad en una zona de ocupación norteamericana? ¿No contaría eso como territorio estadounidense?

Pensé que mi temperamento era más adecuado para gobernador y no para senador o representante a la Cámara porque como gobernador sería el capitán del barco, el director general, y no uno de los 100 senadores o 435 congresistas. Obviamente ningún gobernador tiene el poder exclusivo pero puede aportar una visión para el estado y por lo menos sentir que las decisiones pasan por su escritorio. Es muy parecido a ser el protagonista de una película: te echan la culpa de todo y recibes el crédito por todo. Es una situación de alto riesgo pero de alta recompensa.

Siempre he sentido una gran lealtad y orgullo por California. Mi estado adoptivo es más grande que muchos países. Tiene 38 millones de habitantes, cuatro veces más que Austria. Mide 800 millas de largo y 250 millas de ancho. Puedes recorrer fácilmente algunos de los estados más pequeños de los Estados Unidos en bicicleta, pero si quieres hacer un recorrido por California deberías pensar en hacerlo a bordo de una Harley. California tiene montañas espectaculares, 1.500 millas de costa, bosques de secuoyas, desiertos, tierras de cultivo y viñedos. Se hablan más de cien idiomas. Y su economía es de $2 mil millones: más grande que la de México, India, Canadá o Rusia. Cuando el G-20 se reúne, California debería estar en la mesa.

El estado había pasado por fases rápidas y lentas de crecimiento durante los años que yo había vivido en Los Ángeles, pero básicamente había prosperado y yo me veía a mí mismo como un beneficiario afortunado de esa prosperidad. Yo era conservador en mis convicciones políticas al igual que una gran cantidad de inmigrantes exitosos. Quería que América siguiera siendo el bastión de la libre empresa y hacer todo lo posible para evitar que cayera en la burocracia y el estancamiento de Europa. Así eran las cosas cuando viví allá.

Los años noventa fueron una época de prosperidad y California tenía ahora el primer gobernador demócrata desde los años setenta: Gray Davis. Tuvo un buen comienzo cuando asumió el cargo en 1999, expandiendo la educación pública y mejorando las relaciones con México. No era un hombre mediático: era flaco y reservado. Sin embargo, sus programas eran muy populares y tenía un gran superávit en el presupuesto para trabajar, más que todo por el auge de Silicon Valley. Sus índices de aprobación entre los votantes eran altos, alrededor del 60%.

El problema comenzó con el hundimiento de las compañías digitales. En abril de 2000, cuando yo estaba terminando el rodaje de *The 6th Day*, una película de ciencia ficción sobre la clonación de seres humanos, estalló la burbuja de la Internet y el mercado de valores comenzó su peor caída en 20 años. Una caída importante en Silicon Valley era una mala noticia para el estado porque los ingresos fiscales caerían y tendrían que tomarse muchas decisiones difíciles con respeto a los puestos de trabajo y los servicios gubernamentales. California recibe una gran cantidad de sus ingresos de las empresas de Silicon Valley. Cuando esas empresas caen un 20%, las arcas del estado terminan con una reducción del 40%. Es por eso que yo recomendaba utilizar los excedentes de ingresos de los años de bonanza en infraestructura, en el pago de la deuda o en la creación de un fondo de reserva para los años económicos inestables. Es un gran error apoyar programas que requieran gastos como los de las épocas de bonanza.

Además de esto, estalló la crisis electricidad de 2000 y 2001; triplicando primero las tarifas eléctricas en San Diego y detonando en San Francisco cortes de energía y apagones que amenazaban con extenderse a todo el estado. El Gobierno parecía estar paralizado y los reguladores estatales y federales se acusaban mutuamente en lugar de tomar medidas, mientras que los intermediarios, principalmente Enron, recortaban los suministros para que los precios aumentaran por las nubes. En diciembre de 2000, Gray Davis apagó las luces del árbol de Navidad en la capital justo después de encenderlas para recordarle a la gente que debían ahorrar electricidad y prepararse para la escasez de energía en el próximo año. Yo odiaba el aspecto que esto le daba a California, como si fuera un país en vías de desarrollo y no el estado dorado de los Estados Unidos. Sentí rabia. ¿Esa era nuestra respuesta a la escasez de energía en California: apagar las luces del árbol de Navidad? Era una estupidez. Comprendí que pretendía ser un símbolo pero yo no estaba interesado en los símbolos sino en la acción.

Gran parte de esto no fue culpa de Gray Davis: la economía estaba cayendo en picada. Pero a mediados de su mandato, la gente comenzó a pensar que estaría en una situación vulnerable si se postulaba para la reelección en 2002 y pronto sus tasas de aprobación mostraron un descenso enorme. Yo me sentía tan frustrado como cualquier ciudadano. Mientras más leía sobre California, más parecía que las malas noticias se apilaban unas sobre otras. Me puse a pensar: «No podemos seguir así. Tenemos que cambiar».

Todo este largo debate tenía lugar en mi cerebro. ¿Cuál debería ser la siguiente montaña a escalar? ¿Debería producir películas? ¿O producir, dirigir y protagonizar como Clint? ¿Debería convertirme en un artista, ahora que había retomado mi afición por la pintura? Yo no tenía prisa para responder a estas preguntas pues sabía que se materializarían a su debido tiempo. Sin embargo, conservaba mi antigua costumbre de trazarme metas concretas para cada año nuevo. La mayoría de los años, cualquiera de las películas que yo tenía proyectada estaba en la parte superior de la lista. Y aunque me había comprometido con un par de películas en desarrollo, incluyendo *Terminator 3*, realmente no tenía ningún guion ni nada programado. Así que el 1 de enero de 2001 puse en la parte superior de mi lista: «Pensar en postularme como gobernador en 2002». Al día siguiente, el 2 de enero, concerté una cita con Bob White, uno de los principales asesores políticos de California. Había sido jefe de personal de Pete Wilson durante sus ocho años como gobernador, se encargaba de que todo funcionara y era considerado uno de los principales agentes del poder republicano en Sacramento. Yo me había encontrado con Bob en cenas y recaudaciones de fondos, y cuando salió de la legislatura del estado, le pregunté si podíamos seguir en contacto.

Obviamente, contratar a Bob y a su equipo de estrategas y analistas no quería decir que tenía el apoyo del Partido Republicano. Yo estaba muy hacia el centro político para las directivas del partido: sí, yo era fiscalmente conservador, estaba a favor de los negocios y en contra de aumentar los impuestos, pero todo el mundo sabía que yo también era pro-elección, pro-gay, pro-lesbianas, estaba a favor del medio ambiente, del control razonable de armas y de un sistema razonable de seguridad social. Mi relación con los Kennedy les causaba inquietud a muchos republicanos conservadores, incluyendo mi admiración por mi suegro, a quien veían como un hombre que estaba a favor de un gobierno grande, de aumentar los impuestos e incrementar los gastos. Casi podía oírlos pensar: «Sí, claro, eso es todo lo que necesitamos: a Arnold y su esposa liberal. Luego llegarán su suegra y su suegro, Teddy Kennedy y todos ellos. Es el maldito caballo de Troya». Los líderes de los partidos se sentían muy agradecidos de que yo les ayudara a recaudar fondos y hablara sobre sus candidatos y sobre la filosofía republicana en las campañas electorales. Pero siempre me decían: «Esto fue muy agradable, muchas gracias por tu ayuda». No creo que ellos se sintieran entusiasmados conmigo.

Sin embargo, no fue por eso que hablé con Bob y sus asociados. Yo quería una evaluación exhaustiva y profesional de mi potencial para postularme y ganar, así como encuestas e investigaciones que respaldaran esto. También quería saber lo que se necesitaba realmente para postularse a un cargo —aunque ya hubiera participado en campañas—, teniendo en cuenta que yo no era un candidato típico. ¿Cuántas horas tendría que dedicarle a una campaña, cuánto dinero tendría que recaudar, cuál sería el tema de mi campaña? ¿Qué tenía que hacer para mantener a mis hijos alejados del centro de atención? ¿El hecho de que Maria perteneciera a una familia demócrata era una ventaja o una desventaja? Maria no sabía nada de esta consulta: había leído acerca de mi posible candidatura en los periódicos y me vio coqueteando con la idea, pero suponía que yo no quería tener 20 citas al día y toda la mierda que recibes cuando estás en la política. Estoy seguro de que ella estaba pensando: «Él ama demasiado la vida. Se guía por el principio del placer y no por el del sufrimiento». Yo no le dije que estaba considerando seriamente en postularme porque no quería una conversación interminable sobre esto en casa.

Los consultores identificaron de inmediato las ventajas y las desventajas. El factor «Ronald Reagan» era mi mayor ventaja. Él había demostrado que el entretenimiento influye en los partidos políticos porque la gente no solo conoce tu nombre sino que también le presta atención a lo que dices, no importa si eres demócrata, republicano o independiente, siempre y cuando no te falte un tornillo. El gobernador Pat Brown y sus manejadores políticos hicieron un cálculo completamente errado sobre el poder de la fama cuando Reagan lo desbancó en 1966, y creo que los políticos siguen teniendo dificultades para creer en ese poder. Cuando George Gorton, un ex estratega de Pete Wilson, me acompañó a un evento en el Centro Hollenbeck, se sorprendió al ver 19 equipos de televisión que esperaban registrar mi visita para el noticiero de la noche. Eso era por lo menos una docena de cámaras más de lo que él había visto durante la presencia de un gobernador en este tipo de eventos.

La primera encuesta que les hicieron a 800 votantes de California ofreció el tipo de imagen mixta que podía esperarse. Todos los votantes sabían quién era yo y el 60% tenía una imagen positiva de mí. Eso era una ventaja. Pero cuando se les preguntó a quién elegiría como gobernador entre Gray Davis y yo, él me superó por más de dos a uno. Obviamente, yo no me había postulado todavía pero estaba muy, muy lejos de ser uno de los favoritos. Los consultores mencionaron otras desventajas evidentes: aunque yo tenía una filosofía fuerte y muchas opiniones, mis conocimientos sobre temas como el empleo, la educación, la inmigración y el medio ambiente no eran tan profundos. Y por supuesto, no tenía una organización de recaudación de fondos, personal político, experiencia tratando a los periodistas políticos ni antecedentes siendo elegido.

Una pregunta que surgió era si yo debía hacer campaña para la gobernación en 2002 o esperar hasta 2006. Esperar me daría más tiempo para consolidarme como un contendiente ante los ojos de los californianos. George Gorton sugirió que, cuando yo me postulara, una manera efectiva de sentar las bases sería haciendo campaña por una iniciativa de ley. Entre todos los estados, California es famoso por su tradición de «democracia directa». De acuerdo con la constitución del estado, los legisladores no son los únicos que pueden crear las leyes: los ciudadanos también pueden hacerlo directamente introduciendo proposiciones en las urnas durante las elecciones estatales. El sistema de iniciativa de votación se remonta a Hiram Johnson, el legendario gobernador de California de 1911 a 1917 quien lo usó para romper con el poder de una legislación corrupta controlada por las gigantescas empresas de ferrocarriles. Su aplicación más famosa fue la revuelta de impuestos de California de 1978. Esto ocurrió cuando los votantes aprobaron la Proposición 13, una enmienda constitucional titulada oficialmente «Iniciativa popular para limitar el impuesto sobre la propiedad». En aquel entonces yo llevaba apenas diez años en los Estados Unidos y recuerdo que me pregunté cómo podían los ciudadanos comunes limitar el poder del Estado.

Si promovía una iniciativa de ley, según Gorton, yo sería visible para los votantes sin tener que anunciar la gobernación de inmediato. Tendría un motivo para conformar una organización, organizar eventos para recaudar fondos, hacer alianzas con grupos importantes, hablar con los medios de comunicación y hacer anuncios de televisión. Y si la iniciativa era aprobada demostraría que podía conseguir votos en todo el estado.

Pero antes de abordar cualquiera de esos asuntos, Bob y sus colegas creyeron que su deber era decirme en lo que yo podría meterme. Yo les estaba pagando, pero ellos eran ambiciosos y querían asegurarse de que no estaban perdiendo el tiempo en la campaña de algún actor vanidoso de Hollywood. De hecho, hicieron que, en marzo de 2001, el ex gobernador Wilson me transmitiera el mensaje durante una sesión de estrategia de cuatro horas de duración en mi oficina. Me dijo que esperaba que me postulara y que yo tenía un buen equipo para hacerlo. Sin embargo, agregó: «¡Tienes que ser realista acerca de cómo esto afectará tu vida, tu familia, tus finanzas y tu carrera!». Luego cada uno de los asesores expuso las formas en que cambiaría mi vida. George Gorton comentó que Eisenhower y Reagan habían hecho la transición a la vida política con éxito mientras que Ross Perot y Jesse Ventura habían fracasado: La diferencia estaba en la voluntad de comprometerse totalmente. Otros dijeron que yo tendría que soportar las críticas de los medios como nunca lo había imaginado, que tendría que convertirme en experto en temas polémicos y que necesitaría recaudar dinero. Yo me sentía tan orgulloso de mi independencia financiera que ellos comprendieron que éste último aspecto no sería difícil para mí.

Pero lo que me sorprendió fue el nivel de entusiasmo en la sala. Pensé que iban a decirme que no era lo más adecuado para mí y que tal vez debería tratar de conseguir una embajada o algo así. Esa fue la manera como la gente en Austria reaccionó cuando dije que quería ser un campeón de fisiculturismo. «En Austria somos campeones de esquí», me dijeron. Y fue también la forma como reaccionaron los agentes de Hollywood cuando quise ser actor. «¿Por qué no abres un gimnasio», me dijeron. Pero comprendí que estas ventajas políticas no me aseguraban nada. Estos tipos me conocían por la campaña que yo había hecho para Wilson. Ellos sabían que yo era divertido; sabían que hablaba bien y me veían como una seria posibilidad.

Durante las próximas semanas pasé mucho tiempo fuera de Los Ángeles: en un evento de los Inner-City Games en Las Vegas, en una promoción de Hummer en Nueva York, en una visita a Guam, en un estreno en Osaka. Además pasé la Pascua en Maui con Maria y los niños. Sin embargo, comencé a sondear a mis amigos cercanos. Fredi Gerstl, mi viejo mentor de Austria, me dio un gran apoyo. En cuanto a él se refería, no había nada más difícil que ser un buen líder político: había muchos intereses, muchos electores y muchos obstáculos. Era como ser el capitán del Titanic compitiendo contra una lancha rápida.

—Si te gustan los retos éste es el mejor —me dijo—. Hazlo.

Paul Wachter, mi asesor financiero, me dijo que no le sorprendía.

Había percibido mi creciente inquietud en los últimos años pero se sintió obligado a recordar el dinero que dejaría de ganar si cambiaba de profesión. A él le gustaba mucho ver los cheques de pago de $25 millones por cada película. Señaló que si yo era elegido tendría que renunciar a hacer dos películas al año —me pagaban alrededor de $20 millones por proyecto— y que tendría que destinar millones de dólares de mi propio dinero a gastos personales que no serían deducibles de impuestos. No era una exageración decir que el costo total que tendrían para mí dos términos como gobernador podría superar los $200 millones.

Otro amigo cercano que yo quería sondear era Andy Vajna, que había producido *Total Recall* y *Terminator 2* con su socio Mario Kassar, y tenía los derechos para hacer *Terminator 3*. Andy es húngaro-americano, un inmigrante como yo, y además de su éxito en Hollywood, es dueño de casinos en Hungría y de otros negocios en California. Además, Andy había trabajado en el Gobierno húngaro y era cercano al Primer Ministro de ese país. Hablé con él y con Mario como parte de mi laboratorio en Hollywood. Quería tantearlos sobre mi campaña para gobernador: si estaban entusiasmados con la idea les pediría que donaran una gran cantidad de dinero para la campaña y les pidieran a otros productores que hicieran lo mismo.

No esperaba que me propusieran hacer *Terminator 3* cuando fui a su oficina para hablar de la gobernación a finales de 2001. Yo había firmado un «memorando de acuerdo» para protagonizar la película si alguna vez se hacía, pero el proyecto llevaba varios años en el limbo. Andy y Mario habían perdido los derechos en una ocasión y tuvieron que volver a comprarlos en una corte de bancarrotas. Jim Cameron estaba haciendo otros proyectos y, hasta donde yo sabía, la película no tenía director ni guion. Pero cuando les hice mi propuesta política me miraron como diciendo: «¿De qué demonio estás hablando con eso de postularte a la gobernación?».

Terminator 3 resultó estar mucho más cerca de la realidad de lo que yo pensaba. El guion estaba casi listo y ya habían cerrado negocios relacionados con mercancías y distribuciones internacionales que ascendían a decenas de millones de dólares. Tenían previsto iniciar la producción en un año. Andy fue razonable y cordial pero firme:

—Si te retiras me demandarán porque ya vendí los derechos sobre la base de que serías la estrella —me dijo—. Soy la última persona interesada en demandarte pero si a mí me demandan tendré que hacer lo mismo contigo. No puedo darme el lujo de pagarles a todos esos tipos. Tendría que pagarles una cifra enorme por todos los perjuicios.

—Está bien, entiendo —le dije.

Me enorgullezco de poder hacer malabares con muchas cosas pero comprendí que lanzarme como candidato a gobernador y hacer una película de *Terminator* al mismo tiempo era totalmente inapropiado. La gente podría pensar que yo no estaba ni en una cosa ni en la otra.

¿Y ahora qué? Aún tenía ganas de hacer algo a nivel político, sentía el impulso para hacerlo. Pero cuando hablé de nuevo con mi equipo político y les di la noticia de que no podía postularme, les pedí que no dejaran de trabajar. Les dije que elaboraríamos una iniciativa de ley. Ellos se mostraron escépticos: les quedaba difícil imaginar que yo pudiera comprometerme realmente con una película y hacer campaña para una iniciativa de ley al mismo tiempo. Pero para mí esto no era nada diferente a lo que había hecho toda mi vida. Yo había obtenido un título universitario mientras era campeón de fisiculturismo. Me había casado con Maria durante la filmación de *Predator*. Había hecho *Kindergarten Cop* y *Terminator 2* y puesto en marcha Planet Hollywood mientras era el Zar Presidencial para el Acondicionamiento Físico. Y yo tenía una visión clara de lo que quería hacer en términos políticos.

Trabajar en el Consejo Presidencial para el Acondicionamiento Físico me había hecho consciente del problema de millones de niños que andan sueltos y no tienen una supervisión después de la escuela. Había una gran desconexión en Estados Unidos entre la jornada laboral de los padres y la jornada escolar de sus hijos. La mayor parte de la delincuencia juvenil sucede entre las tres y las seis de la tarde, que es cuando los jóvenes están expuestos a la maldad, a la presión, a las pandillas y a las drogas. Los expertos decían en varios estudios que estábamos perdiendo a nuestros chicos no porque ellos fueran malos sino porque no contaban con una supervisión. Desde mucho tiempo atrás, varios policías y educadores habían propuesto programas para después de la escuela: se trataba de ofrecer una alternativa a las pandillas y un lugar donde los jóvenes recibieran ayuda con sus tareas. Pero los legisladores no escuchaban nunca así que los policías y los educadores se convirtieron en mis primeros aliados.

A medida que expandíamos el alcance de los Inner-City Games, hicimos énfasis cada vez más en programas para todo el año y no solo para el verano. Creé una fundación para hacer que estos juegos se convirtieran en un movimiento a nivel nacional y contraté como directora a Bonnie Reiss, una amiga cercana a Maria y a mí. Bonnie es una neoyorquina llena de energía, con el pelo rizado y negro; es divertida, habla rápido y es una organizadora casi tan eficaz como Eunice. Maria la conoció cuando estaba en la universidad y Bonnie estudiaba derecho y trabajaba con Ted Kennedy. Las dos se mudaron a Los Ángeles para trabajar en la campaña presidencial de Teddy. Más tarde Bonnie fundó y consolidó una influyente organización sin ánimo de lucro llamada Earth Communications Office, dedicada a recaudar dinero para temas ambientales. Bonnie se convirtió en el enlace con Hollywood para asuntos del medio ambiente. Era una gran entusiasta de los Inner-City Games y aceptó la oportunidad de divulgarlos. Recaudamos varios millones de dólares y abrimos programas en toda California, así como en Atlanta, Dallas, Miami, Washington D.C., Nueva York y Chicago.

Los Ángeles se destacaba no solo porque era la sede de los Inner-City Games sino también porque era la única gran ciudad que tenía programas después del horario escolar en todas sus escuelas primarias: un total de 90. Fui a consultar con la mujer que había logrado esto, una educadora dinámica llamada Carla Sanger. Después de hacerle un millón de preguntas me sugirió: «¿Por qué no haces programas en las escuelas intermedias y secundarias?». Bonnie y yo comenzamos a recaudar fondos para hacer precisamente eso. Nuestro plan era implementar los programas después de clases en cuatro escuelas en el año 2002, y seguir creciendo.

Sin embargo, comprendí con rapidez que se trataba de un proyecto muy ambicioso. Nunca lograríamos reunir suficiente dinero para implementar un programa en cada escuela intermedia y secundaria que lo necesitara. Peor aún, Los Ángeles era una ciudad en un estado que tenía alrededor de seis mil escuelas y seis millones de estudiantes.

Cuando tienes un problema tan enorme, a veces el gobierno tiene que ayudar. Sin embargo, Carla Sanger me dijo que había intentado cabildear muchas veces para conseguir fondos en Sacramento sin ningún resultado. Los funcionarios y legisladores estatales simplemente no piensan que los programas para después de la escuela sean muy importantes. Hablé con unos cuantos senadores y miembros de la Asamblea estatal a quienes conocía y me dijeron que ella tenía razón.

Solo quedaba una alternativa: someter el tema directamente a los votantes de California como una iniciativa de ley. Vi en esta idea la oportunidad de mejorar las vidas de millones de niños y jóvenes y, al mismo tiempo, de meter mis pies en las aguas de la política estatal. No era el momento adecuado para postularme como candidato a gobernador pero me comprometí a dedicar el próximo año a hacer campaña por algo conocido como la Proposición 49, la Ley del Programa de Seguridad y Educación después de la Escuela de 2002.

Contraté a George Gorton como director de campaña junto con otros miembros competentes del equipo de Pete Wilson. Ellos establecieron su sede en la planta baja de mi oficina en Santa Monica, que le había arrendado anteriormente a Pierce Brosnan y a su compañía de producción. Comenzaron a encuestar a los votantes, a investigar, a preparar las listas de donantes y contactos con los medios de comunicación, a trabajar en red con otras organizaciones, a planear la recolección de firmas y los eventos públicos, y así sucesivamente. Yo era como una esponja que lo absorbía todo.

En mi carrera cinematográfica siempre le había prestado mucha atención a los grupos focales y a las encuestas, y por supuesto, la investigación sobre la opinión juega un papel aún más importante en la política. Me sentí muy cómodo con todo esto. Un republicano experto en mensajes políticos llamado Don Sipple me sentó frente a una cámara y me hizo hablar largo y tendido. Las grabaciones fueron editadas en segmentos de tres minutos y les fueron mostradas a grupos de apoyo de votantes. El objetivo era saber cuáles temas y características mías llamaban la atención de la gente y cuáles otras no les gustaban tanto. Me enteré, por ejemplo, que la gente quedó impresionada con mi éxito como hombre de negocios pero que cuando mencioné en la cinta que Maria y yo vivíamos en una casa relativamente modesta, los integrantes de los grupos focales pensaron que yo debía estar fuera de contacto con la realidad.

Ese otoño saqué dos semanas para promover mi última película de acción, *Collateral Damage*, que estaba programada para estrenarse el 23 de octubre. Fue solo uno de los cientos de millones de planes que cambiaron después de la tragedia del 11 de septiembre. En cualquier otro año, *Collateral Damage* habría sido una emocionante película de acción y de entretenimiento con un gran presupuesto, pero eso no funcionó después del 9/11. Interpreto a un veterano bombero de Los Ángeles llamado Brewer cuya esposa e hijo mueren en un atentado narcoterrorista al consulado colombiano en el centro de la ciudad. Mientras Brewer se dispone a vengar sus muertes, descubre y frustra un ataque narcoterrorista mucho más grande, que incluye el secuestro de un avión y un gran ataque en Washington D.C. Después del 9/11, Warner Brothers canceló el estreno y reeditó la película para eliminar el secuestro de aviones. Aun así, cuando *Collateral Damage* debutó el mes de febrero siguiente, se veía irrelevante y dolorosa después de los acontecimientos reales. La ironía es que durante la filmación de la película, los productores sostuvieron un gran debate acerca de si ser bombero era una profesión lo suficientemente arriesgada para un héroe de acción. Esa fue una pregunta que respondió con mucha claridad el heroísmo de la vida real en la Zona Cero.

Aprendí que es todo un arte darle forma a una propuesta que no espante a las personas, o que no despierte resistencia ni discusiones innecesarias. Por ejemplo, para hacer que nuestro programa después de la escuela no desplazara a los existentes que contaban con el apoyo de la gente, lo diseñamos para que entrara en vigor no antes del 2004 y solo si la economía de California estaba creciendo de nuevo y los ingresos anuales del Estado habían subido a $10 mil millones. Para mantener los costos bajos creamos un programa de becas al que las escuelas tenían que aplicar. Y lo hicimos para que los distritos ricos que ya tenían programas después de la escuela esperaran en fila detrás de aquellos distritos que no podían financiarlos.

De todos modos nos sentimos conmocionados cuando los expertos en educación estimaron el costo anual: $1,5 mil millones. Incluso en un estado con $70 mil millones en ingresos, eso era mucho más de lo que aprobarían los votantes. Así que redujimos nuestra propuesta antes de empezar la campaña para cubrir solo las escuelas medias y no las secundarias. Esta decisión fue dolorosa pero teníamos que hacer un recorte. Además, los niños eran más vulnerables y tenían más necesidad de los programas que los jóvenes. Esta reducción significó un ahorro de más de $1.000 millones.

Antes de presentarlo a finales de 2001, repartimos borradores y fuimos a hacer presentaciones a los sindicatos y grupos cívicos: maestros, directores, superintendentes escolares, cámaras de comercio, funcionarios policiales, jueces, alcaldes y otros funcionarios públicos. Queríamos la coalición más amplia posible y el menor número de enemigos. Tal como lo habían predicho los hombres de Pete Wilson, al principio vi que era difícil recaudar fondos. La razón por la que siempre quise ser rico era para pedirle dinero a nadie. Eso iba en contra de mi naturaleza. Sudé literalmente cuando hice la primera solicitud. Me dije que realmente no era yo quien preguntaba sino la causa.

Esa primera llamada fue para Paul Folino, el empresario tecnológico y amigo de la campaña de Wilson. Después de una conversación breve y amable me prometió un millón. Mi segunda llamada fue a

Jerry Parenchio, un productor, promotor, activista y líder que terminó siendo dueño de Univision para venderlo luego por $11 mil millones. Yo lo conocía personalmente. Se comprometió a recaudar otro millón. Esas eran las llamadas más ambiciosas y me sentí muy aliviado cuando colgué el teléfono. Luego hice llamadas para pedir $250.000. Terminé el día volando alto.

Al día siguiente fui a hablar con Marvin Davis en su oficina en la torre de Fox Studios. Pesaba alrededor de 400 libras.

—¿Qué puedo hacer por ti? —dijo.

Yo había hecho películas para Fox y su hijo había producido *Predator*. Le conté toda la historia y se quedó dormido en mi cara. Cuando abrió los ojos de nuevo le dije:

—Estoy totalmente de acuerdo, Marvin, tenemos que ser fiscalmente responsables.

Él podía dormir todo lo que quisiera siempre y cuando nos diera un cheque. Pero en lugar de eso dijo:

—Déjame hablar con mi gente. Estaremos en contacto contigo. Hay que ser muy valiente para hacer eso.

Y por supuesto, nunca volví a saber de él.

Paul Folino no tardó en encontrar una solución para que yo me sintiera más cómodo pidiendo dinero. Sugirió darle un bajo perfil a mi recaudación de fondos: cenas y pequeñas recepciones. Descubrimos que cuando yo estaba en un ambiente relativamente informal en el que podía conversar con la gente, era capaz de pedir dinero con gran eficacia.

Me encantaba encontrar nuevos aliados. En noviembre le llevé el proyecto de la Proposición 49 a John Hein, el jefe político de la Asociación de Maestros de California, que era el sindicato más poderoso del estado. John estaba acostumbrado a que la gente le pidiera favores. Yo no esperaba que fuera muy receptivo porque los republicanos y los sindicatos no suelen tener la mejor relación. Así que le aclaré desde el comienzo: «No necesitamos dinero de ti. Si apruebas esto no tendrás que poner $1 millón para la financiación ni nada de eso. Yo me encargaré de conseguir el dinero. Pero quiero que hagamos esto juntos». También le expliqué que los programas después de clases no solo ayudaban a los niños sino también a reducir la presión sobre sus maestros.

Para mi deleite se mostró de acuerdo con nuestra idea y solo recomendó dos cambios en la propuesta: el principal era que añadiéramos algo sobre la contratación de maestros jubilados. Esto no era algo que yo quería fomentar demasiado porque los niños se relacionan mejor con personas jóvenes, sobre todo después de un día entero de maestros y de clases. Ellos quieren consejeros en jeans y con el pelo en punta que puedan servir como figuras parentales pero que no se parezcan a éstas. Sin embargo, no me pareció una propuesta descabellada e hicimos el trato. Y en última instancia todo salió bien porque al fin y al cabo no son muchos los maestros jubilados que quieren volver a trabajar.

Según los estándares normales, el inicio de un año de elecciones es demasiado pronto para someter una iniciativa de ley ante el público ya que la votación solo tiene lugar en noviembre. Pero yo tenía que hacer malabares con la Proposición 49 y *Terminator 3*, que ya estaba lista para rodarse. Así que tuvimos nuestra patada de salida a finales de febrero, justo antes de las primarias del estado de California. En lugar de hacer una conferencia de prensa aburrida viajé dos días por todo el estado con un grupo de niños y haciendo manifestaciones y mucho alboroto para poder salir en la televisión y recibir más apoyo.

Luego regresamos a la ardua y lenta labor de forjar alianzas y recaudar fondos. Al igual que en el fisiculturismo, las campañas políticas consisten en repeticiones, repeticiones y más repeticiones. Me reuní con asociaciones de padres y maestros, con consejos municipales, con grupos de contribuyentes y con la Asociación Médica de California. Y fue entonces cuando descubrí que recaudar dinero desde el set de una película era una gran ventaja, y *Terminator 3* era el más grande de todos los sets. A la gente le encantó ir a ver los efectos especiales, la carga de las armas y las explosiones. A veces los recibía con mi maquillaje: un columnista de *Los Angeles Times* me entrevistó un día cuando el *ter-*

minator había tenido una pelea. Alrededor de una cuarta parte de mi cara y de mi cuero cabelludo estaban desprendidos y ensangrentados, dejando al descubierto el cráneo de titanio. Era una forma divertida de hablar sobre asuntos escolares.

El fiscal general de California también fue a visitarme ¡y era demócrata! Yo lo conocía desde *Terminator 2,* cuando él era miembro del concejo municipal: nos ayudó con un permiso para hacer la escena en San José, donde el T-1000 se sube a un helicóptero con su motocicleta luego de atravesar la ventana de un segundo piso. Hablé con él sobre la iniciativa; lo necesitábamos, porque la oficina del procurador general es la que emite un dictamen sobre el costo y la propiedad jurídica de cada iniciativa. Él estuvo en el set el día que yo estaba colgando del gancho de una grúa gigante. Eso le pareció maravilloso, y no es de extrañar que apoyara la iniciativa.

En septiembre, cuando *Terminator 3* pasó a postproducción, fui a Sacramento para solicitar el respaldo de los líderes del Senado y la Asamblea estatal. Tenía curiosidad por ver lo que dirían, aunque tampoco estaba conteniendo la respiración. Para empezar, dos tercios de la Legislatura eran demócratas. Y los funcionarios electos por lo general odian las iniciativas electorales porque reducen su poder y hacen que el estado sea más difícil de gobernar. De hecho, nuestro mayor antagonista fue la Liga de Mujeres Votantes, que se opuso rotundamente a lo que llamó «el presupuesto de las urnas» para cualquier programa. Sin embargo, yo tenía en mi bolsillo una lista de tres páginas a espacio simple de todas las organizaciones que nos apoyaban. Habíamos logrado la más amplia coalición que alguien recordara sobre una iniciativa electoral. Sería difícil que los políticos ignoraran esto.

Una de mis primeras paradas fue Bob Hertzberg, el presidente de la Asamblea. Bob es un demócrata inteligente y entusiasta por el Valle de San Fernando, casi de la misma edad que Maria, y es tan amable que le dicen *Huggy.* A los dos minutos ya estábamos intercambiando chistes. «¿Qué más se puede pedir?», dijo. Sin embargo, me advirtió que no esperara el apoyo del Partido Demócrata.

—Dios no permita que debamos apoyar una iniciativa republicana —dijo en broma.

Sostuve acalorados debates con algunos dirigentes sindicales. El jefe de uno de los grandes sindicatos de empleados estatales me preguntó: «¿Cuál es tu mecanismo de financiación?». Otros grupos de interés dirían que estábamos desplazando a sus programas. Sin embargo, dos años antes los legisladores aprobaron un acuerdo de pensiones por $500 mil millones que carecía de financiación. Les dije a las personas que ahora me preguntaban por mi mecanismo de financiación: «Ustedes acaban de comprometer al estado con cientos de miles de millones de dólares. ¿Cuál es su mecanismo de financiación? Nosotros solo estamos hablando de $400 millones al año para los niños».

—Los sacaremos de los impuestos.

—Bueno, ustedes están sacando muchas cosas.

El apoyo de los republicanos tampoco era pan comido pues normalmente se oponían a cualquier gasto adicional. Sin embargo Dave Cox —el líder de la minoría en la Asamblea, hombre mayor muy áspero por fuera pero dulce por dentro— se convirtió inesperadamente en nuestro aliado. Él no solo aprobó la Proposición 49 sino que me invitó también a ir a San Diego para asistir a una asamblea regular de los legisladores republicanos. Vi tanto escepticismo como entusiasmo en sus rostros mientras escuchaban mi propuesta. Entonces David se levantó y se dirigió al grupo.

—¿Saben por qué esto es un asunto republicano? —preguntó—. Porque es un tema *fiscal*. Ustedes podrían creer que esto es pedirles a los contribuyentes que paguen $428 millones más pero en realidad estamos ahorrando casi $1,3 mil millones.

Luego describió un nuevo estudio del Claremont McKenna College, una institución de gran prestigio, que yo no conocía.

—Por cada dólar que gastamos en un programa después de clases —dijo Dave—, ahorramos tres dólares debido al menor número de arrestos, embarazos adolescentes y problemas en las calles.

Podías sentir cómo cambió el estado de ánimo en el recinto. Lo único que necesitaban los republicanos era esa explicación fiscal y votaron por unanimidad para apoyar la Proposición 49.

Cuando se acercó noviembre confiaba que íbamos a ganar pero no lo di por sentado. California había estado en recesión y desde el hundimiento de las compañías de Internet en el año 2000, los ingresos de los hogares habían disminuido y el estado tenía un déficit de miles de millones de dólares. A los votantes les preocupaba gastar más dinero. Mientras tanto, la contienda para gobernador entre Gray Davis y su principal rival, Bill Simon —el hombre de negocios y conservador provida—, había adquirido un tono desagradable. El gobernador aún tenía bajos índices de aprobación pero los votantes dijeron en las encuestas que Simon les disgustaba aún más.

Queríamos asegurarnos de que la Proposición 49 no fuera arrastrada por un *tsunami* de falta de entusiasmo. Así que en las últimas semanas hicimos más manifestaciones y destinamos otro millón de dólares a anuncios en televisión.

En la noche de los comicios fuimos al Centro Hollenbeck y pedimos comida para los niños del barrio, los simpatizantes y las personas que habían trabajado en la campaña, y esperamos los resultados. Justo antes de la medianoche los datos parciales de la votación bastaron para declarar la victoria y comenzar una gran fiesta en la cancha de baloncesto. La Proposición 49 terminó siendo aprobada con el 56,7% de los votos.

Gray Davis también ganó esa noche pero la suya no era una reelección que celebrar en grande. Después de la campaña más cara en la historia de California, la mayoría de los votantes simplemente permaneció en casa: fue el índice de participación más bajo en la elección de un gobernador en la historia del estado. Davis le ganó a Bill Simon y otros candidatos menores con solo el 47% de los votos, un margen mucho más estrecho que el de 1998, cuando ganó por una gran mayoría.

Ante el asombro del resto del país, un movimiento de base para destituir a Gray Davis comenzó casi desde el mismo instante que empezó su nuevo mandato. Fuera del estado, la gente pensaba que ésta era otra prueba más de que los californianos estaban locos. Sin embargo, las mismas provisiones de la democracia directa en la constitución política del estado que permitían las iniciativas de votación, también incluían un proceso para destituir a funcionarios estatales por medio de una elección especial. Al igual que las iniciativas electorales, la destitución de gobernadores tenía una historia larga y colorida: Pat Brown, Ronald Reagan, Jerry Brown y Pete Wilson enfrentaron la posibilidad de ser destituidos pero ninguno de sus rivales pudo recolectar suficientes firmas para hacerlo. La campaña para destituir a Gray comenzó entre un puñado de activistas. Partieron de la sensación generalizada de que el estado iba en la dirección equivocada y que él no estaba haciendo suficiente para solucionar los problemas de California. Hubo un gran revuelo en diciembre, por ejemplo, cuando Gray anunció que el déficit presupuestario estatal podría ser un 50% más de lo que se estimaba apenas un mes antes: $35 mil millones, lo cual equivalía a los déficits de los demás estados combinados del país. La gente también estaba disgustada todavía por la crisis de la electricidad. Éstas y otras inquietudes podían verse reflejadas en la petición de destitución, que acusaba al gobernador de «mala administración de las finanzas de California, dilapidar el dinero de los contribuyentes, poner en peligro la seguridad pública mediante la reducción de fondos a los gobiernos locales, no asumir la responsabilidad por el costo exorbitante de la energía, por su falta de liderazgo para solucionar la crisis energética y por su incapacidad en general para hacer frente a los grandes problemas del estado, haciendo que se convirtieran en verdaderas crisis».

No le presté mucha atención a la campaña para la revocatoria en un primer momento porque parecía muy improbable. Además, el movimiento después de la escuela estaba atravesando su propia crisis. Bonnie Reiss y yo estábamos viajando por todo el país en febrero para promover los Inner-City Games. Acabábamos de aterrizar en Texas cuando sonó su teléfono celular. Era un amigo que llamaba para avisarnos que el presidente Bush acababa de presentar una propuesta de presupuesto que eliminaba los fondos federales para los programas después de clases, más de $400 millones en financiación anual de los que dependían programas en todo el país. Por supuesto, los medios de comunicación de Texas no veían la hora de conocer mi reacción: ¿No era esto un insulto directo a mi causa favorita? ¿La Casa Blanca le estaba declarando la guerra a Arnold?

—Estoy seguro de que el presidente cree en los programas después de la escuela —les dije—. El presupuesto no se ha definido todavía.

Tan pronto pude llamé a Rod Paige, el Secretario de Educación de Bush. Quería preguntarle qué estaba pasando. Me explicó que la razón que tenía Bush para eliminar el dinero se debía a un estudio académico muy reciente que decía que los programas después de clases no eran tan eficaces para mantener a los niños alejados de la delincuencia, las drogas y de todo lo demás.

—¿Sabes qué? —le dije—. Eso no significa que debamos eliminarlo. Significa que debemos aprender de ese estudio y corregir el problema. ¿Por qué no hacemos una cumbre sobre «lo mejor del programa»?

Yo no creía que fuera una idea descabellada porque conocía a los expertos, tenía experiencia en hacer que la gente de los sectores públicos y privado trabaja junta y había organizado cumbres en 50 estados. ¿Qué tan difícil podría ser? Al secretario Paige le gustó la idea y dijo que su departamento podría estar dispuesto a patrocinarlo. Yo sugerí la cumbre por instinto, por lo que me reí cuando Bonnie lo interpretó como una táctica política astuta.

—Veo lo que estamos haciendo —me dijo después de la llamada—. Si el gobierno organiza una cumbre para mejorar los programas después de la escuela, eso le dará al presidente la oportunidad de revertir su posición y destinar los fondos de nuevo.

—Oye —le dije—, solo estamos tratando de solucionar el problema.

Inmediatamente comenzamos a planear un viaje a Washington para cabildear con los legisladores clave en el presupuesto. Cuando Bob White, mi gurú político, se enteró de este plan, me envió una nota en la que me recomendaba fuertemente que no lo hiciera. Básicamente decía: «Olvídate de eso. Nunca critiques a un presidente de tu propio partido. Si logras conseguir de nuevo el dinero, parecerás poco respetuoso. Si no puedes recuperarlo, te verás mal como líder. Hacer lo uno o lo otro perjudicará tus posibilidades futuras de ser candidato a gobernador.

Pude ver la sabiduría política de esto pero mi sensación personal era que valía la pena correr el riesgo de defender los programas después de la escuela. La eliminación de los fondos federales perjudicaría a muchos niños. Me dije a mí mismo: «Olvidémonos de la política en este caso».

Así que fuimos a Washington a principios de marzo para lanzar nuestra propuesta. Nuestra primera parada fue para ver a Bill Young, el poderoso republicano de la Florida, quien presidía el Comité de Asignaciones. Yo era buen amigo de él y de su esposa Beverly debido a su compromiso para ayudar a los veteranos heridos en hospitales como el Walter Reed y el Naval de Bethesda. Ellos me habían invitado a ir con frecuencia a los hospitales. Nunca había cámaras fotográficas ni prensa en esas ocasiones. Yo iba porque me encantaba ver a los jóvenes excombatientes, entretenerlos y darles las gracias por su gran labor.

Bill se estaba riendo cuando Bonnie y yo entramos a su oficina.

—Antes de que digan algo les contaré una historia —dijo.

Su esposa Beverly había hablado con él tan pronto supo del recorte de presupuesto del presidente.

—¿Cuál es la historia de los $400 millones que Bush cortó para los programas después de la escuela? —le preguntó a su marido.

—Bueno, haremos un debate —le dijo Bill.

—¡Por supuesto que no! No vas a hacer un debate sobre esto. Te lo digo ahora: tienes que recuperar ese dinero, ¿me oyes?

Así que Bill nos aseguró que haría todo lo posible en nuestro nombre.

Nuestra siguiente parada fue Bill Thomas, el congresista republicano de Bakersfield, California, presidente de la Comisión de Medios y Arbitrios de la Cámara. Era legendario en el Congreso por su inteligencia y también por su temperamento fogoso. Bonnie y yo nos sentamos con él y su asesor principal.

—Ya saben —dijo—, ésta es nuestra primera reunión y no sé si quieren que la dilatemos un buen rato o que vayamos al grano.

—Vayamos al grano —sonreí.

—Sé que has venido a recuperar el dinero para los programas después de la escuela —siguió—. Eso ya está hecho; hablemos ahora de la destitución.

Entonces comenzó a hacer un análisis sobre por qué el movimiento para revocar a Gray Davis era una oportunidad fenomenal para mí.

—En una elección normal tienes que recaudar al menos treinta millones de dólares —explicó— y luego tienes que participar en las primarias. Como tú eres tan moderado puede que ni siquiera obtengas la nominación ya que, en las primarias republicanas, la mayoría de los que acuden a las urnas son los conservadores incondicionales.

—¡Pero en una revocatoria *no hay primarias*! Cualquier número de candidatos puede inscribirse en la tarjeta electoral y el que obtenga más votos gana.

—Yo creía que una revocatoria sería como unas elecciones normales.

—Comencemos de nuevo —dijo, y me explicó cómo funcionaba el proceso bajo las leyes de California: si un número suficiente de votantes solicitaba la revocatoria entonces el estado tiene la obligación de celebrar elecciones dentro de 80 días. La votación consiste en dos preguntas. La primera es: «¿El gobernador debe ser revocado?». Es una elección simple entre sí y no. La segunda es: «Si el gobernador es destituido ¿quién lo reemplazará?». Para responder esto el votante elige un nombre de una lista de ciudadanos que han calificado como candidatos. Entrar a la lista era fácil, según Thomas. En lugar de gastar millones en unas primarias solo es necesario recoger 65 firmas y pagar una tarifa de $3.500 para incluir tu nombre como candidato.

—Obviamente eso significa que será una carrera llena de candidatos

—agregó—. ¡Será toda una locura! Pero mientras más candidatos sean, más ventajas tendrás. Todo el mundo te conoce.

Me dijo que me apoyaría si yo me postulaba. Pero lo que realmente tenía que hacer en ese instante era dar un paso adelante y estar dispuesto a poner un par de millones de dólares para recoger las firmas necesarias para la petición de destitución. Se necesitaban casi 900.000 según la ley y en ese momento la petición de revocación estaba circulando a una escala demasiado pequeña.

Ser candidato a gobernador de California no estaba en mi lista de metas para el año 2003, por supuesto, pero me sentí fascinado, y le prometí al presidente que lo pensaría cuidadosamente. Sin embargo, yo sabía de manera instintiva que la estrategia que me había recomendado era mala para mí. Encabezar la solicitud de destitución era atrevido e irrespetuoso. Después de todo, acabábamos de tener unas elecciones y Gray Davis había ganado limpiamente. Yo podría haberme postulado contra él pero tenía que rodar *Terminator 3*. No sería correcto que yo dijera de un momento a otro: «¡Está bien! Ahora que he terminado la película lo haré destituir. Eso me conviene así que hagamos otras elecciones». Al contrario; yo tenía que mantener la distancia. La destitución de Davis tenía que ser orgánica, una iniciativa del pueblo, y no algo que pagara yo. Aun así le presté mucha más atención a la propuesta de destitución durante el próximo par de meses.

Tal como nos habían prometido los congresistas a Bonnie y a mí, la financiación para los programas para después de la escuela fue restablecida a medida que el presupuesto hacía su camino a través del Congreso. Y tras la Cumbre de actividades para después de la escuela, celebrada en Washington a principios de junio, se produjo un avance importante. Cuando organizadores de todo el país intercambiaron experiencias descubrimos que los programas después de clases que incluían actividades académicas y físicas eran, por mucho, los más eficaces. A partir de entonces, la ayuda con las tareas se convirtió en un elemento clave en el programa después de clases.

La Casa Blanca fue mi última parada en Washington antes de asistir a la cumbre. Al igual que muchas personas que habían trabajado para el presidente George H. Bush, yo no era cercano a su hijo, pero la situación en la gobernación de California me impulsó a contactar a Karl Rove, su principal asesor interno. Lo hice porque, para asombro de todos, la perspectiva de una destitución comenzó a parecer muy factible en otoño. La campaña de destitución de Gray había sido iniciada por el congresista Darrell Issa, un acaudalado republicano de San Diego que también tenía la intención de ser gobernador. Había decidido inyectar casi $2 millones de su propio dinero a la publicidad y recolección de firmas en mayo, dándole un ritmo vibrante a la campaña. Tenía más de 300.000 firmas y la popularidad del gobernador seguía cayendo en picada.

Rove me saludó en el área de recepción en el segundo piso del Ala Oeste y me llevó a su oficina, justo encima del despacho presidencial. Hablamos durante media hora sobre la economía de California, las Olimpiadas Especiales y la reelección del presidente Bush.

—Déjame preguntarte —empecé—. ¿Qué crees que va a pasar con la solicitud de destitución? Issa acaba de dar dos millones de dólares y la recolección de firmas está ganando impulso.

Fingí inocencia.

—Tú eres el maestro detrás de la elección de Bush. ¿Qué opinas de todo esto?

—No va a suceder nunca —dijo Rove—. No habrá elecciones por destitución. Y en caso de que se lleven a cabo, no creo que nadie pueda destronar a Gray Davis.

Antes de que pudiera hacer una pregunta o expresar mi sorpresa, continuó:

—De hecho, hemos seguido adelante y ya estamos concentrados en 2006.

Luego se levantó y dijo:

—Ven conmigo.

Me condujo por las escaleras hasta el primer piso donde, casi como si lo hubieran ensayado, Condoleeza Rice venía hacia nosotros por el pasillo.

—Tengo a alguien aquí que está interesado en postularse para gobernador. Quería que lo conocieras porque este es nuestro candidato para 2006. Deberían conocerse.

Lo dijo con una sonrisa, pero era un tipo de sonrisa que quería decir: «Arnold, cágate en los pantalones porque esta mujer te va a pisotear de la cabeza a los pies. No habrá destitución, el cargo de gobernador solo estará en juego en el 2006 y cuando llegue ese año —*yo* ya lo he planeado, lo tendré todo dispuesto— ella será la candidata republicana».

¿Cómo podía estar equivocado Rove? Era un genio político y me había desestimado. ¡Y no daba un centavo por la destitución! Entendí por qué Condi estaba asintiendo. Ella es una intelectual de Stanford y era la Asesora de Seguridad Nacional. Yo había oído esa historia sobre el 2006 en el pasado. En una cena organizada por Ron Paige, Maria y yo estábamos sentados con un grupo de republicanos y una mujer se volvió hacia mí y me dijo:

—Hemos recibido la señal de la Casa Blanca para apoyar a Condi.

Así que ya lo sabía.

Conté esto como si se tratara de una historia divertida cuando llegamos a casa, pero me dolió cuando me enteré.

«¡Qué imbécil», pensé. Pero inmediatamente me recordé a mí mismo: «Esto es bueno en realidad. Es una de esas situaciones en las que alguien te desecha y tú llegas por detrás y le das una gran sorpresa a todos». Nunca he discutido con personas que me subestiman. Si el acento, los músculos y las películas llevaban a la gente a pensar que yo era estúpido, eso funcionaba a mi favor.

No firmé ningún contrato cinematográfico ese verano. Si la gobernación se convertía realmente en una posibilidad, esta vez yo quería mantener mis opciones abiertas. Me mantuve en contacto con mis asesores a medida que el movimiento de destitución siguió cobrando impulso y le dije al público que yo compartía el sentimiento que había detrás de él.

—O nuestros líderes electos actúan con decisión, o entonces actuaremos en su lugar —le dije a la audiencia en una celebración del 25 aniversario de la Propuesta 13.

No dije exactamente que quería ser gobernador pero no pude dejar de hacer una broma sobre Gray Davis.

—Esto es realmente vergonzoso —dije—. Olvidé el nombre de nuestro gobernador estatal. Pero sé que ustedes me ayudarán a recordarlo.

El público se rio mucho. Envié una nueva señal de humo sobre mi candidatura a la gobernación diciéndole al *New York Post*: «Si el partido me necesita, no hay la menor duda de que yo estaría interesado en hacer eso en lugar de otra película. Yo haría a un lado mi carrera en el cine para eso».

Mientras tanto, al tratar de reducir el déficit presupuestario, el gobernador Davis encontró una manera segura de cometer un suicidio político: triplicó el impuesto de matriculación vehicular. Se trataba de un impuesto que los californianos deben pagar cuando registran sus vehículos. Técnicamente Davis no estaba aumentando el impuesto, solo estaba cancelando una reducción decretada por su predecesor, que le estaba costando al estado $4 millones en ingresos perdidos. Pero los californianos aman sus autos y nada de eso importaba. El número de firmas recogidas cada semana para la petición de destitución iba por las nubes.

Yo bullía cada vez que Gray Davis cometía otro error. ¿Qué estaba haciendo al darles licencias de conducción a los inmigrantes ilegales? ¿Por qué estaba aumentando los impuestos en lugar de recortar las pensiones? ¿Por qué había aceptado en su campaña dinero de tribus indias que tenían casinos? ¿Por qué nos estábamos quedando sin electricidad? ¿Por qué Davis iba a respaldar una legislación laboral que eliminaría empleos, obligando a las empresas a marcharse de California?

Esto es lo que yo haría, pensé: recortar los impuestos, revocar las licencias de conducción para los inmigrantes ilegales y reducir la tarifa de las matrículas vehiculares. No gastar más de lo que recaudaba el estado. Reconstruir California. Buscar alternativas a los combustibles fósiles. Hacer que las tribus indias paguen su parte justa de impuestos.

Detener todo el sistema de «dinero recibido, favores concedidos» y traer negocios de nuevo a California.

Yo tenía también una rencilla personal con Davis. Le pregunté en cinco ocasiones qué quería de parte del Consejo del Gobernador para el acondicionamiento físico y nunca me respondió.

Gray Davis se convirtió para mí en otro Sergio o en otro Stallone. Empecé a despreciar todo lo relacionado a él. Cuando veía sus fotos en el periódico, no veía al hombre sino a un monstruo. Yo tenía un plan. Me imaginé a mí mismo destronándolo. (Después nos hicimos amigos, cuando nos conocimos luego de asumir como gobernador. Comprendí que era difícil para cualquier gobernador hacer los cambios necesarios y que él no podía hacer esto por su propia cuenta).

Pero tuve que preguntarme también por qué quería meterme en este lío. «¿Por qué no seguía siendo un actor?». El estado tenía un déficit de $37,5 mil millones, las empresas se estaban yendo, las luces se estaban apagando, las prisiones estaban liberando presos, el sistema político estaba amañado para quienes estaban en el poder, el gasto estaba paralizado por fórmulas y nadie parecía ser capaz de mejorar las escuelas.

Pero me encanta cuando la gente dice que es imposible hacer algo. Eso me hace sentir realmente motivado porque me gusta demostrar que están equivocados. Y me gustaba la idea de trabajar en algo que fuera más grande que yo. Mi suegro decía siempre que eso te da mayor potencia y energía, pero realmente no lo sientes hasta que estás inmerso en ello. Además, ¡yo iba a ser el gobernador de California! Es el lugar adonde todo el mundo quiere ir. Nunca le oí decir a ningún extranjero: «¡Oh, me encanta América! ¡Y no veo la hora de ir a Iowa!». O: «¿Me puedes hablar de Utah?». O: «He oído que Delaware es un gran lugar». California tenía varios problemas pero también era el cielo.

No era demasiado pronto para estar pensando en una estrategia de campaña y yo había empezado a imaginar una que tenía sentido. Este fue el tema de las largas conversaciones privadas con Don Sipple, el principal consultor de medios para nuestra campaña después de la escuela. Coincidimos en que era esencial no apresurarnos, que era mejor esperar hasta que una elección por destitución fuera declarada y programada oficialmente. Don concretó nuestro enfoque en un fax denominado «Algunas reflexiones», que me envió a finales de junio de 2003.

Si yo no me lanzaba, mi campaña tendría que ser realmente única porque era una persona alejada de la política que respondería a una revuelta populista. No deberíamos tratar de ganarnos a la prensa sino más bien contar con la simpatía de la gente. Cuando yo aparecía en la televisión lo hacía en espectáculos nacionales de entretenimiento como Jay Leno, Oprah, David Letterman, Larry King y Hardball, y no en las flojas emisiones locales. Y entonces, justo cuando los medios de comunicación señalaran que mi candidatura era poco profunda, los sorprenderíamos con discursos que profundizaban en cuestiones clave como la educación, la salud y la seguridad pública. Ante todo, la campaña tenía que ser grande. Mis metas eran el liderazgo, los grandes proyectos y las reformas que pudieran atraer un apoyo público y masivo.

Me gustó especialmente la manera como Don canalizó mi mensaje:

—Hay una desconexión entre el pueblo de California y los políticos de California. Nosotros, el pueblo, estamos haciendo nuestro trabajo: trabajamos duro, pagamos impuestos y levantamos a nuestras familias. Pero los políticos no están haciendo su trabajo: despilfarran, son torpes y fracasan. El Gobernador Davis le ha fallado al pueblo de California y es hora de reemplazarlo.

Estas palabras resonaron con más fuerza que cualquier guion cinematográfico que yo hubiera leído. Me lo aprendí de memoria y lo convertí en una especie de mantra.

Cambié la marcha para promover *Terminator 3*. Se estrenó en los Estados Unidos el miércoles 2 de julio y se convirtió en la película más vista del país el fin de semana del 4 de julio. Pero yo estaba en el otro lado del mundo. Tras el estreno en Los Ángeles viajé a Tokio para el estreno japonés y luego a Kuwait. El 4 de julio estaba en Bagdad presentando *Terminator 3* en un antiguo palacio de Saddam Hussein y entreteniendo a las tropas. Comencé, como siempre lo hago, con una broma.

—Realmente es una locura darse una vuelta por aquí —les dije—. Me refiero a la pobreza. Ustedes ven que aquí no hay dinero, que las finanzas son un desastre y que hay un vacío de liderazgo. Como si estuviéramos en California.

Visité varias ciudades de Irak y luego hice apariciones en toda Europa. Después promocioné la película en Canadá y México. No pensé en mi candidatura a la gobernación durante esta gira: guardé eso en el fondo de mi mente pero no hice planes a nivel consciente.

El 23 de julio, el último día de mi viaje, yo estaba en Ciudad de México cuando se anunció que la elección de destitución era un hecho. Más de 1,3 millones de votantes habían firmado la petición, casi medio millón más de las necesarias. Al día siguiente la elección especial fue programada para el primer martes de octubre: faltaban menos de tres meses. Los candidatos tenían apenas dos semanas para inscribirse y la fecha límite era el sábado 9 de agosto.

La prontitud de la fecha límite no impidió que los candidatos se postularan. Debido a la falta de requisitos, la elección fue un imán para decenas de candidatos marginales y otros que querían llamar la atención, así como para personas que solo querían enriquecer sus hojas de vida. Se inscribieron 135 candidatos. Entre ellos había una reina del porno y un editor porno, un cazador de recompensas, un comunista, una actriz que tenía como principal reclamo a la fama una imagen suya en vallas publicitarias alrededor de Los Ángeles, y una bailarina swing que también se había postulado varias veces a la presidencia. Gary Coleman, la ex estrella infantil, era otro de los candidatos. Lo mismo sucedió con Arianna Huffington, quien se convertiría en mi antagonista en el debate antes de renunciar. Había también un abanderado contra el tabaco y un luchador de sumo.

Los candidatos serios que tenían capital político y respaldo financiero se enfrentaron a una decisión difícil en el sentido de correr el riesgo de extraviarse en aquella atmósfera de circo. Dianne Feinstein, senadora de Estados Unidos y demócrata conocida, dijo que no le gustaba la idea de las destituciones. Ella había enfrentado tal iniciativa cuando fue alcaldesa de San Francisco. El congresista Issa, que había sido un verdadero visionario al financiar la recolección de firmas, también se retiró diciendo con lágrimas en una rueda de prensa que ya podría volver a su trabajo en Washington ahora que los demás candidatos estaban dispuestos a liderar el proceso.

Tan pronto se confirmó la elección supe que tenía que lanzarme. Me vi en Sacramento resolviendo problemas. No me sentía intimidado en lo más mínimo por la idea de una campaña. Era igual a todas las decisiones importantes que yo había tomado. Pensé en ganar. Sabía que iba a suceder. Entré en estado de piloto automático.

Era el momento de hablar con Maria.

CAPÍTULO 24

Total Recall

COMO TODO CÓNYUGE SABE, hay que escoger el momento adecuado para hablar de un tema espinoso con la pareja. El retiro de Gray Davis era apenas una posibilidad cuando salí de gira para promover *Terminator 3*, y Maria y yo no habíamos hablado de eso ni de lo que representaba para mí en las tres semanas que había permanecido por fuera. Cuando estábamos en casa y los niños se iban a dormir, muchas veces íbamos a relajarnos al jacuzzi, y ese fue el momento que escogí para hablar con ella.

—Esta elección de destitución es un hecho —le dije.

—Sí, la gente está diciendo que te vas a lanzar y yo les digo que están locos —respondió—. Nunca harías eso.

—Bueno, en realidad, quiero hablar contigo de esa idea. ¿Qué piensas si me postulo? —le pregunté. Ella me lanzó una mirada pero antes de que pudiera decir algo agregué—: ¡Mira lo que está sucediendo en el estado! Nos estamos convirtiendo en el hazmerreír. Cuando llegué aquí, California era un faro. Sé que podría ir a Sacramento y enderezar las cosas…

—¿Hablas en serio?

—Sí, estoy hablando en serio.

—No, no, vamos; por favor dime que no estás hablando en serio. No me hagas esto —dijo.

—Mira, yo solo estaba… No he hecho ningún compromiso. Solo estoy pensando en ello. Obviamente no me postularé si me dices que no lo haga. Pero creo que es una oportunidad perfecta. Se trata de una destitución y la campaña solo dura dos meses. No es mucho tiempo. Creo que podemos trabajar en estos dos meses. ¡Y entonces seré gobernador! Lo puedo ver. Lo puedo sentir. ¡Realmente puedo hacerlo!

Sentí una oleada de entusiasmo solo al hablar de ello.

—Estoy cansado de la actuación —le dije—. Necesito un nuevo desafío. Llevo un buen tiempo con ganas de hacer algo diferente. Esta es una oportunidad para prestar el tipo de servicio público del que habla tu padre. Y creo que podría hacer un trabajo mucho, mucho mejor que Gray Davis.

Me quedé asombrado al ver que mi esposa empezaba a temblar y llorar mientras yo parloteaba. No podía creerlo. Supongo que más bien yo esperaba que Eunice apareciera y me dijera: «Muy bien; si eso es lo que quieres hacer, sentémonos de inmediato y tomemos algunas decisiones. Consultemos con los expertos». Yo esperaba ese tipo de respuesta típica de los Kennedy. Quería que Maria me dijera: «Esto es increíble. Te hemos inspirado y ahora estás siguiendo la tradición familiar. Has crecido mucho desde que nos conocimos. Estás dispuesto a renunciar a varios millones de dólares para convertirte en un servidor público. Estoy tan orgullosa de ti».

Pero yo estaba soñando.

—¿Por qué lloras? —le pregunté. Ella comenzó a hablar sobre el dolor de haber crecido en una familia política. Sabía que Maria odiaba tener que asistir a tantos eventos, posar siempre para las cámaras y arreglarse los domingos por la noche para recibir en casa a una gran cantidad de asesores y funcionarios. Ella había odiado las campañas de su padre porque tenía que estar en una fábrica a las cinco de la mañana y decirles a los trabajadores: «Voten por mi papá, voten por mi papá».

Pero yo no era consciente del trauma que ella sintió en su infancia. Llevábamos 26 años juntos y 17 años casados, y fue un *shock* para mí saber que el hecho de ser una Kennedy, con todas las intromisiones, humillaciones y asesinatos, la habían estremecido hasta la médula. Claro, su padre perdió sus campañas para vicepresidente y presidente. Yo ponía eso en la categoría de las experiencias que te hacen más fuerte. Yo no entendía la vergüenza *pública* que ella sentía. En la política, todo el mundo sabe todo. Estás totalmente expuesto. Todas tus amigas en la escuela hablan de tus cosas. Maria había sufrido enormemente, no solo porque su padre había sido derrotado en sus campañas sino también por el trágico asesinato de sus tíos Jack y Bobby, y por el drama de su tío Teddy en Chappaquiddick, con horribles historias en la prensa y burlas en la escuela, en los campos deportivos y en cualquier lugar público. La gente había hecho comentarios crueles: «Tu padre perdió. ¿Qué se siente al ser un perdedor?». Y cada comentario era como una apuñalada. Estar en el jacuzzi y decirle que yo quería ser gobernador era como un accidente en el que ella veía toda su vida pasarle por la mente. Sintió de nuevo todos esos trastornos y temores, razón por la cual estaba temblando y llorando.

La abracé y traté de calmarla. Toda clase de pensamientos ocuparon mi mente. En primer lugar, una conmoción total por ver a Maria con tanto dolor. Yo sabía que ella había vivido muchas tragedias pero pensé que todo eso había quedado en el pasado. Cuando la conocí, Maria estaba llena de vida, de entusiasmo y de ganas de vivir. Quería ser rebelde y no tener un trabajo en el Capitolio. Por eso quería ser productora de noticias y estar al frente de la cámara y destacarse realmente en eso. Ella no quería ser asociada con los Kennedy. Quería ser una Shriver, la mujer que había entrevistado a Castro, a Gorbachov, a Ted Turner y a Richard Branson. Pensé: «¡Así soy yo, realmente tenemos esto en común! Los dos queremos ser realmente buenos, únicos, y destacar». Cuando ella y yo entablamos una relación formal sentí que todo lo que yo quisiera hacer, ella me podría ayudar a lograrlo, sin importar cuál fuera mi objetivo. Y sentí que yo también podría ayudarla a *ella* a lograr todo lo que quisiera hacer.

Para ser justos, la política nunca había sido parte de este acuerdo.

Todo lo contrario. Maria tenía 21 años cuando me conoció y ya había decidido que quería un hombre que no tuviera absolutamente nada que ver con la política. Allí estaba yo, el chico de un pueblo austríaco, con músculos grandes, que era campeón de fisiculturismo y quería ir a Hollywood, ser una estrella de cine y hacerse rico en bienes raíces. Ella pensó: «¡Genial! Eso nos llevará tan lejos de la política y de Washington como sea posible». Pero ahora, casi 30 años después, todo el asunto se estaba convirtiendo en un círculo cerrado y yo le estaba diciendo: «¿Qué te parece mi idea de ser candidato a gobernador?». No es de extrañar que estuviera molesta. Recordé que ella me había hablado de esto pero yo lo había pasado por alto.

Esa noche me acosté en la cama pensando: «Hombre, esto no va a funcionar. Si Maria no cree en la idea, entonces será imposible hacer campaña». Nunca tuve la intención de causarle ese dolor.

Lo que no le había dicho a Maria era que ya me había comprometido a aparecer en Jay Leno. El día que se confirmó la elección por destitución, me encontré en la peluquería con el productor de *The Tonight Show*.

—Ya sea que te postules o no, me gustaría que mi programa fuera el primero en el que hablas de ello —me dijo. Mientras tanto, yo pensé: «Si en realidad me postulo, ésta sería una buena oportunidad para hacerlo». Así que le dije que sí, y acordamos que yo iría a su programa el miércoles 6 de agosto, tres días antes de la fecha límite para inscribirse.

No fue una noche agradable. Hubo muchas lágrimas, preguntas, y muy poco sueño. «Si ella no quiere que lo haga, entonces simplemente no lo haré», pensé. Esto significaba que tendría que renunciar a mi visión, lo cual sería muy difícil porque ya estaba completamente incrustada en mi mente. Tendría que desactivar el piloto automático y pilotear manualmente el avión de regreso al aeropuerto.

A la mañana siguiente le dije a Maria: «Ser candidato no es lo más importante para mí. Lo más importante es nuestra familia. Tú eres lo más importante y si esto es una carga insostenible para ti, entonces no lo haré. Solo quiero decirte que es una gran oportunidad y creo que si quieres que California sea mejor…

—No —dijo ella—. Sería terrible. No quiero que lo hagas.

—Bueno, se acabó. No lo haré.

Esa noche durante la cena, Maria les dijo a los niños: «Todos ustedes deben agradecer a papá porque él tomó una decisión que es buena para nuestra familia. Papá quería ser gobernador pero no se lanzará como candidato». Y los niños empezaron a hablar y a expresar sus reacciones.

—Gracias, papá —dijo una.

—Eso sería genial: candidato a gobernador, guau —dijo la otra.

En los días siguientes sucedieron varias cosas. Jay Leno llamó para preguntarme y me sentí obligado a decirle que probablemente no me lanzaría.

—No hay problema. De todos modos serás el primer invitado —me dijo. Se había especulado tanto sobre mi candidatura que él sabía que de todos modos su programa tendría una gran audiencia si yo asistía.

Mientras tanto Maria habló con su madre, y Eunice se alegró. Ella y Sarge creían mucho en mí y siempre estaban alentándome a servir al público. Cuando les dije a los periodistas en junio que estaba pensando en lanzarme como candidato, Sarge me había enviado una nota que decía: «Me estás haciendo muy feliz. No puedo pensar en ninguna otra persona a la que quisiera ver más en ese cargo. Si yo fuera un residente de California, ¡quiero que sepas que habría votado por primera vez por un republicano!». En cuanto a Eunice, siempre había tenido la motivación para estar en la vida pública y la voluntad de superar las derrotas y tragedias. Maria siempre bromeaba: «Me casé con mi madre». Así que ahora, cuando Maria le dijo a Eunice que no quería que yo me postulara, ella le dijo que se alegrara.

—¿Qué te pasa? —le dijo—. ¡Las mujeres de nuestra familia siempre han apoyado a los hombres cuando quieren hacer algo!

Obviamente no escuché la conversación pero Maria me dijo más adelante que Eunice agregó: «Y por cierto, cuando un hombre tiene la ambición de postularse no puedes detenerlo. Si lo haces se enojará por el resto de su vida. Así que no te quejes. Anda y ayúdalo». Durante esa época hablábamos casi a diario con mi amigo Dick Riordan, el ex alcalde de Los Ángeles. Él y su esposa Nancy vivían a solo una milla de distancia. Dick era un republicano moderado, como yo, y el año anterior había perdido las primarias para la gobernación. La mayoría de la gente esperaba que se postulara tras la destitución porque tenía muchas probabilidades de ganar. Tenía un excelente jefe de campaña llamado Mike Murphy, a quien ya había llamado de nuevo, pero luego se corrió la voz de que Dick dejaba de asistir a reuniones políticas para jugar golf.

Llamé para averiguar lo que estaba pasando.

—Tal vez no me postule —le dije—. Si no lo hago, quiero que digas que yo apoyo tu candidatura.

Me dio las gracias y luego nos invitó a cenar a su casa nueva en la playa de Malibú. Pasamos toda la cena hablando de la candidatura de Riordan y de que no me postulaba. Y entonces comprendí que Maria había flexibilizado un poco su postura.

—Arnold prácticamente decidió postularse pero luego resolvió no hacerlo porque en realidad no le gustaba la idea —les dijo.

—Estas son las decisiones que tomas —añadí—. Me siento bien tomando la decisión de no postularme.

Maria se volvió hacia mí:

—Bueno, sé que esto debe ser muy duro para ti. Pero en última instancia deberías tomar la decisión que consideres más apropiada y hacer lo que quieras.

Eso me sorprendió. ¿Ahora ella estaba diciendo: «Me asusté cuando me dijiste que ibas a postularte pero ahora me siento un poco mejor al respecto»?

Después de la cena, Dick me llevó a la terraza, me dio un golpecito en el estómago y me dijo:

—Deberías lanzarte.

—¿Qué quieres decir?

—Para ser honesto contigo, no tengo ese fuego interior que tienes tú —dijo—. Deberías postularte. *Yo* te apoyaré.

Le dije a Maria mientras regresábamos a casa:

—No vas a creer lo que sucedió —y le conté la conversación.

—¡Me pareció que él estuvo extraño durante la cena! —dijo ella—. Bueno, ¿qué le dijiste?

—Le conté tu historia; que estabas totalmente en contra…

—Mira, no quiero estropear las cosas. No quiero ser responsable de eso. Tal vez *deberías* lanzarte.

Entonces le dije:

—Maria, tenemos que decidirlo para la próxima semana.

La conversación fue de un lado al otro durante varios días. Yo podía ver el dilema de Maria. Una parte de ella era valiente y quería ser solidaria conmigo, y la otra le decía: «Esta es la misma montaña rusa en la que has montado antes. Lo más probable es que él pierda y eso hará que también seas una perdedora. Vas a ser una socia 50/50 en un lío engorroso que no armaste». Ella me decía que tomara mi propia decisión pero cada vez que yo hablaba en serio acerca de mi candidatura, ella se enojaba de nuevo.

Yo también me sentía un poco descontrolado. Hasta ese momento, tomar una decisión con respecto a mi carrera siempre había sido sumamente emocionante, como cuando incursioné en la actuación y dije que ya no iba a competir más como fisiculturista. La visión se hizo evidente, di el salto y eso fue todo. Pero tomar una decisión sobre mi carrera ahora que tenía una esposa e hijos era un asunto muy diferente.

Normalmente habría llamado a mis amigos para hablar de esto. Sin embargo, declarar una candidatura tenía tantas implicaciones que no podía comentárselo a cualquiera. Le insistí a Maria:

—Esto es solo entre nosotros. Vamos a averiguarlo.

Mientras tanto, Danny DeVito me invitó a su casa. Tenía tres proyectos de cine que quería hacer, incluyendo *Twins II*, que él mismo había escrito y quería dirigir. Le dije:

—Es una idea fabulosa, Danny, me encantaría trabajar otra vez contigo —luego agregué—: Pero Danny, tú sabes que California está en una situación terrible.

—Bueno, probablemente sí. Pero ¿qué tiene que ver eso con mis películas?

—Si mi esposa está de acuerdo, yo podría lanzarme como candidato a la gobernación.

—¡Qué! ¿Estás loco? Más bien hagamos una película…

—Danny, esto es más importante. California es más importante que tu carrera, que la mía y que la de cualquiera. Tendré que postularme si mi esposa me lo permite.

Él dijo que estaba bien, pues creía que yo no lo haría.

De repente llegó el miércoles 6 de agosto, cuando se suponía que debía ir a la televisión. Yo no sabía aún lo que iba a anunciar. Estaba en el cuarto de baño esa mañana y oí que Maria me llamaba.

—Me voy ya a NBC —dijo—. Te escribí algo que te ayudará en *The Tonight Show*.

Y deslizó dos pedazos de papel debajo de la puerta.

Uno de ellos era un conjunto de declaraciones que decía básicamente: «Sí, Jay, estás en lo cierto: California está en una situación desastrosa y necesitamos un nuevo liderazgo. No hay vuelta de hoja; por eso estoy aquí para anunciar mi respaldo a Dick Riordan como gobernador. Trabajaré con él, pero no me postularé». Dick no había anunciado todavía su candidatura, pero ella creía que lo haría.

La otra hoja decía básicamente: «Sí, Jay, estás en lo cierto: California está en una situación desastrosa y necesitamos un nuevo liderazgo. Es por eso que estoy anunciando que me voy a postular para gobernador del estado de California. Me aseguraré de acabar con los problemas…», y así sucesivamente.

Yo no podía hacer que Maria esperara para discutir esto un poco más porque ya se había ido. Me dije a mí mismo: «Bueno, ella me lo está dejando a mí. Hemos tenido esta conversación durante una semana. No voy a pensarlo de nuevo hasta que esté en el programa. Lo que salga de mi boca, eso es lo que haré». Por supuesto, yo me inclinaba a anunciar mi candidatura.

Ningún asesor político te diría que anunciaras una candidatura para gobernador en *The Tonight Show*, pero me habían invitado decenas de veces y me sentía cómodo allí. Jay era un buen amigo mío. Yo sabía que él estaría de mi parte, me haría preguntas interesantes y haría que el público se involucrara. Nunca oyes el rugido de la multitud en una conferencia de prensa pero sí en una audiencia televisiva.

Leno había anunciado varias veces que yo haría un anuncio muy importante. Todo el mundo, desde mis amigos más cercanos, hasta el conductor que me llevó al estudio, se preguntaban: «¿Qué vas a decir?». Leno entró a la sala de espera y me hizo la misma pregunta. Sin embargo, todo se filtra en el mundo político, donde todo el mundo le debe un favor a un periodista, y todos los periodistas quieren dar una primicia. Mi única posibilidad de convertirme en una noticia consistía en no responderle a nadie, y no dije nada hasta que estuvimos frente a las cámaras.

Ya era un hecho al atardecer: yo estaría en la contienda. *The Tonight Show* se transmite a las once de la noche pero se graba a las cinco y media de la tarde, hora de California. Después de hacer mi anuncio, respondí a las preguntas de un centenar de periodistas y de equipos de televisión que estaban afuera.

¡La inesperada contienda electoral de California finalmente tenía una cara! Pocos días después aparecí en la portada de *TIME* con una gran sonrisa y un titular de una sola palabra: «*Ahhnold!?*».

Al día siguiente, mi oficina de Santa Monica se convirtió en la sede de «Schwarzenegger a la gobernación». Cuando lanzas una campaña, se supone que debes tener miles de cosas en su lugar: temas, mensajes, un plan de recaudación de fondos, tu personal, un sitio web. Pero no tenía nada de eso porque no le había dicho a nadie de mi candidatura. Habría sido agradable tener siquiera un equipo de recaudación de fondos pero lo único que tenía era mi equipo de la Proposición 49. Lo estábamos organizando todo sobre la marcha.

Y eso daría lugar a momentos confusos. Me levanté el viernes a las tres de la mañana para las entrevistas con *The Today Show, Good Morning America* y *CBS This Morning.* Empezamos con Matt Lauer, de *Today.* Mientras él me presionaba con preguntas tipo «¿Qué va a ser exactamente para mejorar la economía?» o «¿Cuándo va a divulgar su declaración de impuestos?», comprendí que yo no estaba preparado. Incapaz de contestar, finalmente tuve que recurrir al viejo truco de Groucho Marx de pretender que la conexión era mala.

—Repite, por favor —le dije, llevándome una mano al auricular—. No te escucho.

Lauer terminó la entrevista comentando con sarcasmo:

—Al parecer, estamos perdiendo el audio con Arnold Schwarzenegger en Los Ángeles.

Fue la peor aparición de mi vida.

Maria se había mantenido distante hasta ese momento, tratando de adaptarse a este nuevo drama en nuestras vidas. Pero verme tropezar en la televisión despertó a la leona Kennedy dormida. Esa misma mañana asistió a una reunión de consultores que estaban tratando de armar la campaña.

—¿Cuál es tu plan? —preguntó Maria en voz baja—. ¿Dónde está el personal? ¿Cuál es el mensaje? ¿Cuál fue el objetivo de estas apariciones en la televisión? ¿En qué dirección va la campaña?

Sin levantar la voz, me demostró sus décadas de autoridad y conocimientos técnicos.

Y luego decidió:

—Necesitamos más gente, y pronto. Necesitamos a alguien que se encargue de esto y lo estabilice.

Maria llamó a Bob White, que estaba en Sacramento. Le había ayudado a lanzar la campaña después de la escuela y recomendado también a la mayoría de las personas que trabajaban conmigo.

—Tienes que venir aquí —le dijo—. Tienes que ayudarme.

Bob sacó su lista de contactos y nos recomendó a un jefe de campaña, a un estratega, a un director político y a un jefe de comunicaciones, y luego lo supervisó todo de manera informal. El ex gobernador

Pete Wilson puso también su granito de arena: no solo me respaldó sino que se ofreció como voluntario para organizar una recaudación de fondos en el Regency Club y me ayudó a hablar con donantes de mucha relevancia a través del teléfono.

Una de mis primeras medidas como candidato fue buscar a Teddy Kennedy. No había ninguna posibilidad de recibir su apoyo. De hecho, Teddy hizo una declaración escrita que decía: «Aprecio a Arnold y lo respeto... Pero soy demócrata y no respaldo la iniciativa de destitución». Sin embargo, fui a verlo tras la sugerencia de Eunice. Cuando ella supo que yo iría a Nueva York para un evento de All-Stars de mi programa escolar en Harlem, justo después de anunciar mi candidatura —un compromiso que yo había hecho meses antes—, me recomendó hacer una escala en Hyannisport para hablar con su hermano.

—No eres su aliado político —me dijo Eunice—. Pero él ha hecho muchas campañas y las ha ganado todas salvo la elección presidencial, así que yo prestaría mucha atención a lo que te diga.

Teddy y yo hablamos durante varias horas y me dio un consejo que tuvo un efecto profundo:

—Arnold, nunca entres en detalles.

Me contó una pequeña historia para explicar su punto:

—No hay nadie que sepa más sobre el cuidado de la salud que yo, ¿verdad? Bueno, una vez sostuve una audiencia pública de cuatro horas en la que hablamos sobre el cuidado de la salud con todo detalle. Luego salí de la sala de audiencias y fui a mi oficina, donde los mismos periodistas que habían estado en la audiencia me preguntaron: «¿Senador Kennedy, Senador Kennedy: ¿Podemos hablar con usted sobre la salud?». Yo les respondí: «Sí, ¿qué quieren saber?», y ellos dijeron: «¿Cuándo conoceremos los detalles?».

Teddy se rio.

—Eso solo demuestra que nunca puedes suministrarles suficientes detalles como para que no te pidan más. Eso se debe a que lo que ellos quieren realmente es que cometas un error y digas algo que tenga un interés noticioso. Una cosa es cubrir una audiencia de cuatro horas en el Congreso, pero los periodistas siempre están tratando de hacer noticias. Eso es lo que los hace destacarse.

Teddy continuó.

—Ahora mismo, lo único que debes decir es: «Estoy aquí para solucionar el problema». Haz que tu enfoque sea ése. En California necesitas decir: «Sé que tenemos grandes problemas, que tenemos apagones, desempleo, empresas que se van del estado, personas que necesitan ayuda… Y yo voy a arreglar eso».

Oír eso me causó una gran impresión. De no haber sido por el consejo de Teddy, seguramente siempre me habría sentido intimidado cuando un periodista me preguntara: «¿Cuándo conoceremos los detalles?». Me sentí avergonzado porque Matt Lauer me había exigido detalles. Pero Teddy me mostró que, en lugar de responder a esa pregunta, yo podría decir con confianza: «Permíteme darte una visión clara de California».

Fue Paul Wachter, mi asesor financiero, quien señaló que el primer reto de mi campaña era la credibilidad. Él, Maria y Bonnie Reiss eran mis asesores más cercanos y Paul había suspendido sus vacaciones familiares en el instante en que escuchó mi anuncio. A medida que la campaña llegaba a su segunda semana, Paul me informó que estaba recibiendo llamadas de sus amigos en el mundo de los negocios y de las finanzas, que le decían: «Vamos, él no es serio». Obviamente todo el mundo sabía quién era yo, y por lo menos algunas personas sabían de mi larga trayectoria en el servicio público, pero «en el circo que se había convertido la destitución», como habían dicho los periodistas, yo tenía que demostrar que postularme como gobernador no era solo un proyecto de una celebridad vanidosa. ¿Cómo podría convencerlos de que yo no era otro payaso más?

Mi equipo de campaña me instó a llamar a George Shultz, que era como el Padrino. Secretario de Estado bajo Reagan y Secretario del Tesoro con Nixon, Shultz estaba ahora en la Institución Hoover en

Stanford y era tal vez el estadista republicano con mayor prestigio en los Estados Unidos. Estaba esperando mi llamada pero aun así gruñó cuando lo hice: «Tienes dos minutos para decirme por qué debería apoyarte».

Le dije básicamente: «El estado no debe gastar más dinero del que tiene y necesita un líder para lograr esto. Yo quiero ser ese líder y le agradecería su ayuda».

Fue la respuesta correcta.

—Cuenta conmigo —señaló. Le dije que me gustaría hacer una conferencia de prensa con él.

—Te llamaré después —dijo, y en la próxima llamada agregó—: Tengo una idea. Warren Buffett ha dicho cosas positivas sobre ti, y eso que es demócrata. Tal vez deberías llamarlo e invitarlo a la conferencia de prensa. Así enviarás el mensaje de que no eres partidista y que solo quieres resolver los problemas. Hablaremos sobre las metas que estableciste por encima de las consideraciones políticas.

Yo había conocido a Buffett en una conferencia privada y nos llevamos bien. Para mi deleite, y a pesar de que era demócrata, él me había ofrecido respaldarme si yo lanzaba mi candidatura. Pero obviamente las personas pueden retractarse cuando das un paso adelante. Así que le pedí a Paul, que conocía bien a Warren, que averiguara si él estaba dispuesto a comprometerse. Warren aceptó de inmediato.

El personal de la campaña me estaba impulsando a no hacer apariciones públicas porque faltaban apenas dos meses para las elecciones. Pero aunque yo tenía la pasión, la visión y el dinero para hacerlo, también sabía que necesitaba tener una comprensión más profunda de los problemas complejos que enfrentaba el estado antes de aventurarme a aparecer en público como candidato. Shultz envió a un colega de la Institución Hoover que me dio un curso tutorial intensivo de cinco horas sobre la deuda y el déficit de California. El tutorial es una combinación de gráficas, entrevistas y lecturas, y fue tan útil y agradable que inmediatamente pedí que me organizaran clases similares sobre otros temas importantes.

—Quiero reunirme con las personas mejor informadas del mundo —le dije a mi equipo—. No importa a qué partido pertenezcan.

Durante las próximas semanas estuve absorbiéndolo todo como una esponja. Mi personal lo llamó la Universidad Schwarzenegger, y nuestra sede era como una estación de tren, con expertos yendo y viniendo constantemente, incluyendo a Ed Leamer, el economista liberal y director de la Escuela de Negocios Anderson de UCLA, y Pete Wilson. Los políticos republicanos que habían retirado su candidatura —Dick Riordan, y los congresistas Darrell Issa y Dave Dreyer— tuvieron la amabilidad de sacar tiempo para instruirme. Yo estaba aprendiendo de todo, desde asuntos energéticos a compensación de trabajadores pasando por matrículas universitarias. Mi personal trataba de reducir la duración de las sesiones para que yo pudiera salir a hacer campaña pero me resistí a eso. Necesitaba los conocimientos, no solo para hacer campaña sino para dirigir el estado porque, en una parte de mi mente, yo ya había ganado.

El gobernador de California tiene más autoridad para hacer nombramientos que cualquier funcionario electo en América, salvo el presidente de los Estados Unidos y el alcalde de Chicago. También puede suspender cualquier ley o reglamento estatal declarando una emergencia y convocar a una elección especial si quiere hacerles una propuesta directa a los votantes. Son resortes del poder que pueden ser importantes.

A medida que la «Universidad Schwarzenegger» seguía su curso, mi equipo me armó una carpeta con el contenido más importante de las sesiones informativas. Yo la llevaba a todas partes en la campaña electoral pues contenía las medidas que quería tomar como gobernador. Y en la última hoja tenía una lista actualizada de todas las promesas que había hecho.

Buffett y Shultz no eran el tipo de personas que se limitaban a cruzarse de brazos cuando respaldaban a alguien. Poco antes de nuestra conferencia de prensa aceptaron la sugerencia de Paul de convocar a una cumbre bipartidista de líderes empresariales y económicos para estudiar la forma de lograr que la economía volviera a encaminarse. La llamamos Consejo Económico para la Recuperación de California.

No solo estuvieron de acuerdo en copresidir esa reunión, que era una sesión a puerta cerrada de quién sabe cuántas horas antes de la conferencia de prensa, sino que tenían también una lista con casi dos docenas de nombres. Paul y yo invitamos a estas personas a la cumbre y las llamamos una por una desde mi cocina. Entre ellos estaban pesos pesados como Michael Boskin, ex asesor económico del primer presidente Bush; Arthur Rock, cofundador de Intel y un capitalista de riesgo pionero de Silicon Valley; Bill Jones, un ex secretario de Estado de California; y Ed Leamer, de UCLA. Por supuesto, no eran nombres que estuvieran familiarizados con el típico seguidor de *Terminator 3* o *Twins*, pero su participación les enviaría una señal a los medios políticos y al establecimiento de que mi candidatura era seria.

La reunión, celebrada el 20 de agosto, generó ideas útiles, y la conferencia de prensa que siguió fue un éxito total. Estábamos en el salón de baile del Hotel Westin, cerca de LAX. Había muchísimos reporteros y camarógrafos y un ambiente lleno de emotividad. Yo acababa de hacer en mayo una conferencia de prensa sobre *Terminator 3* en Cannes pero ésta era mucho más grande.

«¡Perfecto!», pensé.

Buffett, el demócrata, y Shultz el republicano, estaban a mi lado, dramatizando el hecho de que yo era un candidato para toda California. Ellos hicieron algunos comentarios iniciales y luego respondí preguntas durante 45 minutos explicando lo que haría si los votantes me elegían para reemplazar a Gray Davis. Restaurar la salud económica de California era la prioridad número uno, y tomar medidas rápidas para equilibrar el presupuesto sería la clave para ese plan.

—¿Eso significa que va a hacer recortes en el gasto público?

—Sí.

—¿Quiere decir esto que la educación media está en juego?

—No.

—¿Significa esto que está dispuesto a subir los impuestos?

—No. Los impuestos adicionales son la última carga que necesitan los ciudadanos y las empresas de California.

Yo me había sentido nervioso antes del evento porque sería cubierto por medios de comunicación serios, y no de entretenimiento. Así que me pregunté si debería cambiar el tono, hablar más como un gobernador. Sin embargo, Mike Murphy, que acababa de aceptar ser el director de mi campaña, me aconsejó:

—Demuestra que la estás pasando bien, que te gusta lo que haces. Sé agradable, sé tú mismo, sé humorístico, sé divertido. No te preocupes por decir algo equivocado, simplemente prepárate para bromear de inmediato al respecto. La gente no recuerda lo que dices, solo si les gustas o no.

Así que estaba bien ser yo mismo. Salí y la pasamos muy bien. Una de las primeras preguntas fue sobre Warren Buffett y la Proposición 13. Una semana antes él había dicho al *Wall Street Journal* que una buena oportunidad que tenía California para generar más ingresos era reconsiderar esa ley, que mantenía los impuestos de propiedad excesivamente bajos. «No tiene ningún sentido», dijo.

—Warren Buffett dice que habría que cambiar la Proposición 13 y aumentar los impuestos de propiedad. ¿Qué dice sobre eso? —preguntó un periodista.

—En primer lugar, le dije a Warren que si mencionaba la Proposición 13 una vez más tendría que hacer 500 abdominales.

Eso produjo una gran carcajada y Warren, que tiene sentido del humor, sonrió. Luego le dije claramente que yo no subiría los impuestos de propiedad.

Me hicieron preguntas sobre todos los temas, desde la inmigración hasta cómo iba a llevarme con los demócratas que controlaban la legislatura.

—Estoy entrenado para tratar con los demócratas —dije, señalando que estaba casado con una.

Inevitablemente, un periodista me preguntó cuándo daría detalles sobre mis planes económicos y de presupuesto.

—El público no se preocupa por hechos y cifras —respondí—. Ya ha escuchado las cifras de los últimos cinco años. Lo que la gente quiere saber es si eres lo suficientemente fuerte y decidido como para limpiar la casa. Lo que los ciudadanos de California pueden dar por sentado es que voy a tomar medidas. No tiene sentido tener posturas exactas sobre temas tan complejos antes de estar en condiciones de conocer los hechos.

Un periodista me preguntó si yo ofrecería detalles antes del 7 de octubre, el día de las elecciones. Me limité a responder: «No», agradeciendo en silencio a Teddy.

Mis asesores se sintieron emocionados y la cobertura periodística de mis observaciones fue abrumadoramente positiva. Me tuve que reír, sin embargo, cuando vi el titular en el *San Francisco Chronicle* del día siguiente:

Actor habla duro de controlar el déficit
pero Schwarzenegger ofrece pocos detalles.

Maria, que acababa de regresar de vacaciones en Hyannis con los niños, me dijo que me había desempeñado bien. Ella también se mostró satisfecha de ver un orden y una coherencia mucho mayores en la campaña debido en gran parte a los cambios que había implementado ella en los primeros días. Y también había algo más. Creo que por primera vez presintió la victoria, vio que realmente tenía posibilidades de ganar.

La campaña tomó fuerza desde ese día en adelante. Elegimos un tema por semana: la economía, la educación, el empleo, el medio ambiente. También sostuvimos una conferencia de prensa en la estación de tren de Sacramento, donde el legendario gobernador Hiram Johnson había pronunciado un discurso histórico denunciando a los barones del ferrocarril y respaldando el proceso de iniciativa de ley como una forma para que los votantes recuperaran a su estado. Escogí este lugar para insistir en que combatiría antiguos problemas políticos como el hecho de permitir que los funcionarios electos decidieran trazar los límites de sus distritos electorales para poder conservarlos por siempre.

Maria dejó a un lado su reticencia y se sumergió de lleno en la campaña. Podías ver que estaba en su salsa cuando llegaba a la sede. Asistió a todas las reuniones, desde las de estrategia hasta las de consignas. Nos ofreció ideas y sugerencias, a veces al personal, y a veces a mí en privado.

Nos hizo caer en la cuenta de un aspecto que habíamos pasado por alto: nos dijo que abriéramos una oficina de campaña en un primer piso para que la gente pudiera entrar.

—No puedes estar aquí en el tercer piso —dijo—. La gente quiere entrar y ver lo que está sucediendo. Les gusta hablar y tomar café y recibir folletos que puedan repartir.

Encontramos una tienda grande y cercana. El inquilino acababa de mudarse y el propietario estaba dispuesto a alquilarla para la campaña. La decoramos con banderas, carteles y globos. Organizamos una gran fiesta de inauguración a la que asistió muchísima gente. Yo había visto multitudes en las películas, en el fisiculturismo y en nuestro programa después de la escuela, pero esa fiesta tenía otro tipo de emoción. Era una verdadera campaña política.

En septiembre, Maria y yo viajamos a Chicago para ir a la premier de Oprah Winfrey. Yo estaba encantado de aparecer en el programa porque los republicanos habían sido estúpidos alejando a las mujeres y era crucial contar con su apoyo. Yo necesitaba cortejarlas porque el público de mis películas siempre había sido muy masculino. Yo tenía puntos de vista progresistas sobre temas que son particularmente importantes para las votantes femeninas: la reforma educativa, la reforma de salud, el medio ambiente, el aumento del salario mínimo, y Oprah era el lugar perfecto para exponer mis ideas.

Mientras tanto, los demócratas más importantes estaban haciendo campaña a favor de Gray Davis. Bill Clinton pasó todo un día con él en Watts y en el sector South Central de Los Ángeles. También asistieron el Senador John Kerry, Jesse Jackson y Al Sharpton. Teddy fue el único demócrata importante que no asistió.

El presidente Bush y su padre se ofrecieron a hacer campaña conmigo pero les dije que no. Yo quería ser David arrebatándole el cargo a Goliat. Es decir, a Gray Davis. Maria siguió las elecciones como una verdadera profesional. Por ejemplo, siguió muy de cerca la forma como el ultraconservador Tom McClintock me seguía quitando apoyo entre los republicanos. Por supuesto, varios miembros de mi personal también analizaban y reordenaban los datos. Pero Maria vio cosas que no aparecían en las estadísticas. En una ocasión me sorprendió al decirme: «No hay nadie importante atacándote. Esa es una buena señal».

—¿Qué quieres decir? —pregunté—. ¿Cómo podría la *ausencia* de ataques significar algo positivo?

Ella me explicó que si la gente pensaba que yo estaba loco o que era un candidato tan débil como para que mi elección le hiciera daño al estado, la oposición sería mucho más amplia y feroz:

—Solo estás siendo atacado por la extrema izquierda y por la extrema derecha. Eso significa que estás siendo aceptado como un candidato viable.

Pero a mediados de septiembre las encuestas mostraron que Gray Davis estaba liquidado: los votantes se inclinaban casi dos a uno a favor de su destitución.

Sin embargo, el candidato número uno para reemplazarlo no era yo sino Cruz Bustamante, el vicegobernador, quien contaba con el apoyo del 32% de los votantes encuestados. Yo tenía el 28%, Tom McClintock el 18% y el 22% restante de los votantes encuestados estaban indecisos o divididos entre los otros 132 rivales del circo.

Bustamante era un rival complicado para mí, no porque fuera muy carismático, sino porque era atractivo para los demócratas que no apoyaban a Gray Davis. Se estaba promoviendo a sí mismo como la alternativa más segura y con más experiencia, con un lema de campaña no muy pegadizo: «No a la destitución. Sí a Bustamante». En otras palabras: «No estoy aquí para perjudicar a mi compañero demócrata Gray Davis pero, en caso de que lo echen, ¡voten por mí!».

Nuestra campaña ya estaba en pleno apogeo. Yo podía visitar muchos lugares en un solo día con mi avión privado. Viajábamos de un aeropuerto a otro y a veces hacíamos los encuentros allá mismo. Un millar de personas en un hangar. Yo viajaba, el avión se estacionaba, caminaba hasta el hangar, animaba a la multitud y viajaba de nuevo a la próxima ciudad. También hicimos cosas locas: hicimos campaña a bordo de un autobús llamado *Running Man* y golpeamos un coche con una bola de demolición como símbolo de lo que haría con las tarifas de los registros vehiculares aumentadas por Gray Davis si llegaba a la gobernación.

Todos los días aprendía más acerca de política y del gobierno. Mis conferencias de prensa mejoraron: aprendí a comprimir mi preparación para grandes discursos de una semana a una noche y también a moverme con mayor rapidez. Nuestros anuncios de televisión estaban teniendo mucho éxito. Mi favorito comenzaba con una máquina tragaperras —llevaba la etiqueta «Casinos Indios de California»— en la que se veía el número 120.000.000: ésa era la suma con la que habían contribuido las tribus a las campañas políticas en la época de Gray Davis. A continuación yo aparecía en la cámara y decía: «Los demás candidatos principales toman ese dinero y les hacen favores. Yo no juego a eso. Dame tu voto y te garantizo que las cosas cambiarán». Las personas se sorprendieron de que yo estuviera atacando los juegos de las tribus, y pensaron: «Él es el verdadero *terminator*».

En vez de tratar de influir a los partidarios de Bustamante, queríamos atraer a los millones de votantes independientes que no se habían decidido. La mejor oportunidad para hacerlo era en el debate del 24 de septiembre, tan solo dos semanas antes de la elección. Por primera y única vez, los cinco candidatos principales para reemplazar a Gray Davis estaríamos juntos en el escenario: Cruz Bustamante, el senador estatal Tom McClintock, Peter Camejo del Partido Verde, la comentarista de televisión Arianna Huffington y yo.

La preparación para el debate fue divertida. Algunos miembros de mi personal actuaron como si fueran mis oponentes. Todos los candidatos recibirían las preguntas de antemano pero el debate sería abierto y los participantes podrían hablar cuando quisieran. Ensayamos todos los temas políticos y todos los ataques y réplicas posibles:

"¿Cómo puedes estar a favor del medio ambiente si viajas en un avión privado?.

"Ganas treinta millones de dólares por cada película. ¿Cómo puedes conectar con los pobres?".

"Tus películas son violentas. ¿Cómo puedes decir que apoyas el cumplimiento de la ley?".

Yo también tenía que estar listo para atacar. Sabía que no podría vencer a McClintock en materia de políticas —él era un estudioso— y que no podía eclipsar a Arianna. El humor era mi oportunidad para acabar con ellos. Por lo tanto, elaboramos respuestas cortas, le encargamos chistes a John Max, que escribe para Leno, y ensayamos hasta dominar esto a la perfección. Yo tenía una línea preparada en caso de que Arianna me desafiara en los impuestos. Si ella se volvía demasiado dramática yo podría decirle: «Sé que eres griega» o «Pásate a decafeinado». Alquilamos un estudio y practicamos sentados en forma de V frente a la audiencia. Fueron tres días de muchas repeticiones. Me recordé a mí mismo: «No te enredes en los detalles». Sé agradable y gracioso. Deja que los otros metan la pata. Haz que digan cosas estúpidas.

El evento atrajo a una gran cantidad de medios. El estacionamiento estaba lleno cuando llegué. Parecía un partido de los Lakers. Había un mar de furgonetas y remolques de los medios, y antenas parabólicas de la televisión japonesa, francesa y británica, así como todos los canales del país. Era asustador y loco tener tanta atención concentrada en un solo evento.

No podíamos tener notas en el escenario. Hice un repaso mental un minuto antes del debate:

—¿Qué cambiarías en materia de salud? —me pregunté, pero de repente no pude recordar absolutamente nada sobre la salud—. Bueno, sigamos con las pensiones.

Pero mi mente estaba en blanco. Me sentí completamente paralizado. Había experimentado, como en un par de películas, un bloqueo cerebral. Pero eso me sucedía muy de vez en cuando y en las películas siempre puedes pedir tus líneas. Por suerte, aún tenía mi sentido del humor. «Esto será interesante», pensé.

El debate comenzó con cada candidato explicando si la destitución debería emprenderse en primer lugar. Todos coincidimos en que sí, a excepción de Bustamante, quien dijo que era «una idea terrible», lo que resaltó su incómoda posición de oponerse a la destitución mientras promocionaba su propia campaña «por si acaso». Nuestras réplicas fueron rápidas, «combativas» y «enérgicas», como lo describieron más tarde los periodistas. Bustamante no perdió tiempo para atacar mi falta de experiencia, anteponiendo casi todos los comentarios que hacía de mí con un: «Yo sé que tal vez no sabes esto pero…». Su estrategia condescendiente le jugó en su contra: no le gustó a la gente y me dio la oportunidad de mostrarle al público que yo conocía los temas. Eso causó una gran impresión y lo mismo ocurrió con mi sentido del humor. Cuando las cosas se pusieron especialmente intensas, y todos se gritaban entre sí, yo decía algo extravagante que hacía reír a todos los miembros de la audiencia.

Arianna y yo discutimos un par de veces. En un momento ella estaba culpando a las lagunas fiscales, a la inmoralidad de los republicanos y a las empresas por la crisis presupuestaria del estado, y le dije: «¿De qué estás hablando, Arianna? Estás hablando de lagunas fiscales tan grandes que podría atravesarlas en mi Hummer». Las encuestas del día siguiente me pusieron arriba. Mis números pasaron de 28 a 38 y Bustamante cayó de 32 a 26.

Pero aunque Bustamante y yo habíamos sido los principales contendientes, los medios de comunicación se concentraron en la discusión entre Arianna y yo. En un momento del debate, mientras los candidatos discutían el presupuesto estatal, ella se quejó de que yo la estaba interrumpiendo y me acusó de ser sexista.

—Esta es la forma como tratas a las mujeres —dijo—. Lo sabemos. Pero eso se acabó.

—Acabo de recordar que tengo un papel perfecto para ti en *Terminator 4* —respondí en tono de broma. Yo quería decir que ella podría interpretar el papel de la feroz *terminator* femenina. Pero ella lo tomó como un insulto y al día siguiente le dijo a un reportero que las mujeres se sintieron ofendidas por mi comentario:

—Creo que realmente quedó mal con las mujeres, algo que ya era uno de sus puntos débiles.

Ella estaba llamando la atención sobre las denuncias que había en mi contra por mala conducta y que habían aparecido en varias ocasiones en los últimos años. A la semana siguiente, cuando solo faltaban cinco días para las elecciones, estas acusaciones fueron el centro de un artículo del diario *Los Angeles Times*: «Mujeres dicen que Schwarzenegger las tocó y humilló». Mi personal se volvió loco. Al parecer, hay una regla no escrita en la política que expone a los candidatos en la última semana de campaña. Pero yo no había entrado a esta contienda sin la intención de afrontar algunos ataques. Como le había dicho a Jay Leno en la televisión la noche que anuncié mi candidatura: «Van a decir que no tengo experiencia, que soy mujeriego, que soy un tipo terrible y todo este tipo de cosas pero quiero limpiar a Sacramento». Yo no estaba haciendo campaña como un conservador social con una agenda de valores. Tan pronto anuncié mi candidatura, *Los Angeles Times* asignó un equipo de reporteros para hacer una serie de artículos investigativos sobre mí. Ya habían publicado varios, incluyendo una historia sobre el pasado nazi de mi padre, y otro de mi uso de esteroides cuando era fisiculturista. Mi regla de oro sobre las acusaciones perjudiciales era que, si la acusación era falsa, yo luchaba enérgicamente para que fuera retirada, y si era cierta, la reconocería y pediría disculpas. Y cuando aparecieron esas historias, yo reconocí el uso de esteroides y trabajé con el Centro Simon Wiesenthal para encontrar nuevos documentos disponibles sobre el historial de guerra de mi padre.

Ninguna de las acusaciones de acoso sexual era cierta. Aun así, yo había tenido un comportamiento inadecuado en algunas ocasiones y tenía una razón para pedir disculpas por mi comportamiento en el pasado. En mi primer discurso al día siguiente le dije a una multitud en San Diego:

—Muchas de esas historias no son ciertas. Pero, al mismo tiempo, yo siempre digo que donde hay humo, hay fuego. Y sí, a veces me he comportado mal. Sí, es cierto que estuve en sets de grabación que no eran los más recatados y que he hecho cosas que no están bien. En ese entonces creía estar divirtiéndome pero ahora reconozco que he ofendido a algunas personas. Y a esas personas que he ofendido, quiero decirles que lamento mucho eso y les pido disculpas.

Y al igual que en el pasado, mucha gente salió en mi defensa: mi aliada más importante fue Maria. En sus declaraciones a una organización de mujeres republicanas, ella dijo ese día que deploraba la política y el periodismo de alcantarilla.

—Ustedes pueden escuchar todo lo negativo. O pueden escuchar a personas que nunca han conocido a Arnold o que lo conocieron cinco segundos hace 30 años. O pueden escucharme a mí —dijo ella, y me alabó por tener las agallas para pedir disculpas.

Tal como lo habían sugerido nuestras encuestas, los votantes de California estaban mucho más preocupados por otros asuntos, como la economía. Mi discurso en San Diego marcaba el comienzo de una gira final en autobús por todo el estado. Tres mil personas acudieron esa mañana y en el próximo evento en el Inland Empire, en el este de Los Ángeles, tuvimos seis mil. Luego ocho mil la mañana del sábado. Cuando finalmente llegamos a Sacramento el domingo, cerca de veinte mil personas estaban reunidas frente al Capitolio para animarnos, celebrar y disfrutar de la algarabía. Me paré en las escalinatas y pronuncié un discurso de cinco minutos: Luego la banda tocó —una banda moderna con la que podían identificarse los jóvenes— y agarré una escoba. Ésa fue la foto: Schwarzenegger está aquí para limpiar la casa. Se podía sentir el impulso. ¡Eso era! Estábamos listos para cerrar el negocio.

Yo me estaba vistiendo para ir a la fiesta la noche de la elección. No conocía los resultados todavía porque era demasiado pronto pero sentí que mis probabilidades de ganar eran muy altas. Cuando entré a la habitación para ponerme los zapatos, oí a un locutor de CNN decir. «Ya podemos anunciar al triunfador. El nuevo gobernador será Arnold Schwarzenegger». Sentí lágrimas resbalando por mi cara. No podía creerlo. Contaba con eso pero escuchar la noticia en CNN —el reconocimiento oficial de una red de cable internacional— fue abrumador. Nunca pensé estar frente a un televisor y escuchar: «Schwarzenegger es el nuevo gobernador de California». Permanecí un rato sentado. Katherine vino y me preguntó: «Papá, ¿qué te parece este vestido?». Me sequé las lágrimas, pues no quería que me viera llorar. Maria, que se estaba vistiendo en otro baño, llegó para ver la noticia conmigo y también se alegró mucho: no solo le gustaba la idea de ser la Primera Dama de California sino la posibilidad de que esta victoria política la ayudara a olvidar las derrotas de su familia en el pasado.

El pueblo californiano había votado para destituir a Gray Davis: el margen fue de 55 a 45%. Una gran diversidad me había elegido por encima de Cruz Bustamante y de los otros contendientes. El desglose de los votos fue así: 49% para mí, 31% para Cruz, 13% para McClintock, 3% para Camejo y 4% para el resto). Uno de los momentos dulces de la victoria se produjo una semana después, cuando el presidente George W. Bush me visitó antes de viajar a Asia en una misión diplomática. Nos reunimos en el Mission Inn, un hotel histórico en Riverside donde se han alojado diez presidentes. Karl Rove y el presidente estaban allí cuando me entregaron la suite y, después de saludarnos, Rove dijo: «Los dejo para que puedan hablar a solas».

El presidente Bush sabía que su estratega político me había dicho que no me postulara y trató de limar asperezas:

—No te enfades con Rove por lo que te dijo en Washington. Karl es Karl. Pero es un buen tipo. Tenemos que trabajar juntos.

Le dije que nunca dejaría que las fricciones personales se interpusieran en todo aquello que necesitábamos hacer en los Estados Unidos y California.

—Será un placer trabajar con él en el futuro —añadí—. Sé que él está haciendo un buen trabajo.

Bush llamó a Rove de nuevo y le dijo: «Él te aprecia». Karl me estrechó la mano y sonrió.

—Estoy dispuesto a trabajar contigo —le dije.

Seguramente adivinaron lo que yo iba a decir a continuación. Tras el debate me había quejado ante los medios de comunicación de la cantidad de dinero que los californianos pagan en impuestos al gobierno federal y de lo poco que recibe California en comparación con otros estados como Texas. Le dije a CNN: «No solo soy el *terminator* sino también el *recaudator*», y me comprometí como gobernador a que Washington nos retribuyera con justicia. Así que dije:

—Podemos tener una buena relación, pero necesito su ayuda. Como ustedes saben, solo estamos recibiendo 79 centavos por cada dólar de impuestos que pagamos. Quiero conseguir más dinero para el estado de California porque estamos teniendo problemas.

—Bueno, yo tampoco tengo dinero —dijo el presidente. Pero tuvimos un buen diálogo y él se comprometió a encontrar la manera de ayudar, especialmente en los programas de infraestructura.

Tres semanas más tarde, yo estaba de regreso en Sacramento, en las mismas escalinatas del Capitolio donde había posado con la escoba, para ser juramentado como el 38 gobernador del estado. Vanessa Williams, mi coestrella en *Eraser*, cantó *The Star Spangled Banner* en la toma de posesión. Maria sostuvo la antigua Biblia forrada en piel y en ella puse mi mano mientras tomaba el juramento.

Hablé en mi discurso de las lecciones que había aprendido al estudiar para adquirir la ciudadanía americana. Dije que la soberanía reside en el pueblo y no en el gobierno, y cómo los Estados Unidos emergieron en un momento de turbulencia gracias a la unión de facciones contendientes.

—Eso fue llamado el milagro de Filadelfia —dije—, y ahora los miembros de la Legislatura y yo debemos llevar a cabo el milagro de Sacramento. Un milagro basado en la cooperación, la buena voluntad, las ideas nuevas y la dedicación al bienestar a largo plazo de California.

Dije que iba a necesitar mucha ayuda, haciendo hincapié en que yo era un recién llegado a la política. Pero dejé que la gente viera mi enorme deseo de asumir este reto gigantesco. Yo quería que nuestro estado fuera un faro para el mundo tal como lo había sido para un inmigrante como yo. La multitud aplaudió y un coro cantó canciones de *The Sound of Music* mientras empezaban a felicitarme. Gray Davis, quien había aceptado muy gentilmente su revocatoria, y sus dos predecesores, George Deukmejian y Pete Wilson, asistieron a mi juramento como gobernador. Me llevaron a un lado mientras nos dirigimos a una recepción. Su estado de ánimo era jovial.

—Disfruta este día —me dijo Deukmejian, el mayor de los tres—. Solo hay otro día en el que te sentirás así de bien.

—¿Cuándo?

—El día que dejes tu cargo.

Los otros dos sonrieron y asintieron. Comenzaron a explicarme al ver que yo no entendía:

—Pronto estarás asistiendo a funerales de bomberos y de agentes del orden y tendrás lágrimas en los ojos. Te sentirás devastado al tener que estrecharle la mano a un niño de tres años que acaba de perder a su padre —dijeron—. Y por si fuera poco, tendrás que permanecer tres meses en Sacramento todos los veranos y no podrás ir de vacaciones con tus hijos porque esos cabrones de la Legislatura no han aprobado un presupuesto. Estarás sentado aquí sintiendo ira y frustración.

Me dieron una palmadita en el hombro y me dijeron:

—¡Así que diviértete ahora! Vamos a tomar una copa.

—¿Qué les pasa a estos tipos? —pensé—. Ese es el problema con los políticos. No entiendo su cinismo. La pasaré bien, aunque Sacramento resulte ser imposible. Me obligaré a pasarla bien.

Obviamente eso fue ingenuo de mi parte. Ellos estaban en lo cierto. Ser gobernador de California era muy semejante a lo que ellos me habían dicho, y dos meses después me sentí destrozado en el entierro de un bombero. Sin embargo, seguía pasándola bien, sobre todo ahora que miro hacia atrás.

CAPÍTULO 25

El *Governator*

YO ERA LA SEGUNDA persona en la historia de los Estados Unidos en ser elegido como gobernador tras una destitución y asumí el cargo después de la campaña electoral más corta en la historia moderna de California. Mi período de transición fue tres semanas más corto que una transferencia normal de poder entre dos gobernadores. Asumí el cargo sin experiencia previa como funcionario electo, en un momento de crisis, con el estado enfrentando grandes déficits presupuestarios y una crisis económica en marcha.

Yo había sido un estudioso de la política durante mucho tiempo y había hecho mi tarea en la «Universidad Schwarzenegger». Pero solo puedes hacer ciertas cosas si estudias apresuradamente, así lo hagas doce horas al día. Yo no estaba familiarizado con el elenco de personajes de Sacramento: los legisladores y los miles de cabilderos, de expertos en políticas y traficantes de influencias que hacen gran parte del trabajo y redactan gran parte de la legislación.

No conocía siquiera a la mayor parte de mi propio personal. Todo el mundo quería reunirse conmigo pero era difícil contratar a gente con tanta rapidez. Nuestra batalla fue especialmente ardua: teníamos apenas cinco semanas después de las elecciones para cubrir los 180 puestos de personal en la oficina del gobernador, incluyendo casi 40 de alto nivel. Teníamos poco personal porque pocos profesionales de la política esperaban que yo ganara, y algunos de los mejores candidatos ya habían encontrado empleo después de las elecciones de 2002. Traté de comenzar a tomar medidas mediante la búsqueda de personas con experiencia en la política de California, fueran republicanas o demócratas. Pero pocos de los veteranos políticos tenían experiencia conmigo e incluso aquellos que habían trabajado en mi campaña me habían conocido por unos pocos meses.

Terminamos recurriendo en gran medida a los veteranos de la administración de Pete Wilson. Mi jefe de personal fue Patricia Clarey, que había sido jefe adjunta del gobernador Wilson. Era una conservadora fiscal organizada y enérgica que había estudiado en la Escuela de Gobierno Kennedy de Harvard y trabajado en el sector de los seguros y el petróleo. Rob Stutzman, mi director de comunicaciones, era otro veterano de la administración Wilson y había librado mil batallas.

Traje a un puñado de colaboradores clave que conocía desde hacía varios años: Bonnie Reiss, mi mano derecha en el movimiento después de la escuela; David Crane, el financiero de San Francisco que fue mi asesor más cercano en economía y finanzas; y Terry Tamminen, un innovador del medio ambiente a quien escogí para que dirigiera la EPA de California. Eran demócratas pero eso no tenía importancia, al menos no para mí. Cuando los incondicionales del partido republicano se opusieron a mis nombramientos les expliqué de manera respetuosa que yo quería los mejores funcionarios, independientemente de su afiliación partidista, siempre y cuando compartieran mi visión en un área en particular. Todos estos funcionarios recién nombrados eran inteligentes, reflexivos y de mentalidad abierta pero, al igual que yo, no conocían a Sacramento ni estaban familiarizados con su extraña forma de operar.

Comprendimos que la única manera de entender Sacramento era olvidándonos de los libros de educación cívica. De nada servía saber cómo funcionaba Washington o las capitales de otros estados pues Sacramento se rige por unos principios completamente diferentes y el sentido común no es uno de ellos. Allí no existe la consistencia. Por ejemplo, lo más importante que se hace en Sacramento es asignar dinero para la educación K-12. Debido a la Proposición 98 aprobada por los votantes en 1988, la educación K-12 recibe casi la mitad del presupuesto del Estado. Esto sin contar el dinero para la construcción de escuelas, la financiación de las pensiones de los maestros jubilados o los miles de millones de dólares provenientes de la Lotería del Estado destinados a la educación. La Proposición 98 garantiza que la financiación de la educación aumentará cada año, independientemente de que el estado reciba más dinero o no. La fórmula que rige esto es tan misteriosa que solo la persona que la escribió sabe cómo funciona exactamente. Su nombre es John Mockler. Le gusta bromear diciendo que la escribió así a propósito y que nombró a su hijo para que asesorara a muchas personas con la fórmula en Stanford. Legislative Analyst, un grupo no partidista, tuvo que hacer un video de 20 minutos para explicarles a los legisladores cómo funciona la ley y, sin embargo, todavía tienen que contratar a Mockler para que los asesore.

Multiplica mil veces la fórmula de financiación de la educación y tendrás una imagen de lo absurdo que es Sacramento. La Legislatura de Sacramento aprueba tantas leyes cada año —más de mil— que los legisladores no tienen tiempo siquiera de leer la mayoría de los proyectos de ley antes de votarlos. Los votantes se sintieron tan frustrados que aprobaron una ley importante por iniciativa —como la Proposición 98— para obligar a Sacramento a concentrarse en problemas reales como el financiamiento de la educación. Esto es absurdo.

Sacramento creció debido a una bonanza. Fue el principal centro de comercio durante la gran Fiebre del Oro que estalló en California en 1849. Cuando los californianos la declararon capital del estado construyeron un grandioso capitolio para que compitiera con el de Washington D.C. Sin embargo, no construyeron una Casa Blanca, así que el gobernador no puede trabajar en un lugar separado. Él y su equipo comparten el edificio del Capitolio con la Legislatura y cada gobernador tiene que conseguir su propia vivienda. Los gobernadores previos a mí habían mudado a sus familias a Sacramento, pero María y yo no queríamos desarraigar a nuestros hijos, por lo tanto ella permaneció con los niños en Los Ángeles mientras yo alquilé la suite en el último piso de un hotel cercano a la capital. Mi idea era conmutar todas las semanas entre las dos ciudades para pasar tiempo en casa.

Las oficinas del gobernador se llaman la Herradura y ocupan los tres lados de un atrio al aire libre en la planta baja del Capitolio. Las oficinas de los legisladores se encuentran en los cinco pisos superiores. El protocolo exigía que el gobernador permaneciera en la Herradura y que los legisladores que querían verlo fueran allá. Esa no era mi forma de proceder. Salí de mi oficina y tomé el ascensor hacia los pisos superiores para llamar personalmente a los legisladores. Ser actor me facilitó el contacto inicial con todos. Puede que un legislador no supiera qué pensar de mí como gobernador pero su personal quería tomarse fotos conmigo y me pedían autógrafos para llevarles a sus hijos. Si un legislador se sentía intimidado de que yo pudiera ser todo un *terminator* —es curiosa la forma tan literal como la gente interpreta estos papeles de las películas— yo prefería que él pensara que yo era más bien el Julius de mente abierta de *Twins*.

Les había prometido a los votantes que yo produciría resultados con rapidez. Una hora después de haber prestado juramento cancelé la triplicación de las matrículas vehiculares y, poco después, con la ayuda de los legisladores del piso de arriba, anulé la ley que les daba licencias de conducir a los inmigrantes ilegales.

—Eso es lo que llamamos acción —dije frente a las cámaras.

Dos semanas luego de asumir el cargo sometí ante la Asamblea Legislativa el paquete de rescate financiero en el que había basado mi campaña, incluyendo una refinanciación de la deuda de California, una gran reforma del presupuesto y una reforma del sistema de compensación de los trabajadores que estaba alejando a los empleadores del estado. Estábamos proponiendo una «dura limitación de gastos» como ancla de mi propuesta de reforma presupuestaria. Y entonces los demócratas trazaron una línea y entablamos una guerra. Cuando las conversaciones con los demócratas se interrumpieron, recibí un montón de consejos de todo el espectro político, contradictorios en su mayor parte.

Los veteranos republicanos de la administración de Pete Wilson que estaban en mi equipo me animaron a trazar una línea dura y a que incluyera mis reformas en la boleta electoral para que los votantes sufragaran el próximo año. Los legisladores republicanos estaban adoptando una posición beligerante y sugirieron que debíamos permitir que el gobierno estatal se quedara sin dinero y cerrarlo hasta que los demócratas cedieran. Me sentí confiado en llegar a un acuerdo. Pero, en una cena esa semana, irónicamente en la celebración del bipartidismo, les trasmití esa idea a George Shultz y a Leon Panetta, el estimado estadista de California (él había servido bajo republicanos y demócratas y, más recientemente, había sido jefe de personal de Clinton en la Casa Blanca). Los dos arquearon las cejas.

—¿Es así como empiezas tu mandato, con un cierre del gobierno? —me preguntó George—. Es cierto que ustedes cuentan con el apoyo de los votantes y probablemente ganen. Pero será una lucha larga y sangrienta y ¿qué sucederá mientras tanto? Se desatará el caos y todo el mundo se sentirá mal porque nada habrá cambiado en Sacramento. California se verá perjudicada porque las empresas no tendrán la confianza para invertir o crear más puestos de trabajo.

Panetta estuvo de acuerdo.

—Es más importante llegar a un acuerdo —dijo—. Aunque solo pospongas los problemas de presupuesto, es una forma de mostrarle al público que puedes trabajar con ambos partidos y avanzar. Más tarde podrás hacer una reforma más completa del presupuesto.

Tomé ese consejo en serio. Después de llegar a Sacramento y de lograr algunos triunfos importantes aprovechando el impulso de mi elección —derogar el impuesto de matriculación y la ley de las licencias de conducir— era importante mostrarle a la gente que Sacramento podía trabajar unida para resolver los problemas fiscales de California. Volví a Sacramento, llamé a los líderes legislativos de ambos partidos y les dije: «Vamos a sentarnos para intentarlo una vez más». Los republicanos actuaron como si hubieran recibido un puñetazo en el estómago. «Los tienes contra las cuerdas, *¡remátalos!*», me aconsejaron. Esa fue mi primera experiencia real con la nueva ideología republicana: cualquier tipo de compromiso es señal de debilidad. Los demócratas se sintieron aliviados al evitar una gran pelea pero algunos interpretaron mi disposición para negociar como una señal de que yo prefería evitar una pelea que perder mi popularidad con los votantes. Esto hizo que las negociaciones fueran más difíciles. Después de tantos años de peleas desagradables e inútiles en Sacramento, ambas partes habían perdido el contacto con el arte de la negociación. (De hecho, los distritos legislativos escogieron a los miembros más intransigentes y partidistas de cada partido: legisladores criados para pelear como los gallos de pelea).

Después de muchos días de negociaciones llegamos a un compromiso y conseguí un límite constitucional del déficit, una prohibición sobre el uso de la deuda en bonos para pagar los gastos de funcionamiento y una versión débil de mi fondo de emergencia. Los legisladores obtuvieron el dinero que pedían para la recuperación económica. La propuesta apareció en la papeleta electoral en las elecciones de marzo y fue aprobada por un margen de 2 a 1. Logramos hacerle una reforma importante a la compensación de los trabajadores tan solo unas semanas más tarde. Eso demostró un liderazgo y nos dio un comienzo genial. Refinanciar la deuda aumentó la calificación crediticia de California de manera espectacular y le ahorró más de $20 mil millones en intereses de bonos a 10 años. Y cuando la comunidad de negocios vio que yo había logrado negociar con los dos partidos, el pesimismo con respecto a la economía comenzó a desaparecer.

Mi relación con los legisladores se complicó. Esto se debía en parte a la gran disparidad en materia de popularidad entre ellos y yo. Mi nivel de aprobación pública se disparó a medida que demostré que podía hacer las cosas, alcanzando más del 70%, mientras que el de la Legislatura se redujo a menos del 30. Yo estaba siendo agasajado como el *governator* no solo en California sino también en los medios de comunicación nacionales e internacionales. En un año de elecciones presidenciales, los periodistas comenzaron a especular que yo podría ser un contendiente futuro, aunque eso requeriría un cambio en la Constitución que realmente nadie se esperaba. Mis números se mantuvieron altos durante todo el año hasta las elecciones de noviembre, cuando los votantes de California aprobaron todas las iniciativas de ley que propuse. Las más dramáticas eran las medidas para detener las demandas contra las empresas y la iniciativa histórica de las células madre, a la cual destinamos más de $3 mil millones para investigación de vanguardia después de que la administración de Bush restringió los fondos federales. También derrotamos dos iniciativas que habrían incrementado los privilegios ya de por sí escandalosos de los juegos y casinos de los nativos americanos.

Yo estaba causando tanta sensación que los líderes republicanos me pidieron ayuda para que el presidente Bush fuera reelegido: me invitaron a dar el discurso estelar en la Convención Nacional Republicana sin importar que yo fuera mucho más centrista en la mayoría de los asuntos que la administración Bush, que cada vez se había desplazado más a la derecha. Ellos sabían que yo podría llamar la atención.

Así que en la noche del 31 de agosto, me encontré en el podio del Madison Square Garden. Era mi primera vez allí desde mi triunfo como Mr. Olimpia 30 años atrás, solo que en ese momento había cuatro mil aficionados en el Felt Forum y esa noche, en cambio, había quince mil delegados en el escenario principal y en horario de máxima audiencia en la televisión nacional. Maria, que el año pasado había cubierto la convención como corresponsal de NBC, se sentó esa vez con los niños al lado de Bush padre. Cada vez que las cámaras buscaban la reacción de George H. W. Bush, ella aparecía sonriendo. Me conmovió su solidaridad para conmigo.

Mi corazón latía con fuerza pero la alegría de la multitud me recordó cuando obtuve el título de Mr. Olimpia. Eso tuvo un efecto calmante. Cuando empecé a hablar y los oí responder sentí como si estuviera posando frente a ellos: los tenía en la palma de mi mano. Me había preparado para esta aparición con más intensidad que para cualquier otra en mi vida. El discurso había sido revisado con minucia y lo había practicado decenas de veces. Era el pináculo de mi vida.

—Pensar que un muchacho escuálido de Austria podría llegar a ser gobernador del estado de California y estar hoy aquí, en el Madison Square Garden, hablando en nombre del presidente de los Estados Unidos… Ese es el sueño de un inmigrante —le dije a la multitud.

Mi parte favorita del discurso era la fórmula «para saber si eres republicano»: si crees que el gobierno debe ser responsable con el pueblo, si crees que una persona debe ser tratada como un individuo, si crees que nuestro sistema educativo debe ser responsable con el progreso de nuestros hijos… Esos eran algunos de mis criterios. Concluí con un llamado para que George W. Bush se quedara en la Casa Blanca para un nuevo mandato y dirigí el canto de los asistentes: «¡Cuatro años más, cuatro años más!». El discurso fue aplaudido en grande. Eunice y Sarge, que lo habían visto en la televisión, desayunaron al día siguiente con Maria y conmigo en el hotel. Eunice había disfrutado mucho con mi tema de la inclusión.

—La forma como dijiste «¡*Yo* soy republicano!» —bromeó.

Tras mi regreso a California, mis adversarios políticos trataron de mostrarme como un matón debido en parte a mi popularidad. Pero hice todo lo posible para ser agradable con los legisladores durante ese primer año y animarlos a trabajar conmigo. Llamaba a sus madres cuando cumplían años. Los invitaba a charlar en mi carpa de fumar en el atrio que había afuera de mi oficina. La carpa era del tamaño de una acogedora sala de estar, amoblada con cómodos sillones de mimbre, una mesa de conferencias con tapa de cristal y un hermoso humidor, lámparas y un piso de césped artificial. Las fotografías colgaban de las paredes por medio de cables. Yo había acondicionado este espacio para poder fumar mis cigarros ya que en California está prohibido fumar en los edificios públicos: la gente, sin embargo, la llamaba mi carpa de negocios.

Presté especial atención a líderes como John Burton, el presidente del Senado, y a Herb Wesson, el presidente de la Asamblea. John era un demócrata malhumorado de San Francisco que había boicoteado mi toma de posesión. Llevaba gafas de montura metálica y un bigote blanco y espeso. La primera vez que nos reunimos por poco no me estrecha la mano. Yo le envié flores. Y cuando nos conocimos poco a poco descubrimos que teníamos cosas en común. Sabía un poco de alemán porque había estado en Europa con el Ejército. También se sentía fascinado por Metternich, el gran diplomático austríaco. Muchas veces no estuvimos de acuerdo, sobre todo al principio, pero con el tiempo descubrimos que nuestros puntos de vista eran similares en lo que respecta a importantes temas sociales como el seguro de salud y de cuidado de crianza, y llegamos a un lugar donde pudimos decir: «Olvidémonos de las grandes peleas en público y encontremos las cosas en las que podamos trabajar». Nos convertimos en colaboradores eficaces e incluso en amigos. Burton iba a veces a la carpa solo para llevarme pastel de manzana y *schlag* para mi café.

Herb Wesson, el presidente de la Asamblea, era un hombre bonachón de Los Ángeles que medía 5,5 pies y bromeaba conmigo sobre mi estatura. Me preguntaba si era cierto que medía 6,2 pies, tal como dice en mi biografía. Yo me burlaba de él llamándolo mi Danny DeVito y le envié una almohada para que pudiera sentarse en una silla alta. No llegué a conocerlo tan bien como a John, porque pronto dejó el cargo. Su sucesor, un ex líder sindical inteligente llamado Fabián Núñez, también de Los Ángeles, se convirtió con el tiempo en uno de mis aliados más cercanos entre los demócratas.

Ser amable con los legisladores contribuyó a que mis ideas sobre la reforma pasaran al debate legislativo y produjeran algunos acuerdos que fueron un primer paso importante. Pero luego de intentar un montón de maniobras diferentes comprendí que lo que me daría de lejos una mayor influencia sería el proceso de iniciativa electoral. Gracias a mis altos índices de aprobación, yo podía amenazar con acudir directamente a los votantes y presionar así a la Legislatura para hacer cosas que no harían de otra manera.

Fue así como terminamos con el abuso de la compensación a los trabajadores. Yo había hecho de esto uno de los puntos principales de mi campaña porque estaba envenenando nuestra economía y alejando a las empresas del estado. Al igual que en todos los estados, los empleadores de California deben tener un seguro que paga los gastos médicos y los salarios que dejan de recibir los trabajadores que sufren accidentes o lesiones en el trabajo. Pero en California las primas se habían duplicado al doble de la media nacional. ¿Cómo ocurrió eso? Principalmente porque las leyes fueron redactadas con tanta libertad por los demócratas que la gente podía abusar fácilmente del sistema. Conocí a un tipo que se había lastimado la pierna mientras esquiaba un fin de semana. Esperó para ir al médico el lunes después de trabajar y le dijo: «Me lastimé la pierna trabajando», y si las empresas cuestionaban declaraciones falsas como éstas, el trabajador siempre ganaba. Conocí a otro tipo que estaba levantando 400 libras en el gimnasio. Me dijo: «Recibí una incapacidad laboral».

—¿Qué quieres decir? —le pregunté—. ¡Estás levantando más peso que yo!

—Pero necesito velar por mi familia —dijo.

Los sindicatos, los abogados y los médicos habían prevalecido en la Legislatura flexibilizando tanto las normas que un empleado podía engañar al sistema y obtener tratamiento para cualquier dolencia —no solo las lesiones en el puesto de trabajo— y ser reembolsado sin límites ni gastos compartidos. Esto equivalía a un sistema de salud gratuito e ilimitado y a una licencia con salario por concepto de enfermedad, todo esto era pagado por el sector privado. Era una especie de puerta trasera que tenían los demócratas para salir y conseguir todo lo que quisieran. John Burton me dijo una vez: «La compensación al trabajador es nuestra versión de la atención universal de salud». Es otra manera de decir que las leyes fueron redactadas para abusar de ellas.

Me convertí en una especie de experto en el tema porque Warren Buffett estaba en el sector de los seguros y, mucho antes de postularme para gobernador, me había dicho lo jodida que estaba California. Mis aliados en la comunidad de negocios redactaron una iniciativa electoral que pondría fin a esto. Era mucho más dura que la legislación paralela que yo apoyaba en la Legislatura pues les quitaba más a los trabajadores. Pero esa era la estrategia. Si los trabajadores, los abogados y los médicos temían la iniciativa podrían estar dispuestos a ceder más terreno en un acuerdo legislativo. Vendí la iniciativa con agresividad: siempre que se empantanaban las negociaciones con la Legislatura yo recorría el estado para ayudar a recoger firmas para la iniciativa en las tiendas Costco.

Esto le pareció muy entretenido al público y terminó teniendo éxito. Los demócratas y los trabajadores se asustaron y llegaron a un acuerdo sobre la legislación que habría de ahorrarles grandes sumas de dinero a los empresarios en sus primas. Los demócratas detestaban que los amenazaran con una iniciativa electoral y empezaron a negociar, ofreciendo unas pocas reformas adicionales cada vez que yo les mostraba una nueva cantidad de firmas que habíamos recogido. Llegamos a un acuerdo cuando el número de firmas para la iniciativa superó el millón, algo que habría sido suficiente para someterla a votación. La aplicación del apalancamiento —la amenaza de la iniciativa— había funcionado. Gracias a nuestra reforma, las primas se redujeron en un 66% en los años siguientes. Un total de $70 mil millones les fue devuelto a las empresas de California en los primeros cuatro años.

Sin embargo, el presupuesto en sí estaba casi en las últimas. Y cuando envié a la Legislatura una propuesta de $103 mil millones para el año fiscal que comenzaba el 1 de julio, la paralizaron por más de un mes de negociaciones absurdas y el presupuesto se atrasó. Llegó el 1 de julio, pasó una semana y luego otra. Esto era exactamente lo que les había prometido a los votantes que evitaría y recordé lo que me habían advertido los ex gobernadores durante mi inauguración: pasarás muchos veranos en Sacramento. Eso no parecía haber funcionado muy bien para ellos, así que tomé mis grandes números de las encuestas y me dirigí a la gente. En declaraciones a cientos de compradores en un mega centro comercial en el sur de California dije que nuestros legisladores eran parte de un sistema político que estaba «fuera de forma, que era obsoleto, que estaba fuera de contacto y definitivamente fuera de control»:

—Ellos no pueden tener el descaro de estar aquí frente a ustedes y decir: «No queremos representarlos. Queremos representar a los que tienen intereses especiales: a los sindicatos y a los abogados litigantes».

No me arrepiento de haber dicho nada de eso. Y luego los critiqué duramente:

—Son hombres afeminados —dije—. Deberían volver a la mesa y terminar el presupuesto.

La expresión «hombres afeminados» fue espontánea. Era la clase de improvisación ofensiva que a mi equipo le preocupaba que yo dijera frente a una multitud. El público entendió la broma: yo estaba retomando la parodia que Hans y Franz hacían de mí en *Saturday Night Live*. También insté a la multitud a «ser *terminators*» el día de las elecciones y expulsar a los legisladores que votaron en contra de mi presupuesto.

La expresión «hombres afeminados» causó mucha risa en el centro comercial. Pero también causó un alboroto y ocupó titulares en todo el país. Fui criticado por ser sexista, anti-gay, por recurrir a insultos y por ser bravucón. La crítica más demoledora provino de Núñez, el presidente de la Asamblea. «Es el tipo de declaraciones que no debe salir de la boca de un gobernador», dijo, y añadió que su hija de 13 años, a quien yo conocía y apreciaba, estaba molesta con mis palabras.

Comprendí que él tenía la razón en un sentido. Los electores habían elegido a Arnold; hablar como en las películas y decir cosas extravagantes me había ayudado a ganar. Pero una vez que llegué a Sacramento estaba representando a la gente y ya no podía ser solo Arnold. Se suponía que debía trabajar con los legisladores, quienes constitucionalmente son parte del sistema, y que no debía menospreciarlos.

Por otra parte, era una estupidez desafiar a los legisladores. Cuando eres gobernador no puedes aprobar la legislación: solo puedes firmar o vetarla. Son *ellos* los que tienen que aprobarla. Esa es la forma como se ha establecido el sistema político. Así que si necesitas que los legisladores conviertan tu visión del estado en una realidad ¿para qué insultarlos? Sí, puedes presionarlos, avergonzarlos, hacer que el público vea que no están haciendo su trabajo. Pero hay otras formas diferentes a llamarlos «hombres afeminados».

Decidí que tenía que adquirir nuevas habilidades diplomáticas si quería hacer cosas importantes. Tendría que ser más cauto en los discursos, no solo en los escritos sino también en las declaraciones sin notas. Y por supuesto, no tardé en abrir mi bocota de nuevo.

Una de las ideas de Maria al convertirse en primera dama fue tomar una conferencia de mujeres de California que se remontaba a los años ochenta y transformarla en un acontecimiento nacional importante. A principios de diciembre de 2004, diez mil mujeres se reunieron en el Centro de Convenciones de Long Beach para una agenda de un día sobre «las mujeres como artífices del cambio». El programa contaba con la presencia de mujeres destacadas en el sector de negocios y de servicios sociales de California y con oradoras de alto perfil, incluyendo a la Reina Noor de Jordania y a Oprah Winfrey. Era apenas natural que yo lanzara el evento, pues se trataba de una Conferencia de las Mujeres de la Gobernación. Dije en broma que por una vez sería el «acto de apertura» de Maria e hice comentarios en honor a las contribuciones que habían hecho las mujeres a California. Cuando comencé este discurso cuidadosamente preparado, un grupo de manifestantes se levantó y creó una verdadera conmoción. Desplegaron una pancarta, mostraron letreros y empezaron a cantar «¡Un personal seguro salva vidas!». Las manifestantes pertenecían al sindicato de enfermeras y estaban disgustadas porque yo había suspendido un mandato de Gray Davis que habría reducido la carga de trabajo estándar en los hospitales de seis pacientes por enfermera a solo cinco. La mayoría de la audiencia apenas pareció darse cuenta pero las cámaras de los noticieros enfocaron a las 15 mujeres mientras eran retiradas del recinto y seguían protestando. Su comportamiento me pareció realmente irritante. Si estaban molestas conmigo, ¿por qué fueron a estropear el evento de Maria? Miré a la audiencia y dije: «No les presten atención a esas voces. Pertenecen a los intereses especiales. Los intereses especiales de Sacramento no me aprecian porque yo les doy patadas en el trasero». Y añadí: «Pero de todos modos los quiero».

Fue un gran error. Maria se sintió avergonzada de que yo ridiculizara a las manifestantes y el sindicato de enfermeras tomó mis palabras como una causa para declararme la guerra. Durante varios meses fui recibido después de cada aparición pública por un grupo de enfermeras en huelga que coreaban.

En el primer cajón de mi escritorio mantenía una lista con las diez reformas principales que había prometido llevar a cabo cuando me postulé para gobernador. Sabía que era inevitable un cierto grado de confrontación porque yo estaba desafiando a los poderosos sindicatos controlados por los demócratas que estaban explotando al estado. En la parte superior de la lista estaban abusos como la tenencia de profesores mediocres, las pensiones exorbitantes para los empleados estatales y el trazado de los distritos políticos para proteger a la clase electa.

Pero por encima de todo estaba la urgente necesidad de la reforma presupuestaria. Aunque finalmente habíamos aprobado un presupuesto equilibrado para 2004 y la economía estaba comenzando a despegar, el sistema era disfuncional. Mientras que los ingresos en 2005 se proyectaban en $5 mil millones, los gastos subirían a $10 mil millones por esas fórmulas extrañas del presupuesto que ordenaban aumentos contra viento y marea. Estos incluían una gran expansión de programas y generosos beneficios de pensiones que los demócratas habían asegurado para los sindicatos de empleados públicos durante la bonanza tecnológica. Sin embargo, California se dirigía de nuevo a un déficit. Estábamos frente a otro déficit de muchos miles de millones de dólares para el año 2005. A menos que introdujéramos cambios fundamentales, este desequilibrio nos iba a paralizar un año tras otro.

Vi nuestra victoria sobre la compensación de los trabajadores como un modelo a seguir. Había utilizado la amenaza de una iniciativa electoral para obligar a la otra parte a negociar y llegar a un acuerdo.

¿Por qué no aplicar la misma estrategia para lograr una reforma en una escala mucho más grande? Me sentí estimulado por este triunfo y por haber recuperado dinero. Entonces me dediqué a elaborar con mi equipo un nuevo arsenal de iniciativas electorales durante los últimos meses de 2004. En políticas de educación queríamos que los maestros no calificados tuvieran más dificultades para tener su cargo asegurado. En política presupuestaria, queríamos evitar que el estado gastara un dinero que no tenía y eliminara los aumentos automáticos para la educación. Queríamos cambiar las pensiones de los empleados públicos haciendo que fueran más como los planes 401 (k) del sector privado. Y queríamos debilitar el poder que tenían los sindicatos en la Legislatura obligándolos a pedir permiso a sus miembros antes de usar el pago de las cuotas para financiar las contribuciones políticas. Tal vez era ingenuo pensar que podríamos lograr tantas cosas pero mi instinto natural después de ese primer año me llevó a creer que yo podía seguir adelante con mi lista de tareas pendientes.

Estas iniciativas fueron conocidas como mi «Agenda de Reformas». Cuando las divulgué en enero le dije a la Legislatura: «Amigos, es el momento de elegir... Todas las mañanas me levanto queriendo arreglar las cosas aquí en Sacramento, así que hoy les pido que me ayuden a arreglarlas». Proclamé de forma ostentosa que 2005 sería «el año de las Reformas de California». Lo que no vi en ese momento fue que mi retórica estaba llena de bravuconería. En esencia le había declarado la guerra a los tres sindicatos de empleados públicos más poderosos del estado: los guardias carcelarios, los maestros y los empleados estatales. Las personas que escucharon el discurso me dijeron después que había sido una de dos: o una estrategia loca y brillante para recuperar el botín de guerra de los sindicatos de trabajadores con miras a las elecciones del próximo año, o un suicidio político. No entendí el gran error que había cometido. La forma como presenté mis planes hizo que todos en el movimiento obrero dijeran: «Ah. Este es un Arnold completamente diferente. Será mejor que nos movilicemos». Los sindicatos de empleados públicos no habían buscado una guerra hasta ese momento. Podrían haber sido persuadidos para negociar y llegar a un acuerdo razonable. En lugar de eso, yo les di Pearl Harbor, una motivación para unirse y declararme la guerra.

Los maestros, bomberos y policías se unieron rápidamente a las enfermeras que protestaban en mis apariciones públicas. Cada vez que yo asistía a un evento agitaban pancartas, me abucheaban, coreaban y tocaban cencerros. Los sindicatos formaron coaliciones con nombres como la «Alianza para una California Mejor» y empezaron a gastar millones de dólares en anuncios de televisión y radio. Un comercial mostraba a un bombero que estaba convencido de que mis reformas de pensiones les quitaría los beneficios a las viudas y a los huérfanos. Otro anuncio mostraba a maestros y miembros de la PTA diciendo que se sentían muy decepcionados conmigo por tratar de poner los problemas presupuestarios de California sobre las espaldas de los niños.

Me sorprendió la intensidad de las protestas, pero las reformas eran demasiado importantes como para darme por vencido. Mi portavoz le dijo a la prensa:

—La puerta estará abierta las 24 horas del día para cualquier demócrata que se tome las negociaciones en serio. Sin embargo, no las han tomado en serio en el pasado y no podemos esperar por siempre.

Empecé a lanzar anuncios en señal de respuesta para disipar las distorsiones más graves de los sindicatos y recordarles a los votantes lo que necesitaba California para cambiar. Un comercial me mostraba en la fila de una cafetería hablando con la gente y diciendo: «Ayúdame a reformar a California para que podamos reconstruirla».

Pero si pareces atacar a los maestros, bomberos y policías, tu popularidad recibirá una paliza. Mi nivel de aprobación cayó como si hubiera sido acribillada, pasando del 60% en diciembre al 40% en la primavera. Las encuestas mostraban que muchos votantes también se sentían frustrados porque yo parecía estar convirtiéndome en un político más de Sacramento, provocando peleas partidistas que solo conducirían a una mayor parálisis.

Mi campaña «Año de la Reforma» fue sumamente incómoda para Maria. Los Kennedy y los Shriver siempre habían sido cercanos a los trabajadores y aquí estaba yo, actuando en contra de ellos. Ella tomó distancia. Pude sentir el cambio: ya no tenía a una pareja a mi lado, súbitamente se había convertido en una socia neutral.

—No voy a hablar de estos temas en público —dijo.

A pesar de nuestros puntos de vista diferentes, la política nunca había sido un problema en nuestro matrimonio hasta ese momento. Yo no quería ser anti-trabajo: simplemente estaba arreglando el desastre de California. Cuando Teddy había hecho campaña para su séptimo término en el Senado de los Estados Unidos, en el año 2000, Maria y yo le habíamos ayudado organizando una fiesta para 500 personas en nuestra casa. Todos los dirigentes sindicales importantes asistieron para apoyar a Teddy y presionarlo para lograr acuerdos y después nos enviaron cartas muy amables de agradecimiento a Maria y a mí. Me acordé cuando saludaba a los asistentes en el césped, que pensé: «Me siento bien recibiendo a estos dirigentes sindicales en mi casa». Había una gran cantidad de sindicatos de trabajadores —plomeros, carniceros, dobladores de tubos, carpinteros, albañiles y trabajadores del cemento— y siempre tuve una buena relación con ellos. Pero los excesos de los sindicatos de empleados públicos me parecían intolerables. Mientras llegaba el verano cumplí mi amenaza de que si los demócratas y sus partidarios no acudían a la mesa de negociaciones, yo dejaría que los votantes decidieran. Haciendo uso de mis facultades como gobernador, convoqué a una elección especial sobre mis iniciativas de reforma para el mes de noviembre. Esto hizo que aumentara la presión sobre Maria: comenzó a recibir llamadas y cartas de dirigentes sindicales de todo el país que decían: «Es mejor que hables con Arnold sobre este tema». Ella siempre me informaba sobre estos contactos pero no se ponía de su lado.

Maria también tuvo que defenderme de sus padres. Ellos le hacían preguntas como: «¿Realmente tiene que perseguir a los trabajadores de esta manera? ¿Realmente tiene que ser tan duro? ¿Por qué no trata de ser duro también con las empresas?».

—Arnold está tratando de lidiar con un déficit de $15 mil millones y los trabajadores quieren más dinero —les explicaba Maria—. Y él prometió una reforma en su campaña y ahora está tratando de concretarla. ¡Por supuesto que eso no les cae muy bien a los trabajadores! Entiendo la posición de ustedes pero también entiendo las preocupaciones de Arnold.

Estar atrapada en el medio la hacía sentir incómoda y extraña.

Mi teléfono no dejaba de sonar. Los líderes empresariales y conservadores me decían: «Sé que los Kennedy están tratando de convencerte para que te retractes pero recuerda que tenemos que continuar esta batalla». Siempre les había desquiciado la idea de que yo viviera y durmiera con el enemigo. Casi podía leer los pensamientos de los extremistas: «¡Mierda! Esto bien podría ser cuando Teddy se apodere de California». Las negociaciones avanzaban en medio de trompicones detrás de bambalinas. Yo estaba teniendo dificultades no solo porque los sindicatos eran muy belicosos sino también porque muchos integrantes de mi propio personal no estaban de acuerdo conmigo. Pat Clarey y otros republicanos veteranos desconfiaban de la posibilidad de hacer que los sindicatos negociaran de buena fe y tomaron una posición dura: parecían querer una pelea política incluso más que yo.

Traté de persuadirlos en lugar de discutir y me acerqué personalmente a ellos. Me reuní con el sindicato de maestros, que había sido mi aliado durante la campaña de mi iniciativa después de la escuela, aunque eso parecía haber quedado muy atrás. Busqué a los líderes de la policía y de los sindicatos de bomberos con los que había trabajado exitosamente. Y le pedí a mi amigo Bob *Huggy* Herzberg, el ex presidente demócrata de la Asamblea que siempre abraza a todo el mundo, que organizara reuniones secretas con Núñez, el presidente de la Asamblea.

Hice progresos en estas negociaciones, particularmente en las conversaciones con Núñez, que no tuvieron lugar en Sacramento sino en el patio de mi casa. Mi objetivo era lograr medidas de compromiso para sustituir las iniciativas electorales: eliminaría una a una las iniciativas electorales y trabajaría con la Legislatura para hacer las reformas, o para reemplazar las iniciativas electorales con unos compromisos en las que todas las partes estuvieran de acuerdo.

Bruce McPherson, el Secretario de Estado Republicano, nos dijo que el plazo para la revisión de las iniciativas era a mediados de agosto. A medida que esa fecha se acercaba, Fabián y yo estábamos cerca de lograr un acuerdo. Sin embargo dos cosas se interponían en el camino. Algunos sindicatos se mostraron renuentes, aunque yo estaba más que dispuesto a reunirme con ellos. Estoy seguro de que sus asesores políticos estaban señalando las encuestas de opinión pública y preguntando: «¿Por qué comprometerse ahora, cuando ustedes pueden aplastarlo en la elección especial?» Ellos estaban gastando $160 millones en una campaña en mi contra y estaban dispuestos a llegar muy lejos. De repente los leones vieron que podían comerse al domador. El chasquido del látigo ya no los asustaba. El otro obstáculo era mi personal, que no creía que los sindicatos llegaran a un acuerdo. También pensaban que mi programa era tan ambicioso que no tendrían tiempo de implementarlo durante mi mandato. Yo les decía constantemente que así era como funcionaba el gobierno pero que ellos trabajaban a un ritmo más lento. Fabián y yo adelantamos el reloj para lograr un acuerdo que nos permitiera cancelar la elección especial. Lo hicimos después de negociar arduamente, pero nos dijeron que era demasiado tarde para cancelar la elección y que no había tiempo para redactar y votar los proyectos de ley en la Legislatura antes de que las votaciones en el extranjero fueran enviadas por correo. La elección especial estaba en marcha: no había vuelta atrás.

La elección especial se convirtió en una causa célebre para los sindicatos de empleados públicos en todo el país. Antes de darme cuenta, el *New York Times, Washington Post* y *The Wall Street Journal* ya estaban escribiendo sobre él y el tema fue tratado incluso en la prensa internacional. Fue la noticia política más importante de California desde el retiro de Gray Davis, solo que ahora era *mi* gobernación la que estaba siendo puesta a prueba. Yo no había cedido en esta dura pelea y, de cierta forma, me sentía contento. Estábamos haciendo que los estadounidenses supieran qué tan lejos irían los sindicatos para proteger sus intereses por más que el acuerdo fuera injusto.

Hablé con Ted Kennedy tras reunirme con Maria y los niños en Hyannis en agosto.

—Si quieres que hable con los jefes nacionales de los sindicatos o que me involucre —se ofreció él—, házmelo saber.

—Diles que yo sé que están enviando dinero a California para derrotarme a mí y a mis iniciativas —le dije—. Trata de calmarlos y explicarles que es inevitable un ajuste. No se trata solo de California sino también de todos los estados. No podemos darnos el lujo de seguir pagando unos contratos tan generosos ahora que tenemos menos dinero.

Hice la mejor campaña que pude a favor de las iniciativas. Pero la campaña publicitaria se ensañó con nosotros. La Asociación de Maestros de California hipotecó su sede en la Bahía de Burlingame para recaudar decenas de millones adicionales para su ataque. Llenaron los medios con anuncios denunciando que California estaba peor y convirtiendo la elección en un referéndum sobre mí: Arnold no cumple sus promesas. Arnold les está fallando a los niños. Arnold le está fallando a la tercera edad. Arnold les está fallando a los pobres. Pusieron carteles por todo el estado que decían: «Arnold Schwarzenegger: no es el que pensábamos». Contrataron incluso estrellas de Hollywood como Warren Beatty, Annette Bening y Rob Reiner para que hicieran campaña en mi contra.

Pero nosotros también recaudamos dinero de forma agresiva. Sacamos dinero de la caja de emergencia para mi posible campaña de reelección en 2006 y doné $8 millones de mi propio dinero. Sin embargo, y aunque recaudamos $80 millones, no podíamos competir con el dinero de los trabajadores. La elección en sí misma, que los contribuyentes tuvieron que ayudar a pagar, terminó costando más de $300 millones. Era la elección más costosa en la historia de California.

He sufrido derrotas agradables y derrotas desagradables. Una derrota agradable es la que te lleva un paso más cerca de tu objetivo final.

Perder mi primera competición de Mr. Olimpia con Sergio Oliva en 1969 fue una de ellas porque, luego de prepararme para ese concurso, yo no podía decir honestamente que hubiera dejado piedra sin remover. Había comido los alimentos adecuados, había tomado los suplementos adecuados, entrenaba cinco horas al día, practiqué mis poses, me había mentalizado adecuadamente y me encontraba en condiciones inmejorables. Tenía incluso el mejor bronceado de mi vida. Cuando Sergio ganó yo sabía que había hecho todo lo posible y que volvería aún más fuerte al año siguiente.

Sin embargo, esta derrota fue diferente. Realmente me dolió. Fue como perder contra Frank Zane en Miami cuando vine por primera vez a América: participé en una gran competencia demasiado confiado y poco preparado. Cuando perdí en esa ocasión, el único culpable fui yo. Esta vez les había dicho a los votantes que yo solucionaría sus problemas pero en lugar de eso había agotado su paciencia, obligándolos, tan solo veinticuatro meses después de una destitución, a volver a las urnas y digerir todo tipo de ideas complejas. Yo les había pasado a ellos el problema de resolver las cosas cuando ellos querían que los resolviera yo. Incluso Maria se quejó de que no entendía bien cómo votar en las iniciativas. Los votantes pensaron que estaban recibiendo una píldora de dieta cuando me eligieron. En cambio yo me di la vuelta y les pedí que se encontraran conmigo a las cinco de la mañana para hacer 500 flexiones de brazo en el gimnasio.

No esperé hasta las elecciones para analizar lo que había hecho mal. Una noche a finales de octubre estaba en el jacuzzi del patio fumando un cigarro, mirando el fuego y pensando. Me acordé cuando conocí al padre de un bombero que había muerto. Le dije: «Es una tragedia terrible. Si hay algo que pueda hacer, hágamelo saber». Su respuesta fue: «Si quiere hacer algo por mí, hágalo en honor de mi hijo. Por favor, cuando vaya a Sacramento, acabe con las peleas. Haga que todos se lleven bien». Esas palabras volvieron a mí.

Me obligué a enfrentar el hecho de que el fracaso de las iniciativas no era simplemente una cuestión de que los sindicatos se estuvieran plantando firmes. Yo había adoptado una estrategia de confrontación, me había apresurado mucho y realmente no había escuchado a la gente. Estábamos muy lejos de la gente. Habíamos fracasado.

Aún más, había permitido que mi cruzada de reformas amenazara el otro compromiso importante que había hecho al asumir el cargo: revitalizar la economía de California y reconstruir nuestro estado. Conduje a mi personal a una batalla perdida y esto tuvo un efecto devastador en ellos. Se trataba de un buen equipo, sobre todo teniendo en cuenta que los había reunido en la loca carrera de la destitución. Me habían ayudado a acumular los logros importantes de nuestro primer año. Pero con la inminente derrota de la Agenda de la Reforma había una disfuncionalidad y una disidencia cada vez más crecientes. La moral estaba baja. Se sentían inseguros en sus trabajos. Había filtraciones. Estaban trabajando con objetivos contradictorios.

Habíamos cometido errores, no solo en privado, sino también en público. En una conferencia de prensa que convocamos para promover la reforma de la redistribución de distritos, el personal me ubicó en el lugar equivocado. El evento se iba a celebrar en la frontera de los dos distritos manipulados, hecho que procuramos resaltar pasando una cinta naranja y brillante por el centro de un barrio, pero el verdadero límite estaba a varias cuadras de distancia.

Todo esto estaba tensionando a Pat. Estaba cansada de pelear.

—Me iré de aquí cuando llegue el momento —me dijo—. Quiero volver al sector privado; deberías conseguir a alguien para reemplazarme.

—Pase lo que pase en esta votación, esperaremos un poco para que la gente recupere el aliento —respondí—. Luego quedarás en libertad. De todos modos tengo que traer gente nueva.

Pat estuvo de acuerdo. Las encuestas de opinión no se equivocaron: el 8 de noviembre fue un desastre total. Las cuatro medidas de la iniciativa fueron derrotadas y los votantes rechazaron la más importante —la reforma al presupuesto— por un amplio margen de 24 puntos porcentuales. Esa noche durante una reunión, Maria permaneció a mi lado mientras yo enviaba un mensaje conciliador. Les di las gracias a los votantes por haber asistido a las urnas, incluyendo a los que habían votado en contra de mis reformas. Prometí reunirme con los líderes demócratas y encontrar un terreno en común. Poco después dije en una conferencia de prensa televisada en el Capitolio que yo no quería que mi personal fuera culpado por mis errores:

—La responsabilidad es mía. Asumo total responsabilidad por esta elección. Asumo plena responsabilidad por su fracaso.

Prometí que la batalla había terminado. El próximo año comenzaría con un tono diferente.

CAPÍTULO 26

Regreso

A FINALES DE 2005 me sentí feliz de estar a miles de millas de Sacramento: iba a bordo de un avión en una misión comercial a China largamente planeada. Encabezaba una delegación de 75 empresarios de California —del sector de alta tecnología, productores de fresas, e ingenieros de la construcción y comerciantes— y por espacio de seis días recorrimos la economía de más rápido crecimiento en el mundo promocionando las fortalezas de nuestro estado. Fue un viaje importante para mí, no solo para cambiar de aire después de perder la elección especial, sino también porque ver la transformación de China me ayudó a situar las cosas en perspectiva. Los chinos estaban construyendo a una escala gigantesca. Vi que estaba siendo testigo de una potencia moderna que estaba tomando forma ante mis ojos. Comprendí el reto y la oportunidad que implicaba eso para los estadounidenses. Y, por supuesto, para un feriante como yo, también era un placer estar otra vez en el mundo vendiendo con éxito a nivel mundial.

Esa misión comercial también le dio a California un pequeño éxito, simbólico y agradable. Por primera vez pudimos exportar legalmente fresas de California a Beijing, justo a tiempo para las Olimpiadas de 2008.

———

Cuando regresé a California, los problemas de mi personal se robaron el centro de atención. Era un momento difícil para hacer grandes cambios porque faltaba menos de un año para las elecciones de 2006 a la gobernación.

Sin embargo, era aconsejable hacerlas. Yo ya sabía mucho más sobre la política de California y conocía mejor a los protagonistas. Necesitaba un personal que no solo fuera inteligente y experimentado sino también un equipo cohesionado. Después de la elección especial, solo el 27% de los votantes en las encuestas de opinión pública pensaba que California iba en la dirección correcta, y mi tasa de aprobación era solo del 38%. También necesitaba funcionarios valientes que no se dejaran paralizar por eso y que vieran incluso un humor negro en el hecho de que mi tasa de aprobación era casi tan baja como la de la Legislatura.

Yo ya sabía a quién quería como mi nueva jefe de personal: a Susan P. Kennedy. Ella era, como la prensa comenzó a describirla rápidamente, una lesbiana pequeña, dura, que fumaba cigarros, y la opción menos convencional que podría haber tomado yo. Susan no solo era una demócrata de toda la vida y ex activista del derecho al aborto sino que había servido también como Secretaria de Gabinete y Subdirectora de Personal de Gray Davis. Ella había renunciado a ese trabajo por su disgusto con la parálisis de Sacramento.

Susan y yo nos conocíamos en parte debido a una nota detallada que me había enviado dos meses antes de la elección especial. Comenzaba con un análisis certero y completamente claro de mis errores políticos y de las políticas de mi gobierno. Se sentía frustrada porque creía que estábamos desperdiciando una oportunidad histórica para lograr el cambio. Yo la respetaba desde que era Comisionada de las Utilidades Públicas porque siempre estaba presionando para eliminar las regulaciones que obstaculizaban el crecimiento de los negocios.

Habíamos sostenido algunas conversaciones preliminares, y le ofrecí el cargo. Antes de aceptar, ella fue a hablar con Maria y conmigo a nuestra casa tras mi regreso de China. La conversación abarcó una gran cantidad de temas, incluyendo todo aquello a lo que ella se opondría al tratar con los miembros republicanos de mi personal.

—Voy a hacer todo lo posible para evitar un baño de sangre, que solo nos hará más lentos y dañará tu imagen aún más —dijo—. Pero tienes que darme la autoridad para pedir los cambios que deben hacerse y en caso de una pelea tienes que respaldarme en un ciento por ciento.

—Te respaldaré y trabajaremos juntos en esto —le prometí. Finalmente le hice la pregunta que haces siempre al final de una entrevista de trabajo.

—¿Tienes alguna pregunta para mí?

—Sí —dijo—. ¿Cuál quieres que sea tu legado como gobernador?

La miré durante unos segundos antes de responder. Todo el tiempo te hacen esa pregunta cuando eres gobernador. Pero pensé que esta mujer bajita y combativa realmente quería saberlo.

—Quiero construir —le dije—. Quiero ver grúas por todas partes. Estábamos muy cerca de tener 50 millones de habitantes y no teníamos las carreteras, puentes, escuelas, sistemas de agua ni de comunicación, ferrocarriles o proyectos de energía para tanta gente.

Me animé mucho hablando de la construcción y ella también se animó. De un momento a otro los dos estábamos hablando desaforadamente de grúas, trenes, autopistas y acero.

—Yo te vi en la televisión hablando de eso cuando estabas en China —dijo—. Hablaste de $50 o $100 mil millones, lo que no es poca cosa, y tu personal trató de convertirlo en algo más pequeño. Bueno, eso es falso y ¡tú tenías toda la razón!

En ese momento supe que íbamos a hacer clic. Ella no puso los ojos en blanco como lo habían hecho tantas personas cuando yo hablaba de la infraestructura. Ella compartía mi opinión: el estado no había actualizado sus carreteras, puentes, presas, diques y ferrocarriles de modo que se ajustaran al crecimiento de la población: Lo que había eran rezagos de las inversiones con visión de futuro de los gobernadores de los años cincuenta y sesenta que construyeron carreteras y proyectos acuáticos y ayudaron a fomentar la economía del estado. En consecuencia, teníamos un sistema construido para una población de 18 millones en lugar de los 50 millones que estarían viviendo en California en el año 2025. Susan no se negó a invertir en proyectos que solo estarían terminados muchos años después de que ella y yo entregáramos nuestros cargos.

En lugar de concluir la entrevista, volví a encender mi cigarro.

—California no puede seguir así —coincidió Susan.

—Tenemos que reconstruir en grande —le dije.

—Pero nadie piensa así en Sacramento —señaló ella.

Eso era cierto. Yo había aprendido que todo era incremental para los políticos. La regla de oro en Sacramento era: «No se puede tener una emisión de bonos por más de $10 mil millones porque los votantes nunca aprobarán cifras de dos dígitos». Es por eso que los demócratas estaban hablando de pedir $9,9 mil millones este año. Y entonces lo dividían entre todos los grupos de interés y decían: «Dos mil millones para las escuelas, dos mil millones para carreteras, dos mil millones para las cárceles…». ¡No importaba que no pudieras construir nada con eso!

Susan dijo que le molestaba ver a mi personal desmintiéndome cuando yo hablaba de grandes planes. En China, mi portavoz le había dicho a los periodistas: «No, no, no. El gobernador no quiso decir $50 mil millones o $100 mil millones. Simplemente estaba pensando en voz alta».

Ella mencionó algo que me había molestado bastante: muchas veces sentía que se reían de mí cuando hablaba de mi visión. No ser tomado en serio era un gran problema. Yo decía: «Quiero un millón de techos solares» y el personal reaccionaba como si yo estuviera exagerando para lograr un efecto, como si solo quisiera decir 100.000 techos solares cuando yo quería decir ¡un millón! California es un estado enorme y había muchas razones para pedir un millón de techos solares.

Muchas veces se me ocurrían ideas pero me aconsejaban que eran exageradas, y que no eran políticamente correctas. Y hasta ese momento yo no tenía a nadie que procesara esas grandes ideas de una forma profesional, que les diera forma y las refinara en lugar de descartarlas. A Susan le gustaba decir que ella pensaba en mí como el motor más grande del mundo y que su labor consistía en construir un chasis que soportara un motor que funciona a toda velocidad. Yo ya tenía una compañera.

Hice numerosas llamadas telefónicas para conocer la reacción antes de contratar a Susan. No fue agradable. Mi elección desconcertó a muchos, sobre todo a mis colegas republicanos. Lo único que sabían era que Susan era demócrata y ex activista. Ellos no sabían que era una demócrata seria y encabronada que quería ver un cambio.

La típica reacción que tuvieron tras mi elección de Susan fue: «¡No puedes hacer eso!» y yo les contestaba: «Sí puedo. Claro que puedo. Puedo y lo haré». Tuve que explicar un par de veces que, aunque su apellido era Kennedy, no era miembro del clan Kennedy y que Teddy tampoco se estaba apoderando del estado. Algunas personas hablaron incluso de convencer a Mel Gibson, cuya película *La pasión de Cristo* había sido un gran éxito entre los conservadores religiosos, para que fuera mi rival en las primarias republicanas de 2006.

Los directores del Partido Republicano de California me solicitaron una reunión en privado en el hotel Hyatt, frente al Capitolio de Sacramento, y me exigieron que reconsiderara mi decisión. Keith Carlson, el tesorero del partido, dijo que los republicanos no trabajarían conmigo si yo no escogía a otra persona. «No me fío de ella y no permitiremos que asista a nuestras reuniones de estrategia» fue el mensaje. «Terminarás completamente aislado».

Le dije que él tenía que tomar decisiones como líder del partido pero que yo tenía que tomar decisiones como gobernador. Era responsabilidad mía, y no de ellos, escoger mi personal. Y le dije que estaba seguro de que los legisladores republicanos cooperarían con Susan porque ella era fenomenal.

Ella asumió el cargo extraoficialmente justo antes del día de Acción de Gracias. La primera medida que tomó fue muy astuta. En vez de empezar por hacer cambios de personal se centró en el gran objetivo de la reconstrucción del estado. Convocó a mis altos funcionarios y les dijo que recopilaran toda la información que pudieran encontrar sobre ampliación de carreteras, agua, vivienda, cárceles y salones escolares ¿Qué clase de California nos imaginamos en 20 años a partir de ahora? ¿Y cuánto costaría? Algunos se opusieron a la idea por ser demasiado ambiciosa, pero Susan dijo: «He oído lo que están diciendo. Pero dejemos a un lado la incredulidad y limitémonos a planear».

La respuesta llegó: ascendía a $500 mil millones. Se trataba del dinero federal, estatal, local, de sociedades mixtas y privadas que se necesitaba para construir la California de 2025. Medio billón de dólares. La cifra era tan alucinante, incluso para nosotros, que no podíamos trabajar con ella. Así que Susan redujo el plazo a diez años y le pidió al personal que hiciera las cuentas de nuevo. La cifra bajó a $222 mil millones, de los cuales el estado aportaría $68 mil millones en bonos de obligación general. Las cifras igual seguían siendo enormes. Si California trataba de pedir en préstamo tanto dinero para construir, sería, por mucho, la mayor apuesta que había hecho el estado en su historia. Sin embargo, a Susan y a su equipo se le ocurrió un plan para extender el préstamo a lo largo de diez años, de modo que fuera una deuda manejable. Los líderes de California habían abdicado de su responsabilidad para planear inversiones significativas, dejando los grandes proyectos de infraestructura a los caprichos de un puñado de grupos de intereses especiales que recogían firmas y *vendían* ollas de dinero de la fianza a quienes estuvieran dispuestos a ayudar a financiar la campaña a favor de la iniciativa. El resultado fue que los votantes habían aprobado decenas de miles de millones de dólares en bonos de obligación general en los últimos años, la mayoría de los cuales se fueron en proyectos de interés especial, y no se construyó nada de valor.

Soy tacaño cuando se trata de gastar el dinero de los contribuyentes pero también soy un creyente convencido en la inversión para el futuro. Tuve que educar a los legisladores sobre eso, especialmente a los republicanos, pues pensaban que construir era lo mismo que gastar. Cuando gastas, el dinero desaparece. Es como construir una casa en lugar de comprar un sofá nuevo. Construye una casa y tu inversión tiene un rendimiento económico. Compra un sofá y perderá valor desde el momento en que lo sacas de la tienda de muebles. Es por eso que yo siempre digo que inviertes dinero en una casa y gastas dinero en muebles.

De hecho, construir infraestructura es una de las tres formas de asegurar un beneficio a cien años. La número uno es construir obras públicas que duren todo ese tiempo. La número dos es utilizar tu dinero para inventar algo que se siga utilizando dentro de un siglo. Y la número tres es educar a tus hijos y nietos para que vean los beneficios del conocimiento y eduquen a su vez a sus propios hijos y nietos. Haz una de estas tres cosas con éxito y habrás invertido sabiamente. Tal vez te recuerden incluso por ello.

La visión de todas las escuelas, carreteras, sistemas de tránsito, puentes, puertos, redes y obras hidráulicas que podrían construirse con $68 mil millones era como el cielo para mí. Les dije a Susan y a mi personal que siguieran adelante y desarrollaran un plan formal. Pensé que a los californianos les encantaría la idea de construir para las generaciones venideras y yo sabía que podía venderles eso.

Nuestra decisión de concentrarnos en un gran proyecto disipó inmediatamente los temores entre el personal y contribuyó en gran medida a restaurar la moral. La gente se animó y comenzó a trabajar de nuevo. Y resultó que no mucha gente necesitaba ser reemplazada, como había pensado Susan. La reestructuración del personal procedió de manera más gradual y solo contratamos seis nuevos funcionarios de alto perfil. Como portavoz contraté a Adam Mendelsohn, un republicano brillante e imaginativo que había trabajado con Matt Fong, antiguo tesorero de California. Para la posición clave de Secretario de Gabinete traje a Dan Danmoyer, un ejecutivo de seguros republicano y conservador con mucha experiencia en Sacramento. También traje unos pocos asistentes que tenían un historial de trabajo exitoso con Susan, dirigidos por Daniel Zingale, un demócrata experto en salud y ex asesor de Gray

Davis, quien también fue jefe de personal de Maria. El equipo cuajó casi al instante y se convirtió en la única administración verdaderamente bipartidista en la historia de California. Y todos ellos tenían una visión: la mía. A medida que las elecciones para gobernador se aproximaban yo necesitaba también nuevos consultores políticos. Le pedí ayuda a Maria. Encontrar personas con talento es una de sus grandes habilidades, que heredó de su padre. Y aunque no estaba tan familiarizada con el talento en el lado republicano, trabajó entre bastidores para reclutar a republicanos de alto perfil que se sentían cómodos con mis opiniones, que muchas veces no eran convencionales. Contratamos a Steve Schmidt, que había ayudado a conformar la campaña de George W. Bush para un segundo mandato, así como a Matthew Dowd, ex estratega en jefe de la campaña de Bush.

Schmidt fue bastante claro sobre mis escasas perspectivas de reelección. En una de las primeras reuniones que sostuvimos para hablar de esto con mis funcionarios más importantes y con Maria, me dijo que las encuestas mostraban que los votantes estaban disgustados. Ellos no creían haber elegido a un candidato partidista y ciertamente no creían que debían tomar la decisión por mí. Pero su mensaje tenía un punto brillante: la gente me apreciaba. Su consejo fue: «Sé humilde. Pide disculpas por haber cometido un error, saca tu Hummer de Sacramento, deja de hacer tretas políticas como lo de la bola de demolición, guarda las chamarras de satín y ponte traje de negocios». Aspiré unas cuantas bocanadas de mi cigarro cuando Schmidt terminó de hablar. Creo en las imágenes y solo necesité 30 segundos para visualizar quién sería el gobernador. Por último le dije: «Puedo representar ese papel a la perfección».

Cuando subí al podio de la Legislatura estatal el 5 de enero para entregar mi informe de estado del estado, yo era un mejor gobernador. Ya no era el intimidador, el beligerante y conservador que había sido en la elección especial: yo era pragmático, serio y quería hacer progresos.

Tenía sentido empezar con una disculpa.

—He pensado mucho en el último año, en los errores que cometí y en las lecciones que aprendí —dije—. Tenía mucha prisa. No escuché a la mayoría de los californianos cuando me dijeron que no les gustaba la elección especial. Pero he asimilado mi derrota y he aprendido mi lección. Y el pueblo, que siempre tiene la última palabra, me envió un mensaje claro: acabar con la guerra, suavizar la retórica, encontrar un terreno común y solucionar los problemas de manera conjunta. Así que a mis conciudadanos californianos les digo: mensaje recibido.

Bromeé sobre mi nivel de aprobación, que había caído aún más, a menos del 35%, y sobre el hecho de que la gente me había empezado a preguntar: «¿No te gustaría estar de nuevo en el mundo del cine?». Pero dije que aún pensaba que ése era el mejor trabajo que había tenido y que ahora que estaba frente a ellos me sentía más feliz, con más esperanzas y más sabiduría. Los asistentes se rieron.

Me jacté de cosas por las que todos merecíamos crédito, como haber equilibrado el presupuesto sin aumentar los impuestos, o haber prohibido los refrescos y la comida chatarra en las escuelas.

Y luego expuse los grandes números: los cientos de miles de millones de dólares de inversión que necesitábamos para respaldar el crecimiento de California en el futuro. Como un primer paso presenté el plan de diez años que había refinado mi equipo. Lo llamamos Plan de Crecimiento Estratégico. Le pedí a la Legislatura que sometiera a la votación del público los $68 mil millones que necesitábamos en bonos.

Los titulares de los periódicos del día siguiente fueron perfectos: «El gobernador dice: *Construir*». Yo había tomado por sorpresa a una gran cantidad de legisladores al proponer algo tan grande e integrador en términos políticos: «Construir». Obviamente hubo mucho escepticismo de ambos lados. Los demócratas dijeron básicamente: «Sí, suena bien, pero muéstrame», y los republicanos preguntaron: «¿Cómo vas a pagar eso?». Sin embargo, muchas personas de los dos partidos y de los sindicatos se acercaron y me dijeron: «Está bien, comencemos de nuevo», y entonces supe que estaba en el camino correcto.

Teníamos tres mensajes que queríamos enviarles a los votantes antes de las acciones: Arnold es un funcionario público y no un advenedizo en el partido. No le asusta lidiar con grandes problemas. Ustedes están mejor ahora que en la época de Gray Davis. Transmitimos estos mensajes utilizando una estrategia: cada vez que lográbamos que se aprobara algo, salíamos a declarar la victoria.

También estábamos haciendo una cantidad increíble de reparaciones detrás de escenas. Necesitábamos hacer las paces con los grupos importantes que mi elección especial se había encargado de alejar y que acababan de gastar $160 millones para darme una paliza. Susan colgó una pizarra en su oficina con todos los grupos y Schmidt lo llamó «La Coalición de los Encabronados». Incluía a todos los grupos de empleados públicos, por supuesto: el sindicato de maestros, de bomberos, de enfermeras y de guardias de prisiones, todas las tribus indias importantes, y así sucesivamente. También estaban grupos que se inclinaban generalmente por los republicanos: los jefes de policía, los alguaciles, la asociación de fabricantes y las asociaciones de pequeñas empresas.

De hecho, con la única excepción de la Cámara de Comercio de California, ninguno de los grupos importantes de interés político en California pensaba apoyarme o estaba trabajando activamente para derrotarme. Y, como había aprendido dolorosamente, ellos tenían el poder de bloquear las iniciativas y de impedir el cambio. Teníamos que elegir nuestras batallas y nuestros adversarios si queríamos hacer algo.

Uno por uno comenzamos a trabajar con nuestros amigos y a neutralizar nuestra oposición. Fue una ayuda enorme que la economía de California estuviera creciendo de nuevo finalmente. Además, miles de millones en ingresos fiscales estaban engrosando las arcas del estado. Hicimos las paces con los profesores y nos reunimos en varias ocasiones con los jefes de bomberos, de policía y con los alguaciles para tranquilizarlos acerca de sus pensiones. Tardamos varios meses en «reparar la cerca» en algunos casos. Los sindicatos principales tenían contratos que expirarían pronto así que nos tomamos nuestro tiempo con las negociaciones, sabiendo que los sindicatos, al ver que mi popularidad era cada vez mayor en las encuestas de opinión, decidirían que había una buena posibilidad de que yo fuera reelegido y que tal vez tendrían que vérselas conmigo cuatro años más.

Como siempre, el mayor reto era obtener la cooperación de la mayoría demócrata en la Legislatura estatal. Logramos esto luego de abordar temas a los que ellos no podían oponerse: la inversión en infraestructura y el medio ambiente. Esta estrategia les dio una opción irónica: podían oponerse a mí y ser vistos como obstruccionistas mientras yo trataba de hacer que el estado progresara. O podían trabajar conmigo y avanzar en temas sensibles para sus electores. También comprendieron que tener a un gobernador republicano impulsando temas importantes era una situación semejante a «Nixon va a China» que no podían darse el lujo de dejar pasar.

Después de negociar arduamente durante varios meses, los demócratas eligieron el camino de la cooperación. En mayo, obtuvimos la mayoría de dos tercios necesaria pasar el paquete de bonos. Mi propuesta de $68 mil millones había sido modificada y quedó en $42 mil millones. Tardamos dos años más para negociar las cárceles y el agua pero al final obtuvimos todo lo que queríamos. Era el paquete de infraestructura más ambicioso de su tipo en la historia de California. La prensa lo llamó «histórico». El paquete tendría que ser sometido a los votantes para su aprobación en noviembre pero el solo hecho de haber sido aprobado en la Legislatura —el hecho de que California hubiera actuado unida en un problema que era importante para todos los estados— fue noticia nacional.

Yo sabía exactamente cómo vender algo tan aburrido para los votantes como la «infraestructura». Lo presentamos en el plano personal y no insistimos solo en la infraestructura y en los montos de los bonos. Hablé con los votantes a lo largo y ancho del estado sobre lo molestos que se sentían por estar siempre atascados en el tráfico, por perderse los partidos de soccer de sus hijos o por no llegar a tiempo para cenar con sus familias. Hablé con ellos sobre la frustración que les producían los salones de clase temporales y hacinados que tenían muchos de sus hijos en la escuela.

También utilicé la tragedia de Katrina para que la gente fuera consciente de lo vulnerables que eran nuestros viejos diques. En tiempos prehistóricos, toda la parte central de California había sido un gran mar interior. El estado era ahora un poco como Holanda: el terreno podría inundarse si no fuera por los diques y el control de inundaciones. Un gran terremoto podría destruir el sistema e inundar los valles del interior, acabando con las fuentes de agua potable para decenas de millones de personas en el sur del estado.

Yo tenía también grandes planes para terminar un canal que garantizaría el flujo de agua desde el norte, donde es abundante, hasta el sur, donde hace falta. El gobernador Pat Brown, padre de Jerry, había comenzado el proyecto con la ambición de que el sistema fuera tan monumental que nunca volviéramos a discutir por el agua. Sin embargo, Reagan detuvo la construcción cuando llegó al poder y el asunto todavía sigue siendo motivo de disputas entre los californianos.

Con el fin de venderles el paquete a los votantes, invité a los líderes legislativos de ambos partidos a que recorrieran todo el estado conmigo. Se trataba de algo muy extraño: ¡los demócratas y los republicanos estaban haciendo algo juntos! El hecho de que los legisladores estuvieran haciendo campaña con un gobernador republicano que era candidato a la reelección hacía que fuera aún más impresionante vernos viajar juntos. Esto también sacó de casillas a Phil Angelides, mi oponente demócrata. Sin embargo, los legisladores fueron capaces de declarar la victoria y vieron la respuesta positiva de la gente. Estaban tan acostumbrados a escuchar: «Tu favorabilidad en las encuestas está por el suelo, nadie te quiere, estás perdiendo dinero, eres un cabrón egoísta, estás en connivencia con los sindicatos, con los negocios…», que de repente ahora se sentían como ganadores. Habían aprobado los bonos y el público estaba diciendo: «¡Guau! Eso es realmente grande: los republicanos y los demócratas están trabajando juntos. ¡Por fin!».

Así que el estancamiento terminó. El impulso del paquete de bonos nos condujo a un año muy productivo. Ese verano aprobamos un presupuesto de $131 millones para 2006-2007, que incluyó un gran aumento de fondos para las escuelas, más $5 mil millones en repago de la deuda. Esto lo hicimos sin las demoras y peleas habituales: fue el primer presupuesto que no se retrasó en varios años. Después de algunas discusiones negociamos un incremento en el salario mínimo, que estaba pendiente desde hacía mucho tiempo. Mi «Iniciativa de Millones de Techos Solares» se convirtió en ley en septiembre, creando incentivos por $2,9 mil millones para los californianos que instalaran energía solar en sus casas. La idea era estimular la innovación, crear puestos de trabajo y obtener tres mil megavatios de energía solar en diez años, suficientes para reemplazar seis plantas de carbón.

En 2006 dimos nuestro salto político más audaz: una legislación histórica sobre uno de los temas más divisivos en la política moderna de América: el cambio climático. La Ley de Soluciones para el Calentamiento Global de California se había comprometido a alcanzar un tope y luego a reducir drásticamente las emisiones de carbono en los próximos 15 años: 25% en 2020 y 85% en 2050. Fue la primera legislación de ese tipo en el país, y los líderes políticos y ambientales predijeron que tendría ramificaciones en todo el mundo. El primer ministro británico Tony Blair, que había ayudado a convencer a los demócratas sobre el *Cap and Trade*, asistió a la ceremonia de la firma a través de conexión satelital. Blair pertenecía al partido laborista y convenció a Fabián y a otros demócratas de que el *Cap and Trade* era bueno. Recibimos un elogio formal del gobierno japonés.

Tendríamos que atacar los gases de efecto invernadero desde todos los ángulos para que California cumpliera con unas metas tan agresivas. La ley afectaría no solo a decenas de industrias sino también a nuestros coches, hogares, carreteras, ciudades y granjas. Como lo señaló el *San Francisco Chronicle*, podría dar lugar a un mayor transporte público, a una mayor densidad de viviendas construidas, a sembrar un millón de árboles y a grandes inversiones en energías alternativas.

Nuestra legislación sobre el calentamiento global era noticia no solo porque California era el segundo emisor de gases de efecto invernadero más grande de América después de Texas sino también porque estábamos tomando un camino radicalmente diferente al del Congreso y el presidente Bush. California y Washington D.C. habían estado en desacuerdo sobre el cambio climático mucho antes de mi llegada a Sacramento. Gray Davis había firmado una ley que requería que los fabricantes que vendieran automóviles en California tuvieran que reducir las emisiones en los automóviles de pasajeros en casi un tercio para el año 2016 y aumentar la eficiencia del combustible promedio de 27 millas por galón a 35. Las emisiones de los automóviles de pasajeros representaban el 40% de los gases de efecto invernadero en nuestro estado. Sin embargo, la Agencia de Protección Ambiental a cargo del presidente Bush nos impedía hacer cumplir esta ley. Las empresas de automóviles se oponían con tanta fuerza a nuestra visión del medio ambiente que se unieron y nos demandaron a California y a mí. Trataron de detener nuestro progreso a toda costa pero al final ganamos. Cuando el presidente Obama asumió el cargo, básicamente adoptó los estándares de California y la coalición de fabricantes de automóviles llegó a un compromiso que los obligaba a fabricar vehículos en toda la nación que mejoraran la eficiencia del combustible a 35 millas por galón para el año 2016, una mejora del 40% con respecto a la norma del momento, que era de 25 millas.

Nunca fue un secreto mi impaciencia por la lentitud del presidente Bush con respecto al cambio climático. Habíamos hablado directamente de eso. Él era un texano que creía ser un gran ecologista por haber destinado unos acres para bosques y mares. Pero él no creía en el calentamiento global y su administrador de la EPA intentó descarrilar nuestros esfuerzos en cada oportunidad. Para mí, hacer algo significaba traer a la gente y hacer que formaran parte del movimiento. Muchos de los ecologistas que hablan sobre el calentamiento global solo quieren exponer los problemas. Esa es una buena manera de hacer que la gente se sienta culpable y sin esperanza, pero a nadie le gusta sentirse así. Además, es difícil preocuparse por un oso polar en un témpano de hielo si no tienes un empleo o si estás preocupado por tu seguro de salud o por la educación de tus hijos. Promoví la Ley de Soluciones para el Calentamiento Global de California como un buen negocio, no solo para las compañías grandes y establecidas, sino también para las compañías emprendedoras. De hecho, queríamos establecer una industria completamente nueva con tecnología limpia que creara puestos de trabajo, desarrollara tecnología de vanguardia y se convirtiera en un modelo para el resto del país y del mundo.

Redactar la ley y lograr su aprobación fue una dura prueba para Susan y para mi personal. Un año antes, esto se habría dividido de acuerdo con las líneas partidarias y cada lado habría tratado de ganar mi favor. Las luchas internas habrían paralizado nuestra capacidad para negociar los términos del proyecto de ley con los líderes legislativos y el resultado habría sido ningún proyecto de ley en absoluto, o un proyecto de ley con tantas fallas que tendría que vetarlo. Pero esta vez tuvimos un equipo que supo hacer el proyecto y grandes líderes legislativos —el presidente Núñez y Fran Pavley— que fueron responsables de la mayor victoria a favor del medio ambiente en las últimas décadas.

Fue muy difícil llegar a un consenso y la Ley de Calentamiento Global estuvo lejos de ser perfecta. Hubo fuertes desacuerdos a nivel interno y también con los legisladores y grupos de interés. Pero abordamos esos desacuerdos escuchándonos mutuamente y debatiendo los méritos. Hablamos con activistas y académicos prestigiosos, con los fabricantes de automóviles, los gigantes de la energía, los servicios públicos, con los agricultores y compañías de transporte. Mientras estábamos trabajando en la ley del cambio climático, hablé con los directores de Chevron, Occidental y BP porque quería decirles que no era un ataque contra ellos. Era un ataque a un problema que nunca se previó hace cien años, cuando el mundo industrializado comenzó a utilizar petróleo y gas.

Quería que *ellos* avalaran nuestra idea y que asistieran a la firma de la Ley. Que empezaran también a trabajar hacia la meta de reducción del 30% de emisiones de gases para el año 2020.

—La manera de hacerlo es empezar a invertir en biocombustibles, en energía solar y en otros medios que no causen contaminación ni efectos secundarios —les dije.

También trabajé duro para convencer a los miembros de mi propio partido. No hay ninguna contradicción en ser republicano y activista ecológico al mismo tiempo. Teddy Roosevelt estableció los parques nacionales y Richard Nixon creó la Agencia de Protección Ambiental y patrocinó la Ley de Aire Limpio. Ronald Reagan firmó leyes ambientales como gobernador y como presidente, y el presidente Bush padre puso en marcha un sistema de *Cap and Trade* para reducir la lluvia ácida. Estábamos continuando esa tradición.

Estábamos tan concentrados en la Ley de Calentamiento Global de California y en otros cambios importantes que escasamente había tiempo para hacer una campaña normal con miras a la reelección. Pero esto no importaba después de todo. Lograr un avance real en temas que eran significativos tanto a los demócratas como a los republicanos era más eficaz que cualquier eslogan o campaña publicitaria y fue una estrategia muy importante para nuestra reelección.

Yo había conformado un comité de reelección desde 2005 por una sencilla razón: quienes apoyaban mi agenda querían asegurarse de no perder su tiempo o su dinero en alguien que fuera a perder el poder. Estaban preguntando: «¿Por qué debo invertir en Arnold si él se va el próximo año y un demócrata entra y me castiga?». Eunice me envió $23.600, la mayor contribución de un hogar según la ley. Su nota decía: «Por favor no se lo digas a Teddy. Nunca le he dado esta cantidad, ni siquiera cuando se postuló para presidente».

No todos en mi familia estaban encantados con mi decisión de buscar un segundo mandato. Maria se enteró en los periódicos de que yo buscaría la reelección, y eso le molestó. Sin embargo, encontró una manera de transmitirme su mensaje por medio de su mordaz sentido del humor: me envió una hermosa fotografía suya, de 8 x 10 pulgadas, con una pregunta escrita a mano en la parte inferior: «¿Por qué postularte de nuevo cuando puedes venir a casa y encontrarte con esto?». Ella había observado la política estadounidense de cerca y sabía muy bien el impacto tan negativo que podía tener en las relaciones. Y pensó: «Ha probado el poder. Es lo típico: está enganchado. Tal vez luego se postule para el Senado». Sonreí al recibir la foto pero yo quería terminar lo que había empezado. Mi plan inicial era ser gobernador por un mandato, solucionar los problemas y marcharme. Pero ahora me había dado cuenta de que no es posible hacer eso en tres años.

Por suerte tuve la ventaja de contar con un oponente débil. Los demócratas nominaron a Phil Angelides, el contralor estatal. Era un hombre muy inteligente y un servidor público atento, pero un mal candidato. Su único caballo de batalla consistía en aumentar los impuestos. Eso me preparó realmente para mi mejor improvisación en nuestro debate televisivo: «Por la alegría que veo en tus ojos cuando hablas de impuestos, puedo decir que te encanta aumentarlos. Mira ahora mismo y di: *Me encanta aumentar tus impuestos*». Eso lo dejó sin habla. Lo mismo sucedió cuando le pregunté en el debate cuál había sido el momento más divertido de su campaña hasta el momento.

Obviamente una cosa es improvisar cuando estás en un set cinematográfico, donde hay editores de sonido y tienes la posibilidad de volver a grabar, pero cuando eres un candidato a gobernador la cosa es totalmente diferente. Aprendí esta dura lección con la transcripción de una sesión espontánea y privada de dos horas con mi equipo que fue subida a Internet sin editar. Mi equipo de comunicaciones me hizo una lluvia de ideas sobre algunos temas como la reforma migratoria a modo de preparación para un discurso importante. El redactor de discursos, que había sido un destacadísimo periodista del *Sacramento Bee*, estaba grabando todo esto para no perderse ninguna perla de sabiduría. Y yo le di una verdadera joya. Estaba hablando con mi amiga Bonnie García, una legisladora republicana del área de San Diego. Bonnie es una latina que puede ser apasionada y contundente cuando se ocupa de un tema, y a veces lanza comentarios inapropiados al igual que yo. Yo había dicho que su pasión era genética.

—Cubanos, puertorriqueños... Todos ellos son muy calientes —dije—. Esto se debe a la mezcla de sangre negra y latina.

Bonnie me recordaba a Sergio Oliva, el campeón de levantamiento de pesas cubano con quien disputé el título de Mr. Olimpia en 1970. Era un feroz competidor, un hombre apasionado y de sangre caliente.

Adam, mi director de comunicaciones, estaba acostumbrado a oírme decir las cosas más descabelladas. Pero esta vez pusieron accidentalmente la transcripción sin editar en el mismo servidor donde estaban nuestros comunicados de prensa públicos. La gente de Phil Angelides no tardó mucho en encontrarla y enviársela a *Los Angeles Times*.

Cuando un reportero del periódico llamó a última hora del domingo por la noche, mi equipo de campaña se preparó para solucionar el incidente. Trataron de localizar a Bonnie García, quien no solo era amable y servicial, sino también muy divertida, para que aceptara mis disculpas. Llamé a todos los líderes latinos y negros que conocía, comenzando con Fabián Núñez y Alice Huffman, presidente de la NAACP, y los dos desestimaron mis comentarios diciendo: «Arnold es Arnold», y asegurando que no les parecieron ofensivos en lo más mínimo. Bonnie apareció a mi lado al día siguiente en una conferencia de prensa. En vez de dejar que Angelides fuera filtrando fragmentos de tanto en tanto para hacer circular historias negativas a lo largo de la campaña, Adam simplemente les entregó las dos horas de transcripciones sin editar a los medios de comunicación. La prensa nos acreditó por manejar el *tapegate* de manera muy eficaz, y volvimos a hacer campaña. Para mí, Angelides era demasiado negativo: me criticaba pero nunca ofreció una visión alternativa clara de cuál debía ser el futuro de California. Por eso no tuvo eco entre los votantes. Para mí era fácil hablar de manera convincente sobre el futuro. Lo único que tenía que hacer era señalar lo que habíamos logrado desde que llegué al poder.

El 7 de noviembre, el pueblo de California me eligió por una diferencia arrolladora. El margen fue de 17 puntos porcentuales. Además, todas las propuestas de bonos fueron aprobadas, incluyendo los $42 mil millones que podríamos utilizar para empezar a construir el Estado Dorado del siglo XXI.

CAPÍTULO 27

¿Quién necesita a Washington?

MI ESTADO DE ÁNIMO era fantástico cuando fui a Sun Valley a finales de diciembre con Maria y los niños. Quería descansar después de haber trabajado tanto en Sacramento y en mi campaña de reelección. Dos días antes de Navidad fuimos a la estación de esquí cerca de la casa, donde hemos esquiado tanto que hay incluso un sendero llamado *Arnold's Run*. Soy un buen esquiador y el *Arnold's Run* es un diamante negro. Es decir, para expertos y lleno de montículos. Tengo que admitir que era una pendiente poco inclinada y que simplemente tropecé con uno de mis bastones. Iba muy despacio. A medida que bajaba con el bastón se apalancó tanto mi pierna que me rompí el hueso del muslo. Sentí un chasquido.

Celebramos una Navidad improvisada en Sun Valley y luego viajé a Los Ángeles para la cirugía. Maria fue conmigo pero regresó de inmediato para organizar la gran fiesta que hacíamos todos los años. Estar en la cama de un hospital sin mi familia mientras extrañaba a mi familia, a nuestra fiesta y con un dolor insoportable, me hizo sentir miserable. Los cirujanos tuvieron que ponerme una varilla metálica con un cable alrededor del hueso. Me dijeron que necesitaría ocho semanas para recuperarme. Sylvester Stallone fue una noche a mi casa para animarme; me dio un par de guantes de boxeo para recordarme que debía pelear. Otros amigos como Tom Arnold y el Reverendo Monseñor Lloyd Torgerson fueron al hospital. Lloré en una visita.

—Debe ser la anestesia —les dije a mis amigos—. No acostumbro llorar.

Estaba deprimido, no solo porque la lesión había estropeado mis vacaciones, sino también porque amenazaba con arruinar la posesión y me impedía comenzar mi segundo mandato con grandes energías. Tenía programado pronunciar el discurso inaugural el 5 de enero y mi discurso de estado del estado cuatro días después, y ya había preparado declaraciones históricas de lo que quería lograr en los cuatro próximos años. Pero no sabía si podría hacerlo si estaba distraído con el dolor o drogado con calmantes. Teddy Roosevelt había recibido un disparo mientras pronunciaba un discurso y lo terminó sin inmutarse antes de ver a un médico. Me preguntaba cómo había hecho eso. Me estaba preparando para mi discurso de la mejor manera posible pero cuando se aproximó la fecha y Maria evaluó la gravedad de mi estado me dijo: «No será posible». Yo me estaba recuperando de una cirugía compleja, tenía un aparato ortopédico en el muslo y no estaba en condiciones de asistir a un evento inaugural. Decidimos aplazarlo.

Al día siguiente estaba furioso conmigo. Tuve visiones de mis visitas a los soldados heridos en el hospital Walter Reed, veteranos que habían sido operados el día anterior tras recibir un disparo en el estómago o de sufrir una amputación. Ellos querían curarse, volver al campo de batalla y seguir combatiendo. Pensé para mis adentros: «Esos chicos quieren volver a combatir ¿y yo quiero cancelar un discurso? Me sentí como todo un cobarde».

Tenía que asistir a la toma de posesión aunque tuviera que arrastrarme a cuatro patas hasta las escalinatas del Capitolio. Llamé a Maria y le dije que teníamos que seguir adelante con nuestros planes. Ella vio que yo estaba como una máquina y que nadie me iba a detener, e hizo todo lo posible para que la posesión fuera un éxito. Además de levantarme la moral, ella supervisó personalmente la construcción y disposición del escenario en Sacramento para que yo pudiera subir y bajar fácilmente con muletas.

El salón de Sacramento estaba abarrotado y había mucha alegría, con miembros de ambos partidos, líderes de empresas y sindicatos, la prensa, amigos y familiares. Willie Brown, uno de los servidores demócratas más antiguos y ex presidente de la Asamblea estatal, fue el maestro de ceremonias del evento. Éste fue un gesto para vender la idea del post-partidismo. Me sentí orgulloso de estar allí.

Yo tenía grandes ambiciones para mi segundo mandato. Estaba decidido a mantener la promesa de mi relección y abordar los temas difíciles e importantes que posicionarían a California como líder en el cuidado de la salud, el medio ambiente y la reforma política. Ya habíamos puesto en marcha importantes programas sobre el cambio climático y la infraestructura. La recesión ya había pasado, la economía estaba creciendo de nuevo y, gracias a esto y con mucha disciplina, redujimos el déficit presupuestario de $16 mil millones en 2004 a $4 mil millones en el año fiscal en curso. En el presupuesto que yo estaba a punto de presentar a la Legislatura para el año que comenzaba en julio de 2007, no habría déficit por primera vez en muchos años. Así que el escenario estaba listo para una acción dramática.

Yo planeaba usar mi discurso inaugural para desafiar el partidismo en sí. Me sentía consternado por la polarización demencial de nuestro sistema político y por el derroche, la parálisis y el daño que había causado esto. A pesar de los acuerdos bipartidistas de 2006 sobre la infraestructura, el medio ambiente y el presupuesto, California se había dividido profundamente. Los republicanos y los demócratas no lograban encontrar un punto intermedio ni llegar a un compromiso en los intereses comunes, como lo hicieron durante el gran *boom* de los años de posguerra. La política actual de California era una gran fuerza centrífuga que alejaba a los votantes y a los partidos del centro. Los distritos electorales habían sido trazados para eliminar la competencia, y los republicanos conservadores dominaban algunos, mientras los demócratas liberales dominaban los demás. El fallecido congresista Phil Burton estaba tan orgulloso de la manipulación electoral que hizo a favor de los demócratas de California al trazar las líneas del Congreso en 1981, que la llamó su contribución al arte moderno. En mi segundo discurso inaugural dije que, debido a la división fraudulenta de los distritos electorales, había más rotación en la monarquía de los Habsburgo que en la Legislatura de California.

Dos días después del 11 de septiembre se presentó un ejemplo realmente terrible de esto. Mientras que la nación se sacudía tras los ataques terroristas, la Legislatura impulsó un proyecto de ley de redistribución de distritos que hizo que los funcionarios y miembros recalcitrantes de ambos partidos se atrincheraran aún más en sus posiciones. Se trataba de una visión del mundo que ponía a los partidos por delante del pueblo y decidí que eso tenía que cambiar.

Así que cuando me levanté de la cama y fui a dar mi discurso de investidura en muletas, desafié a los californianos a que no cedieran a la extrema izquierda o la extrema derecha y regresaran al centro. Les dije a los políticos: «Centrista no significa debilidad. No significa aguado ni tibio. Significa bien equilibrado y con buenas bases. El pueblo estadounidense es instintivamente centrista. Y nuestro gobierno también debería serlo. Los partidos políticos de Estados Unidos deben regresar al centro, donde está el pueblo».

También les recordé a los votantes que la izquierda y la derecha no tienen el monopolio de la conciencia: «No debemos dejar que ellos se salgan con eso. Ustedes pueden ser centristas y tener principios. Pueden buscar un consenso y mantener sus convicciones. ¿Hay algo que requiera de más principios que renunciar a una parte de la propia posición para avanzar por el bien de todos? Así es como tuvimos una constitución en este país. Nuestros Padres Fundadores aún seguirían reunidos en el Holiday Inn de Filadelfia si no se hubieran comprometido».

Cuatro días más tarde le entregué el estado del estado a la Legislatura. Tuve la oportunidad de felicitarlos a pesar de las formas en que muchas veces nos torturamos unos a otros en mi primer mandato. Ni siquiera tuve que mentir, lo único que tuve que hacer fue compararlos con los políticos en Washington.

—El año pasado el gobierno federal estaba paralizado por el estancamiento y los juegos —dije—. Pero ustedes tomaron medidas aquí en la Cámara sobre la infraestructura, el salario mínimo, los costos de medicamentos recetados y la reducción de gases de efecto invernadero en nuestra atmósfera. Lo que esto mostró a la gente es que no estamos a la espera de la política. No estamos esperando a que nuestros problemas se agraven. No estamos esperando al gobierno federal. Porque el futuro no da espera.

Luego describí mi visión del estado:

—No solo podemos liderar a California hacia el futuro —empecé—. También podemos mostrarle a la nación y al mundo cómo hacerlo. Podemos hacer esto porque tenemos la fortaleza económica, la población y la fortaleza tecnológica de un estado-nación. Somos el equivalente moderno de las antiguas ciudades-estado de Atenas y Esparta. California tiene las ideas de Atenas y el poder de Esparta.

Y expuse una docena de maneras ambiciosas en las que California podía establecer un ejemplo nacional e internacional, desde la construcción de salones escolares hasta combatir el calentamiento global.

Obviamente al político promedio le tenía sin cuidado Atenas o Esparta, o cualquier tipo de visión. Pero yo acababa de ganar unas elecciones así que, por el momento, tenían que escucharme. Yo estaba dispuesto a apostar que al menos algunos podrían estar a la altura del desafío de superar incluso lo que habíamos logrado en 2006.

Mi personal y yo comenzamos a trabajar con energía. Entre las metas que había establecido en mis discursos e iniciativas de presupuesto de ese año, pusimos en marcha el programa de reforma más ambicioso de cualquier administración en la historia moderna: la legislación más radical para la reforma a la salud en los Estados Unidos; el implemento de las regulaciones más influyentes sobre el cambio climático en el país, incluyendo el primer estándar de combustible bajo en carbono del mundo; la reforma a la libertad condicional y la construcción de nuevas prisiones; y el enorme y controvertido proyecto en la historia legendaria de las guerras del agua en California, un nuevo canal periférico para terminar lo que el gobernador Pat Brown había comenzado 30 años atrás.

Seguimos impulsando la reforma del presupuesto y la reforma política, fortaleciendo el fondo de reserva y prohibiendo la recaudación de fondos durante el proceso de aprobación del presupuesto. Pusimos en marcha el segundo intento de una medida electoral para la redistribución de los distritos electorales destinada a la formación de un comité independiente y no partidista. Y pasé largas horas tratando de ayudar a personas comunes y corrientes que tenían problemas descomunales. Nos reunimos por espacio de varias semanas con compañías hipotecarias como Countrywide, GMAC, Litton y HomEq para ayudar rápidamente a los prestatarios que estaban con el agua al cuello y pudieran conservar sus hogares. Nos reunimos con los líderes locales del orden público en el Valle Central y el Valle de Salinas para ayudarles a planear una mejor estrategia para combatir la violencia de pandillas.

Las jornadas de trabajo muchas veces eran de 16 horas y yo pasaba la mayoría de las noches en Sacramento. Me gustaba el peso y la complejidad de los retos, y estar en constante movimiento. Pero extrañaba a Maria y a los niños, y trataba de pasar los fines de semana en Los Ángeles.

Pensé que este horario había funcionado en mi primer mandato, especialmente gracias a la habilidad de Maria como madre. Pero una tarde en primavera, cuando volví de Sacramento y todos estábamos sentados en la mesa de la cocina, Christina comenzó a llorar.

—Papá, nunca estás en casa —dijo—. Siempre estás en Sacramento. No fuiste a ver mi recital en la escuela.

—No fuiste al Día de los Padres —dijo otro—. Solo fue mi mamá.

—Sí, yo también —empezó a llorar la otra—. Te perdiste mi partido de *soccer*.

De repente hubo una reacción en cadena. Todos estaban llorando y todos tenían una queja. Christina debió ver mi expresión de asombro. Yo la estaba pasando tan bien como gobernador que no me había dado cuenta en lo absoluto de lo que pasaba en casa. Ella dijo: «Lo siento, papá, pero tenía que decirlo».

—No, Christina —dijo Maria—. Eso está bien. Creo que es importante que le digas a tu padre lo que piensas y lo que sientes. Así que dile todo lo que quieras.

Ella también estaba descontenta con mi ausencia y los animó a hablar.

Me preocupé al pensar cuánto tiempo llevaban sintiéndose así y cuánto tiempo habían tardado en reunir el valor para decirlo. Yo siempre les he dicho que en una familia todos tienen que hacer sacrificios. Si hay seis personas juntas, ninguna podrá hacer todo lo que quiera el ciento por ciento del tiempo. Bueno, ahora me tocaba a mí. Les prometí que desde ese momento en adelante solo iba a pasar una noche por semana en Sacramento.

—Es probable que salga de casa algunas veces antes de que ustedes se levanten y que llegue poco antes de que se duerman —les dije—. Pero de ahora en adelante voy a estar aquí.

Dicen que la política erosiona al matrimonio. Te metes tan de lleno en el trabajo que hay efectos secundarios en la gente que amas. Aunque logres proteger a tu esposa e hijos de parte del foco público, ellos sienten que te están compartiendo y perdiendo. Claro está que Maria era fuerte y tenia su propia carrera. Cuando vio que mi pasión por ser gobernador nos distanciaba, hizo lo mejor que pudo bajo los circunstancias: cuidó muy bien de los niños, se hizo cargo de las responsabilidades y oportunidades que conllevaban ser la primera dama y estuvo ahí para mí cuando la necesité. Y esperó.

Justo antes de una conferencia de prensa en la primavera anterior, mientras comenzábamos la campaña de reelección, mi personal me había rogado que no propusiera la reforma de la salud. Susan Kennedy y Daniel Zingale me lo dijeron en términos concretos: «Por favor no digas que vas a hacerlo». Daniel era nuestro gurú de la salud y había trabajado en el Departamento de Atención Médica Administrada para

Gray Davis antes de ser el jefe de personal de Maria. Pero seguí mis instintos y les dije a los medios de comunicación: «Haré la reforma de salud en mi segundo mandato», y Susan y Daniel dijeron: «Oh, cielos, se acaba de clavar un cuchillo». Me rogaron que no prometiera que tendríamos un plan listo a tiempo para el discurso de estado del estado, pues dijeron que no se podía hacer. Así que la próxima vez que vi a un periodista le dije: «Y tendré un plan para cuando dé el discurso de estado del estado». Susan bromeó más tarde y dijo que tuvo que taparle la boca a Daniel con una bolsa para evitar que hiperventilara cuando escuchó lo que yo dije: no podía creer que tendríamos que desarrollar un plan de reforma de salud integral en ocho meses para el estado de California. Me dijeron que, en Massachusetts, un estado más pequeño que el condado de Los Ángeles, habían tardado dos años en hacerlo. Tuve que calmarlos a todos.

Su temor era comprensible. Tratar de reformar la salud casi le había costado la presidencia a Bill Clinton. Y los mismos demonios de la salud que habían confrontado a los Estados Unidos también nos confrontaban a nosotros como estado: los crecientes costos, la ineficiencia, el fraude, el aumento de las cargas para los empleadores y los asegurados, y los millones de personas sin seguro médico. Pero yo siempre había pensado que era una vergüenza que el país más grande del mundo no le ofreciera un sistema de atención médica a todos sus habitantes, como sí lo hacen muchos países europeos. Dicho esto, creo que el sector privado se opone a cualquier posibilidad en la que el gobierno sea el único que paga los costos. Abordamos la idea de un modo absolutamente diferente a todos los conocidos y por conocer.

No traté de echarle la carga a las compañías y a las personas que ya tenían un seguro de salud para que asumieran los enormes costos adicionales de las personas sin seguro o con seguros insuficientes. En lugar de eso, argumenté que ya estaban pagando esas cuentas a través de un impuesto grande escondido: sus crecientes costos de salud. Así que, al cubrir directamente a los que no tenían seguro, no tendrían que pagar más de lo que pagan ahora y, adicionalmente, el sistema de salud podría manejarse con mayor eficiencia. También señalé que la mayoría de los californianos sin seguro de salud —tres cuartas partes de la población— tenía empleo. Eran el núcleo de California: familias jóvenes y trabajadoras que no tenían una cobertura adecuada.

Daniel Zingale hizo un trabajo excelente con la creación de nuestro plan. La cobertura universal requeriría el sacrificio de todas las partes involucradas: hospitales, aseguradores, empleadores, médicos... Y él los llevó a todos a la mesa y los involucró. El plan tenía tres componentes. El principal era la cobertura universal. Todos los californianos tenían que comprar un seguro y las aseguradoras tenían ciertos requisitos para garantizar la cobertura para todos (incluyendo a aquellos con condiciones pre-existentes) y subsidios para las personas que no podían pagar su propio seguro. También se contemplaban medidas agresivas para controlar costos y centrarse en la prevención.

Así que en vez de evitar la reforma a la salud, la convertí en una prioridad y en el 2007 dije que era el Año de la Salud. Los eventos públicos y las reuniones privadas sobre este tema estaban en mi agenda de todos los días. Recorrí todo el estado para reunirme con pacientes, médicos, enfermeras y directores generales de hospitales. Asistí a mesas redondas básicamente para escuchar. En mayo logré que Jay Leno me dejara hablar sobre la financiación del cuidado de la salud en *The Tonight Show*. Jay habló de un pariente que había pasado tres meses en un hospital en Inglaterra y que solo pagó $4.500.

Fabián Núñez, el presidente de la Asamblea, trabajó para que los grandes sindicatos apoyaran la reforma de salud mientras yo hacía lo mismo con los grupos empresariales más importantes. Con los hospitales, grupos médicos y defensores de los pacientes negociamos juntos todos los detalles importantes de un plan integral que se pagaría por sí mismo, exigiendo que todos tuvieran seguro de salud y reduciendo el costo de traslado a los contribuyentes. En diciembre, la Ley de Reforma a la Salud y el Control de Costos de California recibió el apoyo de la Asamblea, pese a la oposición del sindicato de las enfermeras y de los demócratas liberales, que proponían un plan de un pagador único para cubrir a todo el mundo.

Sin embargo, en enero de 2008, después de un año de intenso

trabajo, la reforma de salud ni siquiera se votó en el Senado. El plan simplemente murió en un Comité del Senado. Se dijo que el líder del Senado, Don Perata, no podía soportar que un presidente demócrata, joven y advenedizo, trabajara con un gobernador republicano y que propusieran dos de las reformas más importantes en la historia moderna de California: la relativa al cambio climático y la del cuidado de la salud. Algunos demócratas se quejaron abiertamente de que era una mala práctica política concederle a un gobernador republicano una victoria tan grande en asuntos «demócratas». Yo no podía creer que un tema tan importante para el pueblo de California pudiera descarrilarse por una especie de berrinche político de los dos líderes demócratas de la Legislatura.

Fue una derrota importante. Pero no me arrepiento del esfuerzo porque no fue un descalabro para la causa de la salud. Nuestra legislación no solo se estudió muy de cerca en Washington: fue también uno de los modelos nacionales para la reforma de la salud en 2010. Nuestro plan abordaba algunas de las debilidades percibidas en la reforma de la salud que hizo Mitt Romney en Massachusetts mediante el fortalecimiento del mandato individual y concentrándose en la prevención, que son las principales medidas de contención de costos. En efecto, nuestra reforma de la salud se convirtió en la de Estados Unidos, y California lideró el camino.

El mundo notó sin duda el contraste entre la acción en California y el estancamiento en Washington D.C. La revista *Time* incluyó una foto mía y del alcalde de Nueva York, Michael Bloomberg, en la portada de junio con el título «¿Quién necesita a Washington?». La idea central de la historia es que la ciudad de Bloomberg y mi estado estaban haciendo cosas importantes que el Washington de George W. Bush había dejado de hacer. Washington había rechazado el Protocolo de Kyoto pero en California fuimos los primeros en los Estados Unidos en aprobar un tope a los gases de efecto invernadero. La Administración había rechazado la investigación con células madre pero en California invertimos $3 mil millones para promoverla. El gobierno rechazó nuestra petición de dinero para reparar los diques de nuestro sistema acuático pero nosotros destinamos miles de millones de dólares en bonos para proteger su centro textil en los diques y empezar a reconstruir nuestra infraestructura. Le dije a la revista *Time*: «Estamos demostrando el poder que puede tener un estado. California no necesita esperar a que el gobierno federal nos cuide».

Bloomberg y yo entendíamos el poder de trascender las fronteras. En mayo él celebró una cumbre climática con los alcaldes de las 30 ciudades más grandes del mundo con el objetivo de reducir las emisiones de carbono en todo el planeta. Ese verano, él y yo nos aliamos con el gobernador demócrata de Pensilvania, Ed Rendell, para conformar Construyendo el Futuro de América, una organización no lucrativa para promover una nueva era de inversiones de Estados Unidos en infraestructura. Y yo ya estaba haciendo una serie de pactos con otros países y provincias en los sectores de comercio y cambio climático. Cuando nuestro estado aprobó el tope de gases de efecto invernadero en el otoño de 2006, que incluía las normas más estrictas de eficiencia de combustible para vehículos de pasajeros en la historia de nuestro estado, firmamos una alianza climática con la provincia de Ontario, justo al otro lado del río de Detroit. Esto enfureció a algunos grupos de fabricantes de automóviles y un congresista republicano de Detroit colocó un cartel en esa ciudad que decía: «Arnold a Detroit: Muéranse». Yo le di mi respuesta a los medios de comunicación: «Arnold a Detroit: ¡Muevan el trasero!».

Mi voluntad de trabajar más allá de las líneas partidistas molestó a los republicanos conservadores. Si pensaban que yo no era un republicano por afrontar el cambio climático, realmente se salieron de casillas cuando emprendí la reforma de salud. En septiembre inauguré una conferencia del partido cerca de Palm Springs, criticando de nuevo el partidismo reduccionista.

—Nos estamos muriendo en la taquilla —les dije a mis colegas republicanos—. No estamos ocupando los asientos. Nuestro partido ha perdido el centro y no recuperaremos el verdadero poder político en

California hasta tener el control de nuevo. Yo tengo la misma opinión de Reagan: no podemos rodar por el abismo enarbolando las banderas del partido.

Señalé que había aprendido esta dura lección en 2005, cuando los sindicatos invitaron a los votantes a aplastar mis iniciativas electorales.

—El camino a nuestro retorno es claro —dije—. El Partido Republicano de California debe ser un partido de centro-derecha que ocupe el centro amplio de California: ese espacio político exuberante, verde y abandonado puede ser nuestro.

Concluí con la promesa de trabajar duro para ayudarle al partido a lograr este objetivo. Pero mi discurso no tuvo mayor acogida. Solo hubo aplausos educados y nada más. No les gustaba el centro verde y exuberante, querían estar en una franja fría y desafiante. El siguiente orador fue el gobernador Rick Perry, de Texas, un derechista. Se burló del cambio climático, condenó los proyectos de infraestructura como un gasto desenfrenado por parte del gobierno y declaró que el Partido Republicano seguía campante. El público se enloqueció. Con la elección presidencial del 2008 a solo un año de distancia, me pregunté si Ronald Reagan había sido profético: «Rodar por el precipicio enarbolando las banderas del partido». Era allí donde estaban yendo los republicanos.

CAPÍTULO 28

La verdadera vida de un *governator*

ADEMÁS DE SER RICA y próspera, California también es propensa a los desastres. Nuestra geografía y nuestro clima nos hacen tremendamente vulnerables a los incendios, inundaciones, deslaves, sequías y, por supuesto, a los terremotos.

Dada la frecuencia de tales eventos, yo tenía que suponer que algún tipo de desastre natural ocurriría durante mi mandato. Nuestros departamentos de bomberos, de policía y otros organismos de rescate se encontraban entre los mejores del mundo pero, para mí, no bastaba con reunirme con sus comandantes o leer los planes de desastre. Enloquecí a Kim Belshe, nuestra excelente Secretaria de Salud y Servicios Humanos, con mis preguntas: «¿Qué pasaría si tuviéramos una pandemia en Los Ángeles y 10.000 personas tuvieran que ser hospitalizadas? ¿Cómo responderían los hospitales? ¿Qué capacidad teníamos para armar carpas con camas, tanques de oxígeno y contar con un medio ambiente limpio? ¿Dónde estaban las carpas? ¿Dónde estaban las camas? ¿Dónde conseguiríamos los médicos y enfermeras? ¿Teníamos listas de médicos y enfermeras jubilados que pudiéramos llamar de nuevo? ¿Habíamos examinado esas listas?».

Después del desastre del Katrina en 2005, todo el mundo fue dolorosamente consciente de la falta de respuesta del Gobierno y yo decidí que esta situación no se iba a repetir aquí. Yo sabía que el gobernador y héroe de acción no se saldría con la suya si fracasaba en este sentido. Esto significaba que teníamos que redoblar nuestras prácticas y simulacros. Incluso en una película yo no rodaría un solo truco si no lo había ensayado un mínimo de diez veces. Entonces ¿cómo podía esperar yo que una respuesta de emergencia tuviera éxito si no habíamos hecho simulacros en caso de incendios, inundaciones y terremotos? ¿Y qué si un terremoto provocaba un gran incendio? Digamos que estás en una situación en la que la gente está atrapada *y* hay incendios *y* las estaciones de bomberos también se ven afectadas, las puertas se bloquean y el camión no puede salir. Los sistemas de comunicación se interrumpen. ¿Y ahora qué?

Esto me preocupaba tanto que en 2004, incluso antes de Katrina, empecé un simulacro en todo el estado que llamamos *Golden Guardian*. Era una prueba de preparación masiva de todos los desastres y ataques terroristas posibles. Examinamos todo: la planificación, los procedimientos, las comunicaciones, las rutas de evacuación, la preparación de los hospitales, la cooperación federal, estatal y local. Cada año planeábamos una emergencia diferente. El primer año fue un ataque terrorista con bombas «sucias» que contaminaban con radiactividad varios puertos y aeropuertos en todo el estado. En otros años adelantamos planes preventivos para grandes terremotos, inundaciones y más ataques terroristas. Fueron los planes de emergencia más grandes y completos del país, con la participación de miles de personas en todo el estado. Se necesitaban varios años para darle forma a cada uno de sus planes. Matt Bettenhausen, nuestro jefe de servicios de emergencia, agradeció mi obsesión.

—Qué bueno es tener un jefe que diga «Practiquemos, practiquemos, practiquemos» —dijo.

Un año yo estaba recibiendo informes sobre el próximo *Golden Guardian*, que se centraría en un terremoto masivo de 7,8 grados en el sur de California. El informador explicó que un helicóptero de la Patrulla de Caminos debía recogerme y llevarme a una sala de situaciones en el Condado de Orange, donde llevarían a las personas mayores.

—El terremoto ocurrirá a las 5:45 de la mañana. y lo recogeremos a las seis —me dijo.

—¿Cómo sabes que el terremoto va a ocurrir a las 5:45? —le pregunté.

—Ese es el horario. Ellos quieren que todos vayan al sur.

No dije nada más y pensé: «Esto no tiene sentido. ¿Cómo puedo saber que realmente estamos preparados, si nos *preparamos* para un ejercicio de preparación?». Así que esa mañana me levanté a las cuatro de la mañana y llamé a la Patrulla de Caminos.

—El terremoto acaba de pasar —dije—. Estamos retrasados en el simulacro.

No se imaginan el alboroto que causó esto. El CHP y el Consejo de Seguridad Nacional se asustaron de verdad. Todo el mundo tuvo que reaccionar. Terminaron haciendo un gran trabajo y el ejercicio dejó al descubierto la forma en que el sistema podría colapsar. El funcionario de Seguridad Nacional, sin embargo, se molestó muchísimo.

—No puedo creer que no me hubieras avisado —me dijo más tarde, cuando tuvimos la oportunidad de hablar.

—No estamos aquí para avergonzar a nadie —le dije—. Pero tenemos que saber dónde nos quedamos cortos si no recibimos aviso.

Nos pusimos de acuerdo para incrementar gradualmente el tiempo de entrega de los simulacros en el futuro y decirles a los participantes: «La última vez les avisamos con doce horas de anticipación, ésta vez lo haremos con seis».

Toda nuestra preparación dio sus frutos a finales de 2007, cuando en todo el estado estallaron incendios particularmente graves. Los peores fueron en el sur, cerca de San Diego, donde a pesar de los mejores esfuerzos de los bomberos, las llamas se estaban extendiendo y hubo predicciones de vientos huracanados. En el tercer día de las conflagraciones, el lunes 22 de octubre, llamé a mi personal a las seis de la mañana, tal como acostumbraba hacerlo, para una reunión informativa. Me dijeron que grandes áreas de San Diego se encontraban en peligro y que se había dado la orden de evacuar a medio millón de personas. ¡Medio millón de personas! Esa era la población que tenía Nueva Orleans antes de Katrina y, probablemente era la más numerosa en ser evacuada en la historia de California. Miles de personas ya se estaban dirigiendo al estadio Qualcomm, que había sido designado como el refugio principal para los evacuados que no tenían otro albergue.

—Vamos para allá —les dije.

En lugar de ir esa mañana a Sacramento, utilicé mi oficina en Santa Monica como base y empecé a hacer llamadas telefónicas mientras mi equipo se reunía. Llamé al alcalde de San Diego, Jerry Sanders, un ex jefe de policía, e hicimos planes para encontrarnos en el estadio al final del día. Bettenhausen habló con los comandantes en el terreno y les informó que los residentes estaban respondiendo a nuestro mensaje de evacuación tal como esperábamos. La orden tenía por objeto transmitir las dos cosas más importantes para saber si tu casa estaba en la trayectoria de un incendio: en primer lugar, cuando la policía te diga que te vayas, agarra tus cosas y vete, porque un incendio voraz puede propagarse más rápido de lo que puede correr una persona; y en segundo lugar, no solo luchamos para proteger tu hogar contra los incendios sino que además tenemos a la policía patrullando por tu vecindario para evitar saqueos.

Esperábamos 10.000 personas o más en el estadio Qualcomm. Me imaginé que, en esas circunstancias, a nadie se le ocurriría pensar en cosas como pañales, fórmulas para bebés y alimentos para perros. Así que hice una lista y llamé al presidente de la Asociación de Comestibles para preguntarle si las tiendas de la región podrían enviar esas cosas de inmediato a Qualcomm. Él se mostró dispuesto a hacerlo.

Luego llamé a la Casa Blanca y le informé al presidente George W. Bush. Hasta este momento habíamos tenido una relación profesional pero reservada, similar al tipo de alianza que tendría con el alcalde de una ciudad importante de California. El presidente Bush siempre estaba disponible para hablar y, aunque no siempre estábamos de acuerdo con la forma como el gobierno federal podía ayudar a California, comprendí rápidamente que si tocaba un solo tema a la vez, él me escucharía con justicia. No es de extrañar que yo tuviera una relación más cálida con su padre. Con el primer presidente Bush, yo era más el protegido de un admirador, absorbiendo todo lo que podía aprender. George W. Bush y yo teníamos casi exactamente la misma edad y ambos representábamos intereses que a veces estaban en desacuerdo.

Pero cuando arreciaron los incendios, el presidente Bush fue increíblemente solidario. Había aprendido duras lecciones sobre la capacidad de respuesta de emergencia durante el huracán Katrina y me hizo el tipo de preguntas que solo puede hacer alguien que ha pasado por un desastre. Él entendía que era muy probable que el gobierno federal no actuara inicialmente con la suficiente rapidez, debido a una necesidad natural de reservar a los organismos de socorro para otras emergencias en todo el país. El presidente Bush me dijo que su jefe de personal nos llevaría todo lo que necesitáramos y que podía llamar directamente si quería informarle de algo. Me mostré escéptico, así que lo llamé de nuevo 45 minutos más tarde para hacerle una pregunta y él me contestó personalmente.

Tres días después, el presidente Bush fue al lugar del desastre. Saludó a los bomberos, visitó hogares, realizó conferencias de prensa y nos hizo un montón de preguntas a mí y a los jefes de bomberos. Demostró un verdadero liderazgo.

Mientras tanto, mi jefe de personal informó que la Guardia Nacional estaba en camino. Susan estaba en Sacramento para coordinar la respuesta de la oficina del gobernador con Dan Dunmoyer, el Secretario del Gabinete, y le di órdenes para que mil efectivos de la Guardia Nacional que se encontraban en una operación de seguridad fronteriza fueran enviados al estadio Qualcomm. Llamó al asistente del general para decirle que necesitábamos sus tropas. El tipo nunca había visto a Susan dando órdenes y cometió el error de insistir en el papeleo.

—Está bien —le dijo—. Necesitamos una orden de misión.

—La orden de misión es sacar a mil hombres en la frontera y enviarlos a Qualcomm —repitió Susan.

—Pero necesito una orden de misión. Tiene que decir…

—¡Aquí está tu maldita orden de misión! —explotó ella—. Envía a mil soldados a Qualcomm. Quiero verlos en movimiento dentro de una hora.

El general envió las tropas.

A continuación, Susan se encargó de conseguir las camillas que se necesitarían esa noche. Había miles de camillas, de almohadas y mantas almacenadas en la región en caso de emergencia. «Están en camino», decían continuamente los funcionarios. Pero ella y Dan siguieron llamando y vieron que los suministros no habían llegado.

—No basta con eso —dijo ella—. Tenemos que *saber* que están en los camiones. Quiero saber exactamente dónde están en este momento. Dame los números de teléfono de los conductores.

Pasaron varias horas y las camillas no llegaban. En lugar de esperar, llamamos a Walmart y a otras grandes cadenas del estado. Ese mismo día, un avión de carga C-130 de la Guardia Nacional de California despegó desde el Campo Moffatt a San Diego con miles de camillas donadas.

Hechos como estos no se encuentran en los manuales de respuesta a desastres. Vi lo que sucedió con Katrina, cuando funcionarios de todos los niveles esperaron a que otra persona tomara medidas, porque eso es lo que los manuales dicen que deben hacer supuestamente. «Cada desastre es local», me dijeron los expertos. Se supone que los funcionarios del estado deben esperar hasta que las autoridades pidan ayuda, que los funcionarios federales deben esperar hasta que los funcionarios estatales pidan ayuda, y así sucesivamente. «Al diablo con eso», dije. Fue por eso que miles de personas quedaron atrapadas en los techos de Nueva Orleáns. Eso *no* sucedería aquí. Mi regla era simple: «Quiero *acción*. Si necesitas hacer algo que no está en el manual entonces tíralo a la basura. Haz lo que tengas que hacer. *Simplemente haz que se haga*».

Me dirigí a San Diego con mi equipo. Vimos la bruma gris de los incendios a más de 100 millas de distancia tan pronto despegó el avión. Viajé por la tarde en helicóptero para ver los epicentros de los incendios y las llamas. Pero mi mayor preocupación era comunicarme con el público. Me encontré con el alcalde Sanders y otros líderes locales afuera de Qualcomm y actuamos como un equipo recorriendo primero los pasillos y el estacionamiento para saludar a los evacuados, a los trabajadores y a los voluntarios, y para hablar luego con los medios de comunicación.

Afortunadamente Gray Davis me había preparado bien para comunicarme en el marco de una emergencia de incendio. Durante el período de transición, Davis se puso gentilmente en contacto conmigo durante un incendio considerable, aunque mucho más pequeño. Me preguntó si quería acompañarlo mientras él se reunía con los bomberos, visitaba hogares, hablaba con las familias y se dirigía a los medios de comunicación. Vi cómo asumió la reunión informativa y la forma como agradeció a los bomberos por su servicio. Trató de no distraerlos de su misión y les sirvió el desayuno mientras terminaban el turno de noche. Él iba de casa en casa consolando a las víctimas, preguntándoles si había algo que el estado podía hacer. Él era una fuente de fortaleza.

Ese tiempo que pasamos juntos facilitó la transición y demostró que podíamos trabajar juntos a pesar de que hubiéramos batallado durante la campaña. Más importante aún, él me mostró cómo toma medidas un gobernador en lugar de limitarse a llamar por teléfono desde Sacramento.

Comenzamos a celebrar conferencias de prensa periódicas en San Diego para que la gente entendiera que no había secretos. Lo explicamos todo con mucho detalle, diciendo cosas como: «Tenemos vientos de 60 millas por hora y las llamas pueden saltar una milla y media. Pero vamos a controlar esto». Enviamos una clara señal de que los socorristas federales, estatales y locales estaban trabajando juntos pero también admitimos los errores con rapidez. Nuestra regla era: «No mentir nunca». Si se perdían camillas, lo reconocíamos.

Fue genial contar con alguien con la experiencia y el sentido del humor de Bettenhausen. Siempre estaba a mi lado y nos mantuvo en contacto con los jefes de bomberos y los comandantes de los incendios. Aunque el mensaje muchas veces no era el más agradable, sus declaraciones nunca fueron apresuradas, sino disciplinadas y firmes:

—Gobernador, tenemos un problema importante. Acabamos de perder cincuenta viviendas más. Tenemos tres bomberos heridos y estamos reposicionando a nuestros hombres. Estamos evacuando esta otra área, y el CHP y el alguacil están comprometidos a cerrar las carreteras y proteger los hogares de las personas...

Mantuvimos una comunicación abierta con los comandantes y siempre les preguntamos qué necesitaban. Utilizamos su información para darle al público actualizaciones periódicas.

Nos informaron que los vientos habían cambiado y que los residentes en un hogar de ancianos en la trayectoria del incendio estaban siendo evacuados a un refugio improvisado en el Hipódromo Del Mar, que fue creado como un refugio para caballos y no para personas. Ya era de noche, pero mi instinto me decía que tenía que verlo personalmente porque podía ser muy peligroso para personas de edad avanzada.

Llegamos al caer de la tarde. Cerca de 300 pacientes habían sido evacuados. El espectáculo no era nada agradable: ancianos en sillas de ruedas con bolsas de suero, apoyados contra las paredes o acostados en esterillas en el cemento frío. Unos pocos lloraban pero la mayoría permanecían quietos y en silencio. Sentí como si estuviera caminando a través de un depósito de cadáveres. Abrigué a un anciano y le puse una chamarra doblada a modo de almohada a una dama. Ninguna de estas personas tenían sus medicamentos y algunos necesitaban una diálisis. Un enfermero practicante llamado Paul Russo había tenido el valor de hacerse cargo de todo y trataba de conseguir camas de hospital con la ayuda de otros voluntarios. Estaba claro que teníamos que pedir ayuda pues, de lo contrario, algunos ancianos no iban a sobrevivir. Inmediatamente Daniel Zingale, un par de personas y yo comenzamos a llamar a las compañías de ambulancias y a los hospitales para trasladar a las personas más enfermas de inmediato. Permanecimos un par de horas allí hasta tener certeza de estar avanzando, y esa misma noche regresamos en dos ocasiones para echarles un vistazo a Paul, a sus voluntarios y a los pacientes que permanecían allí. Al día siguiente logramos que la Guardia Nacional estableciera un hospital militar de campaña en las cercanías.

Afortunadamente, los fracasos como el del Hipódromo Del Mar fueron escasos. Los incendios forestales de San Diego ardieron otras tres semanas pero los primeros días marcaron el tono de nuestra respuesta a los desastres. Evacuamos a más de medio millón de personas, siendo la mayor evacuación en la historia del estado. Catorce personas murieron y setenta resultaron heridas, en su mayoría bomberos. Medio millón de acres quedaron calcinados y el daño a la propiedad fue muy considerable, incluyendo más de 1.500 hogares y cientos de compañías afectadas, con un costo estimado de $2,5 mil millones. Las estadísticas después de un desastre son siempre trágicas. Pero evitamos otro Katrina y yo estaba convencido de que nuestro énfasis en la preparación había dado sus frutos.

Obviamente había un desastre mucho mayor en ciernes, que afectaría muchos hogares y cambiaría las vidas de un número mucho mayor de personas que los incendios forestales. Estados Unidos estaba al borde del peor colapso económico desde la Gran Depresión. En Sacramento, el primer indicio de problemas llegó incluso antes que los incendios, mientras empezábamos a elaborar el presupuesto para 2008-2009. En la primavera sentimos los efectos de una grave desaceleración en el mercado de la vivienda del estado, a pesar de las previsiones económicas más optimistas a nivel nacional e internacional.

—Nos estamos enfrentando a algunos contratiempos en materia de vivienda —dijeron algunos asesores económicos del estado—, pero esto mejorará en el próximo par de años. Tenemos unas bases fuertes y es de esperarse que el crecimiento continúe sano y salvo en el 2009-2010.

Sin embargo, solo dos meses más tarde, los ingresos mensuales por concepto de impuestos comenzaron a disminuir a un nivel alarmante: $300 millones por debajo de las expectativas de agosto, $400 millones en noviembre, y $600 millones en diciembre. La predicción era que íbamos a tener un déficit de $6 mil millones en nuestro presupuesto en julio, cuando comienza nuestro próximo año fiscal. Yo pensé: «¿Qué es eso?».

Aunque el comienzo de la Gran Recesión suele atribuirse a la crisis de los mercados financieros en septiembre de 2008, la crisis llegó más temprano y con más fuerza a California que al resto del país. Esto se debió a la escala de nuestro mercado de viviendas y al impacto de la crisis hipotecaria. Los ya legendarios valores de las propiedades de California se dispararon durante los años ochenta y noventa, y los propietarios comenzaron a utilizar el capital cada vez mayor de sus hogares para financiar los planes de jubilación, los costos financieros de la universidad o para comprar casas de vacaciones. Pero ahora la gente se estaba retrasando en las hipotecas y perdiendo sus casas al doble de la tasa nacional. Dos millones de hogares de California perdieron sus casas debido a la ejecución hipotecaria: uno de cada cinco a nivel nacional. Según algunas estimaciones, más de $630 mil millones en valor se perdieron, se extraviaron o se esfumaron y, con esto, decenas de miles de millones de dólares en ingresos fiscales.

Una parte de la culpa era del gobierno federal, que permitió hipotecas de alto riesgo, rápidas y flexibles. Hasta ese momento, siempre se había exigido un 25% de pago inicial. Además, entidades cuasi gubernamentales como Fannie Mae y Freddie Mac fueron alentadas a aumentar los préstamos a prestatarios de bajos ingresos con el fin de estimular la economía y ampliar la cultura de propiedad de vivienda. Esto ayudó a alimentar la burbuja inmobiliaria. Tal como lo había aprendido yo de Milton Friedman, cuando el gobierno federal se inmiscuye en los mercados, los estados pagan el precio. Los californianos sufrieron en parte debido a un gran error federal y eso me tomó desprevenido como gobernador.

Yo no tenía mucho dinero para trabajar pero utilicé hasta el último centavo que pude conseguir para responder a esta situación. Tratamos desesperadamente de acelerar el gasto de bonos en infraestructura para construir autopistas y líneas ferroviarias, nuevas carreteras y reparar puentes viejos. Conseguimos dinero para programas de empleo con el fin de reubicar a los trabajadores de la construcción que perdieran sus puestos de trabajo. Convencimos a los grandes prestamistas para que les congelaran las tasas de interés a más de 100.000 propietarios de viviendas que corrían el mayor riesgo. Contratamos a más de mil personas para que trabajaran en los centros de llamadas estatales y asesoraran a los titulares de hipotecas con problemas y a las personas que recibían beneficios por desempleo.

Justo antes de la Navidad, Hank Paulson, Secretario del Tesoro de los Estados Unidos, nos visitó para discutir la crisis de las hipotecas de alto riesgo. Sostuvimos una reunión estilo «alcaldía» en Stockton y habló de «reducir al mínimo el derrame» de la crisis de la vivienda en la economía global. En ese momento yo aún estaba dispuesto a describir el problema como un «tropiezo» en mis comentarios a la audiencia, sin embargo tenía un mal presentimiento al respecto. Viajé poco después a Washington para asistir a una conferencia de gobernadores en la que Alphonso Jackson, Secretario de Vivienda del presidente Bush, dio un discurso acerca de cómo el sueño americano de ser dueño de una casa seguía completamente diferente. Yo conocía un poco a Alfonso y lo arrinconé durante el descanso para preguntarle qué estaba pasando realmente. «Las cosas no pintan bien», fue lo único que dijo. La expresión de su rostro me alarmó. Mostró una mayor preocupación de la que había mostrado en el escenario.

Decidí que debíamos ignorar los pronósticos económicos para el año fiscal 2008 y no esperar ningún aumento en los ingresos. En nuestro estado, que era adicto al *boom*, un crecimiento de cero en el presupuesto de Sacramento sería mucho más doloroso de lo que parecía. Estábamos enfrentando aumentos automáticos por un valor de $10 mil millones en las pensiones, la educación, la salud y otros programas que estaban protegidos por la ley o por mandatos de los fondos federales. Así que si los ingresos del estado no aumentaban, la única opción para financiar estos programas era recortando otros que no tenían esta protección. Las opciones eran realmente difíciles. Si reducíamos el gasto en las prisiones tendríamos que dejar en libertad a muchos presos y las calles serían más inseguras. Si recortábamos la educación, ¿qué diría eso de la preocupación por nuestros hijos, los más vulnerables de nuestros ciudadanos? Si recortábamos la salud, ¿estaríamos diciendo que realmente no nos preocupábamos por los ancianos, las personas con discapacidad o por los ciegos?

Finalmente decidí recortar todos los programas en un 10%. Era muy doloroso haber aprobado recientemente cosas para las que ya no tienes dinero. Por ejemplo, yo había apoyado un proyecto de ley para continuar el sistema de crianza después de los 18 años de modo que los jóvenes no terminaran en la calle. Creía que este proyecto de ley reduciría en última instancia los gastos estatales en el cuidado de la salud y en la aplicación de la ley porque algunos chicos que están en el sistema de crianza se meten en problemas cuando están por su cuenta. Yo había accedido a firmar el proyecto de ley pero, dos meses más tarde, cuando la crisis financiera golpeó, tuvimos que retirar nuestro plan para financiarlo. Me sentí muy mal y me vi como un idiota al retirarnos de un compromiso que queríamos hacer pero que no podíamos sostener por más tiempo.

En diciembre de 2007 dedicamos los últimos días laborales a una procesión de defensores de grupos de interés y líderes de la comunidad a quienes había invitado a la sala de gabinete cerca de mi oficina. Sentí que tenía que mirarlos a los ojos y hablarles de la situación financiera que enfrentábamos. Las consecuencias de los recortes no solo significan dólares sino personas. Hablar de responsabilidad fiscal suena muy frío cuando tienes frente a ti a un representante de pacientes con sida, de niños pobres o de ancianos.

—Los demócratas se están viendo perjudicados, los republicanos se están viendo perjudicados y todos nos estamos viendo perjudicados —les dije.

Cuando pedí su opinión y para sorpresa mía, me dieron las gracias por hablar con ellos. Me dijeron que ningún gobernador les había dado personalmente malas noticias sobre recortes presupuestarios. Muchos de ellos me dieron consejos útiles.

Me molestaba que un poco de este dolor pudiera haberse evitado. Incluso antes de ser elegido en el 2003, yo había insistido en que la naturaleza de auge y caída de la economía dinámica de California suponía un gran riesgo a la baja en caso de un declive y que California necesitaba desesperadamente un colchón. Yo había tratado de poner en marcha un «fondo de emergencia» que habría ascendido a $10 mil millones en ese momento, pero no logré convencer a los legisladores ni a los votantes para que adoptaran una de las normas estrictas como para guardar el dinero en caso de una emergencia mayor. Bueno, los problemas habían llegado y me vi obligado a tomar decisiones impopulares que no le gustaron a nadie, y menos a mí.

Los ingresos estatales estaban cayendo fuertemente en la primavera. El déficit presupuestario aumentó en $6 mil millones solo entre enero y abril y eso fue meses antes de que la crisis financiera estallara a nivel mundial.

Respaldé a John McCain a la presidencia en enero, incluso antes de que terminaran las primarias. El senador de nuestro estado vecino me había ayudado durante varios años, sobre todo en los duros días de 2005, cuando él y yo recorrimos a caballo el sur de California durante mi campaña de autobús para mis iniciativas de reforma, que terminaron fracasando.

Al mismo tiempo, y mientras transcurrían las campañas presidenciales, no critiqué a Hillary Clinton ni a Barack Obama. La verdad es que en los temas más importantes, en particular el medio ambiente y la construcción de una nueva economía energética, pensé que cualquiera de los candidatos sería mejor que la administración actual. Le dije a una audiencia en la Universidad de Yale:

—El presidente McCain, el presidente Obama o la presidente Hillary Clinton harán mucho más por el país en términos del cambio climático. Los tres candidatos serán muy buenos para el medio ambiente así que todo mejorará después del día de la inauguración.

No asistí a la Convención Nacional Republicana de agosto por primera vez en 20 años. Estaba muy ocupado con el presupuesto estatal pero, indirectamente, mi ausencia reflejó una preocupación mucho más grande. El creciente conservadurismo del partido no recurrió ni a mí ni a la inmensa mayoría de los votantes de California. Esta inclinación hacia la extrema derecha se hizo evidente cuando McCain eligió a Sarah Palin como su compañera de fórmula. En el momento de su nombramiento la elogié como una líder inteligente, valiente y reformista. Pero terminé por concluir que no me gustaba el efecto polarizador que tuvo en el país.

Si hubieras visitado el hogar de los Schwarzenegger, te habrías encontrado con una verdadera avalancha de diversidad política. Yo tenía un gran cartel de John McCain en la puerta principal y en la sala había una figura de Obama en tamaño natural. Los niños, por primera vez, parecían estar políticamente comprometidos y el drama de las elecciones presidenciales les interesaba mucho más que mi trabajo. Yo siempre había molestado a Maria por provenir de una familia de clones políticos pero eso no era un problema en nuestro hogar. Uno de nuestros hijos era demócrata, otro era republicano y dos eran independientes o se negaron a mencionar su inclinación política.

Cuando la Gran Recesión estalló a finales de 2008 acabó por completo con el progreso que habíamos hecho luego de varios años de disciplina y de recortes. Con miras al presupuesto del próximo año 2009–2010 que comenzaba en julio, nos enfrentamos a un déficit combinado de $45 mil millones para el año en curso y el siguiente. Fue el mayor déficit que había tenido California en toda su historia en términos de porcentaje y de cantidad en dólares. De hecho, era el mayor déficit que había tenido estado alguno. Era tan grande que podías cerrar todas las escuelas y todas las prisiones y despedir a todos los empleados del estado, y aun así seguiría sumergido en un agujero.

El presupuesto empeoró incluso después de que yo tomara medidas para ahorrar dinero. Tras el colapso de los mercados financieros teníamos que conseguir miles de millones de dólares para cubrir el déficit en el sistema público de pensiones y empleados. Me esforcé mucho para aprobar cambios que eliminaban los peores abusos de pensiones pero no bastó con eso. Mientras tanto, el gasto en el sistema de prisiones se disparó gracias a los generosos contratos que habían firmado los gobernadores anteriores y a los aumentos ordenados por los jueces federales que se hicieron cargo de algunos aspectos del sistema. Yo había trabajado para ahorrar más de mil millones de dólares luego de hacer cambios polémicos: recortando, por ejemplo, un incremento automático en los pagos de los guardias y reformando nuestras políticas de libertad condicional. Tuve que luchar contra el sindicato más grande y rudo del estado —los guardias de prisiones— al mismo tiempo que me oponía a mis más fuertes partidarios en la aplicación de la ley, como los alguaciles y los jefes de policía. Propusimos considerar la mayoría de los delitos no violentos como ofensas menores, enviar más presos fuera del estado y crear alternativas a la prisión para los delincuentes de bajo riesgo, como el seguimiento por GPS y el arresto domiciliario. Ganamos batallas importantes en ambos frentes pero aun así los costos del sistema carcelario aumentaron. De hecho, estábamos gastando más en prisiones que en universidades.

Las batallas por el presupuesto se convirtieron como la película *El Día de la Marmota*. Tan pronto terminábamos con todo el proceso de negociación y reducción de un presupuesto, los ingresos del estado eran incluso inferiores a los previstos y teníamos que empezar de nuevo.

La peor época fue al comienzo de 2009. Los presupuestos se negocian normalmente en junio (y muchas veces durante todo el verano, una y otra vez…) pero el panorama financiero de California se deterioró tan rápidamente durante la crisis mundial que convoqué a la Legislatura a una sesión especial y sostuvimos negociaciones sobre el presupuesto durante la Navidad. No solo se trataba del déficit. Teníamos también un problema de caja. El estado se estaba quedando sin dinero y corría peligro de tener que emitir pagarés para pagar las cuentas.

Procuré hacer los recortes con rapidez siempre que pude. Esto se debía en parte a mi filosofía: cuando gastas más dinero del que recibes, simplemente recortas los gastos. Es muy simple. En cuanto al presupuesto, mientras más rápido hagas los recortes, menos drásticos tendrán que ser. Sin embargo, las cifras preocupantes tuvieron el efecto contrario en la Legislatura, que se paralizó. Las conversaciones se prolongaron hasta enero y luego hasta febrero. Los presioné para que hicieran algo. Coloqué un aviso afuera de mi oficina que decía «La Legislatura no logra actuar». Conté el número de días y calculé el incremento en la deuda adicional por cada día que no se hacía nada con respecto al presupuesto.

A mediados de febrero, cuando negociábamos tarde en la noche, a veces me recordaba a mí mismo que eso no era nada comparado con estar hasta el cuello en el fango de una selva helada durante el rodaje de *Predator* o bajando escaleras en un Cadillac en *The 6th Day* y pensaba: «Las negociaciones presupuestarias no son diferentes de las agotadoras sesiones de cinco horas levantando pesas en el gimnasio». La emoción que se siente al hacer ejercicio es que, con cada repetición dolorosa, das un paso más para alcanzar tu meta.

Aun así, el peso de la crisis puso mi optimismo a prueba. El momento más duro para mí fue después de una conversación con Warren Buffett. Yo lo llamaba periódicamente para preguntarle cómo veía él la situación más allá de California, donde él tenía una visión mucho más amplia que yo. Además de las medidas de estabilización de emergencia, la administración de Obama estaba implementando medidas adoptadas bajo el gobierno del presidente Bush, y yo quería que Warren me dijera cuándo tendrían un efecto.

—La economía de esta época es como una pelota desinflada. No se recuperará. Cuando se cae hace *¡plaf!* y permanece en el suelo hasta que la recojas y le eches un poco de aire —comentó.

Ese era el panorama general, y no tenía un buen aspecto. Él me explicó lo que quería decir. No solo Estados Unidos había recibido una paliza. Lo mismo sucedía con Alemania, Inglaterra, Francia, India y hasta con China. Esta no era otra recesión más en Estados Unidos.

—Si los activos han perdido el veinte por ciento de su valor, los ingresos procedentes de estos activos serán menores —dijo—. Antes de que realmente puedas comenzar a crecer de nuevo, todo el mundo tendrá que adaptarse a esa realidad. Sostener los valores artificialmente es algo que no funcionará. Cada uno tiene que acostumbrarse a vivir con menos y empezar con una base más pequeña.

—¿Cuánto tiempo durará todo esto?

—Años. Fácilmente hasta el 2013 o 2015.

—¿Hasta 2013? —pregunté, y conté mentalmente: 2009, 2010, 2011, 2012… Si Warren estaba en lo cierto, el crecimiento real sucedería después de mi mandato, que terminaba el 31 de diciembre de 2010. Yo estaría de regreso en mi patio leyendo guiones de cine mucho antes de que terminara este período.

Maria y Susan notaron mi preocupación. Lo que había dicho Buffett significaba tiempos difíciles y menores expectativas para miles de millones de personas, y no solo para los californianos. Corrí la voz: Susan me oyó describirles muchas veces la conversación a los miembros de nuestro personal y legisladores clave. Fue un chequeo valioso de la realidad que nos ayudó a tomar decisiones difíciles e impopulares en los meses posteriores.

De hecho, la crisis financiera requirió el acuerdo más importante y difícil de mi carrera política. Después de meses de negociaciones agotadoras, finalmente llegamos a un acuerdo sobre el presupuesto una noche en febrero de 2009: se trataba de $42 mil millones en ajustes presupuestarios y compromisos costosos en todos los sectores. Los demócratas tuvieron que hacer grandes concesiones en temas importantes para ellos, como la reforma del bienestar social y los permisos de salida de los sindicatos. Y yo les estaba pidiendo a los republicanos que cometieran una herejía, el equivalente a pedirle a un demócrata pro-elección que se convirtiera en pro-vida. Cuando me postulé para la gobernación había prometido no aumentar los impuestos salvo en las circunstancias más adversas. Pero también había jurado hacer lo que fuera lo mejor para el estado, y no para mí ni para ideología alguna. Así que apreté los dientes y firmé un presupuesto que aumentó los impuestos por los dos años siguientes: impuestos sobre la renta, impuestos de ventas e incluso el impuesto de matriculación vehicular. Fue el mismo impuesto de matriculación que le había costado su cargo al gobernador Gray Davis y que yo eliminé en mi primer acto oficial como gobernador.

Tal como lo presentía, caí en las encuestas de opinión como la pelota desinflada de Warren Buffett. Y no fui el único en recibir una paliza: convencí a varios líderes legislativos de ambos partidos de que me acompañaran y todos pagamos un precio. Darrell Steinberg, líder del Senado, y Karen Bass, líder de la Asamblea —demócratas ambos—, aceptaron hacer reformas al sistema de bienestar social (eliminando artículos como los aumentos automáticos según el costo de vida), lo que los hizo muy impopulares con los liberales. Y también despertaron la furia de los sindicatos de empleados públicos al comprometerse a respaldar otra cláusula en la cual insistí: la creación —¡por fin!— de un fondo de reserva que solo podía utilizarse en caso de una verdadera emergencia, si los ingresos caían por debajo de un cierto nivel. Por esto no podía ser atacado con facilidad. Los líderes republicanos pagaron un precio aún más alto. El partido despojó al senador Dave Cogdill de su posición de liderazgo en la noche de la votación y unas semanas después expulsó de su cargo a Mike Villines, el líder republicano de la Asamblea, porque había aceptado un acuerdo que incluía un aumento de impuestos.

Este acuerdo presupuestario de febrero no fue el final de la historia. California tiene tantas fórmulas presupuestarias incluidas en la constitución o dictadas por iniciativas electorales anteriores, que es muy poco lo que se puede hacer en términos fiscales para su aprobación sin tener que recurrir a los votantes. Para completar el proceso tuve que llamar a una elección especial en el mes de mayo.

Esa elección se convirtió en una contienda de la extrema derecha y de la extrema izquierda contra el centro, que estaba dispuesto a apoyar el acuerdo. Los demócratas se opusieron a los demócratas en contra de los recortes de gastos y los republicanos se opusieron a los republicanos en contra los aumentos de impuestos. El acuerdo en sí fue complicado —a nadie le gustó, incluido yo— y esto hizo que fuera vulnerable en términos políticos. Me sentí profundamente frustrado con los líderes

del partido y con la prensa por no haber aclarado la historia del presupuesto y por las realidades ineludibles que nos llevaron a ese punto. Los
sindicatos hicieron una campaña especialmente dura contra el fondo
de reserva debido a las limitaciones que impondría en el gasto.

Me decepcionó la falta de apoyo a los funcionarios electos, entre
ellos yo. Los demócratas y los sindicatos llevaban varios años pidiendo
más ingresos. Y yo, que era republicano, les había concedido los aumentos de impuestos. Y ¿qué hicieron ellos? ¡Oponerse a los aumentos
de impuestos!

Mis habilidades como vendedor me fallaron. Concluí que después de
seis años de tratar que los ciudadanos comprendieran el problema
del presupuesto estatal, ellos no estaban conmigo. Cuando parecía
que íbamos a perder, apelé incluso a tácticas «asustadoras». Presenté
un «presupuesto alternativo» y apocalíptico para mostrarles a los
votantes que se desataría un verdadero caos si no nos apoyaban. La
propuesta contemplaba la liberación de 50.000 prisioneros, el despido
de miles de maestros y de otros empleados públicos, y la venta forzada
de monumentos estatales como San Quintín y el Coliseo Memorial de
Los Ángeles.

Y aun así perdimos. Los votantes rechazaron todas las medidas
clave y, en los próximos meses, el legislador tuvo que lidiar una vez
más con el presupuesto para 2009. Por desgracia, mi visión apocalíptica
no estaba lejos de la realidad. En junio tuve que anunciar recortes de
gastos por $24 mil millones. Miles de maestros y funcionarios públicos
fueron despedidos. El estado tuvo que expedir $2,6 mil millones en
pagarés para pagar sus cuentas, pues otra vez estábamos a un paso de
quedarnos sin dinero en efectivo.

Ese verano sufrimos una pérdida terrible a nivel familiar. Tal como
acostumbraban hacerlo, Eunice y Sarge se fueron de vacaciones a
Hyannis, aunque ya estaban muy frágiles y ancianos: él tenía 93 años y
ella 88. Sarge estaba en una fase tan avanzada del mal de Alzheimer que
ya no reconocía a nadie, ni siquiera a Eunice. Llevaban dos semanas en

Hyannis y el 9 de agosto Eunice fue trasladada de urgencia al hospital de Cape Cod, donde falleció dos días después.

Eunice había ayudado a tantos seres humanos que de todo el mundo llegaron condolencias. Los Kennedy celebraron una misa de réquiem en la misma iglesia donde Maria y yo nos habíamos casado más de 20 años atrás. Y aunque Sarge asistió al réquiem, Teddy no pudo hacerlo porque estaba en la etapa final de un cáncer cerebral: dos semanas después murió en Boston. Fue difícil para mí despedirme de Eunice, pues había sido mi mentora, animadora y la mejor suegra del mundo. Pero mi dolor no fue nada comparado con el de mi esposa. Nunca la había visto tan triste. Tuvimos largas conversaciones sobre su madre, pero ella solo quiso hablar públicamente de su dolor dos meses después, en la conferencia femenina.

—Cuando la gente me pregunta, digo que estoy bien, que estoy resistiendo —les dijo a las miles de asistentes que se habían reunido en la Arena de Long Beach—. Pero lo cierto es que no lo estoy. La verdad es que la muerte de mi madre me ha dado muy duro. Era mi heroína, mi modelo a seguir, mi mejor amiga. Hablé con ella todos los días de mi vida. Me esforcé mucho mientras crecí para que se sintiera orgullosa de mí.

Ese otoño fui a Dinamarca en una misión: sabía que mi suegra se habría sentido muy orgullosa de mí. Eunice y Sarge no dudaron en traspasar límites o romper con las barreras burocráticas cuando se trataba de hacer un trabajo importante en favor de otras personas. Fue así como Eunice creó las Olimpiadas Especiales y que Sarge creó los Cuerpos de Paz. El Secretario General de las Naciones Unidas Ban Ki-moon y yo habíamos estado trabajando en una respuesta ambiciosa al calentamiento global. Él quedó tan impresionado por la iniciativa de California sobre el cambio climático que me invitó a hablar en la sesión de apertura de las Naciones Unidas en otoño. Esto puso a California en el escenario mundial y nos dio la oportunidad de contribuir a un importantísimo debate internacional.

La Conferencia de las Naciones Unidas sobre el cambio climático en Copenhague estaba destinada a ser la reunión más importante sobre el calentamiento global desde la finalización del Protocolo de Kyoto en 1997. Después de varios años de conferencias, programas ambientales y debates, los líderes de más de 170 naciones asistieron a Copenhague para negociar un plan de acción. Sin embargo, al Secretario General Ban Ki-moon le preocupaba que las perspectivas de un acuerdo entre los países industrializados y los que estaban en vías de desarrollo fueran pocas. Estados Unidos no había ratificado los acuerdos de Kyoto, y China y la India habían dejado claro que no querían que Europa o los Estados Unidos dictaran sus políticas sobre el clima: los problemas seguían y seguían.

Desde su visita a San Francisco en 2007, Ban Ki-moon había observado con gran interés que California había establecido coaliciones cada vez más amplias con otros estados de los Estados Unidos y con partícipes «subnacionales» en el extranjero. La Iniciativa Climática de Occidente, nuestro programa regional de límites máximos y comercio de emisiones de carbono, se había ampliado para incluir a siete estados de los Estados Unidos y a cinco provincias del Canadá. Y nuestra segunda Cumbre de Gobernadores sobre el Clima Global a finales de 2009 reunió a gobernadores y dirigentes provinciales de los seis continentes, a pesar de la recesión mundial.

Este movimiento «subnacional» sobre el cambio climático había establecido alianzas con varios países en vías de desarrollo. Washington y Pekín todavía estaban en un punto muerto a nivel nacional sobre cuestiones climáticas pero estaban dispuestos a que pudiéramos establecer conexiones interregionales. California ya había firmado acuerdos con la ciudad de Shanghai y con varias de las provincias más industrializadas de China con el objetivo de reducir los gases de efecto invernadero y de cooperar en proyectos de energía solar y eólica, autobuses eléctricos y trenes de alta velocidad.

A medida que se propagaban las noticias sobre estos acontecimientos, la comunidad a favor del medio ambiente empezó a sentir que había una oportunidad enorme. Ban Ki-moon se mostró receptivo cuando calificó la estrategia de California como el Plan B para Copenhague y para complementar el esfuerzo principal de las Naciones Unidas a fin de abordar el cambio climático.

—Incluso si las negociaciones llegaran a un punto muerto —dije—, la conferencia no tiene por qué parecer un fracaso. Se puede decir que, aunque los gobiernos nacionales no han avanzado, hemos obtenido grandes éxitos en el frente subnacional y que seguiremos esforzándonos.

Todos los grandes movimientos de la historia —los derechos civiles, el sufragio femenino, la campaña contra el *apartheid*, la seguridad de los trabajadores— comienzan en el más bajo nivel y no en lugares como Washington, París, Moscú o Pekín. Esa fue mi inspiración para tratar de abordar el cambio climático. Por ejemplo, cuando redujimos la contaminación en un 70% en Long Beach, el segundo puerto de mayor tráfico en los Estados Unidos, Washington no nos dijo que lo hiciéramos. Se trató de una iniciativa nuestra. Aprobamos leyes que les prohibían a los camioneros desperdiciar combustible y les dimos incentivos fiscales para cambiar a motores eléctricos, diesel limpio o híbridos. Del mismo modo, California construyó la «Carretera de Hidrógeno», lanzó el programa «Un millón de techos solares» y se comprometió a reducir radicalmente sus emisiones de gases, todo sin tener que esperar a Washington. Así que si podíamos implementar una multitud de proyectos de este tipo en todo el mundo, haciendo que la gente se involucrara, que las empresas se involucraran, que las ciudades se involucraran, que los estados se involucraran, los gobiernos nacionales podrían responder.

Esa fue la idea que llevó a los dirigentes nacionales a reunirse en Copenhague. Llevamos a cabo una conferencia de prensa después del discurso, pero lo hicimos en un hotel que no estaba asociado con la conferencia para dramatizar el mensaje:

—Mientras que los gobiernos nacionales se reúnen allá, nosotros estamos aquí. Ustedes deben prestarnos mucha atención a nosotros y también a ellos. No a nosotros *en lugar* de ellos porque somos los jugadores suplentes y ellos, los protagonistas. Pero sin los jugadores suplentes, ellos no lo lograrán.

Tal como lo habían previsto los pesimistas, no se llegaron a acuerdos vinculantes en la cumbre de Copenhague. El presidente Obama acaparó los titulares con su dramática intervención personal y su esfuerzo para negociar un acuerdo de once horas con China, India, Sudáfrica y Brasil. Nuestra iniciativa no bastó para cambiar el curso de los acontecimientos pero sí para añadirle una dimensión nueva y crucial al debate. Ban Ki-moon y yo nos hicimos buenos amigos y al año siguiente nos unimos para buscar que nuevas formas de gobiernos subnacionales adelantaran políticas sobre el cambio climático. El presidente Obama y yo también nos hicimos amigos. Poco después de su victoria electoral lo felicité en un discurso ante un público republicano, diciendo que yo esperaba que fuera un presidente exitoso porque los californianos se beneficiarían de un liderazgo nacional efectivo. El presidente Obama sabía que yo quería trabajar con él, me invitó a la Casa Blanca y desarrollamos una sólida relación de trabajo. Él sabía de mi historial bipartidista y de los objetivos que compartíamos en el medio ambiente, la inmigración, la infraestructura y la reforma de la salud. También podía confiar en que yo no me iría en su contra cuando regresara a California. Me saludó con un abrazo. Nuestras conversaciones fueron relajadas y llenas de humor, a pesar de que los dos estábamos enfrentando terribles problemas económicos: una recesión, altas tasas de desempleo y déficits enormes.

Mis niveles de aprobación bajaron a 28% en las encuestas de opinión pública en 2009, reflejando el descontento generalizado y la molestia por la economía. Por lo menos mi índice no era tan bajo como el de la Legislatura, que fue del 17%. Yo tenía dos opciones: estar de acuerdo con todos para no tener problemas y tratar de mejorar mis números en las encuestas, o podía seguir luchando para arreglar lo que estaba mal en Sacramento y ver cómo mis índices de aprobación tocaban el suelo.

Decidí luchar. A diferencia de los políticos regulares, yo no tenía nada que perder. Solo me quedaba un año más en mi cargo de gobernador y los límites a los mandatos, así como la constitución, me prohibían buscar otro término como gobernador o presidente del país. Seis años de altibajos me habían forjado como gobernador del mismo modo que los combates en fosas y en la Rueda del Dolor forjaron a Conan. Ahora yo entendía la política y el gobierno y, a pesar de todas las batallas, de la recesión y de los bajos índices de aprobación, me sentí más impulsado que nunca para seguir adelante. Me sentí más como un águila hambrienta que como una oveja mansa. En 2010 me las arreglé para lograr algunos objetivos importantes. Convencí a la Legislatura de que aprobara una vez más una medida de reforma radical del presupuesto, estableciendo límites de gastos y un fondo económico para emergencias. Fue mi última oportunidad para componer un sistema presupuestario. Las medidas aprobadas en el año 2004 eran buenas pero no lo suficientemente radicales como para componer el sistema. La medida bipartidista —cuidadosamente planeada y aprobada por la Legislatura en 2009— fue derrotada por los votantes ya que estaba atada a un «gran compromiso» que incluía aumentos temporales de impuestos. Esta vez —la última y mejor oportunidad que tuvimos de detener de una vez por todas en Sacramento el increíble gasto deficitario— convencí a una Legislatura agotada para que incluyera de nuevo la medida en la tarjeta electoral (sin los odiados aumentos de impuestos), a pesar de que no se votaría hasta después de dejar mi cargo. Prometí recaudar dinero para que fuera aprobada por los votantes contra viento y marea. Después me sentí decepcionado al enterarme de que mi sucesor, el gobernador Brown, firmó un proyecto de ley para eliminar las reformas de la papeleta electoral de 2012 a instancias de los demócratas y los sindicatos. Las encuestas habían demostrado que obtendría una aplastante victoria en esta ocasión (el 84% planeaba votar «Sí», de acuerdo con el grupo Think Long). Al final, la política de siempre rescató a la derrota de las fauces de la victoria. (La iniciativa de reforma del presupuesto solo tendría lugar en 2014).

En el otoño firmé una histórica reforma de pensiones que revertía algunos de los peores excesos que amenazaban al estado con la bancarrota. Luego de eliminar una gran cantidad de trámites burocráticos, construimos muchísimas plantas de energía solar en California: más de cinco mil megavatios solo en 2009 (100 veces más del total permitido un año antes en los Estados Unidos) y California comenzó a ser llamada la Arabia Saudita de la energía solar. Actualmente el estado se dispone a construir el proyecto más grande de energía solar en todo el mundo. Logré un acuerdo con el gobierno federal y con el estado de Oregón para eliminar presas en el río Klamath y sectores aledaños, siendo la mayor eliminación de presas y restauración de un río en la historia de los Estados Unidos. Adoptamos las primeras Normas de Construcción Verde del país, requiriendo que todos los nuevos edificios en California cumplan con una estricta eficiencia energética y normas de desarrollo sostenible.

En 2010 me uní también con la NAACP y con Arnie Duncan, Secretario de Educación del presidente Obama y obtuvimos una gran victoria en la reforma de la educación, dándoles a los padres el derecho a retirar a sus hijos de las escuelas con resultados deficientes. Los sindicatos de maestros y administradores escolares se opusieron a estas reformas con vehemencia pero la fuerza de ambos partidos —un gobernador republicano haciendo equipo con un presidente demócrata y también con el principal grupo de derechos civiles de los Estados Unidos— fue demasiado, incluso para la central sindical más poderosa del estado.

Sin embargo, la verdadera medida del éxito en 2010 provino de los votantes. Yo era más consciente que nunca de que la clave de una reforma verdadera y permanente consistía en estar en sintonía con los corazones y las mentes de los votantes. En junio, y a pesar de mis bajos niveles de aprobación, los votantes ratificaron la segunda parte de nuestro paquete de reformas políticas: las Primarias Abiertas. En combinación con unos distritos justos y competitivos que aprobamos en 2008, el sistema de primarias abiertas acabaría de una vez por todas con la hegemonía y con los intereses especiales de la extrema izquierda y de la extrema derecha en nuestro sistema electoral. Los dos candidatos más votados en cada primaria se enfrentarían en la elección general sin importar el partido político. Los independientes y los moderados de ambos partidos podrían votar por cualquier candidato que eligieran, acabando así con el dominio absoluto que tenían los extremistas sobre ambos partidos en un sistema de primarias cerradas. Esto fue aprobado por el 54%.

La prueba final llegó en noviembre. Habíamos sacudido tantas cosas en la izquierda y en la derecha con nuestras reformas que nos enfrentamos a tres iniciativas de ley destinadas a derogar nuestras victorias. La primera fue un esfuerzo para revocar la medida de redistribución de los distritos aprobada en 2008. Ambos partidos financiaron la campaña para revocar la medida y devolverles los distritos de forma segura a los titulares. También trataron de derrotar una nueva medida para ampliar unos distritos justos para las elecciones al Congreso. Nancy Pelosi, la presidenta demócrata de la Cámara, hizo que los representantes de California recaudaran cientos de miles de dólares para derrotar esta medida y derogar la nuestra. La batalla estaba en marcha.

La segunda fue un referéndum que los sindicatos incluyeron en la boleta electoral para castigar a las compañías por respaldar mis recortes en el gasto y reformas políticas. El referéndum derogaría las reformas fiscales para las compañías que tanto nos esforzamos en lograr como parte del compromiso en 2009. Por desgracia, esta era una estrategia típica: lograr un acuerdo bipartidista e histórico sobre aumentos de impuestos y reformas fiscales para reducir los costos de las empresas y que luego los sindicatos trataran de derogar las reformas laborales después de que los aumentos de impuestos entraran en vigencia.

La tercera medida era la pieza central. La Proposición 23 fue incluida en la boleta electoral y financiada principalmente por las compañías petroleras de Texas para revocar nuestro compromiso histórico sobre el calentamiento global. Su campaña se aprovechaba de los temores de la gente sobre la economía y sostenía que nuestros esfuerzos sobre el cambio climático podían aumentar incluso más los niveles de desempleo. Saturaron el estado con anuncios de televisión que decían: «Primero los Empleos: Sí a la 23». Nosotros respondimos con una campaña impresionante y poderosa, copresidida por George Shultz; Tom Styer, líder de Clean Tech; y por mi amigo y director ganador del Oscar James Cameron, que recaudó $25 millones. Uno de nuestros anuncios más efectivos mostraba a un niño que tomaba un inhalador y se esforzaba para respirar. No solo logramos que se aprobara la Proposición: lo hicimos por 20 puntos. Acabamos con cualquier esperanza que pudiera tener la industria petrolera de Texas para hacer retroceder el liderazgo de California sobre el cambio climático.

De hecho, los votantes respaldaron cada una de nuestras iniciativas de ese año frente a la oposición apasionada de los partidos políticos, sindicatos y compañías petroleras de Texas: la histórica reforma política, la reforma al impuesto de negocios y el apoyo más fuerte posible a nuestros esfuerzos con respecto al cambio climático. Fue una sensación agradable estar de nuevo en el centro grande y poderoso y contar con el respaldo de los votantes.

Estábamos doblando una esquina. A través de todo California se podía ver el establecimiento de una nueva energía. Una década que había comenzado con apagones y desesperación terminó con el estado aprobando más proyectos de energía renovables que todos los estados del país juntos, y liderando este proceso con determinación. Un estado en armonía con las autopistas y los automóviles estaba liderando a la nación en el desarrollo de combustibles alternativos. Un estado sumido anteriormente en una parálisis estaba destruyendo ahora las estructuras partidarias que protegían a los partidos políticos de los votantes a quienes supuestamente debían representar.

Mi agenda se hizo más ocupada a medida que mi mandato se acercaba al fin. En septiembre, el tramo final de una misión comercial en Asia, me siento orgulloso de decir que encontré la manera de trabajar 36 horas en un sólo día. El miércoles 15 de septiembre comencé a las ocho de la mañana en Seúl con una reunión en la Cámara Americana de Comercio en el Grand Hilton. Luego pasé un tiempo con atletas de las Olimpiadas Especiales, me reuní con los presidentes de Korean Air y de Hyundai Motor, hablé con el alcalde de Seúl, firmé un acuerdo de cooperación comercial entre Corea y California, monté en un tren de alta velocidad, visité una tienda por departamentos y me reuní con las tropas norteamericanas en Corea. Cuando me enteré de una fuerte explosión en el gasoducto de San Bruno, cancelé algunos compromisos y regresé a California cruzando la línea horaria internacional: era nuevamente miércoles por la tarde cuando llegué. En San Bruno visité el lugar de la explosión, fui informado por las autoridades de emergencia y hablé con las víctimas que aún estaban en estado de *shock*. Hablé con las familias que perdieron sus hogares, sus seres queridos y su comunidad. Entre todas las cosas que he hecho en mi vida, nada está más grabado en mi memoria que los ojos de una persona que acaba de perder todo aquello que ama en el mundo.

En diciembre, después de que los votantes eligieron a Jerry Brown para sucederme, y cuando los planes para la transferencia del poder estaban en marcha, un periodista me preguntó por qué no dejaba mi cargo en silencio, como lo hacen la mayoría de los gobernadores después de dos términos agitados. Le dije que mi actitud era acelerar antes de llegar a la meta.

—Hay mucho trabajo que todavía se puede hacer —le dije—. Entonces ¿por qué dejar de trabajar en noviembre o diciembre? No tiene ningún sentido.

El estado aún estaba sumido en la más profunda crisis financiera internacional de la historia moderna y, a pesar de todos nuestros esfuerzos, el próximo gobernador se enfrentaría a un déficit presupuestario continuado, probablemente por dos años más. Yo podría haber ignorado los números cada vez más bajos y dejarle la tarea a Jerry Brown. Los líderes legislativos demócratas sin duda querían que hiciera eso, pues estaban hartos de que yo los presionara para aprobar más recortes de gastos. Pero hubiera sido irresponsable dejar pasar el tiempo sin hacer nada así que convoqué a otra sesión extraordinaria de la Legislatura. Esta vez yo sabía de antemano que la Asamblea Legislativa no haría nada. Estaban sin energías y rezaron para que el nuevo gobernador demócrata llegara en un caballo blanco y aumentara los impuestos, evitándoles tener que hacer más recortes. Se oponían completamente a hacer más recortes, por más que yo les insistiera. Los medios de comunicación escribieron lo obvio: «Empezó con problemas de presupuesto y terminó con problemas de presupuesto».

Así fue. Pero progresamos muchísimo e hicimos historia: reformas a las compensaciones de los trabajadores, reformas a la libertad condicional, reformas a las pensiones, reformas educativas, reformas al bienestar social y reformas presupuestarias. Y no lo hicimos una vez ni dos sino cuatro (y estaré haciendo campaña en 2014 para asegurarme de que los votantes aprueben las reformas presupuestarias). Nos convertimos en líderes internacionales en materia de cambio climático y energías renovables, en líderes nacionales en la reforma de la salud y en la lucha contra la obesidad: Pusimos en marcha la mayor inversión en infraestructura en varias generaciones, abordamos el tema político más espinoso de California —el agua— y causamos el mayor revuelo al hacer las reformas políticas más importantes desde que Hiram Johnson fuera gobernador. Logramos todo esto mientras afrontábamos la mayor catástrofe económica desde la Gran Depresión.

No niego que ser gobernador fue más complejo y desafiante de lo que había imaginado. Un incidente en particular se destaca por la brecha que muestra entre lo que piensa la gente que puedes hacer por ellos y la realidad que enfrenta un gobernador. Durante la terrible sequía de 2009 fui a hablar con los agricultores de Mendota, en el Valle Central. Era una de las ciudades más afectadas por la doble crisis: la económica y la sequía devastadora: La producción agrícola se encontraba en un punto muerto, los cultivos estaban cubiertos de polvo y la tasa de desempleo era del 42%. Necesitábamos más agua del delta Sacramento-San Joaquín. Pero los ambientalistas argumentaron que el desvío del agua pondría en peligro un pequeño pez llamado el eperlano delta y un juez federal ordenó que no tocáramos el agua. El gobierno federal creía que el eperlano necesitaba una mayor protección que los agricultores.

Los campesinos estaban manifestando con pancartas que decían «Enciendan las bombas de agua» y me mostraron sus cultivos polvorientos. Ellos les decían a los medios de comunicación cosas como: «Que me cuelguen si voy a dejar que un pequeño pez se lleve toda mi agua. Vamos a luchar contra el gobierno hasta el final».

Yo les dije que estábamos negociando con Salazar, el Secretario del Interior. «Estas cosas requieren tiempo y paciencia», señalé.

Un granjero se puso de pie y me preguntó: «¿Cómo puedes decir eso? ¿Por qué no vas y abres la válvula? Anda y ábrela».

Comprendí que la gente tenía la imagen de que yo podía hacer a un lado al juez federal, al guardia en la estación de bombeo, subir a esa enorme válvula, romper la cadena y girar la rueda, liberando un torrente de agua en la tierra y convirtiéndola en un campo verde y exuberante, logrando que los agricultores pudieran trabajar de nuevo. Pero yo no podía hacer eso en la vida real. Ese es el problema de presentarte como el *governator*. Puedes hacer milagros, pero no eres Superman. En realidad tuvimos que presionar y persuadir al Departamento del Interior durante varios meses y hacer algunas negociaciones delicadas con la administración de Obama para abrir esa válvula de agua.

Como gobernador, no eres ni un campeón solitario ni una estrella. Tienes que trabajar con la Legislatura, con las Cortes, con la burocracia y con el gobierno federal, por no mencionar a los votantes.

La política se asemeja mucho a cuando alguien es levantado por una multitud en un concierto. Muchas manos están extendidas y te llevan de un lado a otro: a veces terminas donde quieres ir pero otras veces no. Sin embargo, comparado con hacer una película, la satisfacción es mucho más grande y duradera cuando logras algo en el gobierno. En una película estás entreteniendo unas pocas horas a la gente en una sala oscura. En el gobierno estás afectando vidas enteras e incluso generaciones.

Siempre fue una sensación sumamente extraordinaria llegar a un acuerdo, cuando el poder legislativo o los electores aprobaban alguna medida. Yo encendía un cigarro, luego sacaba mi lista de cosas por hacer y tachaba un artículo. Aunque me gustaría haber podido tachar más artículos de la lista, me siento bien con lo que hicimos.

Maria también señaló que el desafío había valido la pena y dijo en una conferencia de salud en 2010:

—Me gustaría admitir hoy que me equivoqué hace siete años al tratar de convencer a Arnold para que no se postulara como gobernador: Y él hizo bien en no escucharme. El hecho es que yo no quería que Arnold se postulara porque no me gustaba haber crecido en una familia política. Tenía miedo de que sucediera algo malo. Tenía miedo de lo desconocido. Y resulta que Arnold tenía razón en seguir su sueño y postularse. Él ha amado ese trabajo más que cualquier otra cosa que haya hecho en la vida. Terminó siendo el reto perfecto para su intelecto, su amor por la gente, su pasión por la política pública y para su vena competitiva. Nunca lo he visto más feliz o más pleno. Aun con todos los altibajos de los últimos siete años, él dice que si tuviera que hacerlo otra vez, lo haría sin pensarlo dos veces. Yo le creo sinceramente. Nunca pensé decir esto, pero le doy las gracias a él por no haberme escuchado.

Yo tenía más suerte de la que merecía teniendo una esposa como ella.

CAPÍTULO 29

El secreto

DURANTE MIS ÚLTIMOS MESES agitados como gobernador, Maria y yo acudimos a un consejero matrimonial. Maria quería hablar sobre el final de mi mandato, y nos enfocamos en las cosas que enfrentan muchas parejas en la edad mediana, como el hecho de que nuestros hijos estaban empezando a independizarse. Katherine ya tenía 21 años, cursaba su tercer año en la Universidad del Sur de California, y Christina estaba en su segundo año en la Universidad de Georgetown. Al cabo de pocos años, Patrick y Christopher también se irían de la casa. ¿Cómo sería entonces nuestra vida?

Pero cuando Maria pidió la cita la misma mañana después de que dejé mi puesto y me volví un ciudadano privado de nuevo (un martes), me di cuenta de que había algo diferente. Ella tenía algo muy concreto en su mente.

La oficina del consejero matrimonial estaba tenuemente iluminada, con colores neutros y una decoración minimalista, y no era el tipo de lugar donde me gustaría pasar mucho tiempo. Había un sofá, una mesa de café y la silla del terapeuta. En el instante en que nos sentamos, el consejero se volvió hacia mí y me dijo:

—Maria quería venir hoy para preguntarte por un niño y saber si has tenido un hijo con Mildred, tu empleada doméstica. Ella quería venir por eso. Así que hablemos.

Inicialmente, cuando el tiempo parecía haberse detenido, me dije: «Bueno, Arnold, tú querías decírselo. ¡Sorpresa! Tendrás que hacerlo ahora. Es el momento. Tal vez sea la única oportunidad en la que tengas el valor para hacerlo».

—Es cierto —le dije al consejero, y luego miré a Maria—. Es mi hijo. Sucedió hace catorce años. No lo supe al principio pero lo sé desde hace varios años.

Le dije cuánto lamentaba esto, que me había equivocado mucho, que era culpa mía. Me desahogué y le conté todo.

Fue una de esas cosas estúpidas que me había prometido no hacer nunca. En toda mi vida nunca tuve nada con ninguna de nuestras empleadas. Aquello sucedió en 1996, cuando Maria y los niños habían salido de vacaciones y yo estaba en la ciudad terminando de rodar *Batman y Robin*. Mildred llevaba cinco años trabajando en nuestra casa y de repente estuvimos solos en la casa de huéspedes. El siguiente agosto, cuando Mildred dio a luz, bautizó al niño Joseph y registró a su marido como el padre. Eso es lo que yo quería creer y lo que yo creí durante varios años.

Joseph iba a nuestra casa y muchas veces jugaba con nuestros hijos pero solo noté el parecido entre él y yo cuando ya era gobernador. Él ya había entrado a la escuela y Mildred nos mostró las fotos más recientes de él y de sus otros hijos. El parecido era tan fuerte que concluí que había pocas dudas de que no fuera hijo mío. Aunque Mildred y yo escasamente hablamos de eso, desde ese momento en adelante le pagué los estudios y le ayudé económicamente con él y sus otros hijos. Su marido la había dejado unos pocos años después del nacimiento de Joseph, pero su novio Alex se había convertido prácticamente en su padre.

Maria me había preguntado muchos años antes si Joseph era hijo mío. En ese momento yo no sabía que era su padre y lo negué. Mi impresión ahora es que ella lo había hablado con Mildred, que en esa época llevaba casi 20 años trabajando en nuestra casa. En cualquier caso, muy poco de lo que tenía que decir pareció ser una novedad para Maria. El tema estaba en la mesa y ella quería respuestas.

—¿Por qué no me lo dijiste antes? —me preguntó.

—Por tres razones —le dije—. La primera es que no sabía cómo decírtelo. Me sentía muy avergonzado, no quería herir tus sentimientos ni que peleáramos. La segunda es que no sabía cómo decírtelo y mantenerlo en privado, pues tú le cuentas todo a tu familia y mucha gente lo sabría. Y la tercera es que el secreto es una parte de mí. Guardo las cosas para mí mismo sin importar lo demás. No soy una persona que haya sido educada para hablar.

Dije esto para beneficio del consejero, que no me conocía bien.

Yo podría haberle dado diez razones más y todas habrían parecido muy flojas. El hecho era que les había hecho daño a todos los involucrados y que debía haberle dicho esto a Maria desde mucho tiempo atrás. Pero en lugar de hacer lo correcto puse la verdad en un compartimento mental y la cerré con llave para no tener que lidiar todos los días con ella.

Normalmente yo trataba de defenderme. Pero ahora no. Traté de cooperar en todo lo que pudiera. Le dije a Maria que yo había metido la pata y que no debía sentir que esto tenía algo que ver con ella.

—La embarré, eres una esposa perfecta. No lo hice porque algo estuviera mal entre nosotros ni porque te fuiste de casa una semana ni nada de eso. Olvídate de todo eso. Te ves fantástica, eres sexy y estoy locamente enamorado de ti. Tanto como lo estuve en nuestra primera cita.

Finalmente Maria decidió que debíamos separarnos. Yo no podía culparla. No solo la había engañado con el tema del niño sino que además Mildred había seguido trabajando todos esos años en nuestra casa (aunque luego decidió renunciar). Maria y yo logramos un acuerdo que no perturbara mucho a los niños. Aunque nuestro futuro como marido y mujer era incierto, ambos sentimos que todavía éramos padres y que seguiríamos tomando juntos todas las decisiones sobre nuestra familia.

La crisis de nuestro matrimonio hizo que ese año fuera aún peor para Maria, que todavía estaba en duelo por la muerte de su madre, acaecida 15 meses antes. Además ella y sus hermanos habían tomado la difícil decisión de internar a Sarge, ahora con 95 años, en un centro especializado.

Apenas habíamos comenzado a concretar nuestra separación y a contarles a nuestros hijos cuando Sarge falleció. Fue una pérdida terrible. Sarge era el último de esa generación de grandes personalidades del clan Kennedy-Shriver. El réquiem, oficiado el 22 de enero en Washington, tuvo lugar casi 50 años después de que Sarge fundara los Cuerpos de Paz. Joe Biden, Michelle Obama, Bill Clinton y muchos otros líderes asistieron a la misa, y Maria le hizo un homenaje a su padre con una remembranza elocuente y conmovedora, durante la cual dijo que Sarge les había enseñado a sus hermanos a respetar a las mujeres. Eso pudo haber sido una especie de indirecta hacia mí, pero yo había oído a Maria elogiar a su padre con palabras similares en muchas ocasiones.

Después del entierro, Maria regresó a Los Ángeles conmigo y con los chicos, a excepción de Christina, que viajó a Georgetown. Mantuvimos nuestra separación en silencio. Ella se mudó en abril a un condominio asociado a un hotel cerca de nuestra casa, donde había un montón de espacio para los niños, quienes iban y venían entre las dos casas.

Me pregunté qué me había llevado a ser infiel y cómo no le conté a Maria de Joseph en todos esos años. Mucha gente, sin importar cuán exitosos sean o no en la vida, toman decisiones estúpidas relacionadas con el sexo. Piensas que vas a salirte con la tuya haciendo caso omiso de las reglas, pero la realidad es que tus actos pueden tener consecuencias duraderas. Probablemente mi educación y el hecho de haberme ido de casa a una edad temprana, también tuvo un efecto en esto. Me endureció emocionalmente y moldeó mi conducta de modo que fuera menos cuidadoso con las cosas íntimas.

Mi motivación nunca ha sido normal. Por lo general ha sido una fortaleza. En este caso fue una debilidad terrible, una de la que siempre me arrepentiré.

Como le dije al consejero, el secreto es una parte de mí. Aunque me gusta y anhelo compañía, una parte de mí siente que tengo que sortear las grandes tormentas de la vida por mi propia cuenta. Siempre me he guardado para mí mismo los momentos clave de mi vida, como cuando decidí postularme como gobernador hasta que estuve en el escenario con Jay Leno. He utilizado el secreto —y la negación— para afrontar retos difíciles, como cuando quise guardar para mí mismo mi cirugía del corazón y fingir que era solo una especie de vacaciones. Y aquí estaba yo, utilizando el secreto para no tener que confesar algo que sabía que le haría daño a Maria, a pesar de que el encubrimiento agravaría el problema en última instancia. Cuando tuve la certeza de que Joseph era hijo mío, no quise que esta situación afectara mi capacidad de gobernar con eficacia. Decidí ocultárselo no solo a Maria sino también a mis colaboradores más cercanos. Políticamente no creí que fuera asunto de nadie porque yo no había hecho campaña a favor de los valores familiares. Ignoré el hecho de haber defraudado a la gente como esposo y como padre, como un hombre con una familia y una esposa. Los defraudé a todos. También a Joseph, pues no estuve disponible para él como el padre que un niño necesita. Yo quería que Mildred siguiera trabajando en nuestra casa porque pensé que podía controlar mejor la situación de esa manera, pero eso también estuvo mal.

El mundo solo se enteró en mayo de que Maria y yo nos habíamos separado cuando *Los Angeles Times* nos llamó para hacernos preguntas. Respondimos con una declaración: que nos habíamos «separado de manera amistosa» y que estábamos trabajando por el futuro de nuestra relación. Como era de esperarse, la noticia desató un frenesí en los medios, amplificada por el hecho de que no habíamos explicado la causa de nuestra separación.

El terapeuta creía que debíamos incluir la causa «para que quede claro quién es la víctima y quién ha causado daño». Yo me opuse, alegando que ya no era un funcionario público y que no estaba obligado a compartir mi vida privada con nadie. Sin embargo, también tuve que reconocer: «He dejado que el público sepa todo de mí. ¿Por qué, entonces, ocultar el lado negativo?» Pero si yo iba a hablar de mala conducta, quería hacerlo cuando me pareciera más conveniente.

Era absurdo pensar que yo tendría otra opción. La gente hablaba, escribía correos electrónicos. Pocos días después *The Movie Channel* comenzó a hacer preguntas acerca de un hijo nacido fuera del matrimonio y el diario *Los Angeles Times* retomó la historia.

Un día antes de que se publicara la noticia, un periodista llamó para avisarnos y pedirnos un comentario. Mi respuesta decía básicamente: «Entiendo y merezco sentimientos de rabia y decepción por parte de mis amigos y familiares. No hay excusas y asumo toda la responsabilidad por el daño que he causado. Me he disculpado con Maria, con mis hijos y con mi familia. Lo siento de verdad. Les pido a los medios de comunicación que respeten a mi esposa e hijos durante esta etapa extremadamente difícil. Aunque yo merezco sus preguntas y críticas, mi familia no». Yo quería proteger la privacidad de mi familia, algo que sigue siendo una de mis prioridades en la actualidad.

Y entonces, sabiendo que la historia sería divulgada al día siguiente por la mañana, tuve que contárselo a mis hijos. Se lo dije a Katherine y a Christina por teléfono porque estaban en Chicago con Maria para el programa de despedida de Oprah Winfrey. Patrick y Christopher estaban en casa conmigo, así que les pedí que se sentaran y se los dije cara a cara. En cada una de las conversaciones expliqué que había cometido un error. Dije: «Lo siento por él. Ocurrió hace 14 años con Mildred, ella quedó embarazada y ahora hay un niño que se llama Joseph. Esto no cambia mi amor por ustedes y espero que no cambie su amor por mí. Pero eso es lo que sucedió. Lo siento muchísimo. Tu madre está muy molesta y decepcionada. Voy a trabajar muy duro para que todos estemos juntos de nuevo. Será un momento difícil y espero que las cosas no sean demasiado terribles con sus compañeros de escuela, con los padres cuando vayan a las casas de sus amigos, cuando vean televisión o lean los periódicos».

Debería haber añadido: «O navegar en Internet» porque una de las cosas que Katherine y Patrick hacían primero era entrar a Twitter y decir cómo se sentían. Patrick citó la canción de rock «Where'd You Go». «Algunos días te sientes como una mierda, algunos días quieres olvidarte y solo ser normal por un rato», Y agregó: «Sin embargo, amaré a mi familia hasta que la muerte nos separe». Katherine escribió: «Definitivamente esto no es fácil pero agradezco su amor y apoyo mientras comienzo a sanar y a avanzar en la vida. ¡Siempre amaré a mi familia!».

Pasaron algunas semanas antes de que ellos empezaran a confiar en el hecho de que nuestra familia no se había desintegrado totalmente. Nuestros hijos veían que Maria y yo hablábamos casi todos los días sobre temas importantes que tenían que ver con la casa, los asuntos financieros y con ellos. Nos veían salir a almorzar o a cenar. Patrick y Christopher empezaron a vivir entre las dos casas. Todo esto ayudó a restaurar un poco la estabilidad. También lamenté el impacto que esto tuvo sobre Mildred y Joseph. Ellos no estaban acostumbrados a vivir en el ojo público y de un momento a otro se vieron asediados por reporteros de programas de chismes y tabloides, y por abogados sedientos de publicidad. Mantuve contacto con Mildred y le ayudé a conseguir un lugar más privado. Ella no tuvo una actitud negativa y manejó la situación con honestidad. Cuando dejó de trabajar con nosotros, les dijo a los medios de comunicación que habíamos sido justos con ella.

Aunque Maria y yo seguimos separados, intento tratarlos a todos como si aún estuviéramos juntos. Maria tiene derecho a estar muy decepcionada y a no volver a verme del mismo modo. El carácter público de nuestra separación hace que esta sea doblemente difícil para nosotros. El divorcio sigue adelante pero todavía tengo la esperanza de que Maria y yo podamos volver a estar juntos como marido y mujer y como una familia al lado de nuestros hijos. Puedes decir que se trata de una negación, pero así es como funciona mi mente. Todavía estoy enamorado de Maria. Y soy optimista. Toda mi vida me he centrado en los aspectos positivos. Me siento optimista con respecto a la posibilidad de que estemos juntos de nuevo.

Durante este último año, Maria me ha preguntado en ciertas ocasiones: «¿Cómo puedes seguir adelante con tu vida cuando siento que todo se ha derrumbado? ¿Cómo es posible que no te sientas perdido?». Obviamente ella sabe la respuesta, pues me entiende mejor que nadie. Tengo que seguir adelante. Y ella también tiene que hacerlo e involucrarse cada vez más en las causas relacionadas con sus padres. Ella ha viajado por todo el país promoviendo la lucha contra el Alzheimer y es muy activa en el panel de las Olimpiadas Especiales. Ahora está ayudando a preparar las Olimpiadas Especiales internacionales de 2015 en Los Ángeles.

Me alegré de tener una agenda apretada después de nuestra separación porque de lo contrario me habría sentido perdido. Seguí trabajando y me mantuve en movimiento. En el verano asistí a una serie de compromisos para hablar en el norte de Estados Unidos y Canadá. Fui con Jim Cameron al río Xingú en Brasil, a la fiesta del cumpleaños 80 de Mijail Gorbachov en Londres, a Washington D.C. para celebrar una cumbre sobre inmigración y a Cannes para recibir la medalla de la Legión de Honor y promover nuevos proyectos. Sin embargo, y aunque estaba tan ocupado como nunca, sentía como si me faltara algo. Lo que había hecho que mi carrera fuera divertida durante más de 30 años era haberla compartido con Maria. Lo habíamos hecho todo juntos y ahora me parecía que mi vida estaba descentrada. No había nadie cuando yo llegaba a casa.

Cuando estalló el escándalo en la primavera de 2011 yo tenía programado dar el discurso principal en un foro internacional de energía en Viena, organizado con el Programa de Desarrollo de las Naciones Unidas. Me preocupaba que el frenesí de los medios de comunicación obstaculizara mi efectividad como un campeón del medio ambiente y esperaba incluso que me cancelaran la invitación. Pero los organizadores de Viena dijeron que querían seguir adelante.

—Es un asunto personal —dijeron—. No creemos que vaya a afectar el buen ejemplo que has dado en las políticas ambientales. El millón de techos solares no serán desmontados…

En ese discurso prometí que mi misión sería convencer al mundo de que una economía mundial verde es deseable, necesaria y viable.

Yo sabía que quería retomar mi carrera en el entretenimiento después de marcharme de Sacramento. No había recibido ningún salario durante mis siete años como gobernador y ya era hora de volver al trabajo remunerado. Pero la embestida mediática de abril y mayo hizo que esto fuera imposible por el momento. Para mi vergüenza y arrepentimiento, las consecuencias dolorosas del escándalo trascendieron más allá de mi familia y llegaron a muchas de las personas con las que yo trabajaba.

Anuncié que iba a suspender mi carrera para ocuparme de asuntos personales. Pospusimos *The Governator*, una serie de dibujos animados y comics en los que había estado colaborando con Stan Lee, el legendario creador de Spiderman. Otro proyecto que se descarriló fue *Cry Macho*, una película que había querido hacer mientras estuve en la gobernación. Al Ruddy, el productor de *El padrino* y de *Million Dollar Baby*, me había esperado varios años para hacer esta película. Pero después de que estalló el escándalo, el material quedó demasiado cerca de casa: la trama gira en torno a la amistad de un entrenador de caballos con un chico latino y despabilado de 12 años. Llamé a Al y le dije: «Tal vez alguien más pueda protagonizarla, no me importa, o puedes esperarme un poco más».

Él ya había hablado con los inversionistas. «Harán cualquier otra película contigo. Pero no ésta», me dijo.

Al igual que sucedió después de mi cirugía del corazón, Hollywood se echó atrás en un principio y el teléfono dejó de sonar. Pero en el verano, mi sobrino Patrick Knapp, quien actúa como mi abogado de entretenimiento, me informó que los estudios y los productores habían empezado a llamar de nuevo.

—¿La carrera de Arnold todavía está en pausa? —le preguntaron—. Porque tenemos un guion estupendo.

Y le decían a Patrick:

—No tenemos que hablar directamente con Arnold porque entendemos que sigue pasando por la crisis familiar, pero ¿podemos al menos hablar contigo? Tenemos esta gran película que queremos hacer con él.

En el otoño de ese año ya estaba filmando de nuevo películas de acción: *The Expendables II* en Bulgaria con Sylvester Stallone; *The Last Stand* en Nuevo México con el director Kim Jee-Woon; y *The Tomb*, otra película con Stallone, cerca de Nueva Orleans. Me pregunté qué sentiría al estar una vez más frente a las cámaras. Cuando yo era gobernador y visitaba un set de cine pensaba: «Me alegra no estar colgado boca abajo en un arnés rodando una escena de combate». Mis amigos me preguntaban: «¿No extrañas esto?», y yo les decía: «No, en lo absoluto. Me siento muy contento de estar en traje y corbata. Pronto tendré una reunión sobre la educación y los libros de texto digitales, y luego daré un discurso sobre cómo combatir el crimen». Pero el cerebro siempre te da sorpresas. Empiezas a leer guiones y a imaginarte una escena: cómo dirigirla, cómo hacer los trucos, y luego entras en ella y sientes muchos deseos de hacerla. La mente se olvida entonces de la política y se concentra en los nuevos retos.

Sly estaba filmando *The Expendables II* en Bulgaria y cuando fui allá en septiembre de 2011 era mi primera vez de nuevo como actor (a excepción de mi cameo no facturado en *Expendables I*). Llevaba ocho años sin practicar tiroteos ni acrobacias. Los otros héroes de acción veteranos del reparto —Sly, Bruce Willis, Dolph Lundgren, Jean-Claude Van Damme y Chuck Norris— fueron muy amables y solidarios conmigo.

Normalmente una estrella de acción se mantiene en el set practicando artes marciales con aspecto de macho. Sin embargo, estos tipos realmente se lucieron. Alguien venía y me decía: «El seguro de la pistola está aquí… Esta es la forma de cargar los proyectiles…». Me sentí como si me de nuevo me estuvieran recibiendo en el arte de la acción y la actuación.

Las escenas eran difíciles. El trabajo era muy exigente en términos físicos y debías estar en forma porque había que hacer cada truco una y otra vez: estrellarte contra un escritorio, correr con armas, caer al suelo, permanecer acostado mientras te están disparando. Te das cuenta de que hay una diferencia entre tener 35 años y poco menos de 65. Me alegré de que *The Expendables II* fuera una película de conjunto, donde yo era una de las ocho o diez estrellas. Solo estuve cuatro días en el set y nunca sentí que me presionaran para hacer la película.

Viajé de Bulgaria al suroeste de Estados Unidos para filmar *The Last Stand*. En esta película, una gran cantidad de presión recaía sobre mí. De hecho, toda la película había sido escrita para mí. Interpreto a un policía antidrogas de Los Ángeles que está cerca de jubilarse. Decido que no puedo seguir trabajando cuando mi compañero queda inválido luego de un ataque así que regreso a mi ciudad natal, en la frontera entre Arizona y México, y me convierto en alguacil. Entonces una banda de narcotraficantes viene a buscarme después de escapar del FBI. Son criminales endurecidos y ex combatientes militares y se supone que debo impedir que crucen la frontera y se refugien en México, pero solo cuento con tres oficiales inexpertos. Somos el último bastión de la resistencia. Es un gran papel. El alguacil sabe que, si tiene éxito, toda la cuidad habrá triunfado. Su reputación está en juego. ¿Podrá lograrlo?

En cuanto a mi vida real, y sin importar lo que me depare el futuro, siempre estoy ansioso de seguir adelante. No sé exactamente qué forma tendrá mi nueva visión pero sí sé cómo quiero sentirme. Pienso en Sarge y en Eunice, y en la forma en que siempre me animaron a concentrarme en una causa que fuera más grande que yo. Sarge lo dijo mejor en un gran discurso que pronunció en la Universidad de Yale en 1994. Les dijo a los estudiantes que se graduaban: «Lo que cuenta no es lo que obtengan de la vida. ¡Rompan sus espejos! En esta sociedad que está tan absorta en sí misma comiencen a pensar menos en ustedes mismos y más en el prójimo. Sentirán una mayor satisfacción al haber mejorado su barrio, su ciudad, su estado, su país y la vida de sus prójimos de lo que podrían sentir con sus músculos, su figura, su automóvil, su casa o su calificación de crédito. Sentirán una mayor satisfacción al ser pacificadores y no guerreros. Todo el tiempo pienso en esas palabras. Los grandes líderes siempre hablan de cosas que son mucho más grandes que ellos mismos. Dicen que trabajar por una causa que sobrevivirá a ellos es lo que les da sentido y alegría a sus vidas. Mientras más cosas soy capaz de lograr en el mundo, más de acuerdo estoy con eso.

CAPÍTULO 30

Las reglas de Arnold

SIEMPRE QUISE SER UNA inspiración para los demás pero nunca me propuse ser un modelo a imitar en todas las cosas. ¿Cómo podría serlo cuando tengo tantas contradicciones y caminos cruzados en mi vida? Soy un europeo que se convirtió en un líder estadounidense, un republicano que ama a los demócratas, un hombre de negocios que se gana la vida como un héroe de acción, un súper triunfador con una capacidad tremenda de disciplina. Pero no siempre he sido lo suficientemente disciplinado, un experto en acondicionamiento físico que ama los cigarros, un ambientalista que ama las Hummers, un adulto amante de la diversión que tiene el entusiasmo de un niño pero que es más famoso por liquidar personas en sus películas. ¿Cómo podría alguien saber cómo imitarme?

Las personas suponen con frecuencia que de todos modos debo ser un modelo a seguir. Cuando monto en bicicleta alrededor de Santa Monica sin casco, siempre hay alguien que pregunta: «¿Qué clase de ejemplo es ese?». Por lo general, la objeción con respecto a mis cigarros es que llevo varias décadas enfrascado en una cruzada por el acondicionamiento físico. Pero recuerdo que un periodista me dijo una vez en Sacramento:

—Enfocamos la etiqueta de su cigarro con la cámara. Es un Cohiba, un cigarro cubano. Usted es el gobernador. ¿Cómo puede burlar la ley?

—Lo fumo porque es un gran cigarro —le dije.

Lo mismo ocurre con la violencia en el cine. Mato gente en la pantalla porque, a diferencia de los críticos, no creo que la violencia en el cine genere violencia en las calles o en los hogares. De lo contrario no habrían ocurrido asesinatos antes de que se inventara el cine. La Biblia, además, está llena de ellos.

Obviamente quiero dar un ejemplo. Quiero inspirar a los demás para que hagan ejercicio, se mantengan en forma, eliminen la comida chatarra y utilicen la voluntad y la visión para lograr sus metas. Quiero que rompan el espejo, como dijo Sargent Shriver. Que se involucren en el servicio público y den algo a cambio. Quiero que protejan el medio ambiente en lugar de estropearlo. Si eres un inmigrante, quiero que aceptes y acojas a los Estados Unidos. En este sentido, me alegra mucho llevar la antorcha y ser un modelo a seguir para los demás porque siempre he tenido grandes ejemplos: Reg Park, Muhammad Ali, Sargent Shriver, Milton Berle, Nelson Mandela y Milton Friedman. Pero mi meta nunca ha sido dar un ejemplo en todo lo que hago.

A veces prefiero escandalizar a la gente. La rebeldía es una parte de lo que me llevó a marcharme de Austria. Yo no quería ser como los demás. Me creía especial y único, y no el típico Hans o Franz.

Ser provocador es una manera de ser exitoso. El fisiculturismo era un deporte completamente desconocido cuando fui Mr. Olimpia. Nos esforzábamos para obtener la cobertura de los medios de comunicación así que empecé a decirle a la prensa que ejercitar los músculos es mejor que tener un orgasmo. Fue una declaración loca y se convirtió en noticia. La gente escuchó eso y pensó: «Si hacer ejercicio es mejor que el sexo, ¡entonces lo intentaré!».

Nadie podía encasillarme. Cuando yo era gobernador y la gente decía «Esto es lo que hacen los otros gobernadores», o «No puedes hacer eso si eres republicano», o «Nadie fuma en el capitolio porque no es políticamente correcto», tomaba eso como una señal para hacer lo contrario. Si sigues la norma entonces las personas se quejarán de que estás actuando como un político. La forma como funcionó mi oficina de gobernador fue única. Mi forma de vestir, de hablar... Siempre he buscado mi propia manera de hacerlo. La gente me eligió para resolver problemas y crear una visión para nuestro estado, sí, pero también querían que las cosas fueran diferentes. Querían un gobernador *y* un *governator*. Por supuesto, ser diferente es lo mío. Nunca he tenido el mismo cuerpo que los demás ni el mismo coche que los demás. Siempre estoy probando para ver hasta dónde puedo llegar.

Nunca he entendido muy bien esto. Estoy seguro de que un psiquiatra podría divertirse mucho con eso. Sin duda Freud, mi compatriota austriaco, la pasaría bien hablando de cigarros: él también los fumaba. Pero la vida es más rica cuando aceptamos toda nuestra diversidad, aunque no seamos coherentes y lo que hagamos no siempre tenga sentido, incluso para nosotros.

Cuando hablo con estudiantes que se están graduando, siempre cuento una versión abreviada de la historia de mi vida e intento ofrecer lecciones que todo el mundo pueda utilizar: tener una visión, confiar en sí mismo, romper algunas reglas, ignorar a los pesimistas, no tenerle miedo al fracaso. Entretejidos a lo largo de las historias de este libro de memorias, están algunos de los principios del éxito que me han funcionado:

- *Convierte tus pasivos en activos.* Cuando quise convertirme en estrella de cine, los agentes de Hollywood me dijeron que estaba loco. Mi cuerpo y mi nombre y mi acento formaban un paquete demasiado extraño. En lugar de escucharlos, trabajé mucho para mejorar mi acento y mi actuación; trabajé igual de duro de lo que lo hice para convertirme en fisiculturista. Con *Conan y Terminator* me abrí paso: las mismas cosas que los agentes me decían que funcionarían en mi contra y me impedirían conseguir un trabajo, de repente me convirtieron en un héroe de acción. O, como dijo John Milius cuando dirigió *Conan the Barbarian*: «Si no hubiéramos tenido a Schwarzenegger, habríamos tenido que construir uno».

- *Cuando alguien te dice que no, debes escuchar sí.* «Imposible» es una palabra que me encantaba ignorar cuando era gobernador. Me dijeron que sería imposible convencer a los californianos de construir un millón de techos solares, de reformar el sistema de salud y de hacer algo en serio acerca del calentamiento global. Me llamó la atención atacar estos desafíos justamente porque nadie antes había logrado hacerlo. La única forma de hacer que lo posible sea posible es intentando lo imposible. Si fallas, ¿qué más da? Eso lo que todos esperan de ti. Pero si triunfas, entonces harás del mundo un lugar mucho mejor.

- *Nunca sigas a la multitud. Ve a donde no haya nadie.* Como dicen en Los Ángeles: evita la autopista en la hora pico; toma las calles. Evita el cine el sábado en la noche, ve a la matiné. Si sabes que será imposible entrar a un restaurante a las nueve de la noche, ¿por qué no cenar temprano? La gente aplica este tipo de sentido común todo el tiempo, sin embargo lo olvidan cuando se trata de sus carreras. Cuando todos los inmigrantes que conocía estaban comprando casa, yo decidí comprar un edificio de apartamentos. Cuando todo aspirante a actor estaba intentando encontrar un pequeño papel en una película, yo me esperé hasta encontrar un papel protagónico. Cuando todos los políticos empiezan su carrera en un cargo local, yo fui directo a ser gobernador. Será más fácil destacarte si le apuntas directamente a lo más alto.

- *No importa lo que hagas en la vida, vender es parte esencial.* Lograr mi reto de convertirme en Mr. Olimpia no fue suficiente. Tenía que hacer que la gente supiera que existía una competencia que premiaba al hombre más fuerte del mundo. Tenía que enseñarles lo que hace el entrenamiento además de un crear un cuerpo musculoso. Necesitaba que comprendieran que el acondicionamiento físico promueve la salud y mejora la calidad de vida. Se trataba de vender. Las personas pueden ser grandes poetas, grandes escritores, o genios científicos. Puede que hagas el mejor trabajo de todos, pero si las demás personas no lo saben, ¡entonces no tienes nada! En la política es lo mismo. No importa si estás trabajando en temas de política ambiental, o educación o crecimiento económico: lo más importante es que la gente sepa lo que estás haciendo.

Cada vez que conozco a una gran persona —y nunca dejo pasar la oportunidad— trato de preguntarle cómo ha contribuido a una buena causa y averiguo qué es lo que le ha funcionado. Me encanta crear nuevas reglas basándome en mis experiencias y en las de ellos. Eso me inspira y estimula. Así que aquí están diez principios más que quiero transmitir:

1. *Nunca dejes que el orgullo te impida aprender algo nuevo.* Muhammed Alí y yo aparecimos juntos en un montón de programas de entrevistas. Yo lo admiro porque es un campeón, tiene una gran personalidad, es generoso y atento con los demás. Si todos los atletas fueran como él, el mundo sería mejor. Él y yo nos reuníamos y bromeábamos. Una vez me retó a empujarlo contra la pared. Creo que alguien en el boxeo recomendó levantar pesas como George Foreman porque Alí era más conocido por su velocidad y su uso de la psicología. Su idea era ser «fuerte como un toro», «flotar como una mariposa y picar como una abeja», y él quería ver la fuerza que tenía un fisiculturista. Logré empujarlo contra la pared y me dijo: «Guau, el levantamiento de pesas realmente funciona. Genial. Eso es realmente genial».

Él estaba con algunos amigos la próxima vez que lo vi y dijo:

—Miren esto. Oye Arnold, trata de empujarme.

«Debe ser una trampa», pensé. «A nadie le gusta perder delante de sus amigos».

Alí y yo empezamos a forcejear y lo empujé de nuevo contra la pared. «Se los dije chicos, ¡se los dije! Este tipo es muy fuerte. Levantar pesas es una gran cosa», señaló. No le importó perder, solo quería comprobar si el entrenamiento de resistencia funcionaba y si fortalecía las piernas.

2. *No pienses demasiado.* Si piensas todo el tiempo tu mente no podrá relajarse. La clave es dejar que la mente y el cuerpo floten. Y luego, cuando necesites tomar una decisión o abordar un problema difícil, ya estarás listo con toda tu energía. Esto no significa que no debas usar tu cerebro pero una parte de nosotros tiene que actuar de forma instintiva. Al no analizar todo, te deshaces de toda esa basura que te invade y paraliza.

3. *Olvídate del plan B.* Para ponerte a prueba y crecer tienes que actuar sin una red de seguridad. Mis números de opinión pública bajaron mucho en 2004 debido a las iniciativas electorales que había anunciado, donde les pedíamos permiso a los votantes para refinanciar la deuda de $15 miles de millones. Nuestros expertos en el presupuesto ya se estaban frotando las manos.

—¿Qué vamos a hacer si estas iniciativas fracasan? Necesitamos un Plan B.

—¿Por qué adoptar una actitud derrotista? —les dije—. Si no hay Plan B, entonces el Plan A tiene que funcionar. Acabamos de anunciar las iniciativas. Podemos hacer muchas cosas para acercarnos a la meta.

Si estás ansioso, en lugar de hacer planes de emergencia piensa en lo peor que podría sucederte si fracasas. ¿Qué tan malo podría ser? Pronto descubrirás que realmente no se trata de nada. Podrías sentirte humillado si no te atreves a presentarte como candidato a gobernador, pero eso es lo peor que te puede suceder. Piensa en todos los candidatos presidenciales que han perdido las elecciones. La gente entiende que es así como funcionan las cosas. Pensé que si perdía las elecciones simplemente volvería a hacer películas y a ganar un montón de dinero. Sería un hombre libre, comería buena comida y montaría en mi motocicleta. El hecho de que todas mis iniciativas electorales fueron derrotadas en 2005 no me mató. La vida siguió y comandé una fantástica misión comercial a China.

Mis parámetros de la miseria son los tipos que trabajan en las minas de diamantes en Sudáfrica. Los he visitado. Las minas están a 1.400 pies de profundidad, la temperatura es de 110 grados, les pagan un dólar al día y solo pueden ir a sus casas y estar con sus familias una vez al año. Eso es estar con la mierda hasta el cuello. Con cualquier cosa mejor que eso estarás bien.

4. *Puedes recurrir a un humor indignante para ajustar cuentas.* En 2009 mi amigo Willie Brown, el ex alcalde de San Francisco y el presidente de la Asamblea que más tiempo ejerció ese cargo en la historia de California, organizó un evento para recaudar fondos para el Partido Demócrata de California en el hotel Fairmont. Me invitó, pues creyó que me gustaría estar allá.

Me presenté sin avisar y le di a Willie un gran abrazo y un beso delante de todos. La mitad de los demócratas se asustó y la otra mitad se rio. Luego, un asambleísta estatal novato de San Francisco llamado Tom Ammiano se puso de pie en su mesa y gritó: «¡Besa mi trasero gay!». La prensa escribió sobre esto. Ammiano era un comediante profesional, además de político. No hice ningún comentario. «Muy gracioso, ja, ja». Pero me dije: «Llegará el momento en que firmaré proyectos de ley y haré que él promueva uno».

Efectivamente, un par de semanas después recibí un proyecto de ley de Ammiano. Era una medida de rutina sobre los muelles de San Francisco pero significaba mucho para él. Le di instrucciones a mi personal para que escribieran un buen mensaje de veto.

A los Miembros de la Asamblea Estatal de California:

Estoy devolviendo el proyecto de ley 1176 de la Asamblea sin firmarlo.

Durante algún tiempo he lamentado el hecho de que muchos temas importantes hayan sido pasados por alto, al mismo tiempo que he recibido muchos proyectos de ley innecesarios para mi consideración. La reforma del agua, la reforma de las prisiones y de la salud son temas importantes que ha promovido mi administración, pero la Legislatura se ha limitado a ignorarlas.

Sin embargo, han pasado varios años legislativos sin que se aprueben las importantes reformas que los californianos tanto merecen. A la luz de todo esto, y después de pensarlo con detenimiento, creo que es innecesario por el momento firmar esta medida.

Atentamente,

Arnold Schwarzenegger

Nadie comprendió que el mensaje incluía un acróstico: si se leía verticalmente, las primera letras de cada línea formaban las palabras: *Fuck you*. La sugerencia se filtró a algunos reporteros: «¿Estás seguro de haber leído el mensaje de veto del gobernador de la manera correcta? Tal vez deberías leerlo verticalmente». Entonces todos lo vieron y se armó un gran escándalo público.

To the Members of the California State Assembly:

I am returning Assembly Bill 1176 without my signature.

For some time now I have lamented the fact that major issues are overlooked while many unnecessary bills come to me for consideration. Water reform, ..., and health care are major issues my Administration has brought to the ... ature just kicks the can down the alley.

Yet another legislative year has come and gone without ... overwhelmingly deserve. In light of this, and after car... unnecessary to sign this measure at this time.

Sincerely,

Arnold Schwarzenegger

Los periodistas le preguntaron a mi secretaria de prensa si el *Fuck you* había sido intencional y ella respondió: «No, no teníamos ni idea. Debe haber sido un accidente». Pero en la próxima conferencia de prensa que ofrecí, un periodista levantó la mano y dijo: «Le dimos este mensaje a un matemático. Dijo que la probabilidad de que se trate de algo accidental es de más de dos mil millones a una».

—De acuerdo —respondí—. ¿Por qué no vas donde ese mismo experto y le preguntas cuáles son las probabilidades de que un chico granjero de Austria venga a Estados Unidos y se convierta en el campeón de fisiculturismo más grande de todos los tiempos, que entre en el negocio del cine, se case con una Kennedy y luego sea elegido como gobernador del estado más grande de los Estados Unidos? Vuelve a la próxima conferencia de prensa y dime cuáles son las probabilidades.

Los periodistas se rieron. Mientras tanto, Tom Ammiano fue citado diciendo: «Fui un imbécil así que él también tiene derecho a ser un imbécil». Todo el incidente se calmó. (Un año más tarde, después de firmar otro proyecto de ley que él había patrocinado, emití una declaración al respecto que decía verticalmente: «*You're Welcome*» [*De nada*]).

5. *El día tiene 24 horas.* Una vez di una charla en un salón de clases de la Universidad de California y un estudiante levantó la mano y se quejó:

—Gobernador, necesito más ayuda financiera. Usted está aumentando mucho las matrículas.

—¿Qué quieres decir con que están aumentando mucho? —le pregunté.

—Que ahora tengo que trabajar medio tiempo.

—¿Y qué hay de malo en eso?

—¡Tengo que estudiar!

—Vamos a resolver esto. ¿Cuántas horas vas a clases?

—Dos horas un día y tres horas otro día.

—¿Y cuántas horas tienes que estudiar?

—Tres horas diarias.

—De acuerdo. Hasta el momento veo seis horas un día y siete horas el otro incluyendo las horas de viaje. ¿Qué haces con el resto del tiempo?

—¿Qué quieres decir?

—Bueno, el día tiene veinticuatro horas. ¿Alguna vez has pensado en trabajar más? ¿Tal vez en tomar más clases en lugar de desperdiciar tu vida?

La clase se sorprendió al escuchar esto.

—¡No estoy desperdiciando mi vida! —dijo el estudiante.

—Claro que sí. Estamos hablando de seis horas diarias. El día tiene veinticuatro horas así que te quedan dieciocho. Tal vez necesitas seis horas para dormir. Así que si tu trabajo de medio tiempo es de cuatro horas, todavía tienes tiempo para salir, bailar y beber. ¿De qué te quejas?

Les expliqué que, cuando yo estudiaba, entrenaba cinco horas diarias, iba a clases de actuación cuatro horas diarias, trabajaba en la construcción varias horas diarias, iba a la universidad y hacía mis tareas. Y yo no era el único en hacer esto. En mi salón en el college de Santa Monica había personas que tenían trabajos de tiempo completo. Es natural esperar que otra persona pague las cuentas. Y el gobierno debería ayudar en caso de una verdadera necesidad. Si hay una recesión terrible podrás recibir desempleo durante un año pero también tendrías que prepararte y entrenar para un nuevo trabajo en lugar de esperar simplemente. Cuando tienes un trasfondo como el mío y alguien se queja, pierdes la paciencia. Yo he estado ahí, yo lo he hecho y tú también puedes hacerlo. Así que ¡a trabajar!

6. *Repeticiones, repeticiones y más repeticiones*. Cuando entrabas al club de levantamiento de pesas en Graz, donde entrené desde niño, en el lado izquierdo había una pared de madera con marcas de tiza. Era ahí donde anotábamos nuestro programa de entrenamiento cada día. Cada uno de nosotros tenía su propia sección en la pared y antes de quitarte la ropa hacías una lista:

PESO MUERTO:	5 SERIES DE 6 REPETICIONES	/ / / / /
DOS MOVIMIENTOS:	6 SERIES DE 4–6 REPETICIONES	/ / / / / /
PRESS DE HOMBROS:	5 SERIES DE 15 REPETICIONES	/ / / / /
PRESS DE BANCA:	5 SERIES DE 10 REPETICIONES	/ / / / /
CRUCIFIJOS CON MANCORNAS:	5 SERIES DE 10 REPETICIONES	/ / / / /

Y así sucesivamente para un total de unas 60 series. Aunque no sabías qué tanta fuerza ibas a tener ese día, de todos modos anotabas el peso. Después de cada renglón había una hilera de marcas de control, una para cada serie que habías planeado. Si habías escrito cinco series de *press* de banca pondrías cinco líneas en la pared.

Entonces, tan pronto hacías la primera serie, ibas a la pared y cruzabas la primera línea y se convertía en una X. Todas las cinco líneas tenían que quedar convertidas en X antes de pasar a otro ejercicio.

Esta práctica tuvo un gran impacto en mi motivación. Siempre he tenido la percepción visual de «¡Guau! Es un logro, hice lo que me dije que tenía que hacer. Ahora haré la siguiente serie, y luego la otra». Escribir mis metas se volvió algo instintivo. Lo mismo sucedió con la convicción de que no hay atajos. Fueron necesarias cientos e incluso miles de repeticiones para que yo aprendiera a hacer una gran pose de tres cuartos de perfil, contar un chiste, bailar tango en *True Lies*, pintar una hermosa tarjeta de cumpleaños y decir: «Volveré» de la manera adecuada.

Si miras el manuscrito de mi primer discurso ante las Naciones Unidas en 2007 sobre cómo combatir el calentamiento global, esto es lo que verás:

Governor Schwarzenegger
United Nations Speech
September 24, 2007
(Parvin—9/10/07)

(Dear Governor, I talked to Terry and have used language he suggested on pages 5-7, which I think works. With this correction, I don't think we need the sentence on agreements and have deleted it. I also fixed page 12 as you requested. These fixes have changed the pagination for the speech. Landon)

Mr. Secretary General, ~~Madam~~

Mr. President, distinguished delegates, ladies and gentlemen . . . I have come to feel great affection for the peoples of the world/because they have always been so welcoming to me—/whether as a bodybuilder, a movie star or a private citizen.

or as the governor of the great state of California.

Cada barra en la página de arriba señala un ensayo para pronunciar mi discurso. Ya sea que estés haciendo un *curl* de bíceps en un gimnasio donde hace frío o hablando con los líderes mundiales, no hay atajos: todo consiste en repeticiones, repeticiones y más repeticiones.

No importa lo que hagas en la vida, todo se trata de repeticiones o de kilometraje. Si quieres ser bueno para el esquí, tienes que salir a las pistas todo el tiempo. Si juegas ajedrez, tienes que jugar decenas de miles de partidos. En un set de película, la única forma de ser bueno es haciendo repeticiones. Si has hecho las repeticiones, no tienes nada de qué preocuparte. Puedes disfrutar el momento mientras está rodando la cámara. Hace poco, durante el rodaje de *The Tomb* en Nueva Orleans, hicimos una escena con setenta y cinco personas en una pelea de cárcel. La coreografía era tan complicada, con docenas de peleas a puñetazos, combates de lucha libre y guardias de prisión entrando y golpeando a todo el mundo, que sólo los ensayos nos tomaron la mitad del día. Para cuando filmamos, ya todos estábamos agotados pero también listos. La toma fue un éxito. Nos habíamos aprendido los gestos de memoria, y al final parecía una pelea de verdad.

7. *No culpes a tus padres.* Han hecho todo lo posible por ti y, si te han dejado problemas, ahora son tuyos y deberás resolverlos. Tal vez tus padres fueron demasiado protectores: te dieron mucho apoyo y ahora te sientes necesitado y vulnerable en el mundo. No los culpes por eso. O tal vez fueron demasiado duros.

Amaba a mi padre cuando era pequeño y quería ser como él: admiraba su uniforme y su arma y el hecho de que fuera policía. Más tarde detesté lo mucho que nos presionó a mi hermano y a mí.

—Tienen que dar ejemplo en la aldea porque ustedes son los hijos del inspector —nos decía. Teníamos que ser los hijos perfectos, y obviamente, no lo éramos.

Él era exigente, esa era su naturaleza. A veces también era brutal pero no creo que fuera culpa suya. Fue la guerra. Si hubiera llevado una vida más normal habría sido diferente.

Así que me he preguntado muchas veces: «¿Y qué si él hubiera sido más cálido y agradable?». ¿Me habría ido de Austria? Probablemente no. ¡Y ese es mi gran temor!

Me convertí en Arnold por lo que él me hizo a mí. Me di cuenta de que yo podía canalizar mi educación de una forma positiva en lugar de quejarme. Podía utilizarla para tener una visión, fijarme unas metas y encontrar la felicidad. Su dureza me sacó de la casa. Me hizo venir a los Estados Unidos y trabajar para tener éxito, y estoy feliz de haberlo hecho. No tengo por qué lamer mis heridas.

Hay una escena cerca del final de *Conan the Barbarian* que se me quedó grabada para siempre. Quien habla no es Conan sino Thulsa Doom, el brujo, quien obliga a Conan cuando era apenas un niño a ver a su padre siendo devorado por los perros, y mata a su madre delante de él. Mientras Conan se dispone a matarlo y a vengar a sus padres, Thulsa Doom dice: «¿Quién es tu padre si no yo? ¿Quién te dio la voluntad de vivir? Yo soy la fuente de la que brotas».

Por lo tanto, no siempre lo obvio es lo que se debe celebrar. A veces hay que apreciar a las personas y circunstancias que te han traumatizado. Hasta el día de hoy celebro el rigor de mi padre, mi crianza en general y el hecho de que no tuviera nada que me detuviera en Austria, porque fueron los mismos factores que me hicieron sentir hambriento.

8. *Hay que tener cojones para construir.* Durante una misión comercial a Moscú en mi último año como gobernador visité al ex presidente soviético Mijail Gorbachov. Nos habíamos hecho amigos con los años: yo había dado un discurso en su honor y asistí a la fiesta para celebrar sus 80 años en Londres unos meses antes. A los actuales dirigentes de Rusia no les gustó que yo fuera a su casa pero Gorbachov organizó el almuerzo y su hija y varios amigos del Instituto de Gorbachov estuvieron presentes. Comimos durante al menos dos horas y media.

Siempre he idolatrado a Gorbachov por el valor que se necesita para desmantelar el sistema político en el cual uno creció. Sí, la Unión Soviética tenía problemas financieros y sí, Reagan gastó más que ellos y quedaron acorralados en una esquina. Sin embargo, siempre me ha asombrado que Gorbachov tuviera las agallas para aceptar el cambio en lugar de seguir oprimiendo a su pueblo o entablando batallas con Occidente. Le pregunté cómo lo había logrado después de haber sido adoctrinado durante toda su vida para ver el comunismo como la solución a todos los problemas y tras alcanzar un liderazgo en el partido, en el que todo el tiempo tenía que mostrar pasión por el sistema. Era como si alguien que ha sido obeso toda su vida de repente baja su peso a la mitad. ¿Cómo pudo ser tan abierto de mente?

—Durante toda mi carrera —dijo—, siempre pensé que cuando llegara a la posición más poderosa arreglaría el sistema y lo haría funcionar. Pero cuando llegué allí me di cuenta de que era hora de seguir adelante. La única manera de que las cosas funcionaran era conociendo a alguien o pagando por debajo de cuerda. Entonces, ¿qué sistema teníamos? Había llegado el momento de desmontar todo el asunto.

Tal vez tendrán que pasar 50 años para que la gente entienda su logro. Los expertos siempre debatirán si él lo hizo de la manera correcta. Yo no voy a debatir, simplemente creo que lo que hizo fue genial. Me asombra el coraje que tuvo para no buscar la gratificación inmediata sino el mejor rumbo para su país a largo plazo.

Para mí, Gorbachov es un héroe y está en el mismo nivel que Mandela, quien se sobrepuso a la rabia y a la desesperación luego de pasar 27 años en prisión. Cuando ellos dos tuvieron el poder para sacudir el mundo, optaron por construir y no por destruir.

9. *Cuida tu cuerpo y tu mente.* Algunos de los primeros consejos que quedaron grabados en mi mente salieron de la interpretación que hizo Fredi Gerstl de Platón.

—Los griegos no solo crearon los Juegos Olímpicos sino que también nos dieron los grandes filósofos —decía—. Tienes que construir la máquina por excelencia a nivel físico pero también la máquina por excelencia a nivel mental.

Concentrarme en el cuerpo no fue un problema para mí. Después me concentré en mi mente. Me di cuenta que la mente es un músculo que también debemos entrenar. Así que estaba determinado en entrenar mi mente y volverme inteligente. Me convertí en una esponja absorbiendo todo a mi alrededor. El mundo se transformó en mi universidad; desarrollé una gran necesidad de aprender y leer y absorberlo todo.

Para la gente inteligente se aplica lo opuesto. Deben ejercitor el cuerpo todos los días. Clint Eastwood hace ejercicio hasta cuando está dirigiendo y actuando en una película. Dmitri Medvedev trabajaba sin parar cuando era presidente de Rusia, pero tenía un gimnasio en casa y hacía ejercicio dos horas por día. Si los líderes del mundo tienen tiempo para ejercitarse, tú tambien lo tienes.

Muchos años después de escuchar esta idea de Fredi Gerstl, la escuché del Papa. Fui al Vaticano con Maria, Sarge y Eunice en 1983 para una audiencia privada con Juan Pablo II. Sargent estaba hablando en términos espirituales porque era un experto en eso. Eunice le preguntó al Santo Padre qué debían hacer los niños para ser mejores personas y él le respondió: «Solo rezar. Solo rezar».

Hablé con él acerca de sus ejercicios físicos. Justo antes de visitarlo había leído en una revista que era un hombre muy atlético y que estaba en muy buena forma. Para él, además de la religión, en la vida también era importante cuidar la mente y el cuerpo. Así que hablamos de eso. Era conocido por levantarse a las 4:30 de la mañana, leer periódicos en seis idiomas diferentes y hacer 200 flexiones y 300 abdominales, todo antes del desayuno y de su jornada de trabajo. También era esquiador y siguió siéndolo después de ser proclamado como Papa.

Tenía más de sesenta años y era 27 años mayor que yo. Me dije a mí mismo: «Si este hombre puede hacerlo tendré que levantarme aún más temprano».

10. *Permanece hambriento*. Ten hambre de éxito, hambre de dejar tu marca, hambre de ser visto y escuchado, y de tener un efecto. Y mientras subes y tienes éxito, asegúrate también de tener hambre de ayudar a los demás.

No te duermas en tus laureles. Demasiados ex atletas se pasan la vida hablando de lo maravillosos que eran hace veinte años. Pero alguien como Ted Turner pasó de manejar el negocio de publicidad al aire libre de su padre a fundar CNN, a organizar los Goodwill Games, a criar bisontes y vender su carne, a tener cuarenta y siete grados honorarios. Eso es lo que yo llamo permanecer con hambre. Bono comenzó como músico, luego compró la música de otros, luego trabajó para luchar contra el sida y para crear empleos. Anthony Quinn no se contentó con ser sólo una estrella de cine. Quería hacer algo más. Entonces se convirtió en un pintor cuyas obras se vendían por cientos de miles de dólares. Donald Trump convirtió su herencia en una fortuna diez veces más grande y también creó un programa de televisión. Sarge viajó por el mundo hasta que murió, siempre hambriento por encontrar nuevos proyectos.

Hay tantas personas talentosas que simplemente se dejan llevar por la corriente. Quisieran seguir siendo alguien importante en lugar de sólo hablar del pasado. Hay mucho más en la vida que ser el mejor en sólo una cosa. Aprendemos tanto cuando somos exitosos, entonces ¿por qué no utilizar lo aprendido y las conexiones hechas para hacer algo más?

Mi padre siempre me decía: «Sé útil. Haz algo». Tenía razón. Si tienes un talento o una habilidad que te hace feliz, utilízala para mejorar tu barrio. Y si sientes el deseo de hacer algo más, entonces no te detengas. Tendrás tiempo más que suficiente para descansar cuando estés en la tumba. Vive una vida arriesgada y picante y, tal como dijo Eleanor Roosevelt: todos los días haz algo que te asuste.

¡Todos debemos tener hambre!

Mi hijo Patrick y yo viajamos a Europa en 2011 para la inauguración, en el museo de Graz, de una estatua de bronce —de ocho pies de altura y 580 libras de peso— de mi como Mr. Olimpia, haciendo mi pose preferida.

AGRADECIMIENTOS Y RECURSOS

EL PROPÓSITO DE UN libro de memorias es mirar hacia atrás, pero yo he vivido mi vida según el principio opuesto. Así que a lo largo de las dos últimas décadas, cada vez que alguien se me acercaba con la idea de escribir un libro de memorias, siempre contesté: «En casa tengo un centenar de álbumes de fotos que comienzan con mi infancia en Austria, y nunca los he mirado. ¡Prefiero empezar otro proyecto o hacer otra película y más bien aprender de mirar hacia adelante!».

La excavación y recolección de recuerdos resultó ser tan difícil como me imaginaba, y sin embargo el trabajo fue inesperadamente agradable gracias a la ayuda que recibí de otras personas. Intercambié historias con viejos amigos del mundo del culturismo, de los negocios, de los deportes, de Hollywood, y de la política; un largo elenco de personajes, demasiadas personas para enumerarlas aquí. Estoy agradecido con todos ellos por haberme ayudado a recrear el pasado y por hacer de la experiencia algo inmediato y amable.

En primer lugar quiero agradecer a mi coautor, Peter Petre. Libros como éste requieren de un colaborador que no sólo tenga habilidad para la escritura, sino que también tenga tacto, resistencia, juicio, y un gran sentido del humor. Peter lo tiene todo.

Mi amigo y estrecho colaborador de muchas décadas Pablo Wachter fue generoso en compartir recuerdos, sugerencias editoriales y perspicacia práctica. Danny DeVito, Ivan Reitman, y Sylvester Stallone agregaron divertidas historias de Hollywood (Sly también aportó historias de Planet Hollywood). Susan Kennedy, quien fue desde 2005 hasta 2010 mi jefe de personal de la gobernación, nos dio el beneficio de su conocimiento enciclopédico de mi gobierno. Su tesis de maestría, un análisis profundo de cómo se transformó mi gobierno a fines de 2005 y 2006, fue de gran utilidad. Albert Busek en Munich, uno de mis más viejos amigos y el primer periodista en escribir sobre mí, me ayudó con consejos y fotos. Bonnie Reiss aportó sus recuerdos y sus notas al análisis de lo que fue mi cargo como gobernador y de los movimientos ecologistas y los programas para después de la escuela. Steve Schmidt, Terry Tamminen, Matt Bettenhausen y Daniel Zingale también me ayudaron a reconstruir ciertos aspectos de mi gobernación. Fredi y Heidi Gerstl, Franco Columbu y Jim Lorimer me recordaron las experiencias compartidas a lo largo de nuestras amistades interminables.

Puesto que mi vida ha sido extraordinariamente bien cubierta por los medios de comunicación, tuvimos la suerte de contar con casi cincuenta años de material contenido en libros, revistas, periódicos, entrevistas, videos, fotos, ilustraciones y caricaturas sobre mí, documentos que cubrieron mi carrera en el mundo del culturismo, del cine, de los negocios, así como el de la política y el servicio público. Tres personas fueron claves en la organización de este material invaluable: mis asistentes ejecutivas Lynn Marks y Klipp Shelley y mi documentalista, Barbara Shane. Lynn y Barbara, con la ayuda de mi ex-asistente Beth Eckstein, también abordaron el enorme desafío de tener que transcribir cientos de horas de conversaciones grabadas entre Peter y yo, así como otras entrevistas realizadas para este libro. Rebecca Lombino y Chris Fillo supervisaron el apoyo logístico y legal.

La esposa de Peter, Ann Banks, aceleró nuestro proceso de escritura mediante la selección y el refinamiento de la investigación. La agente literaria de Peter, Kathy Robbins, hizo un excelente trabajo en conseguir poner este proyecto en marcha.

Joe Mathews, quien cubrió Sacramento para el *Los Angeles Times* y cuyo libro *The People's Machine* detalla mi primer mandato como gobernador, fue muy generoso con su tiempo y sabiduría para ayudarnos a dar forma a los capítulos políticos del libro.

Estoy muy agradecido con los demás periodistas, demasiado numerosos para mencionarlos aquí, que han relatado los logros, las aventuras y los dramas de mi vida. Gracias a los escritores de las revistas de culturismo, de entretenimiento y las publicaciones políticas y los escritores que me entrevistaron en los últimos años y capturaron por escrito las bromas, las conversaciones, las observaciones y los comentarios escandalosos que yo había olvidado por completo y que me encantó recordar. Entre los libros y publicaciones que consultamos, enumeraré algunos títulos que resultaron particularmente útiles: *Arnold hautnah* por Werner Kopacka y Jauschowetz Claude, *Arnold Schwarzenegger: Die Biographie* por Marc Hujer; *The People's Machine: Arnold Schwarzenegger and the Rise of Blockbuster Democracy* por Joe Mathews, *Fantastic: The Life of Arnold Schwarzenegger* por Lawrence Leamer, y *Arnold and Me: In the Shadow of the Austrian Oak* de Barbara Outland Taylor.

Para ayudarme a recordar los días de culturismo, nos basamos en la amplia cobertura en *Muscle Builder/Power, Muscle, Muscle & Fitness* y *Health and Strength,* así como en la revista *Sports Illustrated* y por supuesto en el libro *Pumping Iron* escrito por George Butler y Charles Gaines y la película del mismo nombre por Robert Fiore y George Butler. También consultamos mi propio libro/manual de capacitación sobre cómo convertirse en un campeón, *Arnold: The Education of a Bodybuilder,* coescrito con Peter Kent Hall. La filmografía de Brooke Robard titulada *Arnold Schwarzenegger,* fue especialmente útil para recordarme de los detalles de mi carrera en el cine, así como la cobertura de mi trabajo en la revista *Variety, Cinefantastique,* y otras revistas de cine. *Seven Years,* un volumen conmemorativo que publicó mi oficina privada en 2010, fue un recurso muy valioso a la hora de recordar mi gobernación y Gary Mendelsohn, quien trabajó en ese libro, contribuyó con notas y recuerdos de su época como uno de mis escritores de discursos.

Estoy muy agradecido con Audrey Landreth por su ayuda en dar sentido a decenas de álbumes de fotos y decenas de miles de fotos, y por guiarme a través de la selección de imágenes para ilustrar mi historia. Kathleen Brady manejó los desafíos de la verificación de información con notable habilidad, velocidad y juicio.

Adam Mendelsohn y Daniel Ketchell proporcionan su apoyo en las comunicaciones y en la gestión de nuestra presencia en Internet. Greg Dunn aportó un valioso apoyo adicional, Dieter Rauter no sólo abrió su tesoro de videos y fotos sino que también estaba allí para desafiarme con un juego de ajedrez cuando necesitaba un respiro.

Simon & Schuster proporcionó la experiencia y el entusiasmo que necesita un libro como este. Desde el principio, el editor en jefe y director Jonathan Karp compartió la visión que yo tenía para *Vida total*. Él me hizo el favor de recomendarme a Peter, mi coautor. Editó el manuscrito y orquestó toda la publicación. Como editor, Jon es muy animado, imaginativo y comprometido, y nunca pierde de vista el panorama general. Sus preguntas y sugerencias eran astutas y siempre daban en el blanco.

Los capítulos políticos de *Vida total* también reflejan el trabajo rápido y hábil de Priscilla Painton, editora ejecutiva de Simon & Schuster, quien fue la que los trabajó. Mi agradecimiento también a Richard Rhorer, director asociado; Tracey Guest, directora de publicidad; Emer Flounders, publicista senior; Elina Vaysbeyn, gerente de mercadeo en línea, Rachelle Andujar, especialista en marketing; Nicholas Greene, editor asistente; Marcella Berger, Lance Fitzgerald y Mario Florio, directores del deptaramento de derechos; Jackie Seow, director de arte; Jason Heuer, diseñador de la cubierta; Nancy Inglis, directora de producción; Phil Bashe y Patty Romanowski, correctores de estilo; Joy O'Meara, directora del diseño, y Ruth Lee-Mui, diseñadora del interior.

Por su ayuda en hacer de la publicación de *Vida total* un evento internacional, estoy agradecido con mis editores en el extranjero: Ian Chapman y Mike Jones de Simon & Schuster, Reino Unido; Günter Berg de Hoffmann und Campe (Alemania); Joop Boezeman y Joost Van Den Ossenblok de AW Bruna (Países Bajos); Abel Gerschenfeld de Presses de la Cité (Francia), Tomás da Veiga Pereira y Marcos Pereira de Sextante (Brasil); Agneta Gynning y Henrik Karlsson de Forma Books (Suecia), Michael Jepsen de Forlaget Turbulenz (Dinamarca), Elin Vestues de Schibsted Forlag (Noruega), Minna Castren y Jarkko

Vesikansa de Otava (Finlandia); y Javier Ponce Álvarez de Martínez Roca/Planeta (España).

Por último agradezco a mi familia. Fueron muy generosos en ayudarme a que el título de este libro fuera completamente cierto. Y gracias en especial a Maria por su paciencia con el proyecto y por ser siempre la persona a la que podía acudir a cada vez que me sentía atrapado.